유마경선해

維摩經禪解

유마경선해
維摩經禪解

वमिलकीर्ति-निर्देश-सूत्र
비말라카르티 니르데샤 수트라 ●————————————————●

●

구마라지바 대법사 한역

승조·천태 양 성사의 뜻을 받아
대승선사(大乘禪師) **학담**(鶴潭) 해석

푼다리카

발간사

이끄는 글

본 『유마경』은 인도불교사나 동아시아 역사에서 사상사 신새벽을 여는 문이었으며, 역사의 새로운 장을 여는 단초가 되는 경이었다. 『유마경』의 편집과 더불어 인도불교에서는 출가주의에 갇힌 슈라바카야나(śrāvaka-yāna, 聲聞乘) 교단을 비판하며, 붇다 당시 원시교단의 실천성을 회복하기 위한 마하야나 교단이 발흥하였다. 동아시아에서는 남북조(南北朝)분열의 시대에 구마라지바 대법사의 『유마경』 새 번역이 이루어지고, 그 번역장에 참여한 승조법사의 주석서가 발간되었다. 뒤를 이어 천태지의선사의 『유마경현소(維摩經玄疏)』가 천태선사(天台禪師)의 강설과 제자 장안 관정선사(章安灌頂禪師)의 필기에 의해 이루어졌다.

그리하여 동아시아 역사는 『유마경』의 회통적 교설과, 남악 천태의 선교일치(禪敎一致) 교관(敎觀)의 기초 위에서, 분열의 시대로부터 통일시대로, 불교가 동아시아 국제사회 보편철학이 되는 불학(佛學) 전성시대로 진입하게 되었다.

우리 불교의 역사, 학담의 개인사에서도 『유마경』은 새로움의 출발이 되고 첫걸음이 된다. 고구려 백제 신라 삼국의 전쟁 시기 신라의 원효(元曉) 의상(義湘) 두 분 성사는, 고구려에서 백제 땅으로 망명 온 보덕성사(普德聖師)를 백제 고달산으로 찾아가 이 『유마경』을 배웠다. 체제 지배세력에 의해 주도되는 전쟁의 소용돌이 속에서 역사의 화쟁을 바라는 양심적 구도자들이 회통(會通)과 화쟁(和諍)을 강조하는 이 『유마경』을 분단의 선을 넘어 찾아와, 가르치고 배우는 모습이 얼마나 아름다운가.

지금 나라의 분단이 민족 대중 모두의 삶의 이익과 안락에 장애가 되고 있는 현실에서도 이 땅의 사려 깊은 지성, 양심적 지식인들이 과거의 역사에서 교훈 삼아 배워야 할 모습이 아닌가 생각한다.

학담의 개인사에서도 이 『유마경』은 출가 초기 맨 처음 학습한 수트라의 텍스트였다. 나의 출가는 일반적인 출가와는 좀 다른 길을 걸었다. 나는 일찍 속가 형님이신 배동엽 거사(전남대 불교학생회 창립 초대회장)의 인도로, 광주 중심가 한복판 충장로에 한상인(韓常仁) 화상께서 호남불교 전법의 근거지로 도량을 가꾸고 계셨던 관음사(觀音寺)에 나가게 되었다. 그리하여 호남불교의 선각자 윤주일(尹桂逸) 선생의 강설을 듣고, 큰 장로 화상이신 박장조 선사(朴長照 禪師)에게 보살계를 받았다.

그 뒤 만 20세가 채 되기 전 대학에 입학하여 그해 겨울 원효성사의 도량 경주 분황사(芬皇寺)에서 출가하고 「초발심자경문」을 배우지 않고 바로 이 『유마경』을 배웠다.

『조론』 발간이후 『유마경』 간행을 예고하면서부터, 나는 원효(元曉) 의상(義湘) 두 성사와 그 스승 고구려 보덕성사(普德聖師)의 인연을 생각하며 설렘과 가슴 벅참을 안고 경전 번역과 해석에 혼신의 힘을 다했다.

세간 다툼과 갈등 속에서 불이(不二)와 화쟁(和諍)을 가르치는 이 경의 발간을 통해, 이 땅 분단의 역사가 강요하는 모든 삶의 어두운 그림자와, 과거 나의 인간적 과오를 이 법공양을 통해 모두 녹여내고 싶다.

해탈의 땅 마이트레야의 새 세상을 향한 역사의 꿈은 지금 우리 중생의 고통과 번뇌의 한복판에 있는 것이기에 …

- 발간사 목차

1. 『비말라키르티 니르데사 수트라』와 인도에서 보디사트바야나 상
   가[bodhisattvayāna-saṃgha, 菩薩乘僧伽]의 출현

　『유마경』의 산스크리트 갖춰진 이름은 '비말라키르티 니르데사
수트라(Vimalakīrtinirdeśa-sūtra)'로, '비말라키르티가 설한 경'
이라는 뜻이다.
　동아시아에서 '유마경(維摩經)'의 이름으로 널리 유포된 이 경전
은 역사적으로 대승경전 편집의 출발이 되는 경전이다. 그리고 출
가수행자 중심의 슈라바카야나(śrāvaka-yāna, 聲聞乘) 상가에 대
해 마하야나교단 출현의 근거가 되는 경전이다.
　붇다 세존의 초기교단은 고행주의(苦行主義)를 따르거나 신비 선
정을 추구했던[修定主義] 붇다 당시 바깥길[外道] 기성수행자 집단
가운데서, 붇다의 연기중도의 세계관과 중도의 해탈관을 지지했던
이탈 세력을 중심으로 구성되었다.
　붇다의 상가 이전 기성수행자 집단은 브라마나와 슈라마나 두 집
단으로 크게 분류된다. 브라마나 교단은 브라흐만의 절대 신성을
내세워 사회의 기득권층을 이루었던 사제집단이었으며 슈라마나
교단은 신성의 존재를 반대하여 일어난 새로운 수행자 집단[新興沙
門]이었다.
　성도(成道)하신 뒤 카시(kaśi) 사슴동산에서 다섯 비구를 교화한
다음, 먼저 붇다세존께서는 브라마나교단의 대표적인 수행자였던
세 카샤파 형제를 강가강 강가에서 교화하였다. 그때 가야산의
산상설법으로 세 형제를 따르던 천여 명 브라마나(brāhmaṇa, 婆
羅門)들이 붇다상가에 귀의하게 되었다. 불을 섬겨 불로써 브라흐
만에게 제사하던 그들에게 가야산의 산상설법은 다음 같은 불의

설법으로 요약된다.

'보라, 온갖 것이 불타고 있다. 너희들의 여섯 아는 뿌리〔六根〕가 불타고 여섯 경계의 티끌〔六塵〕이 불타고 너희들의 여섯 앎〔六識〕이 불타고 있다.'

그 무렵 처음 카시의 사슴동산에서 귀의했던 다섯 비구〔五比丘〕가운데 전법을 위해 길을 떠난 아슈바짓트(Aśvajit, 馬勝)는 라아자그르하의 거리를 거닐고 있었다. 라아자그르하에서 아슈바짓트를 만난 사리푸트라는 붇다의 가르침을 전해 듣고 깨달아 슈라마나의 첫 귀의자가 되었다. 그리고 사리푸트라가 그의 벗 목갈라야나를 교화한 뒤 산자야(Sanjaya) 교단의 이백오십 명 슈라마나(śramaṇa, 沙門)들이, 여래의 교단에 귀의하였다.

이와 같이 기성 브라마나와 슈라마나 두 집단, 수행자들의 붇다 상가에의 귀의가 붇다의 교단이 거대 교단으로 발전하게 된 토대가 된다.

붇다세존은 스스로 브라흐만의 절대 신성을 부정하는 슈라마나임을 표방했다. 붇다께 처음 귀의했던 다섯 비구 가운데 한 사람이었던 아슈바짓트는 라자그리하로 전법의 길을 떠나 사리푸트라로부터 '그대의 스승은 누구이며, 그분의 가르침은 무엇인가?'라는 물음을 받게 된다. 그때 아슈바짓트가 '우리 붇다 크신 슈라마나〔我佛大沙門〕께서는, 인연으로 나고 사라지는 법을 늘 이와 같이 설하신다'고 답한 것이 그 뜻이다.

그리고 붇다는 어느날 큰 브라마나 장자의 집에 밥을 빌러간 뒤, 그 다음날 다시 그 장자의 집에 밥을 빌러 가게 되었다. 그때 고오타마붇다를 꾸중한 그 브라마나 장자와 붇다의 대화가, 슈라마나로서 붇다 교단의 모습을 단적으로 보여준다.

밥을 빌러 온 고오타마붇다께 장자는 말한다.

'이 까까머리 슈라마나야, 그대는 어제도 밥 빌러 왔더니 오늘 또 왔구나.'

이렇게 비아냥거리자 붇다세존은 다음 같이 답변한다.

'하늘은 자주 자주 비를 내리고 농부는 자주 자주 씨를 뿌려 거두며 소는 자주 자주 새끼를 낳는다.'

이 답변은 밥을 나눠주면서, 밥을 비는 까까머리 슈라마나 집단을 비아냥거리는 브라마나에게, 붇다 스스로 밥을 비는〔乞食〕 슈라마나 상가의 일원임을 보여주며, 연기적인 생성의 운동 속에 있는 세간법의 진실을 말하고, 연기적 관계에 있는 밥〔食〕과 몸〔身〕, 노동과 노동의 성과를 비유로써 보여주신 것이다.

붇다는 당시 지배계층의 지배논리의 근간을 이루었던 신적 초월성을 믿는 브라마나의 길이 아니라, 머리 깎고 밥을 비는 가난한 슈라마나의 길을 걸었으며, 붇다 스스로 평생 밥을 빌며 생활하셨다.

그리고 붇다 상가 구성원들에게도 세간 가난한 자 보다도 더 가난하게 떨어진 누더기 옷에 밥을 빌며, 저 브라흐만 절대 신성의 환상마저 부정하는 위없는 깨달음의 길〔菩提路〕을 가게 하시었다.

이는 후대 조사선(祖師禪)의 선사들이 자기 삶의 가풍을 '깊고 깊어 바다 밑을 거닐고, 높고 높아 산꼭대기를 거닌다〔深深海底行, 高高峯頂行〕'고 한 말과 같다. 낮고 낮아 가난한 자 보다 더 낮게 세상을 살되, 높고 높아 위없는 깨달음〔anuttara-bodhi〕의 길을 가는 것이 출가 비구 출가 상가의 삶의 길이다.

가난하여 가진 것 없는 자의 삶의 길을 반영하고 대변했던 기성 슈라마나는, 고행주의의 삶을 살며 더 나뉠 것 없는 원자적 요소들이 모이고 쌓여 존재가 구성된다는 세계관[積聚説]을 표방하였다.

그에 비해 기성사회 지배계층의 삶과 계급적 이익을 반영했던 브라마나의 세계관은 브라흐만이라는 오직 하나인 자[Tad-ekam, the one]가 굴러 변해, 만 가지 것이 이루어짐을 말한다[轉變説]. 슈라마나들에게 사성(四姓) 계급의 질서를 정당화하는 브라흐만이라는 절대 신성의 긍정은, 스스로의 삶에 고통의 짐을 가중시키는 질곡에 지나지 않는다.

붇다는 스스로 슈라마나(śramaṇa, 沙門)임을 표방하고 상가 구성원들을 슈라마나라 부르게 하였다. 또한 붇다는 당시 슈라마나 집단의 일반적인 풍조처럼 브라마나 집단의 우월적 지위를 부정하고 그들의 세계관을 비판하는 흐름에 같이하였다. 그러므로 붇다의 상가와 붇다의 연기론은, 먼저 신적 세계관을 부정하여 원인과 조건의 결합에 의해 결과가 이루어진다고 말한다. 그러나 다시 슈라마나들의 실재론[有論]적 적취설을 부정하여 원인[因] 조건[緣] 결과[果]의 공성(空性)을 밝힘으로써 인연에 의해 이루어진 개체의 자립성을 자기와 다른 것과의 보편적 개방성에 통합한다.

붇다의 연기론(緣起論)이라는 말도 시대 속에서 연기한 것이다. 붇다의 연기론은 시대철학을 반영하되 시대를 넘어선다. 브라마나들의 전변설과 슈라마나의 적취설을 반영하여 연기론이라는 붇다의 세계관을 나타내는 언어가 연기하였지만, 연기론은 두 세계관을 모두 넘어서고 모두 살린다.

연기론이 두 세계관을 모두 넘어서서 모두 살리므로 연기론은 두 세계관의 어정쩡한 중간 철학이 아니고 기회적인 통합론이 아니다. 연기론에서 있음[有]은 다만 있음이 아니라 있되 있음 아닌 있음〔非有之有〕이고, 없음은 다만 없음이 아니라 없되 없음 아닌 없음〔非無之無〕이다.

연기론은 다만 없음〔但無〕을 보살피는 철학이 아니라 없음의 실로 없음〔實無〕을 비판하여, 없음의 자기 진실〔眞空〕의 실현이, 있음의 해탈까지 끌어안는 크나큰 해탈에 나아가게 하는 철학이다.

또한 있음의 '실로 있음〔實有〕'의 허구와 착취성을 밝혀, 있음의 자기진실〔妙有〕의 실현이 역사의 풍요에 나아가게 하는 철학이다.

연기론의 실천을 통해, 이제 없음은 없음의 다만 없음〔但無〕을 부정하여, 없는 자 스스로의 없음의 허무와 절망, 그리고 있는 자의 가짐에 대한 없는 자의 증오와 파괴의 에너지를 모두의 해탈에 돌이킬 수 있다.

그리고 있음은 있되 실로 있음〔實有〕 아닌 있음의 진실을 실현함으로써, 있음의 착취와 폭력성, 끝없는 자기 증식의 욕구를, 삶들 모두의 번영을 위한 크게 버림에로 돌이킬 수 있다.

붓다 파리니르바나 이전, 붓다의 육성의 설법을 소리를 통해 직접 들은 제자〔聲聞弟子〕들이 살아있었을 당대의 일세대 제자들과, 그 제자들께 가르침 받았던 제자들이 살아 있었던 때에는 슈라바카상가의 가르침의 철학적 정통성이 이어지고 그 정당성이 존중받았던 시기였다.

그러나 차츰 붓다(성인)께 가기에 때가 멀어지자〔去聖時遙〕, 붓다 가르침의 전승에 틈이 생기고 뒤틀림이 생기게 된다. 그리하여 연기론의 철학적 방향 자체도 왜곡되어지고, 법(dharma, 法)[1]에

---

1) 법(dharma, 法): 법에는 크게 ① 진리, ② 존재의 자기동일성〔我〕을 구성하는 여러 가지 법〔諸法〕, ③ 뜻의 앎〔意識〕의 대상으로서 법(法)이라는 세 뜻이 있다. 부파의 아비다르마 논사들은 연기론에서 아(我)를 구성하는

대한 해석에 여러 이설(異說)이 발생하며 상가 공동체의 집단적 규율인 비나야(vinaya, 律)와 공동체 구성원의 윤리적 규범인 실라(śila, 戒) 또한 그 유연성을 잃게 된다.

상가의 비나야는 공동체 안에 다툼이 있고 대립이 있을 때 그 다툼을 어울리게 하는 집단적 통제와 규율의 성격을 지니며, 상가의 사회적 지향을 나타내는 공동체 전체 구성원이 함께 할 가치의 기준이 되고 행동의 깃발이 된다. 그러므로 비나야는 연기적 세계관의 원칙은 굳건히 하되 공동체 대중이 놓인 시대 상황, 대중의 요구와 함께 유연하게 해석되고 그 규율은 세계의 합법칙적인 질서에 따라 해석되고 적용되어야 한다.

붇다세존께서는 처음 존재의 생성을 과정의 차원에서 인연으로 나고 나며[緣起生生], 인연으로 사라진다[因緣滅]고 가르치시니, 이 연기(緣起)라는 말은 존재가 초월적 신성인 하나인 자[The one]가 전변했다고 하든가, 원자적 요인이 모여 쌓여서[積聚] 이루어진다고 하는 두 치우친 주장을 깨뜨리기 위해 설해진 것이다.

그러므로 여래의 교설은 존재의 결과[果]를 일으키는 원인과 조건[因緣]도 공하여, 존재가 인연으로 나되 남이 없고[生而無生] 있되 공함[有而空]을 알아야, 전변설과 적취설을 모두 넘어서서 두 주장을 함께 살려내는 여래 연기의 참뜻[緣起義]이 드러난다.

그러나 여래 파리니르바나 이후 슈라바카야나[聲聞乘]를 표방하는 많은 수행자들은, 연기의 뜻[緣起義]을 왜곡하는 여러 치우친 견해들을, 슈라바카 큰 제자들의 권위를 등에 업고 연기론을 그

모든 법이 아(我)의 실체성을 부정할 뿐 아니라 모든 법 자체도 공한 뜻[法空]을 모르고, 여러 법의 실체를 규명하는데 사상적인 노력을 기울였다.

제자들의 이름으로 말하게 된다.

붇다의 초기 교단은 비록 출가 중심의 교단으로, 출가 비구 비구니를 상가의 중심에 세웠지만 그것이 출가주의를 교조화해서, 비구 비구니 우바사카 우바시카 대중 모두를 아우르는 상가의 보편주의를 출가교단 안에 좁히는 것이 아니다.

여래의 자비정신은 인간뿐 아니라 천상 수라 지옥 아귀 축생까지를 모두 거두는데 어찌 여래의 상가 안에서 빅슈 빅슈니〔비구 비구니〕, 우바사카〔재가 남자〕 우바시카〔재가 여자〕, 국왕 장자 거사를 차별하며, 세간의 신분적으로 낮고 못난 이를 진리의 주체에서 따돌림 할 것인가.

역사적으로 『비말라키르티수트라』는 이때에 출현한다. 곧 비말라키르티 장자의 이 수트라는, 아라한 과덕을 증득한 슈라바카 현성들의 사후, 출가주의를 교조화 하고 연기론을 적취적 인과론으로 이해하는 시대불교의 병폐를 비판하면서 출현한다.

출가 상가 수행자 자신을 붇다 당시 슈라바카 현성과 동일시하고, 출가와 재가를 이원화 하는 시대불교의 조류 속에서, 붇다 당시 비말라키르티 장자가 출현하여 슈라바카야나를 비판하는 상황극이 수트라에 연출된다. 그리하여 후대 슈라바카 수행자들이 잘못 이해하고 있는 연기론과 상가정신의 치우침을, 비말라키르티 장자가 붇다 당시 열 큰 슈라바카 현성〔十大弟子〕을 꾸중하는 상황극으로 보이고 있는 것이다.

인연으로 나고 남〔生生〕이, 바로 나되 나지 않음〔生不生〕이며 나지 않으므로 남〔不生生〕이라, 연기로 남〔緣起生〕과 공(空)의 나지 않음〔不生〕이 둘이 아니어야 중도의 뜻〔中道義〕이 된다.

대승불교의 공의 뜻〔空義〕이 연기(緣起) 밖에 따로 있는 것이 아니라면, 대승불교가 표방한 출가 재가(出家在家)가 둘이 없는 마하야나(mahayāna, 大乘), 보디사트바야나(bodhisattva-yāna, 菩薩乘)의 상가가, 어찌 붇다 당시 그 슈라바카야나의 길을 버리고 따로 있을 것인가. 마하야나의 상가가 바로 붇다 상가 정신의 시대적 구현인 것인 줄 알아야 한다.

우리 불교 원효성사가 『판비량론(判比量論)』에서 '무엇이 대승인가'를 스스로 묻고, '연기 중도(緣起中道)에 맞는 인식과 실천이 바로 대승이다'라고 한 뜻을 오늘의 시대에서도 다시 살펴야 할 것이다.

붇다 연기론의 이론과 실천을 시대 속에서 구현한 것이 대승이니, 이 『비말라키르티수트라』는 비말라키르티라는 큰 보디사트바로서, 거사 장자(長者)를 출연시켜, 출가주의에 갇힌 슈라바카 현성에 대한 꾸중을 연출하여 참된 연기의 뜻인 마하야나를 구현한 것이다.

본 『비말라키르티 수트라』는 붇다 연기교설의 시대상황 속에서의 새로운 구현이며 열려진 해탈의 공동체를 지향하는 붇다 상가의 실천정신을, 출가주의에 빠진 당대 상가를 비판함으로써 구현한 것이라 할 수 있다.

이러한 상가공동체의 차별 없는 해탈의 뜻을, 어찌 출가중심주의에 대항하는 재가주의(在家主義), 세속주의(世俗主義)로 다시 대체할 것인가. 대승 보디사트바의 보디사트바야나[菩薩乘]의 운동이 붇다의 연기적 세계관과 붇다 상가 보편주의의 회복임을 살펴야 할 것이다.

방편(upāya, 方便)은, 시대상황의 변화에 따르는 반야(prajñā, 智慧)의 살아있는 작용을 말한다. 그러므로 세계의 실상에 대한 지혜는 방편이 없으면 산 지혜가 될 수 없고, 시대와 대중의 요구를 따르는 방편은 세계의 실상을 주체화하는 지혜가 없으면 한갓 기능적인 방법과 술수에 지나지 않게 될 것이다.

붇다께서 육성으로 설하신 연기의 교설은, 후대에 편집되고 세간에 유포된 교설의 뿌리이고 교판의 토대이다. 붇다 당대 상가의 공동체 정신은 모든 시대에 붇다의 가르침을 표방하며 붇다의 가르침〔佛敎〕의 이름으로 결성되는 모든 공동체, 모든 모임이 공유해야 할 시대 정신의 모형인 것이다.

2. 동아시아에서 『비말라키르티수트라』의 번역과 성사 승조(僧肇) 천태(天台)의 주석

본 『비말라키르티수트라』의 우리말 번역의 대본은 대역경가이고 대법사인 구마라지바(Kumārajīva) 번역 한문본이다. 산스크리트 원본은 없고 티베트어 본이 남아 있고, 한역(漢譯)본에는 구마라지바 번역 이전 구역인 오(吳)의 지겸과 서진(西晉)시대 축법란의 한역본이 있었다. 그 뒤 당조(唐朝)에 들어 현장삼장(玄奘三藏)이 인도에서 가져온 산스크리트 경전을 '무구칭경(無垢稱經)'이라는 제목으로 새로 번역하였으나 동아시아에서 크게 유포된 한역경은 이 구마라지바 번역본이다.

구마라지바 대법사가 장안에서 요진왕(姚秦王)의 지원으로 이 경을 번역할 때 그 번역장에 참여해 강설을 듣고 주석서를 쓴 분이 승조법사(僧肇法師)이다. 중국불교 전역사(傳譯史)에 가장 큰 공적을 세운 구마라지바 대법사가 이 경을 번역하고 그 제자 승조법사가 주석을 쓸 무렵은 중국 역사에서 남북조(南北朝) 분열의 시기였다.

수(隋)의 중국 통일 이후 양제(煬帝)가 즉위 전, 진왕(晉王)일 때 진왕 광(廣)의 요청으로 천태선사(天台禪師)가 이 경을 강설하고 강설을 제자 관정(灌頂, 章安禪師)이 필기하여 체계적인 주석서가 발간된 뒤, 천태대사의 뜻을 받아 천태가의 조사들이 이 『유마경』의 주석서〔維摩經玄疏〕를 줄여서 짓거나 이어 지었다.

학담에 의한 우리말 번역과 해석 또한 구마라지바의 번역, 승조 천태 두 성사 주석의 큰 흐름에 의거하고 있다. 명대(明代) 천태가 주석의 끝은 유계전등존자(幽溪傳燈尊者)이니, 본서는 유계의 『무아소(無我疏)』에서 다시 인용한 승조 천태의 해석 가운데 주요 내용을 번역해서 해석의 큰 틀을 이루고 있다.

인도에서 엮어진 산스크리트경전의 한문 번역으로부터 출발한 중국불교에서는, 붇다 가르침의 차서대로 가르침을 만난 것이 아니라 경전의 한문번역의 흐름을 따라 그 가르침을 접한 것이다. 붇다의 가르침은 인도에서 붇다 니르바나 이후 가르침에 대한 여러 학파의 해석의 차이와 입장에 따라, 다른 경전이 편집되고, 대승교단의 발흥에 따라 시대대중의 병통에 따라 병통을 치유하는 경전 언어의 차별성이 나타나게 된다.

그 다양한 경전 언어의 차별 속에서 붇다의 가르침을 접한 중국불교에서는 교화의 방법론〔化儀〕과 가르치는 내용〔化法〕의 교리적 방향을 판별하는 것이 중요한 사상적 과제가 되었다. 그것이 중국에서 각 종파 각 문파마다 진행해 온 교상판석(教相判釋)이다.

그러나 붇다께서 밝히신 연기 중도의 실상〔中道實相〕은, 가르치는 언어의 차별을 따라 달라질 수 없으며, 중생의 병통 따르는 큰 의사〔大醫王〕의 약방문이 다를지라도 치유와 해탈에 이르게 하는 여래 진실의 뜻〔如來實義〕은 다를 수 없다.

그래서 승조(僧肇) 같은 성사는 이미 구마라지바의 번역장에서 그 뜻을 『조론(肇論)』으로 저술하여, 가르침의 언어적 차별이 있어도 언어를 통해 돌아가는 진리의 뜻[旨歸]이 다를 수 없음을 천명하였다.

'가르침의 다섯 때 가름[五時教判]'을 경전에 나타난 형식 논리적 이해로 보면, 『화엄(華嚴)』은 보디나무 아래서 여래께서 성도하신 뒤 3·7일에 설하신 법이고, 『아가마 수트라』는 여래께서 카시의 사슴동산에 나아가 사제법(四諦法)을 설하신 이래 12년을 설했고, 방등경(方等經)은 8년, 그 뒤 21년은 『반야경』을 설하셨다. 그리고 『법화경』을 8년, 『열반경』은 마지막 니르바나 밤에 설하신 것이라 법화 열반을 같이 8년 설하셨다고 한 것이다.

이러한 가르침의 시대 구분, 이는 갖가지 비유와 언설로 설하신 여래의 설법이, 여래 한 생애에 모두 설한[一代所說] 가르침임을 보이기 위해 설정된 때의 가름인 것이다. 수트라 가르침의 큰 뜻과 여러 가르침의 텍스트는 때의 가름에 갇히지 않는다. 곧 『아가마수트라[阿含經]』도 다만 12년에 설한 가르침이 아니라 사슴동산의 설법 이래 마지막 니르바나의 밤까지 설한 경이며, 반야(般若) 또한 성도(成道)의 새벽부터 쿠시나가라 니르바나의 밤까지 설하신 것이다.

그 구체적인 증거로 『아가마 수트라』에는 붇다세존께서 쿠시나가라에서 니르바나 하실 마지막 밤, 120세 나이든 수밧드라 부라마나가 찾아와 여래와 문답하여 아라한의 과덕을 증득하고 여래 상가에 귀의하여 여래보다 먼저 니르바나에 들어가는 모습이 담겨있다.

여래의 가르침에서 교설의 출발점과 마지막 돌아감은 둘일 수 없다. 이렇게 보면 여래의 가르침을 나누는 다섯 때〔五時〕는 그때가 때 아닌 때이고 가르침의 가름〔敎判〕은 가름 아닌 가름이니 화엄의 근본법륜(根本法輪)의 때도, 매 가르침의 때에 있는 것이며 법화·열반에서 '방편의 가르침을 모아 하나의 진실〔一實〕에 돌이킴〔會三歸一〕'도 매 때에 있는 것이다.

학담 또한 옛 많은 조사스님들의 어록을 보면서, 크게 깨쳤다고 말해지는 조사들마저도 이 교판(敎判)에 대한 명확한 뜻을 바로 보이지 못하고, 자신의 깨달음과 경교(經敎)를 회통하지 못한 경우를 보았다. 천태선사는 『마하지관』 첫머리에서 『대승의 파리니르바나수트라』를 인용하여 다음 같이 교판의 큰 뜻을 말하고 있다.

'나고 나는 법도 사유하고 말할 수 없는 법〔生生法不可思議〕이고, 나되 나지 않는 법〔生不生法〕과 나지 않되 나는 법〔不生生法〕도 사유하고 말할 수 없는 법이고, 남도 아니고 나지 않음도 아닌 법도 사유하고 말할 수 없는 법이다〔不生不生法不可思議〕.'

학담 또한 『마하지관』의 이 귀절에 부딪혀 천태교판의 뜻이 곧 참된 선교회통(禪敎會通)의 종지임을 알게 되었다.

그 뒤 남원 실상사(實相寺) 회주 도법화상(道法和尙)이, 실상사 산중 안 백장선원(百丈禪院) 결제 대중에게 『열반경』 강설을 요청해 그 대의만을 보이기 위해 원효성사(元曉聖師)의 『열반경종요(涅槃經宗要)』를 읽었다. 그리고 그 종요의 말미에 천태교판의 가름이, 가름 없는 가름〔無分而分〕이라는 원효의 해석을 보게 되었다.

아울러 원효께서 천태선사야말로 '선정과 지혜를 같이 통해 범부와 성인이 헤아리기 어려운 분〔禪慧俱通 凡聖難測〕'이라 찬탄한 구절을 보았다. 그러면서 필자는 조사선(祖師禪)의 이름 밑에 표방된 '선종의 정법안장은 가르침 밖에 따로 전함〔敎外別傳〕'이라는 주장이 교조화됨으로써 붇다 경전의 가르침의 뜻이 왜곡된 현실은, 천태·원효의 교판이 아니면 극복될 수 없음을 알게 되었다.

형식 논리적인 오시교판(五時敎判)으로 보면, 『비말라키르티수트라』는 『아가마 수트라〔阿含經〕』 이후 설한 방등부(方等部)의 경전이다. 그리고 소젖의 다섯 맛〔五味〕의 비유로 보면 소젖 맛〔乳味〕 가운데 선 소〔生酥〕에 해당하고 '작은 수레를 꾸중해 대승을 펴는〔貶小褒大〕 가르침'이다.

본 경은 역사적으로도 부파불교의 왜곡된 불교 이해가 치성할 때, 부파의 불교이해를 히나야나(hinayāna, 小乘)라고 비판하면서 출현한 마하야나교단의 토대가 된 경전이다. 그러나 천태선사는 이 경전 교화의 내용〔化法〕이 다만 작은 수레를 꾸짖는 경이 아니라 네 가르침〔四敎〕의 언어적 방향을 모두 갖춘 경이자, 가르침의 교화형식〔化儀〕으로 보아서도 점차의 가르침〔漸敎〕과 단박 깨우치는 가르침〔頓敎〕을 모두 갖춘 수트라라고 말한다.

곧 이 『비말라키르티수트라』는 비록 방등부(方等部)의 경전으로 분류되나 인연으로 나고 남〔因緣生生〕으로 법을 가르칠 뿐 아니라, 연기이므로 공함〔緣起卽空〕, 공하므로 연기함〔空卽緣起〕, 공과 연기가 둘이 아닌 중도의 법〔中道法〕을 모두 말하고 있는 가르침이다.

본 경은 중생근기의 차별에 따라 네 가르침을 모두 베풀지만, 끝내 가르침이 돌아가는 곳은 연기가 곧 중도인 실상의 법인 것이다.

그러므로 천태선사도 이 『유마경현소(維摩經玄疏)』의 서문에서 '본 『비말라키르티경』은 모든 방편을 아우르는 경전이며 교화를 위한 싣단타(siddhanta)의 인연〔悉檀因緣〕을 모두 거두어 쓰고 있

는 경전임'을 밝히고 있다. 그리하여 서른 두 보디사트바가 연기중
도 실상을 밝힌 '둘이 아닌 법문〔不二法門〕'의 언설이, 마침내 비말
라키르티의 한 침묵〔維摩一默〕 그 '으뜸가는 뜻의 싣단타〔第一義悉
檀〕'에 돌아감을 보이고 있다.

　곧 본 경은 곧 교판 상 장교·통교·별교·원교〔藏通別圓〕의 네
가르침을 모두 갖춘 법문이며, 단박 깨우치는 가르침과 두렷한 가
르침〔頓敎 圓敎〕을 모두 갖춘 법문이다. 그러니 방등법문이지만 모
든 중생의 근기, 세간 시대 상황의 변화에 모두 두렷이 응할 수
있는 법문이다.

　구마라지바의 본 경 번역과 승조(僧肇)의 주석이 이루어질 때는,
중국사회가 남북조의 분열된 정치상황으로 작은 왕조 사이 전쟁
속에서 매우 혼란한 상태였다. 이 분열과 갈등의 정치상황 속에서
본 경의 세간 차별을 아우르는 통합의 가르침이, 분열에서 통합으
로 가는 시대정신의 토대가 되었으리라 본다.

　천태선사 또한 나중 수양제가 된 진왕광(晉王廣)의 본 경 강설
요청을 받고, 전쟁의 광풍에 휩쓸려가고 있는, 중국사회의 소통과
평화의 미래를 위해, 선사가 증득한 '붇다의 모든 법의 곳간〔法藏〕'
을 이 경에 쏟아부어 이 『유마경현소』를 저술하신 것이다. 나중
수양제의 고구려 침공을 예견하시고 고구려 출신 제자 반야선사
(般若禪師)에게, 선사 스스로 두타선정을 닦던 화정봉(華頂峰)에서
의 선정(禪定)의 업을 당부하고, 전쟁의 참화를 막고 악업을 녹일
참회와 발원의 정진을 부촉하였을 것이다.

　필자는 오랫동안 조사선(祖師禪)의 가풍이, 여래 경교의 가르침
밖에 따로 있다는 주장에 몹시 혼란을 느낀 세월을 거쳐 왔다. 그
러면서 이른바 중국에서 선종(禪宗)의 오종(五宗)이 이루어지기

전 선사들의 깨침과 삶의 자취를 살피기 위해 『불조통기(佛祖統紀)』의 기록을 살피다 천태선사의 제자 고구려 반야선사(般若禪師)와 남악혜사선사의 제자 백제 현광선사(玄光禪師)의 전기를 보게 되었다.

본래 여래의 공덕을 갖추고 있는 중생의 깨침이 어찌 중국에서 만들어진 법통(法統)과 문정(門庭)에 갇힐 것인가. 우리 불교역사 많은 선사들은 왜 중국 종파선 법맥의 그림자에 갇혀 현전에 살아 움직이는 중도의 진리, 정법안장(正法眼藏)의 뜻에 착안하지 못해 왔는가. 참으로 아파할 일이다.

몇 해 전 필자는 러시아에서 우리나라로 귀화한 역사학자 박로자(朴露子) 선생이 한국의 불교학자나 선사들 이른바 스스로 선지식임을 표방하는 많은 이들이 돌아보지도 않던 고구려 반야선사에 대해 이야기한 것을 보고 큰 충격을 받았다.

그는 그의 저술에서 다음 같은 뜻의 이야기를 하였다.

'한국의 드라마는 왜 텔레비만 켜면 온통 전쟁이야기만을 방영하는가. 왜 고구려 반야선사 같은 아름다운 이야기를 드라마화 하지 않는가.'

국내 역사학자들도 잘 알지 못하고 말하지 못한 내용을 러시아에서 귀화한 박로자 선생이 말하고 있는 것에 충격을 받음과 함께, 필자가 평소 늘 말하던 내용을 이렇게 공감하는 이가 있음에 감동을 받았다.

이는 오늘의 한국불교 현실을 살아가는 불교도가 스스로의 현실에 느끼는 반성이 되어야 할 것이고, 지금껏 여래의 경교(經敎)는 돌아보지도 않고 중국 조사선의 찌꺼기를 가지고 자기 살림 삼는 선 수행자의 자기 성찰이 되어야 할 것이다.

끝으로 『불조통기』가운데 고구려 반야선사(般若禪師)의 전기를 우리말로 옮기면 다음과 같다.

선사 반야는 고려 사람이다. 개황(開皇) 16년에 와 불롱(佛隴)에 이르러 선법(禪法)을 구했다. 오래되지 않아 깨쳐 증득함〔證悟〕이 있었다. 지자선사(智者禪師)가 그에게 말했다.

'그대는 여기에 인연이 있다. 반드시 고요한 곳에 한가히 머물며 때로 묘한 행을 갖추도록 하라. 화정봉(華頂峰)은 여기에 가기 육칠 리이다. 이곳은 내가 옛날 두타(dhūta)를 행하던 곳이다. 그곳에 머물면 도(道)에 나가는데 깊은 이익이 있을 것이다.'

선사는 곧 스승의 밝은 가르침을 따라 받들어, 좌선한 지〔宴坐〕16 년 일찍이 산을 내려가지 않았다.

홀연히 하루는 불롱의 윗절〔佛隴上寺〕에 가는데 세 사람이 모시고 가다 잠깐 사이 보이지 않았다. 다음은 국청의 아래 절〔國淸下寺〕에 이르러 같은 수행자들에게 이별을 고했다. 며칠을 머물다 병 없이 돌아갔다. 감실이 절문을 벗어나자, 이미 입적한 선사가 눈을 뜨고〔開眼〕 헤어짐을 보였다. 산에 이르자 눈을 감으니〔閉目〕 옛과 같았다.[2]

---

[2] 禪師般若 高麗人 開皇十六年 來詣佛隴求禪法 未久有所證悟 智者謂之曰 汝於此有緣 須閒居靜處〔1〕或辨妙行 華頂峯去此六七里 是吾昔日頭陀之所 住彼進道必有深益

師郎遵奉明誨 宴坐十六年未嘗下山 忽一日 往佛隴上寺 有三人侍行 須臾 不見 次至國淸下寺 告別同志 居數日 無疾而化 龕出寺門 開眼示別 至山閉 目如故

3. 영가선사의 『증도가(證道歌)』와 『유마경』, 그리고 선(禪)과 교(敎)

국가불교를 기본 특성으로 하는 중국불교에서는, 종파불교 종파의 성립 자체도 왕권의 통제아래 종속된다. 당조(唐朝)에 들어 화엄종과 달마선종의 발흥은 선종(禪宗)과 화엄(華嚴) 법상(法相, 唯識) 등 유심론〔唯心論〕불교의 진흥을 통한 당왕조 국가 경영 전략과 무관하지 않다. 당조이전 남북조 말기와 수조(隋朝)에는 삼론(三論) 반야(般若) 법화(法華)의 실상론(實相論)계열 경전의 가르침이 나라를 이끄는 주된 가르침의 뼈대를 이루었다. 당조 이전까지 많은 법사 선사들이 경법과 선법을 전했지만 선사(禪師) 선종(禪宗)의 이름은 남악 천태의 법화선문(法華禪門)에서 그 이름이 쓰였다.

그래서 북방 대소산(大蘇山)에서 남방 남악산(南嶽山)으로 옮겨온 혜사선사를 진(陳) 황실(皇室)이 초청하여 혜사선사께 남악사대선사(南嶽思大禪師)라 존호를 드렸으며, 혜사선사의 제자 천태는 당시 '형초에서 선종을 드날리는 분〔荊楚禪宗〕'으로 추앙되었다. 『당고승전』의 저자 도선율사는 천태의 스승 혜사선사에 대해, '남북선종이 그 법의 실마리를 받지 않음이 없었다〔南北禪宗 罕不承緒〕'라고 기술하고 있다.

당조에 들어 현종(玄宗) 때 안록산의 난을 만나 하택신회선사(荷澤神會禪師)는 활대 대운사에서 달마선문 육대전의설(六代傳衣說)을 표방하고 『남종정시비론(南宗定是非論)』을 지어 달마 북종에 대한 남종의 정통성을 주장하였다. 그 이후 찬술된 선종사서(禪宗史書)에는 그 이전 문헌 기록과는 다른 미스터리한 선사들의 기록이 있다. 그 가운데 선종 4조로 기술된 도신선사(道信禪師)를 예로 들어보면, 도신은 원래 천태선사를 추앙하여 선정을 닦기 위해 대림정사(大林精舍)에서 10년을 머물다 기주 쌍봉산으로 옮겨 동산법문(東山法門)을 연 선사이다. 『당고승전』에 따르면, 그가 머물렀다고 말한 대림정사는 삼론종 출신의 선사로 천태선사의 제자인 지개선사(智鎧禪師)가 창건한 도량이다.

천태계열의 도량에서 10년을 공부한 선사가 달마선종 4조로 기술된 것이 당조 국가불교의 영향이 아니라고 어찌 말할 것인가. 그래서 필자는 십여 년 전 동국대 불교대 대학원 과정 학인들에게 선종사(禪宗史) 특강을 해줄 기회에, 4조 도신선사의 법문과 전기를 모아 '선종사의 수수께끼 도신선사'라는 제목으로 강의한 바 있다.

도신선사에 이어 그에 필적할 선종사의 수수께끼는 임제선(臨濟禪)의 비조로 추앙되는 남악회양선사(南嶽懷讓禪師)이다. 회양선사는 원래 천태선사의 개창도량 옥천사에 머물며 천태의 제자인 옥천홍경선사(玉泉弘景禪師)에게서 선법을 받아 공부한 홍경의 제자이다.

홍경선사는 선율(禪律)을 겸한 선사로 때로 경율사(景律師)로 불린다. 옥천사에서 홍경문하 동학인 탄연(坦然)의 권유로 숭산 혜안(慧安)을 만나고, 다시 숭산에서 남방에 내려가 혜능을 만난 것이라, 대감선사 단어(大鑑禪師 壇語) 어디에도 회양이 혜능을 모시고 지냈다는 기록이 없다.

필자는 이십여 년 전, 중국선종사 역사 기행을 위해 홀로 걸망을 메고 혜능선사의 도량 광효사(光孝寺: 현 중국 廣州 소재)와 남화사(南華寺)를 답사하고 혜사선사의 옛 도량 반야사(般若寺, 현 福嚴寺)를 방문하였다. 혜사선사의 도량인 남악산 복엄사에 회양선사의 추모비가 '선종7조 남악회양선사 최승륜탑(禪宗七祖 南嶽懷讓禪師 最勝輪塔)'의 이름으로 우뚝 서 있는 것을 보고, 필자는 선종사의 많은 의문점을 풀게 되었다.

복엄사 바로 밑에 혜사선사의 삼생유골(三生遺骨)을 모신 삼생탑(三生塔)이 있어, 지금도 향화(香火)가 그치지 않고 있다. 회양은 천태 창건 옥천사의 승려로 천태선사가 스승인 혜사선사를 추모하여 비를 세웠던 반야사(般若寺)의 옛터를 복원해, 그곳에서 혜사선사를 추모하고 지내면서 제자 마조도일선사를 만난 것이다. 필자는 뒷날 이 문제를 명백히 해 혜사선사를 다시 현창하기 위해, 『마조도일선사(馬祖道一禪師) 어록』을 발간할 예정이다.

또 혜능선사를 만난 일이 없던 남양혜충선사(南陽慧忠禪師)도 혜능의 제자로 이름이 오른 것 또한 달마남종으로 불교 중심을 세웠던 국가불교 왕권의 힘이 아니고 무엇으로 설명할 수 있겠는가. 남양혜충선사도 일생 도안법사(道安法師)와 혜사선사(慧思禪師)의 진영을 모시고 다니며 두 분 성사를 추모하였다.

특히 대감혜능선사를 만나기 전 이미 『유마경』에서 깨쳐 붇다의 마음도장[佛心印]을 전한 영가선사(永嘉禪師)에 대해서는 천태 달마 양문의 선문파에서 오래도록 논란이 있어 왔다. 『전등록(傳燈錄)』의 영가선사에 대한 기록도 또한 영가선사가 혜능선사를 만나기 전 삼장을 널리 탐구하고 천태지관(天台止觀)에 정통하여 붇다의 마음도장[佛心印]을 깨친 선사라 기술하고 있다.

달마선문의 『전등록』과 천태선문의 전등사서인 『불조통기(佛祖統紀)』의 기록은 거의 내용이 『육조단경』의 영가선사가 육조를 만난 기록과 일치하나, 몇 가지 내용만 자종의 법통을 세우기 위해 다른 내용이 포함 되어있다.

먼저 『육조단경』으로 가장 뒷시대 편집된 종보본(宗寶本) 단경에서 영가선사가 혜능선사를 만난 기록을 보면 다음과 같다.

영가현각선사(永嘉玄覺禪師)는 온주(溫州) 대(戴)씨의 아들이다.

젊어서 경론을 익혀 천태지관법문(天台止觀法門)에 정통하였는데 『유마경』을 보다가 마음바탕〔心地〕을 밝혀내었다.

마침 혜능대사의 제자 현책(玄策)과 서로 만나, 그와 함께 깊은 뜻을 말하였는데, 말을 내는 것이 가만히 여러 조사의 뜻에 합치하였다.

현책이 말했다

"인자가 법을 얻은 스승은 누굽니까?"

"내가 방등경론을 들을 때는 각기 스승으로부터 이어 받음〔師承〕이 있었으나, 뒤에 『유마경』에서 불심종(佛心宗)을 깨치고서는 증명해준 분이 없습니다."

현책이 말했다

"위음왕불(威音王佛) 이전에는 그럴 수 있지만 위음왕불 이후에는 스승없이 스스로 깨달음〔無師自悟〕은 모두 타고난 외도입니다."

"원컨대 어진이는 나를 위해 증거 해주오."

현책이 말했다.

"나의 말은 가볍소. 조계에 육조대사가 계시어 사방에서 배우는 이들이 구름처럼 모여드는데, 모두 이 법을 받는 이들입니다. 만약 그곳에 가겠다면 함께 가겠소."

현각이 드디어 현책과 함께 와 뵈었는데, 대사의 주위를 세 번 돌고 석장을 떨치고 서 있었다.

대사께서 말하였다.

"사문이란 삼천 가지 위엄있는 자태와 팔만 가지 작은 행동거지들을 다 갖추어야 하는데, 대덕은 어디서 왔기에 큰 아만을 내오."

현각이 말했다.

"나고 죽음의 일이 크고, 덧없음이 빠르고 빠릅니다."

대사께서 말씀하셨다.

"어찌 남이 없음〔無生〕을 체달하지 못하며, 빠름 없음〔無速〕을 깨닫지 못하오?"

"체달함에 곧 남이 없고, 깨달음에 본래 빠름이 없습니다."

대사께서 말씀하셨다.

"그렇소, 그렇소."

현각이 바야흐로 위엄있는 자태를 갖추어 절하고 곧 하직하니 대사께서 말씀하셨다.

"도리어 너무 빠르지 않은가?"

"본래 스스로 움직임이 아닌데 어찌 빠름이 있겠습니까?"

대사께서 말씀하셨다.

"누가 움직이지 않음을 아는가?"

"인자께서 스스로 분별을 내십니다."

대사께서 말씀하셨다.

"그대는 깊이 남이 없는 뜻〔無生之意〕을 얻었구나."

"남이 없는데 어찌 뜻이 있겠습니까?"

대사께서 말씀하셨다.

"뜻이 없는데 누가 분별할 수 있는가."

"분별함도 또한 뜻이 아닙니다."

조사께서 말씀하셨다.

"훌륭하다 잠깐 하룻밤이라도 쉬어가라."

이런 까닭에 당시 사람들은 현각을 하룻밤 자고 깨친 이〔一宿覺〕라고 하였다. 나중 『증도가(證道歌)』를 지어 세상에 크게 성행하였다.3)

---

3) 永嘉玄覺禪師 溫州戴氏子 少習經論 精天台止觀法門 因看維摩經 發明心地
   偶師弟子玄策相訪 與其劇談 出言暗合諸祖
   策云 仁者得法師誰 曰 我聽方等經論 各有師承 後於維摩經 悟佛心宗 未有
   證明者
   策云 威音王已前卽得 威音王已後 無師自悟 盡是天然外道
   曰 願仁者 爲我證據
   策云 我言輕 曹溪有六祖大師 四方雲集 並是受法者 若去 則與偕行
   覺遂同策來參 繞師三匝 振錫而立

이 종보본 『단경』을 중심으로 『전등록』과 『불조통기』의 기록
을 살펴보면, 천태지관 법문에 정통하여 『유마경』에서 '붇다의 마
음의 종지〔佛心宗〕'를 깨달았다고 말한 것은 동일하다.

다만 『불조통기』에서는 육조의 제자 현책선사가 『유마경』에서
깨쳤다 해도 '스승 없이 깨치면 다 타고난 바깥길〔天然外道〕이라'고
말하니, 영가선사가 현책을 따라 혜능선사를 만나러 갔다는 기록
은 없다.

혜능선사를 만나 불심종을 검증한 것은 사실이나 '하루 자고 깨
친 분'이라거나 『증도가(證道歌)』에서 '조계의 길을 알고서야 비로
소 나고 죽음에서 해탈했다'는 구절은, 영가의 행장과 『불조통
기』 기록으로 보아 사실이 아니라고 보아야 할 것이다.

천태선문의 가풍은 중도실상과 중생의 본래 깨침〔本覺〕에 뿌리
두고, 문자반야로 검증하는 것을 중시한다. 그러므로 사람끼리의
인정을 통해 법통을 강조하는 달마선문의 가풍과는 길을 달리한
다. 『단경』이 '스승 없이 깨치면 외도라'고 말함에 대해 혜사선사
는 최상승의 깨침을 『법화안락행의(法華安樂行義)』에서 '스승 없
이 스스로 깨쳐 빨리 붇다의 도를 이룬다〔無師自悟 疾成佛道〕'고
말한다.

그리고 『전등록』과 『단경』에서 현책의 권유로 혜능선사를 만났

師曰 夫沙門者 具三千威儀 八萬細行 大德自何方而來 生大我慢
覺曰 生死事大 無常迅速 師曰 何不體取無生 了無速乎
曰 體卽無生 了本無速 師曰 如是如是
玄覺方具威儀禮拜 須臾告辭 師曰 返太速乎 曰 本自非動 豈有速耶
師曰 誰知非動 曰 仁者自生分別 師曰 汝甚得無生之意 曰 無生豈有意耶
師曰 無意誰當分別 曰 分別亦非意 師曰 善哉 少留一宿 時謂一宿覺
後著證道歌 盛行於世 諡曰無相大師 時稱爲眞覺焉

다는 기록에 대해 『불조통기』는 영가선사가 천태선문 7조 천궁혜위선사의 제자로서, 천태8조인 좌계현랑선사(左溪玄朗禪師)가 격려하여 현책과 같이 혜능을 만났다고 기술하고 있다.

좌계선사는 영가선사와 천궁혜위선사(天宮慧威禪師)의 동문제자이다. 그러므로 『불조통기』는 영가현각선사를 천궁혜위선사의 방출제자〔天宮傍出〕로 그 이름을 올리고 있다. 영가선사는 천궁선사에게 가르침 받던 제자로 『유마경』에서 깨쳐 『영가집』을 집필한 선사이다. 당대 뛰어난 선사로서 영가를 달마선문과 천태선문이 모두 자기 법맥에 포함시킨 것은, 당시 두 선문 사이 법통을 둘러싼 치열한 논쟁이 있었음을 나타낸다.

그것을 단적으로 보여준 것이 영가 『증도가(證道歌)』 안의 몇 수 게송이니, 이 게송들은 문헌상 그리고 역사적 사실의 맥락상, 영가를 달마선문이 자기 법통에 끌어들이기 위해 후대 지어 붙인 게송으로 보아야 할 것이다

영가 『증도가』 가운데 후대 첨가된 것으로 추정되는 송(頌)은 다음 게송들이다.

강과 바다에 노닐고 산과 내를 거치어
스승 찾고 도를 물어 참선하였네.
조계의 길을 알고서부터
나고 죽음이 서로 간섭 않은 줄 알았네.

遊江海 涉山川 尋師訪道爲參禪
自從認得曹溪路 了知生死不相干

법의 깃발 세우고 종지를 세움이여

밝고 밝은 붇다의 분부는 조계이시네.
첫째 가섭존자 맨 먼저 법의 등불 전하니
스물여덟 대는 서천에서 언약했네.

建法幢　立宗旨　明明佛勅曹溪是
第一迦葉首傳燈　二十八代西天記

법이 동으로 흘러 이 땅에 오니
보리달마가 첫 조사가 되어
여섯 대에 옷을 전함 천하에 들리니
뒷사람의 도를 얻음 어찌 그 수를 다하리.

法東流　入此土　菩提達磨爲初祖
六代傳衣天下聞　後人得道何窮數

　『전등록』과 『불조통기』 기록 모두 영가선사가 혜능을 만나기 전 『유마경』에서 불심종을 깨달았다 했으니, '조계의 길을 알고서야 나고 죽음 간섭치 않음 알았다' 하는 것은 뒤에 두 선문 법통 싸움에서 덧붙여진 게송으로 보아야할 것이다.
　그리고 육대전의설(六代傳衣說)은 영가선사 뒤에 하택신회선사에 의해 만들어졌고, 인도28조설 삼삼조사설은 하택신회선사 뒤 『보림전(寶林傳)』에 가서야 일반화 된 이야기인데 『증도가』에 붙어 있는 것은 모두 법통설의 정당성을 위해 첨부된 게송으로 보아야 할 것이다.
　이 송들을 내놓고는 모든 게문의 뜻이 『유마경』의 뜻에 부합되고, 게송 가운데, 유마대사(維摩大士)라는 말이 직접 등장하므로, 이는 영가선사가 『유마경』에서 깨닫고 그 깨친 뜻을 노래로 읊은 것으로 볼 수 있다.

그런데 여기서 우리는 다시 물음을 던지지 않을 수 없으니, '사람에게 법을 받아 뒤에 다시 전한다'는 사고가 경전의 가르침에 부합하는가 이다. 경의 가르침으로 보면 사람이 법을 깨쳐 도를 넓히지만 도(道)와 법(法)은 사람에 갇히지 않는다. 도는 사람의 말과 사유를 떠나지 않지만, 사유와 말에 걸리지 않아야 부사의 해탈(不思議解脫)이며 법계의 진리이다.

사람이 지혜로 실상에 돌아갈 때, 그 지혜의 사람이 도를 행하는 사람이고 법을 전할 수 있는 사람이다. 깨친 이의 지혜와 가르침의 말은 모두 중도실상에 바탕한다. 이른바 깨친 도인(道人)을 우상화하고, 그의 말과 행동을 금과옥조처럼 따르는 것은 붇다의 뜻이 아니다. 문자반야(文字般若)를 중심으로 보면 이 경이 붇다와 보디사트바를 출생하며 보디사트바의 행이 저 붇다의 나라에 가는 인행이 되지만, 실상을 깨친 사람의 행이 보디사트바의 행이 되고 보디의 행이 되는 것이다.

경의 말씀은 진리와 하나 된 여래의 지혜가 세간 문자행으로 발현된 것이니, 『유마경』은 '법에 의지하고 사람에 의지하지 말라〔依法不依人〕'고 가르친다. 여기서 법은 실상의 법이자 수트라의 문자반야를 모두 포괄한다. 경의 가르침에 의하면, 법을 의지해〔依法〕법을 깨친 사람을 선지식으로 따라야 하는 것이니, 사람을 의지해〔依人〕사람을 따라 문정을 세우고 문파를 만드는 것은 바른 보디사트바의 길이 아니다.

또 말〔言〕은 늘 뜻〔義〕을 나타내기 위해 세운 것이니, 뜻을 의지해야지, 말의 형식을 따라 말이 나타내고자 하는 참뜻을 어그러뜨려서는 안 된다〔依義〕. 경전 언어를 듣고 그 말만을 관념으로 헤아려 알아듣고 지혜에 나아가지 못하면 그는 진리의 문 밖〔門外〕에 서 있는 자이다〔不依語〕.

그래서 수행자는 여래께서 방편으로 설한 바, '뜻을 다하지 못한 경〔不了義經〕'에 의지해서 그 말에 갇혀서는 안 되고〔不依不了義〕 방편을 통해 방편을 넘어서 법의 진실에 돌아가야 하는 것〔依了義〕 이다. 이것이 본 『비말라키르티 수트라』가 말세 수행자 우리 중 생에게 당부하신 내용이다.

그러므로 붇다의 법을 따른다고 하며 문자만을 쫓거나 말만을 꾸 미면 그는 여래의 법에서 곡식의 겨와 껍데기만을 쫓는 사람이고, 참선한다고 선방에서 지낸 철 수만을 계산하고 참선하는 모습만을 자랑하는 것도 여래의 뜻을 등지는 것이다.

'선 없는 교〔無禪之敎〕'의 무리는 길은 가지 않고 길 이정표만을 드려다 보는 자이고, '교 없는 선〔無敎之禪〕'의 무리는 바른 길의 방향도 모르고 무작정 걷는 자이다.

여래의 가르침은 선수행과 해탈의 발걸음에 입구이자 나침반이 며, 다시 그 가르침이 역사의 바다에 나아가는 새로운 입구가 되 고 이정표가 되며 검증의 잣대가 된다.

문자반야가 물든 세간을 벗어나 도에 드는 입구의 문〔入道之門〕 이 될 뿐 아니라, 세간 중생에게 나아가는 새로운 입구의 문을 열 어주는 것〔入世間門〕이니, 교 없는 암증선(暗證禪)이 어찌 오늘 이 시대 불교, 선불교의 응답이 될 수 있겠는가.

선의 무념(無念)은 다만 생각 없음이 아니라, 생각에 생각 없음〔於 念無念〕이므로 무념(無念)은 생각 없되 다시 생각 없음마저 넘어서, 지식 문명의 밝은 인도자〔明導〕가 되고, 인간 사유 활동의 다함없는 등불〔無盡燈〕이 되어야 하는 것이다.

4. 신라 원효(元曉) 의상(義相) 두 성사가 백제 땅에서 고구려 보덕국사 (普德國師)에게 『유마경』을 배우다

인도에서 본 『유마경』은 『아가마수트라』가 설해진 뒤 부파의 여러 이설들이 어지러울 때, 바른 법의 기치를 세워 마하야나 교단이 이루어지는 디딤돌이 되었다. 중국에서는 『유마경』이 번역되고 풀이되고 유포됨으로써, 분열의 시대를 끝내고 새로운 통일 왕조시대를 열고 붇다의 법을, 나라의 위 아래 모든 삶들 곧 풀뿌리 삶들에서 지배자 권력층까지 함께 배우는 불학(佛學) 전성시대를 열었다.

그렇다면 우리 (한국)불교의 역사에서 이 『유마경』은 어느 때 유포되었는가. 이미 삼국전쟁시기 『유마경』은 널리 승가학습의 교재로 채택되었으니 그것은 『삼국유사(三國遺事)』의 기록을 통해 알수 있다.

우리 역사 고려조에 들어 나라가 통합을 이루지 못하고 안정적기반을 세우지 못할 때, 문종(文宗)의 넷째 아들로 출가해 우세승통(祐世僧通)이 되신 의천존자(義天尊者)는, 신라 원효(元曉) 의상(義湘) 양 성사를, 나라의 스승[國師]으로 추존하였다. 그리고 조계선[曹溪業], 화엄[舍那業], 법상[瑜伽業]과 더불어, 천태선사의 선교(禪教) 회통의 종지[止觀業]를, 나라 불교의 네 큰 사상적 중심[四大業]에 세웠다.

그리하여 의천존자는 당시 고려사회 선종(禪宗)과 교종(教宗)이 대립하고, 후삼국시대 분열의 후유증이 지속되고 있던 고려사회를 통합하려는 실천적 노력을 기울였다.

의천(義天)의 노력으로 고려조에 의상은 전교국사(傳教國師), 원효는 화쟁국사(和諍國師)로 추존되었다. 특히 의천존자는 원효를 효성(曉聖), '대성 화쟁국사(大聖和諍國師)'라 부르며 『능가경』을 공부하는 중국의 고승에게도 원효성사의 『능가경소(楞伽經疏)』를 의지해 공부하도록 권유하는 편지글을 보냈다. 그리고 그 편지에 원효가 선교(禪敎)를 통달하고 신통(神通)까지 갖춘 성사임을 말하고 있다.

필자는 출가 이전, 속가 형님이신 배동엽 거사(전남대 불교학생회 창립 초대 회장)의 인도로 광주 관음사(觀音寺)에 나가, 호남불교의 선각자 윤주일(尹柱逸)선생으로부터 법문을 들었고, 당시 선암사 승려로서 조선대 교수였던 이영무 선생에게 강의를 들었다. 법문과 강설을 듣는 가운데 의천존자가 경주 분황사에서 '효성(曉聖)께 바치는 재문'에 대한 이영무 선생의 강설을 듣고 감명을 받은 바 있다.

필자는 그 뒤 얼마 안 되어 대학 진학한 그해 말, 원효의 도량 경주 분황사에서 출가하였다. 대학 학창생활과 출가사문으로서의 생활을 종로 대각사에서 같이 병행하기 전, 필자는 분황사(芬皇寺)에 다시 내려왔다가 다시 영주 부석사(浮石寺)로 은사스님을 따라가게 되었다.

그 당시 대학은 70년 초 유신 이전 교련 반대 등 일련의 시위가 격화되어 휴교한 상태라 휴교를 빌미로 나의 분황사 부석사 생활과 학창생활의 양립이 가능하게 되었다.

필자는 이러저러한 세간의 우여곡절을 겪으며 출가 초기 의천존자가 고려조에 국사로 추존한 원효와 의상 두 성사의 도량을 모두 거치게 되었으며, 근세 용성조사(龍城祖師)의 도량 종로 봉익동 대각사(大覺寺)에서 학창생활을 보냈다. 그러면서 용성선사의 1세대 제자들인 동헌선사(東軒禪師) 동광선사(東侊禪師)로부터 선수행의 탁마를 받았으며, 당시 대각사에 출입하였던 고암선사(古庵禪師) 춘성선사(春城禪師) 지효선사(智曉禪師)와 인연을 맺었다. 그 뒤 학 창생활을 마치는 그해 겨울, 오대산 상원사(上院寺) 선원에서 여러 선객스님들과 같이 겨울 안거 정진하다 군대에 입대하게 되었다.

스물 이전 사상적 영향과, 출가초기 원효 의상 양성사의 도량을 겪은 삶의 체험은 강력한 것이었다. 한국불교 전통 승단에서 출가 자의 선수행은 조사선(祖師禪)의 영향을 벗어날 수 없다. 한국불교 의 조사선(祖師禪) 지상주의적인 선수행의 풍토 속에서, 학담 또한 상원사 망월사 해인사 동화사 등 제방 선원에서 정진하였다. 그러 다 강진 백련사(白蓮寺) 선원에서 2년 칩거 정진하며 고려 백련결 사(白蓮結社)를 주맹했던 선사들의 기록을 읽으며 고려 천태계열의 선사들의 어록 속에 중국 조사가 아니라 우리불교 성사들에 대한 추모의 뜻이 담겨 있음을 알게 되었다.

고려 의천이 국사로 추앙하고 대성으로 받들던 원효 의상에 대한 언급이, 왜 고려말 이래 이른바 조사선풍 선사들의 어록에서는 한 마디도 발견할 수 없는가.

이러한 물음 속에서 한길사(필자의 『평석아함경』 발간 출판사) 인문학강 좌 강의를 위해 일연선사(一然禪師)의 『삼국유사(三國遺事)』를 열 람하다. 원효 의상이 삼국전쟁 당시 백제 땅에 들어와 고구려 보 덕국사에게 이 『유마경』을 배웠다는 의천존자의 추모 게송을 보 게 되었다.

고구려 보덕국사(普德國師)는 고구려 땅 반룡산(盤龍山) 연복사 (延福寺)에 머물다가 고구려 마지막 왕 보장왕(寶藏王)과 함께 할, 시절 인연이 다한 줄 살피고, 어느 날 홀연히 대중을 거느리고 백제 땅 고달산(지금 완산군)에 이르러 그곳에 경복사(景福寺)를 창건하였다.

그리고 보덕성사가 그곳에서 신라에서 온 원효 의상 두 수행자에게 『열반경』과 방등경을 강설하였고, '원효 의상이 보덕국사에게 열반 방등의 가르침을 전해 받았다'는 그 내용이, 의천의 추모 게송과 함께 『삼국유사』에 기록된 것이다.

대각국사(大覺國師) 의천(義天)이, 고려사회 시대적 위기 속에서 원효를 나라의 스승으로 모시게 된 원효불교의 실천적 과제는 화쟁(和諍)이다. 화쟁은 대립과 갈등 충돌이 있는 곳에 열림과 소통을 구현하는 실천의 이름이다. 원효가 왜 신라 당대 불교에서 따돌림 받았을까. 그것은 당시 당(唐) 제국 화엄교(華嚴敎)의 철학적 권위를 따르며, 당과의 군사적 연합을 통해 신라를 중심으로 세 나라의 통합을 바랐던 신라 정치세력 기득권 불교세력이, 원효께서 회통적 교관(敎觀)을 천명하며 '전쟁하는 역사를 화쟁하고 소통하려는 염원'을 인정하지 않았기 때문이리라.

원효의 『십문화쟁론(十門和諍論)』은 불교철학 안 대립적인 범주〔法數〕의 모순 극복 이론의 화쟁을 통해, 당시 전쟁하는 역사의 모순을 극복하려는 인식론적 고투의 산물이다.

원효는 전쟁하는 역사의 한복판에서 화쟁(和諍)이라는, 세간역사와 출세간법 회통의 화두(話頭)를 안고, 목숨을 걸고 국경을 넘어 백제 땅으로 들어가, 스승 고구려 보덕성사(普德聖師)를 만나 『열반경』과 이 『비말라키르티수트라』를 수업하였으리라.

그리고 의천 또한 충돌과 대립이 있는 고려사회의 위기를, 원효의 화쟁정신으로 극복하기 위해 원효를 '대성 화쟁국사'로 추존하였으리라.

의천이 고달산 경복사 옛터를 찾아가 지은 추모송은 다음과 같다.

> 원효 의상 두 성사가
> 옷깃 공손히 도 배우던 날은4)
> 보덕국사 높은 스님 홀로 거닐던 때
> 열반경과 방등경의 가르침을
> 우리 스승으로부터 전해 받았네.
>   …… ……
> 안타깝다 방장을 날려 온 뒤에
> 동명왕의 옛 나라 위태로웠네.

> 兩聖俅衣日 高僧獨步時
> 涅槃方等教 傳受自吾師
>   …… ……
> 呵惜飛房後 東明古國危

여기서 방등교를 왜 『유마경』으로 풀이하는가. 그것은 천태선사
가 『유마경』의 교상(敎相)을 판석하면서 『열반경』을 함께 끌어
들여 『유마경』과 『열반경』이 모두 붇다 교설안의 차별적인 언교
를 거두어서 회통의 길을 밝혔다고 함에 근거한다. 천태선사에 따
르면 두 경은 모두 회통을 열어주는 일승의 길이다. 다만 『유마
경』은 붇다의 교설 안에 있는 나고 남〔生生〕과 나되 남이 없음〔生
不生〕과, 남이 없이 남〔不生生〕과 남이 아니고 남 없음도 아님〔不生
不生〕의 방편의 뜻을 없애지 않는 회통의 길이다. 그에 비해, 『열
반경』은 방편 안에서 방편을 짓지 않는 회통의 길이다.

---

4) '두 성인이 옷깃 공손히 도 배우던 날'이라는 이 구절을 '원효 의상 두 성
   인이 경을 읽던 날〔兩聖橫經日〕'이라 판본을 읽은 이도 있다.

우리는 이 게송을 통해 당시 고구려 백제 신라에서 오직 배타적 권력의 힘만으로 타자를 무너뜨리려는 지배세력 중심의 통합을 추진하는 세력 밖에, 당시 세 나라의 화쟁을 통해 역사를 소통하려는 세력의 사상적인 연대가 있었다고 보아야 할 것이다.

　보덕국사의 백제 망명이, '살던 방장을 날려 왔다〔飛來方丈〕'는 설화로 기술된 것은 아마 망명하는 보덕국사의 일행을 많은 민중 동조세력들이 무사히 길을 열어 주었기 때문은 아니었을까 생각해본다. 그리고 백제 고달산에서 원효 의상에게 『열반경』과 방등교를 가르친 것은 '차별과 다름을 무너뜨리지 않고 하나됨을 성취하게 하는 분다의 가르침 안 화쟁의 뜻'을 받아 역사의 통합을 이루게 하려는 보덕성사의 부촉이었을 것이다.

　그래서 원효는 당 제국과 군사적 연합을 통해 이루어진 신라 중심의 국가 통합이 이루어진 뒤에도, 백제 땅과 고구려 땅에 머물러 그곳 유민들과 함께하며 그들을 위무하고, 절망에 빠진 그들에게 새 삶의 희망을 안겨주었을 것이다.

　오늘 이 땅 역사현실의 가장 큰 비극적 상황은, 오랜 세월 하나의 생활공동체 정치공동체로 살아온 나라의 분단, 곧 같은 동족끼리 총칼을 겨누며 서로 증오의 에너지를 키우는 현실로 요약될 수 있다.

　우리 진영의 이익만을 옹호하는 사고의 절대화, 체제의 절대화는, 있음이 있되 공함을 가르치는 여래 교설에 배치된 사유이고 세계인식이다. 사유에서 사유를 벗어나고 모습에서 모습을 벗어나는 연기론의 개방적 사유가, 우리 편끼리 만의 진영논리, 우리 끼리 만의 가치 공유의 허구에서 벗어날 수 있다. 설사 그것이 절대신의 이름, 우주적 원리의 이름으로 발언되더라도 모순과 충돌이

전제되어 있는 삶의 영역에서 나와 다른 것의 소통과 화해를 말하지 않는 온갖 이념, 절대의 진리, 신성(神性)의 이름은 모두 허구이자 환상이다.

대결과 분단의 역사에서 화쟁을 말하지 않는 일방 진영만의 가치 공유, 타자의 신념체계를 송두리째 부정하는 종교적 메시지는 모두 거짓이다.

이제 우리는 오늘 분단과 대결주의의 질곡 속에서 다시 원효의 화쟁(和諍)을 말해야 한다.

이 『비말라키르티수트라』의 새로운 발간은, 백제 땅에서 고구려의 고승이 저 신라 원효 의상(元曉 義湘) 두 수행자에게 통합의 세계관과 회통의 시각을 가르친 아름다운 인연의 부활을 꿈꾸는 작은 몸부림이다.

이제 이 분단과 갈등의 땅에 보덕(普德) 원효(元曉)의 당부를 따라, 다시 화쟁의 기치를 들어 이 분단의 질곡과 장애를 불이법문(不二法門)의 실천으로 넘어서야 할 것이다.

5. 처음 『유마경』 강설을 듣고 출발한 학담의 출가 초기 생활

학담의 출가는 예견되지 못한 갑작스러움으로 내게 다가왔다. 세속 나이 스물이 채 되기 전, 지방에서 올라와 대학생활을 시작하던 나는 백봉(白峯) 김기추(金基秋) 선생의 초기 제자로 연세대를 졸업한 불교계 선배[이수열 선생]의 권유로, 한 해 겨울 방학을 백봉문하에서 공부하기로 약속하였다. 그리고 그해 겨울 경주 분황사 서울대 불교학생회 수련법회에서 은사 도문화상을 만나 출가하였다. 이 일련의 과정은 이미 예정된 운명의 실타래가 풀리는 것처럼 숨 가쁘게 흘러갔다.

백봉선생이 머물던 곳은 지금 대전 유성(大田儒城) 학하리 근처 초당이었다. 거사로서 오도(悟道)의 체험을 겪은 그는, 기성 승가의 선객들이 인정해주지 않는 풍토에 크게 절망하면서 스스로 유마거사(維摩居士)의 현세 출현을 자임하는 듯했다. 선생은 초인적인 힘으로 오전 오후 『금강경』과 『유마경』 강설을 두 달 가까이 쉬지 않고 진행하였다. 선생은 기존 승가의 선원 등에서 이른바 선지식들이 오직 자기 문파 스승의 인가를 내세워 종사(宗師) 노릇을 할 때, 자신의 오도(悟道)를 경전의 가르침을 통해 검증하려 했으며 강설을 통해 널리 전하려 하였다.

나는 이미 출가한 내 자신에 대한 발심의 경책으로, 오전 오후 강설이 끝나면 좌복과 두터운 외투만을 들고 뒷산 묘지 사이에 앉아 좌선하다, 새벽에 방에 돌아와 잠깐 쉬고 아침 공양을 들고 강설을 들었다.

정진 기간이 반을 넘어서 나는 백봉선생께 출가한 사실을 알리고, 그 뒤 내가 제안해서 정진대중이 같이, 유성 왕가봉 산에 올라 그곳 암자에 계시는 석우(石牛)스님이라는 노선사(老禪師)를 만났다. 석우선사(石牛禪師)는 함께 간 대중 가운데 나를 불러 백봉에게 가서 '밥맛이 어떤가' 물어보라 하셨다. 나는 얼마 전까지 출가가 반백년이 다되도록, 내 마음 속에서 왕가봉 산등성이 작은 암자 뒷마루에 홀로 앉아, '밥맛이 어떤가' 물어보라는 석우선사의 당당한 모습을 극복하지 못했다.

그 뒤 대각사에서 내가 모셨던 용성조사(龍城祖師)의 상수제자 동헌선사(東軒禪師)께 백봉선생을 이야기하고 왕가봉 석우노사를 물으니 동헌선사는 지체 없이 '선객이다'고 답하시고 그가 만공선사(滿空禪師)의 제자라고 알려주셨다.

유성에 있는 동안 백봉선생이 매일 폭포처럼 강설하는 경전 언구의 물결이 내 몸에 쏟아졌지만 그 가운데서도 '밥〔食〕에 평등해야 모든 법(法)에 평등할 수 있다. 육사외도(六師外道)가 떨어진 곳에 함께 떨어질 수 있어야 밥을 빌 수 있다.'는 『유마경』의 밥 법문이 나의 뇌리를 때렸다. 그리고 백봉선생으로부터 들은 법문 가운데 '다리는 흐르고 물은 흐르지 않는다〔橋流水不流〕'라는 쌍림 부대사(雙林傅大士)의 게송의 언구가 나의 공안(公案) 의정의 뿌리가 되었다.

그래서 나는 종로 계동(桂洞)에 도량을 개설해, 이십 년 가까이 머물러 살 때, 부대사의 다음 게송 전문을 도량 주련글씨로 모셨다.

부대사의 게송은 다음과 같다.

빈손에   호미자루 쥐고
걸어가며 물소를 탔네.
사람이 다리를 좇아 오는데
다리는 흐르고 물은 흐르지 않네.
空手把鋤頭   步行騎水牛
人從橋上過   橋流水不流

출가해서 백봉거사로부터 『유마경』 강설을 듣고 나는 분황사(芬皇寺)와 부석사(浮石寺)를 거쳐 71년 9월, 휴교령이 그친 동숭동 대학교정에 복귀하였다. 그 뒤 내가 주선해 대학 불교강연에 초청한 광덕선사(光德禪師)의 강연을 듣다 '홀연히 화두일념(話頭一念)

만 남고 만상(萬像)이 사라진 체험'을 겪으며, '말 아래 단박 나고 죽음을 잊는다〔言下頓忘生死〕'는 옛조사의 언구에 의심내지 않게 되었다.

대학 교정에 돌아왔지만 동헌선사가 주석하고 계시는 대각사에 방부들이지 못하고 승복을 걸친 채 창신동 언덕배기 집에서 고향 벗들과 자취하며 한 학기를 지냈다. 그해 겨울 경주 단석산(斷石山)에 염불삼매(念佛三昧)를 얻은 스님이 계시다는 말을 듣고, 단석산을 찾아가 일주일 잠자지 않고 용맹기도를 하였다. 용맹염불 정진을 마치고 산을 내려오다, 백봉회상에서 들은 『선문염송(禪門拈頌)』 제1칙 공안의 법문이 한 다발 언구의 화살이 되어, 홀연히 허공에서 날아와 이마에 꽂히며, 평지에서 자맥질하는 체험을 겪었다.

공안 법문은 다음과 같다.

투시타하늘 떠나지 않고
세존이 이미 왕궁에 내리셨고
어머니 태를 벗어나지 않고
중생 건넴을 이미 마쳤다.

未離兜率　已降王宮
未出母胎　度生已畢

단석산 용맹 염불 정진을 마치고, 나는 출가하고서도 절에 살지 못하고 밖을 떠도는 내 삶을 돌아보며, 화계사 근처 동국대 불교대학 기숙사 백상원(白象園) 옆에 작은 방을 얻어, 홀로 『유마경』을 다시 열람하며 좌선하였다. 열람 도중 「아초바붇다를 뵙는

품〔見阿閦佛品〕」의 붇다의 몸이 '가는 것도 아니고 오는 것도 아니
며 머묾도 아니라'는 구절에서 크게 환희하였다.

그 뒤 학담 세속 나이 60이 다 되어갈 무렵 불광법주(佛光法主)
광덕선사(光德禪師)가 요청하여 불광법회에서 매주 한품씩 『유마
경』을 강설하였다. 출가 초기 대각사에서 광덕선사를 모시고 지낸
법은(法恩)을 나름 갚은 셈이다.

이번 발간하는 본 『비말라키르티수트라』는 불광법회 때 번역한
강의본을 수정하고 주석을 붙여 발간하는 것이다.

이 단락의 글을 마무리하며, 나의 출가생활 반백년이 될 무렵,
어느 겨울날 출가초기 처음 『유마경』 강설을 들었던 대전 유성생
활을 회고하며, 왕가봉산을 방문하여 석우선사의 옛 자취를 살피
고 돌아와 지은 게송을 첨부한다.

학담이 출가하여 첫해가 되던 날
유성의 초당에서 백봉선생을 뵈었네.
반야경과 유마경을 그 문하에서 배우고
무덤사이에서 좌선하여 밤에 눕지 않았네.

鶴潭出家初年日　儒城草堂見白峯
般若方等斯門學　塚間坐禪夜不臥

낮에는 강설 듣고 밤에는 선정 닦았는데
하루는 밖으로 나가 왕가봉에 올랐네.
암자에서 홀연히 석우선사를 만났는데
노선사는 단정히 앉아 오는 손님 맞았네.

晝中聽講夜修禪　一日外出登王家

庵中忽逢石牛師　老師端坐接來客

노선사의 한소리 지금도 또렷하니
밥맛이 어떠하고 맛은 어디 있는가.
반백년 뒤에 다시 유성에 가니
그 소리는 귓가이나 선사는 어디 있는가.

老師一聲今歷歷　飯味如何味何處
半百年後去儒城　其聲耳邊師何在

찬 하늘에 기러기 날아 붉은 놀을 뚫는데
기러기 새 그림자는 학 못에 날아가네.
돌소가 밭을 갈아 그 힘이 강한데
소 밭 가는 소리 아득하여 솔숲 사이이네.

寒天雁飛透紅霞　鳥影飛去鶴潭淵
石牛耕田其勢强　牛聲悠悠松林間

6. 이념의 절대화와 해탈, 에로스의 해방과 보디사트바의 행

　『유마경』에서 진리의 바탕[體]으로 제시하는 참성품의 해탈[眞性解脫]이란, 삶의 연기적 실상에 돌아가 이념과 사유의 절대화와 경직성에서 놓여남을 뜻한다. 왜인가. 생각에 생각 없으면[於念無念] 생각과 생각 없음을 모두 얻을 수 없기 때문이다. 무념의 뜻[無念義]으로 보면 사유와 언어의 고정화는 사유인 저 세계를 고정하는 것이며 언어로 드러나는 모든 관념, 모든 인간의 사유체계를 고정하여 서로 다른 사람 사이, 사회의 소통을 가로막기 때문이다.

필자는 한국사회 나아가 인간사회가 갈등하고 충돌하는 원인이 이해관계의 충돌이자, 세계에 대해 알고 있는 자기 관념을 붙들고, 다른 이의 세계를 이해하는 신념체계와 그들만의 언어용법을 부정함으로써 벌어진다고 생각한다.

붓다 당시 말룽카푸트라(Mālunkya-putra, 鬘童子)라는 수행자가 붓다를 찾아와, '몇 가지 물음에 대해 붓다께서 답변해 주시지 않는다면 붓다세존을 떠나겠다'고 말한다. 그러고 다음 같은 물음을 던진다.

'세간과 나는 항상한가, 덧없는가.
세계는 끝이 있는가, 끝이 없는가.
여래는 죽은 뒤에 있는가, 없는가.
목숨이 몸인가, 목숨과 몸은 다른가.'

여래는 말룽카푸트라의 이 물음에 대해 답하지 않으시고, 이와 같은 물음에 매달리는 것은 독화살을 맞은 이가 독을 치료하지 않고 '화살을 쏜 자가 누구이고, 그의 출신 성분은 무엇이며, 활의 종류는 무엇이고, 독은 무슨 독인가'를 묻는 어리석음과 같다고 말씀한다. 이 이야기는 「독화살로 비유한 경〔箭喩經〕」으로 알려져 있으며, 경에서 여래께서 답하진 않으신 물음은 '열네 가지 말할 것 없는 법〔十四無記法〕'으로 정의된 물음이다. 여래는 왜 물음에 답하지 않으신 것인가.

세계의 유한과 무한을 묻는 이 물음은 다시 '저 세계가 관념인가, 물질인가'라는 물음에 대입할 수 있으며, '세계는 의식의 산물인가, 의식이 세계의 반영인가'라는 물음에 대입할 수 있다.

여래는 이 물음에 대한 선택적 답변이 존재와 세계의 연기적 진실이 아니기 때문에 답하지 않으신 것이며, 그 답이 해탈의 길이 아니기 때문에 답하지 않으신 것이다. 그러나 여래의 답하지 않으심은 다만 물음에 대한 회피가 아니라 답하지 않으심이 물음에 대한 참된 답변이 되기 때문에 답하지 않으신 것이다. 곧 여래의 가르침은 세계에 대한 형이상학적 물음에 답하지 않으심으로써, 세계에 대한 철학적 물음의 참된 완성의 답을 보이신 것이다.

본 『비말라키르티 수트라』에서도 서른두 보디사트바〔三十二菩薩〕가 둘이 아닌 법문〔不二法門〕을 말한 것은, 말룽카푸트라가 물은 법이 연기의 진실이 아님을 말로써 보인 것이다. 다시 만주스리 보디사트바가 비말라키르티에게 '둘이 아닌 법문' 설하기를 요청하자, 입을 닫고 말하지 않음은, 말없음으로써 말할 것이 없는 삶의 진실을 보인 것이니 여래께서 말룽카푸트라의 물음에 답하지 않은 뜻이다.

왜 이런 질문들이 '답할 길 없는 부질없는 법〔無記法〕'인 것인가.

이 물음에 응답하는 것이 연기적인 삶의 실상을 담아낼 수 없기 때문이고 해탈의 길이 아니기 때문이다. 곧 우리가 세계에 대해 규정하는 끝 있음과 끝없음, 항상함과 덧없음, 물질인가 마음인가 등은 세계에 대한 견해의 한 측면이지 삶 전체의 진실을 해명하지 못하고, 실상에 부합된 해탈의 길이 되지 못한다.

연기 중도의 실상은 견해의 길이 아니고 실천〔道, practice〕이며 해탈(vimokṣa)의 길이다. 어떤 존재가 지금 있다 없어지면 '이를 있다고 말할까 없다고 말할까.' 또 없던 것이 다시 생겨나면 '이를 없다고 말할까 있다고 말할까.'

그 어느 쪽을 말해도 진실을 보일 수 없으며 대립적인 범주 그 한쪽의 견해로 사물의 진실을 주체화할 수 없다. 오직 사물에 대한 치우친 해석과 견해를 떠난 사람이, 사물의 진실을 주체화할수 있으며, 다시 방편으로 견해를 떠나되 견해를 써서 사물의 진실에 사람들을 이끌 수 있다. 있고 없다〔有無〕는 말을 통해 있음과 없음이 서로 통하는 세계의 진실을 보인 옛 선사의 다음 한 구절 짧은 게송을 살펴보자.

없던 구름 고개 위에 생겨나고
있는 달은 물결 가운데 떨어지네.
無雲生嶺上　有月落波心

이 게송은 있고 없는〔有無〕 두 구절을 쓰고 있다. 그 말귀의 귀결처는 무엇일까. 어떤 것이 생겨날 때 그것은 실로 있음인가, 실로 없음인가. 없음이 실로 없음이라면 없음에서 어찌 있음이 생겨나고, 지금 있음이 실로 있음이라면 어찌 그 있음이 자기를 부정해 있음 아니되 있음 아님도 아님을 보일 수 있는가. 이처럼 있음이 있음이 아니고 없음이 없음이 아니라면, 집착을 부정하는 있고 없다는 말을 다시 세워 우리는 있음과 없음이 서로 통하는 생명의 진실에 나아가야 할 것이다.

이런 연기적 세계관으로 현실을 살펴보면, 인간역사의 다툼과 투쟁은 이해관계의 싸움이자 관념의 싸움이다. 인간이 자기 관념으로 세운 세계에 대한 어떤 규정 어떤 뜻은, 다른 관념을 세워 그 관념을 절대화하는 사람의 눈에는 진실이 아니다.

붇다의 연기론적인 인식의 눈으로는 두 견해가 모두 공하고 낱낱 견해는 그것 아니되 그것 아님도 아닌 일면만의 타당성을 가질 뿐이다. 하나인 유일자를 어떤 이는 '여호아'라 부르고, 어떤 이는 '알라'라 부르며, 어떤 이는 '브라흐만'이라 부른다. 인간은 자기 언어로 부르는 어떤 신적 절대성이 있어서 그 유일자가 자기 신념체계에 속한 사람만을 선택해 주리라는 환상을 가지고 있지만, 어찌 보편자 유일자가 모든 것을 아우르는 보편자인데 특수한 어떤 것을 자기 것만으로 선택할 것인가. 그리고 어떤 유일자의 있음이 실로 있음이라면 그 하나인 실로 있음에서 만유의 다양성이 나올 수 있겠는가.

인간들이 서로 부르며 붙잡아 싸우고 있는 이른바 신의 이름은 인간의 관념과 이해관계의 반영인 마음의 그림자이니 언어가 신이고 마음이 신이다. '무엇이 삶의 진실인가'를 묻는 사람에게만 삶의 진실은 그 물음을 따라 그 모습 아닌 모습을 드러낼 것이다. 곧 온갖 그것에 대해 실로 그것이라 할 언어를 버릴 때 우리는 비로소 관념의 그림자에 가리지 않고 세계의 진실에 나아갈 수 있다.

우리 역사를 살펴보자. 우리가 유포하고자 하는 이 『유마경』이라는 수트라는 언어의 고정화 이념의 절대화를 부정하고, 사람 사이 계급적 차별 신분적 우월성을 반대하는 대표적 경전이다. 곧 이 『유마경』은 슈라바카의 현성들이 가난하고 낮은 자들에게 밥을 빌어먹고 살아가고, 그 밥을 빎 속에서 가진 자와 못 가진 자의 밥(食)의 평등을 가르치고 법(法)의 평등을 가르치고 있다.

밥 비는 자(bikṣu)의 밥 빎(乞食)을 통해 법을 설하고 있는, 이 『유마경』이 성리학(性理學) 절대이념 지배사회, 일하지 않고 스스로 밥 짓지 않는 사대부 지배사회에서 어떻게 유통될 수 있었겠는가. 『유마경』의 이념의 절대화를 부정하고 특권을 부정하는 경전이 조선사회에 부각되지 못한 것은 이처럼 성리학의 철학적 독재

사회, 사대부 지배 계급사회의 사상적 경직성 윤리적 폐쇄성에 그 뿌리가 있다.

교조적 성리학자들은 신유학이 태생적으로 그 사상적 기반이 불교철학을 떠나 설명할 수 없음에도 불구하고, 성리(性理)를 절대이념화하고 지배계급인 사대부의 전유물로 성리학을 헌납하였다. 그리고 고려 건국 시 선진문명의 전달자 교육자였던 불교상가 자체를 조선 지배 질서의 하층천민 집단으로 규정하였다.

고려말 신진사대부 세력에 의해 불교교단이 개혁대상으로 규정된 것은 불교상가가 정치세력 권력집단과 결합함으로써 원래 '창조적인 천민집단으로서의 빅슈상가(bikṣu-saṃgha)'가 자기 사상, 자기 집단의 정체성을 상실했기 때문이다. 고려 말 천태의 운묵무기선사(雲默無寄禪師)나 밀종(密宗)의 신돈화상(辛旽和尙) 같은 불교 개혁가들은 불교 상가정신의 자기회복, 기성세력의 기득권 타파, 불교의 자기수술을 통해 고려사회를 유지하려 했다.

조선왕조에 의한 불유(佛儒) 교체의 시대변화는 지배계층 교체 등의 일정한 변화를 가져왔지만, 사상사에서 서구역사 카톨릭지배 중세의 암흑기를 예고하는 것이었다.

세종은 한글창제의 위업을 달성한 뒤 한글의 효용성을 검증하기 위해 많은 불전을 한글로 번역하고 샤카무니붇다의 생애를 기록한 『석보상절(釋譜詳節)』을 수양대군에게 짓도록 하였다. 다시 세종 스스로는 붇다의 공덕을 찬탄하는 『월인천강지곡(月印千江之曲)』을 지어 대중에게 유포하였다.

그러나 불교교단 자체는 고려조까지 다섯 교종[五敎]과 아홉 선문[九山禪門]의 양종(兩宗: 달마, 천태)으로 전승되어온 붇다의 상가 교단의 큰 틀을 선교양종(禪敎兩宗)으로 통폐합하였다.

선교양종은 조선중기로 오면서, 차츰 문자가 필요 없고 선(禪)의 종지가 사회적 실천으로 회향되지 않아도 되는, 임제 일종(臨濟一宗)의 법통주의에 갇힌 불교로 전승되어왔다. 조선후기에 이르러서야 두륜산 대흥사를 중심으로 경전주석 불교, 대중적 『화엄경』강설 모임 등이 부흥하였다. 그러나 불교 대중강설이 사찰 중심으로 부흥하기 전, 교단은 환성지안선사(喚醒志安禪師)의 금산사(金山寺) 『화엄경』강설에 천 명 대중이 운집한 사건으로 조선왕조에 의해 역적모의의 혐의를 받으며 환성지안 선사는 지리산으로 피신하였다가 체포되어 제주도에 유배되어 옥중 처형되었다. 명종(明宗) 때 문정왕후(文定王后)와 힘을 합해 승과제도(僧科制度)를 부활해 서산대사(西山大師) 사명대사(四溟大師)를 발탁한 허응보우대사(虛應普雨大師)의 옥중 처형 이후 버금가는 불교 탄압 사태인 것이다.

살펴보면 성리학의 사상적 기반이 불교 철학임과 아울러, 조선유학(儒學)은 삼국 이래 출발부터 불교상가와 불교사상의 모태에서 시작하였다.

조선유학자들이 문묘에 배향하는 현인(賢人)의 첫머리에, 설총(薛聰)과 최치원(崔致遠)을 두어 조선유학의 비조로 모신다. 설총은 육신의 혈통으로 아버지 되는 원효대사의 뜻을 받들어 유학을 연찬한 분이고, 최치원은 불교고승들의 『사산비명(四山碑銘)』을 짓고 나말 화엄결사문[華嚴社會願文]을 지어 화엄결사를 주창한 분으로써, 불교·유교·선도[佛儒仙]를 모두 통달한 큰 학자이다.

조선유학자들도 유학의 선구자로 불학(佛學)을 통달한 설총을 홍유후(弘儒侯), 최치원을 문창후(文昌侯)로 제후의 반열에 올려 공경한다. 고려조까지 우리 역사는 불교지배의 역사였지만 불교 유교 선학(仙學) 민간신앙 기타 잡학(雜學)이 공존하는 사회, 문화적 다양성이 공존하는 사회였다.

심지어 고려사회는 저자거리에 이슬람상인의 고려여인에 대한 농지거리까지 같이 공존하는 사회였으며, 벽란도에 국제무역선이 드나들던 개방된 사회였다. 그러나 조선사회는 성리학의 철학적 독재사회, 사대부 밖 모든 사회계층의 생산노동 사회활동을 천시하는 사회였다.

고려조까지 필자의 단견으로는 불교를 가지고 다른 사상 종교를 탄압한 기록을 발견하지 못했다. 그러나 조선사회는 불교상가를 천민집단으로 규정하였으며 같은 유학 내부 신유학의 한 조류인 양명학(陽明學)을 사문난적(斯門亂賊)으로 몰아 탄압했다. 조선조 말엽까지 실사구시(實事求是) 선진유학(先秦儒學)의 정신을 도외시한 채, 사변적인 이론투쟁에 몰입한 채 이용후생(利用厚生)의 길을 막아 버렸다.

중화사대(中華事大)의 편중외교는, 다원적 외교노선의 봉쇄, 주변 여러 나라들에 대한 정세에 무지몽매함 등으로 임진 병자 국제전쟁의 참화를 불러일으켰으며, 서학(西學) 동학(東學)의 탄압, 동학농민전쟁을 빌미로 외세를 끌어들인 민중학살이, 일제강점과 오늘의 민족분단을 초래한 것이 아닌가 생각해본다.

조선사회는 성리학적 이념의 절대화로 사상의 자유, 문화적 다양성이 봉쇄된 사회로서, 서구역사에서 기독교 유일주의로 이교(異敎)를 탄압하고 종교의 이름으로 마녀사냥 인종 학살을 자행한 중세적 암흑기 같은 측면이 있다.

이런 측면에서 필자는 한국의 일부 사학자들이 고려를 종교지배 사회로 고려사를 중세사, 조선사를 근세사라고 시대 구분하는 것에 늘 불만을 가지고 있었다. 성리학은 그 사상적 기반이 불교를 떠나서 설명될 수 없고 화이(華夷)의 세계관에 토대하고 있다. 그런 측면을 돌아보지 않은 채, 텔레비전에 나와 성리학적 이념을 떠들며 조선사회를 이상시하는 학자들이 참된 지성인가 반문해 본다.

사상의 자유 문화적 다양성 유연성이 인정되지 않는 역사는 결코 발전된 역사의 모습으로 기술되어서는 안 된다고 생각한다. 나는 언젠가 조선이 오랑캐 국가라고 멸시한 만주족의 청나라에서, 조선 포로 가운데 전라도 강진에서 끌려온 천민 출신 똑똑한 젊은이를 불교승려로 출가시켜, 세계정세를 모르고 성리학만을 고집하며 불교를 탄압하고 불교상가를 천시하는 조선사회를 계몽하려고 다시 그 승려를 조선에 파견해서 불교포교를 했다는 기록을 본 일이 있다.

청나라는 당시 소수의 만주족으로 티베트, 몽골과의 연합을 통해 티베트불교로 나라의 중심을 세우되, 유교 서구종교가 같이 공존하는 문화적 토대 위에서 일정하게 서구문명을 받아들였다. 그들의 눈에 친명사대(親明事大)만을 외치며 성리학 유일주의로 폭주하는 조선사회가 무지몽매한 야만사회, 닫힌 사회가 아니었을까 생각해본다.

다시, 인간의 삶에서 에로스(eros)의 문제를 사고해 보자. 에로스5)는 가장 낮고 가까운 뜻으로 보면 인간의 탐애(貪愛)와 동의어

---

5) 에로스: 헤겔의 정신현상학을 우리말로 번역한 철학자 임석진선생이 감수해서 발간된 『철학사전』에서는 에로스를 다음 같이 기술한다.
'사랑 애정 격렬한 육체적 욕구를 의미하고, 그리스신화에서는 사랑의 신 (로마신화의 Cupido 또는 Amor에 해당)을 말한다. 헤시오도스의 신통기(神統記)에서는 카오스가 대지와 함께 우주생성의 원리이고, 엠피도클레스

로 볼 수 있다. 그러나 조금만 깊이 이 문제를 생각해보면 '탐애의 본성과 보디(bodhi, 覺)는 다른 것인가' 사유해 보아야 할 것이다. 필자 또한 젊은 나이 육체적 건강과 탐애의 에너지가 제 질서를 찾지 못한 삶의 위기 속에서 갑작스런 출가로, 애욕은 끊어야 한다는 비구로서의 삶의 중압감을 안고, 미래의 운명에 커다란 장벽을 느끼고 있었다.

학창 생활 휴교기간에 다시 분황사에 복귀한 나에게 동헌선사(東軒禪師)는 나의 건강 상태를 물어보고 선수행의 어려운 공안 법문을 말하지 않고, '숨을 아랫배로 쉬라'는 한마디 말씀을 내려주었다.

나는 선사의 그 말을 받아 안고 6개월을 쉬지 않고 호흡에만 집중하여 나의 숨 살핌을, 놓아 지내더라도 저절로 들고 나는 숨〔出入息〕을 살피는 때까지 밀어붙였다. 출가 9개월만의 공적영지(空寂靈知)의 체험은 숨을 보는 그 생각이, 생각인 생각의 밑뿌리를 깨뜨리고 생각 없는 생각〔無念之念〕으로 현전하는 소식이었으리라.

몸과 마음을 둘로 보는 수행관 세계관은 불교적 세계관에 가장 배치된 관점이다. 동헌선사의 호흡에 관한 일구와, 나중 소천선사(韶天禪師)와의 대화 가운데 들은 다음 몇 마디 언구가 나의 삶에

에서는 모든 원소를 결합하는 물질적인 힘으로 되어 있다. 이 말의 의미를 여러 가지 방법으로 깊이 탐구하였던 플라톤은 그의 『향연』에서 에로스를 단계적으로 구분하여 육체적 미에 대한 욕구로서의 에로스로부터 몇 단계를 걸쳐 최고의 에로스 단계인 미(美)의 이데아의 욕구에 이르는 절차를 열거하는데, 거기에서는 미의 이데아는 최고의 실재인 선(善)의 이데아와 구별하지 않으며 에로스는 진실재(眞實在)를 직관하려는 철학적 충동을 의미한다. 기독교적 중세사회에서는 기독교인적인 사랑의 관념으로 아가페 카리타스가 주요한 위치를 차지하게 되었다. 그러나 현대에 있어서는 프로이트가 그의 정신분석학에서 에로스의 개념을 부활시키고 생의 본능 곧 개인의 자기보존이나 생식(生殖) 충동을 의미하는 것으로 파악하였다.'

큰 영향을 끼쳤다. 소천선사는 말했다.

'이 몸이 곧 진리가 깃드는 법당이다. 중생은 탐애로 목숨을 받고 탐애가 다하면 목숨이 다하는 것이니, 탐애의 힘을 어떻게 쓰느냐가 수행의 요체이다.'

'모든 있는 것이 공하지만 공도 공하니〔空亦空〕 공을 깨친 지혜의 공능을 역사 속에 실현해야 한다.'

소천선사의 이 육체 긍정, 역사 긍정의 세계관은 온전히 이 『비말라키르티수트라』에서 '번뇌와 탐애의 본성이 해탈이고 보디이다'라는 가르침의 뜻과 상통한다.

학담은 『유마경』의 이 가르침을 통해 금욕주의 계율주의와 붇다의 연기론적 세계관은 동의어가 아님을 알게 되었다.

선(禪)을 영적 신비주의 또는 초월적 명상과 동일시하는 것은 가장 여래의 디야나 파라미타(dhyana-pāramitā)에 배치된 선관이다. 프라즈냐파라미타(prajñā-pāramitā, 般若波羅蜜) 없는 디야나는 여래가 가르친 선(禪)이 아니다.

몸의 탐애의 에너지가 세간 탐욕의 역사, 갈등과 충돌의 역사를 끌고 갈 뿐 아니라, 이 몸과 몸의 힘이 지혜로 돌이켜지면 그 힘이 다시 해탈의 삶을 꾸려가는 활력이고 보디사트바 행의 힘이 된다. 그러므로 붇다 초기교설에서 탐욕의 뿌리인 몸과 뜻의 진실을 알면, 탐욕의 뿌리가 진리의 뿌리〔五根〕가 되고 진리의 힘〔五力〕이 된다고 한 것이리라.

보디와 니르바나는 얻을 바 있는 어떤 곳이 아니다. 보디와 니르바나는 마음과 물질〔色心〕, 주체와 세계〔根境〕에 실로 얻을 바 없되, 얻지 않을 것도 없음을 깨쳐 아는 중생 행위의 해탈 그것의 자기 이름이다.

연기론에서는 중생 행위 밖에 세계도 없고 해탈도 없으며 니르바나도 없다. 실로 얻을 대상을 취하는 주체의 몸과 마음의 활동이 탐욕과 번뇌의 뿌리라면, 실로 있는 대상의 모습을 지양한 몸의 활동 마음의 활동이 진리의 뿌리가 되고 진리의 힘이 된다.

탐욕의 대상이 있되 공하고, 아는 마음의 앎에 앎 없음을 요달하면 '앎 없되 앎 없음도 없는〔無知而無無知〕' 행은, 보디 자체의 살아있는 활동이 되고 역사창조의 힘이 된다.

『비말라키르티수트라』는 이를 전면적으로 밝혀 초기불교, 붇다께서 다 드러내 보이지 않은 연기의 속뜻을 사유할 수 없고 말할 수 없는 해탈〔不思議解脫〕로 밝고 밝게 드러내 보이고 있는 것이다. 번뇌와 탐애는 끊을 바 어두움의 그림자가 아니고 그 연기적 진실을 알면 번뇌와 애욕의 참성품이 해탈〔眞性解脫〕이다.

사물의 진실에 미혹한 무명(無明)이 뿌리가 되어 본래 갖춘 공덕의 힘이, 착취적인 탐욕으로 발현되고 그 탐욕의 좌절이 분노와 전쟁으로 나타난다. 그러니 세계의 진실 인간 탐욕의 진실을 알면, 탐욕의 에너지가 서로 살림 서로 거둠의 대자비로 발현될 수 있다.

선(禪)의 참구와 문자반야에 대한 이해를 통해, 학담 또한 계율주의 금욕주의의 올가미에서 얼마쯤 풀려났다. 거기에 덧붙여 소천선사(韶天禪師)의 '각운동(覺運動)' '활공원론(活功原論)' '새 생각' 등 저술의 언구가 큰 각성이 되었다. 소천선사는 젊어 청산리 전투에 가담한 항일 민족운동가로 일제강점기 금강산 마하연선원 등 산사에 숨어 지내며 좌선과 『금강경』 독송으로 몸소 붇다의 뜻에 계합한 바 있었다. 선사는 해방 이후 남북 분단, 자본 공산 이데올로기의 대립을 불교적 시각으로 화쟁할 역사의 전망을 만들기 위해 노력했다.

소천선사는 산사의 아란야를 지키며 납자를 제접한 전통선사는 아니지만, 선적 직관을 통한 계합으로 『금강경』『원각경』의 주석서를 써서 대중에 널리 유포한 분이다. 한국전쟁 끝 무렵 용성조사(龍城祖師)의 제자 범어사 동산선사(東山禪師)의 인도로 용성조사 입적 후 용성조사의 제자가 되었다.

필자가 깊이 인연을 맺었던 광덕선사(光德禪師)는 동산선사의 제자지만 늘 자신의 책상머리에 소천선사의 사진을 모시고 살았다. 나중 소천선사가 입적할 때 학담 또한 범어사 영결식장에 참여한 바 있다.

소천의 각운동(覺運動)이라는 단어는 『반야경』의 프라즈냐파라미타(prajñā-pāramitā)의 완전한 시대어라고 볼 수 있다. 프라즈냐파라미타의 뜻을 알면 파라미타의 창조적 행 밖에 보디가 없고 반야 밖에 디야나가 없는 불교실천론의 방향을 알 수 있으며, 중생 번뇌의 땅이 곧 보디사트바 정토의 땅이라는 본 경의 뜻을 알 수 있다.

필자는 소천선사가 남긴 여러 언구 가운데 불교의 불교다움을 가장 적실하게 보인 언구로 다음을 든다.

'불교는 종교가 아니되 종교 아님도 아니며, 철학이 아니되 철학 아님도 아니며, 과학이 아니되 과학 아님도 아니다.'

지금 불교의 비불교화가 심화되어가는 사상과 실천의 위기 속에서, 소천선사의 이 언구가 시대불교의 공안(公案)이 되어야 한다.

내가 몸담은 조계종의 현대사에서 선의 정법안장을 보디사트바의 행으로 발현시킨 선사로 필자는 지금까지 거론해 온 소천선사(韶天禪師)와 오대산 한암선사(漢巖禪師)의 제자 난암선사(暖庵禪

師)를 든다. 중생의 탐진치의 본 성품을 깨치면 중생의 탐진치가 보디사트바의 비지원(悲智願)으로 발현되는데, 여기에 얻을 바 선의 정법안장이 있고 정법안장 밖에 보디사트바의 행이 따로 있을 것인가.

해방정국 이후 남북이 분단되고 남한사회에 좌우대립이 격화될 때, 소천은 이 땅 이데올로기의 갈등을 해소할 불교철학적 대안을 '각운 동' '새 생각'의 저술 운동과 금강경독송 구국운동으로 전개하였다.

산중 아란야를 지키던 전통 선사들의 선가풍이 어찌 소중하지 않겠는가. 그러나 아란야의 선가풍이 소중하다 함으로 시대의 고통에 응답하는 새로운 불교운동 새로운 선풍을 어찌 평가절하 할 것인가.

난암선사(暖庵禪師)는 오대산 한암선사(漢巖禪師)의 제자이다. 그분은 선(禪)의 종지를 깊이 투득하고, 일찍 일본에 들어가 해방이전에는 그곳 유학생 동포거류민들을 보살피며 생활하였다. 그 뒤 해방이후 남북분단 상황에서는 두 조각난 조국 어느 쪽으로 민적(民籍) 취득을 거부하고 살던 조선적(朝鮮籍) 동포들을 위해 여생을 바치며, 분단조국의 화해와 민족의 하나 됨을 기원하며 살았다.

필자는 김대중정부 출범 이후 정부정책이 민족의 화해를 지향하고 그 정치적 흐름이 유지되고 있을 무렵, '조계종 민족공동체추진본부' 대표단을 이끌고 일본 교포사회를 방문할 기회를 가졌다. 그러면서 일본에서 민족문제와 불교를 동시에 안고 사는 동포들을 만나고 난암선사가 창건한 일본 도쿄 국평사(國平寺)를 방문하였다. 거기서 '어떤 것이 통일 단결인가〔如何是統一團結〕'라고 쓴 선사의 한문 친필이 사찰 응접실 안 벽 정면에 걸려있는 것을 보고,

선사 만년 민족의 하나됨을 향한 비원을 발견하게 되었다.

지금 우리 현대사는 오랜 세월 민족의 화해를 주장하면 좌파 적색분자라 낙인찍히는 세월을 살았다. 나는 그 글씨를 보고, 동헌선사 생전에 내가 선사께 난암선사를 물은 기억을 떠올리게 되었다.

'난암 유종묵(柳宗默) 스님을 어찌 평가하십니까?'

동헌선사가 답했다.

'그가 국내에 있었으면 경봉(鏡峰)보다 큰 인물이 되었을 것이다.'

그 뒤 나는 한암선사의 제자로 화엄종교(華嚴宗敎)를 크게 떨친 탄허선사(呑虛禪師)가 한암선사의 일대기를 쓴 글을 읽게 되었다. 탄허스님의 글은 그 끝을 다음 같이 마무리하고 있다.

'한암선사의 상수제자는 보문(普門)과 난암(暖庵)이다. 그러나 보문은 젊어 일찍 요절하였고, 난암(暖庵)은 일본에 가서 돌아오지 않는다. 나 불초 탄허는 선사(先師)의 뜻을 얻지 못했다.'[6]

이제 우리 선류들은 위없는 스승 붇다의 뜻이 아니라, 말세 도인의 작은 지견에 수행의 뿌리를 두고, 문정(門庭)의 담을 쌓는 헛된 집착을 버려야 한다.

그리고 이제 이 땅의 새로운 화해와 상생의 역사를 열기 위해, 분단의 역사에서 죽고 다친 많은 이들의 원한을 풀어주어야 한다. 국가권력에 의해 이념과 진영을 이유로 억울한 죽음을 당한 이들, 전쟁에 동원되어 죽은 국군 인민군, 이국에서 젊은 목숨을 바친 유엔군 중공군 젊은 장병들의 넋을 양지바른 해원(解冤)의 땅에 자유롭게 풀어주어야 한다. 그 넋들의 원한이 맺혀있는 한 밝은 역

---

6) 탄허선사의 이 언급은 보문 난암선사에 겸양하는 탄허화상의 뜻으로 보아야 한다.

사의 꿈도 이루어지기 어렵다.

또한 나라의 분단의 질곡을 풀기 위해서는 민족의 문제를 오직 이 땅에 이해관계를 가진 강대국의 입장에서 사고하는 몰주체적 시각을 넘어서야 하지만, 지나친 피해의식을 안고 정권 안보차원 방어논리만을 주장하는 폐쇄적인 사고도 벗어나야 한다.

정권차원의 국체는 두 정치체제가 이미 유엔에 동시 가입된 현실조건 속에서, 남과 북이 서로를 실체가 있는 상대로 인정하면서 민족대중 전체 중심의 새로운 안보 논리를 말해야 한다.

북은 과감한 점과 선의 개방을 통해 대륙으로 가는 길을 개방하여 지금 해외여행에 쓰는 남쪽 대중의 낭비적 재원과 남쪽 자본가의 자본을 우리 강토의 북쪽에 쓰도록 문을 열어야 한다. 그리고 남은 북에 대한 대화와 타협이 없이 오직 미일과의 군사협력만을 강조하는 일방외교 노선을 포기하고 중러를 함께 끌어들이는 다자 외교노선의 길을 가야한다. 평화를 위한 실천적인 노력만이 최선의 안보이다.

우리 역사에 발해와 신라하대의 남북국시대가 있었듯 민족사에 잠정적으로 과거 남북국시대를 넘어서는 이 시대 신남북국가 연합 시대를 열어 소통하고 남북대중이 서로 왕래하여야 한다. 러시아 연해주 중국 동북삼성은 남북대중이 함께 사업하고 놀이하는 드넓은 역사의 놀이마당이 되게 하여야 한다. 그리하여 차츰 남북사이 소통의 길을 넓혀 남북 상생의 역사를 열어가야 하며 끝내 하나 됨의 역사에 돌아가야 한다. 본 경은 말한다.

'방편 없는 지혜는 보디사트바의 묶임이고, 방편 있는 지혜가 보디사트바의 풀림이다.'

그러니 참으로 하나 됨을 바란다면, 통일로 가는 역사의 여정에 통일을 위한 잠정적 방편의 시대를 설정해야 한다.

이제 비말라키르티 화쟁(和諍)의 큰 품안에서 해원의 역사운동 소통의 놀이마당을 열어 화해와 소통의 새 역사를 마중해야 하는 것이다.

저 삼국의 전쟁 시기에 신라 원효(元曉) 의상(義湘)이 목숨을 걸고 국경을 넘어 백제 땅으로 가 고구려 보덕성사에게 『열반경』과 『유마경』을 배웠는데, 지금 이 밝고 밝은 세상에 우리는 어찌 분단의 치욕을 안고 살아가며 서로를 증오하고 우리 스스로의 삶을 질곡에 몰아넣고 있는가.

이 땅의 역사를 사는 민족 대중 스스로, 우리 자신과 이 사회를 향해 이 공안을 묻고 또 물어야 할 것이며 그 물음을 통해 집단적 공안타파(公案打破)의 대오각성(大悟覺醒), 실천적 경험을 분단의 족쇄 속에 있는 이 땅에 구현해야 할 것이다.

7. 비구정신 그 육체적 천민성과 정신적 귀족성, 없음과 있음의 통일

20여 년 전 즈음 되었을까 날짜를 기억하지 못하지만 나는 한겨레신문사에서 '내 인생의 책들'이란 제목의 시리즈로 기획한 기고란에 원고 청탁을 받은 일이 있다. 나는 한겨레신문의 그 글 가운데 출가 이후 인식론적 충격을 받은 책으로 러시아정교회 신학자 베르자예프의 『러시아지성사』와 불교경전으로는 본 『비말라키르티 수트라〔維摩經〕』를 들었다.

나는 출가 이후 백봉 김기추 선생으로부터 『금강경』 『유마경』을 배운 이후, 선객(禪客)은 '경(經)도 보지 말라'는 당시 선가(禪家)의 일반적 풍조를 따라 십여 년, 눈에 문자 자체를 멀리하였다.

그러다가 1980년대 중반 온 사회가 변화와 개혁의 바람에 휩싸이고, 사회 인식의 새로운 틀에 대한 시대정신의 요구를 따라 나라에 인문 사회과학 공부의 열풍이 불어닥쳤다. 선원에만 있던 나는 당시 서양철학 인문 사회과학에 먼저 눈을 뜬 주변 도반들의 의견을 듣고, 한 철 경북 청송 대전사(大典寺)에서 당시 세간에 널리 회자된 책들 몇 권을 싸들고 가 열람하였다.

세간 인문학의 책들을 읽게 된 인연의 저변에, 동국대 불교대학 인도철학과 1회 졸업 후 출가한 도반 종림화상(宗林和尙)과의 대화와 교류가 있었다. 종림화상은 나와 출가 연도는 비슷하지만 세속 나이는 칠팔년 가까이 연장인 선배였다. 그의 영향으로 헤겔의 정신현상학, 칸트철학 개론서 등을 주마간산 격으로 읽게 되었다. 80년대 어느 해이던가, 해인사 선열당(禪悅堂) 선원에 같이 지내며 방선(放禪) 때 산길을 걸으며 많은 독서량의 그에게 토인비의 『역사의 연구』나 헤겔철학 등 인문사회학에 관한 이야기를 경청하였다. 그리고 종림화상의 주변 인재로 당시 20대 중반의 젊은 승려로서, 경학(經學)에 천재적인 혜안(慧眼)이 있었으며, 당시 알려진 인문 사회 철학을 널리 독파한 현응화상(玄應和尙)의 영향이 있었다. 그는 선원(禪院)에만 있었던 나에게 유식불교(唯識佛敎)의 사분설(四分說)을 서구 현상학자들의 견해와 비교해서 설명하였다. 나는 그로부터 큰 자극을 받았다.

그렇게 해서 나는 하버마스(Habermas) 에리히프롬(Erich Fromm) 등 네오 맑시즘 계열 사상가들의 저술, 현상학 해설서, 언어철학 관계 저술, 칸트 헤겔철학의 개설서 등을 한 보따리 싸들고 가서 경북 청송 대전사에서 한 철 열람하였다. 얼마 뒤 나는 우리말로 번역된 러시아 정교회 신학자 베르쟈예프의 대표적 저술 『러시아 지성사』와 『노예냐 자유냐』를 읽었다.

　그리고 산중을 떠나 잠시 서울에 머물고 있던 때 길가에서 우연히 마주친 현응화상이 오대산 탄허선사의 사교(四敎) 강설이 월정사에서 있게 되니 나보고 참여해 보라 권유하였다. 그 권유를 받고 백봉선생으로부터 『금강경』 『유마경』을 청강한 이래 십여 년 경전 수업을 받지 못한 내 자신을 돌아보며 그해 겨울 바로 오대산 강석에 참여하였다.

　몇 년 뒤 나는 광주(光州)에 돌아와 청년 대중에 강의하며, 나의 강의에 동참하였던 전남대 법대 교수 김종술 선생을 만났다. 김종술 선생은 나의 강의가 끝나면 나에게 저녁 공양을 사주며 공양 마친 뒤에는 서양정치사상사 해석학을 이야기해 주었다. 김종술 선생은 나보다 10년 가까이 연장의 선배로서 서울대 법대를 졸업한 뒤 법학을 공부하기 위해 미국유학을 가, 10여년 해석학 해석철학 칸트철학을 공부한 세계적인 석학이다. 나는 김종술 선생으로부터 가다머(Gadamer)의 해석철학을 들으며 '텍스트를 통해 독자와 저자의 삶의 지평이 혼융한다'는 말에서 이 뜻을, 반야불교에서 문자반야(文字般若)와 관조반야(觀照般若) 실상반야(實相般若)가 하나로 융통한다는 뜻의 현대 해석철학적 의미로 받아들였다. 나는 선생으로부터 자신이 직접 번역한 해석학 해석철학 관계 번역 원고를 받아 읽었다.

　한겨레신문사의 청탁에 내 인생의 책들로 『러시아 지성사』와 『유마경』을 들어 보인 뒤, 나는 20년 가까이 내가 30대 40대에 읽었던 책들이 어디에 꽂혀있고 어디에 쌓여 있는지 모르고 까마득히 잊고 지냈다.

지난 해 봄 2년에 걸친 『조론 평석(肇論評釋)』 발간을 마치고, 나는 출가 초기 맨 처음 배웠던 『유마경』 해석 작업을 위해 6개월 남짓 밤에 눕지 않고 의자에 앉아 잠과 깸〔寤寐〕의 경계선에서 몇 시간 휴식을 취하고서는 『유마경』 해석 작업에 몰두하였다. 번역과 해석이 마무리될 무렵, 나는 내 육신의 고향 화순에 마련한 도량 혜심원(慧諶院)에 내려가 『유마경』 발간사를 썼다.

그러면서 나는 혜심원 짐 무더기를 정리하며, 과거 시대의 조류에 휩쓸려 내가 썼던 글, 보았던 책들, 나의 저술로 팔리지 않는 책들을 1톤 트럭 3대 분량 가까이 모두 폐지상에게 넘겼다. 그러면서 나는 젊은 날 연필로 줄 그어가며 보았던 베르쟈예프의 2권 저술(『러시아지성사』, 『노예냐 자유냐』)을 발견하고서, 2권의 책은 폐기하지 않고 책장에 다시 꽂고 지금 발간사에 그것을 기록하게 되었다.

사회주의자였던 베르쟈예프는 러시아 볼세비키 혁명을 겪으며 그 혁명과정이 억압 받는 자를 옥죄이는 모순의 진정한 해결이 아니라는 생각을 하게 된 것 같았다. 그는 볼세비키 혁명이 물구나무 선 짜리즘이며 억압하는 자와 억압 받는 자가 대립하는, 그 질곡의 역사에 대한 참된 해답이 되지 못한다고 느끼며 조국 러시아를 떠나 프랑스 파리에 망명한다. 그는 러시아 역사의 과제를 '육체적 천민성과 정신적 귀족성의 통일'이라는 말로 제시한다.

나는 이 언구를 접하고 이 말이 바로 여래께서 비구제자들에게 걸식(乞食)의 생활을 가르치며 '몸으로는 밥〔食〕을 빌고 마음으로는 법(法)을 빌라'고 가르치신 비구정신의 역사적 구현이라 생각하였다.

비구는 파트라(pātra: 발우)를 들고 밥 때 마을의 일곱 집을 돌아다니며 밥을 빌어 몸[身]의 목숨을 부지하고 마음으로 늘 보디를 구하여 지혜의 목숨[慧命]을 구한다. 그러므로 비구는 밥을 빌며 세간의 가장 낮은 자 보다 더 낮게 세간을 살아가며, 마음으로 법(法)을 빌어 세간의 권능자인 왕에게도 경배하지 않는 삶을 살았다.

그는 가장 낮춤으로 세간의 위없는 지혜의 성취자가 되는 자이며, 세간을 섬김으로써 세간의 존중받는 자가 된다. 그는 안거하며 좌선(坐禪)하고, 법을 전하기 위해 세간을 노닐어 다니는[遊行]자, 정신노동과 육체노동을 참으로 통일하는 자이다.

비구는 배움[學]과 가르침[敎]의 진정한 통일을 지향하는 자이니 그는 위없는 보디의 완성자 여래(如來)와 먼저 지혜의 바다에 들어간 장로(長老)로부터 법을 들으며, 세간 중생을 위해 쉼 없고 가림 없이 법을 가르치는 자이다.

여래의 상가는 여래로부터 위없는 해탈의 가르침을 계급과 소유의 차별 없이 배웠던 집단이었으며, 세간 중생을 위해 그 가르침을 남녀의 성별, 네 족성과 인종 계급의 차별 없이 가르쳤던 교육자 집단이었다. 여래의 상가는 여래로부터 배워 세간의 진실을 깨달아 참된 지혜와 지식을 세간에 전하는 집단, 가르침과 배움을 참으로 통일하고 자기해탈을 세간해탈에 회향하는 공동체였다.

팔리어 발음에 가깝게 동아시아에서 통용되고 있는 출가한 남자 수행자 비구(bikhu, 比丘)의 산스크리트는 빅슈(bikṣu)이다. 여래의 상가 곧 여래로부터 배우고 세간에 가르치는 공동체는 빅슈(bikṣu, 남성수행자) 빅슈니(bikṣuni, 여성수행자) 우파사카(upasaka, 재가신자) 우파시카(upasika, 재가여성신자) 사미(sramanera,

어린 남성수행자) 사미니(sramanerani, 어린 여성수행자) 식차마나
(siksamana, 사마니와 비구니 사이의 수행자)의 일곱 대중을 포함한다.

붇다의 파리니르바나 이후, 출가상가의 재가에 대한 자기 차별
화, 슈라바카야나[聲聞乘] 수행자에 대한 신비화가 심해짐으로써
이를 비판하여, 출가보디사트바와 재가보디사트바가 둘 아님을 표
방하는 보디사트바야나[菩薩乘]의 새로운 상가운동이 일어나니 이
것이 마하야나[mahayana, 大乘]의 발흥이다.

붇다께서 가르치신 상가정신은 빅슈 곧 비구의 뜻에 담겨 있다.
비구의 뜻은 밥을 빌어 사는 이[乞食], 번뇌의 도적을 죽임[殺賊],
불의의 세력 곧 마라를 두렵게 함[怖魔]이다. 그러므로 빅슈 집단
은 여래의 가르침을 듣고 세간에 가르침을 전하는 교육자 집단이
고, 가장 낮게 몸을 낮춰 밥을 빌어 살아가는 이, 억압적인 문명과
역사의 허위의식을 깨뜨리는 이, 역사에 악을 조장하는 불의의 세
력을 두렵게 하는 이다.

우리 역사를 통해 그 예를 살펴보자. 조선조 세조 등극 이후, 생
육신(生六臣)으로서 홀연히 세간을 떠나 출가비구가 되어 조사급
선지(禪旨)를 얻어 「법화경수품찬(法華經隨品讚)」을 지은 매월당
김시습(梅月堂 金時習)이 있다.

그는 스스로를 빅슈(biksu, 苾芻) 설잠(雪岑)이라 하였으니, 그
는 살아남아 불교상가를 천민집단으로 규정했던 사대부지배 조선
왕조를 향해, 스스로를 창조적 천민으로서 '밥을 비는 이 설잠'으로
선언한 것이다.

창조적 거렁뱅이 집단의 한 사람이라는 빅슈(biksu, 苾芻)와 눈
덮인 산봉우리란 뜻의 설잠(雪岑)이 얼마나 아름다운 울림으로 우
리에게 다가오는가. 조선조 사대부 지배사회를 향해 자신을 '빅슈

설잠'으로, 선언한 김시습, 설잠화상(雪岑和尙)이야말로 베르쟈예프가 말한 '육체적 천민성과 정신적 귀족성의 하나 됨'의 구현자로서 자신을 천명한 것으로 볼 수 있다.

이제 베르쟈예프로 돌아가 생각해보자. 베르쟈예프의 육체적 천민성과 정신적 귀족성의 통합은 가장 낮은 자의 자기 해방이 가진 자 억압하는 자의 해방을 포괄하고 육체의 해탈이 높은 정신의 해탈을 포괄하는 역사해탈의 길을 제시한 것이니, 이것은 곧 붇다상가 정신의 시대적 역사적 구현으로 볼 수 있다.

이러한 상가정신의 역사적 실현의 구체적 수단은 언어 문자이고, 언어 문자를 쓰는 삶 주체의 일상행위와 노동이 실천의 동력이 되는 것이니, 여래상가의 세간을 향한 해탈법의 구현이 어찌 언어 문자의 방편을 떠나 있겠는가.

언어 문자에서 문자의 모습을 떠나면 문자가 해탈이다. 지혜 제일 사리푸트라의 '네 걸림 없는 변재'가 어찌 신묘한 말재간일 것인가. 변재란 곧 언어 문자의 묘용을 말하는 것이니, 해탈의 가르침을 말하고 들음〔說聞〕 가운데, 말함 없이 말하고 들음 없이 들으면 그 가운데 프라즈냐파라미타가 있고 디야나파라미타가 있는 것이다.

언어 문자 밖에 신묘한 도가 있다고 생각하는 당대 수행풍토를 향하여, 언어문자를 쓰는 일 밖에 도(道)가 없음을 보이는 옛 조사의 다음 공안법문을 살펴보자.

운문선사(雲門禪師)에게 어떤 승려가 물었다.
'어떤 것이 화상의 가풍〔和尙家風〕입니까?'
선사가 이 물음에 답한다.

'문 밖에 글 읽는 이가 와서 보고한다〔門外讀書人來報〕.'

이 뜻은 무엇일까? 문 밖에서 말하는 이가 글을 읽고 하는 말을 문 안에 있는 이가 어찌 들을 수 있는가. 이것이 있고 저것이 있으며, 물질 떠난 마음이 있고 마음 떠난 물질이 있는가.

이는 언어 문자가 해탈이라 한 이 『유마경』의 뜻을 다시 옛 조사가 공안법문으로 보임이라 할 것이다. 언어 문자 밖에 해탈의 도가 있는 것이 아니라 언어 문자의 활동 그 하되 함이 없는〔爲而無爲〕 진실이 프라즈냐파라미타이며 디야나파라미타이다. 언어 문자와 삶들의 언어를 쓰는 일상노동 그 연기의 진실 밖에 다시 구해야 할 선정의 고요함, 반야의 밝음이 어디 있을 것인가.

살피고 살필 일이다.

8. 선(禪)과 정토(淨土)

말로만 보면, 선(禪)은 여기 이곳〔此處〕의 마음 깨침을 가르치고, 정토교설(淨土敎說)은 여기 사바세계가 아닌 먼 타방(他方) 붇다의 세계에 가서 남〔往生淨土〕를 말하는 것처럼 보인다.

마음 깨침과 '타방세계에 가서 남〔往生〕'은 실로 서로 모순되는 것인가. 연기론에서 디야나의 가르침이든 타방세계 정토의 가르침이든, 붇다의 가르침은 연기하는 세계의 실상을 떠나서 없다. 연기법의 기본 교설을 통해 살펴보자.

붇다의 초기 연기 교설은 다섯 쌓임·열두 곳·열여덟 법의 영역의 교설〔五蘊·十二處·十八界說〕과 '여섯 법〔地·水·火·風·空·

識]의 영역에 나 없음[六界無我]'을 가르치는 육계설(六界說)이 그 기본이 된다. 이 모든 교설은 다 마음과 물질 두 법[色心二法]이, 서로 의지해서 연기함을 가르친다. 연기의 가르침에 의하면 마음 떠난 물질이 없고 물질 떠난 마음이 없으니 연기법에서 마음이면 이미 세계이고 세계이면 이미 마음이다.

대감혜능선사(大鑑慧能禪師)가 노행자일 때 광주 법성사(廣州 法性寺) 인종선사(印宗禪師) 『열반경』 강설 회상에서, 바람에 펄럭이는 깃발을 보고 두 승려가 '바람이 움직인다, 깃발이 움직인다'고 하며 서로 다투는 것을 보았다. 이에 노행자인 대감선사가 두 승려에게 '바람도 아니고 깃발도 아니며 그대들 마음이 움직인다'고 답했으니, 저 세계운동이 마음이라면 마음이 다시 세계가 아니고 무엇이겠는가.

지금 내가 아는 저 세계는 세계 밖의 마음이 저 세계를 붙잡아 아는 것이 아니다. 아는 마음이든 알려지는 세계이든 모든 것은 스스로 지은 것[自作]이 아니고 남이 지은 것이 아니며[他作] 나와 남이 합한 것도 아니고[非自他作] 원인 없이 지어진 것도 아니다 [非無因作]. 저 깃발의 움직임을 중심으로 살펴보자. 그 깃발의 움직임은 깃발도 아니고 깃발 아님도 아니며 바람도 아니고 바람 아님도 아니라 마음인 세계의 움직임 없는 움직임이다. 그러므로 마음이라는 말을 듣고 마음을 집착하면 붇다의 연기론이 주관관념론과 무엇이 다르겠는가. 내가 깃발을 보지 않고 새 소리를 듣지 않더라도 깃발은 바람이 불면 움직이고 새는 때가 되면 지저귀는 것이다. 아는 바 밖의 경계가 아예 없다면 경계를 아는 마음이 어디를 의지해 있겠는가.

이를 다시 물질의 네 요인과 허공, 주체의 앎의 관계로 보인 여섯 법의 교설[六界說]로 살펴보자. 여섯 법의 영역을 보이는 가르침[六界說]은 물질의 원자적인 네 요소[四大: 地水火風]가 허공[空] 속에 쌓여서 우주자연이 구성됨을 보이는 교설이 아니다.

육계설은 땅 물 바람 불[地水火風]의 물질적 요인과 허공[空], 그리고 저 물질과 허공을 느끼고 아는 주체의 앎[識]이 모두 나이되 나 없음(여섯 법의 영역이 나 없음[六界無我])을 가르치는 교설이다.

여섯 법은 모두 나에 나 없음[於我無我]이라 나 없음에 나 없음도 없어 여섯 법이 서로 융통한 것이다. 밤에 뜰에 나와 밤하늘 무한 우주를 바라보며 우주의 신비에 다만 취하기만 하면 그는 물질세계와 저 허공을 실체화하는 자이고, 저 세계를 아는 주체의 앎 자체를 신비화하면 그는 신아론자(神我論者)이거나 관념론자이다.

육계설은 물질만 공함[色法空]을 말한 것이 아니라 저 허공도 공함[虛空亦空]을 가르치는 교설이고 주체의 앎에 앎 없음을 가르치는 교설이다. 육계무아설을 다시 밝혀 보인 가르침이 『슈랑가마 수트라(Śūraṃgama-sutra, 首楞嚴經)』이니 여래의 연기교설을 떠나 대승경전이 있고 조사선(祖師禪)의 미묘한 도리가 있다고 말하면, 여래와 조사의 뜻을 모두 그르치는 것이다.

오온·십이처·십팔계, 육계가 다 연기이므로 공하되 공도 공하여 모든 법이 중도실상인 것이니 다시 이 뜻을 앎에 모든 법을 거두어, 물질과 허공 앎의 법이 모두 다 여래장의 마음[如來藏心]이라 가르친 것이 『슈랑가마수트라[首楞嚴經]』이다.

『수능엄경』은 『아가마수트라』의 육계(六界: 地·水·火·風·空·識)를 일곱 큰 요인[七大: 地·水·火·風·空·見·識]으로 바꾸어 보이고 있으니, 이는 앎[識]을 여섯 앎 활동과 앎을 일으키는 뜻 뿌리[意根]로 나누어 말한 것으로 연기법에서 뜻 뿌리[意根]는 앎을 일으켜도 앎 활동 자체로 살아 움직이는 이름 없는 뿌리인 것이다. 곧 이름 없는 뜻 뿌리가 세계를 나의 것으로 앎으로써, 세계가 주체화 되고 주체가 세계화 되는 활동이 앎[識]이니 앎일 때 앎은 세계인 앎이고 세계일 때 세계는 세계인 앎인 것이다. 그러므로 세계를 지금 보고 있는 주체가, 보고 듣고 느껴 아는 앎[見聞覺知]에 앎 없고, 앎 없음에 앎 없음도 없음을 깨치면, 그가 사마타와 비파사나를 같이 행하는[止觀俱行] 디야나파라미타의 수행자이다.

프라즈냐파라미타와 하나 된 디야나파라미타일 때, 알되 앎 없는 앎 활동 밖에 안으로 취할 마음의 뿌리가 어디 있으며, 밖으로 실로 붙잡을 세계가 어디 따로 있겠는가.

학담은 출가 초기 '세존께서 투시타하늘을 떠나지 않고 왕궁에 내리셨다'는 이 구절을 듣고 선[禪]의 마음[心]과 정토(淨土)의 세계[色] 이 두 법에 의심이 다하지 않아, 세속 나이 스물 무렵 인천(仁川)에 사는 지인의 부모 조문염불을 갔다가, 당시 인천 보각사에 머물고 계셨던 신소천(申韶天)선사를 만나 뵈었다.

내가 물었다.

'선은 오직 마음[唯心]이라 가르치는데, 가서 날 정토(淨土)는 무엇입니까?'

선사는 뜻 길[義途]을 세워 다음 같이 말했다.

'성품[性]에서는 나와 정토가 둘이 없지만, 모습[相]에서는 나와 정토가 하나가 아니다.'

그 가르침에 갓 스물 초참 학인으로 온전히 의심이 풀리지 않았으나 나중 강진 백련사에 살며 원묘요세선사(圓妙了世禪師)의 행장을 읽으며, 선과 정토에 두 길이 없음을 알게 되었다. 원묘선사가 월생산(月生山: 月出山) 약사란야(藥師蘭若)에서 처음 깨칠 때 『관무량수경(觀無量壽經)』의 '이 마음이 붇다이고 이 마음이 붇다를 짓는다〔是心是佛 是心作佛〕'는 경의 구절에서 파안미소 하였다고 한다. 나는 이 구절을 보고, 이 뜻이 곧 '이 마음이 정토이고 이 마음이 정토를 짓는다〔是心是土 是心作土〕'는 뜻과 다르지 않음을 알았다.

그리고 행장의 마지막, 선사가 임종 시 가을날 축시(丑時) 한밤에 대중을 모아 단에 올라 설법하며 보인 정토왕생의 게송에서 선(禪)과 정토(淨土)가 둘 아닌 뜻에 믿음을 세우게 되었다.

임종 시 문답은 다음과 같다.

임종 시 어떤 승려가 원묘선사에게 물었다.

'임종에 선정에 있으면〔臨終在定〕 곧 정토인데, 선사는 어디로 가시려 하십니까?'

이에 선사가 이렇게 게를 말하고서 홀연히 좌탈 하시었다.

이 생각을 움직이지 않고
늘 이곳에 현전해 있다.
나는 가지 않고 가고
저는 오지 않고 온다.
부름과 응함의 길이 어울려
실로 마음 밖이 아니다.

不動此念　　常處現前
我不去而去　彼不來而來
感應道交　　實非心外

이 짧은 게송에 천태선사가 말한 늘 고요한 빛의 땅〔常寂光土〕의 뜻과, 실다운 과보의 땅〔實報土〕이라는 정토의 뜻이 다 들어있으며, 선(禪)과 정토(淨土)가 둘이 아닌 실천의 길이 들어있다.

연기법에서 마음과 물질이 이미 중도인데 선(禪)을 말한다고 정토(淨土)를 등지고, 정토를 말한다고 세계가 오직 마음인 연기의 뜻〔緣起義〕을 등지면 그가 어찌 여래의 정법안장을 깨친 조사이고 선사일 것인가.

몇 억 만 광년 먼 별빛을 바라보는 것이 지금 강 건너편 저 언덕에 서 있는 사람을 보며 손짓하고 인사하는 것과 어찌 다를 것인가. 또 본 『유마경』에서 말하고 있는 바 '묘한 기쁨의 세계〔妙喜國〕 붇다를 이곳 사바세계에서 뵙는 것'이 지금 햇빛 속에서 산을 보는 것〔日裏看山〕과 무엇이 다를 것인가.

옛 조사의 다음 공안을 깊이 살펴볼 일이다.〔『선문염송』1023칙〕

운문선사(雲門禪師)에게 어떤 승려가 물었다.

'어떤 것이 조사가 서에서 온 뜻입니까?'
선사가 말했다.
'햇빛 속에서 산을 본다.'

如何是 祖師西來意. 師云 日裏看山

이에 대해 불감근(佛鑑勤) 선사가 다음 같이 노래했다.

비 온 뒤 강 위의 두 세 봉우리
안개 바람 쌓이어 그 겹침 누가 헤아리리.
눈 속으로 보아옴에 소경 같더니

귀뿌리 듣는 곳에는 하늘의 밝음을 넘네.

雨餘江上兩三峯　堆疊煙嵐豈計重
眼裏見來端的瞎　耳根聞處出天聰

무위자(無爲子) 선사는 이렇게 노래했다.

햇빛 속에 산을 보니 눈에 가득 푸르름인데
천 바위 만 골짜기 가로 세로 다투네.
골 어귀가 구름에 끊겼는가 의심했더니
이르러보면 반드시 길이 평탄한 줄 알리라.

日裏看山滿眼靑　千巖萬壑鬪縱橫
洞門疑是雲遮斷　到者須知路坦平

이곳에서 저 산을 보되 실로 봄이 없음을 아는 자가, 내 눈에 비
치는 저 하늘 아득한 별이 지금 이곳임을 아는 자인가. 저 십만
억 붇다의 땅을 지나서 있다고 말해지는 머나먼 정토의 세계와 지
금 이곳은 서로 가기 얼마인가.

다시 정토교설은 여기 이 세계와 저기 아득한 저 세계의 상호 소
통만을 가르치는 교설이 아니라, 남이 없되 나지 않음도 없는[無生
而無不生] 광대무변한 우주 창조의 역사에서 중생의 업의 힘[衆生
業力]과 보디사트바의 원의 힘[菩薩願力]이 세계 창조의 원동력임
을 밝혀주고 있다.

지금 내[六根]가 저 세계[六境]를 보고 듣고 아는 주체의 앎 활동
[六識]이 자아를 세계화하고 세계를 주체화하며, 자아와 세계를 매
개하고 새롭게 규정하는 실천의 힘인데, 지금 나에게 이미 그러함
이 어찌 우주 창조의 역사에서 그렇지 않겠는가.

우리 불교 원효성사가 아미타불의 전신인 법장비구의 원력을 찬탄하고 아미타불을 찬탄하는 노래에서, 중생의 업과 보디사트바의 원이 세계 창조의 원동력이라는 그 뜻이 여실히 드러나고 있다.

　백련사(白蓮社)의 원묘선사는 마지막 임종 전 원효의 미타 증성가(彌陀證性歌)를 이레〔七日〕 동안 쉬지 않고 외어, 그치지 않았다고 하니, 원효의 법장비구를 찬탄하는 노래와 미타증성가 게송을 보이면 다음과 같다.

법장원력찬

지난 세상 아득하게 오랜 옛날에
뜻이 높은 구도자가 계시었으니
그 이름은 법장이라 부르시었네.
위없는 보디의 마음 처음 일으켜
이 세속을 벗어나서 도에 들어가
여러 가지 모든 모습 부수시었네.

乃往過去久遠世　有一高士號法藏
初發無上菩提心　出俗入道破諸相

깨끗한 한마음의 본바탕에는
두 모습이 없는 줄을 아시었건만
중생들이 나고 죽는 고통바다에
헤매임을 크게 슬피 여기시어서
마흔 여덟 높고 크신 서원 세우고
맑고 맑은 좋은 업을 갖춰 닦으사

번뇌 때를 남김없이 여의시었네.

雖知一心無二相　而愍群生沒苦海
起六八大超誓願　具修淨業離諸穢

아미타증성가(阿彌陀證性歌)

모든 붇다 몸의 모습은 법계의 몸이시니
이루 생각할 수 없고 말할 수도 없으며
고요하여 함이 없되 하지 않음 또한 없네.
저 붇다의 몸과 마음 지심으로 따르나니
저 붇다의 나라에 반드시 태어나리.

法界身相難思議　寂然無爲無不爲
至以順彼佛身心　必不獲已生彼國

9. 오늘의 역사에서 화쟁(和諍) 그 둘 아닌 법문[不二法門]의 실천

붇다의 연기론에서 인식 주체[六根]가 저 세계[六境]를 안다[六識]고 할 때 여기 주체에 있는 마음이 저 세계를 붙잡아 아는 것이 아니다. 알 때 그 앎은 여섯 아는 뿌리와 아는 바 여섯 경계가 일으키지만 앎일 때 주체는 앎인 주체이며 세계는 앎인 세계이다. 곧 앎은 세계 밖에서 세계를 붙잡는 앎이 아니라 앎일 때 앎은 세계인 앎이다. 그러나 생각은 아는바 모습을 인한 생각이라 생각에 생각 없으며[於念無念], 세계의 모습은 생각인 모습이라 모습에 모습 없는 것[於相無相]이다. 모습은 모습에 모습 없는 모습이므로 모습을 모습이라 하면 생각은 모습에 물들게 된다. 다시 생각은 생각에 생각 없으므로 생각에서 생각 떠나지 못하면 세계는 생각과 관념에 물든 세계가 된다.

생각에 생각 없음이 사마타(samatha)이고, 생각 없되 생각 없이 앎은 비파사나(vipaśyana)이니, 사마타와 비파사나가 하나 됨〔止觀俱行〕이 고요함과 밝음, 앎 없음〔無念〕과 앎〔念〕이 하나 된 선정 곧 디야나파라미타(dhyana-pāramitā, 禪波羅蜜)이다.

세간법의 나고 사라짐은 마음의 나고 사라짐〔心生滅〕으로 주어지며, 남이 없고 사라짐 없음은 마음의 진여〔心眞如〕로 주어진다. 마음의 나고 사라짐〔心生滅〕에 의지해 비파사나를 닦고, 마음의 진여〔心眞如〕를 의지해 사마타를 닦는다. 세간법의 나고 사라짐 가운데서 사마타와 비파사나가 하나 됨이란 곧 한마음의 근원 한마음의 진실에 돌아감〔歸一心源〕이다.

중생은 세간법의 있고 없음, 나고 사라짐 가운데서 연기의 뜻을 알지 못하므로 둘 아닌 법의 문〔不二法門〕에 들어가지 못한다. 중생은 남에서 남을 보므로 사라짐에서 사라짐을 보아, 나고 사라짐을 떠나지 못한다. 또한 연기로 있음에서 실로 있음을 보아 없음이 실로 없음이 되어, 있음과 없음이 서로 융통하지 못한다.

중생은 이처럼 있음과 없음, 남과 사라짐, 끊어짐과 항상함의 견해를 기본으로 하여 갖가지 헤아릴 수 없는 견해를 일으켜 미망의 삶 윤회의 삶을 이어간다.

열두 연기설〔十二緣起說〕로 보면 실로 나고 사라짐이 없는 곳에서 나고 사라짐, 있고 없음을 집착하는 무명(無明, āvidya)으로, 무명이 지어감〔無明, 行〕을 일으켜 무명의 지어감이 닫혀진 삶 활동〔識〕을 일으키며 마음과 물질이 서로 물들이게 된다〔名色〕. 마음과 물질이 서로 물들여 주관과 객관이 대립하며 대립이 닫혀진 생활을 일으켜 다시 나고 죽음이 윤회의 굴레〔有·生·老死〕가 되는 것이다.

이 대립과 윤회의 삶에서 어떻게 '둘이 아닌 법의 문〔不二法門〕'을 열어 대립 속에서 화쟁을 이루며, 해탈의 삶을 이룰 것인가.

경은 가르친다. '여래의 해탈은 중생의 마음의 지어감 가운데서 구하고, 도 아님〔非道〕을 통달하여 붇다의 도〔佛道〕를 통달한다.' 또 '사유할 수 없고 말할 수 없는 해탈은 중생의 갖가지 견해 가운데 구한다'고 말하니 이는 중생 번뇌의 바다가 여래장(如來藏) 공덕의 바다〔功德海〕임을 말한다.

나고 사라짐을 집착하는 견해는 원래 없는 허깨비의 꿈이므로 환상이 일어나는 곳에서 환상을 환상으로 알면 그곳이 해탈의 땅이 되는 것이다. 환상은 원래 없는 것이므로 없앨 것이 없는 것이다.

어떤 신적인 세계관을 믿는 치우친 견해의 무리들은 거룩함과 세속, 신성과 세속을 나누어 세속의 저변에 변하지 않는 영역이 있어 세속법 변화의 근거가 된다고 말한다. 그러나 이는 변하는 세간법의 진실에 대한 또 하나의 도피라, 유한자의 죽어야 하는 운명의 참된 응답이 되지 못한다. 변화 밖에 변하지 않는 신적 영역이 따로 있다면 이미 법이 두 법인데 그 신적 영역이 어찌 세간 변화의 근거가 되겠는가.

해탈은 나고 사라짐의 진실이, 실로 남이 없고 사라짐이 없음을 알아 현실을 법의 진실대로 살아감 속에서 구현된다. 이 뜻이 중생 윤회의 굴레를 해명하는 열두 연기〔十二緣起〕가 그 연기의 변화를 없애지 않고 '열두 연기가 곧 붇다의 성품〔佛性〕이다'라고 말한 『대승 파리니르바나 수트라〔大般涅槃經〕』의 뜻이다.

이를 유식(唯識) 교설로 보면 연기하는 세간법에 대한 여러 집착된 모습〔遍計所執相〕은 원래 없는 것이며, 연기하는 세간법의 있되 공한 진실〔依他起相無自性〕이 두렷이 이루어진 진리의 실상〔圓成實相〕인 것이지 세간법을 떠나 스스로 완결적인 진리의 모습은 없다〔圓成實相無自性〕.

있음이 실로 있음이 아니고 없음이 실로 없음이 아닌 연기의 진실을 통달하여 진실대로 살아가는 실천 속에, 소유로 싸우는 인류 역사의 참된 해탈의 길이 있다.

각기 스스로 믿는 신의 자기 완결성을 내세워 전쟁하는 역사 또한 마찬가지다. 세계와 역사현실 안, 존재 서로 사이의 소통과 개방성 밖에 자기들만의 신적 절대성이 따로 있다는 환상을 버리지 않으면, 종교의 이름으로 전쟁하고 착취하고 학살하는 종교 스스로의 죄악을 벗어나지 못한다.

과거 폭압적 광란의 정치권력으로부터 학살의 피해를 받았던 민족이 지금 다시 그 민족의 신을 내세워 다른 이름으로 신의 이름을 부르는 가난한 민족에게 무자비한 폭력을 행사하고 있다. 그리고 다시 그에 대한 저항의 폭력이 부딪쳐 폭력이 악순환하는 현실을 우리는 지금 목도하고 있다. 지금 신의 이름으로 가책 없이 다른 민족 가난한 사람들을 죽이고, 죽임 당한 이들이 다른 신의 이름으로 절규하는 아비규환을 우리는 텔레비전을 통해 매일 보고 있다.

이를 보며 자비를 말하고 구원을 말하는 종교의 신이, 인간의 탐욕, 지배 권력과 어울려 학살과 폭력을 정당화하는 환상의 신이 될 수 있는 현실을 절감하지 않을 수 없다.

과거 학살의 피해자였지만 지금 전쟁의 원인을 제공하며 전쟁의 주역이 되고 있는 유대교와 유대 민족의 전통 속에서도 20세기 초 아프리카 불모지를 매입하여 유대인 정착촌을 그곳에 건립함으로써 이슬람민족과의 갈등을 유발하지 않아야 한다고 주장한 유대교 신학자가 있었다. 그가 바로 『나와 너[Ich und du]』라는 명저를 저술하고 유대교 신비주의운동 하시디스무스(Hasidismus)를 전개한 마르틴부버(Martin Buber)이다. 그의 주장에는 이미 오늘날 비극의 결말을 예견한 듯한 선지자의 시각이 있다. 이 시대의 비극을 보며 부버 같은 새로운 유대교지도자의 출현이 있어야 이슬람민족과 유대민족 모두에 새로운 해방과 화해의 왕국을 가져다줄 것이라 생각된다.

메시아(mesia)에 대한 마르틴부버의 해석처럼 어찌 예수만이 이미 세상에 온 메시아라고 믿음으로써 다시 올 메시아의 출현을 대망하는 중생의 마음을 닫아버릴 것인가. 메시아는 역사의 모순을 극복하려는 우리 중생의 실천과 열망을 통해, 늘 새롭게 그 이름이 불러지고, 늘 새롭게 출현해야 하는 것이다.

우리가 말한 화쟁의 실천은 우리들 현실의 삶속 온갖 환상 미혹으로부터 우리 자신을 해방함이 그 첫걸음이 된다.

눈에 보이는 사물에의 집착에서 벗어날 뿐 아니라 인간이 인간성 자체를 신비화하거나 영혼 같은 도깨비의 꿈으로 의식을 신비화하거나, 신적 절대성, 우주의 신비, 경제 법칙, '스스로 그러한 도[自然之道]' 등에서 취할 수 있는 신비의 장막을 걷어내는 것이 '부사의 해탈(不思議解脫)'의 문이다.

지금의 세계 현실역사는 자기들 끼리만의 완결적인 절대신의 개념, 다른 이름으로 신을 말하는 이들을 저주하고 배척하는 신 개념이 전쟁과 범죄의 뿌리가 되고 있으며, 절대선(絶對善)으로 포장된 신개념을 통한 인종학살 등이 지금도 자행되고 있다.

이십세기 벽두 '신은 죽었다'고 말한 저 니이체(Nietzsche) 같은 예언자적인 울부짖음이 지금 이 시대에 다시 필요하다.

민족 분단현실 속에서도 상대방에 대한 이해와 포용, 소통이 없이 자기 끼리만의 가치 공유가 우리 민족 사이를 편 가름하고 있다. 민족 분열을 조장하는 종교 근본주의자들이 거리 한복판에서 냉전이 끝난 이 시대에, 민족의 한쪽에 대한 증오, 반이교주의를 구원의 메시지처럼 떠들고 있다.

모든 것은 움직이며 변화해 가고 발전해 간다. 움직이고 변화해 가되 실로 한 법도 옮겨감이 없다〔遷而不遷〕. 현실의 이와 같은 모습에 반해 지금도 움직이고 있는 정치 사회경제 체제를 고정시키는 경직된 사고, 체제 우위론적 사고로 서로 상대방을 절복하려는 사고는 우리를 해탈이 아니고 질곡의 울타리에 가두고 말 것이다.

자기 자신과 우리가 살고 있는 사회에 대해서 물음을 던질 수 있는 인간만이 각성된 인간, 자유를 향해서 발돋음 할 수 있는 인간의 모습이다.

비말라키르티 보디사트바가 제시하는 부사의 해탈(不思議解脫)은, 지금 대립과 갈등의 역사를 사는 우리 스스로, 문제의 한복판에서만 고제(苦諦)의 자기 전변을 통해 열릴 것이다. 곧 모순과 갈등으로 가득 찬 현실 한복판에서 '무엇이 세계의 진실이며' '무엇이 해탈인가'를 묻는 현성공안(現成公案)의 쉼 없는 참구와, 그 공안의 대중적이고 역사적인 타파〔公案打破〕를 통해 그 해탈의 길은 구현될 것이다.

유마경선해 維摩經禪解

차례

제2장 유마경 본문과 해설

제1장

옛 성사들의 서문을 통해 본
유마경의 대의[維摩經玄義]

❀ 이끄는 글

　한문을 중심 언어로 한 동아시아불교의 역사는, 산스크리트 불전의 한문번역으로부터 출발한다.

　이 『비말라키르티수트라』 또한 마찬가지다. 구마라지바 이전 구역으로 오 지겸(吳 支謙) 번역의 『유마경』과 축법호(竺法護)의 번역이 있었다. 그 뒤 후진시대 진왕(秦王) 요흥(姚興)의 지원으로 장안에서 구마라지바 대법사가 『반야경』, 삼론(三論), 『법화경』 『유마경』 등 여러 경전의 대 번역사업을 펼쳤다. 이때 구마라지바의 역장에 참여한 승조법사가 직접 스승 구마라지바의 경전 번역과 강설을 듣고 처음 이 구마라지바 번역 『유마경』에 『유마경주(維摩經註)』를 썼다. 승조의 주석 이후 제대로 된 『유마경』의 세간 유포가 동아시아에 이루어졌다고 할 수 있다.

　『금강경』이 구마라지바 회상에서 『금강경』 강설을 들은 승조주(註)가 토대가 되어 천태선사(天台禪師)의 금강경주가 집필되고, 그 뒤 당조에 들어 달마선종(達摩禪宗)의 법통과 관련지어 선종 선사들의 금강경주석이 이루어짐과 같다.

　이 『비말라키르티 수트라』 또한 구마라지바의 경전번역과 승조주를 의거해, 천태지의선사(天台智顗禪師)의 『유마경현소(玄疏)』가 저술되었으니 천태의 소는 진왕광을 위한 천태선사의 강설을 제자 장안관정선사가 필기하여 저술된 것이다. 그 뒤를 이어 중국 천태선문(天台禪門)의 형계담연선사(荊溪湛然禪師)의 『약소(略疏)』가 집필되고, 명대(明代) 유계전등(幽溪傳燈)의 『유마경무아소』가 저술된 것이다.

이제 학담의 이 유마경 해석은 동아시아에서 유마경 번역과 주석의 연원을 따라 구마라지바의 경전 번역, 승조법사의 주, 천태선사의 현소(玄疏), 형계선사의 천태소 약주, 승조주(僧肇註)와 천태소(天台疏)를 종합한 유계존자(幽溪尊者)의 『무아소(無我疏)』의 저술의 흐름을 따른다. 그래서 먼저 『유마경』 주석에 관계한 조사들의 서문을 통해 『유마경』의 대의를 살피고자 한다.

『금강경』은 비록 반야부 경전의 중심 대의를 보이는 경전이지만, 종파불교로서 초기 달마 선종(達摩禪宗)의 법통설〔六代傳衣說〕이 『금강경』을 축으로 구성됨으로 인해, 대승경전 전체 체계의 균형과는 무관하게 지나치게 그 중요성이 강조된 면이 있다.

그에 비해 『유마경』은 달마선종 법통설의 강조로 인해 경전의 중요성이 상대적으로 부각되지 못한 경전이다. 특히 선종 안의 임제법통설이 절대화 되어왔던 조선조 중기 이후 한국불교의 전통 속에서는 거의 주목받지 못한 경전이다. 그러나 천태가의 조사들의 경전해석으로 보면 『유마경』은 초기 연기설(緣起說)과 반야공(般若空)의 종지뿐 아니라, 돈교(頓敎) 원교(圓敎)의 가르침을 망라한 경전이다.

이제 천태선사 교판의 큰 뜻에 의거해 『유마경』을 다시 조명하는데 『유마경』 주석에 관계된 조사들의 주석서 서문을 번역하고 해석함으로써 경의 대의를 살피고자 한다.

❀ 여러 서문들

1. 승조법사(僧肇法師) 유마경주 서문[僧肇註序]

○ 비말라키르티(Vimalakīrti, 淨名)의 '사유할 수 없고 말할 수 없는 이 수트라[不思議經]'는 대개 미묘함을 사무치고 변화를 다해[窮微盡化], 끊어짐이 묘함[絶妙]을 일컫는 것이다.

그 뜻은 깊고 그윽해[其旨淵玄] 말과 모습으로 헤아릴 수 있는 바가 아니고, 도(道)는 세 가지 공[三空: 我空, 法空, 俱空]마저 벗어나, 히나야나의 두 수레[二乘]가 따져 말할 수가 없다. 뭇 수[衆數] 밖으로 벗어나, 마음 있음의 경계[有心境界]를 끊어, 아득하여 함이 없고 하지 않음도 없다. 그러한 까닭[所以然]을 알지 못하되, 그럴 수 있는 것[能然者]이 곧 사유할 수 없고 말할 수 없음이다[不思議].

왜 그런가. 성인의 지혜[聖智]는 앎이 없되 만 가지 것[萬品]을 함께 비추고, 법신(法身)은 모습 없되 꼴 달리함[殊形]에 모두 응한다. 지극한 울림[至韻]은 말이 없되 현묘한 책[玄籍]은 더욱 퍼지고, 그윽한 방편[冥權]은 꾀함이 없되 움직여서 일과 만난다[動與事會].

그러므로 뭇 방위[群方]를 거느려 건져서 중생을 열어주고 일을 이루어, 이익 됨이 천하에 드러나되 나에게는 함이 없다[於我無爲]. 그런데도 미혹한 이들은 느끼어 비춤[感照]을 보고, 그로 인해 이를 지혜[智]라 말하고 꼴에 응함[應形]을 살펴 이를 몸[身]이라 말한다. 현묘한 책[玄籍]을 엿보고서는 이를 말[言]이라 하고, 변해 움직임[變動]을 보고서는 이를 방편[權]이라 말한다.

대저 도의 끝됨[道之極者]이 어찌 꼴과 말, 방편과 지혜로 그 신그러움의 구역[神域]을 말하겠는가.

그러나 뭇 중생은 길게 잠들어 말이 아니면 깨우치지 못하고, 도는 홀로 움직이지 않으니[道不孤運] 이를 넓히는 것은 사람을 말미암는다[弘之由人].

이러므로 여래는 다른 곳[異方]에서 만주스리(Manjuśri, 文殊)를 분부하시고, 다른 국토[異土]에서 비말라키르티(Vimalakīrti)를 불러, 바이샬리 성에서 같이 모여, 함께 이 도를 넓히도록 하시었다.[1]

○ 이 경[此經]이 밝히는 것에서 만 가지 행[萬行]을 거느리는 것은 곧 방편의 지혜[權智]로 주를 삼고, 덕의 바탕[德本]을 심는 것은 여섯 파라미타로 뿌리를 삼는다. 미혹한 이를 건져주는 것은 자비(慈悲)로써 머리[首]를 삼고, 종지의 끝을 말하는 것은 둘이 아님[不二]으로 문(門)을 삼으니, 대개 이 대중의 말한 것이

---

1) 維摩詰不思議經者 蓋是窮微盡化 絶妙之稱也 其旨淵玄 非言象所測 道越三空 非二乘所議 超群數之表 絶有心之境 眇莽無爲而無不爲 罔知所以然而能然者不思議也 何則夫聖智無知而萬品俱照 法身無象而殊形並應 至韻無言而玄籍彌布 冥權無謀而動與事會

故能統濟群方 開物成務 利見天下 於我無爲 而惑者覩感照 因謂之智 觀應形則謂之身 覰玄籍便謂之言 見變動而謂之權 夫道之極者 豈可以形言權智而語其神域哉 然群生長寢非言莫曉 道不孤運 弘之由人

是以如來命文殊於異方 召維摩於他土 爰集毘耶共弘斯道

다 '사유할 수 없고 말할 수 없음의 바탕〔不思議本〕'이다.

만약 등왕여래(燈王如來)에게서 자리를 빌고 향적국토〔香土〕에서 밥〔飯〕을 청하며, 손으로 큰 천세계〔大千〕를 만지며 방〔室〕이 누리의 모습〔乾象〕을 싸는 것 같음에 이르는 것은, 사유하고 말할 수 없음의 자취〔不思議之迹〕이다.

그러나 깊은 진리의 빗장〔幽關〕은 열기 어렵고, 성인의 응하심〔聖應〕은 같지 않으니 바탕이 아니면〔非本〕 자취〔迹〕를 드리울 수 없고, 자취가 아니면〔非迹〕 바탕〔本〕을 나타낼 수 없다. 바탕과 자취〔本迹〕가 비록 다르나, 사유할 수 없고 말할 수 없음은 하나이다〔不思議一也〕. 그러므로 붇다께선 아난다에게 분부하여 '사유할 수 없고 말할 수 없음〔不思議〕' 이를 나타내 수트라의 이름 삼도록 하신 것이다.2)

○ 대진(大秦)의 큰 왕〔天王〕은 빼어나고 신그러움〔俊神〕이 세간을 벗어나, 그윽한 마음이 홀로 깨치시니〔玄心獨悟〕, 만 가지 기틀 위〔萬機之上〕에 지극한 다스림〔至治〕을 넓히시고 천년의 아래까지 도의 교화〔道化〕를 드날리셨다. 그러면서 매번 이 수트라를 찾아 읽고, 신그러움이 깃들게 할 집을 삼았으나, 지축(支竺)이 옮겨낸 수트라〔支謙과 竺法護가 옮긴 유마경의 구역〕가 글에 막혀 있음을 한탄하고 그윽한 종지〔玄宗〕가 옮긴 사람에 의해, 땅에 떨어지는 것을 걱정하였다.

---

2) 此經所明 統萬行則以權智爲主 樹德本則以六度爲根 濟蒙惑則以慈悲爲首 語宗極則以不二爲門 凡此衆說皆不思議之本也 至若借座燈王請飯香土 手接大千 室包乾象 不思議之迹也 然幽關難啓 聖應不同 非本無以垂跡 非跡無以顯本 本跡雖殊而不思議一也 故命侍者標以爲名焉

북쪽 하늘〔北天〕의 운세가 운에 통함이 있어서 홍시(弘始) 8년
해의 차서로는 순화(鶉火)에 대장군 상산공(常山公)과 우장군(右
將軍) 안성후(安成侯)에 한 번 분부해, 뜻을 배우는 사문〔義學沙
門〕 천이백 사람과 더불어 장안(長安) 대사(大寺)에, 구마라지바
법사를 청해 수트라의 바른 본〔正本〕을 거듭 옮기도록 하였다.

구마라지바 법사는 높이 세상 살피는 앎〔高世之量〕으로 참된 경
계〔眞境〕에 마음을 그윽이 하나되게 하여, 이미 진리의 중심〔環
中〕을 다하시고 또 중국말을 잘하시었다. 때때로 손에 산스크리
트 글을 잡고 스스로 펴서 옮겨내시었다.

그러면 출가 재가〔道俗〕의 무리들이 경건히 한 말〔一言〕을 세
번 거듭하여〔三復〕 갈고 닦아 아름답게 함을 구하니 힘씀은 성
인의 뜻〔聖意〕에 두었다. 그 글은 간략하고 깊어서 그 뜻이 아
름답고 밝게 드러나, 미묘하고 먼 말〔微遠之言〕이 여기에서 드
러났다.

나는 어둡고 짧았지만 때로 들음에 같이했다. 비록 생각이 모
자라지만 현묘함에 함께 들어가 거칠게 글의 뜻을 얻어서 애오
라지 들은 바를 따라서 이를 풀이하였다. 간략히 기록해 말을 이
루어〔略記成言〕 서술하되 지음이 없었다〔述而無作〕. 앞으로 올 어
진 이들이 세상을 달리해도 들음 같이하길 바란다.3)

---

3) 大秦天王俊神超世玄心獨悟 弘至治於萬機之上 揚道化於千載之下 每尋翫茲
典以爲棲神之宅 而恨支竺所出理滯於文 常恐玄宗墜於譯人 北天之運運通有
在也 以弘始八年歲次鶉火一命大將軍常山公右將軍安成侯 與義學沙門千二
百人 於長安大寺 請羅什法師 重譯正本
　什以高世之量 冥心眞境 旣盡環中 又善方言 時手執梵文口自宣譯 道俗虔
虔一言三復 陶冶精求務存聖意 其文約而詣 其旨婉而彰 微遠之言於茲顯然
矣 余以闇短時預聽次 雖思乏參玄 然麤得文意 輒順所聞爲之注解 略記成言

○ 구마라지바께서 말했다.

비말라키르티는 여기 말로 깨끗한 이름[淨名]이니 곧 오백 어린이의 하나이다. '묘한 기쁨의 나라[妙喜國]'에서 와서 이 경계에 노닐다가, 응함이 이미 두루해지면 본래 땅[本土]으로 돌아갈 것이다. 그 깨끗한 덕을 나타내 중생을 윤택케 하려고, 자취를 나타내 깨칠 때[顯迹悟時]는 반드시 말미암음이 있으므로 뜻 같이 하는 이들을 붙다게 가도록 분부해 홀로 행하지 않는다.

홀로 행하지 않음[獨不行]이란 곧 그 병을 아는 것이니 어떻게 아는가, 뜻 같이하는 이 오백[同志五百]이 함께 큰 도를 따름[共遵大道]이라 덕에 나아가고 착함을 닦음[進德修善]에 이르러서는, 움직임과 고요함을 반드시 함께한다. 깨끗한 나라의 모임[淨國之集]의 업이 큰 이들[業之大者]을 분부하지만, 그에게 병 있음[其有疾]을 같이 들어 밝히지는 않는다.

병이 있으므로 병문안의 모임이 있으니 병문안의 모임은 '깨끗한 나라의 모임[淨國之集]'을 말미암은 것이고, 깨끗한 나라의 모임은 '비말라키르티의 방편[淨名方便]'을 말미암은 것이다.

그렇다면 곧 이 수트라의 비롯과 마침의 말미암은 바가 참으로 있는 것이다. 만약 말함으로부터 살피면[自說而觀] 곧 뭇 성인이 공을 가지런히 함[衆聖齊功]이다.

바탕으로부터 찾으면[自本而尋] 곧 공(功)은 비말라키르티를 말미암은 것이니, 말미암은 바의 근원을 캐므로 '비말라키르티가 말한 바'라고 한 것이다.4)

述而無作 庶將來君子異世同聞焉
4) 維摩詰所說

○ 승조는 말한다.

비말라키르티는 여기 말로 깨끗한 이름[淨名]이니 법신의 마하사트바[法身大士]이다. 그 방편의 도는 정해진 방위가 없어, 숨고 드러남[隱顯]이 자취를 달리하니[殊迹] 저 묘한 기쁨의 나라[妙喜國]를 놓아두고 이 사바의 땅에 나타나셨다.

이런 까닭에 빛을, 티끌 세속에 누그러뜨려 어울려서[和光塵俗] 그로 인해 도의 가르침을 통했다. 늘 장자 보배 쌓임[寶積]과 같이 노닐어, 법의 성[法城]의 벗을 삼았다. 그 가르침의 연[其教緣]이 이미 다해 마치면 묘한 기쁨의 세계에 돌아갈 것이다. 그러므로 그 신묘한 덕을 나타내 여래의 '사유할 수 없고 말할 수 없는 해탈'의 도를 넓히려 하는 것이다. 그래서 보배 쌓임[寶積]에게 홀로 샤카무니붇다께 가도록 분부하고서, 스스로는 머물러 병[疾]을 보인 것이다.

이런 까닭에 병문안의 실마리[問疾之端]를 내서, 미묘한 말의 비롯함을 세운 것이다. 묘한 소리[妙唱]가 저로부터이므로 '비말라키르티 그가 말함'이라 한 것이다.

도생(道生)이 말했다.

비말라키르티는 여기 말로 '때 없는 이름[無垢稱]'이다. 그는 다섯 욕망에 자취를 숨기되, 벗어나 물듦이 없어 깨끗한 이름[淨

什曰 維摩詰秦言淨名 卽五百童子之一也 從妙喜國來遊此境 所應旣周將還本土 欲顯其淳德以澤群生 顯迹悟時 要必有由故命同志詣佛 而獨不行 獨不行則知其疾也 何以知之 同志五百共遵大道 至於進德修善 動靜必俱 命淨國之會業之大者 而不同擧明其有疾 有疾故有問疾之會 問疾之會由淨國之集 淨國之集由淨名方便 然則此經始終所由良有在也 若自說而觀則衆聖齊功 自本而尋則功由淨名 源其所由故曰維摩詰所說也

名]이 멀리 퍼지므로 이 이름을 이룬 것이다. 이름을 귀하게 하고[貴名] 진실을 구하는 이[求實]는, 반드시 그 말을 무겁게 여겨야 하고, 바탕을 말해[說本] 진실 나타내는[表實] 이가, 말을 무겁게 하면 곧 끝내 구하는 바를 얻을 것이다. 이로 인해 가까이 만나면[近接], 성인의 말씀[聖言] 넘어섬이 있게 될 것이다.5)

○ 경(經)의 이름

승조는 말한다.

경이란 늘 그러함[常]이다. 옛과 지금은 비록 다르나 깨달음의 도[覺道]는 바뀌지 않아 뭇 삿됨이 막을 수 없고 뭇 성인이 달리 할 수 없다. 그러므로 늘 그러함[常]이라 한다.

한 이름은 '사유할 수 없고 말할 수 없는 해탈[不思議解脫]'이다.

구마라지바 법사가 말했다. 또한 사마디(samadhi)라 이름하고 또한 빠른 선정[神足]이라 한다. 어떤 이는 '모자람을 고쳐 바꾸어 건너도록 함[脩短改度]'이라 하고, 어떤 이는 '큼과 가늚이 서로 받아들이고[巨細相容] 변화가 뜻을 따라[變化隨意] 법에 자재하여[於法自在] 해탈이 걸림 없으므로 해탈(解脫)이라 이름한다'고 한다.

---

5) 肇曰 維摩詰秦言淨名 法身大士也 其權道無方 隱顯殊迹 釋彼妙喜現此忍土 所以和光塵俗因通道敎 常與寶積俱遊爲法城之侶 其敎緣旣畢將返妙喜 故欲 顯其神德以弘如來不思議解脫之道 至命寶積獨詣釋迦自留現疾 所以生問疾 之端建微言之始 妙唱自彼故言其說
　竺道生曰 維摩詰者此云無垢稱也 其晦跡五欲 超然無染 淸名遐布 故致斯 號 貴名求實者必重其說 說本表實 重之則終得所求 因斯近接有過聖言矣

능(能)이란 그럴 수 있음이다. 물(物)은 그러한 까닭을 알지 못하므로[不知所以故] '사유할 수 없고 말할 수 없다'고 말하고, 또한 법신의 마하사트바[法身大士]는 생각하면 곧 따라 응하여, 선정에 들어간 뒤에야 할 수 있음이 아니라고 말하니, 마음이 자재를 얻어, 묶이는 바 될 수 있음이 없으므로 해탈이라 한다.

만약 곧장 법이 공함만을 밝히면[直明法空], 곧 늘 익힘[常習]에 어긋나 믿음을 얻을 수 없으므로 물(物)이 마음 따라 변함을 나타내, 물이 정해진 성품 없음[物無定性]을 밝힌다. 물이 정해진 성품이 없으면[物無定性] 곧 그 성품은 빈 것[其性虛也]이다.

보디사트바는 그 정함 없음을 얻는다. 그러므로 물이 마음 따라 구르게[物隨心轉] 하되, 곧 '사유할 수 없고 말할 수 없음'이니 바로 공(空)의 밝은 증명[明證]이다.

진리의 마루[理宗]를 나타내려 하므로 이로써 경의 나타냄[標]을 삼은 것이다.6)

승조는 말한다.

미묘하고 멀며 그윽하고 깊어, 히나야나의 두 수레[二乘]가 헤아릴 수 없으므로 '사유하고 말할 수 없음[不思議]'이다. 놓아 맡기되 걸림 없어[縱任無礙] 티끌의 더러움[塵累]이 걸리게 하지 못

---

6) 經

肇曰 經者常也 古今雖殊 覺道不改 群邪不能沮 衆聖不能異 故曰常也
一名不可思議解脫
什曰 亦名三昧亦名神足 或令脩短改度 或巨細相容變化隨意 於法自在解脫
無礙 故名解脫 能者能然 物不知所以故曰不思議 亦云 法身大士念卽隨應
不入禪定然後能也 心得自在 不爲不能所縛故曰解脫也 若直明法空 則乖於
常習 無以取信 故現物隨心變 明物無定性 物無定性則其性虛矣 菩薩得其無
定 故令物隨心轉 則不思議乃空之明證 將顯理宗故以爲經之標也

하므로 해탈(解脫)이다.

이 경은 정토(淨土)로부터 비롯하여, 법공양(法供養)에서 마친다. 그 가운데 밝힌 바가 비록 다르나 '사유하고 말할 수 없는 해탈〔不思議解脫〕'은 하나이다. 그러므로 모아 이로써 이름〔名〕을 삼은 것이다.

위〔비말라키르티가 설한 경〕는 사람〔人〕으로써 경(經)을 이름한 것이고 여기〔사유하고 말할 수 없는 해탈의 경〕는 법(法)으로써 경을 이름한 것이다. 법으로써 경을 이름한 것은 까닭이 '뜻의 돌아감을 나타내 보임〔標榜旨歸〕'이고 사람으로 경을 이름한 것은 까닭이 '사람을 인해 도를 넓힘〔因人弘道〕'이다.

도생(道生)이 말했다.

'때 없다는 이름〔無垢之稱〕은 때로 꼴과 자취〔形迹〕에 그치기도 하지만, 마음은 반드시 그렇지 않으므로 그 해탈을 거듭 말하여 다시 한 이름을 삼은 것이다.'

'사유할 수 없고 말할 수 없음〔不可思議〕'은 무릇 두 가지가 있다. 첫째 진리의 공함〔理空〕을 말하니 미혹의 뜻으로 헤아리는 바가 아니다. 둘째 신그럽고 기이함〔神奇〕을 말하니 낮은 앎〔淺識〕으로 헤아릴 바가 아니다.

만약 공한 진리〔空理〕를 체달하면 사유하고 말하는 미혹을 벗어나고, 미혹이 이미 벗어나면 곧 하는 바〔所爲〕가 헤아리기 어렵다.

비말라키르티는 지금 움직임과 고요함이 모두 다 신그럽고 기이하여, 반드시 모든 미혹을 벗어난다. 미혹 벗어남은 공을 체달함〔體空〕에 있으니 공을 말함〔說空〕이 바로 그가 체달한 바이

다. 이런 까닭에 '때 없다는 이름〔無垢之名〕'은 미더움에 징험이
있다. 이름이 참으로 징험이 있으면 그 구함은 더욱 이르게 되
니〔愈到〕, 구하는 것에 이르면 어찌 깨치지 못함〔不悟〕을 걱정
할 것인가.7)

---

7) 肇曰 微遠幽深 二乘不能測 不思議也 縱任無礙塵累不能拘 解脫也 此經始
自于淨土 終于法供養 其中所明雖殊 然其不思議解脫一也 故總以爲名焉 上
以人名經 此以法名經 以法名經所以標榜旨歸 以人名經所以因人弘道者也
生曰 無垢之稱或止形迹 心不必然 故復言其解脫更爲一名 不可思議者凡有
二種 一曰理空 非惑情所圖 二曰神奇 非淺識所量 若體夫空理則脫思議之惑
惑旣脫矣則所爲難則 維摩詰今動靜皆神奇 必脫諸惑 脫惑在于體空 說空是
其所體 是以無垢之名信而有徵 名苟有徵 其求愈到 到於求者何患不悟乎

덧붙이는 글

○ 승조의 『유마경주(維摩經註)』는 스승 구마라지바의 번역장에서 구마라지바의 강설을 듣고 경의 귀절을 주석했을 뿐 아니라, 『조론(肇論)』을 저술한 깊은 안목으로 경의 종지를 말하고 있다. 때로 스승께 같이 배우고 역장에서 필수(筆受)를 같이 했던 동학 도생법사(道生法師)의 견해와 스승 구마라지바의 뜻을 자신의 주에 기록하고 있다.

비말라키르티의 뜻을 정명(淨名)이라 한 스승의 뜻을 받아 경전을 주석하되, 도생법사가 정명(淨名)을 무구칭(無垢稱)이라고 옮긴 말도 그의 주에 기록하고 있으며, 군데군데 스승의 견해를 같이 말하고 있다.

다만 본 경 해석자 학담은 승조주의 내용을 유계존자가 『무아소』에 인용한 것을 다시 인용하는 수준에서 승조의 주를 말하고 있다.

승조법사는 경의 제목 풀이〔釋題〕를 통해, 경의 진리 바탕〔體〕과 보디사트바의 행이라는 실천의 마루〔宗〕를 보이고 있다. 보디사트바의 행은 '사유할 수 없고 말할 수 없는 바탕'에서 일어나 중생을 진리바탕에 돌아가게 하는 행 없는 행〔無行之行〕이다.

이 경을 말하는 주체도 비말라키르티이고, 보디사트바의 행을 일으키는 사람도 비말라키르티가 중심이 된다. '사유할 수 없고 말할 수 없는 해탈'이 보디사트바의 행이 지향하는 진리의 바탕이나 보디사트바의 행에 행함 없음이 돌아가는 바 진리의 바탕이다.

그러므로 경의 제목 풀이를 통해 승조는 천태 오중현의(五重玄義)에서 말하고 있는 경의 제목〔題〕, 진리의 바탕〔體〕과 실천의 마루〔宗〕, 해탈의 씀〔用〕을 모두 밝히고 있는 것이다.

곧 보디사트바의 행에 행함 없음〔於行無行〕이 부사의 해탈의 바탕

〔本〕이고 행에 행함 없되〔於行無行〕행함 없음도 없음〔無無行〕이 중생을 보디로 성취시키고 중생의 물든 땅을 정토로 돌이키는 부사의 해탈의 자취〔迹〕이다.

이렇게 보면 진리의 바탕과 자취가 사유하고 말할 수 없음〔不思議〕은 하나인 것이니, 생각 없고 모습 없음을 진리의 바탕〔本〕이라 하고 모습 달리함에 실로 응하는 것을 자취〔迹〕라 말하면, 경의 뜻을 등지는 것이다. 생각에 생각 없고 모습에 모습 없으므로 모습 없음〔無相〕에도 머묾 없이, 모습 달리함에 응함 없이 응해야 방편의 자취가 되어, 바탕과 자취〔本迹〕가 다 사유할 수 없고 말할 수 없는 해탈〔不思議解脫〕이 되는 것이다.

○ 승조법사는 본 경의 제목을 풀이하면서 '비말라키르티가 설한 경'이라는 한 이름은 사람〔人〕을 잡아 사람이 법 넓힘〔因人弘道〕을 보인 것이고, '사유하고 말할 수 없는 해탈을 설한 경'이라는 한 이름은 '사유할 수 없고 말할 수 없는 해탈'이 곧 이 경의 뜻이 돌아감〔旨歸〕을 나타내 보임〔標榜旨歸〕이라 한다.

사람이 법을 넓힌다는 풀이는, 사람 밖에 법의 진실이 따로 없음을 보이고, 법의 실상을 깨친 사람이 법의 진실을 증명하고 법을 세간에 유포할 수 있음을 말한다. '사유하고 말할 수 없는 해탈'이 경이 설한바 법〔所說法〕이라는 풀이는 사유와 말을 초월한 것이 법이라는 말이 아니다. 말에 말 없고 사유에 사유 없는 '말과 사유의 실상〔思議之眞實〕'이 곧 본 경이 설한 바 법임을 말한다.

사람 밖에 법이 없고 법 밖에 사람이 없어, 부사의 해탈을 증득한 비말라키르티가 설한 법이 부사의 해탈의 법이고, 참성품을 증득한 사람 곧 비말라키르티의 해탈의 지혜는, 부사의 해탈법계(解脫法界)에서 연기한 것이니 두 제목의 뜻은 두 뜻이 아니다.

○ 승조법사는 부사의 해탈(不思議解脫)을 말하면서 바탕[本]과 자취[迹]를 말하고 있으니 여섯 파라미타를 행하되 행함 없음[行無行]이 온갖 덕의 바탕이며, 둘이 없는 법의 문[不二法門]이자 '사유할 수 없고 말할 수 없음의 바탕[不思議本]'이라 한다.

그리고 등왕여래(燈王如來)의 국토에서 이곳 비말라키르티의 방안[室內]에 육천 보디사트바의 앉을 자리를 빌려오고, 향 쌓임 붇다의 국토[香積國土]에서 향의 밥[香飯]을 가져온 것은, '사유할 수 없고 말할 수 없음의 자취[不思議迹]'라 한다. 그 뜻을 살펴보자.

연기법에서 니르바나의 과덕은, 인연으로 있는 법이 지혜를 통해 법의 진실을 온전히 실현함이라 인연 밖의 법이 아니다. 인연으로 있는 모습의 모습 없음[無相]이 법신(法身)이며, 법신의 모습 없음이 다만 없음이 아니라 어리석지 않음이 반야(般若)이다. 법신인 반야가 막히지 않음이 해탈(解脫)인데, 해탈은 신묘한 씀이 있되 고요하여 해탈이 다시 법신[解脫寂滅卽法身]인 것이다.

이렇게 보면 법신 아닌 반야와 해탈이 없고, 반야 아닌 해탈과 법신이 없으며, 해탈 아닌 법신과 반야가 없다. 그러므로 반야인 해탈이 부사의(不思議)의 자취이며, 해탈인 법신이 부사의(不思議)의 바탕인 것이니, 바탕 없는 자취가 없고 자취 없는 바탕이 없다.

사유하고 말할 수 없는 해탈의 있되 있지 않음이 해탈의 바탕이고 없되 없지 않음이 해탈의 씀이고 자취이다. 니르바나의 과덕에서 부사의 해탈이란 인연법의 중도실상 밖의 법을 말한 것이 아니니 저 아쵸바붇다의 국토와 이 사바국토의 성품이 둘 아님이 이 해탈법인 것이다. 그리고 가고 옴이 없는 아쵸바붇다의 몸이 바로 이 사바국토 중생 참성품의 해탈[眞性解脫]인 것이다.

그렇다면 사바국토 슈라바카의 수행자가, 샤카무니 붇다의 육성의 설법을 듣되 들음 없으면 그가 관세음(觀世音) 보디사트바의 두렷이 통한 경계〔圓通境界〕에 들어가 묘희(妙喜)세계의 여래를 뵙는 것이다. 그리고 여기 사바국토에서 한 포기 풀 한 송이 꽃 냄새를 맡되, 맡음 없이 맡으면 그가 성품의 향〔性香〕 성품의 맛〔性味〕에 들어가 여기 사바에서 향적여래의 밥을 얻어 들고, 향적국토의 묘한 향〔妙香〕으로 붇다의 일〔佛事〕을 짓는 자이리라.

○ 이곳 사바의 물든 땅에서 장자 비말라키르티의 그 이름이 '깨끗한 이름〔淨名〕', '때 없는 이름〔無垢稱〕'인데, 그가 어찌 악업의 땅에 물든 업보의 몸으로 이곳에 왔겠는가.

보디사트바 비말라키르티는 묘한 기쁨의 땅〔妙喜國〕에서 옴이 없이 이곳에 와, 자비의 교화가 다하면, 다시 그곳으로 감이 없이 돌아갈 것이다.

같이 자비교화의 인연을 짓는 보배쌓임〔寶積〕 장자의 아들이 어찌 다른 사람이겠는가. 지금 여래를 찬탄하고 비말라키르티의 일을 같이 돕는다면 그가 바로 묘한 기쁨의 땅에서 같이 와, 함께 중생을 위해 '사유할 수 없고 말할 수 없는 해탈의 도'를 넓히는 사람이다.

○ 중생의 병은 무엇인가. 지수화풍(地水火風) 네 요인〔四大〕이 어우러져 있는 몸에서, 애착과 집착의 인연으로 병이 있는 것이다. 그러나 깊이 지혜의 눈으로 살피는 마하사트바에게는 몸의 병 있음이 몸의 공함〔身空〕을 보이는 것이며, 병듦이 곧 나〔我〕에 나 없음〔無我〕을 나타내 보임인 것이다.

지금 병 있음에서 지혜의 눈을 열고 중생에 자비의 마음을 일으키며 법공양의 뜻을 일으키면, 범부 업보의 몸〔業身〕이 탐착으로 아픈 것이 아니라, 몸이 몸 아닌 법신(法身)의 몸에서, 마하사트바가 중생이 아프기 때문에 중생의 병을 낫게 하기 위해 자비(慈悲)로 병을 보임〔示疾〕이다.

또한 병을 보이되 병 없음을 알면 곧 보디사트바가 중생을 위해 몸에 나 없음〔身無我〕을 가르치는 법공양을 보이는 것이고 중생이 병들어 아프기 때문에 보디사트바 또한 같이 아픔으로써 해탈의 길을 보이는 것이다.

그러므로 이 경은 비말라키르티가 병을 보여, 몸에 나 없음〔身無我〕을 보여준 경이며, 병을 통해 '여래의 사유하고 말할 수 없는 해탈'과 '병 없는 법신이 무너지지 않는 몸〔不壞身〕'임을 병고 액란의 사바 중생에 보인 경이다.

○ 승조법사는 스승 구마라지바가 이 경을 세 가름〔三分〕을 지어 풀이하지 않음에 비해, 붇다의 나라를 보이는 초품〔佛國品〕의 첫머리 보적의 공양 올림 앞까지를 서분(序分)이라 하고, 초품의 뒷부분부터 「법공양품」까지 경의 정종분(正宗分)이라 말한다. 그리고 그 가운데 여러 가지로 밝힌 바가 다르지만 '사유하고 말할 수 없는 해탈'은 하나라 한다.

법(法)은 사람이 깨달아 지혜가 되고 지혜인 세간 언어가 되는 것이다. 도(道)가 말이 아니지만 말로 인해 물든 세간의 역사가 마이트레야의 세상으로 변하는 것이며, 모습 없는 도가 사람이 아니지만 사람을 떠나지 않아 사람으로 인해 도가 넓혀지는 것이다.

2. 천태지의(天台智顗)선사 유마경현소 서문

이 경의 진리의 이르름〔理致〕은 깊고 멀며, 말씀의 뜻〔言旨〕은 깊어 그윽하다. 만약 다만 글만 의지해 따라 풀이하면 일과 수〔事數〕에 그칠까 걱정될 따름이다. 한 가르침의 종지의 끝〔一敎宗極〕은 마침과 비롯함이 헤아리기 어렵다. 그러니 오히려 반드시 깊고 미묘함〔幽微〕에 헤아림을 줄여 없애야, '사유할 수 없고 말할 수 없는 뜻의 길〔不思議旨趣〕'을 나타낼 수 있다. 지금 문득 글 앞에 '다섯 겹 깊은 뜻〔五重玄義〕'을 짓는다.

제1. 이름을 풀이함〔釋名〕
제2. 바탕을 냄〔出體〕
제3. 실천의 마루를 밝힘〔明宗〕
제4. 효용을 가림〔辨力用〕
제5. 가르침의 모습을 판별함〔判敎相〕

이 다섯 뜻을 풀이하는데 곧 둘이 있으니, 첫째 통하여 풀이함〔通釋〕이고 둘째 따로 풀이함〔別釋〕이다.1)

---

1) 此經理致深遠 言旨淵玄 若但依文帖釋 恐止事數而已 一敎宗極終自難量 猶須略忖幽微 顯不思議旨趣 今輒於文前撰五重玄義 第一釋名　第二出體　第三明宗　第四辨力用　第五判敎相
釋此五義卽爲二 一通釋 二別釋

Ⅰ. 다섯 뜻을 통하여 풀이함〔通釋〕

 다섯 겹을 통하여 풀이함〔通釋〕에 나아가 간략히 여섯 뜻〔六意〕
이 된다.

  1. 다섯 뜻의 이름을 통하여 나타냄〔通標五義名〕
  2. 차제를 가림〔辨次第〕
  3. 증명을 이끎〔引證〕
  4. 모음과 나눔을 밝힘〔明總別〕
  5. 마음 살핌을 잡음〔約觀心〕
  6. 네 실단타에 마주함〔對四悉檀〕2)

---

2) 就通釋五重 略爲六意 一通標五義名 二辨次第 三引證 四明總別 五約觀心
    六對四悉檀

1. 다섯 뜻의 이름을 통하여 나타냄〔通標五義名〕

이 경은 '사유할 수 없고 말할 수 없는 사람과 법〔不思議人法〕'으로 이름〔名〕을 삼는다.

'사유할 수 없고 말할 수 없는 참 성품의 해탈〔眞性解脫〕'로 바탕〔體〕 삼는다.

'사유할 수 없고 말할 수 없는 붇다의 나라 인과〔佛國因果〕'로 실천의 마루〔宗〕를 삼는다.

'사유할 수 없고 말할 수 없는 방편과 진실〔不思議權實〕'의 꺾어 누름〔折伏〕과 거두어 받음〔攝受〕으로 효용〔用〕을 삼는다.

'사유할 수 없고 말할 수 없는〔不思議〕 치우침을 띄어 두렷함 나타냄〔帶偏顯圓〕'으로 가르침의 모습〔教相〕을 삼는다.

그러므로 지금 밝히는 이 경은 처음 "이와 같이 내가 들었다"로부터 "기뻐하여 받들어 행했다"에서 마치도록, 다 '사유할 수 없고 말할 수 없음〔不思議〕'을 밝힌다.3)

---

3) 第一通標五義名者 此經以不思議人法爲名 不思議眞性解脫爲體 不思議佛國因果爲宗 不思議權實折伏攝受爲用 不思議帶偏顯圓爲教相 故今明此經始從如是我聞 終乎歡喜奉行 皆明不思議也

2. 차제를 가림〔辨次第〕

비록 진리가 이름과 말을 끊지만 이름과 말이 아니면 가르침을 베풀 수 없다. 그러므로 '이름 없는 도〔無名之道〕'에서 이름과 모습〔名相〕을 빌어서 말하는 것이니, 이름으로 법을 부르면〔召法〕 법은 이름에 응한다〔應名〕.

이런 까닭에 경의 가리켜 돌아감〔指歸〕 그 깊은 뜻〔蘊〕이 이름〔名〕 안에 있다. 그러므로 먼저 이름을 나타낸다〔標名〕.

대저 이름을 찾아 진리를 얻으니〔尋名得理〕 진리는 곧 참 성품의 해탈〔眞性解脫〕이고 참 성품의 해탈이 곧 경의 바탕〔體〕이다.

그러므로 이름 다음에 바탕을 낸다〔出體〕. 진리의 바탕이란 외로이 이루어지지 않으니 이를 구하는데 방도가 있고, 행을 거쳐 인행을 닦은〔涉行修因〕 뒤에 과덕을 이룬다〔致果〕.

그러므로 붇다의 나라 인과〔佛國因果〕를 써서, 진리의 벼리와 마루〔理綱宗〕에 들어가고, 벼리의 눈〔綱目〕을 끌어 움직일 수 있으므로 다음 실천의 마루〔宗〕를 밝힌다.

인행을 행해 과덕에 나아가〔行因趣果〕 과덕을 얻어야, 곧 교묘히 방편과 진실을 써〔巧用權實〕, 꺾어 누르고 거두어 받아〔折伏攝受〕 중생을 이익 되게 한다. 그러므로 다음 효용〔用〕을 밝힌다.

성인이 가르침을 베풂〔設教〕은 기틀의 연에 따라 머무는데〔隨逗機緣〕 기틀의 연〔機緣〕은 하나가 아니다. 이런 까닭에 가르침에는 다르고 같음이 있으므로 다음 가르침의 모습〔教相〕을 밝힌다.4)

---

4) 第二辨次第者 雖理絶名言 非名言無以設教故 於無名之道 假名相說 而名以召法 法以應名 是以經之指歸 蘊在名內 故先標名 夫尋名得理 理卽眞性解脫 眞性解脫卽經之體也 故次出體 體不孤致 求之有方 涉行修因 然後致果

3. 증명을 이끌어 보임〔引證〕

1) 경의 이름〔名〕은 「맡겨 당부하는 품〔囑累品〕」에서 말했다.

"이 경은 '비말라키르티가 설한 경〔維摩詰所說經〕'이라 이름하고,
또한 '사유할 수 없고 말할 수 없는 해탈법문〔不可思議解脫法門〕'
이라 이름한다."

이는 곧 사람과 법〔人法〕에 나아가 둘로 같이 제목하고, 같이
경의 이름을 나타낸 것이다.

2) 경의 진리의 바탕〔體〕은 「중생 살피는 품〔觀衆生品〕」에서
말한다.

"붇다께서는 교만을 늘려 높이는 사람〔增上慢人〕을 위해서는 '음
욕 성냄 어리석음을 떠나야 해탈이라 이름한다'고 말하며, 만약
교만을 늘려 높임이 없는 사람〔無增上慢人〕에게는 붇다께서 '음욕
성냄 어리석음의 성품이 곧 해탈'이라 말한다."

이 '음욕 성냄 어리석음의 성품〔婬怒癡性〕'이 곧 '사유할 수 없고
말할 수 없는 참성품의 해탈〔眞性解脫〕'이니 진리의 바탕〔體〕이
된다.5)

故用佛國因果 爲入理綱宗 提綱目動故次明宗也 行因趣果 得果卽能巧用權
實 折伏攝受利益衆生 故次明用也 聖人設敎隨逗機緣 機緣不一 是以敎有異
同 故次明敎相也
5) 第三引證者 囑累品云 此經名維摩詰所說經亦名不可思議解脫法門 此卽人法
雙題 共標名也
   觀衆生品云 佛爲增上慢人 說離婬怒癡名爲解脫耳 若無增上慢人 佛說婬怒
癡性卽是解脫 婬怒癡性卽不思議眞性解脫爲體也

3) 경의 실천의 마루 밝힘〔明宗〕은 「붇다의 나라를 보인 품〔佛國品〕」에서 밝혔다.

장자 보배쌓임〔寶積〕이 일산을 바치며 정토(淨土)에 대해 청해 물으니, 붇다께서 말씀하여 답하신 바로서 '붇다의 나라 인과〔佛國因果〕'를 갖춰 말한 것, 곧 이것이 실천의 마루를 밝힘〔明宗〕이다.

4) 경의 효용을 밝힘〔明用〕은 방 밖〔室外〕에서 꾸중하고 방 안〔室內〕에서 거두어 받음이니, 「사유하고 말할 수 없음을 보인 품〔不思議品〕」은 말했다.

"보디사트바는 '사유하고 말할 수 없음'에 머물러 신묘한 힘의 자재(自在)를 갖가지로 보여 나타낼 수 있으니, 마치 용과 코끼리가 밟아 차는 것〔龍象蹴蹋〕은 나귀가 감당할 수 있는 바가 아님〔非驢所堪〕과 같다."

그러므로 '이 사람과 법의 방편과 진실〔人法權實〕'로 '꺾어 누르고 거두어 받음〔折伏攝受〕'이 곧 이 경의 효용〔用〕임을 알아야 한다.

5) 경의 가르침의 모습을 판별함〔判敎相〕은 이 경과 여러 경의 가르침의 모습〔此經與諸經敎相〕에 같고 다름 있음을 통하여 밝힘이다. 그러므로 반드시 가르침의 모습을 판별해야〔判敎相〕한다.6)

---

6) 又佛國品明 寶積獻蓋請問淨土 佛所演答具說佛國因果 卽是明宗也
室外彈訶室內攝受 不思議品云 菩薩住不思議 能種種示現神力自在 如龍象蹴蹋 非驢所堪 故知此人法權實 折伏攝受卽經之用也
敎相者通明此經與諸經敎相有同異 故須判敎相也

4. 모음과 나눔을 밝힘〔明總別者〕

앞의 다섯 조목〔五條〕에 나아가 묶으면 세 뜻〔三意: 體·宗·用〕이 된다.

처음 다만 사람과 법〔人法〕을 나타내면 이는 곧 모음〔總〕이다.

다음 바탕과 실천의 마루와 씀〔體·宗·用〕을 열면 이는 곧 나눔〔別〕이다.

뒤에 가르침의 모습〔敎相〕을 밝히면 뜻이 모음과 나눔을 겸한 것〔義兼總別〕이다.

그런 까닭은 다음과 같다. 처음 사람의 이름을 제목삼은 것〔初題人名〕은 이름이 세 뜻〔三義〕을 모으기 때문이다. 그러므로 이름이 모음이 된다〔名爲總〕.

지금은 가르침의 문〔敎門〕을 분별하려 하니 반드시 바탕과 실천의 마루와 씀〔體宗用〕의 다름을 분별한다. 그러므로 이름이 나눔이다〔名爲別〕.

사람〔人〕은 나눔의 모음〔別總〕이고, 세 뜻〔三義〕은 모음의 나눔〔總別〕이니 곧 모음은 나눔에서 모음이고, 나눔은 모음에서 나눔이다.7)

그런 까닭이란 사람의 이름〔人名〕이 '깨끗하여 때 없음의 맞음〔淨無垢稱〕'인 것이니 깨끗함은 참성품〔眞性〕이라, 참성품의 청정〔眞性淸淨〕은 곧 진리의 바탕〔體〕이다.

때 없음〔無垢〕은 진실한 지혜〔實慧〕이고 진실한 지혜의 인과〔實

---

7) 第四明總別者 就前五條束爲三意 初但標人法此卽是總 次開體宗用此卽是別
   後明敎相義兼總別 所以然者 初題人名名總三義 故名爲總 今欲分別敎門 應須
   分別體宗用之異 故名爲別 人是別總 三義是總別 是則總總於別 別別於總也

慧因果]가 이 경의 실천의 마루〔經宗〕이다. 맞음〔稱〕은 곧 방편이
고, 교묘히 할 수 있음〔巧能〕은 경의 씀〔經用〕이다. 이끌어 이를
펴므로 나눔〔別〕이라 한다.

가르침의 모습〔教相〕이란 이미 여러 경의 같고 다름을 통하여
밝히므로 뜻은 모음과 나눔을 겸한다. 이 뜻이 비어 그윽한데〔此
義虛玄〕 아직 밝게 알지 못함을 걱정하여 지금 가까운 비유〔近喩〕
를 빌어, 막힌 뜻을 통하게 한다.8)

이는 비유하면 다음과 같다.

사람의 몸이 처음 태의 갚음〔胎報〕을 받아 칼라라(kalala: 凝
滑, 和合)9)일 때 세 법이 있음과 같으니, 첫째 목숨〔命〕, 둘째
따뜻함〔煖〕, 셋째 마음의 앎〔心識〕이다.

흰머리가 되도록 오히려 세 일이 있으니 모아서 논하면, 같이
사람의 이름〔人名〕을 받고 나누어서 이를 말하면 세 법〔三法〕이
있음을 갖춘다.

칼라라(kalala)가 비록 거듭 세간의 경계〔世間之境〕이나 또한
묘한 이치〔妙理〕와 서로 응한다. 그런 까닭이란 세 법이 몸〔身〕을
이룸은 곧 처음의 모음을 비유하기 때문이다. 마음의 앎〔識〕을 주
로 함은 곧 앞에서 바탕 밝힘〔明體〕을 비유하며, 바람과 목숨〔風

---

8) 所以然者 人名淨無垢稱 淨卽眞性 眞性淸淨卽是體也 無垢卽實慧 實慧因果
   卽是經宗 稱卽方便 巧能卽是經用 引而申之故謂之別也 教相者旣通明諸經
   同異 故義兼總別 此義虛玄 恐未明了 今借近喩以暢滯情
9) 칼라라(kalala): 가라라(歌邏羅)·갈라람(羯邏藍)이라고 소리 옮김. 태
   내(胎內) 5위(位)의 하나로 수정되고 이레까지의 형태로서, 끈끈하고 약
   간 굳은 상태를 말한다. 칼라라일 때 목숨과 따뜻함, 앎〔命煖識〕 세 법이
   같이 한다.

命]이 서로 이어감은 곧 앞에서 실천의 마루 밝힘〔明宗〕을 비유하고, '들고 그치며 움직이고 하는 것〔擧止運爲〕'은 곧 앞에서 효용 밝힘〔明用〕을 비유한다.

'사람의 길〔人道〕은 비록 같으나 사람 씨앗의 성품〔種性〕이 달리함'은 곧 앞에서 '가르침의 모습〔敎相〕의 같고 다름 밝힘'을 비유한다.

이 다섯 법에 견주면 위의 뜻을 알 수 있다.10)

묻는다.

이 다섯 뜻〔五義〕을 세우면 이 경을 밝히는데 그치는가. 거듭 다른 부의 경에 통하는가.

답한다.

뭇 법의 집에서 뜻 세움〔衆家立義〕은 뜻을 둠은 같지 않으나, 지금은 다섯 겹〔五重〕이기 때문에 모든 경전을 모아 꿰뚫는다.

묻는다.

모든 경의 가르침의 모습은 서로 차별이 있는데, 차별의 가르침이 어찌 다섯에 다 같이하는가.

답한다. 비유하면 다섯 쌓임〔五陰, pañca-skandha〕이 사람〔人, pudgala〕을 이루면, 사람이 비록 같지 않으나, 같이 다섯 쌓임을 받는 것〔共稟五陰〕과 같다.11)

---

10) 譬如人身初受胎報 歌羅邏時卽有三法 一命二煖三者心識 迄乎皓首猶存三事 總而爲論共受人名 分而言之具有三法 雖復世間之境亦與妙理相應 所以然者 三法成身卽況初總 心識爲主卽況前明體 風命相續卽況前明宗 擧止運爲卽況前明用 人道雖同種性殊別 卽況前明敎相同異也 類此五法上義可知

11) 여기서 사람〔人〕은 다섯 쌓임의 법(法, dharma)이 모여 이룬 생명 주체〔pudgala〕의 뜻이고, 사람의 길〔人趣〕 인간(人間)을 나타낼 때는 마누스야(manuṣya)이다.

또 경의 머리에서 다섯 뜻〔五義〕을 통하여 펼침과 같으니, 다섯 뜻은 비록 같으나 일〔事〕에 있으면 다르다.12)

5. 마음 살핌〔觀心〕을 잡아 보임

1) 다섯 뜻을 풀이함〔釋五義者〕

• 이름〔名〕: 온갖 만 가지 법은 본래 스스로 이름이 없다〔無名〕. 이름이 없으나〔無名〕 이름이 있는 것은 다 마음〔心〕을 좇아 일어나므로 마음〔心〕이 곧 이름〔名〕인 것이다.

• 진리의 바탕〔體〕: 마음이 바탕이 된다는 것은 중생 마음의 성품〔心性〕이 곧 참된 법의 성품〔眞法性〕이기 때문이다. 그러므로 바탕〔體〕이라 말한다.

• 실천의 마루〔宗〕: 마음이 실천의 마루〔宗〕가 된다는 것은 이 경에서는 다음 같이 말한다.
'그 마음이 깨끗함과 같이 곧 붇다의 땅이 깨끗하다.'
마음이 곧 실천의 마루인 뜻〔宗義〕이다.

• 경의 효용〔用〕: 마음이 씀〔用〕이 된다는 것은, 바른 살핌〔正觀〕과 방편의 교묘함〔權巧〕이, 견해와 애착〔見愛〕을 꺾어 누르므로 씀〔用〕이라 이름한다.

---

12) 問曰 立此五義止明此經復通餘部 答曰 衆家立義厝意不同 今爲五重總貫諸典 問曰 諸經敎相互有差別 差別之敎豈盡同五 答曰 譬如五陰成人 人雖不同共稟五陰 又如經首通序五義 五義雖同在事別也

• 가르침의 모습〔敎相〕: 마음이 가르침〔敎〕이 된다는 것은 이 경
  에서 다음 같이 말한다.

'제자인 뭇 티끌 번뇌가 뜻〔義〕의 굴리는 바를 따른다〔弟子衆塵
勞 隨意之所轉〕.'

이것이 곧 가르침의 모습〔敎相〕이다.13)

○ 묻는다.

무엇을 기다려, 마음을 잡아〔約心〕 다섯 뜻〔五義〕을 풀이하는가.

답한다.

• 배워 묻는 사람〔學問人〕과 좌선하는 사람〔坐禪人〕을 답함

이 경 「병문안 하는 품〔問疾品〕」은 말한다.

'모든 붇다의 해탈〔諸佛解脫〕은 반드시 중생 마음의 지어감〔衆生
心行〕 가운데서 구해야 한다.'

그러므로 『대지도론(大智度論)』은 말한다.

'붇다께서는 배워 묻는 사람〔學問人〕은 들음을 좇아 앎〔解〕을 구
하기 때문에, 나무〔樹〕로 비유를 삼고, 좌선하는 사람〔坐禪人〕은
마음을 좇아 도(道)를 구하기 때문에 몸〔身〕을 가리켜 비유를 삼
는다. 만약 나무를 인해 앎을 내면 이는 믿어 행하는 사람〔信行
人〕이고, 몸을 좇아 깨침을 얻으면 이는 법을 행하는 사람〔法行
人〕이다.'

---

13) 第五約觀心釋五義者 一切萬法本自無名 無名而有名者皆從心起 故心卽名
也 心爲體者 衆生心性卽眞法性故云體也 心爲宗者 此經云 如其心淨卽佛土
淨 心卽宗義也 心爲用者 正觀權巧 折伏見愛故名用也 心爲敎者 此經云 弟
子衆塵勞 隨之所轉卽敎相也

• 지혜 있으나 많이 들음이 없음과 많이 들으나 지혜 없음을 답함

『대지도론』은 평해 말한다.

"지혜 있으나 많이 들음〔多聞〕이 없으면 이는 실상(實相)을 알지 못하니, 비유하면 큰 어두움 가운데 눈이 있지만 보는 바 없는 사람과 같다. 이 사람은 '살펴 앎〔觀解〕'을 오롯이 닦으나 경론(經論)을 찾지 않는다."14)

또 말한다.

'많이 들음이 있으나 지혜 없으면 또한 실상을 알지 못하니, 비유하면 마치 큰 밝음 가운데 등(燈)이 있지만 비춤이 없는 것과 같다. 이 사람은 경론(經論)만을 찾고, 살펴 앎〔觀解〕을 닦지 않는다.'

• 가르침〔敎〕과 살핌〔觀〕 같이 행함을 답함

또 말한다.

'많이 듣고 지혜를 날카롭게 한〔多聞利智慧〕 이 사람이 말한 바는 받아야 하니, 밖으로 경론을 통하고〔外通經論〕 안으로 살핌이 분명하다〔內觀分明〕.'

또 말한다.

'들음 없고 지혜 없으면〔無聞無智慧〕 이를 '사람 몸의 소〔人身牛〕'라고 이름한다.'

---

14) 問曰 何俟約心釋此五義 答曰 此經問疾品云 諸佛解脫當於衆生心行中求也 故大智論云 佛爲學問人從求解 以樹爲喩 爲坐禪人從心求道指身爲喩 若因樹生解 是信行人 從身得悟 是法行人 大智度論評云 有慧無多聞是不知實相 譬如大闇中有目無所見 此人專修觀解不尋經論

대저 성인의 설법은 기틀의 연을 깊이 살펴, 한 음성으로 연설한 것이니 근기 따라 밝게 깨치게 된다.

만약 도의 눈〔道眼〕이 없으면, 어찌 한 실마리에만 치우쳐 집착하겠는가. 그러므로 법문(法門)을 설함은 반드시 '가르침〔敎〕과 살핌〔觀〕 둘을 모두 들어야〔雙擧敎觀〕' 배우는 이가 밝고 어두움을 환히 아는 것을 거의 바랄 수 있다.15)

2) 여섯 같음의 뜻〔六卽義〕을 보임

묻는다. 마음 살핌의 다섯 뜻〔觀心五義〕과 경의 다섯 뜻〔經五義〕은 같은가 다른가.

답한다. 곧 그대로도 아니고 다름도 아니다.

묻는다. 무엇을 곧 그대로도 아니고 다름도 아니라〔不卽不異〕이름하는가.

답한다. 이치 그대로 비록 같으나〔卽理雖同〕, 뜻을 달리함〔異義〕에 여섯이 있으니 다음과 같다.

   (1) 진리로 같음〔理卽〕

   (2) 이름 자로 같음〔名字卽〕

   (3) 살펴 행함으로 같음〔觀行卽〕

   (4) 서로 비슷함으로 같음〔相似卽〕

   (5) 부분으로 진실 증득하여 같음〔分證眞實卽〕

---

15) 又云 有多聞無智慧亦不知實相 譬如大明中有燈而無照 此人止尋經論不修
   觀解 又云 多聞利智慧是所說應受 此人外通經論內觀分明也 又云 無聞無智
   慧 是名人身牛 夫聖人說法深鑑機緣 一音所演 隨根曉悟 若無道眼 豈可偏
   執一端 故說法門必須雙擧 庶幾學者了其明闇

(6) 마쳐 다해 같음〔究竟卽〕16)

(1) 진리로 같음〔理卽〕이란 이 경에서 말한다.
'음욕 성냄 어리석음의 성품〔婬怒癡性〕이 해탈이다.' 이것이 진리로 같음의 뜻〔理卽義〕이다.

(2) 이름자로 같음〔名字卽〕은 저 『대열반경』에서 다음처럼 말함과 같다.

'바깥사람인 옛 의원〔舊醫〕이 니르바나의 항상함, 즐거움, 나, 깨끗함〔常樂我淨〕을 허망하게 헤아리는 것은, 마치 벌레가 나무 허수아비를 먹어 글자를 이루나 글자가 글자 아닌 줄을 알지 못하는 것 같다.'

지혜 있는 사람은 끝내 '이 벌레가 글자 안다'고 말하지 않는다. 지금 말세의 배워 묻고〔學問〕 좌선하는〔坐禪〕 사람들이 이 대승 방등경(大乘方等經)의 다음 말을 듣는다고 하자.
'음욕 성냄 어리석음의 성품이 곧 해탈〔婬怒癡性卽是解脫〕이라, 크나큰 니르바나에는 다시 없앨 것이 없다.'
그러면 깊은 뜻을 사무치지 않고 이 말만을 집착해 곧 참 해탈이라 이름한다. 이는 곧 저 옛 의원이 벌레 길에 같이하는 허물이다. 이것이 곧 이름과 글자로 같음〔名字卽〕이다.17)

---

16) 問曰 觀心五義與經五義爲一爲異 答曰 不卽不異 問曰 云何名爲不卽不異 答曰 卽理雖同異義有六 一者理卽 二名字卽 三觀行卽 四相似卽 五分證眞 實卽 六究竟卽也

17) 一理卽者此經云 婬怒癡性卽是解脫 此是理卽義也 二名字卽者 如大涅槃云

⑶ 살펴 행함으로 같음〔觀行卽〕이란 다음과 같다.

수행하는 사람이 세 살핌〔三觀〕에 밝게 통하고 두 진리〔二諦〕
세 진리〔三諦〕 네 진리〔四諦〕의 열고 합함을 잘 알아 어지럽지
않고, 믿어 앎이 분명하면 '이 마음이 곧 해탈임〔此心卽是解脫〕'을
알게 된다.

그리하여 원과 행〔願行〕의 좋은 방편〔善巧〕으로 다섯 단계 제자
〔五品弟子〕18)의 눌러 참는 지위〔伏忍之位〕에 들어가면, 이것이
곧 '살펴 행함으로 같은 지위〔觀行卽位〕'이다.

⑷ 서로 비슷함으로 같음〔相似卽〕이란 다음과 같다.
'쇠바퀴의 열 믿음〔鐵輪十信〕'19)과 같으면 비록 이것이 몸의 눈

外人舊醫 虛妄計涅槃常樂我淨 如蟲食木偶得成字 是蟲不知是字非字 有智
之人終不說言是蟲解字 今末世學問坐禪之人 聞此大乘方等經 說淫怒癡性卽
是解脫 卽大涅槃不可復滅 不究深義執此 卽名謂眞解脫 是則同彼舊醫蟲道
之過 此是名字卽也

18) 다섯 단계 제자의 지위〔五品弟子位〕: 한마음의 세 살핌〔一心三觀〕에 믿
음을 내 닦아 행해가는 지위. ① 따라 기뻐하는 지위〔隨喜品〕: 실상의 법
을 듣고 스스로 기뻐하고 남을 기쁘게 하는 지위, ② 읽고 외우는 지위
〔讀誦品〕: 안으로 두렷한 살핌을 닦으며 다시 읽고 외우는 지위, ③ 설법하
는 지위〔說法品〕: 마음의 살피는 지혜가 빼어나므로 강설하여 남을 이롭게
하는 지위, ④ 여섯 파라미타를 겸해 행하는 지위〔兼行六度品〕: 진리 살핌
〔理觀〕을 닦으며 아울러 여섯 파라미타를 닦는 지위, ⑤ 바로 여섯 파라미
타를 닦는 지위〔正行六度品〕: 진리와 사법이 원융해져〔理事圓融〕 진리 살
피는 한생각에 여섯 파라미타가 온전히 갖추어지는 지위.

19) 쇠바퀴의 열 믿음〔鐵輪十信〕: 보디사트바의 닦아 행함을 전륜왕(轉輪
王)의 네 수레의 보배〔四輪寶〕에 비유한 것이니, 네 보배란 쇠바퀴〔鐵
輪〕, 구리바퀴〔銅輪〕, 은바퀴〔銀輪〕, 금바퀴〔金輪〕이다. 쇠바퀴는 열 믿
음〔十信〕의 서로 비슷함〔相似〕이고, 열 머묾〔十住〕에서 회향(廻向)까지
부분으로 증득함〔分證〕은 구리바퀴〔銅輪〕, 열 지위〔十地〕에서 등각(等覺)
까지 부분으로 증득함〔分證〕은 은바퀴〔銀輪〕, 구경각(究竟覺)인 붇다〔佛〕

〔肉眼〕이나 붇다의 눈〔佛眼〕이라 이름하니, 『법화경』에서 설한
'여섯 아는 뿌리가 청정한 모습〔六根淸淨之相〕'이 이것이다. 이는
곧 '부드럽게 따르는 참음의 지위〔柔順忍〕'이니 서로 비슷함으로
같음〔相似卽〕이라 한다.20)

(5) 부분으로 진실 증득하여 같음〔分證眞實卽〕이란 다음과 같다.

처음 바른 마음 냄〔初發心〕을 좇아 남이 없는 참음〔無生忍〕을
얻어 '금강의 정수리 마흔 한 지위〔金剛頂四十一地〕'에 이르도록
다 부분으로 증득함〔分證〕이라 이름한다.

왜 그런가. 저 『화엄경(華嚴經)』의 다음 말과 같다.

'처음 바른 마음 낼 때〔初發心時〕 곧 바른 깨침〔正覺〕 이루어
모든 법의 진실한 성품 밝게 통달하니 있는 바 지혜의 몸〔所
有慧身〕은 다른 것을 말미암아 깨침이 아니다.'

이것이 부분으로 진실을 증득하여 같음이다. 나아가 열 지위
〔十地〕 등각(等覺)에 이르도록 다 부분으로 증득함이다. 다만 깊
고 얕음의 다름이 있으므로 여러 지위의 계급〔諸地階級〕이 있는
것이다.21)

(6) 마쳐 다해 같음〔究竟卽〕이란 다음과 같다.

의 지위는 금바퀴〔金輪〕에 비유함.

20) 三觀行卽者 行人精通三觀 善識二諦三諦四諦開合不亂 信解分明 能知此心
卽是解脫 願行善巧入五品弟子伏忍之位 此是觀行卽也 四相似卽者 如鐵輪十
信 雖是肉眼名爲佛眼 法華經說六根淸淨之相是也 此卽柔順忍位名相似卽也

21) 五分證眞實卽者 從初發心得無生忍至金剛頂四十一地皆名分證 所以者何
如華嚴經云 初發心時便成正覺 了達諸法眞實之性 所有慧身不由他悟 此是
分證眞實卽也 乃至十地等覺皆是分證 但有深淺之殊故有諸地階級也

곧 이는 '묘한 깨침의 한 생각〔妙覺一念〕이 서로 응해 '사유할 수 없고 말할 수 없는 실상의 경계〔不思議實相之境〕'를 다함이다. 그러므로 『법화경』은 말한다.

'오직 붇다와 붇다라사〔唯佛與佛〕 모든 법의 실상〔諸法實相〕을 마쳐 다한다.'

또 『인왕경(仁王經)』은 말한다.

'세 어진이 열 성인〔三賢十聖: 十住 十行 十廻向의 三賢, 十地의 十聖〕은 참음 가운데의 행〔忍中行〕이니 오직 붇다 한 분만〔唯佛一人〕이 근원을 다할 수 있다.'

근원을 다한 것〔盡源者〕이 마쳐 다해 같음〔究竟卽〕이다.22)

이 여섯의 같음〔六卽〕은 진리에 있으면 다르지 않으나, 그 행과 앎을 잡으면 하늘과 사람처럼 아득히 끊어졌으니 어찌 여섯의 같음〔六卽〕을 들을 수 있다고 곧 한 줄기〔一槪〕가 되겠는가.

세간의 배워 묻는 이〔學問〕와 좌선하는 사람〔坐禪人〕이, 여섯 같음의 다름〔六卽之殊〕을 잘 알지 못하면, 많이 함부로 넘침을 낸다. 그리하여 알지 못하고서 안다〔解〕 말하고, 얻지 못하고 얻었다〔得〕하여, 더욱 교만 늘림〔增上慢〕에 떨어져, 모든 허물과 죄를 일으키니, 이들이 어찌 붇다의 법을 배워 뜻을 얻은 자이겠는가.

---

22) 六究竟卽者 卽是妙覺一念相應 盡不思議實相之境 故法華經云 唯佛與佛乃能究竟諸法實相 又仁王經云 三賢十聖忍中行 唯佛一人能盡源 盡源者是究竟卽也
〔묘한 깨침의 한 생각이 곧 부사의실상(不思議實相)이 됨을 말하니 한 법도 밖으로 구할 것이 없고 한 법도 안으로 얻을 것이 없음이다.〕

지금 하나를 들어 여럿을 보기로 삼으니 온갖 대승의 깊은 경〔一切大乘深經〕은 때로 중생이 곧 붇다(Buddha)라 하고 중생이 곧 마하야나(mahayana)라 하며, 중생이 곧 보디(bodhi)라 하고, 중생이 곧 니르바나(nirvāṇa)라 한다. 이와 같음 등으로 같음을 밝힘〔明卽〕은 곧 반드시 이렇게 다 '여섯 같음의 뜻〔六卽義〕'을 써야 하니 온갖 것을 잡으면 다 함부로 넘치지 않는다.23)

6. 네 싣단타(siddhanta)에 마주함〔對四悉檀〕에도 다시 두 뜻이 있다.

1) 네 싣단타로 앞의 다섯 뜻〔五義: 五重玄義〕을 마주함.
2) 간략히 네 싣단타를 풀이하여, 살핌과 가르침의 모습〔觀教之相〕을 일으킴.

1) 네 싣단타로 다섯 뜻〔五義〕을 마주함이란 곧 다섯이 된다.
(1) 경의 이름을 마주함〔對經名〕에서 이름은 곧 '비말라키르티'이니 비말라키르티는 곧 '세계의 싣단타〔世界悉檀〕'이다.
(2) 진리 바탕을 마주함〔對體〕에서 바탕이란 '참 성품의 해탈〔眞性解脫〕'이니, 참 성품의 해탈은 곧 '으뜸가는 뜻의 싣단타〔第一義悉檀〕'이다.

---

23) 此六卽者在理非殊 約其行解 天人懸絶 豈得聞卽便爲一槪 世間學門坐禪之人 若不善解六卽之殊 多生叨濫 未解謂解 未得謂得 墮增上慢 起諸過罪 此豈學佛法得意者乎 今擧一可以例諸 一切大乘深經或云衆生卽是佛卽是大乘卽是菩提卽是涅槃 如是等明卽是悉須用六卽義 約一切皆不叨濫也

(3) 실천의 마루를 마주함[對宗]에서 실천의 마루[宗]란 붇다의 나라 인과[佛國因果]이다. 갖가지 정토의 행[淨土之行]을 닦도록 권함이니 곧 '사람을 위한 신단타[爲人悉檀]'이다.

(4) 효용을 마주함[對用者]이란 꾸짖고 나무라 꺾고 누름이니 이것이 곧 '마주해 다스리는 신단타[對治悉檀]'이다.

(5) 가르침의 모습을 모아 마주함[總對敎相者]이란 네 신단타로 여러 경의 가르침을 일으켜서 이 경의 가르침과 같은가 다른가 가림이다. 곧 이것이 가르침의 모습[敎相]을 판별하여 같고 다름을 아는 것이다.24)

2) 간략히 네 신단타를 써서, 살핌과 가르침[觀敎]의 모습 일으키는 것을 밝힘이다.

대저 마음의 근원은 묘하게 끊어져[心源妙絶] 만법은 깊고 그윽하니[萬法幽玄], 모든 붇다와 보디사트바가 신단타를 쓰지 않으면, 어찌 세 살핌을 닦아[修三觀] 도에 나아갈 수 있으며, 가르침의 문[敎門]을 연설해 온갖 중생을 건넬 것인가.

네 신단타(siddhanta)로 살핌과 가르침을 일으켜 이 경[此經]을 통하면 간략히 일곱 뜻[七義]이 있다.

(1) 다른 나라 말로 옮김[飜譯]

(2) 모습을 가림[辨相]

---

24) 第六對四悉檀者 復爲二意 一以四悉檀對前五義 二略釋四悉檀起觀敎之相 一對五義者卽爲五 一對經名者 名卽維摩羅詰 維摩羅詰卽是世界悉檀也 二對體者 體卽眞性解脫 眞性解脫卽是第一義悉檀也 三對宗者 宗是佛國因果 勸修種種淨土之行 卽爲人悉檀也 四對用者 彈訶折伏 此卽對治悉檀也 五總對敎相者 以四悉檀起諸經敎 與此經敎有同有異 卽是判敎相知同異也

(3) 풀이해 이룸〔釋成〕

(4) 세 살핌을 일으킴〔起三觀〕

(5) 네 가르침을 일으킴〔起四敎〕

(6) 경론을 일으킴〔起經論〕

(7) 이 경의 가르침을 일으킴〔起此經敎〕이다.25)

(1) 다른 나라 말로 옮김〔飜譯〕이란 다음과 같다.

신단타(siddhanta, 悉檀)는 바깥나라 말이니 여러 법사의 해석이 같지 않다.

어떤 이는 옮김이 있다 말하고 어떤 이는 옮김이 없다고 말한다. 옮김이 없다고 말한 것은 바깥나라에는 여러 뜻 머금은 말〔多含之言〕이 있으나 이 땅에는 신단타를 옮길 여러 뜻 머금은 말이 있지 않다고 함이다.

보기를 들면 수트라(sutra)는 이름이 다섯 뜻〔五義〕을 머금지만 이 땅에서는 맞게 옮기지 못함과 같다. 옮김이 있다 말한 것은, 어떤 이는 '실천의 마루가 이루어짐〔宗成〕'이라 옮기고 어떤 이는 먹으로 씀〔爲墨〕이라 옮기고 어떤 이는 도장 찍음〔爲印〕이라 옮기고 어떤 이는 실다움이 됨〔爲實〕이라 옮기며, 어떤 이는 '마쳐 다함을 이룸〔成就究竟〕'이라 한다.

이와 같이 다른 옮김이 하나가 아니라 정해진 것을 두기 어렵다.

남악선사(南嶽禪師)는 말한다.

---

25) 二明略用四悉檀 起觀敎者 夫心源妙絶萬法幽玄 諸佛菩薩若不用悉檀 豈能修三觀而進道 演說敎門而度一切 四悉檀起觀敎以通此經 略爲七意 第一翻釋 第二辨相 第三釋成 第四起三觀 第五起四敎 第六起經論 第七起此經敎

'이 보기는 대열반이 산스크리트와 한어를 겸해 거두는 것과 같다. 지금 실단이라 말한 것에서도 실(悉)은 수나라 소리이고 다나(dāna, 檀)는 산스크리트이다. 실(悉)은 두루함을 말하고 다나(檀)는 베풂(施)이라 옮겨 말한다. 붇다께서는 이 네 법으로 중생에게 두루 베풀므로 실단(悉檀)이라 한다.26)

(2) 실단타의 모습을 가림〔辨悉檀相者〕이란 ① 세계의 실단타〔世界悉檀〕, ② 각각 사람을 위한 실단타〔各各爲人悉檀〕, ③ 마주해 다스리는 실단타〔對治悉檀〕, ④ 으뜸가는 뜻의 실단타〔第一義悉檀〕이다.

크신 성인〔大聖〕께서는 바깥사람의 삿된 네 실단타〔邪四悉檀〕를 깨뜨리기 때문에 이 네 가지 바른 네 실단타〔正四悉檀〕를 말해, 온갖 크고 작은 수레 경의 가르침을 설하신 것이다.

① 세계의 실단타〔世界悉檀〕란 다음과 같다.

곧 이는 중생의 다섯 쌓임〔五陰〕, 열두 들임〔十二入〕, 열여덟 법의 영역〔十八界〕, 온갖 모든 법의 이름과 모습〔諸法名相〕이 따로 떨어져 같지 않으므로 세계(世界)라 이름한다.

바깥사람은 이 세계를 미혹하여 어떤 이는 인연 없이〔無因緣〕 세계가 있다고 헤아리고, 어떤 이는 삿된 인연〔邪因緣〕으로 세계가 있다 헤아린다.

---

26) 第一翻釋者 悉檀是外國之語 諸師解釋不同 或言有翻或言無翻 言無翻者 外國有多含之言 此土無有多含之語以翻悉檀 例如修多羅名含五義 此土不的翻也 言有翻者 或翻宗成或翻爲墨 或翻爲印 或翻爲實 或翻爲成就究竟 如是異翻非一難可定存
南嶽禪師云 此例如大涅槃是胡漢兼攝也 今言悉檀者 悉是隋音 檀是胡語 悉之言遍 檀翻言施 佛以此四法 遍施衆生故言悉檀也

크신 성인께서는 중생이 즐겨 듣고자함을 따라, '바른 인연인
세계의 법〔正因緣世界之法〕'을 설하시어 중생으로 하여금 세간의
바른 견해〔世間正見〕를 얻게 하셨다. 곧 이것이 세간에 법으로 베
풂〔法施〕이므로 세계의 실단타〔世界悉檀〕라 이름한다.27)

② 각각 사람을 위한 실단타〔各各爲人悉檀〕란 다음과 같다.

크신 성인은 사람의 마음을 살펴 그들을 위해 법을 설하신다.
사람의 마음이 각기 같지 않으므로 한 일에서도 어떤 이는 듣기
도 하고 어떤 이는 듣지 않기도 한다. 경이 설한 바와 같이 섞인
갚음의 업〔雜報業〕이기 때문이니 세간에 섞여 나서, 섞여 닿고
섞여 받는다.

다시 「파군나의 경〔破群那經〕」이 있어 닿음〔觸〕을 얻는 사람이
없고, 받아 느낌〔受〕을 얻는 사람이 없다고 한다. 이런 뜻에서
바로 집착을 깨뜨려, 믿음을 내고 착한 뿌리를 늘려 기르며 모
든 착한 법을 베풀기 위하므로 '각각 사람을 위한 실단타'라 이
름한다.28)

---

27) 第二辨悉檀相者 一世界悉檀 二各各爲人悉檀 三對治悉檀 四第一義悉檀
　大聖爲破外人邪四悉檀 故說此四種正四悉檀 說一切大小乘經敎也
　一世界悉檀者 卽是衆生五陰十二入十八界 一切諸法名相 隔別不同故名世界
　外人迷此世界 或計無因緣有世界 或計邪因緣有世界 大聖隨衆生所欲樂聞
　爲說正因緣世界之法 令衆生得世間正見 卽是世間法施故名世界悉檀也
　〔삿된 인연과 인연 없음: 삿된 인연은 인격신이 세계를 만들었다고 하거
　나 빈 허공〔空〕의 신, 시간〔時〕의 신이 만들었다고 말함이 삿된 인연으로
　세계가 있다 함이고, 원인 없이 저절로 이루어졌다고 함이 인연 없이 세
　계가 있다고 함이다.〕

28) 二各各爲人悉檀者 大聖觀人心而爲說法 人心各各不同故 於一事或聽不聽
　如經所說雜報業故 雜生世間 得雜觸雜受 更有破群那經 說無人得觸無人得

③ 마주해 다스리는 싣단타[對治悉檀]란 다음과 같다.

『대지도론(大智度論)』은 말한다. '마주해 다스릴 법이 있으면 곧 있으나 실다운 성품은 곧 없다.'

마주해 다스림에 곧 있다는 것은 곧 탐욕이 많으면 깨끗하지 않다는 살핌[不淨觀]을 닦도록 가르치고, 성냄이 많으면 자비의 마음 살핌[慈心觀]을 닦도록 가르치며, 어리석음이 많으면 인연 살피도록[觀因緣] 가르침이다.

붇다께서 마주해 다스리는 법약(法藥)을 설하시어 널리 중생에게 베푸시는 것은, 그 악(惡)을 끊기 위함이므로 마주해 다스리는 싣단타[對治悉檀]라 이름한다.29)

④ 으뜸가는 뜻의 싣단타[第一義悉檀]란 다음과 같다.

『대지도론』에서 '으뜸가는 뜻의 싣단타'에 둘이 있음을 밝혔다. 하나는 '말할 수 없는 모습[不可說相]'을 잡아 '으뜸가는 뜻의 싣단타'를 밝힘이고, 둘은 '말할 수 있는 모습[可說相]'을 잡아 '으뜸가는 뜻의 싣단타'를 밝힘이다.

먼저 말할 수 없는 모습을 잡아 밝히는 '으뜸가는 뜻의 싣단타'는 모든 붇다, 프라데카붇다, 아라한이 얻은 진실한 법[眞實法]을

受 此意 正爲破執生信 增長善根 施諸善法故 名各各爲人悉檀也
〔이것과 저것, 주체와 객체 사이에 실로 닿아 받음이 있다고 집착하거나 닿아 받음이 없다고 집착함을 말함.〕

29) 三對治悉檀者 大智論云 有法對治則有 實性則無 對治則有者 卽是貪欲多 敎修不淨觀 瞋恚多 敎修慈心觀 愚癡多 敎觀因緣也 佛說對治之法藥 遍施 衆生 爲斷其惡故名對治悉檀也
〔실로 있음을 집착하면 없음으로 대치하고 실로 없음을 집착하면 있음으로 대치하여 중도를 밝힘.〕

'으뜸가는 뜻의 싣단타'라 이름한다.

그러므로 『대지도론』은 이렇게 말한다.

'말로 논함이 다해 마치고, 마음의 지어감이 또한 다해, 나지 않고 사라지지 않은 법〔不生不滅法〕이 니르바나와 같으면, 모든 지어가는 곳〔諸行處〕을 세계라 이름하고, 지어가지 않는 곳〔不行處〕을 으뜸가는 뜻〔第一義〕이라 이름한다.'30)

다음 말할 수 있는 모습〔可說相〕을 잡아 '으뜸가는 뜻의 싣단타의 모습'을 가려 밝히는 것은 『대지도론』의 다음 말과 같다.

'온갖 것이 실답다 하든 온갖 것이 실답지 않다고 하든,
온갖 것이 또한 실답기도 하고 실답지 않다고 하든,
온갖 것이 실다움도 아니고 실다움 아님도 아니라고 하든
다 모든 법의 진실한 모습이라 이름한다.'

一切實一切不實　一切亦實亦不實
一切非實非不實　皆名諸法之實相

붇다께선 이와 같은 등 곳곳의 모든 경에서 '으뜸가는 뜻의 싣단타의 모습'을 설하신다. 이것이 곧 한 법의 집〔一家〕에서 밝힌 바 네 문〔四門〕으로 으뜸가는 뜻에 들어가는 뜻이다.

그러므로 『중론(中論)』은 말한다.

'만약 도에 향하는 사람을 위하여 네 구절〔四句〕 설함을 듣고,

---

30)　四第一義悉檀者 大智論明第一義悉檀有二種 一約不可說相明第一義悉檀
二約可說相明第一義悉檀 一約不可說相明第一義悉檀者 即是諸佛辟支佛羅
漢所得眞實法名第一義悉檀也 故大智論云 言論盡竟心行亦訖 不生不滅法如
涅槃 說諸行處名世界 說不行處名第一義

곧 들어가면〔卽入〕 이것이 모든 법의 실상이다.

만약 사람이 네 귀절 설함을 듣고 마음이 취해 집착을 내면 다 허튼 따짐〔戲論〕이다.'31)

묻는다.

만약 착함을 내면〔生善〕 이것이 사람 위함〔爲人〕이고, 악 끊음〔斷惡〕이 마주해 다스림〔對治〕에 속하는 것이라면, 사람은 착함과 악함에 통하는데 어찌 사람 위함〔爲人〕이 착함 냄〔生善〕에 속한다고 정해 말할 것인가.

답한다.

착함이 사람을 따라오지만 미혹에 가리는 바 되면, 악이 새로이 일어나 길게 사람 위함에 속하지 않는다. 그러므로 사람을 위해〔爲人〕 악을 쉬고 착함을 내야, 착함이 사람에 속한다. 마주해 다스려 악을 끊으나 사람은 곧 악이 아니다. 만약 사람이 악이라면 악이 사라지면 사람도 따라 사라져야 한다. 그러므로 악은 사람에 속하지 않은 줄 알아야 한다.

---

31) 二約可說相 辨第一義悉檀相者 如大智論云 一切實一切不實 一切亦實亦不實 一切非實非不實 皆名諸法之實相 佛於如是等處處諸經 說第一義悉檀相 此卽是一家所明四門入第一義意也 故中論云 若爲向道之人 聞說四句卽入 卽是諸法實相 若人聞說四句 心生取著皆是戲論

〔『대지도론』의 온갖 법이 실다움과 실답지 않음 등의 네 구절은 있음과 없음, 있기도 하고 없기도 함, 있음도 아니고 없음도 아님의 네 구절에 상응한다. 이 네 구절의 말이, 말할 수 있는 모습〔可說相〕의 으뜸가는 뜻의 실단타이다.〕

〔있음, 없음, 있기도 하고 없기도 함, 있음도 아니고 없음도 아님의 네 구절이 연기 중도를 밝히기 위한 언어적 방편인 줄 모르고 네 구절에 집착을 내면 허튼 따짐이다. 네 구절을 떠나되〔離四句〕 네 구절이 다시 실단타의 인연이 됨을 알아야 한다.〕

묻는다. 사람을 위함〔爲人〕과 마주해 다스림〔對治〕이 함께 악을 끊어 착함을 내어, 뜻이 이미 가지런한데 어찌 둘로 나눌 수 있는가.

답한다. 하나같이 비록 그러하나 그 바른 뜻의 근원을 캐면 뜻은 곧 그렇지 않다. 사람을 위함에서는 악은 새롭고 착함은 옛이며, 마주해 다스림은 악은 옛이고 착함은 새로움이다.

사람을 위함〔爲人〕에서 새 악은 쉽게 사라지니 곧 그치도록 말해주고, 묵은 착함은 깊고 두터우니 저절로 열려 나온다. 마주해 다스림에서는 곧 옛 악은 없애기 어렵고 새 착함은 힘이 약하다. 만약 마주해 다스림 닦음〔修對治〕을 더하지 않으면, 악한 법은 사라지지 않는다.

묻는다. 이 뜻은 차제가 아니라 경은 '모든 악은 짓지 않고〔諸惡莫作〕 뭇 착함은 받들어 행한다〔衆善奉行〕'고 말했는가.

답한다. 이는 반드시 뜻을 얻어야 한다. 사람을 위함에서 착함은 두텁고 악은 가벼우니 다만 뭇 악을 짓지 않으면 착함은 스스로 열려 나온다. 마주해 다스림에서 악은 두텁고 착함은 가벼우므로 반드시 뭇 착함을 받들어 행해야, 바야흐로 악을 떠날 수 있다.32)

---

32) 問曰 若以生善是爲人 斷惡屬對治者 人通善惡 何得定言爲人屬生善也 答曰 善隨人來爲惑所障 惡是新起不長屬人 是故爲人息惡生善 善屬於人 對治斷惡 人則非惡 若人是惡 惡滅人應隨滅 故知惡不屬人
　　問曰 爲人對治俱斷惡生善 義旣是齊何得分二 答曰 一往雖然 原其正意義則不爾 爲人惡新善舊 對治惡舊善新 爲人新惡易滅爲說便止 宿善深厚 自然開發 對治則舊惡難除新善力弱 若不加修對治 則惡法不滅也
　　問曰 此義非次 經說諸惡莫作 衆善奉行 答曰 此須得意 爲人善厚惡輕 但不作衆惡善自開發 對治惡厚善輕 故須衆善奉行方得離惡也

(3) 풀이해 이룸〔釋成〕을 밝히는 것은 다음과 같다.

지금은 네 따름〔四隨〕을 써서, 네 실단타를 풀이해 이룸이다. 네 따름이란 다음과 같다.

① 즐겨 하고자함〔樂欲〕을 따름
② 편해 맞음〔便宜〕을 따름
③ 마주해 다스림〔對治〕을 따름
④ 으뜸가는 뜻〔第一義〕을 따름

① 즐겨 하고자 함을 따름〔隨樂欲〕

즐겨 하고자 함을 따름은 곧 세계(世界)이니 『대지도론』의 다음 말과 같다.

'온갖 착하고 악함은 욕망〔欲〕이 그 바탕이다. 만약 네 문〔四門〕을 말하면 일이든 이치이든 다만 하고자 해 즐거워함〔欲樂〕에 나아감이니 다 이는 세계의 실단타〔世界悉檀〕이다.

그러므로 이 경(비말라키르티수트라)은 이렇게 말한다.

'먼저 욕망의 갈고리〔欲鉤〕로 끌고, 뒤에 붇다의 도에 들어가게 한다.'

이것을 세계의 실단타라 이름한다.33)

② 편해 맞음을 따름〔隨便宜〕

곧 편해 맞음〔便宜〕을 따름이란 곧 사람을 위함〔爲人〕이니 논

_____

33) 第三明釋成者 今用四隨釋成四悉檀也 四隨者 一隨樂欲 二隨便宜 三隨對治 四隨第一義
一隨樂欲者卽是世界 如智度論云 一切善惡欲爲其本 若說四門 若事若理但赴欲樂 皆是世界悉檀也 故此經云 先以欲鉤牽後令入佛道 是名世界悉檀也

(論)은 말한다.

'한 일 가운데 듣거나 듣지 않거나 하는 것이니 맞으면 곧 듣고
[聽] 맞지 않으면 듣지 않는다. 황금장인[金師]과 같으면 숨 셈의
살핌[數息觀]에 맞고 옷을 빠는 것은, 깨끗하지 않다는 살핌[不淨
觀]에 맞으니 곧 이것이 곧 편해 맞음[便宜]이다.

만약 네 문[四門]을 말해 일[事]이든 이치[理]이든 곧 맞으면
착함을 내니 이를 들음이라 이름하고 만약 착하지 않음을 내면
이는 듣지 않음이니 이를 사람을 위한 실단타[爲人悉檀]라 이름
한다.

③ 마주해 다스림을 따름[隨對治者]

마주해 다스림을 따름이란 곧 마주해 다스리는 실단타[對治悉
檀]이니 만약 네 문[四門]을 말해 일이든 이치든 서로의 주장과
마주해[相主對] 맞으면, 집착의 마음[著心]을 깨뜨리니 이를 마주
해 다스림이라 이름한다.

논(論)은 이렇게 말한다.

'모든 법의 덧없음[諸法無常]이란 또한 이것이 마주해 다스림이다.'

『열반경』은 열 가지 마주해 다스림[十種對治]을 말하니 항상함
[常]과 덧없음[無常] 등이 다 마주해 다스리는 실단타[對治悉檀]
임을 말한다.[34]

---

34) 二隨便宜者卽是爲人 論云 於一事中或聽不聽 宜卽是聽不宜者卽不聽也 如
   金師宜數息觀浣衣宜不淨觀 卽是便宜 若說四門若事理 便宜生善 是名爲聽
   若生不善則是不聽 是名爲人悉檀也
   　三隨對治者卽是對治悉檀也 若說四門若事理 的相主對 破執著心 是名對治
   論云 諸法無常亦是對治 涅槃經明十種對治 謂常無常等皆是對治悉檀也
   〔나고 사라지는 법[生滅法]을 항상하다 집착하면 덧없음[無常]으로 다스

묻는다. 일〔事〕을 말하면 다스릴 수 있다 하지만 네 문에서 이치〔理〕를 말하면 어떻게 마주해 다스릴 수 있는가.

답한다. 비록 다시 이치를 말해도 이미 밝게 깨치지 못하여 집착을 깨뜨리게 되면 오히려 마주해 다스림에 속한다.[35]

④ 으뜸가는 뜻을 따름〔隨第一義〕

곧 으뜸가는 뜻의 실단타〔第一義悉檀〕이니, 만약 네 문을 말해 일〔事〕이든 이치〔理〕이든 말함을 듣고 곧 깨치면 다 이는 으뜸가는 뜻의 실단타〔第一義悉檀〕이다.

그러므로 네 따름〔四隨〕이 네 실단타〔四悉檀〕을 이루는 것이다.

묻는다. 네 문으로 이치〔理〕를 말하면 으뜸가는 뜻일 수 있지만 만약 일〔事〕을 말하면 어떻게 으뜸가는 뜻을 얻을 수 있는가.

답한다. 일과 이치를 물을 것 없이 설함을 듣고 곧 깨치면〔聞說即悟〕, 다 이는 으뜸가는 뜻〔第一義〕을 말한다. 그러므로 경은 말한다.

'처음 도 얻음으로부터 니르바나의 밤에 이르도록, 한 빛깔 한 냄새〔一色一香〕를 말해도 중도 아님이 없다〔無非中道〕.'[36]

리고, 나되 남이 없는 법〔生而無生法〕을 나고 사라진다 집착하면 항상함〔常〕으로 다스리는 것이 마주해 다스림의 뜻이다.〕

35) 問曰若說事者可是對治 四門說理云何對治 答曰 雖復說理既不曉悟 爲破執著猶屬對治也

36) 四明隨第一義者即是第一義悉檀 若說四門 若事若理聞說即悟 皆是第一義悉檀也 故以四隨成四悉檀
問曰 四門說理可是第一義 若說事者云何得是第一義耶 答曰 無問事理聞說即悟 皆是說第一義也 故經云 始從得道到泥洹夜 若說一色一香無非中道

묻는다. 왜 네 따름〔四隨〕을 써서 네 실단타를 맺어 이루는 것
인데, 일과 이치를 통하여 잡아, 한 일 한 이치가 어떻게 네 뜻
〔四義〕 있음에 통할 수 있는가.

답한다. 이 경의 다음 게송의 말과 같다.

붇다께선 한 음성으로 법을 연설하시나
어떤 이는 두려워하고 어떤 이는 기뻐하며
때로 싫어해 떠나거나 때로 의심을 끊으니
이것이 곧 신묘한 힘의 함께하지 않는 법이네

佛以一音演說法　或有恐怖或歡喜
或生厭離或斷疑　斯則神力不共法

두려움을 내는 것〔生怖畏〕은 세계의 실단타이니 하고자 함〔欲〕을
인해 세계가 있음을 아는데 세계는 불난 집〔火宅〕 같으므로 두려
움을 내는 것이다. 어떤 이가 기뻐한다는 것〔歡喜者〕은 곧 사람을
위한 실단타〔爲人悉檀〕이니 착한 뿌리를 내서 법의 기쁨〔法喜〕을
얻음이다.

어떤 이가 싫어해 떠남을 낸다는 것〔生厭離者〕은 곧 이는 마주
해 다스리는 실단타〔對治悉檀〕이니 번뇌를 싫어해 걱정거리로 여
겨, 마주해 다스림을 일으키는 것이다.

어떤 이가 의심을 끊는다는 것〔斷疑者〕은 곧 이는 '으뜸가는 뜻
의 실단타〔第一義悉檀〕'이니, 처음 도를 보아 으뜸가는 뜻의 진리
〔第一義諦〕에 들어감이라 바로 이것이 의심 끊는 지위이다.

이것이 곧 온갖 일과 이치〔一切事理〕 설함을 따라, 다 네 실단

타를 이룸이다.37)

(4) 세 살핌 일으킴[起三觀]을 밝힌다는 것은 네 실단타를 써서
세 살핌 일으킴[起三觀]이다.

대저 지극한 진리는 그윽이 깊고 끊어져[至理幽絶] 지혜[智]로
써 알지 못하고 앎[識]으로 가려 알지 못하니 어찌 살펴 행함을
닦아[修觀行] 계합해 알 수 있겠는가. 스스로 실단타의 교묘히
묘함[巧妙]이 아니라면, 어찌 세 살핌[三觀]을 써서 삼제의 진리
[三諦之理]를 알 수 있겠는가.38)

지금 실단타의 방편으로 인연의 거짓[因緣假]을 좇아, 공하다는
살핌에 들어감[入空觀者]을 일으키면 세계의 실단타이다. 곧 이것
이 바른 인연[正因緣]으로 마음이 즐거워하는 법을 아는 것이다.
만약 바른 인연[正因緣]을 좇아 공에 들어가[入空], 쪼개거나 체
달하는[若析若體] 두 가지로 마음을 살피면 반드시 알게 되니 사
람의 편해 맞음[人便宜]을 위함이다.

곧 편해 맞음[便宜]이란 만약 비파사나(vipaśyana, 觀) 닦음에
맞으면 생각하여 가림, 기쁨, 정진[念·擇·精進·喜]의 '세 깨달

---

37) 問曰 何故用四隨結成四悉檀 通約事理 一事一理云何得通有四義 答曰 如此
經偈說 佛以一音演說法 或有恐怖或歡喜 或生厭離或斷疑 斯則神力不共法
生怖畏者卽是世界悉檀 知因欲有世界 世界如火宅故生怖畏也 或歡喜者卽是
爲人悉檀 發善根得法喜也 或生厭離者卽是對治悉檀 厭患煩惱興對治也 或
斷疑者卽是第一義悉檀也 初入見道第一義諦 正是斷疑之位也 是則隨說一切
事理悉成四悉檀也

38) 第四明起三觀者 卽是用四悉檀起三觀也 夫至理幽絶 不可以智知 不可以識
識 豈修觀行而能契會者哉 自非悉檀之巧妙 豈能用三觀會三諦之理也
〔지혜로써 알지 못함[不可以智知]: 연기법에서 지극한 진리는 지혜인 진
리라 진리가 지혜로 따라 아는 바[所緣] 대상이 될 수 없음을 말함.〕

음 법의 가름〔三覺分〕'을 일으킴이다. 만약 사마타(samatha, 止) 닦음에 맞으면 곧 생각하여 없앰, 버림, 안정〔念・除・捨・定〕의 '세 깨달음 법의 가름〔三覺分〕'으로 거둠이다. 이것이 바로 곧 편해 맞는 바를 따라 착한 마음이 곧 나는 것이다.39)

만약 마음에 가라앉고 들뜨는 병〔沈浮之病〕이 있으면, 반드시 마주해 다스리는 신단타를 써야 한다.

만약 마음이 가라앉을 때〔心沈時〕는 비파사나인 생각해 가림〔念, 擇〕, 정진(精進), 기쁨〔喜〕 이 세 깨달음 법의 가름으로 마주해 다스린다. 만약 마음이 들뜰 때〔心浮時〕는 사마타인 생각해 없앰〔念, 除〕, 버림〔捨〕, 안정〔定〕의 세 깨달음 법의 가름으로 마주해 다스린다.

사람을 위한 신단타를 교묘히 쓰면, 착한 뿌리〔善根〕가 나오게 되고, 마주해 다스리는 신단타를 교묘히 쓰면, 맺어 부림〔結使〕의 번뇌가 엷어진다. 만약 수행하는 사람이 날카로운 지혜의 착한 뿌리가 무르익으면, 맺어 부림〔結使〕의 번뇌가 엷어진다.

일곱 깨달음 법 가름〔七覺分〕 가운데 한 깨달음 법을 따라 의지하면, 아득하여 사라져 잃음같이〔恍然如失〕 여기에 머문다. 깊이 닦아 만약 살피는 지혜가 분명하면 참된 견해의 으뜸가는 뜻〔眞見第一義〕을 내게 되니 이를 네 신단타를 씀이라 이름한다.

그리하여 '거짓을 좇아 공에 드는 살핌〔從假入空觀〕'을 일으키면 '온갖 것 아는 지혜 눈〔一切智慧眼〕'을 이룬다. '공을 좇아 거짓에

---

39) 今悉檀方便 起從因緣假入空觀者世界悉檀 卽是知正因緣心所樂法也 若從正因緣以入空 若析若體兩種觀心 必須識 爲人便宜
　便宜者　若宜修觀卽念擇精進喜三覺分起　若宜修止則念除捨定三覺分攝也 是則隨所便宜 善心則發也

드는 살핌〔從空入假觀〕'으로 실단타를 교묘히 쓰면 곧 '도의 씨앗인 지혜, 법의 눈〔道種智法眼〕'을 얻고, '중도의 으뜸가는 뜻의 살핌〔中道第一義觀〕'으로 네 실단타를 교묘히 쓰면, 곧 '온갖 공덕의 씨앗인 지혜, 붇다의 눈〔一切種智佛眼〕'를 얻는다.40)

(5) 네 가르침을 일으킴〔起四敎者〕이란 다음과 같다.

곧 이는 네 말할 수 없음〔四不可說〕에서 네 가지 설법〔四種說法〕을 일으켜 네 가지 중생〔四種衆生〕을 가르치는 것이다. 이 경에서 비말라키르티〔淨名〕의 '말없이 입을 닫음〔默然杜口〕' 이것이 『대열반경(大涅槃經)』에서 네 말할 수 없음〔四不可說〕을 밝힌 뜻이다.

네 말할 수 없음〔四不可說〕이란 다음과 같다.

- 나고 남〔生生〕도 말할 수 없음,
- 나되 나지 않음〔生不生〕도 말할 수 없음,

---

40) 若心有沈浮之病 必須用對治悉檀 若心沈時念擇精進喜三覺爲對治 若心浮時念除捨定三覺分爲對治也 巧用爲人悉檀善根得發 巧用對治悉檀結使則薄 若行人利智善根熟 結使煩惱薄 七覺分中隨依一覺恍然如失卽住此 硏修若觀慧分明 卽發眞見第一義 是名用四悉檀 起從假入空觀成一切智慧眼也 從空入假觀巧用悉檀卽得道種智法眼也 中道第一義觀巧用四悉檀卽得一切種智佛眼也
〔일곱 깨달은 법의 가름〔七覺分〕 가운데 '생각〔念〕'의 법은 왜 사마타와 비파사나의 법에 모두 생각함이 같이 하는가. 생각함〔念〕은 사마타와 비파사나에 치우침 없이 사마타 비파사나를 병통 따라 쓰는 법이다. 그러므로 비파사나와 사마타의 세 법에 다 생각함〔念〕을 두어 모두 생각하여 가림〔念擇〕, 생각해 없앰〔念除〕을 말하고 있다.〕
〔세 살핌〔三觀〕을 말하고 있으나 지금 생각에 생각 없음〔於念無念〕을 살피면 생각 없음에 생각 없음도 없으므로 생각 없음을 살피는 공관〔無念空觀〕이 곧 가관(假觀) 중도관(中道觀)을 거두니 세 살핌은 점차의 법이 아니다.〕

• 나지 않되 남[不生生]도 말할 수 없음,

• 남도 아니고 나지 않음도 아님[不生不生]도 말할 수 없음이다.

이는 곧 마음의 인연[心因緣]이 나고 사라짐을 잡아 보면 곧 공(空)이고, 거짓 있음[假]이며, 곧 중도[中]인 네 구절[四句]이 말할 수 없음이다. 그런데도 네 구절 말함을 얻을 수 있는 것은 다 실단타의 인연으로 네 기틀[四機]에 나아가 네 설함이 있게 되는 것이다.41)

그러므로 『대열반경』은 이렇게 말한다.

'열 인연법[十因緣法]이 남[生]이 되니 짓는 원인[作因] 또한 말할 수 있다. 열 인연법이란 무명(無明)에서 있음[有]의 갈래까지 열 인연법이라 이름한다. 만약 네 실단타를 써서 이 네 가지에 나아가면 열 인연의 기틀은 네 말할 수 없음[四不可說]에서, 네 설함이 있는[有四說] 네 가르침[四教]이다.

여기에 나아가서도 다음의 넷이 된다.

① 실단타로 삼장의 가르침[三藏教] 일으킴을 밝힘,

② 실단타로 통교(通教) 일으킴을 밝힘,

③ 실단타로 별교(別教) 일으킴을 밝힘,

④ 실단타로 원교(圓教) 일으킴을 밝힘이다.42)

---

41) 第五起四教者 卽是於四不可說 起四種說法教四種衆生也 此經淨名默然杜口 卽是大涅槃經明四不可說意也 四不可說者 一生生不可說 二生不生不可說 三不生生不可說 四不生不生不可說 此卽是約心因緣生滅卽空卽假卽中四句不可說也 而得有四說者 皆是悉檀因緣赴四機 得有四說也

42) 故大涅槃經云 十因緣法爲生 作因亦可得說 十因緣法者 無明至有支名十因緣也 若用四悉檀赴此種 十因緣機 於四不可說卽有四說之四教也 就此卽爲四 一明悉檀起三藏教 二明悉檀起通教 三明悉檀起別教 四明悉檀起圓教

① 네 신단타를 써서 삼장교 일으킴〔起三藏敎〕을 밝힘이란 다음과 같다.

붇다께선 '나고 남도 말할 수 없음〔生生不可說〕'에서 네 신단타를 써서 작은 수레에게 나아가, 열 인연법이 이룬 바 즐겨하고자 함으로, 작은 착함과 무거운 장애, 무딘 근기, 모든 슈라바카의 제자에게 삼장교(三藏敎)의 '나고 사라지는 사제〔生滅四諦〕'를 설해 모든 슈라바카와 무딘 근기 보디사트바를 가르친 것이다. 그러므로 『법화경』은 이렇게 말한다.

모든 법의 고요한 모습은
말로 펴 보일 수 없다
방편의 힘 때문에
다섯 비구를 위해 말했다

諸法寂滅相　不可以言宣
以方便力故　爲五比丘說

이를 법바퀴 굴림〔轉法輪〕이라 한다.

② 네 신단타를 써서 통교 일으킴〔起通敎〕을 밝힘이란 다음과 같다.

〔무명의 지어감〔無明行〕으로 인해 취하여〔取〕 있음이 있음이 됨〔取·有〕으로 남〔生〕이 실로 남이 되어 늙고 죽음〔老死〕이 있게 된다. 이 뜻을 열 인연법이 남이 된다고 함이다.〕

〔신단타로 네 가르침을 일으킴이란 네 말할 수 없음에서 신단타의 인연으로 연기로 있음〔有〕, 연기이므로 공함〔空〕, 공하므로 연기함〔假〕, 공과 있음이 중도임〔中〕의 네 가르침을 말함이다.〕

붇다께선 '나되 나지 않음도 말할 수 없음〔生不生不可說〕'에서
네 실단타를 써서 열 인연법이 이룬 바 세 수레의 성품〔三乘根
性〕의 사람에 나아가, '허깨비 변화의 남이 없는 사제〔幻化無生四
諦〕'를 잡아, 통교를 설해 세 수레 사람〔三乘人〕을 가르친 것이다,
그러므로 『대품반야경』은 다음과 같이 말한다.
'세 수레를 배우고자 하면 반드시 반야를 배워야 한다.'
또 말한다.
'세 수레의 사람은 같이 으뜸가는 뜻의 진리〔第一義諦〕 말함 없
는 도〔無言說道〕로 번뇌를 끊는다.'43)

③ 네 실단타를 써서 별교 일으킴〔起別敎〕을 밝히는 것은 다음
과 같다.

붇다께선 '나지 않되 남도 말할 수 없음〔不生生不可說〕'에서 네
실단타를 써서 열 인연법으로 이룬 별교 근기의 연〔別敎根緣〕에
나아가, 보디사트바가 칼파를 거쳐 닦아 행하는 '헤아릴 수 없는
사제〔無量四諦〕'의 별교(別敎)를 펴서 말해, 모든 보디사트바를 가
르치신 것이다.

④ 네 실단타를 써서 원교 일으킴〔起圓敎〕을 밝히는 것은 다음

---

43) 一明用四悉檀起三藏敎者 佛於生生不可說用四悉檀赴小乘 十因緣法所成樂
   欲 小善障重鈍根諸聲聞弟子 說三藏敎生滅四諦敎諸聲聞及鈍根菩薩也 故法
   華經云 諸法寂滅相 不可以言宣 以方便力故 爲五比丘說 是名轉法輪也
   二明用四悉檀起通敎者 佛於生不生不可說 用四悉檀赴十因緣法所成三乘根
   性人 說約幻化無生四諦通敎敎三乘人也 故大品經云 欲學三乘當學般若 又
   云 三乘之人 同以第一義諦無言說道 斷煩惱也

과 같다.

붇다께선 '남도 아니고 나지 않음도 아님을 말할 수 없음[不生
不生不可說]'에서 네 싣단타를 써서 열 인연법이 이룬 바 두렷한
기틀[圓機]에 나아가, '하나인 진실한 진리[一實諦]' 지음 없는 사
제[無作四諦] 두렷한 가르침인 대승의 가르침[圓教大乘教]을 설해,
크나큰 보디사트바를 가르쳐 붇다의 지견을 열어주신 것[開佛知
見]이다.44)

(6) 경론 일으킴을 밝힘[明起經論]이란 다음과 같다.

대저 붇다의 법 지극한 도리[至理]는 말로 펼 수 없으니 어찌
말을 둔 방편의 말[存言方語]이 십이부경(十二部經)의 바탕 될 것
인가. 다만 시방 모든 붇다께선 중생을 이익되게 하기 위해 다
싣단타를 써서, 연에 나아가[赴緣] 십이부경을 일으킨 것이다.
십이부경의 이름과 뜻은 함께 '싣단타의 큰 바탕[悉檀大本]'에서
나왔다. 여기 나아가서도 다음 다섯 뜻[五義]이 있다.

① 싣단타가 십이부경 일으킴을 밝힘,
② 싣단타가 팔만사천 법의 곳간[八萬四千法藏] 일으킴을 밝힘,
③ 싣단타가 점차와 단박 행하는 경의 가르침[漸頓經教] 일으킴
  을 밝힘,
④ 싣단타가 크고 작은 수레의 아비다르마[大小乘論] 일으킴을
  밝힘,

---

44) 三明用四悉檀起別教者 佛於不生生不可說用四悉檀 赴十因緣法成別教根緣
宣說菩薩歷劫修行無量四諦別教教諸菩薩也 四明用四悉檀起圓教者 佛於不
生不生不可說用四悉檀赴十因緣法所成圓機 說一實諦無作四諦圓教大乘教大
菩薩開佛知見也

⑤ 신단타가 성인의 설법〔聖說法〕과 성인의 말없음〔聖默然〕 일
으킴을 밝힘이다.45)

① 신단타가 십이부경 일으키는 모습을 밝힘이란 네 뜻이 된다.
　•세계의 신단타〔世界悉檀〕가 십이부경 일으킴을 밝힘,
　•각각 사람을 위한 신단타〔各各爲人悉檀〕가 십이부경 일으킴
을 밝힘,
　•마주해 다스리는 신단타〔對治悉檀〕가 십이부경 일으킴을 밝힘,
　•으뜸가는 뜻의 신단타〔第一義悉檀〕가 십이부경 일으킴을 밝
힘이다.46)
　첫째 세계의 신단타〔世界悉檀〕를 써서 십이부경(十二部經) 일으
킴을 밝힘이란 다음과 같다.
　만약 들음에 맞으면 곧장 세계를 설하는 것이다. 맞으면 곧장
설한다는 것은 이 말로 보이는 가르침〔言敎〕의 바탕이, 세계의
신단타를 쓰는 것이면 곧장 세계의 이름과 모습〔世界名相〕을 말
하는 것이니 곧 이것이 수트라(sūtra)의 경이다.
　네 말, 다섯 말, 일곱 말의 게(偈)와 거듭 노래함〔重頌〕으로 세
계를 설하면 곧 이것이 게야(geya)의 경이다.
　언약해 말함〔記〕은 세계 중생의 아직 오지 않은 일〔未來之事〕을

---

45) 第六明起經論者 夫佛法至理不可以言宣 豈存言方語本十二部乎 但十方諸
　　佛爲利衆生 皆用悉檀起緣而起十二部經也 十二部經名義具出悉檀大本 就此
　　卽爲五意 一明悉檀十二部經 二明悉檀起八萬四千法藏 三明悉檀起漸頓經
　　敎 四明悉檀起大小乘論 五明悉檀起 聖說法聖默然
46) 一明四悉檀起十二部經之相者卽爲四意 一明世界悉檀起十二部經 二明各各
　　爲人悉檀起十二部經 三明對治悉檀起十二部經 四明第一義悉檀起十二部經

언약함이니 비둘기 참새가 붙다 이름을 언약함과 같다. 곧 이것이 브야카라나(vyākaraṇa, 授記)의 경이다.

홀로 일어난 노래〔孤起頌〕는 세계를 노래하나 긴 줄〔長行〕을 노래하지 않는 것이니 곧 가타(gāthā)의 경이다.

사람이 청해 물음이 없이 스스로 세계의 일을 일컬어 말하는 것이란 곧 우다나(udāna, 無問自說)의 경이다.

세계의 좋지 않은 인연〔不善因緣〕을 말하기 위해, 계(戒: 금하는 법)를 맺어 이룬 것이란, 곧 이것이 니다나(nidāna, 種種因緣)의 경이다.47)

만약 사람이 세계의 모습을 알지 못하여 수레 젖 등으로 비유하는 것은, 곧 아바다나(avadāna, 譬喩)의 경이다.

본래 옛날 세계의 일〔本昔世界之事〕을 말하는 것은 이티브리타카(itivṛttaka, 本事)의 경이다.

지난 옛날 세계에서 태어남 받음〔受生〕을 말하는 것은 자타카(jātaka, 本生譚)의 경이다.

세계의 넓고 큰일〔世界廣大之事〕을 말하는 것은 바이플야(vaipulya, 方廣)의 경이다.

세계의 일찍이 있지 않던 일〔未曾有事〕을 말하는 것은 아부타다르마(adbhuta-dharma, 未曾有法)의 경이다.

따지고 물어 세계를 사무쳐 캐서〔難問窮覈世界〕쉽게 알도록 하

---

47) 一明用世界悉檀起十二部經者 若宜聞直說世界 宜直說者 是言敎之本 用世界悉檀 直說世界名相 卽是修多羅經 四言五言七言偈重頌說世界 卽是祇夜經 記世界衆生未來之事 如記鴿雀成佛 卽是和伽羅那經 孤起偈說世界 不誦長行者 卽是伽陀經 無人請問自稱說世界事者 卽是優陀那經 爲說世界不善因緣而結成戒者 卽是尼陀那經

는 것은 우파데샤(upadeśa, 論議)의 경이다.

이는 곧 다만 세계의 신단타가 십이부경 갖춰 일으킴을 잡아
보인 것이다.

나머지 세 신단타〔餘三悉檀〕도 각기 십이부경을 일으키니 세계
의 신단타에 견주어 알 수 있다.

붇다께서는 이 십이부〔十二部〕를 써서 말로 보이는 가르침의 바
탕〔言敎之本〕을 삼아, 온갖 점차와 단박 행하는 모든 가르침〔一切
漸頓諸敎〕을 설하셨다.

그러므로 『대지도론』은 '네 신단타가 십이부경을 거둔다'고 하
니 뜻이 여기에 있다.'48)

② 네 신단타가 팔만 사천 법의 곳간〔八萬四千法藏〕을 일으킨다는
것은 다음과 같다. 팔만 사천 법의 곳간〔八萬四千法藏〕이라는 이름
과 뜻〔名義〕이, 함께 세 살핌의 큰 바탕〔三觀大本〕을 갖춰낸다.

지금 네 신단타를 써서 팔만 사천 법의 곳간 일으킴이란 네 다
름〔四別〕이 된다.

첫째 세계의 신단타가 팔만 사천 번뇌의 문〔塵勞門〕을 일으킴이다.

둘째 각각 사람을 위한 신단타가 팔만 사천 사마디(samādhi, 三

---

48) 若人不解世界之相 如以車乳等爲譬喩者 卽是阿波陀那經 說本昔世界之事
者 卽是伊帝越多伽經 說往昔世界受生者 卽是闍陀伽經 說世界廣大之事者
卽是毘佛略經 說世界未曾有事者 卽是阿浮陀達磨經 難問窮覈世界令易解者
卽是優波提舍經

此卽但約世界悉檀 具起十二部經 餘三悉檀 各起十二部經 類世界可知 佛
用此十二部 爲言敎之本 說一切漸頓諸敎也 故智度論云 四悉檀攝得十二部
經 意在此也

昧)와 팔만 사천 모든 다라니(dhāraṇī, 總持) 일으킴을 밝힘이다.

셋째 마주해 다스리는 싣단타가, 팔만 사천 마주해 다스리는 문〔對治門〕을 일으켜, 팔만 사천 모든 번뇌를 마주해 다스림이다.

넷째 으뜸가는 뜻의 싣단타〔第一義悉檀〕가 팔만 사천 법문 일으킴을 밝힘이니, 또한 팔만 사천 모든 파라미타(pāramitā)의 문이라 이름한다. 문(門)은 통할 수 있음을 이름하니 '으뜸가는 뜻의 싣단타 모든 파라미타'에 통해 이르름〔通至〕이다. 마쳐 다함〔究竟〕이라 이름하니 으뜸가는 뜻의 싣단타가 곧 이 마쳐 다함이다.49)

지금 팔만 사천 법의 곳간이라 말한 것은, 법의 말〔法語〕이 통해 넘쳐 퍼져〔通漫〕 곧 '팔만 사천 번뇌'와 '사마디와 다라니', '모든 마주해 다스리는 문'과 '파라미타 등의 법' 머금을 수 있음이다. 그러므로 법의 곳간〔法藏〕이라 이름한다.

『대지도론』은 '이 네 싣단타가 팔만 사천 법의 곳간을 거둔다.'고 하니 그 뜻이 여기 있다.50)

③ 싣단타가 단박 행함과 점차로 깨우치는 경의 가르침〔頓漸經教〕 일으킴을 밝힘이란 다음 같다.

싣단타가 이미 십이부경 팔만 사천 법의 곳간을 거두니, 크신

---

49)　二明四悉檀起八萬四千法藏者　八萬四千法藏名義具出三觀大本　今用四悉檀起八萬四千法藏者　即爲四別　一者世界悉檀起八萬四千塵勞門　二明各各爲人悉檀起八萬四千三昧八萬四千諸陀羅尼也　　三對治悉檀起八萬四千對治門對治八萬四千諸煩惱也　四明第一義悉檀起八萬四千法門　亦名八萬四千諸波羅蜜門 門名能通 通至第一義悉檀諸波羅蜜 名究竟 第一義悉檀即是究竟也

50)　今言八萬四千法藏者 法語通漫卽得含於八萬四千煩惱 三昧陀羅尼諸對治門及波羅蜜等法 故名法藏也 故大智論云 是四悉檀攝八萬四千法藏 其義在焉

성인은 싣단타를 써서 연에 나아가〔赴緣〕 단박 행함과 점차로 깨우치는 모든 경을 설해 이루지 못함이 없다.

곧 다음 두 뜻이 된다.

첫째, 바로 싣단타가 '두렷하여 단박 깨우치는 가르침〔圓頓敎〕'일으킴을 밝힘이다.

둘째, 싣단타가 '차제로 점차와 두렷한 가르침〔次第漸圓之敎〕'일으킴을 밝힘이다.

첫째, 싣단타가 두렷한 가르침〔圓敎〕 일으킴이란 노사나 붇다가『화엄경』을 설하심이니 바로 두 번의 네 싣단타〔兩番四悉檀〕를 써서 '헤아릴 수 없는 네 거룩한 진리〔無量四聖諦〕'와 '지음 없는 네 진실한 진리〔無作四實諦〕'를 설해, 별교 원교의 두 가지 근기 성품〔別圓二種根性〕에 나아가 『화엄경』의 단박 행하는 가르침〔頓敎〕을 설함이다.51)

둘째, 점차와 두렷한 가르침〔漸圓敎〕 일으킴을 밝힘이란 다음과 같다.

샤카무니께서 점차의 가르침〔漸敎〕을 여신 것은 다만 한 번의 싣단타〔一番悉檀〕를 써서 슈라바카 작은 근기에 나아가, 나고 사라짐의 네 진리〔生滅四諦〕를 설해, 삼장의 가르침〔三藏敎〕을 일으킴이다.

---

51) 三明悉檀起頓漸經敎者 悉檀旣攝十二部經 八萬四千法藏 大聖用悉檀赴緣
而說頓漸諸經無不成也 卽爲二意 一正明悉檀起圓頓敎 二明悉檀起次第漸圓
之敎 一悉檀起圓敎者 盧舍那佛說華嚴經 正用兩番四悉檀說無量四聖諦無作
四實諦 赴別圓二種根性說華嚴經頓敎也

마하야나의 방등〔大乘方等〕에는 네 가지 근기 성품〔四種根性〕이 있으니 네 번의 실단타를 써서 연(緣)에 나아가, 네 가지 거룩한 진리〔四種四聖諦〕를 설해 여러 방등을 일으킴이다.52)

『마하프라즈냐파라미타수트라〔大般若經〕』에는 세 근기의 성품〔三種根性〕이 있으니 세 번의 실단타로써 경계의 연(緣)에 나아가, '세 가지 네 거룩한 진리〔三種四聖諦: 無生, 無量, 無作四諦〕'를 설해 여러 프라즈냐의 가르침을 일으키는 것이다.

『법화경(法華經)』에는 하나의 근기 성품〔一種根性〕이 있으니 한 번의 네 실단타로써 연에 나아가, '지음 없는 한 진실의 진리〔無作一實諦〕'를 설해 법화의 가르침〔法華教〕을 일으키는 것이다.

대승의 『니르바나수트라〔涅槃經〕』에는 네 가지 근기 성품〔四種根性〕이 있으나 '함께 한 진리의 붇다 성품〔buddhatā〕과 니르바나(nirvāṇa)에 돌아간다〔俱歸一理佛性涅槃〕.' 네 번의 실단타를 써서 '네 가지 네 진리〔四種四諦〕'를 설해, 연에 나아가〔赴緣〕 마하야나 『파리니르바나수트라』의 가르침〔涅槃教〕을 일으키는 것이다.53)

---

52) 마하야나의 방등이란 곧 이 『비말라키르티수트라〔維摩經〕』이니, 본 경은 나고 사라짐의 사제〔生滅四諦〕에서 남이 없음〔無生〕, 헤아릴 수 없음〔無量〕, 지음 없는 사제〔無作四諦〕까지 네 가지 네 진리〔四種四諦〕를 근기에 따라 모두 설하고 있음을 말한다.

53) 二明起漸圓教者 釋迦開漸教但用一番悉檀赴聲聞小根說生滅四諦 起三藏教也 大乘方等有四種根性 用四番悉檀赴緣說四種四聖諦 起諸方等也 摩訶般若經有三種根性 以三番悉檀赴緣說三種四聖諦 起諸般若教也 法華經有一種根性 以一番四悉檀赴緣說無作四一實諦 起法華教也 涅槃經有四種根性而俱歸一理佛性涅槃 用四番悉檀 說四種四諦 赴緣 起涅槃教也
〔『대승의 파리니르바나수트라〔大般涅槃經, 대승열반경〕』 또한 이 『유마경』처럼 네 근기 중생에 맞는 네 가르침을 모두 열어 네 근기의 중생을

묻는다. 니르바나의 가르침[涅槃教]과 방등(方等), 두 가르침[二教]은 어떻게 다른가.

답한다. 방등경을 설할 때는 히나야나의 두 수레[二乘]는 다만 '앞의 두 거룩한 진리[前二聖諦: 生滅, 無生]'를 얻고, 헤아릴 수 없음과 지음 없음[無量無作]의 두 가지 거룩한 진리에는 들어가지 못한다.

『파리니르바나수트라』는 그렇지 않으니 두 수레와 보디사트바도 앞의 두 가지 거룩한 진리[나고 사라짐, 남이 없음] 얻음에 그치지 않고   두 수레도 '헤아릴 수 없음과 지음 없음의 두 가지 거룩한 진리[無量無作二種聖諦]'에 들어가 붇다의 성품 봄[見佛性]에 또한 통할 수 있다.

방등의 모든 경은 『크게 모음[大集]』등의 경을 이름하니 온갖 붇다의 법을 모으므로 '크게 모음[大集]'이라 이름한다. 이 마하파리니르바나(maha-pārinirvāṇa)의 이름[大般涅槃名]은 '모든 붇다의 법계[諸佛法界]', '붇다의 성품[佛性]'과 '니르바나[涅槃]'를 이름하니 온갖 붇다의 법[一切佛法]을 머금는 것이다.54)

묻는다. 『지도론』에 말했다.

모두 하나인 진실의 진리, 붇다 성품에 이끈다. 그러니 『파리니르바나수트라』에서는 나고 나는 법[生生法]을 설해도 늘 머무는 붇다 성품[常住佛性]을 보인 것이고, 나되 남이 없는 법[生無生法]을 설해도 늘 머무는 붇다 성품을 보인 것이다.]

54) 問日 涅槃與方等二教何異 答曰 說方等經時 二乘止得前二聖諦不入無量無作二種聖諦 涅槃不爾 二乘及菩薩非止得前二種聖諦 亦通二乘入於無量無作二種聖諦見佛性也 方等諸經者名大集等經也 以集一切佛法故名大集 是大涅槃名 名諸佛法界佛性涅槃 含一切佛法也

'다른 경은 많이 세 실단타를 말하는데, 지금은 으뜸가는 뜻의 실단타〔第一義悉檀〕를 열어 말하려 하므로 이 『마하프라즈냐파라미타수트라(Maha-prajñāpāramitā-sūtra, 摩訶般若波羅蜜經)』를 설한다.'

만약 그렇다면 어떻게 네 실단타를 얻어 써서 온갖 점차와 단박 행함의 모든 가르침을 두루 일으킬 수 있는가.

답한다. 삼장교(三藏教)는 많이 세 실단타를 말하고 적게 으뜸가는 뜻〔第一義〕을 말한다. 거듭 다시 프라즈냐는 비록 세 실단타를 말하나 다 으뜸가는 뜻과 서로 응한다〔第一義相應〕. 만약 모든 대승의 방등〔大乘方等〕을 말하면, 때로 합해 설하기〔合說〕도 하고 때로 따로 설하기〔別說〕도 한다.55)

④ 실단타가 마하야나(mahayāna)와 히나야나(hinayāna)의 아비다르마〔大小乘論〕 일으킴을 밝힘이란 다음과 같다.

『지지론(地持論)』은 말한다.

'보디사트바가 '뒤바뀜이 없는 논〔不顚倒論〕인 마트리카(matrika, 摩得勒伽)'를 지어 바른 법이 오래 머물도록 하기 위해 선정〔禪〕으로 논을 지었다. 보디사트바는 이 선정(禪定)에 머물러, 붇다께서 세간을 떠나신 뒤 '열 인연법이 이룬 중생' 근기의 크고 작음을 살펴, 네 실단타를 써서 이 근기의 연〔根緣〕에 나아가 논을 지어 경을 통했다.'56)

---

55) 問曰 智度論云 餘經多說三悉檀 今欲開說第一義悉檀 故說是摩訶般若波羅蜜經 若爾者 何得用四悉檀遍起一切漸頓諸經
　　答曰 三藏教多說三悉檀少說第一義 般若多說第一義少說三悉檀 復次般若雖說三悉檀 皆與第一義相應 若說諸大乘方等 或合說或別說也

바수반두(Vasubandhu, 天親) 보디사트바가 『십지론(十地論)』을 지은 것과 같으니 곧 이는 두 번의 신단타를 써서 『십지론(十地論)』을 지어 『화엄경(華嚴經)』을 통했다.

사리푸트라는 아비다르마를 지었고 오백의 아라한은 『비파사론(Vīpaśyanā-śāstra)』을 지었으니 처음의 신단타를 써서 '삼장의 가르침 나고 사라지는 네 거룩한 진리[三藏敎 生滅四聖諦]'를 통했다. 이는 있음[有]을 보아 도에 드는[見有入道] 바른 뜻이니 카차야나(Kātyāyana, 迦旃延: 논의로 으뜸인 제자)가 『논해 말하는 피타카[昆勒論]』57)를 지음과 같다.

또한 이는 첫 번의 신단타를 써서 삼장교(三藏敎)의 공(空)을 보아, 도에 들어가는 바른 뜻이 있음에 통한다. 이는 하리바르만(Harivarman)이 또한 첫 번의 신단타를 써서 『성실론(成實論)』을 지어 삼장교의 공(空)을 좇아 도에 드는[從空入道] 바른 뜻에 통함과 같다. 그러므로 『성실론』은 말한다.

'그러므로 나는 삼장(三藏) 가운데 실다운 뜻을 바로 논하려 하니 모든 성론(成論)의 논사들이 실다운 뜻[實義]을 말함이란 공

---

56) 四明悉檀起大小乘論者 地持論云 菩薩入造不顚倒論摩得勒伽 爲令正法得久住 禪而作論也 菩薩住是禪定 觀佛去世後十因緣法所成衆生根緣大小 用四悉檀赴此根緣作論通經

57) 곤륵론(蜫勒論): 곤륵(蜫勒)은 범어로 piṭaka 또는 peṭaka이며 번역하면 협장(篋藏)이다. 마하카차야나(大迦旃延)존자가 지은 논부(論部)를 말한다. 『대지도론』권18에서는, 곤륵문의 내용을 모습 따르는 문[隨相門]과 마주해 다스리는 문[對治門]으로 등으로 구분한다. 아비다르마의 문[阿毘曇]은 주로 있음[有]을 풀이하고, 공문(空門)은 없음[無]을 말한다면, 곤륵문은 있음과 없음[有無]을 설하므로, 천태(天台)선사와 가상(嘉祥)법사 등은 이것을 히나야나[小乘]의 네 문[四門] 가운데 '있기도 하고 공하기도 한 문[亦有亦空門]'이라 하였다.

(空)을 말한다.'58)

　나가르주나(Nāgārjuna, 龍樹) 보디사트바는 『바른 살핌의 논〔正觀論〕』을 지어, 네 번의 네 싣단타를 써서, 세 번〔三番〕 모든 마하야나의 세 가르침〔三敎〕을 바로 통해 풀이한다.

　한 번은 삼장교의 나고 사라지는 인연의 가르침〔生滅因緣之敎〕을 곁으로 풀이함이다.

　마이트레야(Maitreya, 彌勒)보디사트바가 『땅처럼 지니는 곳 논함〔地持處論〕』을 지은 것 곧 이는 두 번의 싣단타를 써서 화엄(華嚴) 방등(方等) 프라즈냐(般若) 등 모든 마하야나에서 밝힌 원교 별교 두 가르침〔圓別二敎〕을 풀이한 것이다.

　아상가(Asaṅga, 無着) 보디사트바가 『섭대승론(攝大乘論)』을 지은 것도 또한 다시 이와 같다.

　나가르주나보디사트바는 세 번의 싣단타를 써서 『대지도론(大智度論)』을 지어 『마하프라즈냐파라미타수트라』를 풀이하였고, 바수반두(Vasubandhu, 世親) 보디사트바는 한 번의 싣단타를 써서 『법화론(法華論)』을 지어 『법화경』을 풀이했다.

　어떤 이가 말했다.

　'『마하파리니르바나의 논〔大涅槃論〕』은 나가르주나와 바수반두가 각기 지었지만, 아직 이 땅에 건너오지 않았으나 아득히 따라서 알 수 있을 것이다.'

---

58) 如天親造十地論 卽是用兩番悉檀造十地論通華嚴經也 舍利弗造毘曇 五百羅漢造毘婆沙 用初番悉檀 通三藏敎生滅四聖諦 見有得道之正意也 如迦旃延造昆勒論 亦是用初番悉檀 通三藏敎見空 有入道之正意也 如訶黎跋摩亦用初番悉檀 造成實論 通三藏敎從空入道之正意 故成實論云 故我欲正論三藏中實義 諸成論師言實義所謂空也

이와 같은 등 온갖 논은 네 싯단타를 의지하지 않음이 없이 뜻
을 지음이다.59)

○ 법신의 보디사트바가 사마디에 의지해 방편으로 논(論)을 지음

　묻는다. 모든 논은 하늘과 사람〔天人〕에 있는 경서(經書) 어디
에 의지해 짓는가.
　답한다. 법신(法身)의 보디사트바는 모든 사마디〔諸三昧〕에 머
물러, 사람과 하늘 가운데 태어나 하늘과 사람의 스승〔天人師〕이
되어, 논을 짓고 모든 경서를 지었다. 이는 『금광명경(金光明
經)』의 다음 말과 같다.
　'다섯 신통의 사람이 신선의 논〔神仙之論〕을 짓고, 모든 브라흐
마하늘왕〔梵天王〕은 '욕망 벗어나는 논〔出欲論〕'을 지었으며, 샤크
라인드라왕은 '갖가지 착함의 논〔種種善論〕'을 지었으니 또한 이것
도 첫 번 싯단타의 방편이다.
　그러므로 천지경(天地經)을 지어 세우고서 말했다.

---

59) 龍樹菩薩造正觀論　用四番四悉檀　三番正通釋諸摩訶衍三教　一番傍釋三藏
　　生滅因緣教也　彌勒菩薩造地持處論　卽是用二番悉檀釋華嚴方等般若諸大乘
　　所明圓別二教也　無著菩薩造攝大乘論亦復如是
　　龍樹菩薩用三番悉檀造大智度論　釋摩訶般若波羅蜜經　天親菩薩用一番悉檀
　　造法華論　釋法華經
　　有人言　大涅槃論龍樹天親各造未度此土　懸準可知　如是等一切論無不依四
　　悉檀而造義
　　〔중도실상을 바로 보는 지혜로 바른 마음의 지위에 머물면〔初發心住〕 바른
　　지혜의 선정으로 보디사트바가 세간에 싯단타의 인연으로 경서와 아비다르
　　마를 지을 수 있으니 천태선사가 『대정혜론(大定慧論: 摩訶止觀)』을 짓고
　　원효대사가 『금강삼매경론(金剛三昧經論)』을 지음과 같다.〕

'보배에 응하는 슈라바카〔寶應聲聞〕보디사트바가, 복희(伏犧)라고 부름을 보이니 상황(上皇)의 도가 이 땅에 온 것이다.'60)

또 『청정법행의 경〔淸淨法行經〕』은 말했다.

'마하카샤파가 이 중국에 응해 나서 노자(老子)라 이름함을 보여, 함이 없는 가르침〔無爲之敎〕을 세워, 밖으로 나라를 다스리고, 신선의 방술〔神仙之術〕을 닦아 안으로 몸을 다스린다.'

저 경은 또 말한다.

'빛나고 깨끗한 어린이〔光淨童子〕는 중니(仲尼)라 이름하는데 기틀의 연〔機緣〕에 나아가 또한 이 땅에 노닐었다. 행을 꾸며 빛나게 하고〔文行〕, 믿음을 성실케 하며〔誠信〕, 예를 정하고〔定禮〕, 시를 깎으며〔刪詩〕, 뒤의 자손〔後昆〕에게 넉넉함을 드리웠다〔垂裕〕.'

그러하니 갖가지 모든 가르침은 곧 세계의 신단타〔世界悉檀〕이다.

벼슬하는 사람이 이로써 덕을 삼고, 상(賞)을 세간에 늘리면 곧 사람을 위한 신단타〔爲人悉檀〕이고, 배반하면〔叛〕 이를 쳐서, 까닭 있는 일을 형벌하여, 없어지고 작아지면 곧 이는 마주해 다스리는 신단타〔對治悉檀〕이다. 다스리는 일이 맑고 고요함〔淸靜〕에 있고, 도가 하늘의 마음〔天心〕에 합하여 사람의 왕 됨〔人王〕이 위가 없으면, 곧 이는 '세간의 으뜸가는 뜻의 신단타〔世間第一義悉檀〕'이다.61)

---

60) 問曰 諸論天人所有經書依何而造 答曰 法身菩薩住諸三昧 生人天中爲天人師 造論作諸經書 如金光明經云 五神通人作神仙之論 諸梵天王說出欲論 釋提桓因種種善論亦是初番悉檀之方便也 故造立天地經云 寶應聲聞菩薩示號伏犧 以上皇之道來化此國

묻는다. 세간에서 어떻게 으뜸가는 뜻〔第一義〕 있음을 얻을 수
있는가.

답한다. 이는 다 세계의 싣단타를 잡아, 네 싣단타를 통하여
밝힘이니, 세간 벗어난〔出世〕 으뜸가는 뜻은 아니다.

묻는다. 만약 붇다(buddha) 보디사트바(bodhisattva), 노자
(老子) 주공(周公)과 공자(孔子)가 다 성인이라면 사람의 가르침
에 무슨 차별이 있는가.

답한다. 본바탕〔本地〕은 사유할 수 없고 말할 수 없는데 무엇을
분별하겠는가. 다만 자취의 가르침〔迹教〕이 달라, 높고 낮음 깊
고 얕음이 한 줄기〔一揆〕로 하지 못한다.62)

⑤ 싣단타가 성인의 설법〔聖說法〕과 성인의 말없음〔聖默然〕 일
으킴을 밝힘이란 다음과 같다.

---

61) 又淸淨法行經說 摩訶迦葉應生振旦示名老子 設無爲之教外以治國 修神仙
之術內以治身 彼經又云 光淨童子名曰仲尼 爲赴機緣亦遊此土 文行誠信定
禮 刪詩垂裕後昆 種種諸教 此卽世界悉檀也 官人以德 賞延于世 卽爲人悉
檀也 叛而伐之 刑故無小 卽是對治悉檀 政在淸靜 道合天心 人王無上 卽是
世間第一義悉檀
〔사람과 하늘의 가르침〔人天教〕 또한 붇다께서 보이신 네 싣단타의 뜻
〔四悉壇義〕 떠나지 않음을 보이려고 상황(上皇)의 도, 공자(孔子), 노자
(老子)의 도 또한 붇다의 법을 깨친 현성이 이 세계에 응해 설한 법이라
고 방편의 설〔方便說〕을 지어 보인 것이다.〕

62) 問曰 世間何得有第一義 答曰 此皆約世界悉檀通明四悉檀 非出世第一義也
問曰 若佛菩薩老子周孔皆是聖人 人教有何差別 答曰 本地不可思議 何可分
別 但迹教殊別高下深淺不可一揆也
〔세간 여러 성인의 가르침이 그 본바탕이 서로 다를 수 없으나 가르침의
깊이와 듣는 사람의 병통이 다르므로 가르침의 자취는 같지 않은 것이다.〕

『사익경(思益經)』의 말과 같으니 경은 말한다.

'붇다께서 여러 비구들에게 말씀하셨다.

너희들은 두 일을 행해야하니 성인의 설법이거나 성인의 말없음이다. 지금 이 네 말할 수 없음〔四不可說〕으로 인연이 있기 때문에〔有因緣故〕 네 싣단타로써 설법하여 줌을 밝히니 곧 이것이 성인의 말함〔聖說〕이다.

이 네 가지 네 진리〔四種四諦〕는 모두 세 수레〔三乘〕의 성인이 증득한 법이라 범부가 알 수 없는 것이다. 그러므로 말할 수 없다. 마치 눈 뜬 소경을 위해 흰 빛깔의 모습을 말해주어도 저 눈 뜬 소경은 끝내 볼 수 없는 것과 같다. 보지 못하므로 말할 수 없고, 말할 수 없으므로 성인의 말없음〔聖默然〕이라 이름한다.63)

묻는다. 성인의 설법은 중생을 이익되게 하지만 만약 성인의 말없음이라면 이익됨이 있겠는가.

답한다. 협비구(脇比丘)가 고요히 말없고, 마명(馬鳴, Aśvaghoṣa)의 논이 이와 같은 등의 모습〔如是等相〕을 꺾음과 같으니 곧 이것이 이익됨이다.

묻는다. 성인의 설법이 싣단타를 써서 성인의 말없음〔聖默然〕을 일으킨다는 것은 어떤가.

답한다. 말없음이 이미 중생에 이익됨이 있다면 어찌 싣단타를

---

63) 五明悉檀起聖說法 聖默然者 如思益經云 佛告諸比丘 汝等當行二事 若聖說法 若聖默然
　　今明以此四不可說 有因緣故以四悉檀而爲說法 卽是聖說 此四種四諦並是 三乘聖人證法 非是凡夫之所能知 故不可說也 如爲生盲說白色相而彼生盲終 不能見 以不見故故不可說 不可說故名聖默然

떠나겠는가.64)

○ 다음 가르침을 거쳐[歷教], 성인의 설법[聖說法]과 성인의 말없음[聖默然]의 모습 밝힘이란 다음과 같다.

화엄(華嚴)은 두 번의 실단타로 연에 나아가[赴緣], 헤아릴 수 없음과 지음 없음[無量無作]의 두 가지 거룩한 진리[二種聖諦]를 설하니 성인의 설법[聖說法]이라 이름한다. 그리고 나지 않되 남[不生生]과, 남도 아니고 나지 않음도 아님[不生不生]은 말할 수 없으므로 성인의 말없음[聖默然]이라 이름한다.

삼장교(三藏教)는 한 번의 실단타로 연에 나아가, 나고 사라지는 네 거룩한 진리[生滅四聖諦]를 설하므로 '성인의 설법'이라 이름한다. 나고 남[生生]은 말할 수 없으므로 곧 성인의 말없음[聖默然]이다.

방등(方等)은 네 번의 실단타로 연에 나아가, 네 번의 거룩한 진리[四番聖諦]를 설하므로 성인의 설법[聖說法]이라 이름한다. 그리고 나고 남[生生]과 나되 나지 않음[生不生]과, 나지 않고 남[不生生]과 남도 아니고 나지 않음도 아님[不生不生]은 말할 수 없으므로 성인의 말없음[聖默然]이라 이름한다.65)

---

64) 問曰 聖說法者利益衆生 若聖默然有利益不 答曰 如脇比丘默然而馬鳴論折 如是等相即是利益也
　　問曰聖說法 用悉檀 起聖默然云何 答曰 默然旣於物有利 豈離悉檀也

65) 次歷教明聖說聖默之相者 華嚴二番悉檀 赴緣而說無量無作二種聖諦 名聖說法 不生生 不生不生 不可說故名聖默然 三藏教一番悉檀 赴緣說生滅四聖諦故 名聖說法 生生不可說故即是聖默然 方等四番悉檀赴緣說四番聖諦故名聖說法 生生 生不生 不生生 不生不生 不可說故名聖默然

마하프라즈냐〔大般若〕는 세 번의 싣단타로 연에 나아가, 세 번의 네 거룩한 진리〔三番四聖諦〕를 설하므로 성인의 설법이라 이름한다. 그리고 나되 나지 않음〔生不生〕과 나지 않되 남〔不生生〕과, 남도 아니고 나지 않음도 아님〔不生不生〕은 말할 수 없으므로 성인의 말없음〔聖默然〕이라 이름한다.

법화(法華)는 한 번의 싣단타로 연에 나아가 가르침을 설하니 성인의 설법이라 이름한다. 남도 아니고 나지 않음도 아님〔不生不生〕은 말할 수 없으므로 성인의 말없음〔聖默然〕이라 이름한다.

그러므로 『법화경』은 말한다.

이 법은 보일 수 없으니
말의 모습이 고요하도다.
모든 다른 중생의 무리는
알 수 있음이 있지 않도다66)

是法不可示　言辭相寂滅
諸餘衆生類　無有能得解

『마하파리니르바나수트라〔大般涅槃經〕』는 네 번의 싣단타로 연에 나아가, 네 번 네 거룩한 진리〔四番四聖諦〕를 설하므로 성인의 말함〔聖說〕이라 이름한다.

그러므로 『마하파리니르바나 수트라』는 말한다.

'설법이란 모든 붇다의 경계〔佛境界〕라 슈라바카 프라데카붇다

---

66) 摩訶般若三番悉檀 赴緣說三番四聖諦故 名聖說法 生不生 不生生 不生不生 不可說故名聖默然 法華一番悉檀 赴緣說教 名聖說法 不生不生不可說故 名聖默然 故法華經云 是法不可示 言辭相寂滅 諸餘衆生類 無有能得解

의 아는 바가 아니다. 나고 남〔生生〕과, 나되 나지 않음〔生不生〕과 나지 않되 남〔不生生〕과 남도 아니고 나지 않음도 아님〔不生不生〕은 말할 수 없으므로 성인의 말없음〔聖默然〕이라 이름한다.'

그러므로 붇다께서 만주스리에게 이렇게 답하셨다.

'여래는 마쳐 다하도록 법바퀴를 굴리지 않으셨다.'

법바퀴 굴리지 않으심이 곧 성인의 말없이 고요함이다.

이 『비말라르티수트라〔淨名經〕』는 곧 마하야나 방등의 가르침〔大乘方等之敎〕이니 네 번의 신단타〔四番悉檀〕를 써서 연에 나아가, 설하니 성인의 설법〔聖說法〕이라 이름한다.

네 가지 네 진리〔四種四諦〕가 다 말할 수 없으므로 성인의 말없음〔聖默然〕이라 이름한다.

저 '서른 두 보디사트바〔三十二菩薩〕'와 같으면 네 번째 신단타〔第四番悉檀: 第一義悉檀〕를 써서, 연에 나아가 하나인 진실의 진리〔一實諦〕를 설해, 둘이 아닌 법문〔不二法門〕에 들어가니 성인의 설법〔聖說法〕이라 이름한다. 넷이 하나인 진실한 진리〔四一實諦〕가 다 말할 수 없으므로 성인의 말없음〔聖默然〕이라 이름한다.

곧 저 비말라키르티가 입을 닫아〔杜口〕, 마쳐 다하도록 말없음이 곧 참된 말없음〔眞默然〕이다.67)

---

67) 大般涅槃 四番悉檀赴緣 說四番四聖諦故名聖說 故大涅槃云 說法者諸佛境界 非諸聲聞緣覺所知 生生 生不生 不生生 不生不生 不可說故 名聖默然 故佛答文殊 如來畢竟不轉法輪 不轉法輪卽聖默然也

此淨名經卽是大乘方等之敎 用四番悉檀赴緣 爲說名聖說法 四種四諦皆不可說 名聖默然 如三十二菩薩用第四番悉檀說一實諦 入不二法門 名聖說法 四一實諦 皆不可說 名聖默然 如淨名杜口 畢竟無說 卽是眞默然也

〔설법은 모든 붇다의 경계: 한 법도 설할 것이 없는 부사의법계의 처소에서 신단타의 인연으로 네 가지 사제를 근기에 응해 설함 없이 설하는

묻는다. 다만 둘이 아닌 법문〔不二法門〕을 취해 성인의 말함을 삼는가. 이 경의 다른 품은 성인의 말함이 아닌가.

답한다. 하나를 들어 보기를 삼으면 나머지는 곧 알 수 있다. 이 경은 마쳐 다하도록 다 '말하지 않고 법을 설함〔不說而說法〕'이다.

묻는다. 비말라키르티가 입을 닫음이 성인의 말없음이 된다면, 사리푸트라의 말 없음은 이 성인의 말없음인가.

답한다. 사리푸트라는 '슈라바카 성인의 말없음〔聲聞聖默然〕'이다. 슈라바카 성인의 말없음이란 '사유하고 말할 수 있는 해탈〔思議解脫〕의 말할 수 없는 모습〔不可說相〕'이다. 그러므로 사리푸트라는 잠자코 고요히 말하지 않은 것이다. 사유하고 말하기 때문이니〔以思議故〕 이런 까닭에 꾸중을 받은 것이다.

만약 비말라키르티의 말없음이라면 곧 이는 사유할 수 없고 말할 수 없음이다. '사유할 수 없고 말할 수 없는 해탈〔不思議解脫〕'이므로 만주스리의 찬탄을 받은 것이다.68)

묻는다. 둘이 아닌 이치〔不二之理〕 이를 말없음이라 이름한다면 어떻게 둘이 있는 말없음〔有二默然〕을 분별하는가.

답한다. 말없음〔默然〕이란 이 말할 수 없음〔不可說〕이다.

것은 모든 붇다의 경계임을 말함.〕

68) 問曰 止取不二法門爲聖說者 此經餘品應非聖說 答曰 擧一爲例 餘則可知
此經畢竟皆不說而說法也 問曰 淨名杜口爲聖默然者 身子默然是聖默否 答
曰 身子默者亦是聖默 問曰 旣同默然何故淨名默然而文殊所歎 身子不說而
爲天女所訶 答曰 身子是聲聞聖默然 聲聞聖默然者卽是思議解脫不可說相
是故身子默然不說也 以思議故是以被訶 若淨名默然卽是不思議 不思議解脫
故爲文殊所歎

한 집[一家]의 뜻을 밝힘에 갖가지 말할 수 없음이 있다.

비록 함께 말할 수 없음을 말하나 뜻에는 다름이 있다. 지금 간략히 분별하면 '여섯 가지 말할 수 없는 모습[六種不可說相]'이 있다.

① 세간 선정(世間禪定)의 말할 수 없음이란 다음과 같다. 만약 첫 선정[初禪]의 안에 '느낌과 살핌이 있음[內有覺觀]'은 오히려 말할 수 있으나, 둘째 선정[二禪] 위의 '느낌이 없고 살핌이 없음[無覺無觀]'은 말할 수 없다.

② '바깥사람[外人]이 마음을 보아 말할 수 없는 모습을 밝힘'이란 '긴 손톱 브라마나[長爪梵志]'가 다음처럼 말함과 같다.

'온갖 말은 굴릴 수 있고 온갖 논은 깨뜨릴 수 있으며 온갖 집착은 없앨 수 있다. 이 모든 법의 실상은 어떤 등의 성품이고 어떤 등의 모습인가, 오래도록 사유해도 마음에 들어오는 한 법도 얻을 수 없다. 이것이 말할 수 없음이다.

만약 견주어 분별하면 온갖 바깥사람[一切外人]의 '말을 끊은 이치[絶言之理]'도 이 뜻을 잡으면 같고 다름을 밝혀 가릴 수 있다.69)

③ '삼장 슈라바카의 수트라[三藏聲聞經]가 말할 수 없는 모습을 밝힘'이란 다음과 같다. 곧 『크게 모은 수트라[大集經]』에서 아

---

69) 問曰 不二之理名之爲默 云何分別有二默然 答曰默者是不可說也 一家明義 有種種不可說 雖俱言不可說而義有異 今略分別有六種不可說相 一者世間禪 定不可說者 若初禪內有覺觀 猶是可說 二禪已上無覺無觀 是不可說
二者外人見心 明不可說相者 如長爪梵志云 一切語可轉 一切論可破 一切 執可除 是諸法實相何等是性何等是相 于久思惟 不得一法可以入心 是不可 說也 若類分別 一切外人絶言之理 可約此義辨同異也

즈냐타 카운디냐(Ājñāta-kauṇḍinya, 憍陳如)를 찬탄함과 같으니 '모든 법의 으뜸가는 뜻은 고요하여 소리가 없다'고 말함과 같다. 그러므로 사리푸트라는 해탈의 모습[解脫之相]을 말하지 않으니 곧 그 뜻이다.

④ '통교(通敎)의 말할 수 없음을 밝히는 것'은 다음과 같다.
곧 이는 프라즈냐가 밝힌 바 세 수레의 사람[三乘人]이 같이 프라즈냐를 닦음이다. 남이 없는 진제[無生眞諦]의 말없는 도[無言說道]를 써서, 번뇌를 끊음이다.[70]

⑤ '별교(別敎)의 말할 수 없음'이란 다음과 같다. 곧 붇다의 성품[佛性] 크나큰 니르바나[大涅槃]의 말할 수 없음에 의거한 것이니 눈 먼 소경이 흰 빛깔의 모습을 말함과 같다.
지혜로운 사람은 비록 모든 모습을 이끌어 열어 환하게 하지만, 저 눈 뜬 소경은 끝내 흰 모습을 보지 못한다. 이는 붇다의 성품[佛性]이 말할 수 없음을 비유한다.

⑥ '원교(圓敎)의 말할 수 없는 모습을 밝힘'이란 다음과 같다. 이는 마하야나의 『파리니르바나수트라』가 밝힌 '여섯 말할 수 없는 모습[六不可說相]'과 같으니 이것이 '비말라키르티가 입을 닫은 뜻[淨名杜口之意]'일 뿐이다.
말할 수 없다는 것은 하나같이 비록 같으나, 그 뜻 길을 알면

---

70) 三者三藏聲聞經 辨不可說相者 如大集經 歎憍陳如諸法第一義寂然 無聲說也 故舍利弗不說解脫之相 卽其義也
四者明通敎不可說者 卽是般若所明 三乘之人同修般若 用無生眞諦 無言說道 斷煩惱也

실로 서로 섞이지 않는다. 끝 시대의 좌선하는 이〔坐禪〕나 강설 듣는 이〔聽講〕는 여기에서 알지 못해 말할 수 없음을 듣고도 곧 섞여 어지러움을 낸다. 이는 곧 조티스카라(Jyotiṣkara, 鎭頭迦羅)의 두 열매가 분별하기 어려움이다. 만약 이 뜻을 분별하면 사리푸트라와 비말라키르티도 오히려 견줌이 되지 않는데, 바깥 길과 범부가 어찌 같음이 되겠는가.71)

(7) 신단타가 이 경(비말라키르티수트라)을 일으키는 것은 곧 다음 세 차별이 된다.

첫째, 방 밖을 일으킴〔起室外〕

둘째, 방에 들어감을 일으킴〔起入室〕

셋째, 방에서 나감을 일으킴〔起出室〕이다.

① 방 밖을 밝힘〔明室外〕

네 번의 신단타〔四番悉檀〕를 써서, 네 가지 붇다의 나라〔四種佛國〕를 일으킴이니 곧 「붇다의 나라를 보이는 품〔佛國品〕」이다.

또한 '통함과 따로 함의 두 펌〔通別二序〕'을 겸해 일으키고 앞의 두 번의 신단타를 써서 「방편품(方便品)」을 일으킴이다.

다음은 세 번의 신단타로 「제자품(弟子品)」을 일으킴이다.

다음은 뒤의 한 번의 신단타〔無作義〕로 「보디사트바의 품〔菩薩

---

71) 五者別敎不可說　卽據佛性大涅槃不可說也　如爲盲人說白色相　智人雖
引諸相開曉　而彼生盲　終不見白相　此譬佛性不可說也
　　六者明圓敎不可說相　如涅槃經　明六不可說相也　此乃淨名杜口之意耳
　　不可說者　一往雖同　解其義趣實不相混　末代坐禪聽講於此不了　聞不可說便
生混亂　此卽鎭頭迦羅二果難分別也　若別此義　身子淨名尙不爲類　外道凡夫
豈爲等乎

品]」을 일으킴이다.72)

② 방에 들어가는 여섯 품[入室六品]을 밝힘

세 번의 신단타[三番悉檀]를 써서 「병문안 하는 품[問疾品]」을
일으킴이다. 뒤의 한 신단타[無作義]를 써서 「사유할 수 없고
말할 수 없는 해탈의 품[不思議解脫品]」을 일으킴이다.

두 번째 신단타[第二番悉檀: 爲人]를 써서 「중생 살피는 품[觀
衆生品]」을 일으킴이다. 큰 뜻은 『마하파리니르바나 수트라』의
네 진제[四眞諦]의 뜻과 같다.

세 번째 신단타[對治]로 「붇다의 도의 품[佛道品]」을 일으킴이다.

네 번째 신단타[第一義]로 「둘이 아닌 법문 품[不二法門品]」과
「향 쌓임 붇다 품[香積佛品]」을 일으킴이다.

③ 방에서 나감을 밝힘[明出室]

두 품을 바로 설함[正說二品]이니, 네 번의 신단타를 써서 「보
디사트바의 행을 보인 품[菩薩行品]」과 「아쵸바야 붇다 품[阿閦
佛品]」을 일으킴이다. 흘러 통하게 하는 가름[流通]인 「법공양의
품[法供養品]」과 「맡겨 당부하는 품[囑累品]」은 도로 네 번의 신
단타로 인해 이를 통하는 것이다.73)

---

72) 第七悉檀起此經者卽爲三別 一起室外 二起入室 三起出室
　　一明室外 用四番悉檀起四種佛國 卽是佛國品也 亦得兼起 通別二序 用前
　兩番悉檀 起方便品 次三番悉檀 起弟子品 次後一番悉檀 起菩薩品
73) 二明入室六品 三番悉檀起問疾品 後一番悉檀 起不思議解脫品 第二番悉檀
　起觀衆生品 大意與涅槃明四眞諦意同 第三番悉檀 起佛道品 第四番悉檀 起
　不二法門及香積品
　　三明出室 正說兩品 用四番悉檀 起菩薩行品 見阿閦佛品也 流通 法供養品
　屬累品 還因四番悉檀通之也

묻는다. 방안의 여섯 품을 밝힘〔室內明六品〕은 왜 다만 세 번의 신단타〔無生, 無量, 無作悉檀〕로 일어나는가. 아직 방에 들기 전의 네 품〔未入室四品〕과 방에서 나감의 네 품〔出室四品〕은 왜 다 네 번의 신단타〔四番悉檀〕로 일어나는가.

답한다. 방안은 다만 '마하야나의 뜻〔大乘義〕'을 밝히고, 방 밖은 '삼장의 뜻〔三藏義〕'을 겸해 밝히기 때문이다.

묻는다. 삼장의 뜻〔三藏義〕은 왜 방 밖에 있는가.

답한다. 작은 수레가 큰 수레와 떨어져 오히려 문 밖에 있으며, 초암(草庵)에만 쉬기 때문이다.74)

묻는다. 삼장교는 이미 마하야나에 들어가지 못하니 방 밖〔室外〕에 있을 수 있으나, 다른 세 번의 신단타는 무슨 뜻으로 또한 방 밖〔室外〕에 있다고 말하는가.

답한다. '사유할 수 없고 말할 수 없음〔不思議〕'의 '꺾어 누름과 거두어 받음〔析伏攝受〕'은 들고 나옴이 걸림 없다〔出入無礙〕. 그러므로 『법화경』은 말한다.

'들고 나는 숨의 이익이 다른 나라에 두루한다〔出入息利乃遍他國〕.'

묻는다. 마하야나의 법은, 들고 남이 자재하여〔出入自在〕 걸림 없음을 얻을 수 있다. 슈라바카의 법은 작음이 큰 법과 떨어지는데 어떻게 앞뒤에 말함을 얻는가.

---

74) 問曰 室內明六品 何故但以三番悉檀起 未入室四品出室四品 何故皆以四番悉檀起
答曰 室內但明摩訶衍義 室外兼明三藏義也 問曰 三藏義何故在室外 答曰 以小隔大 猶處門外止宿草菴

답한다. 『법화경』의 다음 말과 같다.

'여기를 지나 뒤로는, 마음의 모습을 체달해 믿어〔體信〕 들고
남이 어려움이 없다〔入出無難〕.'

경의 다섯 뜻〔經五義〕을 세움에, 네 신단타의 뜻〔四悉檀之意〕을
씀이 이것이다.75)

---

75) 問曰 三藏旣不入摩訶衍何可在室外 餘三番何意亦在室外說 答曰 不思議析伏
攝受 出入無閡也 故法華云 出入息利乃遍他國
問曰 摩訶衍法可得出入自在無閡 聲聞之法以小隔大 何得前後說也 答曰
如法華經云 過此已後 心相體信入出無難 立經五義 用四悉檀之意是也

덧붙이는 글

1. 진왕 광(晉王廣)의 귀의와 『정명의소(淨名義疏)』 찬술

천태선사는 형주(荊州) 화용현(華容縣) 사람으로 일곱 살에 벌써 절에 가기를 좋아하여 여러 스님들이 「보문품(普門品)」을 한번 입으로 불러주니 곧 외어 지녔다 한다. 나이 열여덟에 과원사 법서(法緖)를 의지해 출가하고, 혜광율사(慧曠律師)를 따라 비나야(律藏)를 배우고 겸해 방등경을 통했고 뒤에 태현산(太賢山)에 들어가 『법화』『보현관경』 등을 외어 이십일 만에 그 뜻을 통달했다.

나중 광주 대소산(光州 大蘇山)으로 혜사선사(慧思禪師)를 찾아감에 선사가 보현도량(普賢道場)을 보여 안락행을 강설하고 네 안락행(四安樂行)을 닦도록 권하니, 『법화경』을 외우다 「약왕보살품」에서 활연히 깨달아 '영산회상이 엄연히 흩어지지 않았다(靈山會上 儼然未散)'고 하였다.

이에 혜사선사가 그 깨달음에 '네가 아니면 증득하지 못하고 내가 아니면 알지 못한다.'고 하였다. 스승 혜사선사가 금릉에 가 선법(禪法)을 전하도록 당부해, 와관사에서 법화경의 제목(法華經題)을 열어 보이고 교관의 큰 뜻을 수립하여 전지교관(傳持教觀)의 종풍을 드날렸다.

진왕광(晉王廣: 뒷날 수양제)이 금릉을 치자, 선사는 고향인 형주 땅에 노닐다가 진왕의 거듭된 요청으로 진왕에게 양주(揚州)에서 보디사트바의 계(菩薩戒)를 설하고 진왕에게 총지(總持)라는 계명을 주었고 진왕은 선사에게 지자(智者)라는 칭호를 드렸다.

그리고 진왕의 청으로 『정명경(淨名經)』을 강설하니, 제자 관정(灌頂)이 그 풀이를 받아 기록하여 『정명의소(淨名義疏)』가 이루어졌다.

선사는 수 건국이후 17년(隋 開皇17) 입적하기 전까지 네 가지 일을 이루었다. 진왕광이 금릉을 공격한 뒤 진왕에게 보디사트바의 계를 설하고 『정명의소(淨名義疏)』를 찬술한 뒤, 육신의 고향 형주에 옥천사(玉泉寺)를 창건한 것이 첫째 일이다.

다음 자신에게 법화삼매(法華三昧)를 가르쳐 지혜의 목숨〔慧命〕을 깨닫게 한, 스승의 은혜를 갚기 위해, 혜사선사(慧思禪師)의 도량 반야사(般若寺, 현 남악산 福嚴寺)에 스승의 비를 세운 것이 두 번째 일이다.

그리고 수나라 조정에 국청가람도(國清伽藍圖)를 남겨 국청사(國清寺)를 창건케 함이 그다음 일이고, 다음 선사의 입적 뒤, 제자인 고구려 반야선사(般若禪師)에게 자신이 항마(降魔)의 선정을 닦았던 화정사(華頂寺)를 지키도록 당부한 것이 네 번째 일이다.

이 네 일이 천태선사가 입적 전 마지막 세간에 행한 일이고 부촉한 일이었으니, 선사는 진왕광이 양제가 되어 고구려 침공의 악업 지을 것을 미리 아셨던 것인가. 그래서 제자 반야선사는 스승 천태선사의 부촉을 받들어 화정봉에서 십 년을 내려오지 않고 두타행과 선정의 업을 닦아 전쟁의 악업을 참회했던 것이리라.

또 당대 남북 선종(南北禪宗)의 조종이 된, 스승 혜사선사의 반야사에 스승의 기념비를 세움으로, 후대 남악회양선사(南嶽懷讓禪師)는 혜사선사의 도업을 기리기 위해 반야사(般若寺)의 옛터에 가 도량을 복원하고 그곳에 머물렀을 것이다.

그리고 또한 『전등록』에 대감혜능선사(大鑑慧能禪師)의 제자로 기록된 남양혜충선사(南陽慧忠禪師) 또한 일생 혜사선사(慧思禪師)의 진영을 모시고 다니며 선사를 추모했던 것이리라.

또 수 조정에 국청가람도를 맡겨서 가람 창건을 당부한 국청사는 진왕이 양제로 등극한 바로 그해, 절을 건립하여 양제가 국청사(國清寺)라 절 이름을 내려, 지금껏 옥천사(玉泉寺)와 국청사(國清寺)는 천태선사 창건 양대 근본 도량으로 전승해오고 있다.

2. 『정명의소(淨名義疏)』의 찬술과 천태교관의 정립

인도불교 경전 성립사적으로 보면 이 『비말라키르티 수트라』는 반야 공관 불교(空觀佛教)와 붇다의 육성의 설법을 기록했던 초기경전 사이에 편집되었을 것이다. 이 무렵에는 붇다의 연기교설에 대한 왜곡된 이해로 여러 유파의 상가 집단이 결성되고 기성 슈라바카야나의 상가와 새로 발흥한 마하야나 논사들 사이 이론 투쟁이 격화된 시대였다.

이때 마하야나의 논사[大乘論師]들은 슈라바카야나[聲聞乘]의 히나야나(hinayāna) 논사들이 이해했던 실재론[有論]적 연기의 이해가 붇다의 바른 가르침이 아니라, 연기 중도(緣起中道)의 뜻이 붇다의 바른 가르침임을 천명하였다.

그리하여 마하야나상가는 슈라바카야나상가 수행자들을 꾸짖으며 마하야나 논사들의 중도의 뜻[中道義]으로 바른 법의 깃발을 세워줄, 법에 대한 새로운 검증의 시대적 요구와 사상적 요구가 절실했을 것이다.

초기경전을 당시 속어로부터 산스크리트로 경전을 재편집할 무렵에 아가마수트라[阿含經: 초기 팔리 니카야의 경전을 산스크리트로 재편집한 경전]와 마하야나의 경전을 이어줄 징검다리로서의 경전 편집을 요구하는 시대정신을 받아, 이 『비말라키르티 수트라』의 경전 편집이 이루어졌을 것이다.

그리고 계율주의, 출가주의에 떨어진 슈라바카야나를 대체해서 재가 보디사트바와 더 나아가 타방세계의 수행자까지 포괄하는 상가의 우주론적 포용성을 나타내는 마하사트바의 출현이 필요했을 것이니 그가 비말라키르티 장자이다.

그리고 번역을 통해 붇다의 가르침을 받아들인 중국불교에서도, 삼론(三論) 반야부의 여러 경전[般若諸經]이 번역되면서, 마하야나의 가르침과 붇다 당시 율장(律藏, vinaya-piṭaka)과 아가마(Agamasūtra, 阿含) 등 초기교설 사이 그 이론 실천의 괴리를 융회할 수트라의 번역이

시급했을 것이니, 그 첫머리가 『비말라키르티 수트라』였을 것이다.

당조에 들어 현장법사에 의해 『유마경』이 『무구칭경(無垢稱經)』이라는 제목으로 산스크리트에서 재번역 되었다. 그렇지만 『비말라키르티 수트라』는 승조와 천태의 주석 이래 구마라지바의 번역본이 동아시아에 널리 유포되었다.

경에서 세속 장자 비말라키르티는 세속의 재부가 풍족하면서 부사의해탈을 깨친 지혜의 사람으로 나온다. 그렇듯 아마 진왕 광(晉王廣)은 천태선사께 이 경의 강설과 주석을 당부하여 그 스스로 비말라키르티처럼 세속 권력과 출세간의 지혜를 모두 가진 전륜성왕이 되기를 꿈꾸었을 것이다.

수양제가 된 진왕이 황제가 되고 나서, 연호를 대업(大業)이라 한 것은 고구려까지 평정할 세간 황제로서, 출세간의 지혜까지 갖추는 것이 그가 이루고자 했던 대업(大業)이었을 것이다.

진왕광이 금릉을 침공했을 때 천태선사는 그간 선법(禪法)을 펴고 있던 금릉(金陵: 지금의 南京)을 버리고 고향 향주로 가 옥천사를 창건하였다. 그것은 천태선사 스스로 자신을 국사로 받들었던 진(陳)나라에 대한 진왕(晉王)의 살육과 정복을 피해, 옥천사를 창건하며 세속 인연을 정리해가는 수순이었을 것이다.

천태선사께 총지(總持)라는 이름을 바치며 공경을 다해 『정명경』 강설을 요청하는 진왕(晉王)을 차마 거절하지 못해 천태선사는 『비말라키르티 경』을 강설하며 제자 관정선사(灌頂禪師)의 필기를 통해 『정명의소(淨名義疏)』를 찬술케 한다.

이렇게 한 천태선사의 뜻은 무엇이었을까. 필자의 소견으로는 사바국토의 위대한 다나파티(danapāti)가 된 비말라키르티의 공덕을 현창함으로써, 권력욕의 화신으로 마라의 왕(魔王)이 되어가는 전제군주의 고구려 침공과 대량 학살 전쟁범죄를 막기 위한 선사의 자비방편이 아니었을까 생각해 본다.

3. 천태선사 『유마경』의 교판

인도 마하야나의 교단이 이루어질 무렵 『유마경』의 편집에 충실했던 마하사트바들은 『유마경』을 통해, 연기(緣起)의 가르침이 곧 공의 뜻[空義]이며, 때로 중생의 병 따라 '또한 있음이자 또한 공함[亦有亦空]'의 뜻이며, 다시 연기의 뜻이 '있음도 아니고 공함도 아님[非有非空]'을 보인다고 말하고 싶어 했으리라.

중국불교 초기의 많은 선각자들도 유마경 번역 당시 이미 아가마수트라[阿含經]의 가르침이 번역되고 반야경이 번역되었으며 여래장 계열의 경전이 번역된 상황에서, 경전마다 서로 다른 표현의 가르침이 비록 말이 다르지만 가르침의 뜻은 다르지 않음을 말하고 싶어 했을 것이다.

그런 뜻에서 구마라지바 대법사에 의한 『유마경』의 새로운 번역과 간행은, 표현의 다양성을 통합하는 가르침으로 이 『비말라키르티수트라』를 분열되어 서로 싸우는 정치지형, 시대상황 속에 제출한 것이었으리라. 곧 이 경의 간행과 유포자들은 서로 다른 기존 표현의 가르침의 연기적 효용성을 인정하되 그 가르침들이 모두 이 경이 보이고 있는 '하나인 부사의 해탈'에 돌아감을 이 경을 통해 보이고 싶어 했으리라.

이처럼 다양한 언교로 세워진 가르침의 통합의 뜻에 가장 철저한 경이, 대승의 『마하 파리니르바나수트라[大般涅槃經]』이고 이 『비말라키르티수트라』이다. 삼승(三乘)의 여러 가르침 이후 『법화경』을 통해 모든 삼승의 가르침이 일승에 돌아감[會三歸一]을 보였다. 그러나 니르바나의 밤 마지막 설한 이 『파리니르바나수트라』는 다시 연기, 공, 거짓 있음, 중도의 가르침이 모두 가르침의 차별 그대로, 말과 사유가 끊어진, 하나의 참된 항상함[一眞常]의 가르침[常住敎]임을 보이고 있다.

그렇다면 방등경인 이 비말라키르티의 경과 대승 열반경은 어떻게 다른가. 방등(方等)에서는 한 방향의 법만이 있는 것이 아니라 중생의 병통에 따르는 모든 방위의 법이 함께 있지만 끝내 돌아감은 하나의 부사의 해탈(不思議解脫)이다. 그러나 수트라 안에서 보이고 있는 나고 사라지는 인연의 법〔因緣法〕과, 공의 법〔空義〕, 거짓 있음의 법〔假有法〕, 중도의 법〔中道法〕은 듣는 중생이 근기 따라 그에 상응한 과덕을 얻게 된다.

그에 비해 『대승의 파리니르바나 수트라』에서 모든 가르침은 불성의 땅에서 일어나, 낱낱 중생의 기틀에 따라 여러 가르침을 통해 모두 '늘 머무는 불성〔常住佛性〕'에 돌아간다. 그러므로 낱낱 차별된 가르침의 법이 신단타로 일어난 그 가르침의 말에 말이 없어, 니르바나의 덕을 갖춘 참된 항상함의 법〔眞常法〕을 열어 보이는 것이다.

천태선사의 교판을 집성한 『천태사교의(天台四教義)』는 이 『정명경』의 가르침 또한 네 가르침을 모두 거두고 있으므로 장통별원(藏·通·別·圓) 네 가르침의 단락을 맺으며, 모두 네 가르침 신단타의 인연을 갖춘 이 『비말라키르티경』을 인용해서 말하고 있는 것이리라.

『대승열반경』의 깊은 교판의 뜻이 대중에게 각인되기 전, 차별된 가르침의 통합의 토대는 이 『비말라키르티 수트라』였을 것이다.

필자 또한 우리 불교 원효(元曉) 의상(義湘) 두 성사가 젊어서, 백제 땅으로 가 고구려에서 백제로 망명 온 보덕국사(普德國師)에게 배울 때, 『열반경』과 『방등경』을 같이 배웠다는 귀절에 늘 의문을 가졌다.

대승의 초기경전인 이 『비말라키르티경』을 왜 붇다의 생애 마지막 파리니르바나 때 설한 『열반경』과 같이 가르치고 같이 배웠는가.

바로 가르침의 통합성의 추구라는 시대정신이 그 토대가 되었다 할 것이니, 여러 차별된 형식의 가르침들이 '사유할 수 없고 말할 수 없는 법'의 진실에 돌아감을 밝히는 것이 천태교판의 뜻임을 사유하면서 알게 되었다.

원효성사가 천태교판의 깊은 뜻을 통달하고 스스로 선교(禪敎)를 모두 회통한 분이라는 것은 당시 화엄종과 선종이 부각되던 당조(唐朝) 초엽 동아시아 국제사회의 정세 속에서 원효 스스로 천태를 알아본 그의 안목 속에 드러난다. 원효성사는 그의 『열반경종요(涅槃經宗要)』 끝에서 천태선사에 대해 다음과 같이 평가한다.

'천태교판은 나눔 없는 나눔이고 가름 없는 가름이다. 천태선사 그분은 선정과 지혜를 함께 통해, 범부와 성인이 헤아릴 수 없는 분이다〔禪慧俱通 凡聖難測〕.'

4. 선교일치(禪敎一致)의 교판

붇다의 경의 가르침을 듣고, 말과 사유의 길을 넘어서지 못하면 가르침을 듣고 해탈의 길에 나아갈 수 없다. 중국 천태선문의 초조인 북제 혜문선사(北齊 慧文禪師)는 『중론』「관사제품」삼제게(三諦偈)를 읽다 크게 깨쳐 그 중도의 선관(禪觀)을 혜사선사(慧思禪師)에게 전했다 한다.

삼제게는 다음과 같다.

인연으로 나는 바 법을
나는 공하다 말한다.
또한 이것이 거짓이름이고
또한 중도의 뜻이라 이름한다.

因緣所生法　我說卽是空
亦爲是假名　亦名中道義

붓다의 연기의 가르침은 견해와 관념의 길이 아니라 견해를 넘어선 해탈의 길이다. 존재의 생성을 연기(緣起)라 가르치신 붓다의 뜻은 무엇인가. 그 뜻은 존재를 초월적 신성이 냈다고 말하는 전변설과 원자적 요인이 쌓여 일으켰다고 말하는 적취설(積聚說)의 치우친 견해를 깨뜨려, 인연으로 나되〔因緣生〕 남이 없는〔無生〕 생명의 진실을 개현하여 무명(無明)에 가린 뭇 삶을 해탈에 이끌기 위함이다.

온갖 법은 존재 밖의 초월자가 낸 것도 아니고 존재 안의 원자적 요소가 결합된 것도 아니다. 인연으로 존재가 일어났으나 원인과 조건〔因緣〕 또한 실로 있는 원인과 조건이 아니므로 그 결과 또한 나되 남이 없고〔生而無生〕, 있되 있음 아니다〔有而非有〕. 이와 같이 연기론은 전변설과 적취설의 삿된 존재의 원인〔邪因〕도 부정하고 원인 없음〔無因〕도 부정하여, 인연으로 남을 통해 모든 법의 실상〔諸法實相〕을 열어낸 해탈의 길〔解脫道〕이다.

그러므로 있되 있음 아닌 생명의 진실은, 있다〔有〕고 말해도 옳지 않고, 없다〔無〕고 말해도 옳지 않으며, '있기도 하고 없기도 하다〔亦有亦無〕'해도 옳지 않고, '있음도 아니고 없음도 아니라〔非有非無〕'해도 옳지 않다. 연기로 나는 존재의 진실은 말길이 끊어졌고〔言語道斷〕 마음 가는 곳이 사라졌다〔心行處滅〕.

그러나 지혜의 사람은 중생이 초월적 요인의 전변이나 현실적 요인의 쌓여짐에 의해 존재가 생성했다 집착하면, 인연으로 있다〔有〕 말하고, 인연으로 있음〔緣起有〕을 실로 있다〔實有〕 집착하면 공하다〔空〕고 말한다. 다시 공하다고 함을 실로 공함으로 집착하면 '있기도 하고 없기도 하다〔亦有亦無〕'고 가르치며, '있기도 하고 없기도 하다'함을 집착하면 '있음도 아니고 없음도 아니다〔非有非無〕'고 깨우친다.

곧 네 귀절을 떠나고 백 가지 그름을 끊은 진실처에서〔離四句 絶百非〕, 중생성취를 위한 싣단타의 인연〔悉檀因緣〕으로, '연기로 있음', '연

기이므로 공함', '있기도 하고 공하기도 함', '있음도 아니고 공함도 아
님'의 언교를 세우니, 집착 따라 세워진 그 말에 말이 없고 사유에 사유
가 없는 것이다.

　이 뜻을 대승의 『파리니르바나수트라』는 다음 같이 말한다.

　　'나고 나는 법도 사유할 수 없고 말할 수 없고,
　　나되 나지 않는 법도 사유하고 말할 수 없으며,
　　나지 않되 나는 법도 사유하고 말할 수 없고,
　　남도 아니고 나지 않음도 아닌 법도 사유하고 말할 수 없다.'

　　生生法不可思議　　生不生法不可思議
　　不生生法不可思議　不生不生法不可思議

　곧 중생의 집착과 병통, 근기에 따라 법을 설하는 여래께서 세계의
신단타〔世界悉檀〕, 사람을 위한 신단타〔爲人悉檀〕, 마주해 다스리는 신
단타〔對治悉檀〕, 으뜸가는 뜻의 신단타〔第一義悉檀〕로 '있음〔有〕'과 '없
음〔無〕', '있기도 하고 없기도 함〔亦有亦無〕', '있음도 아니고 없음도 아
님〔非有非無〕' 등 네 귀절의 말〔四句〕을 세우고, 장교·통교·별교·원
교의 네 가르침〔四敎〕을 세워도, 뜻의 돌아감〔旨歸〕에는 말에 말이 없
고 사유에 사유가 없는 것이다.

　이와 같이 천태선사 교판의 참뜻을 알 때, 선(禪)이 교(敎)가 되고
교(敎)가 선(禪)되어 '가르침을 의지해 종지에 깨쳐 들어갈 수 있으며
〔藉敎悟宗〕, 교 없는 선의 병폐〔暗證禪師〕와 선 없는 교의 병폐〔文字法
師〕를 모두 넘어서, 교(敎)와 선(禪)을 함께 전해 지니고〔傳持敎觀〕 선
정과 지혜를 평등히 지니어〔定慧等持〕 해탈의 길에 나아갈 수 있는 것
이다.

5. 경전의 가르침을 통해 종지에 돌아가, 진리 바탕을 깨침을 보이는 오중현의(五重玄義)

앞에서 우리는 천태선사 교판의 뜻이 여래의 가르침을 높낮이로 가르는 법이 아니라 그 가름은 가름 없는 가름이라, 언교를 통해 사유와 말이 끊어진 실상에 돌아가는 법임을 말했다. 다시 그 가르침은 언교의 사유하고 말할 수 없음[不思議]에서, 집착 따라 언교를 세워 세간을 구제하는 선교일치(禪敎一致)의 종지임을 살펴보았다.

곧 천태선사가 경전 해석에 오중현의를 세운 것은 가르침을 받드는 것이 선교일치의 뜻이자, 보디[菩提]와 실제(實際) 중생(衆生), 이 세 곳에 회향함[三處廻向]이 하나 되는 뜻을 분명히 하고 있다.

여래의 가르침을 그 바탕에서 살펴보면, 여래의 수트라는 진리와 하나 된 여래의 지혜가, 문자반야인 해탈의 행으로 발현된 것이고 여래의 보디(bodhi)는 여래의 지혜가 세계의 실상을 사무침으로써 보디라 이름 지어진 것이다.

또 여래의 과덕인 니르바나의 세 덕[涅槃三德: 法身·般若·解脫]에서 보면, 여래의 지혜인 실상이 법신(法身)이고, 실상인 지혜는 반야(般若)이며, 여래의 지혜인 행이 해탈(解脫)인데 행에 행이 없어[於行無行] 해탈이 고요하여 다시 법신이 되는 것이다.

이를 세 반야로 보면 여래의 지혜인 진리를 실상반야(實相般若)라 하고, 진리인 지혜를 관조반야(觀照般若)라 하며, 여래의 지혜인 언어적 활동을 문자반야(文字般若)라 한다.

여래의 니르바나와 반야를 다시 우리 중생의 입장에서 보면, 중생은 여래의 지혜인 수트라의 언어를 귀로 듣고, 사유하고, 닦아 행해[聞·思·修] 말씀을 통해 생각을 돌이켜 보디의 지혜에 돌아가는 것이다[菩提廻向]. 다시 지혜를 통해 니르바나의 실상에 돌아가며[實際廻向],

진실한 바탕[實際]에 머물러야 할 진리의 바탕이 없으므로 세간에 돌아와 여래의 가르침을 전하고, 우리 스스로 언교를 세워, 세간을 교화해야 하는 것[衆生廻向]이다.

이때 중생에 중생의 모습[衆生相]이 없고, 말에 언어의 모습이 없으므로 세간에 행하되 행함이 없어 중생세간에 돌아가는 것이 니르바나의 실제를 떠나지 않는다. 이렇게 보면 보디에 돌아감과 중생에 돌아감과 실제에 돌아감이 두 모습이 아니다.

이를 붇다께서 설한 경(經)을 중심으로 다시 살펴보자. 경전 해석의 오중현의(五重玄義)를 세 곳에의 회향[三處廻向]과 연결 지어 보면 다음처럼 말할 수 있다.

붇다께서 말씀하신[能詮] 수트라[所詮]의 이름[名]과, 가르침의 모습[敎相]은, 오중현의에서 제목 풀이[釋題]와 가르침의 모습 판별함[敎判]에 해당할 것이다.

수트라가 담고 있는 내용으로서, 바탕과 실천의 마루와, 효용[體·宗·用]은 실상반야와 관조반야이며, 문자반야의 씀[用]이 될 것이다.

다시 수트라를 보고 가르침을 듣는 수행자에게는 수트라를 듣고 가르침대로 닦아감이 수행자 스스로 가르침을 듣고 보디에 회향하고 실제에 회향하며 중생에 회향하는 행이 될 것이다.

곧 수트라와 문자를 통해 가르침을 받아들여 반야의 지혜로 진리의 바탕에 돌아가면, 이것이 바로 보디에 회향하고 실제에 회향함이다. 다시 가르침을 행하는 자가 세간 중생을 위해 언교를 세워 세간에 법공양하면 중생에 회향함이다. 그러므로 다섯 겹 뜻으로 보인 경전 해석의 뜻이 바로 교(敎)가 선(禪)이 되고, 선(禪)이 실상(實相)이 되고 교(敎)가 되며, 교(敎)가 다시 역사[世間]가 되고, 세간 구원의 길이 되는 것이다.

이런 경전에 대한 우리들의 입장을 분명히 하기 위해 천태선사가 세운 오중현의에 상응하는 경전 자체의 언구를 살펴보면 다음과 같다.

1) 경의 제목[經題]

「맡기어 당부하는 품[咐囑品]」에서 아난다가 붇다께 말씀드렸다.

"제가 이미 이 경의 요점을 받아 지니었지만, 세존이시여 이 경을 어떻게 이름지어야합니까?"

붇다께서 아난다에게 말씀하시었다.

"이 경은 '비말라키르티가 설한 경'이라 이름하고, 또한 '사유할 수 없고 말할 수 없는 해탈법문[不可思議解脫法門]'이라 이름한다. 이와 같이 받아지니라."

2) 경이 설한 진리의 바탕[體]

진리의 바탕이란 참성품의 해탈[眞性解脫]이니 중생 번뇌의 참성품이 해탈임을 말한다.

「중생을 살피는 품[觀衆生品]」에 이렇게 말했다.

말과 문자가 다 해탈입니다. 왜인가요? 해탈이란 안도 아니고 밖도 아니며 두 가운데 사이에도 있지 않습니다. 문자 또한 안도 아니고 밖도 아니며 두 가운데 사이에도 있지 않습니다. 그러므로 사리푸트라시여, 문자를 떠나 해탈을 말함이 없어야 합니다. 왜냐하면 모든 법이 해탈의 모습[解脫相]이기 때문입니다.

사리푸트라가 말했다.

"다시 음욕 성냄 어리석음을 떠나서는 해탈이 아닙니까?"

하늘 여인이 말했다.

"붇다께서는 교만 늘려 올리는 사람[增上慢人]을 위해서는 음욕 성냄 어리석음을 떠나야 해탈이라 설하실 뿐입니다. 만약 교만 늘려 올림이 없는 사람[無增上慢人]에게는 붇다께서는 '음욕 성냄 어리석음의 성품'

이 해탈이라 말씀하십니다."

3) 실천의 마루〔宗〕

장자의 아들 보배쌓임이 붇다께 일산을 바치고 찬탄한 다음, 붇다의 국토〔佛土〕 깨끗이 함에 대해 물으니 붇다께서는 다음 같이 붇다의 나라 인과〔佛國因果〕를 말씀하셨다.

"보배쌓임이여, 중생의 무리가 보디사트바의 붇다 국토이다. 왜 그런가. 보디사트바는 교화할 중생을 따라 붇다의 국토를 취하고 조복시킬 중생을 따라 붇다의 국토를 취하기 때문이다.

보배쌓임이여, 알아야 한다.

곧은 마음〔直心〕이 보디사트바의 정토이니 보디사트바가 붇다를 이룰 때 아첨하지 않는 중생이 그 나라에 와서 태어난다.

깊은 마음〔深心〕이 보디사트바의 정토이니 보디사트바가 붇다를 이룰 때 공덕을 갖춘 중생이 그 나라에 와서 태어난다.

보디의 마음〔菩提心〕이 보디사트바의 정토이니 보디사트바가 붇다를 이룰 때 대승의 중생이 그 나라에 와서 태어난다.

이와 같이 보배쌓임이여, 보디사트바는 곧은 마음을 따라 곧 행을 일으키고 그 일으키는 행을 따라 곧 깊은 마음을 얻으며 그 깊은 마음을 따라 곧 그 뜻을 조복하게 된다. 뜻 조복함을 따라 곧 말한 대로 행할 수 있게 되며 말한 대로 곧 공덕을 회향하고, 그 공덕 회향함을 따라 곧 방편이 있게 되며 그 방편을 따라 곧 중생을 성취하게 된다.

중생 성취함을 따라 곧 붇다의 국토가 깨끗해지고 붇다의 국토가 깨끗해짐을 따라 곧 법 설함이 깨끗해지고 법 설함이 깨끗해짐에 따라 곧 지혜가 깨끗해지고, 지혜가 깨끗해짐을 따라 곧 그 마음이 깨끗해지고 그 마음이 깨끗해짐을 따라 곧 온갖 공덕이 깨끗해지게 된다.

그러므로 보배쌓임이여, 만약 보디사트바가 정토를 얻고자 하면 그 마음을 깨끗이 해야 하니 그 마음이 깨끗해짐을 따르면 곧 붇다의 국토가 깨끗해지는 것이다.

4) 경의 효용을 밝힘〔明用〕

사람과 법의 방편과 진실〔權實〕 그 꺾어 누르고 거두어 받음〔折伏, 攝受〕이 경의 효용이니, 「사유하고 말할 수 없음을 보인 품〔不思議品〕」에서 보인 다음 말과 같다.

'사유하고 말할 수 없는 해탈에 머문 보디사트바는 신통으로 붇다의 몸을 나툴 수 있고 때로 프라데카붇다의 몸을 나투며 때로 슈라바카의 몸을 나투고, 때로 브라흐마하늘왕의 모습을 나투고, 때로 세간 주인인 하늘왕의 몸을 나투고, 전륜왕의 몸을 나툴 수 있습니다.

또 시방세계에 있는 뭇 소리들에서 위와 가운데와 아래의 소리를 변화하여 붇다의 음성을 만들어 덧없음 괴로움 공함 나 없음〔無常 · 苦 · 空 · 無我〕의 소리를 연설해 내며 나아가 시방 모든 붇다들께서 설하신 갖가지 법을 다 그 가운데서 들을 수 있게 됩니다.

… (중략) …

왜 그런가요. '사유하고 말할 수 없는 해탈'에 머문 보디사트바는 위덕의 힘이 있으므로 내몲〔逼迫〕을 나타내, 모든 중생에게 어려운 일을 보이는 것이니, 범부로 못나 힘없는 이는 보디사트바를 이처럼 내몰 수 없는 것입니다. 비유하면 용과 코끼리가 차고 밟는 것은 나귀가 감당하지 못함과 같습니다.

이를 '사유하고 말할 수 없는 해탈'에 머무는 보디사트바의 지혜 방편의 문〔智慧方便之門〕이라 합니다.'

5) 가르침의 모습을 판별함〔判敎〕

이 『비말라키르티수트라』는 방등부의 경전으로 분류되나, 이루 말할 수 없는〔不可說〕 진실처에서 네 가르침〔四敎〕을 실단타의 인연으로 설해 근기 따라 해탈에 이르게 하는 가르침이다.

그러므로 이 경은 연기의 뜻〔緣起義〕, 공의 뜻〔空義〕, 거짓 있음의 뜻〔假名義〕, 중도의 뜻〔中道義〕을 모두 포함하는 가르침이다.

⑴ 연기의 뜻〔緣起義〕으로 법을 보임

법은 있음도 아니고 없음도 아니라
인연 때문에 모든 법이 생겨나서
나도 없고 지음 없으며 받는 자도 없으나
선악의 업 없어지지 않는다 설하셨네.

처음 보디나무 아래서 힘써 마라 항복받으시고
단이슬의 니르바나 얻고 보디 이루시니
이미 마음과 뜻 없고 받음과 지음 없어
모든 바깥길들 다 꺾어 누르셨네.

세 번 법바퀴 큰 천세계 굴리셨으나
그 법바퀴는 본래 청정하도다.
하늘과 사람 도를 얻어 이를 증명하니
삼보가 여기에서 세간에 나타났네.

- 「불국품」 -

⑵ 인연이므로 공한 뜻〔空義〕으로 법을 보임

대저 설법이란 법과 같이 설해야 합니다. 법은 중생이 없으니 중생의 때를 여의었기 때문이며, 법에는 나[我]가 없으니 나의 때를 여의었기 때문이며 법에는 목숨의 길이와 목숨[壽命]이 없으니 나고 죽음을 여의었기 때문이고, 법에는 사람[人]이 없으니 앞과 뒤의 때가 끊어졌기 때문이며, 법은 늘 고요하니 모든 모습을 떠났기 때문이고 법은 모습을 떠났으니 생각하는 바가 없기 때문이오.

법에는 이름과 글자[名字]가 없으니 말이 끊어졌기 때문이고, 법에는 말함이 있지 않으니 느껴 살핌을 여의었기 때문이며, 법은 꼴과 모습이 없으니 공과 같기 때문이오.

법에는 분별이 없으니 모든 가려 앎을 여의었기 때문이고, 법에는 허튼 따짐이 없으니 마쳐 다해 공하기 때문이며, 법에는 내 것이 없으니 내 것[我所]을 여의었기 때문이고, 법에는 분별이 없으니 모든 가려 앎을 여의었기 때문이고, 법에는 견줌이 없으니 서로 마주함이 없기 때문이오.　　　　　　　　　　　　 – 「제자품」 목갈라야나 –

(3) 공하므로 연기하는 뜻[假名義]과 중도의 뜻[中道義]으로 법을 보임

만약 수부티여, 음욕 성냄 어리석음을 끊지 않고 또한 함께하지도 않으며, 몸을 무너뜨리지 않고 한 모습[一相]을 따르며, 어리석음 애착을 없애지 않고 밝은 해탈[明脫] 일으키며, 다섯 거스르는 모습[五逆相]으로 해탈을 얻어 또한 풀림도 아니고 묶임도 아니며, 네 진리를 보지 않되 보지 않음도 아니며, 과덕 얻음이 아니고 얻지 않음도 아니며, 비록 온갖 법을 성취하되 모든 법의 모습을 떠나야 밥을 받을 수 있습니다.　　　　　　　　　　　　 – 「제자품」 수부티 –

몸의 덧없음[無常]을 말하되 몸을 싫어해 떠나도록 말하지 않고, 몸에 괴로움[苦]이 있음을 말하되 니르바나 즐거워하도록 말하지 않

으며, 몸이 나 없음[無我]을 말하되 중생 가르쳐 이끌도록 말하며, 몸이 비어 고요함[空寂]을 말하되, 마쳐 다해 고요히 사라짐을 말하지 않습니다.

- 「문수사리문질품」 -

6. 중생의 근기와 닦아감의 지위 점차

『유마경』은 나고 사라짐의 인과로 보이는 사제[生滅四諦], 남이 없음으로 보이는 사제[無生四諦], 인과가 헤아릴 수 없음으로 보이는 사제[無量四諦], 원교의 지음 없는 사제[無作四諦]의 뜻이 모두 담겨 있는 경전이다.

중생 근기에 따라 '탐진치를 끊으라' 하기도 하고 '탐진치의 성품이 곧 해탈'이라고도 가르친다. 그러므로 실로 끊을 번뇌를 보아 '번뇌를 조복하는 모습[調伏相]'에 머물러서도 안 되고, '번뇌 조복하지 않는 모습[不調伏相]'에도 머무르지 않아야 『비말라키르티경』이 가르치는 실천의 길에 나아갈 수 있다.

조복함과 조복하지 않음에 모두 머물지 않아야[不住調伏不調伏], 번뇌에 그대로 머물러 사는 범부와, 번뇌를 끊고 함이 없음으로 증득을 삼는 슈라바카의 닦음과, 번뇌 없는 본래 깨침을 관념적으로 붙드는 모든 치우침을 넘어서게 된다. 조복함과 조복하지 않음을 모두 넘어서야 온전한 닦아감이 성품이 되고[全修即性], 온전한 성품이 닦음을 일으키는[全性起修] 닦음 없는 참된 닦음을 실현할 수 있다.

이처럼 번뇌[妄]와 닦아감[修], 깨쳐 얻음[悟]을 모두 실체화 하지 않아야, 닦음이 성품이 되고 성품이 닦음을 일으켜, 성품과 닦음이 둘이 아니고[性修不二] 닦음과 깨침이 둘이 아닌[修悟不二] 연기론적 실천의 길에 나갈 수 있다.

이러할 때 중생이 못 깨친 중생의 모습에 머물러, 위없는 보디에서 물러나는 스스로 못난 마음[退屈心]과, 닦아가는 자가 얻을 바 없는 보디에 얻을 바 모습을 내고, 닦아가는 모습 집착해, 교만 늘려 올리는 마음[增上慢]을 모두 버릴 수 있다.

이 가르침이 '여섯 다름 그대로 같은 지위[六卽位]'의 교설이다.

육즉위설(六卽位說)로 보면, 범부는 범부이나 이치는 붇다와 같은 지위[理卽位]이고, 마쳐 다한 붇다의 지위[究竟卽位]는 얻을 바 붇다의 모습까지 마쳐 다해, 붇다가 온전히 중생 성품[衆生性]의 실현이 되는 것이다.

끊을 번뇌가 실로 있지 않고 얻을 바 보디의 모습이 실로 있지 않으면 닦음에 닦음의 모습이 없어, 닦아가는 보디사트바 차제의 지위는 닦음의 지위[觀行卽, 相似卽] 그대로 붇다와 다름없는 것이다.

돈오돈수(頓悟頓修)를 관념적으로 집착하여 그것으로 최상승(最上乘) 선종의 종지로 삼는 많은 선류들이, 지금 닦음[修]과 깨침[悟]의 중도의 뜻을 그릇 알아, 선종의 종지를 땅에 파묻고 있다.

붇다의 가르침 밖에 돈오돈수의 뜻이 따로 있는 것이 아니다. 그리고 단박 깨침[頓悟]과 점차 닦음[漸修]이 홍인 선사(弘忍禪師) 문하 대감선사[大鑑, 慧能]와 대통선사[大通, 神秀]의 돈점(頓漸)논쟁에 갇혀 있는 것이 아니고, 많은 선류들이 이해하고 있는 것처럼 깨침과 닦음이 서로 배타적인 행인 것도 아니다.

본 『유마경』의 가르침과 『마하지관』의 뜻76)을 바로 알아 성품과

---

76) 『마하지관』의 뜻: 『마하지관(摩訶止觀)』은 다음 같이 말한다.
  '『무행경(無行經)』의 다음 말함과 같다.
  탐애가 곧 도(道)이고 성냄 어리석음이 또한 이와 같으니 이와 같은 세 법[三法] 가운데 온갖 붇다의 법이 갖춰 있다.
  이와 같은 네 가름[四分]이 비록 도(道)이나 다시 이를 따를 수 없으니 이를 따르면 사람을 이끌어 악도에 향하게 하여 다시 끊을 수 없다. 이를

닦음, 깨침과 닦음이 둘이 아닌 법문(不二法門)에 들어가면, 성품과 닦음이 서로 살리는 연기론적 실천의 길에서 참된 돈오의 뜻[頓悟義]을 알게 될 것이다. 이제 모든 선류들은 닦을 것 없고 닦지 않을 것도 없는

끊으면 증상만(增上慢)을 이루니 어리석음과 애착 끊지 않고 모든 밝음과 해탈[諸明脫]을 일으킴을 도(道)라고 이름한다.

조복함에 머물지 않고[不住調伏], 조복하지 않음에도 머물지 않으니[不住不調伏], 조복하지 않음에 머물면 이는 어리석은 사람의 모습[愚人相]이고, 조복함에 머물면 이는 성문법(聲聞法)이다. 그런 까닭이 무엇인가. 범부의 탐냄과 물듦은 네 가름[四分: 生住異滅]을 따라, 나고 죽음이 겹치고 쌓여 시끄럽고 어지러워 다스리기 어렵다. 그러므로 조복하지 않음[不調]이라 이름한다.

하나야나의 두 수레[二乘]는 나고 죽음을 두려워하여 원수에 쫓김과 같이 빨리 삼계를 벗어나니, 아라한이란 조복하지 않음이라 이름한다. 삼계의 미혹이 다해 조복할 미혹이 없으면 이와 같이 조복하지 않음 이를 조복함이라 이름하니 씨앗을 태워 나지 않고 뿌리가 썩어 쓸모없기 때문이다.

보디사트바는 그렇지 않아 나고 죽음에 용기 있고 니르바나에 어둡지 않다. 나고 죽음에 용기 있으니 남이 없이 나[無生而生] 나는 법에 물들지 않아, 꽃이 진흙에 있는 것 같고 의사가 병을 나아줌 같다.

니르바나에 맛들이지 않으니 공이 공하지 않음[空不空]을 알아 공한 법[空法]으로 증득하는 바를 삼지 않는다. 마치 새가 허공을 날되 허공에 머물지 않음과 같아 번뇌를 끊지 않고 니르바나에 들어가며, 오욕(五欲)을 끊지 않고 모든 아는 뿌리[諸根]를 깨끗이 한다.

곧 이것이 조복함에도 머물지 않고 조복하지 않음에도 머물지 않는 뜻이다.'

如無行云 貪欲卽是道恚癡亦如是 如是三法中具一切佛法 如是四分 雖卽是道 復不得隨 隨之將人向惡道 復不得斷 斷之成增上慢 不斷癡愛起諸明脫 乃名爲道

不住調伏 不住不調伏 住不調伏 是愚人相 住於調伏 是聲聞法 所以者何 凡夫貪染隨順四分 生死重積狠戾難馴 故名不調 二乘怖畏生死如爲怨逐 速出三界 阿羅漢者名爲不調 三界惑盡無惑可調 如是不調名之爲調 焦種不生 根敗無用

菩薩不爾 於生死而有勇 於涅槃而不味 勇於生死無生而生 不爲生法所汚 如花在泥如醫療病 不味涅槃知空不空不爲空法所證 如鳥飛空不住於空 不斷煩惱而入涅槃 不斷五欲而淨諸根 卽是不住調伏 不住不調伏意

『유마경』의 가르침으로, 닦음과 깨침이 둘이 아니라[修悟不二] 온전한 성품이 닦음을 빼앗고[全性奪修] 온전한 성품이 닦음을 일으키는[全性起修], 참된 돈오선(頓悟禪)의 수행관을 정립해야 할 것이다.

7. 천태교판과 선종의 대의

한국불교 많은 선류들은 천태는 교종(敎宗)이고 임제(臨濟)와 조동(曹洞)이 선종(禪宗)이라는, 진실과 다른 선교 판별론(禪敎判別論)에 떨어져 있다. 종파불교를 특징으로 하는 동아시아불교사에서 '교에 의거해 선의 종지 깨침[藉敎悟宗]'을 말해, 맨처음 선종을 표방하고 당조 이전 선문(禪門)의 수행집단을 꾸렸던 유파는 남악·천태의 법화선문(法華禪門)이었다.78)

위와 같은 선교판별론은 달마선문의 육대전의설(六代傳衣說)이 교조화 되고 흔히 천태설로 이해되고 있는 오시팔교(五時八敎)의 교판에 대한 그릇된 이해가 그 뿌리가 된다.

오시팔교(五時八敎)의 교판은 『법화경』과 『열반경』에서 교설에 대한 다섯 때[五時]의 가름과, 소젖의 다섯 맛[五味]의 비유를 받아 구성된 교판이다. 팔교(八敎)는 교화하는 교법의 내용을 따라 장·통·별·원(藏·通·別·圓)의 네 가르침을 세우고, 교화형식을 따라 돈·점·비밀·부정(頓·漸·秘密·不定)의 네 가르침을 세운 것이다.

팔교에서 화법사교는 『중론』삼제게에 의거해 인연법(因緣法)은 삼

---

78) 당조 이전 선문의 주류는 남악 천태의 선문이고, 삼론(三論)의 수행자들도 집단적 선수행의 교단이었다. 당조에 들어 주류를 이룬 달마선문은 처음 『능가경』을 중심경전으로 수행했던 능가사류(楞伽師流)나 육대전의설을 표방한 달마선종(達摩禪宗)은 『금강경』을 중심으로 선종의 법통설을 표방하였다.

장교(三藏教)에, 인연이 곧 공하다는 가르침은 통교(通敎)에, 거짓 있음은 별교(別敎)에, 중도의 뜻은 원교(圓敎)에 짝지은 교판이다.

다시 돈·점·비밀·부정의 화의사교(化儀四敎)는 경전에 나타난 가르침의 형식이 단박 알게 하는 가르침[頓敎]인가, 차츰 이끌어가는 가르침[漸敎]인가, 듣는 자가 알지 못하게 돈점의 법을 굴리는 가르침인가[秘密不定], 드러내 돈점의 법을 쓰는가[顯露不定]에 따라 구성한 교판이다.

그러나 천태 스스로의 저술에서 아가마의 가르침[阿含]도 성도의 새벽부터 니르바나의 밤까지 설했고, 반야 또한 그랬다고 경을 인용해 보이고 있으니, 다섯 때[五時]는 정해진 시간이 아니라 법을 설하는 중생 근기의 차별과 시절인연의 차별을 따라, 현전 일념(現前一念)의 한때[一時]에서, 매 때 드러나는 시간의 차별 아닌 차별인 것이다.

그리고 교화의 내용에 따라 세워진 법의 차별도, 연기의 법[緣起法]과 공의 법[空法]과 거짓이름의 법[假名法]과 중도의 법[中道法]이 모두 실로 있는 법의 차별이 아니다.

삼장교는 인연의 법으로 부사의(不思議)를 열어 보인 것이고, 통교는 공의 법으로 부사의를 열어 보인 것이며, 별교는 거짓 있음으로 부사의를 열어 보인 것이고, 원교는 중도의 뜻[中道義]으로 부사의를 열어 보인 것이다.

필자도 『평석 아함』을 집필하면서 붇다 육성으로 설하신 초기경전을 풀이하며 이 교판의 문제를 고민하다가, 중국 천태가의 큰 수행자 진관거사(眞寬居士)의 「삼천유문송(三千有門頌)」에 대한 명대(明代) 진각존자(眞覺尊者, 幽溪의 스승)의 『삼천유문송해(三千有門頌解)』를 읽었다.

진각의 풀이에서, '연기의 있음[緣起有]이 사유할 수 없고 말할 수 없는 있음[不思議有]'이라고 하는 언구에서 천태선사 교판의 뜻에 확

연해졌다.

이미 『중론』 삼제게에서 인연으로 나는 법〔因緣所生法〕이 곧 공이고
〔即空〕 거짓 있음이고〔即假〕 중도의 뜻〔即中道義〕이라 했는데 무엇을
다시 의심할 것인가. 언교의 차별이 신단타의 인연으로 부사의 실상
(不思議實相)을 개현하는 말 아닌 말이다.

이렇게 알면 곧 교(敎)가 선(禪)이 되고 선이 교가 되는 길이 있는
것이니 언교의 차별이, 한맛〔一味〕인 언교의 차별임을 바로 알아들어
야 하는 것이다.

이제 이 뜻을 『선문염송』 공안법문으로 살펴보자.〔禪門拈頌 41칙〕

마하야나의 『마하파리니르바나수트라〔大般涅槃經〕』에서 말했다.

들되 듣지 않고 듣지 않고 듣는다. 듣고 들으며, 들음도 아니고
듣지 않음도 아니다.
聞不聞 不聞聞 聞聞 不聞不聞

경의 이 말씀은 무엇을 가르침인가. 연기(緣起)의 중도인 진실은 보
고 들음 밖에 따로 없으니 듣고 들음〔聞聞〕은 인연으로 법이 나고 남
〔生生〕을 이리 말함이고, 듣되 듣지 않고〔聞不聞〕, 듣지 않고 들음〔不聞
聞〕은 법이 나되 남이 없고〔生不生〕, 나지 않되 남〔不生生〕을 말함이다.

들음도 아니고 듣지 않음도 아님〔不聞不聞〕은 연기로 법이 나는 것
〔緣起生〕이 곧 중도의 실상〔中道實相〕이라, 남도 아니고 나지 않음도
아님〔不生不生〕을 이렇게 보인 것이다.

이는 중생의 병통과 근기를 마주해, 나고 남〔生生〕으로 법을 보이고,
남도 아니고 나지 않음도 아님〔不生不生〕으로 법을 보여도, 모두 '사유할
수 없고 말할 수 없는 법〔不思議法〕'의 진실을 보임이고, '남〔生〕과 나지
않음〔不生〕이 둘이 아닌 중도의 실상〔中道實相〕'을 이리 말한 것이다.

천태덕소(天台德韶)국사는 당에 올라〔上堂〕이 『대승열반경』의 이 이야기를 들어 말했다.

듣지 않고 들음〔不聞聞〕은 참됨을 좇아 응함을 일으킴이요,
듣되 듣지 않음〔聞不聞〕은 응함을 거두어 참됨에 돌아감이다.
듣고 들음〔聞聞〕은 다만 응함이요,
들음도 아니고 듣지 않음도 아님〔不聞不聞〕은 법신이 엉기어 고요하여, 감도 아니고 옴도 아니며 지금도 아니라 일찍이 달라짐이 있지 않음이다.

상좌들이여, 이는 여래께서 『니르바나수트라』의 회상에서 사람들이 도를 깨치도록 하심이다.

모든 성인들은 이 방편문(方便門)을 드리우시며 네 귀절로 간추려 보이시니〔四句料揀〕, 이런 까닭에 이와 같이 알려 보인다.

또 어떻다고 헤아리는가. 알고자 하는가.

조짐 나기 전에 현묘한 기미〔玄機〕를 거두고, 변화 그대로〔卽化〕에 그윽한 움직임〔冥運〕을 감춘다. 우주 온갖 것을 모아 마음을 비추며 한 번 가고 옴으로 바탕을 이룬다.

만약 이와 같이 가면 한 법도 숨지 않으니, 왜 이와 같은가. 숨고 드러남이 근원을 함께하고〔隱現同源〕, 범부와 성인이 근원을 함께하여〔凡聖同源〕 다시 다른 도리가 없는 것이다. 모든 붇다께서 세상에 나오심에 방편을 열어 진실을 나타내시나〔開權顯實〕 마쳐 다해서는 열어 보일 방편이 없는 것이다.

만약 이와 같이 밝게 사무쳐 가면, 어느 곳이 안락한 곳이 아니겠는가.

만약 마음 바탕 밝히지 못하면 설사 한 큰 장경의 가르침〔一大藏敎〕을 생각하더라도 또한 이익되는 바가 없어 남이 따져 물으면

도무지 어쩔 줄 모르게 된다.

이는 다만 발 뿌리를 밝히지 못해〔根脚未明〕보고 들음을 깨뜨리지 못했기〔見聞不破〕때문이다.

여러 상좌들이여, 많이 헛됨이 조금 진실함만 못하다.

天台韶國師 上堂 擧此話云

不聞聞 從眞起應 聞不聞 攝應還眞 聞聞 但應不聞不聞 法身凝寂 非去來今 未嘗有異

上座 此是如來涅槃會上 要人悟道 諸聖 垂箇方便門 四句料揀 所以如此告報

且作麽生商量 欲要會麽

戢玄機於未兆 藏冥運於卽化 惣六合以鏡心 一去來以成體

若如此去也 未有一法隱 亦無一法顯 何故如此

隱顯同源 凡聖同源 更無別理 諸佛出世 開權現實 畢竟無權可開 若伊麽明徹去也. 何處不是安樂處

若也心地未明 縱念得一大藏敎 亦無所益 被人窮詰 摠不奈何 只爲 根脚未明 見聞不破 諸上座 多虛不如少實

이에 대해 죽암규(竹庵珪)선사는 당에 올라 바람에 방울 우는 소리 〔風鈴鳴〕로 보여 이렇게 말했다.

들되 듣지 않음은 바람과 방울이 울지 않음이요,

듣지 않고 들음은 나의 마음이 울 뿐이다.

듣고 들음은 외로운 원숭이 울음이 바위 사이 달빛에 우는 것이요,

들음도 아니고 듣지 않음도 아님은 들나그네 읊조림이 한밤 등불에 시듦이다.

聞不聞 非風鈴鳴   不聞聞 我心鳴耳

聞聞 孤猨叫落中嵓月　不聞不聞 野客吟殘半夜燈

여러 사람들은 알겠는가.

이 경계 이러한 때 누가 뜻을 얻는가.

흰 구름 깊은 곳 좌선하는 스님이다.

　諸人 還委悉麼 此境此時 誰得意 白雲深處坐禪僧

털이로 선상을 쳤다.[79]

　以拂子擊禪床

　연기법에서 주체가 저 경계를 보고 들음〔見聞〕은 스스로 지음도 아니고〔非自作〕 남이 지음도 아니다〔非他作〕. 나와 남을 합한 것도 아니고〔非自他作〕 원인 없이 지어진 것도 아니다〔無人作〕. 죽암규 선사의 게송은 방울 소리 들음을 때로 마음〔心〕을 살리고 경계를 죽이며, 때로 경계를 살리고 마음을 죽여, 듣고 들음의 중도를 밝힘이다.

　『열반경』의 뜻으로 되돌아가보면, 지금 보고 들음〔見聞〕의 경계를 나고 나는 인연의 법〔生生因緣法〕으로 말하든, 나되 남이 없는 공의 법〔生而無生空法〕으로 말하든, 남도 아니고 나지 않음도 아닌 중도의 법〔不生不生中道法〕으로 말하든, 이는 말과 사유가 끊어진 법의 진실을 말로 보임이다.

　그러므로 이는 듣고 듣는 가운데〔聞聞中〕 듣되 들음 없지만 듣지 않음도 없는 자가, 보고 듣는 경계〔見聞境界〕에서, 말과 사유를 떠나지 않고, 부사의 법계를 온전히 살 수 있음을 보임이리라.

　그렇다면 허공에 가득히 넘쳐나는 언구의 물결 속에서, 언구를 한꺼번에 죽일 수 있는 자가 도리어 실단타의 인연을 다시 굴려, 이 오탁(五

79) 竹庵珪上堂云 聞不聞 非風鈴鳴 不聞聞 我心鳴耳 聞聞 孤猨叫落中嵓月
　不聞不聞 野客吟殘半夜燈
　諸人還委悉麼 此境此時誰得意 白雲深處坐禪僧 以拂子擊禪床

濁)의 세간에 자비 붇다의 일〔佛事〕을 지어갈 수 있는 것이리라. 이 뜻을 다시 『대승열반경』의 가르침에 대한 조사법문으로 살펴보자.

대승의 『마하파리니르바나수트라〔大般涅槃經〕』는 또 이렇게 말한다.〔선문염송 44칙〕

　　나의 가르침의 뜻은 독 바른 북〔塗毒鼓〕과 같다. 한 소리 치면 멀거나 가깝거나 듣는 자는 다 죽는다.
　　(암두(嵓頭)선사가 이 이야기를 들어 보일 때, 소엄(小嚴)이라는 상좌가 물었다.
　　어떤 것이 독 바른 북입니까.
　　선사가 두 손으로 무릎을 문지르고 몸을 움츠리며 말했다.
　　한신이 조회에 임하는 것이다〔韓信臨朝底〕.)[80]

원오근(圜悟勤)선사가 노래했다.

　　하늘 높고 땅 두터우며
　　물은 드넓고 산은 멀다.
　　소하는 법을 제정하고
　　한신은 조정에 임했도다.
　　독 바른 북이여,
　　치기 전을 알아야 한다.

　　天高地厚　水闊山遙
　　蕭何制律　韓信臨朝
　　塗毒鼓　　未擊已前亙薦取

---

80) 涅槃經云 吾教意 如塗毒鼓 擊一聲 遠近聞者皆喪(嵓頭擧此話時 有小嚴上座問 如何是塗毒鼓 師以兩手 按膝亞身云 韓信臨朝底)

이는 무엇을 보임인가. 하늘 높고 땅 넓으니 독 바른 북의 죽임이 다만 죽임이 아니라 말과 사유를 죽여 크게 살림을 말함인가. 나고 나는 인연의 법이 사유할 수 없고 말할 수 없는 법의 바다라, 보고 들음을 떠나지 않고 부사의 법계 보아야 함을 이리 보인 것인가.

저 밖에서 적을 토멸하는 한신이 조정에 임한다고 하니 이것 저것을 모두 죽이고 죽임마저 죽일 때, 죽이고 살리며, 세우고 없애며 이것과 저것을 돌이켜 씀이, 낱낱 법의 진실 가운데 온전히 함께 있음을 이렇게 보임이리라.

그렇다면 독 바른 북소리에 온전히 죽어, 보고 들음을 모두 막는 자가 참으로 보고 들음을 크게 살려낼 수 있는 것이리라.

이 『비말라키르티 수트라』에서 서른두 보디사트바가 둘이 아닌 법문(不二法門)을 말하고 비말라키르티는 거룩한 침묵으로 보였으니 이 말 있음(有言)과 말 없음(無言)을 '독 바른 북의 법문'에 가져오면 어찌 되는가.

말하고 말함(言言)과, 말하되 말없으며(言無言), 말없되 말없이 말함(無言而言)과, 말함도 없고 말하지 않음도 없음(無言無不言)을, 모두 죽여 모두 넘어설 때(雙遮時), 성인의 법 설함(聖說法)과 성인의 말없음(聖無言)을 함께 살린다는 것(雙照)이리라.

그러면 말하고 말함과 듣고 들음이 온통 부사의 해탈경계임을 이리 보인 것이리라.

원오선사(圓悟禪師)가 '독 바른 북은 치기 전을 알아야 한다'고 하니, 산 자를 죽임 속에 산 자를 참으로 살리는 소식 있음을 이리 보인 것인가. 이 뜻은 무엇인가(是意旨 甚麼耶).

3. 형계담연선사(荊溪湛然禪師)가 천태선사의 비말라키르티 수트라의 풀이를 줄여서 쓴 글 서문〔維摩經略疏 序〕

천태사문 담연이 줄여 씀〔天台沙門湛然略〕

지금 이 경의 풀이의 글〔疏文〕은 곧 수양제(隋煬帝)가 천태대사 (天台大師)에게 청해 풀이해 낸 것이다. 핵심 요점〔心要〕을 쓴 것 인데 그 조칙의 글〔勅文〕이 『국청백록(國淸百錄)』에 갖추어져 있 다. 시자(侍者)에게 백록의 아룀〔錄奏〕을 따라 듣도록 함을 인해 이 풀이를 지어낸 것이다. 다만 「붇다의 도를 말한 품〔佛道 品〕」 뒷부분에 이르러서는 장안(章安: 灌頂禪師)이 자기의 뜻을 말 해〔私述〕 이어 이룬 것이다.

처음 글은 이미 붓이 시자에게 있었으니 번거롭고 넓음이 없지 않았다.

매번 출가 재가의 무리들〔緇素〕로 여러 깊게 보는 자들이 있어 모두 기뻐 이를 그리워했으나 다만 글이 많음〔文多〕을 번거롭다 고 하였다. 그러므로 갑자기 그 기록에서 없애고 취했으나 뜻을 띈 글〔帶義〕은 반드시 있도록 하고, 말이 번거로운 것은 곧 잘라 서 옛 바탕이 또렷하도록 하였다. 이는 앞 스승의 바탕〔先師之本〕 을 바꾸지 않는 까닭이다.

그러니 스스로 어둡고 짧음을 살폈으나 원래의 법〔元規〕을 잃을 까 염려하여, 일찍이 천태선사 유골을 모신 곳〔墳堂〕에서 향을 살라 다음 같이 조짐〔徵〕을 구했다.

'만약 적게라도 큰 도〔大道〕 무너뜨림이 있으면, 걸림을 남겨두어 보이시길 바랍니다.'

스무날이 아직 마치지 않고서 「불도품(佛道品)」에서 여기까지 끝났는데, 이미 깊은 꾸짖음을 받지 않게 되었다. 차라리 그윽한 보살핌이 아니라도 그 종지(宗旨)를 돕게 된다면 뒤의 자손들을 빛나고 빛나게 할 것이니 모든 통달한 분들은 허물을 너그러이 용서 하시고 문득 오롯이 해주길 바랍니다.1)

다음 글에 들어가 크게 다섯 뜻〔五意〕이 됨을 밝힌다.

Ⅰ. 경 건너옴〔經度〕이 다하지 않음을 밝힌다.
Ⅱ. 간략히 글을 나눈다.
Ⅲ. 붇다의 나라〔佛國〕의 뜻을 밝힌다.
Ⅳ. 글의 나눔〔品〕을 풀이한다.
Ⅴ. 바로 글에 들어간다〔正入文〕.2)

---

1) 今玆疏文卽隋煬帝 請天台大師出之 用爲心要 勅文具在國淸百錄 因令侍者隨錄奏聞 但至佛道品後分 章安私述續成 初文旣筆在侍人 不無繁廣 每有緗素諸深見者 咸欣慕之 但云弊其文多 故輒於其錄而去取之 帶義必存 言繁則剪 使舊體宛然 不易先師之本故也
　　然自省闇短慮失元規 嘗於墳堂 然香求徵 儻少壞大道 願示以留礙 二旬未竟 佛道斯終 旣免幽訶 寧非冥護 儻裨其宗旨則光光後昆 冀諸達人恕以專輒
2) 釋佛國品之初
　　次明入文大爲五意 一明經度不盡 二略分文 三辨佛國義 四釋品 五正入文

Ⅰ. 경 건너옴이 다하지 않음을 밝힘

처음 뜻은 다음과 같다. 앞과 뒤로 다섯 옮김〔五譯〕이 같지 않으니 지금은 구마라지바 번역본〔什本〕을 풀이하여 경의 글 뜻을 찾는다. 서방의 땅이 오히려 많은데 어떻게 이를 아는가. 저 열 제자에게 분부하심과 같으니 이와 같이 오백 사람 나아가 팔천(八千)에 이르도록, 말이 각기 '병문안 감당하지 못한다 함'이었으나 '감당하지 못한다는 말〔不堪之言〕'이 모두 이 땅에 오지 않았다. 이를 미루어 논하면 경권(經卷)이 적지 않은 것이다.

또 만주스리가 방에 들어〔入室〕여래의 뜻〔如來旨〕을 전하는데 은근히 하여 헤아릴 수 없었고, 겸해 '팔천 보디사트바가 각기 둘이 아닌 법의 문에 듦〔入門〕'을 설했으니 이 모든 말이 어찌 반 권에 그치겠는가.

그리하여 방을 나와서〔出室〕암라팔리 동산에 가 여래를 마주해 드날려, 붇다의 나라의 뜻〔佛國義〕을 말하였는데, 당시 '높이 따져 논함의 가고 옴〔高論往復〕'을 펴 연설하였으니 어찌 몇 장 종이의 경권이 있음에 그칠 뿐이겠는가.

그 뜻을 말하면 다음과 같다. 중국에 사는 풀뿌리 삶들〔振旦生民〕은 아는 근기가 좁고 낮아, 갖추어 읽고 외어 받아지님을 감당하지 못하니 저 넉넉한 글을 깎아 그 벼리가 되는 틀〔綱格〕만을 뽑아 이 땅에 흘러 전해, 간략히 뜻만 남긴 것이다.[3]

---

3) 初意者前後五譯不同 今釋什本尋經文義 西土猶多 何以知之 如命十弟子 如是五百乃至八千各辭不堪 不堪之言並不來此 推此而論經卷不少 又文殊入室傳如來旨 慇懃無量兼八千菩薩各說入門 此諸言談何止半卷
爰至出室詣菴羅園對揚如來辨佛國義 當時敷演高論往復 豈容止有數紙經文意謂 振旦生民神根狹劣 不堪具足讀誦受持 刪彼富文探其綱格流傳茲土 略存義焉

묻는다. 이 경이 서쪽 땅에서 글과 말이 넓고 크다 했는데, 『대론(大論)』에서 붇다께서 설하신 바 '사유하고 말할 수 없는 경〔不思議經〕'에 십만 게(十萬偈)가 있다고 밝힌 것이 아닌가.

답한다. 어떤 이가 말했다.

곧 이렇게 지금 말한 것은 그렇지 않다. 『대론』에서 밝힌 '사유하고 말할 수 없는 경〔不思議經〕'은 화엄(華嚴)의 다른 이름이다.

그러므로 논(論)은 말한다. 반야에는 두 가지가 있으니, 첫째 '작은 두 수레와 함께하는 말〔共二乘說〕'이고, 둘째 '작은 두 수레와 함께하지 않는 말〔不共二乘說〕'이다.

함께 하지 않는 말이란 것이 '사유하고 말할 수 없는 경〔不思議經〕'과 같다. 그러므로 화엄은 말한다.

'이 경은 두 수레 사람의 손에 들어가지 않는다.'

함께하여 말한 것이 곧 마하프라즈냐〔摩訶般若〕와 모든 방등경〔諸方等〕이다.

묻는다. 화엄이 어찌 사유하고 말할 수 없음〔不思議〕이라 이름할 수 있는가. 이 경은 한 이름이 '사유하고 말할 수 없는 해탈〔不思議解脫〕'인데, 왜 도리어 아니다〔非〕라고 말하는가.

답한다. 이 경도 이미 두 이름이 있는데, 어찌 홀로 화엄이 다시 다른 일컬음〔別稱〕이 없겠는가. 그러니 자세히 『대론(大論)』을 찾으면, 앞뒤로 이끈 '사유하고 말할 수 없는 경〔不思議經〕'이 다 화엄이다.

마치 구사나 우바이가 수달나 보디사트바를 위하여 중생 건네는 수와 양〔數量〕을 말한 것이, 바로 화엄에서 선재(善財) 어린이가 법계에 들어가〔入法界〕 들은 일〔所聞之事〕을 밝힌 것과 같다.

만약 이 경을 이끌면 곧 비말라키르티가 설한 바〔淨名所說〕를 말한다.4)

Ⅱ. 간략히 글을 나눔

둘째, 글을 나눔에 둘이 있으니, 먼저 옛과 지금[古今]을 보이고 다음 한 집[一家]을 밝힌다. 먼저 여러 법사들을 밝힘이란 구마라지바와 도생(道生) 나아가 옛 여러 스님들은, 다 글의 과목과 덩이[科段]를 열지 않았고 곧장 글을 좇아 풀이하였다.

그러나 승조(僧肇)법사는 (바로 설한 가름에 대해) '정토에서 비롯하여 법공양에서 마친다'고 말하였다. 그 사이 밝힌 바는 비록 다르나 '사유하고 말할 수 없음[不思議]'은 하나이다. 이것이 곧 장자의 아들 보배쌓임[寶積]이 물음을 내기 전은 처음 펴는 가름[序]이 되고, 당부하여 맡기는 한 품[囑累一品]으로 흘러 통하게 하는 가름[流通分]을 삼음이다. 그 사이 모두는 '바로 설하는 가름[正說]'이다.

다음 영미소량(靈味小亮)은 말한다.
"이 경은 경의 제목이 '비말라키르티가 설한 바[淨名所說]'라고 했으니 「방편품」을 좇아 다 이것이 바로 말함[正說]이다."
다음 개선 법사[開善師]는 경을 나누어 넷으로 한다.
첫째 서분은 「보디사트바의 품[菩薩品]」에서 마친다.

---

4) 問此經西土文言浩大 將不是大論明佛所說 不思議經有十萬偈耶 答有云卽是今謂不爾 大論所明不思議經是華嚴別名 故論云 般若有二種 一共二乘說 二不共二乘說 不共說者如不思議經 故華嚴云此經不入二乘人手 共說者卽是摩訶般若及諸方等
問華嚴豈得名不思議 此經一名不可思議解脫 何故反謂非耶 答此經旣有兩名 豈獨華嚴更無別稱 然細尋大論 前後所引 不思議經悉是華嚴 如說 謳舍那優婆夷 爲須達那菩薩 說度衆生數量 乃是華嚴明善才入法界所聞之事 若引此經卽云毘摩羅詰所說

둘째, 바로 말함〔正〕은 곧 방안〔室內〕의 여섯 품〔六品〕이다.

셋째, 증명을 이룸〔證成〕은 곧 「보디사트바의 행을 말한 품〔菩薩行品〕」과 「아쵸바야 붇다의 품〔阿閦佛品〕」의 두 품이다.

넷째, 흘러 통하게 하는 가름〔流通分〕은 「법공양(法供養)」과 「당부하여 맡기는 품〔囑累〕」까지 두 품〔兩品〕이다.

만약 장엄사(莊嚴寺)의 광택(光宅)법사라면 같이 처음 네 품〔初四品〕을 써서 처음 여는 가름〔序〕을 삼고, 방에 들어가는 여섯 품〔入室六品〕으로 바로 설함〔正〕을 삼으며 뒤의 네 품〔後四品〕으로 흘러 통하게 하는 가름〔流通〕을 삼는다.

늦게 삼론의 법사〔三論師〕들도 이 풀이에 같이했다.

북지의 논사들〔北地論師〕은 붇다의 나라 한 품〔佛國一品〕으로 여는 가름〔序分〕을 삼고, 「방편품」에서 「아쵸바야 붇다를 뵙는 품〔見阿閦佛品〕」까지 열한 품으로 바로 설함〔正說〕을 삼으며, 뒤의 두 품〔법공양품, 촉루품〕으로 흘러 통함〔流通〕을 삼는다.

다만 옛과 지금의 같지 않음에는 서로 분별이 있으니 이를 받아 익히는 이들이 각기 마루로 하는 문〔宗門〕이 있다.

여러 선사들〔諸禪師〕은 이 분별이 많이 어지러운 다툼을 이어감을 보고, 과목의 마디를 열지 않고, 다만 살피는 문〔觀門〕을 잡아, 곧장 도에 들어감〔入道〕을 밝힌다.5)

---

5) 二分文爲二 先出古今次明一家 先明諸師者 什生及古諸師 悉不開科段 直帖文解釋 而肇師云 始于淨土終法供養 其間所明雖殊 不思議一也 是則寶積發問已前爲序 囑累一品以爲流通 其間並是正說也
　次靈味小亮云此經題旣云淨名所說 從方便品皆是正說 次開善師分爲四 一序訖菩薩品 二正卽室內六品 三證成卽菩薩行阿閦佛兩品 四流通卽法供養囑

다음 지금 법의 집[今家: 天台]을 밝히는 것은 다음과 같다.

만약 과목의 덩이[科段]를 열지 않으면 곧 일어나고 다함을 알지 않고서 붇다의 가르침을 받아 밟는 것이다. 만약 과목의 덩이를 열면, 집착해 다툼이 어지러워, 해탈의 법[解脫之法]에 함부로 묶이는 허물을 낸다.

지금 경의 뜻 길[經意趣]을 찾아, 경을 따라 과목을 여는 것은 굳게 집착함이 아니다. 대저 붇다의 말씀은 법이 비록 거듭 다르다 해도[佛說法雖復殊], 근원은 처음과 가운데와 뒤가 좋아[源而初中後善] 글이 반드시 갖춰진다.

지금 이 셋을 잡아 서분 등 셋에 마주하면 세 뜻이 있다.

1. 바로 경을 엶[正開經]
2. 마음 살핌을 잡음[約觀心]
3. 뭇 법의 집에 달리함[異衆家]6)

1. 바로 경을 가름[正分經]이란 다음과 같다.

경은 가르침의 크고 작음이 없이 세 단[三段]이 있음을 보기로 하니, 곧 여는 가름[序], 바로 설하는 가름[正], 흘러 통하는 가름[流通]을 말한다.

累兩品
　若莊嚴光宅同用初四品爲序　入室六品爲正　後四品爲流通　晚三論師亦同此釋　北地論師用佛國一品爲序　方便品訖見阿閦佛品十一品爲正　後兩品爲流通但古今不同互有分別　承習之者各有宗門　諸禪師見此分別多延紛諍　不開科節但約觀門直明入道

6) 次明今家者　若不開科段則不識起盡佛教承躡　若開科段執諍紛然　於解脫之法橫生繫累　今尋經意趣　傍經開科而非固執　夫佛說法雖復殊　源而初中後善文必備矣　今約此三　對序等三　仍爲三意　一正開經　二約觀心　三異衆家

1) 첫 엶[序]이란 큰 성인이 설법하시려 함에 반드시 먼저 상서를 보여[先現瑞] 나타냄[表發]으로, 법 설함이 의지하는 까닭을 삼는 것이다. 마치 대품반야[大品]를 설하려 하심에 곧 손가락 마디[支節]에서 섞인 빛깔의 빛[雜色之光]을 놓아, 반야를 설해 모든 행 이끎[導諸行]을 나타냄과 같고, 법화(法華)를 설하려 하며 눈썹 사이 빛을 놓아[放眉間光] 중도의 실상[中道實相] 말하려 하심을 보이는 것과 같다.

지금 경은 일산을 합해 정토를 나타내[合蓋現土] 붇다의 나라 인과[佛國因果] 말하려 하심을 보인다. 이미 말미암음이 같지 않으니 바로 가르침의 문[敎門]을 나타내 기틀에 나아감에 다름이 있다. 중생의 뜻[物情]을 일으켜내는 것은 모두 믿고 그리워해 진리의 마루에 돌아감이 있도록 함이다. 그러므로 여는 가름[序]이라 한다.

2) 바로 말함[正說]이란 네 상가의 대중[四衆]은 상서를 보고, 다 기꺼이 우러러 성인의 뜻[聖旨] 들을 수 있게 된다. 성인이 이를 알 때 중생의 기틀에 나아가 가르침을 베풀면 그때 대중은 경을 듣고 모두 법의 이익[法利]에 젖는다. 그러므로 바로 설함이라 이름한다.

3) 흘러 통하게 함[流通]이란 다음과 같다. 흐름[流]은 물이 아래에 적심을 비유한 것이다. 통함이란 걸림이 없고 막힘이 없는 것이다. 여래 큰 자비의 평등한 설법[如來大慈平等說法]은 다만 드러나 있는 때[現在]만을 위함이 아니라 정법·상법·말법시대

〔正像末代〕의 인연 있음에 멀리 입히어, 모두 법의 윤택함에 젖도록 하려 한다. 이것이 곧 법의 물〔法水〕이 흘러 젖음이 다함이 없는 것이라 모두 이 윤택함에 젖으므로, 흘러 통하게 함〔流通〕이라 이름한다.7)

지금 열어 셋이 된다.

첫째 '이와 같이 내가 들었다'에서부터 일곱 말의 게〔七言偈〕에 이르기까지는 '통함과 따로 함의 두 실마리 엶〔通別二序〕'을 갖춘다. 이는 바로 말함〔正說〕에서 서분을 의지해서 뜻이 갖춰지니 〔由藉義足〕 첫 여는 가름〔序分〕이라 이름한다.

둘째, 보배쌓임〔寶積〕이 붇다 나라의 인과〔佛國因果〕를 청해 물음 뒤로 '아쵸바야 붇다 품'까지 열한 품 반〔十一品半〕이 있어 다 '사유하고 말할 수 없는 해탈〔不思議解脫〕'과 붇다의 나라 인과를 밝힌다.

다 이는 기틀에 나아가는 가르침이, 바로 드러나 있음〔現在〕에서 젖게 하는 이익이라 모두 바로 말하는 가름〔正說〕이 된다.

셋째, 법공양(法供養)부터 맡겨 당부하는 품〔囑累〕까지, 하늘왕

---

7) 一正分經者 經無大小例有三段 謂序 正 流通

序者大聖將欲說法必先現瑞 表發以爲由藉 如欲說大品卽放支節雜色之光 表欲說般若以導諸行 欲說法華放眉間光 表欲說中道實相 今經合蓋現土 表欲說佛國因果 旣由藉不同 正表敎門 赴機有異 發起物情 使咸信慕歸宗有在 故曰序也

二正說者 四衆覩瑞悉皆忻仰瞻聞聖旨 大聖知時赴機設敎 時衆聞經 咸沾法利 故名正說也

三流通者 流譬水之下霆 通則無滯無壅 如來大慈平等說法 非止但爲現在亦欲遠被正像末代有緣 使咸沾法潤 是則法水流霆無窮 並沾斯澤故名流通也

이 이 경 넓히는 것〔弘經〕 다짐함을 밝힌다. 이는 여래께서 인정
하시사 아직 오지 않은 뒤까지 통해 펼치도록 권해 당부하시어
흘러 전해 끊어지지 않게 하심이니 모두 '흘러 통하게 하는 가름
〔流通〕'에 속한다.8)

묻는다. 이 경은 제목을 '비말라키르티가 설한 경'이라 일컫는
다. 지금 어떻게 '붇다의 나라〔佛國〕 인과를 보이는 품'을 좇아
바로 말함〔正說〕이 되는가.

답한다. 비말라키르티는 붇다의 위신력을 받아 붇다를 도와 교
화를 드날린다〔助佛揚化〕. 붇다 교화의 도〔化道〕에 공이 있으므로
그를 좇아 이름을 받으니, 비유하면 국왕이 신하에게 정치를 펴
도록 명령하고, 정치를 폄에 공(功)이 있으면 신하가 상을 받는
것과 같다.

바르게 명하는 주인은 나라의 왕에 돌아가지만, 공을 받는 이
름은 신하가 일컬음을 받는다. 신하가 상을 받는다고 신하로 바
름〔正〕을 삼는다고 말할 수 없다. 임금이 바른 명령을 드리우면
뒤집혀 곁〔傍〕이 되는 것이지만 비말라키르티는 붇다의 인정〔佛
印定〕을 받으므로 바야흐로 바름〔正〕이 되는 것이다.

그러므로 '비말라키르티가 설한 경'이라 이름하는 것이다.9)

---

8) 今開爲三 一從如是我聞訖七言偈 具通別二序 此於正說由藉義足名爲序分
   二從寶積請問佛國因果已去 `訖阿閦佛 有十一品半 皆明不思議解脫佛國因果
   皆是赴機之敎 現在沾益 並爲正說 三從法供養訖囑累 明天帝發誓弘經 如來
   印可勸發囑累宣通未來 使流傳不絶 此並囑流通也

9) 問此經題稱維摩詰所說 今何得從佛國爲正 答淨名承佛威神助佛揚化 化道有
   功故從其受稱 譬如國王勅臣布政 布政有功而臣受賞 正命之主歸於國王 受
   功之名而臣受稱 不可謂臣受賞而臣爲正 君垂正命而翻爲傍 淨名得佛印定方

2. 마음 살핌을 잡아 보임[約觀心]이란 곧 세 살핌[三觀]을 잡아, 세 가름[三分]을 삼는 것이다. 두 살핌의 방편[二觀方便]은 여는 뜻[序義]이고, 중도에 들어갈 수 있음[得入中道]이 바른 뜻[正義]이다. 참과 세속 두 진리를 모두 비추어[雙照二諦] 마음 마음이 고요하여[心心寂滅] 스스로 그렇게 사르바즈냐(sarvajñā, 一切智)의 바다에 흘러 들어가면 곧 흘러 통하게 함의 뜻[流通義]이다.

3. 다름을 가리는 것[簡異]은 다음과 같다.

묻는다. 왜 구마라지바법사[什師]와 여러 선사들[諸禪師]이 과목 나누지 않음을 의지하지 않는가.

답한다. 만약 살피는 행[觀行]을 논한다면 실로 번거롭게 열지 않는다. 지금은 배우는 이들로 하여금 글의 일어남과 다함을 알게 하려는 것이니, 성인의 좋고 교묘한 말이 외롭지 않음을 알면, 반드시 받아 밟음이 있게 될 것이다. 만약 글에 막힘이 없이 좇아 풀이하면, 살피는 행[觀行]이 더욱 깨어 밝아질 것이다.[10]

묻는다. 왜 승조법사의 주의 뜻[肇師注意]을 온전히 쓰지 않는가.

답한다. 맡기어 당부하는 품인 「법공양품」이 승조법사의 주에서는 바른 뜻[正義]의 가름에 속하니, 그렇게 하지 않은 것이다.

乃爲正 故名維摩詰所說經

10) 二約觀心者 卽約三觀以爲三分 二觀方便卽是序義 得入中道卽是正義 雙照二諦心心寂滅 自然流入卽流通義 三簡異者 問何不依什師及諸禪師不分科段答若論觀行實不繁開 今欲令學者知文起盡 識聖善巧言不孤 致必有承躡 若於文無壅帖釋 觀行轉覺分明

묻는다. 왜 영미(靈味)를 의지하지 않는가.

답한다. 붇다의 나라〔佛國〕로 여는 뜻을 삼으니, 그렇지 않아야 한다. 왜인가. 붇다는 법왕(法王)이고 도의 왕〔道王〕이다. 삼천법(三千法)에 펴서 말하는 바가 있으니 어찌 바로 말함〔正〕이 아니겠는가. 다만 장자의 아들 보배쌓임이 청한 물음에, 붇다께서 받아 답하신 것이 이 기틀의 연에 나아가 '붇다의 나라 인과〔佛國因果〕'를 밝힘이라, 그때 대중이 경을 듣고 크고 작은 이익 얻은 것이 어찌 꺾여〔折〕 여는 가름이 되겠는가.

또 비말라키르티는 붇다를 도와〔助佛〕 밝혀 드날려서 바로 붇다의 가르침을 도와 이룬 것이니 어찌 제자의 '도와서 설함〔助說〕'이 바름이 되고, '큰 스승의 설하심〔大師說〕'이 뒤집혀 여는 가름이 되겠는가.

묻는다. 왜 개선(開善)과 같지 않은가.

답한다. 경은 크고 작음이 없이 세 단〔三段〕이 있음을 보기로 한다. 왜 이 경만 홀로 열어 넷이 되겠는가.11)

묻는다. 왜 장엄사의 광택(光宅)과 삼론의 법사〔三論師〕들과 같지 않은가.

답한다. '붇다의 나라'가 여는 가름이라면 그 거리낌이 앞과 같

---

11) 問何不全用肇師注意 答法供養屬正義不然也 問何不依靈味 答佛國爲序義
不應然 何者佛爲法王道王 三千有所宣說 豈非正也 但寶積所請佛所酬答 赴
此機緣明佛國因果 時衆聞經獲大小益 豈折爲序 又且淨名助佛闡揚 正是奬
成佛敎 豈可弟子助說爲正 大師說者翻爲序乎
問何不同開善 答經無大小例有三段 何得此經獨開爲四

다. 또 '보디사트바의 행 품'과 '아쵸바야 붇다의 품'을 써서 '흘러 통하게 하는 가름〔流通〕'에 속하게 하면 이도 그렇지 않을까 걱정함이다.

왜인가. 비말라키르티는 대중을 손으로 받들어 암라파리동산에 돌아와, 붇다의 인정하심〔佛印定〕을 마주하기 때문이다. 그리하여 방안에서 설한 것〔室內所說〕이 바야흐로 경을 이루게 된다.

또 붇다께서는 도로 비말라키르티를 마주해 붇다의 나라 인과를 밝혀 경의 마침과 비롯함을 거두니 종지(宗旨)가 분명하여 대중의 이익 받음이 방안을 지난다〔過乎室內〕. 이것이 바로 설함〔正說〕이니 어찌 '흘러 통하게 함〔流通〕'이라 하겠는가.

묻는다. 왜 북지 대승의 법사들〔北地大乘師〕을 의지하지 않는가.
답한다. 붇다의 나라를 여는 가름으로 삼으면 그 거리낌이 앞과 같다.12)

---

12) 問何以不同莊嚴光宅及三論師 答佛國爲序其妨同前 又用菩薩行 阿閦佛 以屬流通 恐此不然 何者淨名掌擎大衆 還菴羅園對佛印定 室內所說方得成經 又佛還對淨名 辨佛國因果撮經終始 宗旨分明大衆蒙益 過乎室內 此是正說 豈謂流通
　問何不依北地大乘師 答佛國爲序其妨同前

III. 붇다의 나라의 뜻을 풀이함〔釋佛國義〕

셋째, 붇다의 나라의 뜻을 풀이함〔釋佛國義〕이란 다음과 같다.

이는 장자의 아들 보배쌓임〔寶積〕이 붇다의 나라 인과〔佛國因果〕를 물으니, 세존께서 갖추어 답하심을 밝힌 것이다. 사리푸트라〔身子〕가 의심을 내니 붇다께서 위신력으로 정토의 모습〔淨土相〕을 나타내셨다.

그때 여러 대중은 대승의 이익〔大乘益〕을 얻고, 도로 다시 이 물든 땅〔穢土〕에서 슈라바카를 구하는 대중은 작은 수레의 도〔小乘道〕를 얻었다. 이를 잡아 이름을 나타내므로 붇다의 나라〔佛國〕라 이름한다.

이 경은 이미 붇다의 나라〔佛國〕로 실천의 마루〔宗〕를 삼으니, 반드시 붇다의 나라의 뜻〔佛國之義〕을 밝게 알아야 한다.

지금 간략히 하면 여덟 겹이 있다.

1. 붇다의 나라를 모아 밝힘〔總明佛國〕
2. 붇다의 나라를 따로 밝힘〔別明佛國〕
3. 붇다의 나라 인행 닦음을 밝힘〔明修佛國因〕
4. 붇다의 나라가 같지 않음을 밝게 봄〔明見佛國不同〕
5. 가서 남을 밝힘〔明往生〕
6. 가르침 설함을 밝힘〔明說教〕
7. 마음 살핌을 잡아 보임〔約觀心〕
8. 붇다의 나라의 뜻을 써서〔用佛國義〕 이 경을 통하여 풀이함〔通釋此經〕13)

---

13) 三釋佛國義者 此明長者子寶積 問佛國因果 世尊具答 身子生疑 佛以神力

1. 붇다의 나라를 모아 밝힘〔總明佛國〕

앞에서 말한 널리 모음의 경〔普集〕과 여러 방등경(方等經)은 많이 '삶 주체〔正報〕'를 밝힌 것이다. 지금은 보배쌓임이 일산 바침〔獻蓋〕을 인해, 여래께서 일산을 합해 정토 나타내신 것〔合蓋現土〕은 곧 '의지하는 세계〔依報〕' 말하려 함을 나타낸 것이다.

왜인가. '삶 주체〔正報〕'는 이미 나타냈으니 반드시 '널리 의지하는 세계〔依報〕'를 밝혀야 하기 때문이다. 마치 왕의 풀뿌리 삶들〔王民〕을 말하면, 반드시 땅〔土〕과 다스림〔治〕의 바른 일과 업〔正事業〕을 알아야 함과 같다.

붇다의 나라〔佛國〕라 말한 것은 붇다께서 머무는 구역이므로 붇다의 나라라 이름한다. 비유하면 왕의 나라에 신하와 풀뿌리 삶들이 같이 머무나 왕을 따라 이름을 받으므로 아무 왕의 나라라 이름하는 것과 같다. 지금 붇다께서 비록 인연 있는 이들과 함께 머무나 붇다를 따라 이름을 받으므로 '아무 붇다의 나라'라 이름하는 것이다.

붇다의 몸〔佛身〕이 의지하는 바를 붇다의 땅〔佛土〕이라 이름하고 '붇다가 머무는 영역의 가름〔佛住界分〕'을 '붇다의 세계〔佛世界〕'라 이름하며, '붇다가 머무는 땅 만 가지 경계가 같지 않음〔佛所居地萬境不同〕'을 또한 큰 세계〔刹〕라 이름한다.

그렇듯 나라에는 사법과 진리〔事理〕가 있으니, 사법은 곧 '응하

現淨土相 時諸大衆得大乘益 還復穢土 求聲聞衆 得小乘道 約此標名故云佛
國 此經旣以佛國爲宗 必須明識佛國之義
　今略爲八重 一總明佛國 二別明佛國 三明修佛國因 四明見佛國不同 五明
往生 六明說敎 七約觀心 八用佛國義通釋此經

는 몸[應身]의 영역이고 진리[理]는 곧 '지극한 지혜의 비추는 바 경계[極智所照之境]'이다. 그러나 지극한 진리는 비어 고요하여[至理虛寂] 본래 경계와 지혜의 다름이 없으니[本無境智之殊] 어찌 할 수 있음과 하여지는 바의 다름[能所之別]이 있겠는가.

다만 기틀을 따라 물에 응하는데[應物] 참됨과 응함이 있음을 말하므로 진리와 사법[理事]를 밝히는 것이다. 그러나 바탕의 없음[本無]이 자취 드리우므로[垂迹故] 꼴에 응하고 땅에 응함이 있는 것이 아니고, 자취의 없음이 바탕 나타내므로[迹無而顯本故], 중생을 이끌어 같이 법신의 참된 나라[法身眞國]에 같이 돌아가는 것이 아니다.14)

그러므로 글은 말한다.

'비록 모든 붇다의 땅[諸佛土]이 길이 고요하여 허공과 같음을

---

14) 一總明佛國者 前說普集及諸方等多明正報 今因寶積獻蓋 如來合蓋現土卽表欲說依報

何者正報旣顯 須廣明依 如說王民必須知土治正事業 言佛國者 佛所居域故名佛國 譬如王國雖臣民共住 而從王受稱名某王國 今佛雖與有緣共居而從佛受名名某佛國 佛所依名爲佛土 佛界界分名佛世界 佛所居止萬境不同亦名爲刹 然國有事理 事卽應身之域 理則極智所照之境 而至理虛寂本無境智之殊 豈有能所之別

但以隨機應物 說有眞應故明理事也 然非本無以垂迹故有應形應土 非迹無以顯本故 引物同歸法身眞國

[바탕[本]의 없되 없지 않음이 자취이고 자취[迹]의 있되 있지 않음이 바탕이므로 진여의 모습 없는 바탕이 있어 자취의 모습을 일으킨다고 하면 연기의 뜻을 등짐.]

[세계는 중생업(衆生業)이 불러일으킴: 중생의 업(業)은 세계에서 일어나지만 중생의 업이 세계의 새로운 과보를 연기하여 업의 힘 밖에 세계가 없다. 그러므로 깨끗한 땅 붇다의 국토도 보디사트바의 깨끗한 업과 큰 원의 힘이 불러일으킨 것이다.]

알지만, 갖가지 청정한 붇다의 땅을 나타낸다. 곧 응함은 범부와 성인에 같이하나, 나타냄은 막힌 영역〔封疆〕이 있어서, 범부 성인 과보의 높고 낮음이 달리하고, 나타낸 바 깨끗함과 더러움도 또한 다시 이와 같은 것이다.

그러므로 『영락경(瓔珞經)』은 말한다.

'온갖 중생의 응함〔一切衆生應〕을 일으키고, 온갖 국토의 응함 〔一切國土應〕을 일으킨다.'

때로 어떤 이는 풀이해 말한다.

'응하는 나라란 중생의 모으는 업〔衆生集業〕이 부르는 바〔所感〕 이다.'

그러므로 글은 말한다.

'중생의 무리들이 보디사트바의 정토〔菩薩淨土〕이다. 성인이 자비로 여기에 와 태어남을 나타낸다〔現生〕.'

그러므로 『법화경』은 말한다.

'삼계에 나는 과보가 낡아 썩으므로 불난 집〔火宅〕이나, 중생을 건네주려고 나고 늙고 병들어 죽는다.'15)

어떤 이는 말한다.

'모든 붇다의 법신〔諸佛法身〕은 밝은 거울과 같아, 온갖 빛깔 모습이 그 가운데 나타난다.'

이것은 곧 온갖 국토가 다 '법신 바탕의 나라〔法身本國〕'를 좇아 응해 나타남이니 나라〔國〕란 붇다의 몸〔佛身〕을 말미암으므로 붇

---

15) 故文云 雖知諸佛土永寂如空 而現種種淸淨佛土 則應同凡聖 現有封疆 凡
   聖果報高下殊別 所現淨穢亦復如是 故瓔珞云 起一切衆生應一切國土應 或
   有釋言 應國者是衆生集業所感 故文云 衆生之類是菩薩淨土 聖人慈悲來此
   現生 故法華云而生三果朽故火宅 爲度衆生生老病死

다의 나라〔佛國〕라 말한다.

그러므로 『법화경』은 말한다.

'지금 이 삼계는 다 나에게 있는 것〔我有〕이고 그 가운데 중생은 다 나의 자식이다.'

지금 이 말을 살펴보자. 만약 응하는 나라〔應國〕가 법신을 좇아 나타남이면 곧 이는 스스로 남〔自生〕이다.

만약 중생을 좇으면 곧 이는 남이 냄〔他生〕이다.

중생이 붇다를 마주하면〔衆生對佛〕 나와 남이 같이 냄〔共生〕이다.

만약 중생을 떠나고 붇다를 떠나면 곧 이는 원인 없이〔無因〕 국토가 있음이다.

이는 모두 성품에 떨어지는 뜻〔墮性義〕이니 반드시 깨뜨려야 한다. 그러니 국토가 깨끗하든 더럽든 다 말할 수 없으나〔皆不可說〕, 인연이 있으므로 말할 수 있는 것이니, 싣단타의 인연으로 기틀에 나아가〔悉檀赴機〕 말하게 된 것이다.16)

---

16) 有云諸佛法身猶如明鏡 一切色像悉現其中 是則一切國土 皆從法身本國應 現 國由佛身故云佛國 故法華云 今此三界皆是我有 其中衆生悉是吾子

今詳斯語 若云應國從法身現 卽是自生 若從衆生卽是他生 衆生對佛卽是共 生 若離生離佛卽是無因而有土也 皆墮性義 此卽須破 當知國土若淨若穢皆 不可說 有因緣故而可說者 悉檀赴機皆得說也

〔법신(法身)을 응하는 바 나라와 차별법을 일으키는 뿌리로 이해하면 이는 자기 성품에 떨어지는 뜻〔墮性義〕이니 나와 붇다, 나와 정토가 마주하되 마주함이 없고 있되 공함으로 알아야 연기의 뜻이다.〕

2. 붇다의 나라를 따로 밝힘[別明佛國]

붇다의 나라를 따로 밝힘[別明佛國]이란 다음을 말한다.

모든 붇다가 중생을 이롭게 하는데 차별의 모습은, 헤아릴 수 없고 가 없다[無量無邊]. 지금 간략히 하면 넷이다.

1) 물들고 깨끗한 나라에 범부와 성인이 같이 머묾[染淨國凡聖同居]
2) 남음 있는 방편의 사람이 머묾[有餘方便人住]
3) 과보의 순전한 법신이 머묾[果報純法身居]이니, 곧 인드라그물처럼 막힘없고 걸림 없는 땅[因陀羅網無障礙土]이다.
4) 늘 고요한 빛의 땅[常寂光土]이니, 곧 묘한 깨침이 머무는 곳[妙覺所居]이다.

앞의 둘은 응함이니, 곧 응하는 붇다[應佛]의 머무는 곳이다.

셋째는 '또한 응함이고 또한 갚음[亦應亦報]'이니, 곧 과보의 붇다가 머무는 곳[報佛所居]이다.

뒤의 하나는 다만 이 참된 깨끗함[眞淨]이라 응함도 아니고 갚음도 아니니[非應非報], 곧 법신이 머무는 곳[法身所居]이다.17)

---

17) 二別明佛國者 諸佛利物差別之相無量無邊 今略爲四 一染淨國凡聖共居 二有餘方便人住 三果報純法身居 卽因陀羅網無障礙土也 四常寂光卽妙覺所居也 前二是應卽應佛所居 第三亦應亦報卽報佛所居 後一但是眞淨非應非報卽法身所居

[세 번째 법신을 깨친 과보의 붇다는 과보의 붇다이면서 또한 법신이 중생의 실천을 따라 응해 나타남이다.]

[붇다의 법신은 지혜인 진리의 몸이니 그 지혜인 진리의 몸이 머무는 곳이 늘 고요한 빛의 땅이다.]

1) 물들고 깨끗한 나라에 범부와 성인이 같이 머묾[染淨國凡聖同居]

물들고 깨끗함이라 말한 것은 아홉 길이 섞여 함께 함[九道雜共]이다. 왜인가. 여섯 길[六道]이 못나 더러우므로 물듦이라 이름하고, 세 수레가 참됨을 보므로[三乘見眞故] 깨끗함이라 이름한다. 셋과 여섯이 같이 머물므로 물들고 깨끗함이라 이름하고 또한 범부와 성인이 같이 머무는 나라[凡聖同居國]라 이름한다.

물들고 깨끗한 땅의 범부와 성인에 나아가 각기 둘이다. 범부의 머묾[凡居]에 둘이니, 첫째 악한 중생은 곧 네 악한 길[四惡趣: 지옥, 아귀, 축생, 수라]이고 둘째, 착한 중생은 곧 사람과 하늘이다.

성인의 머묾[聖居]이 둘이니, 첫째 실다움이고 둘째 방편이다.

실다운 성인이란 슈라바카의 네 과덕과 프라데카분다이고 통교(通教)의 여섯 지위, 별교의 열 머묾[十住], 원교의 열 마음 뒤의 마음[十心後心]이다. 통교의 지위는 미혹은 비록 끊었으나[通惑雖斷] 과보의 몸은 오히려 있음이다[報身猶在].

둘째, 방편의 성인[權聖]이란 방편의 남음 있는[方便有餘] 세 수레의 사람이, '치우친 참됨의 법성의 몸을 받음[受偏眞法性身]'이다. 이는 인연 있음[有緣]을 이롭게 하기 위해 함께 사는 곳[同居]에 나기를 원함이다. 만약 실다운 과보[實報]와 '고요한 빛의 법신 마하사트바[寂光法身大士]'와 '묘한 깨침의 분다[妙覺佛]'가 인연 있음[有緣]을 이롭게 하기 위해 함께 사는 곳[同居]에 응하여 나는 것[應生]도 다 방편의 성인이다. 이러한 등의 성인은 범부와 같이 머물므로 '범부와 성인이 같이 머묾[凡聖同居]'이라 한다.

네 악한 길에 같이 머묾은 더러운 땅[穢土]이다.18)

둘째, 같이 머무는 정토[同居淨土]를 밝힘이란 아미타유스 붓다(Aamitayus-buddha, 無量壽佛)의 나라는 비록 과보가 빼어나 비유할 수 없지만 또한 물들고 깨끗한 범부와 성인이 같이 머문다. 왜인가. 비록 네 악한 길이 없지만 사람과 하늘이 있음이다.

어떻게 이를 아는가. 저 땅에 태어남은 반드시 다 도 얻은 사람[得道之人]이 아니기 때문이다. 그러므로 경은 말한다.

'무거운 죄를 범한 자도 목숨 마칠 때 참회하고 붓다를 생각하면, 곧 업장을 돌이켜 저 나라에 가서 나게 된다[卽得往生].'

만약 다만 성인만이 난다면 범부가 어떻게 저 땅에 가서 남을 바랄 수 있는가.

그러므로 비록 미혹과 물듦[惑染]을 갖추었어도, 원의 힘을 지니는 마음[願力持心] 또한 머물 수 있음을 알 수 있다. 성인이 나는[聖生] 방편과 진실은 앞을 견주어 알 수 있다.

다만 네 악한 길[四惡趣]이 없으므로 깨끗하다 이름하는 것이다. 이렇게 가서 나는 무리[往類]를 들어보면, 같이 머무는 나라[同居國]의 낮고 못함이 하나가 아니다.

비록 다시 더럽고 깨끗한 땅이 여러 가지인 것이니 저 『법화경』에서 제자에게 언약을 줌과 같으나 머무는 바 국토를 묶어서 이를 밝히면, 모두 '성인과 범부가 함께 머무는 땅[凡聖同居土]'에

18) 言染淨者九道雜共 何者六道鄙穢故名爲染 三乘見眞故名爲淨 三六共居故名染淨 亦名凡聖同居國也 就染淨土凡聖各二 凡居二者一惡衆生 卽四惡趣也 二善衆生卽人天也 聖居二者一實二權 實聖者四果及支佛 通敎六地別十住圓十信後心 通惑雖斷報身猶在 二權聖者方便有餘三乘人 受偏眞法性身爲利有緣顯生同居 若實報及寂光法身大士及妙覺佛 爲利有緣應生同居 皆是權也 是等聖人與凡共住故云凡聖同居 四惡趣共住故云穢土

속한다.19)

묻는다. 물들고 깨끗한 나라〔染淨國〕의 이름은 어느 경론(經論)에 나오는가.

답한다. 『사익론(思益論)』에 이렇게 말했다.

"해와 달빛의 붇다〔日月光佛〕께서 브라흐마하늘에게 이 땅에 오도록 분부하여 말했다.

'그대는 열 법〔十法〕을 써서 저 세계에 노닐어야 한다.'"

사바(sabhā)의 땅도 물들고 깨끗함의 세계〔染淨世界〕라 이름하니, 물듦은 범부이고 깨끗함은 성인이다.

묻는다. 물든 땅은 열 가지 악〔十惡〕이 불러 느끼는 바 네 길〔四趣〕의 의보와 정보〔四趣依正〕이니 다 더러움은 그럴 수 있지만, 다만 열 착함〔十善〕의 과보인 정토는 원인〔因〕이 같은데 어찌 의보 정보가 단박 다를 수 있는가.

답한다. 두 곳의 원인 닦음〔二處修因〕이, 착함의 이름〔善名〕은 비록 같으나, 정토의 착함 닦음〔淨土修善〕은 깨끗하고 미묘하여 빼어나기 때문이다. 그러므로 저 범부와 성인이 얻은 바 의보와 정보는 물든 땅〔穢土〕과 같지 않다.20)

---

19) 二明同居淨土者 無量壽國雖果報殊勝難可比喻 然亦染淨凡聖同居 何者雖無四趣而有人天 何以知之 生彼土者未必悉是得道之人 故經云犯重罪者臨終之時 懺悔念佛業障便轉卽得往生 若但聖生凡夫何得願生彼土 故知雖具惑染願力持心亦得居也 聖生權實類前可知 但以無四惡趣故名爲淨 擧此往類 同居之國優劣非一 雖復穢淨多種 如法華經授弟子記 所住國土 束而明之 並屬凡聖同居土也

20) 問染淨國名出何經論 答思益論云 日月光佛命梵天來此土云 汝當用十法遊彼世界 娑婆之土名染淨世界 染卽是凡 淨卽是聖 問穢土十惡所感 四趣依正

2) 남음 있는 방편의 사람이 머묾〔有餘方便人住〕

남음 있는 땅〔有餘土〕을 밝힘이란 다음과 같다.

두 작은 수레와 세 가지 보디사트바〔二乘 三種菩薩〕가 방편의 도를 증득하여 머무는 곳〔證方便道之所居〕이다. 왜인가. 만약 두 살핌을 닦아〔修二觀〕통교의 미혹을 끊어 다하면〔斷通惑盡〕강가 강 모래 수 별교의 미혹과 무명을 아직 끊지 못하되〔別惑無明未斷〕덩이의 몸을 버린다〔捨分段身〕. 그래서 삼계 밖에 태어나 법성의 몸〔法性身〕을 받는다.

곧 '변해 바뀜이 있는 몸이 머무는 땅〔變易所居之土〕'을 남음 있음〔有餘〕이라 이름하고 또한 방편이라 이름하니, 방편의 도 행하는 사람〔方便行人〕이 머무는 곳이다. 그러므로 섭대승(攝大乘)의 일곱 나고 죽음〔七種生死〕21)에서 이는 곧 넷째 방편의 나고 죽음〔方便生死: 니르바나에 들어간 二乘의 나고 죽음〕이다.22)

묻는다. 남음 있는 나라〔有餘國〕란 어느 경론(經論)에 나오는가.
답한다. 『법화경』에 말했다.

皆穢可然 但十善果淨土因同 何得依正頓殊別耶 答二處修因善名雖同 淨土修善精微勝故 故彼凡聖所得依正不同穢土

21) 일곱 나고 죽음: ① 덩이의 나눔이 있는 나고 죽음〔分段生死〕② 흘러드는 나고 죽음〔流入生死〕, ③ 돌이켜 나오는 나고 죽음〔反出生死: 背妄歸眞〕, ④ 방편의 나고 죽음〔方便生死〕, ⑤ 인연의 나고 죽음〔因緣生死〕, ⑥ 뒤가 있는 나고 죽음〔有後生死: 十地의 변해 바뀜〕, ⑦ 뒤가 없는 나고 죽음〔無後生死: 金剛의 마음을 지님〕.

22) 二明有餘土者 二乘三種菩薩證方便道之所居也 何者若修二觀斷通惑盡 恒沙別惑無明未斷捨分段身 而生界外受法性身 卽有變易所居之土名爲有餘亦名方便 方便行人之所居也 故攝大乘七種生死 此卽第四方便生死

'나는 다른 나라에서 붇다를 지어 다시 다른 이름이 있다. 이 사람은 비록 나고 사라지나 이를 건너리라 생각해 저 땅에서 붇다의 지혜〔佛智慧〕를 구한다.'

이 말씀이 곧 그 뜻이다.

『대론(大論)』은 말한다.

'히나야나의 두 수레는 니르바나에 들어 비록 삼계에 나지 않으나 삼계 밖에 정토가 있어 저 땅에서 법성의 몸〔法性身〕을 받는다.'23)

3) 과보의 땅을 밝힘〔明果報土〕

과보의 땅을 밝힘〔明果報土〕이란 다음과 같다. 곧 인드라그물 화장세계(華藏世界)이니 순전히 모든 법신 보디사트바〔純諸法身菩薩〕가 머무는 곳이다. 그는 하나의 진실한 진리〔一實諦〕를 살펴, 무명을 깨뜨리고 법성을 드러낸다〔破無明顯法性〕. 그래서 진실한 과보를 얻었지만 무명이 아직 다하지 않고, 샘이 없는 업을 윤택케 하여〔潤無漏業〕 법성의 과보의 몸을 받음〔受法性報身〕이다. 이 과보의 몸이 머무는 의보의 깨끗한 나라〔依報淨國〕를 과보의 나라〔果報國〕라 이름한다.

실상을 살펴 '참된 샘이 없음〔眞無漏〕'을 내서, 얻은 바 과보이므로 실답다고 이름한다. 인행을 닦아 정해진 물질 마음이 없어

---

23) 問有餘國名出何經論 答法華云 我於餘國作佛 更有異名 是人雖生滅 度之想而於彼土求佛智慧 卽其義也 大論云 二乘入滅 雖不生三界 界外有淨土於彼受法性之身
〔히나야나의 법성의 몸은 치우친 참됨〔偏眞〕의 법성의 몸이다.〕

걸림 없으니, 또한 '실다운 과보의 막혀 걸림 없는 땅〔實報無障礙
土〕'이라 이름한다. 막혀 걸림 없다〔無障礙〕고 말한 것은 한 세계
가 온갖 세계를 거두고 온갖 세계 또한 이와 같음을 말한다.

이를 세계 바다〔世界海〕라 이름하고, 또한 '세계의 다함없는 공
덕의 곳간〔世界無盡藏〕'이라 한다.24)

별교 첫 지위〔別敎初地〕에서 이 지위에 들어가니 일곱 가지 깨
끗한 뜻〔七種淨義〕이 있다. 일곱 가지 깨끗함은 다음과 같다

(1) 바탕에 함께하는 깨끗함〔同體淨〕: 하나가 곧 온갖 것이고
   온갖 것이 하나임과 같다.
(2) 자재하여 깨끗함〔自在淨〕: 온갖 국토가 평등하여 깨끗함이다.
(3) 장엄하는 깨끗함〔莊嚴淨〕: 온갖 붇다의 땅을 신통으로 장엄함
   이다.
(4) 받아씀이 깨끗함〔受用淨〕: 온갖 미혹을 떠나 청정한 도를 이
   룸이다.
(5) 머무는 곳의 깨끗함〔住處淨〕: 큰 지혜의 중생이 그곳을 채움
   이다.
(6) 인행의 깨끗함〔因淨〕: 붇다의 땅 묘하게 평등한 경계〔妙平等境
   界〕에 들어감이다,

---

24) 三明果報土者 卽因陀羅網是華藏世界 純諸法身菩薩所居 以其觀一實諦破
    無明顯法性 得眞實果報 而無明未盡 潤無漏業 受法性報身 報身所居 依報
    淨國名果報國也 以觀實相發眞無漏所得果報 故名爲實 修因無定色心無礙亦
    名實報無障礙土 言無障礙者謂一世界攝一切世界 一切世界亦如是 此名世界
    海 亦名世界無盡藏
    〔법신을 깨친 보디사트바의 과보의 땅이므로 진여인 일과 일이 걸림 없
    고 국토와 국토가 막혀 걸림 없음을 말한다.〕

(7) 과덕의 깨끗함〔果淨〕: 중생의 맞는 바를 따라 중생을 위해 보
  여 나타냄이다.25)

  앞의 다섯은 바탕이 가득하여, 바탕·모습·씀〔體·相·用〕이
있음이다.
  여섯은 인행이 두렷함〔因圓〕이고, 일곱은 과덕이 가득 참〔果滿〕
이다.
  첫 머묾〔初住〕에서 저기에 나면 다 이 일곱 깨끗함의 뜻〔七淨
義〕을 이룬다.26)

  묻는다. 어떤 경론에 나오는가?
  답한다. 『인왕경(仁王經)』에 말했다.
  '십주(十住) 십행(十行) 십회향(十廻向) 세 지위의 어진 이〔三賢〕
와 십지(十地) 열 성인〔十聖〕이 과보에 머무니 곧 이 과보가 땅
〔土〕이 됨을 알아야 한다.
  『법화경』은 말한다.
  '사바세계가 툭 트여 평평하고 반듯하니〔坦然平正〕 그 모든 보디
사트바가 모두 그 가운데 머문다.'

---

25) 別教初地入此世界有七種淨義 一同體淨 如一卽一切一切卽一 二自在淨 一
    切國土平等清淨 三莊嚴淨 一切佛土神通莊嚴 四受用淨 離一切惑成清淨道
    五住處淨 大智衆生悉滿其處 六因淨 入佛土妙平等境界 七果淨 隨物所宜而
    爲示現
26) 前五是體滿有體相用 六是因圓 七是果滿 初住生彼 悉成就此七淨義
    〔첫 바른 마음을 내어 머문 지위〔初發心住〕가 되면 지혜에서 붇다의 마
    쳐 다한 지위〔究竟位〕와 둘이 없는 진여의 땅에 머물므로 일곱 깨끗함의
    뜻을 이룬다고 한 것이다.〕

『대론(大論)』은 말한다.

'법성의 몸인 붇다〔法性身佛〕께서 법신인 보디사트바〔法身菩薩〕를 위해 설법하니 그 나라에는 슈라바카와 프라데카붇다의 이름이 없다.'

『화엄(華嚴)』은 인드라하늘왕 그물 세계를 밝히고 『섭대승(攝大乘)』은 화왕세계(華王世界)를 말하니 다 '과보의 땅 막혀 걸림 없는 모습〔果報土無障礙相〕'을 밝힌다.27)

4) 고요한 빛의 땅〔寂光土〕을 밝힘

고요한 빛의 땅〔寂光土〕을 밝힘이란 다음과 같다.

묘한 깨침의 지극한 지혜가 비추는 바〔妙覺極智所照〕한결같은 법계의 진리〔如如法界之理〕이니, 이를 '고요한 빛의 나라'라고 이름한다. 다만 마하야나의 법성〔大乘法性〕은 '참되고 고요한 지혜의 성품〔眞寂智性〕'이라 두 수레의 치우친 참됨의 진리〔二乘偏眞之理〕와는 같지 않다.

그러므로 『마하파리니르바나 수트라〔Mahapārinirvāṇa-sūtra, 大般涅槃經〕』는 말한다.

'으뜸가는 뜻의 공〔第一義空〕을 지혜라 이름하게 된다.'

이 경은 말한다.

'만약 무명의 성품〔無明性〕을 알면 곧 밝음이다.'

---

27) 問出何經論 答仁王云 三賢十聖住果報 當知卽是果報爲土也 法華云 娑婆世界坦然平正 其諸菩薩咸處其中 大論云 法性身佛爲法身菩薩說法 其國無聲聞支佛之名 華嚴明因陀羅網世界 攝大乘明華王世界 皆明果報土無障礙相

이와 같음이 다 '늘 고요한 빛의 땅의 뜻〔常寂光土義〕'이다. '사유할 수 없고 말할 수 없는 지극한 지혜〔不思議極智〕'의 머무는 곳이므로 고요한 빛〔寂光〕이라 하고 또한 법성의 땅〔法性土〕이라 이름한다.

다만 진여인 붇다의 성품〔眞如佛性〕은 몸이 아니고 땅이 아니지만〔非身非土〕 몸과 땅을 말하니〔而說身土〕, 몸을 떠나 땅이 없고 땅을 떠나 몸이 없음이다. 그 이름이 땅〔土〕이라 함은 한 법의 두 뜻〔一法二義〕이다. 그러므로 『금강반야론(金剛般若論)』은 말한다.

'지혜의 모음〔智集〕은 오직 앎〔唯識〕에 통하니, 이와 같이 정토를 취하면, 꼴이 아닌 으뜸가는 바탕〔非形第一體〕이 장엄 아닌 장엄이다.'28)

묻는다. 어떤 경론에 나오는가.

답한다. 『인왕경〔仁王〕』은 말한다.

'오직 붇다 한 사람이 정토에 머문다.'

이 경은 말한다.

'마음이 깨끗하면 곧 붇다의 땅이 깨끗하다.'

---

28) 四明寂光土者 妙覺極智所照 如如法界之理 名之爲國 但大乘法性卽是眞寂
智性 不同二乘偏眞之理 故涅槃云 第一義空名爲智慧 此經云若知無明性卽
是明 如此皆是常寂光義 不思議極智所居故云寂光 亦名法性土
但眞如佛性非身非土 而說身土 離身無土離土無身 其名土者一法二義 故金
剛般若論云 智集唯識通 如是取淨土 非形第一體 非莊嚴莊嚴
〔한 법의 두 뜻〔一法二義〕: 몸을 말하면 땅이고 땅을 말하면 몸이라, 한
이름에 의보와 정보의 두 뜻이 갖춰짐을 말한다.〕
〔온갖 지혜가 모아짐은 다른 법을 구함이 아니라 중생의 한 생각 밖에
법계가 없음을 요달함이니 곧 오직 앎의 뜻〔唯識義〕이다.〕

마음의 깨끗함의 지극함은 붇다에서 끝이 되기 때문이다.

『보현관경(普賢觀經)』은 말한다.

'샤카무니를 바이로차나(Vairocana, 光明遍照)라 이름하니 온갖 곳에 두루한다.'

그 붇다가 머무는 곳을 늘 고요한 빛〔常寂光〕이라 이름한다.29)

묻는다. 경론에서 흩어서 밝힘이 앞의 말함과 같을 수 있지만 네 땅〔四土〕이 한 곳이 냄〔一處出之〕을 보지 못한 것이다.

답한다. 경론이 여기에 건너옴이 본래 스스로 많지 않았고, 찾아 읽는 이도 또 다 갖춰지지 않았다. 네 땅이 함께 나옴〔四土共出〕이 어찌 꼭 글 없음이겠는가. 바로 이 경〔此經: 淨名經〕에서 장자의 아들〔長者子〕에게 답한 것이 곧 그 뜻이다.

글은 말한다.

'교화할 바 중생을 따라 붇다의 땅〔佛土〕을 취하고, 조복할 바 중생을 따라 붇다의 땅〔佛土〕을 취하니, 모든 중생이 어떤 나라라야 붇다의 지혜〔佛智慧〕에 들어갈 수 있는가를 따르며, 모든 중생이 어떤 나라라야 보디사트바의 뿌리〔菩薩根〕 일으킬 수 있는가를 따르는 것이다.30)

---

29) 問出何經論 答仁王云 唯佛一人居淨土 此經云心淨則佛土淨 心淨之極極於佛也 普賢觀云 釋迦牟尼名毘盧遮那遍一切處 其佛住處名常寂光
〔과보의 붇다이신 샤카무니붇다의 지혜 밖에 실로 얻을 국토와 몸, 진리가 없음을 알면 샤카무니의 몸이 곧 바이로차나의 몸이다.〕

30) 問經論散明 可如向說 不見四土一處出之 答經論度此 本自不多 尋讀之者又不備悉 四土共出 何必無文 正如此經答長者子 卽是其意 文云 隨所化衆生而取佛土 隨所調伏衆生而取佛土 隨諸衆生應以何國入佛智慧 隨諸衆生應以何國起菩薩根
〔붇다의 지혜는 진리인 지혜라 붇다의 지혜에 들어감이 상적광토(常寂光

만약 네 땅[四土]을 마주하면 또렷이 서로 비슷하나 이름이 이미 다르니, 붇다의 뜻[佛意]은 헤아리기 어렵다. 아래에 있는 마주하는 글은 따로 풀이하겠다.

묻는다. 이 경은 아직 방편을 열어 진실을 나타냄[開權顯實]을 밝히지 않았는데, 어찌 히나야나의 두 수레가 남음 있는 땅[有餘土]에 남을 밝힐 수 있겠는가.

답한다. 경은 말했다. '붇다는 한 음성으로 법을 연설하는데 중생은 무리 따라 각기 안다.'

그러니 어찌 두 수레와 통교의 보디사트바가 모두 널리 앎[橫解] 얻음에 거리끼겠는가. 별교 원교 두 가르침[別圓二敎]은 넓고 깊음[橫竪]에 걸림이 없다.

묻는다. 화엄경은 열 가지 붇다의 땅[十種佛土]를 밝혔는데 이 넷을 거두는가.

답한다. 어찌 열 땅만 거두겠는가.

나아가 어떤 사람은 이렇게 말했다. '경은 스물일곱 품 붇다의 땅[二十七品佛土]을 밝혔는데 아미타유스붇다(Aamitayus-buddha)의 땅[無量壽土]은 이 여섯째에 그친다. 그러나 글을 보면 넷을 마주해 거두어 다하지 않음이 없다.31)

土)를 말함이라면 중생을 떠나 붇다의 땅을 취하는 것도 범성동거토(凡聖同居土)를 말함이리라.]

31) 若對四土 宛然相似 名目旣異 佛意難量 在下對文 別當解釋 問 此經未明
開權顯實 何得明二乘生有餘土 答 經云 佛以一音演說法 衆生隨類各得解
何妨二乘 通敎菩薩 並得橫解 別圓兩敎 橫竪無礙 問華嚴明十種佛土 此四

덧붙이는 글

형계담연선사(荊溪湛然禪師)는 좌계현랑선사(左溪玄朗禪師)의 제자
로 중국 천태선문 제8조에 해당하는 선사〔고조 용수존자를 포함하면 제9
조〕이다.

형계선사 당대는 달마남종(達摩南宗) 대감혜능선사(大鑑慧能禪師)
현창운동이 일어나, 혜능선사 중심으로 불심종(佛心宗)의 정통을 세우
던 때였다. 당조(唐朝) 초기는 기존 삼론(三論)과 남악·천태의 법화선
문 중심의 국가불교 주도권이 화엄(華嚴)과 달마선종 중심으로 재편되
던 때였다.

『불조통기(佛祖統紀)』의 기록에 천태선문에서 형계담연까지만 선사
(禪師)의 이름을 쓰고, 그 이후의 선사에게는 대법사 또는 존자의 이름
으로 부르게 된 것이 그때의 시대상황을 반영한 것으로 볼 수 있다.

형계선사는 그 무렵 천태의 모든 저작에 주석을 씀으로써 시대불교
의 흐름에 대응한다. 좌계(左溪) 형계(荊溪)의 시대가 화엄종에서 현수
법장 청량징관의 시대이며, 달마선문에서 대통신수(大通神秀) 대감혜
능(大鑑慧能)과 그 1세대 제자들의 시대였다. 측천무후가 현수법장을
독대하여 법문을 듣고 화엄교가 크게 발흥하던 때였으며, 홍인선사(弘
忍禪師)가 혜능에게 전했다고 알려진 가사와 발우가, 측천무후에 의해
홍인의 여러 제자들에게 돌던 때였다.

그리고 청량징관(清凉澄觀)이 형계선사를 스승으로 모시고, 삼년 교
관(教觀)을 공부한 뒤 『80권 화엄경소』를 저술하던 때였다. 형계담연
선사는 천태 주요저작에 주석을 씀으로써 형계를 천태가에서는 천태기
주(天台記主)라 한다.

攝盡以不 答何但攝十 乃至有人言經明二十七品佛土 無量壽土止是第六 見
文對四 攝無不盡

담연의 이 짧은 글에도 천태선문 저술의 역사가 드러나고 있다.

천태선문 중국 초조 혜문선사(慧文禪師)는 『중론』 삼제게에서 크게 깨쳐 오직 선관(禪觀)만을 혜사선사에게 전하고, 혜사선사는 대승지관(大乘止觀)과 법화안락행의(法華經安樂行義)를 천태께 전하니, 천태선사는 삼대부(三大部) 오소부(五小部) 정토(淨土) 율(律) 밀법(密法)에 대한 방대한 저술을 남겼다.

천태의 제자 장안관정선사(章安灌頂禪師)는 거의 천태 모든 저작을 필기(筆記)하였고, 천태선사가 빠뜨렸던 『열반경』에 대한 주석서〔涅槃經疏〕를 집필하였다.

이 『비말라키르티 수트라』 또한 마찬가지이다. 나중 수 양제가 된 진왕광의 요청으로 천태선사가 이 경을 강설하였는데 그 강설을 장안관정이 기록하고 뒤에 형계담연이 『약소(略疏)』를 지은 것이다.

처음 강설을 필기함으로써 경의 주석이 번쇄해져 대중이 쉽게 따라 배우지 못하므로 형계선사가 번쇄한 곳을 줄였으나 천태선사 원래의 뜻을 왜곡할까 싶어 천태선사의 유골을 모신 곳에, 향을 사르며 잘못이 있으면 어떤 조짐 보이기를 청하고서 이 약소를 남겼다.

본 평석자는 천태의 『유마경의소』와 담연의 『약소』가 대중이 읽기에는 그 내용이 너무 방대하여 직접 의거하지 않고, 그 서문에 나온 핵심대의를 풀이하고, 경 원문에 대해서는 명대 유계전등존자가 『무아소(無我疏)』 가운데 인용한 승조(僧肇)와 천태(天台) 양 성사의 글 가운데 주요 대목을 다시 인용하고 해석하였다.

1. 이 경의 번역과 구조

이 『비말라키르티수트라』는 앞과 뒤로 다섯 번역이 있다 했으니, 오(吳) 지겸(支謙)의 번역과 구마라지바의 번역, 서진(西晉)시대 축법호(竺法護)역, 동진시대 기타미트라(Gitamitra)역, 현장역 『무구칭경(無垢稱經)』의 다섯 번역이 알려져 있다. 승조법사의 서문에 지축(支竺)이 옮겨낸 수트라란 바로 지겸과 축법호의 구역 『유마경』을 말한다. 지금 세간에 유포되고 본서가 채택한 번역본은 구마라지바(Kumārajīva)의 번역본이고, 승조법사도 구마라지바 번역장에서 구마라지바의 강설을 듣고 이 경의 주를 썼다.

현장의 『무구칭경』의 경제목은 승조 당시 도생법사(道生法師)가 비말라키르티를 무구칭(無垢稱)이라 옮겼는데, 현장법사가 이 이름을 받아 『유마경』을 '무구칭경'의 이름으로 번역하였다. 현장의 번역은 산스크리트본의 직역이지만 구마라지바 역본에 대한 승조법사 천태선사의 주석이래 현장본은 대중에 크게 유포되지 않았다.

담연선사는 산스크리트의 한문 번역을 말하면서 이 경의 많은 부분이 인도에서 중국으로 오지 않았다고 말한다. 그 근거로 담연선사는 경에 실린 열 분 슈라바카의 큰 제자들 밖에도, 세존께 비말라키르티의 문병을 감당하지 못한다고 답변한 제자들이, 오백에서 팔천에 이르기까지 '비말라키르티의 꾸지람에 답하지 못해 문병하지 못한다'고 한 경의 귀절을 들고 있다.

또 만주스리와 함께 병문안 온 '서른두 보디사트바' 밖에도 팔천 보디사트바가 '둘이 아닌 법문[不二法門]'을 말했다는 구절을 든다.

곧 많은 슈라바카 제자들과 보디사트바들이 문병하지 못하겠다고 한 내용이 이 땅에 전해지지 못했기 때문에 경의 많은 부분이 인도에서 중국으로 오지 않았다고 한 것이다.

이 뜻을 우리는 어찌 이해해야 할까. 비말라키르티의 꾸중들은 대중의 허물은 어디에 있을까. 비말라키르티는 '사유할 수 없고 말할 수 없는 해탈'을 이룬 '법신의 마하사트바[法身大士]'라고 말해진다.

부사의 해탈은 '참 성품의 해탈[眞性解脫]'이다. 연기론에서 부사의 해탈은 언어와 사유 밖의 일상을 초월한 삶의 영역이 아니라, 말에 말이 없고 사유에 사유 없는 삶의 진실이므로 이를 '참 성품의 해탈'이라 한다.

말에 말 없으면 말 없음에 말 없음도 없고 사유에 사유 없으면 사유 없음에 사유 없음도 없다. 그러므로 말과 말 없음, 사유와 사유 없음에 머무는 것은 부사의 해탈을 등지는 것이니 비말라키르티의 꾸중을 받게 될 것이다.

그리고 참 성품의 해탈은, 하되 함이 없으므로〔爲而無爲〕스스로 성취한 일, 달성한 업적에 공(功)을 집착한 이, 또한 비말라키르티의 꾸중을 받을 것이다.

오늘의 사회에 적용해보면 사유와 관념의 틀에 갇힌 사이비 지식인, 모든 도그마에 갇힌 종교가, 자신의 사회적 경제적 성취를 자기 것으로만 보존하려는 사업가, 사회를 통합에로 이끌지 못하는 진영논리, 특정 진영의 이익에 기여하는 정치이념을 보편 가치로 떠드는 정치인들이, 모두 비말라키르티의 꾸중의 대상이 될 것이다.

그러나 사유와 사유 없음에 머묾 없이, 생각 없는 생각〔無念之念〕으로 파라미타행을 지음 없이 짓는 자, 인간 해탈의 지식을 대중과 함께 공유하는 자, 그는 비말라키르티와 함께 하는 그의 벗과 붙이가 될 것이다.

또한 함이 있음을 다하지 않고〔不盡有爲〕함이 없음에도 머묾 없이〔不住無爲〕뭇 삶들을 풍요와 번영에 이끌며 세계와 역사 장엄에 헌신하는 자, 그는 비말라키르티의 격려를 받을 것이며, 비말라키르티가 묘한 기쁨의 세계〔妙喜世界〕로 돌아가는 날, 비말라키르티의 옆자리를 이미 언약 받은 자일 것이다.

그러니 어찌 경이 산스크리트 문자에 갇힌 경만이 경일 것인가. 미망의 중생에 부사의 해탈을 열어주는 모든 소리 문자 빛깔 형상이 다 경

일 것이며, 한 빛깔 한 냄새〔一色一香〕의 중도실상이 다 경 아님이 없을 것이다.

○ 경의 세 가름〔三分〕에 대한 견해

동아시아에서 산스크리트 불전이 번역된 이래 경을 서분(序分)·정종분(正宗分)·유통분(流通分)으로 나누어 이해하는 것이, 많은 번역가 경전주석가들의 경전 해석의 일반적인 관례가 되어왔다. 이 비말라키르티 경의 가름에 대해서도 몇 가지 견해의 차이가 있다.

본 경의 번역자인 구마라지바 법사는 품의 이름만 세워 경을 번역하고 경을 풀이하였으며, 승조(僧肇)법사의 동학인 도생(道生)법사나 당시 선사(禪師)들도 경의 큰 가름을 세우지 않았다.

경의 가름을 세우는 것은 경의 문구를 집착함이 아니라, 경의 뜻을 분명히 하기 위해 큰 가름을 세워, 살피는 행〔觀行〕을 또렷이 드러나게 하기 위함이다.

맨 처음 이 경의 주석을 쓴 승조법사는 경의 서분이 명시적으로 드러나지 않는 이 경에서 서분(序分)을 「불국품」 첫 부분에서부터 장자 보배쌓임이 '붇다의 나라 인과에 대한 물음 내기 전'까지라 하였다. 정종분(正宗分)은 장자의 물음을 받아 세존께서 게송으로 답하신 부분부터 「법공양품」까지라 하고, 유통분(流通分)은 「촉루품」 한 품이라 하였다.

그에 견주어 천태선사의 『의소(義疏)』와 그 뒤를 이은 천태가에서 경 풀이는, 서분의 단락은 승조법사의 견해와 같이 하나, 유통분은 「법공양품」에서 「촉루품」까지를 모두 '흘러 통하게 하는 가름〔流通分〕'이라 한다.

법공양(法供養)이 세간에 법을 유통하는 실질적인 내용이므로 「법공양」과 「촉루품」을 유통분으로 분류한 것이니, 본 평석자도 천태선사 담연선사 유계존자의 뜻을 이어 그 견해를 따른다.

그 밖의 일부 법사들은 경의 가름을 방 밖[室外]에서 설한 부분을 서분이라 하고, 방안[室內]에서 설한 부분을 정종분으로 분류하고, 뒤의 두 품 「법공양」과 「촉루품」을 유통분이라 한다. 비말라키르티 거사가 법 설한 장소로 나눈 이 분류법은 경의 구조 이해에 참고로 할 뿐 채택하지는 않는다. 경이 나타내는 부사의 해탈은 안과 밖이 서로 융통한데 어찌 방 밖과 방안으로 경의 내용까지 나눌 것인가.

여래의 교설은 때와 곳, 듣는 사람을 따라 교화의 방편이 달라져도, 여래의 설법은 한맛의 법[一味法]으로, 그 말씀은 처음도 좋고 가운데도 좋고 끝도 좋기 때문이다[初中後善].

2. 붇다의 나라[佛國]를 보임

연기법에서는 이것이 있으면 저것이 있고 이것이 없으면 저것이 없으니 마음이 있으면 물질이 있고 물질이 있으면 마음이 있으며 주체의 활동이 있으면 그에 상응하는 세계가 있다. 그러므로 중생이 있고 중생의 물든 업이 있으면 그에 따르는 중생의 물든 땅이 있고, 보디사트바의 큰 행이 있으면 그에 따르는 보디사트바의 깨끗한 땅이 있다.

붇다 세존의 육성의 설법인 『아가마수트라』에도 이 사바세계 아닌 아득히 먼 세계와 그곳 붇다의 이야기가 나오고, 아득히 먼 세계 붇다의 나라에 다녀온 목갈라야나존자의 신통 이야기가 나온다.

그러나 본 경의 첫머리에 바로 붇다의 나라[佛國]를 거론하고 타방 묘한 기쁨의 세계[妙喜世界]에서, 사바에 온 보디사트바 비말라키르티 장자가 이 경을 설했다고 한 것은, 기존 경의 설법 형식과는 아주 다른 것이다.

삶들의 인연의 업을 떠나 세계가 없으므로 붇다의 나라를 설하면 그 나라에 태어날 중생의 행위를 말하지 않을 수 없으니 그 업과 행이 바로 중생의 믿음과 원〔信願〕이고 보디사트바의 행이다.

담연선사는 경에 의거해 붇다의 나라 차별된 모습을 넷으로 보이니 다음과 같다.

1) 범부와 성인이 함께 머무는 땅〔凡聖同居土〕
2) 남음 있는 방편의 사람이 머무는 땅〔有餘方便人住〕
3) 과보의 순전한 법신이 머무는 땅〔果報純法身居〕
4) 늘 고요한 빛의 땅〔常寂光土〕

이 네 정토는 『중론』 삼제게의 인연법〔因緣所生法〕이 공(空)이고 거짓이름〔假名〕이며 중도(中道)라는 가르침의 모습에 상응한다.

첫째 범부와 성인이 함께 머무는 땅이란, 인연으로 있는 세간의 땅〔因緣所生〕이니 이 사바와 같은 땅이다. 사바와 같은 세간의 번뇌에 물든 범부와, 아홉 길 중생, 응하는 몸〔應身〕의 자취를 나투신 성인이 같이 머무는 것을 말한다.

경에서는 아마타바붇다(Amitabha-buddha, 無量光佛)가 머무는 지극한 기쁨의 세계〔極樂世界〕도 범부와 성인이 같이 머무는 땅이라 한다. 그곳은 지옥 아귀 축생의 이름이 없지만 인간 천상에서 선업을 짓거나, 악업을 짓고 참회하여 아마타바붇다의 원력을 따르는 중생이 태어난다. 또 믿음과 원과 행〔信願行〕이 갖춰진 보디사트바가 태어나, 붇다의 설법을 들으니 그곳 또한 범부와 성인이 같이 머무는 땅이다.

둘째 방편의 남음이 있는 사람〔方便有餘人〕이 머무는 땅이란, 인연으로 일어남이 곧 공함에 상응하는 땅이다. 방편의 남음이 있는 세 수레 성인이 머무는 곳이다. 공(空)으로 증득을 삼고 공으로 니르바나 삼는 이들의 정토로, 아직 이루어야 할 공덕의 나머지가 있는 땅이다. 이는 곧 함이 있음〔有爲〕을 다하고 얻는 '함이 없음의 나라〔無爲淨土〕'를 말하리라.

셋째 실다운 과보의 땅〔實報土〕이란 보디사트바의 맑은 업으로 성취된 과보의 땅이다. 법신의 마하사트바가 과보로 수용하는 정토의 땅이니 경에 따르면 세 지위 어진이〔三賢〕와 열 성인〔十聖〕의 과보의 땅을 말한다. 그 성인의 지혜에서는 이 사바세계도 인드라하늘왕의 그물처럼 걸림 없고 막힘없는 땅이 된다. 『화엄경』이 말한 인드라그물의 세계이고 『섭대승론』이 말한 화왕세계(華王世界)가 이 세계이다.

넷째 늘 고요한 빛의 땅〔常寂光土〕이란 지극한 지혜가 비추는 바 경계로서 온갖 법이 중도실상인 땅이다. 이 땅은 정해진 구역이 없다. 인연으로 난 법이 곧 공이고 거짓이름이고 중도의 뜻이라 한 말을 국토에 대입해 깊이 살피면, 이 네 국토는 우리가 사는 사바세계를 떠나지 않는다.

이 사바의 땅이 바로 범부와 성인이 같이 머무는 땅이자 공을 증득한 슈라바카 성인의 땅이고, 이 사바가 본 『유마경』이 보이고 있는 저 묘한 기쁨의 세계〔妙喜世界〕, 『아미타경』이 말하고 있는 아미타유스〔無量壽〕의 세계와 서로 막혀 걸림 없는 땅〔無障礙土〕이다.

곧 법성을 증득한 샤카무니 응하는 몸의 붇다께서 머무신 이곳이 법성의 땅〔法性土〕으로, 타방 붇다의 땅과 인드라그물이 서로 비치듯 융통한 땅인 것이다. 다시 이 땅이 지극한 지혜가 비추는 바 진리의 땅, 모습 없되 모습 없음도 없는 늘 고요한 빛의 땅〔常寂光土〕인 것이다.

그러므로 본 경은 때로 그 뜻을 샤카무니 세존이 계시는 바이샬리 암라나무 동산이 황금빛 나툼으로 보이며, 등왕여래에게 자리를 빌려 비말라키르티의 좁은 방에 들이는 것으로 보이고, 묘희세계 향적세계의 보디사트바와 이곳 사바세계 화신 보디사트바가, 감이 없이 가고 옴이 없이 옴으로 보인다.

그런데 이때 응하는 몸의 붇다가 몸을 나투심과, 고요한 빛의 땅을 떠나지 않고 법신의 보디사트바가 등왕여래에게 자리를 빌려 이곳 방 안에 들이는 모습은 어떻다고 말해야 하는가.

이러한 장엄하고 광대한 신통의 일도, 지금 이곳 연기로 나고 사라지는 세간 사법(世間事法)이 진여(眞如)를 떠나지 않고, 진여와 인연사법이 걸림 없으므로〔理事無礙〕 사법과 사법이 걸림 없는〔事事無礙〕 실상의 뜻 떠나지 않음으로 알아야 할 것이다.

온갖 인연의 사법이든 법신여래의 응하는 몸의 자취든 신통의 자취든, 모습과 모습이 서로 융통하는 것은, 연기하는 이 세간법의 있되 공한 진실의 모습일 뿐이다.

화엄교(華嚴敎)의 표현대로 하면 인연으로 일어난 사법이 공하여 진리가 걸림 없으므로〔理無礙故〕 진리와 사법이 걸림 없고〔理事無礙〕 진리와 사법이 걸림 없으므로 사법과 사법이 걸림 없는 것〔事事無礙〕이다.

법신의 바탕, 자취의 바탕은 인연법이 곧 공한 진여이다. 진여의 공함이 다만 없음이 아니므로, 자취〔迹〕의 있음 아닌 있음이 진여의 공한 바탕에서 다시 연기하는 것이니, 진여의 본래 없음이 자취의 있음을 일으킨다고 하면 이는 연기론을 등지는 것이며 있음과 없음이 서로 융통하지 못한 것이다.

그렇다면 곧 저 여래 신통의 자취가 오되 온 바 없음을 아는 자가 곧 범부인 내 삶이 삶 그대로 진여인 줄 알아, 나의 보고 듣는 일상〔見聞日常〕이 바로 사유할 수 없고 말할 수 없는 해탈의 법계인 줄 알고 쓰는 자일 것이다.

'도의 참 바탕〔道眞體〕을 알려는가. 말〔語〕과 소리〔聲〕가 바로 이것이다.'고 한 옛 선사의 말을 깊이 돌이켜 살펴볼 일이다.

4. 유계전등(幽溪傳燈) 존자 유마경무아소 서문[維摩經無我疏 序]

I. 비말라키르티수트라의 가르침의 큰 줄기

'비말라키르티가 설한 수트라'란 대개 '마하야나의 두렷하고 단박 깨치는 가르침[大乘圓頓敎]' 가운데 방위에 통한 묘한 경전[通方之妙典]이다. 어찌 이를 말할까.

바로 여래의 다섯 때[五時]로 가르침 베풂은 각기 오롯이 하는 문[專門]이 있다. 저 화엄(華嚴) 같으면 곧 단박 깨침의 가르침[頓]에 오롯이 하고, 아가마[阿含]는 작은 수레 가르침[小]에 오롯이 하고, 반야는 공(空)에 오롯이 하고, 법화는 곧 두렷함[圓]에 오롯이 하고, 대승의 니르바나의 경은 늘 머묾[常]에 오롯이 한다.

방등(方等) 같음에 이르면, 오롯이 하는 바가 없으나[無所專] 오롯이 하지 않는 바도 없다[無所不專]. 이미 방위에 통할 때[通方之時] 바로 이 경에 맞아 방등(方等)을 말하면 오롯이 하는 바 없음을 얻지만, 오롯이 하지 않는 바 없는 바름인 것이다. 그러므로 '마하야나의 두렷하고 단박 깨치는 가르침[大乘圓頓]'의 '방위에 통한 묘한 경전[通方之妙典]'이라고 말한다.

저 보배쌓임[寶積]의 붇다 찬탄하는 게송[讚佛偈]의 다음 말과 같다.

모든 법은 있음 아니고 또한 없음 아니라
인연 때문에 모든 법이 나니
나 없고 지음 없고 받는 자도 없지만

선악의 업은 또한 없어지지 않네.

說法不有亦不無　以因緣故諸法生
無我無造無受者　善惡之業亦不亡

이는 곧 두렷함[圓]에 오롯이 하나, 화엄(華嚴) · 법화(法華) · 반야(般若) · 열반(涅槃)의 가르침을 겸한다.1)

또 경은 말한다.

처음 보디나무 아래서 힘써 마라 항복 받으시고
단이슬의 니르바나 얻어 보디의 도 이루어
마음과 뜻이 없고 받아 지어감 없으시사
모든 바깥길을 다 꺾어 누르시었네.

始坐佛樹力降魔　得甘露滅覺道成
以無心意無受行　而悉摧伏諸外道

세 번 법바퀴를 큰 천세계에 굴리시니
삼보가 여기에서 세간에 나타났네.
그 법바퀴 본래 늘 청정하니
하늘과 사람 도를 얻어 증명하네.

三轉法輪於大千　三寶於是現世間
其輪本來常淸淨　天人得道此爲證

---

1) 維摩詰所說經者 蓋大乘圓頓教中通方之妙典也 曷以言之 正以如來五時施教
各有專門 如華嚴則專於頓 阿含則專於小 般若則專於空 法華則專於圓 涅槃
則專於常 至若方等 則無所專 無所而不專 已爲通方之時 適此經 說於方等
得無所專 無所而不專之正 故曰 大乘圓頓通方之妙典也
如寶積長者之讚佛偈云 說法不有亦不無 以因緣故諸法生 無我無造無受者
善惡之業亦不亡 此則專於圓 而得兼華嚴法華般若涅槃之教也

이는 곧 작은 가르침에 오롯이 함이니 아가마(Agama, 阿含)
의 작은 가르침을 거두어 취할 수 있다.
또 경은 말한다.

붇다께선 한 소리로 법을 연설하시나
중생은 무리 따라 각기 알아들어
다 세존 말씀 그 말과 같다 말하니
이것이 곧 신묘한 힘의 함께 하지 않는 법이네.

佛以一音演說法　衆生隨類各得解
皆謂世尊同其語　斯則神力不共法

또 이렇게 말했다.

붇다께서 한 소리로 법을 연설하시면
어떤 이는 놀라 두려워하고 기뻐 즐거워해
싫어해 떠남을 내기도 하고 의심을 끊기도 하니
이것이 곧 신묘한 힘의 함께 하지 않는 법이네.

佛以一音演說法　或有恐畏或歡喜
或生厭離或斷疑　斯則神力不共法

이는 곧 방등(方等)에 바로 오롯이 함이나 두렷한 가르침〔圓〕·
단박 깨치게 하는 가르침〔頓〕·비밀하게 정해지지 않은 가르침
〔秘密不定〕·드러내 알게하는 정해지지 않은 가르침〔顯露不定〕이
모든 대승의 가르침〔大乘諸教〕을 두루 거둘 수 있다. 그러므로 오
롯이 하는 바 없지만 오롯이 하지 않는 바도 없다고 말한다.2)
어떤 이는 따짐을 보내며〔送難〕 말한다.

이 경은 이미 오롯이 하는 바가 없지만 오롯이 하지 않는 바도 없는데 어찌 또한 치우친 점차〔偏漸〕의 모든 작은 가르침을 갖추겠는가.

대꾸해 말한다. 그렇지 않다. 이미 오롯이 하는 바가 없다 말했는데, 어찌 작고 치우친 점차에 오롯이 할 것인가. 그러나 또 오롯이 하지 않는 바 없다고 말했으니 이는 곧 작음을 깨뜨려서 큼〔大〕을 이룸이고 치우침을 녹여 두렷함〔圓〕에 돌아감이며, 점차를 모아 단박 행함〔頓〕을 삼는 것이다.

이는 마치 수메루산에서 빛깔을 거두어 모두 인드라하늘의 푸름을 이룸과 같고 '뜻대로 되는 구슬〔如意珠〕'이 보배를 비 내리면 다 보배 곳간이 되는 것 같다. 오롯이 하는 바 없지만 오롯이 하지 않는 바 없음은 그것이 여기에 있다. 이는 잠꼬대 말이 아니라 경에 들어가면 스스로 보게 된다.

이 경을 읽는 자가 이를 한번 만나 참으로 이로써 녹여 모을 수 있으면 곧 큰 가르침이든 작은 가르침이든 두렷함이든 치우침이든, 이 경〔此經〕의 '뜻 다한 바른 법의 바퀴〔了義之正轍〕'에 돌아가지 않음이 없다. 빗장 가운데 스승과 제자〔關中師弟〕가 '업을 두면 앎을 이룰 것〔業存成解〕'이다.[3]

---

2) 又曰 始坐佛樹力降魔 得甘露滅覺道成 以無心意無受行 而悉摧伏諸外道 三轉法輪於大千 其輪本來常淸淨 天人得道此爲證 三寶於是現世間
   此則專於小 而得攝取於阿含之小敎也 又曰 佛以一音演說法 衆生隨類各得解 皆謂世尊同其語 斯則神力不共法 至云佛以一音演說法 或有恐畏或歡喜 或生厭離或斷疑 斯則神力不共法 此則正專於方等 而得遍攝 圓頓秘密不定大乘諸敎矣 故曰 無所專無所而不專也
   〔부정교(不定敎)란 돈교와 점교 어느 쪽으로 정해지지 않은 가르침을 말한다.〕

3) 或送難曰 此經旣無所專 無所而不專 豈亦具足偏漸諸小敎乎 對曰 非然也

진수(陳隋)시대 지자선사[智者]의 『소(疏)』가 이미 또한 없어
졌다고 말하지만 『정명현의(淨名玄義)』가 이미 밝고 밝아 살필
수 있고 '성품이 갖춘 법문[性具法門]'이 또 밝게 눈앞에 있다. 이
때문에 앞의 견해를 버리지 않고, 말과 뜻이 갖추게 된다. 그러
니 자물쇠 아직 열지 못함을 만나도 애오라지 강한 송곳을 움직
이면, 얽힘을 아직 풀지 못해도 곧 차츰 『장자(莊子)』에서 비
유한 '소 잡는 칼[牛刀] 놀림'에 나아갈 것이다.

그리하여 오백 장자와 더불어 빛깔을 벗어나[出色] 다시 샤카무
니 수가타(sugāta)께서 턱을 풀어주도록[解頤] 청할 것이다. 이
를 제목으로 하여 '비말라키르티가 말한 경[維摩詰所說經]의 무아
소(無我疏)'라 하였으니 뜻은 '마나바 보디사트바[儒童]의 나 아님
[不我]'을 써서 '구차국 구마라지바의 둘 없음[龜氏之二無]'을 이끌
었다. 홀로 자세히 읽지 않는 자라면 참으로 노승의 이 풀이인들
어찌하겠는가.4)

황명 천계(皇明天啓) 5년 세차로는 을축(乙丑)
늦봄 삼월 보름 닷새 전,
천태산 유계(天台山 幽溪) 사문 전등(傳燈)은,
능엄단 동쪽 눈 깜빡이지 않는 집[不瞬堂]에서 붓을 내리다.5)

旣曰無所專 豈專於小及偏漸 然而又曰無所不專 則是破小以成大 融偏以歸
圓 會漸以爲頓 如須彌攝色 咸成帝靑 如意雨珍 悉爲寶藏 無所專 無所而不
專 其在是乎 此非囈言 入經自見
　讀是經者 儻一遇此 苟能以是而融會之 則若大若小 若圓若偏 莫不歸於此
經了義之正轍也 關中師弟 業存成解

4) 구씨의 둘 없음[龜氏之二無]: 뜻이 명확하지 않으나 구씨를 구자국(龜玆
國, Kucha) 삼장 구마라지바로 풀이하였다.

5) 陳隋智者 疏已云亡 然而淨名玄義 旣昭昭而可觀 性具法門 又瞭然而在目 是

『불조통기』 나계대사(螺溪大師) 본전에 말했다.

천태의 가르침의 자취가 멀리 안사(安史)의 어지러움6)이 일어남
으로부터, 가까이 회창법란(會昌法亂)7)을 좇아, 불타고 허물어졌다
[焚毁].

그리하여 남은 비와 끊어진 책자의 전한 것이 의지할 것이 없
어, 대사(大師: 螺溪)께서 매번 아파하는 생각으로 힘써 문헌의
흩어진 것을 모았다.

먼저 금화(金華)의 옛 장경[古藏]에서 겨우 『정명경』의 한 소
(疏)를 얻었고, 뒤에 오월왕(吳越王)8)이 사신 열 사람을 보내
일본국(日本國)에 가도록 함을 인해 교전(教典)을 구해 이미 돌아
오니, 왕이 그를 위해 절을 지어 나계대사가 정혜(定慧)라 절 이

以不遺先見 而語義具存 第遇關鍵未開 則聊運鋼椎 肯綮不解 則稍進牛刀 將
與五百長者而出色 復請釋迦善逝以解頤 題之爲維摩詰所說經無我疏 意用儒
童之不我 以御龜氏之二無 獨不委閱者 果以老僧之疏爲奚如也 皇明天啓五年
歲次乙丑季春 望前五日 天台山幽溪沙門 傳燈下筆 於楞嚴壇 東方之不瞬堂

6) 안사의 난[安史之亂]: 당나라의 절도사인 안록산, 부하인 사사명과 그
   자녀들이 일으킨 대규모 반란이다[755년 12월 16일~763년 2월 17
   일]. '안사의 난'이란 안록산과 사사명의 첫 글자를 따서 지은 이름으로,
   안록산의 난 또는 천보의 난(天寶之亂)이라고도 한다. 안록산은 나라 이
   름을 연(燕)으로 하고 스스로 황제(稱帝)라고 선포하고서 9년간 지속했
   다. 이 기간 동안 당나라의 인구는 3600만 명이나 줄었다.
7) 회창법란(會昌法亂): 당(唐) 무종(武宗, 재위기간 840-846) 때 일어난 법
   난. 무종의 연호를 따서 회창법란이라고 함. 도교를 숭상하던 무종이 단계
   적으로 훼불정책을 단행하여, 승려를 환속시키고 사찰의 재산을 환수하여
   당시 전국의 사찰 5천 여 곳이 폐소되었다고 함.
8) 오월왕(吳越王) 전숙(錢俶): 법안종 천태덕소선사, 천태선문 15조 나계
   희적존자와 함께 흩어진 천태종의 전적을 모아 송대 천태교관 중흥운동
   에 기여한 왕.

름을 지었다. 나라에서 대사에게 정광(淨光)이라 이름을 드렸다.

　정광존자가 이 소(疏)를 가지고 보운(寶雲)존자에게 전하고 보
운은 사명(四明)존자에게 전하니 사명은 약소(略疏)9)를 지어 이
를 세간에 흘러 행하게 하였다. 이로 인해 남은 교전이 비록 바
다 밖에 흘러 흩어졌지만, 정명의 옛 소〔淨名舊疏〕가 중국에 탈이
없음〔中國無恙〕을 알았다.10)

---

9) 사명의 약소: 현존한 『약소』는 형계선사의 약소(略疏)인데 '사명의 약
　소'라 한 것은 전해지지 않은 사명의 약소를 말한 것이 아닌가 한다.

10) (佛祖統紀 螺溪大師本傳云 天台敎迹 遠自安史挻亂 近從會昌焚毀 殘碑斷
　簡傳者 無憑 師每痛念力 網羅之 先於金華古藏 僅得淨名一疏 後因吳越王
　遣使十人 往日本國求取敎典旣回王 爲建寺 螺溪扁曰定慧 賜號淨光 淨光將
　此疏傳寶雲 寶雲傳四明四明曾作略疏 以流行之 因知餘之敎典 雖流散海東
　淨名舊疏中國無恙)

Ⅱ. 경의 편제와 대의

1. 경의 세 가름을 보임

이 경을 풀이하려는데 「서품(序品)」의 있고 없음을 먼저 정하고, 다음 바야흐로 경에 들어 통해 알게 하는 것이다. 대저 경에 품(品)이 있으면 뜻 길〔義趣〕이 얽히지 않는다. 품에 여는 가름〔序〕이 있어서 곧 이치의 실마리를 뽑을 수 있는데 하물며 통함과 따로 함의 두 엶〔通別二序〕으로 뭇 경의 책에 아득히 같아짐이겠는가.

『법화경』이 먼저 여섯 상서〔六瑞〕 펼침과 같고, 『금광명경』이 미리 금북〔金鼓〕을 꿈꾸는 것과 같다. 그러므로 한 기한의 펼쳐 연설함을 얻어 큰 버릇줄〔大綱〕을 들 수 있는 것이니 곧 여는 품〔序品〕을 베풂은 모든 경이 같이 우러르는 것이다.

홀로 이 경의 처음은 곧 「붇다의 나라〔佛國〕」라는 한 품을 처음으로 한다. 그리고 경에 들어가 다섯 일〔五事〕을 펼쳐 연설한 뒤에, 장자(長者)가 일산을 바쳐 올리니 신묘한 씀〔神用〕은 헤아릴 수 없다.

가타(gāthā)의 기리는 노래가 뒤섞여 휘날리는데 어찌 통함과 따로 함의 두 여는 품이 아니라면 환하게 가릴 수 있겠는가. 지금 편안치 못한 것은 반드시 경을 모아 세움이 없어, 글을 옮기는데 빠지거나 잘못된 것이 아닌가 의심된다.11)

---

11) 將釋此經 先定序品有無 次方入經疏解 夫經之有品 則義趣不紊 品之有序 則理緒可抽 矧通別二序 羣帙攸同 若法華之先敷六瑞 金光之預夢金鼓 故得 一期宣演 大綱可提 則序品之設 諸經之所同尚者也 獨此經之初 即冠以佛國 一品 而入經敷演五事之後 長者獻蓋 而神用回測 伽陀讚頌 而雜糅編翻 豈

대개 품의 이름과 차례는 『범망경(梵網經: Brahmajāla sūtra)』처럼 스스로 외치던가, 『대품반야(大品般若, Mahā-prajñāpāra mitā sūtra)』처럼 맺어 모아 두던가, 구마라지바처럼 경을 옮긴 이가 더하던가 한 것이다. 지금 뜻을 더하려 하는 것은 다시 헛되이 죄를 얻게 되고, 장차 그만 두려하는 것은 통해 풀이하는데 뜻 어긋나는 문이 있는 것과 비슷하다.

그러므로 경의 글〔經文〕에, 옛 옮김을 귀하게 여기지만 풀이해 알게 함에는 뜻을 세우는 것이다. 곧 사명대사(四明大師: 法智尊者)는 일찍이 또한 이렇게 말하였다.

'『정명경(淨名經)』은 붇다의 나라 인과〔佛國因果〕로 바른 종지〔正宗〕를 삼는다.'

이미 「처음 여는 품〔序品〕」이 없어서, 모든 법사들이 「붇다의 나라」반 품〔佛國半品〕을 가지고 여는 가름〔序分〕을 삼았으니, 이는 곧 옛사람도 또한 뜻을 잡아 경의 글을 나눈 것이다. 늘 세 가름〔三分〕으로 과목 삼는 것을 따르면, 처음은 여는 가름〔序分〕이고 둘째는 바른 종지의 가름〔正宗分〕이며 셋째가 흘러 통하게 하는 가름〔流通分〕이다.

'이와 같이 들음' 등의 다섯 일에서 비롯하는 것은 '통하여 여는 가름〔通序〕'이다.

다음 '그때 바이샤리성에 장자의 아들이 있었으니 이름을 보배 쌓임〔寶積〕이라 한다'에서 '허공처럼 의지할 바 없는 이께 머리 숙여 절합니다.' 게송으로 찬탄하는 데까지는 '따로 하여 여는 가름〔別序〕'이다.

非通別二序爛然可別 今不安者 要非集經之罔立 疑是翻譯之脫訛

'이곳에 머물러〔止此方〕' 다음이 바른 종지〔正宗〕의 「붇다의 나라 보이는 품〔佛國品〕」이다. 곧 "보배쌓임이 붇다께 말씀드렸다. '세존이시여, … 붇다의 국토 청정해짐을 듣고자 합니다.' "의 구절이다.

이와 같으면 서분(序分) 정종분(正宗分)의 두 뜻이 분명함을 볼 뿐 아니라 '붇다의 나라를 보이는 품〔佛國品〕'이라는 품의 제목이, 이 글의 머리에 맞는 것이, 손가락이 손바닥에 맞음과 같다〔如指諸掌〕.12)

다음 경에 들어가 풀이하는데 보통을 따라 둘로 한다. 곧 처음 경의 제목〔經題〕을 풀이하고 다음 경의 글〔經文〕을 푸는 것이다.

경의 제목을 풀이하는데도 둘이 된다. 처음 옮긴 사람을 풀이하고, 다음 제목을 풀이한다. 늘 하는 방법은 먼저 경의 제목〔經題〕을 풀이하고 다음 옮긴 사람을 풀이하는데, 지금 다른 것은 옛 주〔舊註〕가 먼저 옮긴 사람을 나타내고, 뒤에 경 제목을 풀었기 때문이다. 지금은 이미 따라 함이 옛 주〔舊註: 僧肇註〕에 있다. 그러므로 그런 것이다.

처음 옮긴 사람을 풀이한다.13)

---

12) 蓋品之名第 或自唱如梵網 或結集置如大品 或譯人添如羅什 今欲義增 復慮獲罪 將欲已之 似於疏釋有乖義門 故於經文 仍其舊貴 而於疏解 乃義立之 卽四明大師嘗亦有云 淨名經以佛國因果爲正宗 旣無序品 諸師乃將佛國半品而爲序分 是則古人亦約義分之
準常科爲三分 初序分 二正宗分 三流通分 初序分爲二 始於如是等五事 通序也 次於爾時毗耶離城有長者子名曰寶積 訖偈讚稽首如空無所依 別序也 止此方次 以正宗佛國品 卽寶積白佛 願聞得佛國土淸淨 如是則不惟見序分正宗二義了然 卽佛國品題 宜冠此文 如指諸掌

2. 옮긴이와 경 제목을 풀이함

1) 옮긴이

요진(姚秦)의 삼장법사 구마라지바(Kumārajiva)가 옮겼으니, 승조공[肇公]이 말했다.

구마라지바는 여기 말로 어린이 목숨[童壽]이라 한다.

쿠차국(Kucha, 龜玆國) 사람으로 동진(東晉) 때에 후진(後秦)의 요왕(姚王)이, 장안에 의거하며 높여 나라의 스승[國師]을 삼았다. 홍시(弘始)의 해 사이에 요진의 왕[秦主]이 승예(僧叡) 승조(僧肇) 등 팔백 사문에게 조칙하여, 구마라지바의 뜻을 받아 초당사(草堂寺)에서 경론(經論)을 번역하게 하였으니 무릇 98부로 합하면 421권이었다.

승예(僧叡) 승조(僧肇) 도상(道常) 등이 써서 받았으니 이 경도 그 하나에 해당한다.14)

2) 경 제목의 풀이

• 경의 한 이름은 '비말라키르티가 설한 경[維摩詰所說經]'이니, 이 경의 첫 제목을 풀이한다.

---

13) ○次入經疏解 準常爲二 初釋經題 二釋經文 釋題爲二 初釋譯人 二釋經題 常途則先釋經題 次釋譯人 今此異者 以其舊註 先標譯人 後釋經題 今旣仍存舊註 是故然也 初釋譯人

14) 姚秦三藏法師鳩摩羅什譯
肇公曰 鳩摩羅什 此云童壽 龜玆國人 東晉時 後秦姚氏據長安 尊爲國師 弘始年間 秦主勅僧叡僧肇等八百沙門 資受什旨 於草堂寺 翻譯經論 凡九十八部 合四百二十一卷 僧叡僧肇道常等筆受 此當其一

구마라지바공이 말했다.

비말라키르티는 여기 말로 '깨끗한 이름[淨名]'이니 곧 오백 어린이 가운데 한 명이다. '묘한 기쁨의 나라[妙喜國]'로부터 이 사바의 경계[此境]에 와 노닐었는데 응하는 바가 이미 두루 하여 본 곳[本土]에 장차 돌아가려 함에, 그 깨끗한 덕을 나타내 뭇 삶들[群生]을 적셔주려 한다.

자취[跡]를 나타내 깨칠 때에는 반드시 말미암음[由]이 있어야 한다. 그러므로 뜻 같이하는 이들에게 붇다께 나아가도록 당부하여 홀로 행하지 않았으니, 홀로 행하지 않음은 곧 그에게 병 있음[有疾]을 알게 함이다. 무엇으로 알게 하는가. 뜻 같이하는 이[同志] 오백은 큰 도를 함께 따라, 덕에 나가고 착함을 닦음에 이르러서는 움직임과 고요함을 반드시 함께 한다[動靜必俱].

지금 깨끗한 나라의 모임[淨國之會]은 업이 큰 이들이니, 그가 병 있음을 밝힘에 같이 들어 보이지 않았으나 병 있으므로 병문안의 모임이 있게 되는 것이다. 병문안의 모임은 깨끗한 나라의 모임[淨國之集]을 말미암은 것이고 깨끗한 나라의 모임은 비말라키르티의 방편[淨名方便: 示疾]을 말미암은 것이다. 그렇다면 곧 이 경의 비롯함과 마침의 말미암은 바가 참으로 있는 것이다.

만약 스스로 말함으로 살피면 뭇 성인은 공을 가지런히 함[衆聖齊功]이고, 바탕으로부터 찾으면 공(功)은 비말라키르티를 말미암음이라 그 말미암은 바의 근원을 찾으므로 '비말라키르티가 말한 바[維摩詰所說]'라고 한 것이다.

조공(肇公)이 이렇게 말했다.

'경(經)은 늘 그러함[常]이다. 옛과 지금이 비록 다르나 깨달음

의 도[覺道]는 바뀌지 않아, 뭇 삿됨이 막을 수 없고 뭇 성인이
달리할 수 없으므로 늘 그러함[常]이라 한다.15)

• 경의 다음 제목[次題]을 풀이한다.
경의 다른 한 이름은 '사유할 수 없고 말할 수 없는 해탈[不可
思議解脫]'이다.
조공(肇公)이 말했다.
'미묘하여 멀고 그윽이 깊어[微遠幽深] 하나야나의 두 수레[二
乘]가 헤아리지 못하니 사유할 수 없고 말할 수 없음[不可思議]이
다. 놓아 맡기되 걸림 없어[縱任無礙] 티끌의 얽맴이 걸리게 할
수 없으니 해탈(解脫)이다.'
이 경은 정토(淨土)로부터 비롯해 법공양(法供養)에서 마치도록
그 가운데서 밝힌 바는 비록 다르나 그 사유할 수 없고 말할 수
없는 해탈[不思議解脫]은 하나이다. 그러므로 모아서 이로써 이름
한 것이다.
위는 사람으로 경을 이름한 것[以人名經]이고 여기는 법(法)
으로써 경을 이름한 것[以法名經]이다. 법으로써 경을 이름한

---

15) 維摩詰所說經
　○二釋
　什公曰 維摩詰 秦言淨名 卽五百童子之一也 從妙喜國 來遊此境 所應旣周
　將還本土 欲顯其淳德以澤羣生 顯跡悟時 要必有由 故命同志詣佛而獨不行
　獨不行 則知其有疾也 何以知之 同志五百共遵大道 至於進德修善 動靜必俱
　今淨國之會 業之大者 而不同擧 明其有疾 有疾故有問疾之會 問疾之會 由
　淨國之集 淨國之集 由淨名方便 然則此經始終所由 良有在也 若自說而觀
　則衆聖齊功 自本而尋 則功由淨名 源其所由 故曰維摩詰所說也
　肇公曰 經者常也 古今雖殊 覺道不改 羣邪不能沮 衆聖不能異 故曰常也

것은, 뜻의 돌아감을 나타내기 때문이고[標榜旨歸] 사람으로써 경을 나타낸 것은 사람을 인해 도를 넓히기 때문이다[因人弘道].16)

3. 천태선사 다섯 겹 깊은 뜻[五重玄義]으로 경의 제목[經題]과 대의(大意)를 모아 나타냄

옛날 천태 지자대사(智者大師)는 이 경 제목을 풀이하는데 일찍이 다섯 겹의 현묘한 뜻[五重玄義]을 썼으니 다음을 말한다.

곧 사람과 법[人法]으로 경의 이름을 삼음이다[名].
참 성품의 해탈[眞性解脫]로 바탕을 삼음이다[體].
붇다의 나라 인과[佛國因果]로 실천의 마루를 삼음이다[宗].
방편과 진실의 꺾음과 거둠[權實折攝]으로 효용을 삼음이다[用].
소젖[牛乳]의 다섯 맛[五味: 乳, 酪, 生酥, 熟酥, 醍醐]에서 선 젖의 엉김[生酥]으로 가르침의 모습을 삼음이다[敎].17)

---

16) ○二釋次題二 初標
　一名不可思議解脫
　○二釋 肇公曰 微遠幽深 二乘不能測 不可思議也 縱任無礙 塵累不能拘 解脫也 此經自始於淨土 終於法供養 其中所明雖殊 然其不思議解脫一也 故總以爲名焉 上以人名經 此以法名經 以法名經 所以標榜旨歸 以人名經 所以因人弘道者也
17) ○二伸今疏二 初總標五重
　昔天台智者大師釋此經題 嘗用五重玄義 謂人法爲名 眞性解脫爲體 佛國因果爲宗 權實折攝爲用 生酥爲敎相

1) 경의 이름을 풀이함[釋名]

① 처음 경 제목을 풀이함[釋初題]

지금은 가르침의 뜻[教義]을 잡아 이를 펴서 밝히겠다.

처음 사람과 법[初人法]으로 경의 이름[名]을 삼는다는 것에서 비말라키르티는 사람[人]이고, 말한 바 경[所說經]은 법(法)이다.

만약 다음 제목[次題: 不思議解脫]을 의지하면, 곧 홑의 법[單法]으로 이름삼은 것이다. 그러나 처음 사람과 법 가운데 사람에는 말할 수 있음[能說]과 말하는 바[所說]의 다름이 있다. 만약 경의 글[經文]을 의거해 붇다로써 말할 수 있는 사람[能說人]을 삼으면 곧 비말라키르티는 말한 바 사람[所說人]이 된다.

지금 이미 제목이 '비말라키르티가 설한 경'이 되므로 곧 사람은 붇다를 가리킨 것이 아니다. 비록 끝 뒤에 붇다께 실천의 마루를 돌이키나[歸宗] 지금 또 제목을 따르면 비말라키르티로 '말할 수 있는 사람[能說人]'을 삼고 '말한 바 경[所說經]'은 법이 되는 것이다. 곧 '참 성품의 해탈'과 '붇다의 나라 인과'와, '방편과 진실의 꺾음과 거둠'은 다 말한 바 법[所說法]인 것이다.

대개 한 경의 말한 바[一經所說]는 '진리의 바탕[體]과 실천의 마루[宗], 효용의 힘[力用] 세 법[三法]' 아님이 없기 때문이다. 그러나 법은 사람을 인해 설하고, 법 증득함을 사람이라 이름하므로 사람으로 법을 좇으면 법에 이미 셋이 있으니 사람이 어찌 이를 빠뜨리겠는가.

그러므로 법을 잡아 사람을 이름하면, 참 성품의 해탈[眞性解脫]이란 비말라키르티가 증득한 바[所證] 법신의 바탕[法身之體]이다.

붇다의 나라 인과(佛國因果)는 비말라키르티가 법신을 증득할 수 있는 반야의 종지(般若之宗)이다. 방편과 진실의 꺾음과 거둠은 비말라키르티가 바탕을 좇아 일으킨 해탈의 씀(解脫之用)이다.

법이 이미 세로도 아니고 가로도 아니며 사람 또한 사유를 끊고 말을 끊어, 사람을 떠나 법이 없고 법을 떠나 법이 없다. 사람과 법을 합쳐 나타내므로 '비말라키르티가 설한 경'이라 일컬은 것이다.

경(經)이란 글자는 두 뜻풀이(二訓)가 있으니 항상함(常)을 말하고 법다움(法)을 말한다. 옛 주는 다만 한 뜻(一義)만을 두었으므로 항상함으로 경을 풀이한다. 만약 이에 보태어 더한다면 '경이란 법이다(經者法也)'고 해야 한다. 삼세의 모든 붇다는 비록 다르나 이를 법칙 삼아 도를 이룸(軌之成道)에는 차별이 없다.

이미 '이로써 스스로 행하고(自行) 다시 이로써 사람을 깨우치므로(覺人) 경(經)'이라고 말한다.18)

---

18) ○二各釋五重五. 初釋名二. 初釋初題
今約敎義以伸明之 初人法爲名者 維摩詰 人也 所說經 法也 若依次題 則以單法爲名 然初題人法中 人有能說所說之殊 若據經文 以佛爲能說人 則維摩詰爲所說人 今旣題爲維摩詰所說經 則人非指佛 雖未後歸宗於佛 今且從題 以維摩爲能說人也 所說經爲法者
則眞性解脫 佛國因果 權實折攝 皆所說法 蓋一經所說 莫非體宗力用三法故也 然法因人說 證法名人 故以人從法 法旣有三 人豈乏之 故約法名人 眞性解脫 乃維摩所證法身之體也 佛國因果 乃維摩能證般若之宗也 權實折攝 乃維摩從體所起解脫之用也
法旣不縱不橫 人亦絶思絶議 離人無法 離法無人 人法合標 故稱維摩詰所說經 經字二訓 曰常曰法 舊註但存一義 故以常釋經 若補足之 應曰又經者法也 三世諸佛雖異 軌之成道無差 旣以之而自行 復以之而覺人 故曰經也

② 다음 제목을 풀이한다〔釋次題〕.

위에서는 '사람과 법을 합해 이름함〔人法合名〕'이고 여기 다음 제목은 홑의 법〔單法〕으로 이름을 받은 것이다. '사유할 수 없고 말할 수 없음〔不可思議〕'이란 치우친 가르침과 두렷한 가르침의 인행의 지위〔偏敎圓敎因位〕에 마주하고, 나아가서 히나야나(hina yāna, 小乘)의 사유하고 말할 수 있음〔小乘之可思議〕에 마주해 말한 것이다.

대저 삼계(三界)의 울타리와 대바구니〔樊籠〕에 매이고 묶여, 다섯 길〔五道〕의 어두움과 망녕됨을 달게 받는 자는 범부(凡夫)이지만, 두 작은 수레는 이미 풀고 벗어날 수 있어, 만 가지 얽힘 밖으로 비어 아득하다.

그러나 슈라바카(śrāvaka)의 작은 행〔聲聞小行〕은, 노루가 홀로 뛰는 것과 같아 일찍이 뒤의 무리들이 돌아보지 않는 것이다. 프라데카붇다(pratyeka-buddha)의 무리와 패거리〔緣覺部黨〕는 오히려 사슴이 무리를 그리워하는 것처럼, 부질없이 저잣거리에서 무엇을 하려는가.

이들은 있음〔有〕에서 해탈할 수 있지만 공(空)에서 해탈하지 못하고, 자기〔己〕를 해탈하지만 사람〔人〕을 해탈하게 하지 못하니 사유하고 말할 수 있음〔可思議者〕이다.

이런 까닭에 히나야나(hinayāna)의 두 수레는, 삼계의 있음〔三界之有〕에서 이를 마침내 깨뜨려 공에 돌아가지만〔歸空〕, 니르바나의 없음〔涅槃之無〕을 끝내 집착하여 또 다른 있음을 이룬다〔成有〕.

오직 삼계에서 이를 깨뜨려 공(空)에 돌아간다. 그러므로 온갖 중생 나아가 임금과 신하, 아버지와 아들, 남편과 아내, 형과 아우 벗들에 이르도록, 이들과 더불어 길이 손을 모아 공경해야 하는데, 이들 보기를 마치 길거리 사람처럼 하게 된다. 이것이 작은 수레〔小乘〕가 되는 까닭이다.19)

오직 니르바나〔唯涅槃〕만 이를 집착하여 있음〔有〕을 삼는다. 그러므로 공(空)과 모습 없음〔無相〕 지음 없음〔無作〕에서 지혜의 눈으로 밝게 깨쳐야 하는데, 여기에 굳게 집착하여 이를 제호(醍醐)처럼 달게 여기니 이것이 '공을 우러르는 종〔空宗〕'이 되는 까닭이다.20)

그리하여 신통에 노닐며 붇다의 국토를 깨끗이 하고 진흙에 들고 물에 들어가 중생을 교화해 건네줌에 이르러는, 그 마음을 마르고 썩게 하여 하나도 쓸 바 없게 한다. 그는 마치 높은 언덕 뭍의 땅에 연꽃이 나지 않고, 터버린 싹 썩은 씨앗이 법의 그릇〔法器〕 이루지 못함과 같다.

---

19) ○二釋次題 上以人法合名 此以單法受稱 不可思議者 待偏教圓教因位 及小乘之可思議而說也 夫繫縛於三界之樊籠 沉酣於五道之昏妄者 凡夫也 而二乘已能解之脫之 蕭然於萬累之表 然而聲聞小行 如獐獨跳 曾是後輩之不顧 緣覺部黨 猶鹿戀衆 徒然於邑以何爲 此能解脫於有 未解脫於空 解脫於己 未解脫於人 可思議者也

　是以二乘於三界之有 竟破之以歸空 涅槃之無 竟執之以成有 惟三界破之以歸空 故於一切衆生 乃至君臣父子夫婦昆弟朋友 與之長揖 視若路人 此之所以爲小乘也

〔중생이 실상 밖이 아니므로 공경해야 하는데 깨뜨려 공(空)에 돌아가므로 작은 수레인 것이다.〕

20) 惟涅槃執之以爲有 故於空無相無作 眼智明覺 與之膠固 甘之如醍醐 此之所以爲空宗也

〔니르바나에도 취할 모습이 없으므로 지혜의 눈으로 취하지 않아야 하는데 공(空)을 취해 니르바나를 삼으므로 공종(空宗)인 것이다.〕

여래께서 이를 꺾는 그 말씀이 이와 같으니, 오히려 어떤 것을 감당해야 큰 사람의 발자취〔大人跡〕를 밟아 뛰며, 큰 사람의 일〔大人事〕을 행하겠는가.21)

그러므로 말한다.

'용과 코끼리가 차고 밟는 것〔龍象蹴踏〕은 나귀가 감당하지 못하고, 큰 바다는 소 발자국 안에 들이지 못한다.'

무릇 이를 꾸짖는 것은 다 이런 무리를 위해 베푼 것이다. 만약 보디사트바의 수레〔bodhisattva-yāna, 菩薩乘〕라면 그것은 곧 그렇지 않다. 이미 스스로를 이익되게〔自利〕할 수 있으니 다시 사람을 이익되게〔利人〕할 수 있다. 그러므로 공(空)을 증득하나 공에 머물지 않고〔不住空〕이 공한 마음을 돌이켜 있음〔有〕에 향한다.

성품〔性〕을 깨뜨리고 모습〔相〕을 깨뜨려 두루 익히고 두루 배우며, 병을 알고 약을 알아〔知病識藥〕병에 응해 약을 주어〔應病與藥〕복용하도록 한다. 먼저 신통으로 놀라게 해 움직이게 하고, 뒤에 지혜의 말재간으로 펴서 드날린다.

그러나 공(空)에서 해탈할 수 있지만 아직 중도〔中〕에서는 해탈하지 못하고 때로 '다만 중도〔但中〕' 가운데 깊이 들어갈 수 있으나 '두렷한 중도〔圓中〕'에 들어가지 못한다.

비록 소수레〔牛車〕를 끌어서 마하야나〔大乘〕라 이름하지만, '크고 흰 소의 수레〔大白牛車〕 가장 높은 에카야나(ekayāna, 一乘)'

---

21) 至於遊戲神通 淨佛國土 入泥入水 化度衆生 枯朽其心 一無所用 如高原陸地不生蓮華 如焦芽敗種不成法器 如來折之厭辭若此 尚何所堪蹋大人跡 行大人事乎

가 아니다.

만약 삼장교의 보디사트바[三藏菩薩]라면 견해의 미혹[見惑: 있음에 물든 이성적 미혹]과 지어감의 미혹[思惑: 있음에 물든 감성적 미혹]을 누르지만[伏見思] 끊지 못하고, 연의 거짓을 거치어[歷緣假] 중생을 건네주니 이는 바로 비말라키르티가 말한 바 '독그릇에 단이슬을 둔 것'과 같다. 그러면 오히려 해탈에도 오르지 못하는데 어찌 '사유하고 말할 수 있음[思議]과, 사유할 수 없고 말할 수 없음[不思議]'을 넉넉히 말하겠는가.22)

○ 세 해탈

대개 해탈에는 셋이 있으니 1. 참성품[眞性]의 해탈, 2. 두렷이 깨끗한[圓淨] 해탈, 3. 방편의 깨끗한[方便淨] 해탈이다.

깊이로 이를 밝히면 세 닦음[三修]을 거치니 곧 방편의 깨끗함[方便淨]은 두 수레[二乘]가 증득함을 허락하고, 두렷이 깨끗함[圓淨]은 보디사트바[菩薩]가 들어감을 허락하며, 참 성품[眞性]은 오직 모든 붇다[佛]께서 증득해 앎이다.

이미 다름을 거쳐[經歷別] 닦아 이루면 다 마음과 말[心言]로 이를 수 있음이니 '사유할 수 있고 말할 수 있는 해탈[可思議之解脫]'이다.

---

22) 故曰 龍象蹴踏非驢所堪 弗以大海內於牛跡 凡此彈呵 皆爲此輩人設也 若菩薩乘 其則不然 旣能自利 復能利人 故證於空 而於空不住 回此空心以向於有 破性破相 遍習遍學 知病識藥 應病與藥 令得服行 先以神通駭動 後以智辯宣敎

然能解脫於空 未能解脫於中 或能深入於但中 未能深入於圓中 雖御牛車名爲大乘 非大白牛車最上一乘 若夫三藏菩薩 伏見思而不斷 歷緣假而度生 此正淨名所謂以毒器貯乎甘露 尙未階乎解脫 烏足以言思議不思議哉

갖추어 말하면 '두렷하고 단박 깨침의 높은 수레〔圓頓上乘〕'가 밝히는 바이니 다음과 같다.

'첫 마음의 한 마음 가운데 갖춤이고, 살펴 행하는 한 생각 가운데 닦음이며, 과덕의 지위 한 마음 가운데 증득함이다.

　初心一心中具 觀行一念中修 果位一心中證'

곧 본래 있는 진제〔本有眞諦〕 그대로 온갖 법을 없애는 것〔泯一切法〕이 두렷이 깨끗한 해탈이다. 본래 있는 속제〔本有俗諦〕 그대로 온갖 법을 갖추는 것〔具一切法〕이 방편의 깨끗한 해탈이다. 본래 있는 중도제〔本有中諦〕 그대로 온갖 법을 거느리는 것〔統一切法〕이 참 성품의 해탈이다.

이는 성품〔性〕이라 닦음〔修〕이 아니며 이는 세 진리〔三諦〕라 세 살핌〔三觀〕이 아니다. 그러므로 닦음〔修〕이란 성품에 맞게 비추어 아는 것〔稱性照了者〕이다.23)

---

23) 蓋解脫有三 曰眞性 圓淨 方便淨 竪以明之 歷乎三修 則方便淨許二乘而得 證 圓淨許菩薩而得入 眞性惟諸佛而證知 旣經歷別以修成 皆以心言而可到 乃可思議之解脫也 具而言之 乃圓頓上乘所明 初心一心中具 觀行一念中修 果位一心中證 卽本有眞諦泯一切法者 圓淨解脫也 本有俗諦具一切法者 方 便淨解脫也 本有中諦統一切法者 眞性解脫也 此性也 非修也 三諦也 非三 觀也 故修也者 稱性照了者也
〔진제를 비추어 온갖 법의 실로 있음을 버리면〔泯一切法〕 두렷이 깨끗한 해탈이고, 속제를 비추어 온갖 법의 있음 아닌 있음을 세울 수 있으면〔立 一切法〕 방편의 깨끗한 해탈이며, 있음과 공함이 둘이 아닌 온갖 법을 거 느릴 수 있으면〔統一切法〕 성품이 깨끗한 해탈이다. 참성품의 해탈에서 닦음이란 지어서 닦아 얻음이 아니라, 온전히 성품을 비추어 성품 그대로 의 공덕과 씀을 발휘함이다.〕

○ 한마음의 세 진리와 세 살핌 그리고 세 해탈

진제(眞諦)를 비춰 안다는 것이 두렷이 깨끗한 해탈[圓淨解脫]이니 온갖 법을 없애면 이를 공(空)이라 이름한다. 속제(俗諦)를 비추어 알면 방편의 깨끗한 해탈[方便淨解脫]이니 온갖 법을 세우면 이를 거짓 있음[假]이라 이름한다. 중도제[中諦]를 비추어 알면 성품이 깨끗한 해탈[性淨解脫]이니 온갖 법을 거느리면 이를 이름하여 중도[中]라 한다.

세 진리[三諦]가 이미 한마음 가운데 갖춰지면, 세 살핌[三觀] 또한 한 마음 가운데서 닦으며 세 가지 해탈[三種解脫]은 한마음 가운데서 증득한다.

그러므로 곧장 두렷이 깨끗함이 다만 두렷이 깨끗함이 아니라 두렷이 깨끗함은 반드시 방편과 참 성품[方便眞性]을 갖춘다. 곧장 방편이 다만 방편이 아니라 방편은 반드시 두렷이 깨끗함과 참 성품을 갖춘다. 곧장 참 성품이 다만 참 성품이 아니라 참 성품은 반드시 방편과 두렷이 깨끗함을 갖춘다.

비록 그러하나 한 생각 두렷한 닦음[一念圓修]의 미혹 깨뜨림이 얕고 깊으므로, 증득한 바[所證]도 차제가 없지 않다.

그러므로 공관(空觀)은 있음[有]에 물든 이성적 미혹과 감성적 미혹[見思惑]을 깨뜨려 두렷이 깨끗함을 이루며, 가관(假觀)은 티끌 모래 수 미혹[塵沙惑]을 깨뜨리고 방편을 이룬다. 중도관[中觀]은 무명혹(無明惑)을 깨뜨리고 참성품[眞性]을 이룬다. 증득함은 비록 차제이나 진리는 차제가 아니다.

이런 까닭에 살핌 또한 차제가 없지 않다. 다만 인행은 비록 두렷하고 단박 행함〔圓頓〕이나, 과덕에 겸양해야 바야흐로 융통한다〔讓果方融〕. 그러므로 인행을 잡아 말하면 오히려 사유하고 말할 수 있다.

저 '사유할 수 없고 말할 수 없음의 품〔不思議品〕'과 같아서는, 방이 넓은 자리 받아들이고〔室容廣座〕, 개자가 수메루를 받아들이며〔芥納須彌〕 바다가 털구멍에 들어가되 물고기와 자라를 흔들지 않으며 세계를 끊어서 다른 곳에 던져두어도 사람들이 느껴 알지 못하게 한다.

날〔日〕을 이어 칼파〔劫〕가 되게 하고 칼파를 줄여 날이 되게 해도, 늘고 줄어듦의 다름〔延促之殊〕이 없음을 사무쳐 아니 다 과덕의 지위 성인〔果地聖人〕의 일이라 첫 마음의 경계〔初心境界〕가 아니다.24)

하물며 비말라키르티는 금싸라기 여래〔金粟如來〕가 이미 곧 오백 장자와 더불어 묘한 기쁨의 나라〔妙喜國〕에서 같이 와, 그 바탕과 자취를 구하여, 또한 자리 가지런함을 살펴서 앎이겠는가. 제목하여 '사유할 수 없고 말할 수 없는 해탈〔不思議解脫〕'이라 함 그것이 여기에 있음이로다.

그렇듯 과덕의 바름을 들어 인행을 드러내지만 인행의 바름을

---

24) 照了眞諦 圓淨解脫 泯一切法 名之曰空 照了俗諦 方便淨解脫 立一切法 名之曰假 照了中諦 性淨解脫 統一切法 名之曰中 三諦旣於一心中具 三觀亦於一心中修 三種解脫 乃於一心中證

故直圓淨非圓淨 圓淨必具方便眞性 直方便非方便 方便必具圓淨眞性 直眞性非眞性 眞性必具方便圓淨 雖然一念圓修 以破惑淺深故 而所證不無次第 故空觀破見思而圓淨成 假觀破塵沙而方便成 中觀破無明而眞性成第 證雖次第 而理非次第

是以觀亦無有次第 但因雖圓頓 讓果方融 故約因言 猶可思議 如不思議品 室容廣座 芥納須彌 海入毛孔不嬈魚鱉 斷取世界擲置他方 使人不覺不知 演日爲劫 促劫爲日 而了無延促之殊 皆果地聖人之事 似非初心境界

드러냄이란 과덕에 나아가기[趣果] 위함이다. 인행에는 깊고 얕음이 있으니 뜻은 첫 마음[初心]에 있다. 마치 '모든 붇다들의 해탈[諸佛解脫]은 반드시 중생 마음의 지어감 가운데서[衆生心行中] 구한다'고 말함과 같고 '도 아님[非道]을 행해야 붇다의 도[佛道]를 통달한다'고 함과 같다.

그렇게 당겨 이끈 것은 말에 부쳐 권함이다. '두렷함의 이름은 거짓이름인 글자의 사람[圓名字人]'이라 그리워하지 않을 수 있으나, 다만 그것이 마루가 되는 길[宗趣]에 사이하면 이는 알지 않을 수 없는 것이다.25)

왜인가. 대개 제목을 해탈이라 일컬음은 니르바나의 세 덕[三德: 法身·般若·解脫]의 한 치우침이다. 세 진리[三諦]로 이를 말하면 뜻은 거짓 있음[假]에 머문 것이니 옛사람이 '사유할 수 없는 거짓 있음[不思假]은 치우친 거짓 있음[偏假]이 아니다'고 말한 바이다.26)

---

25) 矧維摩乃金粟如來 旣與五百長者 從妙喜國以偕來 求厥本迹 諒亦位齊 題云不思議解脫 其在是乎
然而擧果正爲顯因 顯因正爲趣果 因有深淺 意在初心 如曰諸佛解脫 當於衆生心行中求 行於非道通達佛道 其所汲引 寄言勤矣 圓名字人 可不慕諸 但其間宗趣 是不可不知
〔글자의 사람[字人]: 니르바나와 보디에 이름할 것이 없지만 이름으로 나타내는 것이니, 두렷함의 이름[圓名]은 글자의 사람이라 취할 것이 없으나 실천의 길에서는 반드시 알아서 작은 수레의 치우침을 깨뜨려 두렷함에 나아가야 하므로 말한 것이리라.〕

26) 何也 蓋題稱解脫 乃三德之一偏 三諦言之 義居於假 古人所謂不思假非偏假
〔진관거사의 「삼천유문송(三千有門頌)」의 구절이니, 공을 말하면 가(假)와 중(中)이 공 아님이 없고, 가를 말하면 공(空)과 중(中)이 가(假) 아님이 없으며, 중을 말하면 공(空)과 가(假)가 중도 아님이 없다. 그러므로 있음을 말해도 다만 있음이 아니고 공을 말해도 다만 공이 아니고 중

이 거짓 있음〔此假〕이 본래 온갖 법을 갖춤은 성품이 삼천계를 갖추어〔性具三千〕 백 세계 천의 한결같음〔百界千如〕이 곧 공하고 거짓 있음이며 중도인 것〔卽空假中〕이다.

이는 '참된 공은 공하지 않아 다만 공함이 아니고, 두렷함 가운데 원만함은 다만 중도가 아니다〔眞空不空非但空 圓中圓滿非但中〕'고 말한 것이다.

그러므로 네 문〔四門: 有·無·亦有亦無·非有非無〕 가운데 '연기로 있음을 말하는 첫 문〔初門〕'이 곧 이 '사유하고 말할 수 없는 거짓있음〔不可思議假〕'인 이것이다. 그러니 이 삼천계에서 일천계는 중생과 붇다의 거짓이름〔生佛假名〕이고, 일천계는 중생과 붇다의 정보〔生佛正報〕에 속하고, 일천계는 중생과 붇다의 의보〔生佛依報〕에 속해 한 성품〔一性〕에 머문다. 그러므로 이것 그대로이나 더욱 나뉘고〔彌分〕 이를 물결치게 하나 더욱 합하니〔彌合〕 융통하여 걸림 없다.

각각이 갖추어 두루하고 갖추어 머금어서 이에 진여의 변하지 않는 바탕〔眞如不變之體〕이 각기 연 따르는 씀〔隨緣之用〕을 갖춘다. 이미 변하지 않되 연을 따르고〔不變而隨緣〕 연을 따르되 변하지 않으니 이런 까닭에 과덕 위 정보 가운데서 의보를 나타낼 수 있고〔正中現依〕 의보 가운데서 정보를 나타낼 수 있어〔依中現正〕, 작음 가운데서 큼을 나타내고 큼 가운데서 작음 나타내며, 하나가 헤아릴 수 없음이 되고〔一爲無量〕 헤아릴 수 없음이 하나

도를 말해도 다만 중도인 것이 아니라 있음과 공, 중도가 모두 부사의의 있음〔不思議有〕이고, 부사의의 공〔不思議空〕이고 부사의의 중도〔不思議中道〕이다.〕

가 될 수 있다〔無量爲一〕.

그래서 '한 작은 털끝〔毫端〕에서 보배왕의 나라를 나투고〔現寶王刹〕 가는 티끌 속에 앉아〔坐微塵裏〕 큰 법바퀴를 굴릴 수 있다는 것〔轉大法輪〕'이 대개 여기에 바탕한다. 곧 제목을 '사유하고 말할 수 없는 해탈'이라 일컬음도 또한 여기에 바탕함이다.27)

2) 바탕을 가림〔辨體〕

두 번째 참 성품의 해탈〔眞性解脫〕을 바탕 삼음은 다음과 같다.

세 해탈의 뜻〔三解脫義〕은 이미 앞에 말함과 같다. 다만 이름 풀이함〔釋名〕이 모음〔總〕이 되니 법신·반야·해탈의 세 법을 모으기 때문이다.

지금 바탕을 밝힘〔明體〕은 따로 함이 되니 세 법〔三法〕을 따로 하기 때문이다.

바탕의 글〔體章〕은 이미 따로 함이 법신(法身)에 있으므로 홀로 참 성품〔眞性〕을 나타내 바탕을 삼아, 진리 살핌〔諦觀〕에 의해 셋을 증득한다. 또 따로 함이 세 진리〔三諦〕에 있고, 세 진리〔空假中三諦〕 안에 또 따로 함이 중도(中道)에 있으니 비록 한 성품〔一性〕에 있으나 하나가 반드시 셋을 갖춘다.

---

27) 此假本具一切法者 性具三千 百界千如 卽空假中也 所謂眞空不空非但空 圓中圓滿非但中 是故四門之初門 卽是不可思議假是也 而此三千 一千屬生佛假名 一千屬生佛正報 一千屬生佛依報 居於一性 故卽之彌分 派之彌合 融通無礙

各各具遍具含 乃眞如不變之體 各具隨緣之用 旣不變而隨緣 乃隨緣而不變 是故果上能正中現依 依中現正 小中現大 大中現小 一爲無量 無量爲一

於一毫端現寶王刹 坐微塵裏轉大法輪 蓋本乎此 卽題稱不思議解脫 亦本乎此

이는 곧장 법신(法身)이 다만 법신이 아니라, 법신은 반드시 반야와 해탈[般若解脫]을 갖춘다고 말한 것이 이것이다.

비유하면 한 주인에 두 신하[一主二臣]와 같으니 비록 거느려 거둘 수 있지만 주인 되는 바탕이 높고 귀해[主體尊貴] 자재하여 왕이라 일컬음과 같다. 또 참 성품에 홀로 있음[獨在於眞性]이 법신(法身)이다.28)

3) 실천의 마루를 밝힘[明宗]

세 번째 '붇다의 나라 인과[佛國因果]'로 실천의 마루를 삼는다는 것은 다음과 같다. 앞의 참 성품은 방위가 진리의 바탕에 있다[方在理體]. 비록 중생과 붇다가 둘이 아니지만 중생이 갖춘 바는 온전히 아직 닦음의 연(緣)을 거치지 않은 것이다.

이런 까닭에 이 진리의 바탕을 증득하려면 '방위 없는 큰 씀[無方大用]'을 일으켜야 하는 것이니 요점이 '붇다의 국토를 깨끗이 하는 인행과 과덕으로서 실천의 마루[淨佛國土 因果之宗]'에 있다. 붇다의 나라가 깨끗함은 과덕[果]이고 국토를 깨끗이 하는 행[淨土之行]은 인행[因]이다. 그러므로 보배쌓임 장자[寶積長者]가 대중을 위해 열어 주도록 청한 것이니 다음과 같다.

"붇다의 땅 청정해짐을 듣고자 합니다. 오직 바라오니 세존께서

---

28) ○二辨體

　第二眞性解脫爲體者 三解脫義 已如前說 但釋名是總 總三法故 今明體爲別 別三法故 體章旣別在法身 故獨標眞性爲體 於諦觀證三 又別在三諦 三諦之內 又別在中道 雖在一性 而一必具三 所謂直法身非法身 法身必具般若解脫 是也 譬如一主二臣 雖能統攝 而主體尊貴 自在稱王 又獨在於眞性法身也

는 모든 보디사트바의 국토 깨끗이 하는 행〔淨土之行〕을 설해주
십시오."

대개 이 인행과 과덕〔因果〕을 흐릿하게 하면〔微此因果〕 이 참
성품의 해탈을 증득할 수 없는 까닭이다. 이는 곧 앞의 참 성품
이 법신(法身)에 속하고 지금의 인과는 반야(般若)에 속하기 때
문이다. 반야에는 셋이 있으니 실상반야(實相般若)는 뜻이 중도에
맞고〔해탈이 곧 고요하고 모습과 모습 없음이 둘이 아니므로〕, 관조반야
(觀照般若)는 뜻이 공(空)에 맞으며〔앎이 곧 앎 없음이므로〕, 문자반
야(文字般若)는 뜻이 거짓 있음〔假〕에 맞으니〔앎 없음이 앎 없음이
아니므로〕 다음 말과 같다.

'비유하면 어떤 사람이 빈 땅에 궁실을 지으려 하면 뜻을 따라
걸림 없지만 만약 허공에 지으려 하면 끝내 이룰 수 없다.'

어찌 공과 있음을 평등히 비추어〔空有而等照〕 진제 속제를 함께
녹임〔眞俗以俱融〕이 한 경〔一經〕의 종요(宗要)가 되지 않겠는가.29)

4) 실천의 효용을 논함〔論用〕

네 번째 방편과 진실의 꺾음과 거둠〔權實折攝〕으로 효용을 삼는

---

29) ○三明宗

第三佛國因果爲宗者 前之眞性 方在理體 雖生佛不二 而衆生所具 全未涉修
是以欲證此體 以起無方大用 要在淨佛國土因之宗 佛國淸淨 果也 淨土之
行 因也 故寶積長者爲衆啓請 願聞得佛土淸淨 惟願世尊說諸菩薩淨土之行
蓋微此因果 莫能證此眞性解脫故也 是則前之眞性屬乎法身 今之因果屬乎般
若 般若有三 實相般若 義當乎中 觀照般若 義當乎空 文字般若 義當乎假
如曰 譬如有人 欲於空地 造立宮室 隨意無礙 若於虛空 終不能成 豈非空有
而等照眞俗以俱融而爲一經之宗要乎

것은 다음과 같다.

대저 지극한 사람[至人]이 중생을 이롭게 함은 방편과 진실로 바탕을 삼고 꺾음과 거둠으로 씀[用]을 삼는다. 그러나 거둠은 바탕의 마음[本心]이 되는 것이지만 꺾음은 바탕의 마음이 아니다. 그러므로 이렇게 말한다.

'네 거두는 법[四攝法]이 이 보디사트바의 정토[菩薩淨土]이니 보디사트바가 붇다를 이룰 때, 해탈로 거두는 바 중생[解脫所攝衆生]이 이 국토에 와 태어난다.'

다만 거둠이 행해지지 못하면 반드시 먼저 이를 꺾어야 한다. 마치 샤카무니께서 사바(sabbhā, 忍土)에 보여 나타나심에, 꺾음을 먼저하고[先之以折], 아미타바붇다(Amitabha-buddha: 無量光佛)께서 다짐하여 맑고 큼을 취함에, 거둠을 뒤로 함[後之以攝]과 같다.

법을 설함에, 괴로움, 괴로움 모아냄, 괴로움이 사라짐, 괴로움 없애는 길[苦集滅道]이란 이를 먼저 하여 꺾음[折]이고, 법을 설함에 옥의 수풀[瓊林] 옥의 못[玉沼]이란 이를 보여서 거둠[攝]이다.

히나야나(hinayāna)의 법문을 보여, 이를 닦아 도를 얻음이란 이를 먼저 하여 거둠이고, '탄 싹[焦芽] 썩은 씨앗[敗種]이 법의 그릇 이루지 못한다' 함은 이를 뒤로하여 꺾음이다.

무릇 이 법문은 낱낱이 들 수 없으니 다 지극한 사람이 방편과 진실의 바탕에 의지하여 '꺾음과 거둠의 씀[折攝之用]'을 베푸는 것이다.

그러므로 때로 은혜로이 베풀어서[惠施] 거둘 수 없는 것은, 돌이켜 좇아 이를 빌어서 취하고[乞取], 은혜로이 베풀어서 그 기뺨〔喜〕을 길어오는 것은, 빌어 취함으로써 그 아낌〔慳〕을 깨뜨리고, 때로 사랑스런 말〔愛語〕로 거둘 수 없는 것은, 돌이켜 좇아 이를 꾸짖어 나무란다.30)

이는 사랑스런 말〔愛語〕이 그 나아감을 줄 수 있는 까닭이고, 꾸짖고 나무라는 것〔呵叱〕이 그 물러섬을 줄 수 있는 까닭이다. 때로 이로운 행〔利行〕이 거둘 수 없는 것은 돌이켜 좇아 거슬러 이를 빼앗으니 이로운 행이 그 뜻을 따르는 까닭이고, 거슬러 빼앗음이 그 뜻에 어긋나는 까닭이다.

때로 일 같이함〔同事〕이 거둘 수 없는 것은 돌이켜 좇아, 이와 같이하지 않으니〔不同之〕 같이하는 것이 그 나아감을 이끄는 까닭이고, 같이하지 않는 것이 그가 물러서도록 하는 까닭이다.

그러니 때로 진실로 거두고 때로 방편으로 꺾으며, 때로 진실로 꺾고 때로 방편으로 거두는 것이라, 만약 마당을 만나면 놀이를 짓고〔逢場作戱〕 가락을 의지하면 노래를 부른다〔倚調賡歌〕. 때로 못난 꼴 오랑캐 말이 옳을 수 있고 고운 모습 중국말이 옳을 수 있으며 때로 따뜻한 봄노래〔陽春〕 흰 눈의 가락〔白雪〕이 옳을 수 있고, 아랫마을 뱀 노래〔下里巴歌〕도 옳을 수 있다.

보디사트바라 일컬음이 신통에 노님〔遊戱神通〕이 되는 것도 실

---

30) ○四論用

第四權實折攝爲用者 夫至人利物 以權實爲之本 折攝爲之用 然而攝爲本心 折非本心 故曰 四攝法是菩薩淨土 菩薩成佛時 解脫所攝衆生 來生其國 第攝之不行 必先之折 如釋迦之示現娑婆 先之以折也 彌陀之誓取淸泰 後之以攝也 法說苦集滅道 先之以折也 法說瓊林玉沼 示之以攝也 示以小乘法門修之得道 先之以攝也 焦芽敗種不成法器 後之以折也 凡此法門 不能枚擧 皆至人依權實之本 施折攝之用 故或惠施之所不能攝 反從而乞取之 惠施所以汲其喜 乞取所以破其慳也 或愛語之所不能攝 反從而呵叱之

로 이에 비슷한 것이다.31)

5) 가르침의 모습을 가름함〔判敎〕

다섯째 선 소〔生酥〕로 가르침의 모습을 삼는 것은 다음과 같다.
다섯 맛〔五味〕이 서로 나는 것은 글이 『열반경』에 나온다. 천태
대사는 여래께서 다섯 때〔如來五時〕로 가르침을 폄을 판별하니
다음과 같다.

1. 소〔牛〕를 좇아 젖〔乳〕을 냄이니 붇다께서 처음 화엄(華嚴)을
설하심이다.

2. 소젖〔乳〕을 좇아 엉긴 젖〔酪〕을 냄이니 붇다께서 단박 행함 뒤
에 점차의 가르침을 폄이니 12년 가운데에 아가마를 설하심이다.

3. 엉긴 젖〔酪〕을 좇아 선 소〔生酥〕를 냄이니 붇다께서 아가마
를 설하신 뒤 팔년 안에 네 가르침〔四敎〕을 모두 설하심이다.

4. 선 소〔生酥〕를 좇아 삭힌 소〔熟酥〕를 냄이니 붇다께서 방등
(方等) 뒤에 21년간 반야경 설하심을 비유한 것이다.

5. 삭힌 소〔熟酥〕를 좇아 제호(醍醐)를 냄이니 붇다께서 반야경

---

31) 愛語所以與其進 呵叱所以與其退也 或利行之所不能攝 反從而逆奪之 利行
所以順其情 逆奪所以乖其志也 或同事之所不能攝 反從而不同之 同之所以
引其進 不同所以使其退也
然而或以實攝 或以權折 或以實折 或以權攝 若逢場作戲 倚調賡歌 媍形胡
語可也 姸質漢言可也 陽春白雪可也 下里巴歌可也 菩薩稱爲遊戲神通者 實
似乎此
〔보시(布施), 사랑스런 말〔愛語〕, 이로운 행〔利行〕, 일 같이 함〔同事〕이
중생을 거두는 네 법이지만, 거둠은 꼭 정해진 거둠이 아니라 때로 꺾음
으로 거두는 것이니 사랑스런 말로 안 되는 것은 꾸짖음으로 거두고 일
같이 해서 안 되는 것은 일 같이 하지 않음으로 거둠을 말한다.〕

뒤에 8년 안에 법화경(法華經)을 설하시고 아울러 하루 반의 밤〔一日半夜〕에 열반경(涅槃經) 설하심을 비유한 것이다.

이 『비말라키르티 수트라』는 설함이 방등(方等)에 있다. 곧 여러 큰 제자들이 비말키르티의 꾸짖음을 입은 것과 같으니 다 지난 일을 따라 폄〔追敍往事〕과 같다. 그러므로 바로 맞음이 방등에 있음〔的在方等〕을 아니 천태대사께서는 이 경의 때〔時〕가, '가득함을 반만 설할 때〔說半滿之時〕'에 마주한다고 판별하였다. 그러니 그 사이에 때로 '순전히 두렷한 경〔純圓之經〕'을 설하기도 하고, 때로 별교〔別〕와 통교〔通〕를 마주해 두렷한 경〔圓之經〕을 설하기도 한 것이다.

그러기에 이 경은 바로 반은 통교 별교 설함〔半說通別〕에 마주하는, '두렷이 가득한 글자의 가르침〔圓滿字之敎〕'에 해당한다. 비록 또한 '통교에 마주하고 별교에 마주하는 뜻'이 있으나 바름은 '반은 두렷한 가르침을 설함에 마주하는데〔對半說圓〕' 있다.32)

그러나 그 가운데 두렷함을 설하는 뜻〔說圓之義〕은 그 이르름

---

32) ○五判敎
　　第五生酥爲敎相者 五味相生 文出涅槃 大師用判如來五時施敎 一從牛出乳 喩佛初說華嚴 二從乳出酪 喩佛頓後施漸 十二年中說四阿含經 三從酪出生酥 喩佛說阿含之後 八年之內 四敎並談 四從生酥出熟酥 喩佛方等之後 二十一年 說般若經 五從熟酥出醍醐 喩佛般若之後 八年之內 說法華經 并一日半夜 說涅槃經 此經說在方等 如諸大弟子被淨名彈呵 皆追敍往事 故知的在方等 大師判此時爲對半說滿之時 然於其間 或有說純圓之經 或有對別對通說圓之經 而此經正當對半說通別 圓滿字之敎 雖亦有對通對別之義 而正在對半說圓也
　　〔말로 보임은 반은 통교 별교 설함에 마주하는 두렷한 가르침이나, 설한 내용은 두렷한 가르침의 지극함이 된다.〕

〔至〕이 두렷함의 끝〔圓極〕이 된다.

　이는 경에서 '나고 죽음이 곧 니르바나이고 번뇌가 곧 보디이다'고 하며 '여래의 해탈은 반드시 중생의 마음의 지어감 가운데서 구한다'고 하고 '도 아님을 행해야 붇다의 도를 통달한다'고 함과 같으니 어찌 '두렷하고 단박 깨침의 가르침〔圓頓〕'이 이를 넘음이 있겠는가.

　그러므로 가르침의 모습 판별함은 선 소〔生酥〕에 통하지만, 독(毒)을 선 소에 둔 것〔置毒生酥〕이니 선 소(酥)는 곧 '사람을 죽이는 가르침〔殺人之敎〕'이기 때문이다.

　처음 경 제목 풀이함〔釋經題〕을 마친다.33)

---

33) 然而其中 說圓之義 至爲圓極 如生死卽涅槃 煩惱卽菩提 如來解脫當於衆生心行中求 行于非道通達佛道等義 豈有圓頓更過於此 故雖通判敎相屬於生酥 乃置毒生酥 酥卽殺人之敎故也 初釋經題竟
　〔독을 선 소에 둠: 이 『비말라키르티경』은 다섯 맛 가운데 선 소〔生酥〕에 해당하는 언구를 써서 법을 보여도, 그 가르침은 선 소에 독을 넣음과 같다 하니 이는 그 언구에 언구가 공하고 사유에 사유가 공함을 독을 넣은 것으로 비유한 것이다. 독을 넣음이란 부사의 해탈처에서 그 언구를 부정해서 다시 살림의 뜻이라 방등의 가르침이 원교의 끝 가르침을 안고 있음을 나타냄.〕
　〔선 소에 가르침의 모습을 짝지우지만 선 소의 가르침은 네 가르침〔四敎〕을 모두 거두며, 그 가르침 안에 곧 말과 사유를 모두 끊는 독(毒)이 있으므로 사람을 죽이는 가르침이라 하나 이는 크게 죽여서 크게 살림이 된다.〕

덧붙이는 글

1. 유계(幽溪)와 『무아소(無我疏)』

유계전등(幽溪傳燈)존자는 중국 명대(明代) 천태교관 중흥조 가운데 한 분이다. 명말(明末) 고승 우익지욱선사(蕅益智旭禪師)가 젊어서 선지식을 참방하며 법을 물은 선지식 가운데 한 분이나, 지욱선사는 처음 『마하지관』의 언구로 가르치는 그의 말을 믿지 않고 돌아 나왔다.

뒤에 유계존자가 입적할 때 단좌해서 허공에 『묘법연화경(妙法蓮華經)』의 경제목을 쓰고 입적한 일을 듣고, 유계에게 참회의 제문을 쓰고 유계의 덕행과 안목을 찬탄했다.

지욱선사는 유계에 대해 선사로서 한 법의 문정(門庭)에 떨어짐을 비판해서 그의 제자가 되지 않았다. 그러나 남악·천태의 선문이 선(禪)에서 선의 모습[禪相]까지 넘어서서, 선(禪)이 다시 교(敎)가 되고 율(律)이 되고 정토(淨土)가 되며 밀(密)이 되는 선가풍임을 크게 인정하였다.

곧 남악·천태의 선문은 문정에 갇힌 선종이 아니라 붇다세존과 나가르주나의 연기 중도에 철저한 실천관이므로 문정을 세우되 문정에 갇히지 않은 선풍이었다. 지욱선사는 이러한 남악천태선문에 대한 큰 긍정의 뜻을 유계(幽溪)께 올리는 제문에서 '천태가 있으면 붇다의 법이 있고 천태가 없으면 붇다의 법이 없다[天台存佛法存, 天台亡佛法亡]'라고 가르친 '유계 존자의 뜻을 제[智旭]가 어찌 믿지 못하겠습니까'라고 술회하고 있다.

그리고 지욱선사는 그의 『영봉종론(靈峯宗論)』에서 유계의 『수능엄경원통소(首楞嚴經圓通疏)』와 『정토생무생론(淨土生無生論)』을 거론하며, 정토의 이 논이 완벽하게 정토왕생의 뜻을 보인 논이라고 찬양하였다. 유계전등존자의 스승은 진각존자(眞覺尊者)이다.

유계법사가 처음 스승을 찾아 배울 때 백송진각존자(白松眞覺尊者)가
『수능엄경』을 강설하는 자리에서 백송에게 '어떤 것이 수능엄정(首楞
嚴定)입니까' 물었다.

그때 백송이 '눈을 바로 뜨고 두루 보았다〔瞪目周視〕.'

그를 보고 유계가 홀연히 깨달아 들어갔다〔忽而契入〕. 그리하여 그의
제자가 된 유계가 진각(眞覺)을 이어 교관을 크게 드날렸다.

지욱선사는 당대 진관거사(陳瓘居士)의 「삼천유문송(三千有門頌)」
에 대한 '진각존자의 풀이〔三千有門頌解〕'를 교정하고 그 서문을 쓰면서
이 진각의 풀이가 천태삼대부(天台三大部: 法華玄義, 法華文句, 摩訶止觀)
의 요약이라고 크게 찬양하였으며, 명대 천태교관의 중흥조로 진각과
유계를 들고 있다.

유계의 『유마경무아소』는 천태선사와 담연선사의 풀이를 기본 해석
의 축으로 하되, 승조법사와 구마라지바 당시 도생법사 등의 견해를
함께 수록하고 있으므로, 『무아소』는 유마경 승조주와 천태소를 통합
한 주석서라 할 수 있다.

그래서 본 평석자도 유계존자가 인용한 승조 구마라지바 도생의 견
해를 다시 인용하여 평석에 끌어들이고 있다.

2. 가르침의 모습〔敎相〕에 대한 풀이

유계소가 천태선사의 오중현의 가운데 큰 뜻을 받고 있으나 가르침
의 모습〔敎相〕을 풀이함에 천태선사의 뜻이 온전히 드러나지 않고 있
으므로 교관에 관해 천태선사의 관점을 다시 살펴보기로 한다.

유계소는 이 경을 '대승원돈교 가운데 방위에 통한 가르침'이라 판석
하고 이 경이 '방등부의 경전으로 오롯이 함이 없되 오롯이 하지 않음
이 없다'라고 말한다.

이런 관점으로 유계존자는 이 경이 방등의 경으로서 네 사제의 법〔四

種四諦〕을 모두 이야기해서 붇다의 도에 이끈다고 말하여 『비말라키르티수트라』가 방등부의 경전이되 대승원돈의 가르침〔大乘圓頓敎〕이라고 교판하고 있다.

이는 곧 방등의 가르침으로 원교 돈교를 겸한다고 풀이한 것이니, 이 교판은 화엄의 오시 교판〔五時敎判〕과 천태 화의사교(化儀四敎)의 교판이 혼용되어 있으므로 다시 정리해야 할 필요가 있다.

『비말라키르티경』과 『대승 파리니르바나 수트라』는 모두 경 안에 네 가지 사제법〔生滅, 無生, 無量, 無作四諦〕의 뜻을 모두 말하고 있다. 그러므로 유계존자는 '이 경은 방등부의 경으로서 원교와 돈교를 겸한다'고 한 것이리라.

천태선사 교판의 입장은 네 가르침이 방등의 가르침〔方等敎〕 안에 담겨있는 것이 아니라, 네 가르침을 모두 말할 수 없음〔不可說〕에서 중생의 기틀에 따라 네 가르침을 말한 것으로 보고 있다. 『비말라키르티경』 본문으로 보면, '말할 수 없음의 뜻〔不可說義〕'은 곧 비말라키르티 보디사트바가 둘이 아닌 법문〔不二法門〕에 대해 입을 닫음이다.

곧 『비말라키르티 수트라』나 『대승 파리니르바나 수트라』나 모두 네 가르침〔四敎〕의 설법을 일으키되 모두 말할 수 없음에서 싣단타의 인연으로 네 가르침을 말함이다. 다만 『대승 파리니르바나 수트라』는 네 가르침의 인연 낱낱이 모두 늘 머무는 불성〔常住佛性〕의 뜻 드러내는 법이라 할 것이다. 그에 비해 이 『비말라키르티경』에서는 근기에 따라 설한 네 가르침이, 나고 사라짐의 사제〔生滅四諦〕에서 지음 없는 사제〔無作四諦〕까지, 모두 부사의 해탈에 이끌되, 듣는 이의 근기에 따라 그 가르침의 과덕이 응하게 되는 것이다.

천태선사의 『유마경현소(維摩經玄疏)』의 서문에 수록한 언구를 다시 인용하면 다음과 같다.

다섯째 네 가르침을 일으킴〔起四教者〕이란 다음과 같다.

곧 이는 네 말할 수 없음〔四不可說〕에서 네 가지 설법〔四種說法〕을 일으켜 네 가지 중생〔四種衆生〕을 가르치는 것이다. 이 경에서 비말라키르티〔淨名〕의 말없이 입을 닫아〔默然杜口〕 둘이 아닌 법문〔不二法門〕을 보임 이것이 『마하 파리니르바나 수트라〔大涅槃經〕』에서 네 말할 수 없음〔四不可說〕을 밝힌 뜻이다.

네 말할 수 없음이란 다음과 같다.

1. 나고 남〔生生〕도 말할 수 없음.
2. 나되 나지 않음〔生不生〕도 말할 수 없음.
3. 나지 않되 남〔不生生〕도 말할 수 없음.
4. 남도 아니고 나지 않음도 아님〔不生不生〕도 말할 수 없음이다.

이는 곧 마음의 인연〔心因緣〕으로 나고 사라짐〔緣起生滅〕을 잡아 보면, 곧 공(空)이고, 거짓 있음〔假〕이며, 곧 중도〔中〕인 네 귀절이 다 말할 수 없음이다. 그런데도 네 구절 말함을 얻을 수 있는 것은 다 실단타의 인연〔悉檀因緣〕으로 네 기틀〔四機〕에 나아가 네 설함이 있음을 얻는 것이다.

그러므로 『마하파리니르바나 수트라』는 이렇게 말한다.

'열 인연 법〔十因緣法〕은 남〔生〕이 되니 짓는 원인〔作因〕도 말할 수 있다. 열 인연법이란 무명(無明)에서 있음의 갈래〔有支〕까지 열 인연법이라 이름한다. 만약 네 실단타를 써서 이 네 가지에 나아가면 열 인연의 기틀은 네 말할 수 없음〔四不可說〕에서 네 설함이 있는〔有四說〕 네 가르침〔四教〕이다.

여기에 나아가서도 다음의 넷이 된다.

1. 실단타로 삼장의 가르침〔三藏教〕 일으킴을 밝힘,
2. 실단타로 통교(通教) 일으킴을 밝힘,

3. 실단타로 별교(別教) 일으킴을 밝힘,
4. 실단타로 원교(圓教) 일으킴을 밝힘이다.34)

위에서 살핀 바처럼 대승 방등경인 『비말라키르티 수트라』에도 실단타의 인연에 따르는 네 가르침(四教)이 모두 담겨 있고, 『대승 파리니르바나 수트라』에도 네 가르침을 설한 실단타의 인연이 다 담겨있는데, 두 경에는 무슨 차별이 있는가.
천태선사는 답한다.

방등경을 설할 때는 히나야나의 두 수레(二乘)는 다만 앞의 두 거룩한 진리(前二聖諦: 生滅, 無生)를 얻고, 헤아릴 수 없음과 지음 없음(無量, 無作)의 두 가지 거룩한 진리에는 들어가지 못한다. 대승의 파리니르바나 수트라는 그렇지 않으니 두 수레와 보디사트바도 앞의 두 가지 거룩한 진리(나고 사라짐, 남이 없음) 얻음에 그치지 않고, 두 수레도 헤아릴 수 없음과 지음 없음의 두 가지 거룩한 진리(無量無作二種聖諦)에 들어가 '붇다의 성품 봄(見佛性)'에 또한 통할 수 있다.
방등의 모든 경은 『크게 모음(大集)』등의 경을 이름하니 온갖 붇다의 법을 모으므로 크게 모음(大集)이라 이름한다. 이 마하파리니르바나(maha-pārinirvāṇa)의 이름은 모든 붇다의 법계(諸佛法界), 붇다의 성품(佛性)과 니르바나(nirvāṇa)를 이름하니 온

---

34) 第五起四教者 即是於四不可說起四種說法教四種衆生也 此經淨名默然杜口 即是大涅槃經明四不可說意也 四不可說者 一生不可說 二生不生不可說 三不生生不可說 四不生不生不可說 此即是約心因緣生滅即空即假即中四句不可說也 而得有四說者 皆是悉檀因緣赴四機得有四說也
故大涅槃經云 十因緣法爲生作因亦可得說 十因緣法者 無明至有支名十因緣也 若用四悉檀赴此四種 十因緣機於四不可說即有四說之四教也 就此即爲四 一明悉檀起三藏教 二明悉檀起通教 三明悉檀起別教 四明悉檀起圓教

갖 붇다의 법〔一切佛法〕을 머금는 것이다.35)

천태선사의 뜻으로 보면 곧 이 『비말라키르티수트라』나 『대승 파리니르바나 수트라』가 모두 연기로 있음〔有〕, 연기이므로 공함〔空〕, 공하므로 거짓 있음〔假〕, 있음과 공함이 둘이 아닌 중도〔中〕의 네 가르침을 모두 안고 있는 법이다.

다만 이 『비말라키르티수트라』는 슈라바카야나와 프라데카야나의 법집(法執)을 깨기 위한 시대정신을 안고 편집된 경이다. 그러므로 근기와 병통에 따라 중생은 각기 네 가르침의 법의 이익을 얻는다.

『대승의 파리니르바나 수트라』는 붇다의 일생 네 가르침을 근기와 병통 따라 설하신 뒤, 마지막 니르바나의 밤에 여래의 교설의 낱낱 방편이 다 하나인 진실의 법〔一眞實法〕을 보이기 위함임을 말하고, 갖가지로 설한 모든 가르침에 실로 한 법도 설함이 없음을 보인 교설이다. 곧 네 가르침이 모두 '말할 것 없고 사유할 수 없는 진리 바탕〔不思議法體〕'에서 신단타의 인연으로 일어나 낱낱 인연의 가르침이, '늘 머무는 붇다의 성품〔常住佛性〕'에 돌아감을 보인다.

그러므로 『대승의 파리니르바나 수트라』에서 네 가르침은 다 '사유할 수 없고 말할 수 없음'에서 신단타의 인연으로 설함 없이 설한 가르침이니 네 가르침이 모두 '연기 중도의 실상〔中道實相〕', '늘 머무는 붇다의 몸〔常住佛身〕'을 열어 보이고 있는 것이다.

그에 비해 이 『비말라키르티 수트라』는 중생 근기의 맞음과 세계의 인연, 중생 병통에 따라 때로 세계의 신단타, 사람을 위한 신단타, 마주해 다스리는 신단타, 때로 으뜸가는 뜻의 신단타를 써서 근기의 연

---

35) 說方等經時　二乘止得前二聖諦不入無量無作二種聖諦　涅槃不爾　二乘及菩薩非止得前二種聖諦　亦通二乘入於無量無作二種聖諦見佛性也　方等諸經者名大集等經也　以集一切佛法故名大集　是大涅槃名名諸佛法界佛性涅槃　含一切佛法也

에 맞추어, 네 가르침을 고루 베풀어 근기에 상응하는 과덕에 이끄는 가르침이니, 실단타 인연으로 세운 방편에서 방편을 넘어서면 부사의 해탈(不思議解脫)의 땅에 이르게 하는 법이라 볼 수 있다.

『비말라키르티수트라』에서 말 없음으로 보인 둘 아닌 법문〔不二法門〕은 으뜸가는 실단타로 원교의 법을 써서 부사의 해탈에 이끄는 법이라 할 수 있다. 그러나 히나야나의 두 수레는 '닦을 것 없고 증득할 것 없는 지음 없는 사제법〔無作四諦法〕'에 바로 깨쳐 들지 못하니, 세계와 사람에 따르는 인연의 실단타로 병통의 치유를 통해 그에 상응한 과덕에 머물 뿐이다.

그렇지만 본 『비말라키르티경』에서는 히나야나의 작은 수레도 이미 '부사의 해탈'에 서 있으며 '참 성품의 해탈'에 있음을 가르치고 있으니, 가르침 따라 병통을 다스리면 또한 부사의 해탈에 이르게 되는 것이다.

이 뜻이 영가선사(永嘉禪師)가 『유마경』에서 분다의 마음도장〔佛心印〕을 바로 깨쳐 전해 받은 소식이며, 고구려 보덕성사(普德聖師)가 원효(元曉) 의상(義湘) 두 제자에게 대승의 『열반경』과 이 『유마경』을 함께 묶어서 가르친 뜻이다.

❀ 대의장(大意章) 마치는 글

우리는 위에서 『비말라키르티 수트라』를 주석한 여러 성사들의 서문을 통해 본 경의 대의를 살펴보았다.

이제 조사선(祖師禪) 가풍 선사들의 법어를 통해, 이 『비말라키르티 수트라』 바로 읽는 뜻을 살펴보자. [선문염송 856칙]

운거(雲居) 선사가 어떤 승려에게 물었다
'사리가 외우는 것〔闍梨念底〕이 무슨 경인가?'
대꾸해 말했다.
'유마경입니다.'
선사가 말했다.
'유마경을 물은 것이 아니다. 외우는 것〔念底〕이 이 무슨 경인가?'
그 승려가 이로 좇아 들어갈 수 있었다.1)

이는 무엇을 물음인가. 외우는 경이 어떤 경인가를 물음인가. 외우는 자의 마음과 외움의 진실을 물음인가. 『유마경』을 외우면 이 경은 이미 마음인 경이니 경을 물음이 곧 경인 마음을 물음이리라.

장산 전(蔣山泉) 선사는 이렇게 노래했다.

유마를 물음이 아니라 외움이 무엇인가 하니

---

1) 雲居問僧 闍梨念底是什經 對曰維摩經 師曰不問維摩經 念底是什麼經 其僧
   從此得入

신라의 새매가 구름을 뚫고 지나간다.
주장자로 침에 위엄스런 신령함이 없어지니
쓸쓸한 숭산의 조왕신을 깨뜨린 선사로다.

不問維摩念甚麽　新羅鷂子穿雲過
杖頭擊着沒威靈　惆悵嵩山破竈墮

　경을 외우는 행위는 외우는 바 경을 안고 읽는 행위가 되나 경
의 문자에 문자가 공하고 경에 얻을 바 없음을 알면 경 외움이
그대로 지혜의 공함이 됨인가.
　지혜의 공함 가운데 무슨 붙잡을 신령함이 있겠는가. 북종(北
宗) 파조타선사(破竈墮禪師)가 사람의 섬김 받는 조왕신(竈王神)
의 머리를 때려 조각된 소식을 보아야 할 것이다.
　신라의 새매가 구름 뚫고 날아간다고 말했으니 외우는 자와 외
우는 경의 간격은 얼마인가.
　천장선(天章善) 선사는 노래한다.

참경을 물었지 유마경 외움을 묻지 않았으니
외우는 것이 분명함을 보았는가.
티끌 모래 같은 법문의 바다에 들어가려 함이여,
한마디로 연설해 냄이라 반드시 많을 필요 없네.

問經不問念維摩　念底分明見也麽
欲入塵沙法門海　一言演出不須多

천장선선사의 이 법어는 한 가는 망상의 티끌을 깨면〔破一微塵〕

큰 천세계에 두루한 경〔大千經卷〕 나타냄을 이리 보임이리니, 천
동각(天童覺) 선사는 다시 노래한다.

유마경을 물은 것이 아니라
보는 것이 무슨 경인가 하니
큰 천세계 경을 꺼냄은 티끌 망상 깨뜨림이라
물 가운데 소금 맛이요 빛깔 속 맑은 아교로다.
기틀 앞에 길이 있어 묘해 이름하지 못함이여,
겨우 꼴과 말 있으면 아득히 멀어져 가는데
또 이 진흙덩이로 눈동자를 바꾸었네.

　　不問維摩經　　看底甚麼經
　　大千卷出破塵情　水中鹽味色裏膠淸
　　機前有路妙難名　纔形言像迢然去
　　又是泥團換眼睛

천동선사의 이 노래는 말에서 말을 떠나면 언어문자가 곧 해탈
인데 말의 자취 집착하거나 말을 끊고 법을 구함이 모두 허물됨
을 깨우쳐 줌이리라.
그렇다면 경 보는 자가 경을 보는 한 생각에서, 밖으로 문자의
모습도 보지 않고 안으로 생각하는 자도 얻지 않을 때, 비로소
망상의 티끌을 깨, 대천세계의 경〔大千經卷〕을 펼쳐내는 것이리
라. 그러니 진흙덩이로 눈동자를 바꾸지 않아야 한다.
옛 선사의 다음 이야기를 살펴보자.〔선문염송 906칙〕

용아선사(龍牙禪師)가 게로 말했다.

산에 올라 앉아서 낚싯줄 드리운 이 보니
날이 다하도록 구차하게 물결 가에 힘쓰네.
백 개울의 끝없는 물 탐착해 보고서
그 자리가 근원인줄 알지 못하네.

登山坐看垂綸者　終日區區役浪邊
貪看百川無限水　不知當處是根源

원통수(圓通秀) 선사가 이 이야기를 들어 말했다.

얻기는 얻었으나 또 위험에 닥쳐 사람을 두려워하지 않는다.
다만 이 속은 해탈의 깊은 구덩이니 납승의 집안이라면 반드시
뛰어나야 비로소 얻는다.

그러나 비록 이와 같으나 너의 신묘한 힘을 다해 달린들 어느
곳으로 가는가.

곧 네 천하를 두루 노닐어 있는 곳마다, 지닌 파트라[持鉢]를
풀더라도 다만 이는 밥을 사냥하는 녀석이로다.

곧장 번갯불 속에 몸을 감추고 돌 불 속에 머리를 내민다고 하더
라도 법운(法雲: 원통수)의 주장자에 한때 콧구멍 꿰임을 면치 못하
리라.

그러고는 주장자를 일으켜 세우고 말했다.

마치고 비롯하는 입을 쉽게 열지만
추위 거친 속마음도 간직하기 어렵다.2)

---

2) 圓通秀擧此話云 得卽得 且臨危不悚人 只這裏 便是解脫深坑 衲僧家 須踏

易開終始口　難保歲寒心

　밖으로 구할 것 끊고, 한 생각 근원을 지켜도 또한 해탈의 구
덩이 됨을 이리 경책함인가.

　밖으로 구할 것 없되〔外無所求〕 안에도 얻을 마음이 없어야〔內
無所得〕, 문자를 버리지 않고 문자를 취함도 없이 문자를 온전히
해탈의 소식으로 쓰는 자이리라.

　누가 이 『비말라키르티 수트라』를 바로 읽어 뒷세상에 전하고
세간에 크게 유포할 자인가. 원통수 선사의 경책을 바로 알아듣
는 이가 붇다세존의 은혜 참으로 갚는 자이며, 비말라키르티와
함께 이 사바에 참으로 법공양 하는 자이리라.

　跳 始得 然雖如是 盡汝神力走 向什麼處去 便是周遊四天下 在處解持鉢 也
只是箇獵飯漢 直饒向電光裏隱身 石火裏出頭 未免法雲拄杖 一時穿却鼻孔
遂拈起拄杖云 易開終始口 難保歲寒心

제2장

유마경 본문과 해설

❀ 경을 여는 가름[序分]
　　제1. 붇다의 나라를 보이는 품[佛國品] 중 서분

❀ 경의 뜻을 바로 말하는 가름[正說分]
　　제1. 붇다의 나라를 보이는 품[佛國品] 중 정설분
　　제2. 방편을 보이는 품[方便品]
　　제3. 제자품(弟子品)
　　제4. 보디사트바의 품[菩薩品]
　　제5. 만주스리 보디사트바가 병문안 하는 품[文殊師利問疾品]
　　제6. 사유하고 말할 수 없는 해탈을 보인 품[不思議品]
　　제7. 중생 살피는 품[觀衆生品]
　　제8. 붇다의 도를 보인 품[佛道品]
　　제9. 둘이 아닌 법문[不二法門]
　　제10. 뭇 향의 나라 향 쌓임의 붇다를 보인 품[香積佛品]
　　제11. 보디사트바의 행을 보인 품[菩薩行品]
　　제12. 아쵸바야 붇다를 뵙는 품[見阿閦佛品]

❀ 법을 흘러 통하게 하는 가름[流通分]
　　제13. 법공양품(法供養品)
　　제14. 맡기어 당부하는 품[囑累品]

경을 여는 가름[序分]

이끄는 글

이끄는 글

경의 글을 바로 풀이하는데 먼저 경을 여는 가름〔序分〕이니, 그 가운데 '모든 경에 통하여 여는 가름〔通序〕'이 있고, 이 경에만 '따로 하여 여는 가름〔別序〕'이 있다.

통하여 여는 가름에도 여섯이 있다.

처음은 '이와 같음〔如是〕으로 보이는, 들은 바 법의 바탕〔所聞法體〕'이고, 둘째는 '받아 지니는 사람〔能持人〕'이고, 셋째는 '들어 지님이 어울려 합함〔聞持和合〕'이고, 넷째는 '가르침을 설하는 주인〔說教主〕'이다. 다섯째는 '의지하는 곳〔所依處〕'이고, 여섯째는 '함께 들어 지니는 벗들〔聞持伴〕'이다.

천태선사는 말한다.

'이 여섯 일은 또한 도장 찍어 정해 여는 가름〔印定序〕이니, 삼세의 모든 붇다께서는 경의 처음에 다 이와 같음〔如是〕을 두기 때문이다. 또한 통하여 여는 가름〔通序〕이라고 하니 모든 경과 함께 하기 때문이다.

또한 경의 뒤에 여는 가름〔經後序〕이라고 이름하니 경을 모아 엮는 이〔結集者〕가 두기 때문이고, 또한 경의 앞에 여는 가름〔經前序〕이라고 이름하니 남겨 맡겨서 편안케 하기 때문이고, 또한 삿됨을 깨뜨려 여는 가름〔破邪序〕이라고 하니 바깥길〔外道〕의 헛된 물거품〔阿漚〕을 마주해 깨뜨리기 때문이며, 또한 믿음을 증명하여 여는 가름〔證信序〕이라고 하니 듣는 자로 하여금 의심하지 않도록 하기 때문이다.

이 여섯 말〔六說〕을 모으면 이것이 네 싣단타의 뜻〔四悉壇義〕이니, 그 가운데 처음은 들은 바 법의 바탕〔所聞法體〕이다.'[1]

붇다의 가르침이 동아시아의 불교에서 한문으로 번역된 이래, 경전의 말씀을 여는 가름[序分], 바른 뜻을 보이는 가름[正宗分], 흘러 통하게 하는 가름[流通分]으로 나누는 것은 경전해석의 일반적인 방법이 되어 왔다.

그것은 『법화경』이 「서품(序品)」에서 경 설하기 전 여섯 상서[六瑞]를 보이고 다음 「방편품(方便品)」을 보임과 같다. 그리고 『금광명경(金光明經)』이 미리 쇠북을 꿈꾸고서[預夢金鼓] 경의 뜻을 펼쳐 보임과 같다. 이 경은 붇다의 나라 인과[佛國因果]를 경의 '실천의 마루[宗]'로 삼는데, 이 실천의 마루를 보이기 전, 다른 경이 미리 보인 상서와 같은, 본 경만의 경을 여는 실마리가 되는 글이 없다.

이는 아마 산스크리트본이 편집되는 과정에서 잘렸거나, 한문으로 번역되는 과정에서 경을 옮긴이가 빠뜨렸을 것이다. 그러나 구마라지바의 번역장에서 직접 강설을 듣고 『유마경 주』를 쓴 승조법사(僧肇法師) 이후, 「불국품」 가운데 정토행(淨土行)을 설하기 전 그 앞까지를 서분(序分)으로 보고, 장자 보배쌓임이 붇다세존을 찬탄한 뒤 '국토를 깨끗이 하는 행[淨土行]'을 물어 답하신 부분부터 경의 뜻 바로 설한 가름[正宗分]으로 보는 것이 일반화되어 왔다.

천태선사(天台禪師) 형계선사(荊溪禪師)가 그를 계승하고 있으므로 본 해석서 또한 경을 나누는 가름의 큰 줄기를 그에 따라 풀이한다.

---

1) 此之六事 亦名印定序 三世諸佛 經初皆安如是故 亦名通序 與諸經同故 亦名經後序 結集者所置故 亦名經前序 遺囑令安故 亦名破邪序 對破外道阿漚故 亦名證信序 令聞者不疑故 總此六說 是四悉檀意也 初所聞法體

제1. 붇다의 나라를 보이는 품〔佛國品〕 가운데 서분

1. 믿음을 증명해주는 첫머리〔證信序〕

해제

세간법의 진실을 깨침으로 법의 깃발을 삼는 붇다의 가르침은 절대 신의 계시나 신의 언약 받은 선지자의 말이 법의 증명이 될 수 없다.

불교에서는 세간법의 진실을 깨친 분〔Buddha〕의 법의 실상 그대로의 말〔如實言〕이 가르침의 출발이 된다. 그리고 그 가르침을 진실대로 들은 중생이, 스스로 그 진실을 깨쳐 자신의 삶속에서 말씀대로의 행〔如實行〕으로 해탈을 구현함으로 그 가르침의 진리성이 검증된다.

그러므로 그 깨침과 가르침의 검증은 지금 역사 현장을 떠나지 않는다. 지금 이곳 삶의 장에서 위없는 보디〔anuttara-bodhi〕의 도를 깨친 여래의 말씀을, 직접 듣거나 전해 듣고서 스스로의 삶속에서 그 가르침이 자기 삶과 세계의 진실이며 해탈의 길임을 체달한 이가, 가르침의 진리성을 역사적으로 검증한다. 또한 그 가르침이 보이는 바 연기의 진실은 온갖 때 온갖 곳에 널리 통하는 진실이므로, 지금 이곳 나의 한 생각에서 생각에 생각 없는〔於念無念〕 진실을 통달한 이가 때와 곳을 넘어 연기법의 진실을 검증한다.

그러므로 붇다의 모든 경전은, 이와 같은 법〔如是法〕을 깨쳐 이와 같이 말씀하는 분 붇다(Buddha)와, 가르침을 이와 같이 들어〔聞〕 세간 대중에 다시 말한 아난다(Ānanda)와, 함께 들은 대중〔衆〕, 법을 들은 때〔時〕와 곳〔處〕 이 여섯 조건의 성취〔六成就〕로 경을 시작한다.

지금 이곳 말하는 이와 듣는 이, 말하고 들은 법, 듣는 때와 곳을 떠나지 않되 그때와 곳, 경험하는 행위에 갇히지 않는 삶의 진실 세계의 실상〔諸法實相〕이 붇다세존의 가르침이다.

1) 경을 말한 때와 곳2)

이와 같이 내가 들었다. 한때에 붇다3)께서는 바이샬리성 암라 팔리 나무 동산에 계시며 큰 비구대중4) 팔천 사람과 함께 하시

---

2) 경을 들어서 전한 이, 경을 설한 분과 이와 같이 들은 법, 경을 설한 때 와 곳, 같이 들은 무리의 여섯 성취〔六成就〕를 보임.

3) 여래의 열 이름〔如來十號〕: 불교는 위없는 깨달음의 완성자 붇다의 깨침 〔覺, bodhi〕으로부터 출발한다. 붇다의 위없는 보디와 공덕을 기리기 위해 붇다께는 여러 이름이 있다. 동아시아불교권에서는 여래십호(如來十號)라는 말로 여래를 기리는 여러 이름을 거두어 보이니, 열 이름은 다음과 같다.

① 여래(如來, tathagata): 오되 옴이 없이 진리대로 오신 분, ② 응공 (應供, arhat): 공양해야 할 분, ③ 정변지(正遍知, samaksambuddha): 바르고 두루하게 깨치신 분, ④ 명행족(明行足, vidya-carana-sampan na): 밝은 지혜와 행을 갖춘 분, ⑤ 선서(善逝, sugata): 해탈의 세계 에 잘 가신 분, ⑥ 세간해(世間解, lokavid): 세간의 진실을 잘 아시는 분, ⑦ 무상사(無上士, anuttara): 위없는 스승, ⑧ 조어장부(調御丈夫, purusadamya-sarathi): 중생을 잘 고루어 이끄시는 분, ⑨ 천인사(天 人師, sasta devamanusyanam): 하늘과 사람의 스승, ⑩ 불세존(佛世 尊, buddho bhagavat): 붇다이신 세간에서 존귀한 분.

끝의 불세존은 붇다와 바가바의 두 이름이 합해진 명칭.

4) 상가〔衆〕: '대중'이란 인도 말로 상가(samgha)이다. 여기 말로 옮기면 화 합하는 대중〔和合衆〕이다. 한 사람은 화합이라 이름하지 않는다. 네 사람 이상을 화합이라 이름한다. 일의 어울림〔事和〕에는 달리하는 대중이 없고 〔無別衆〕, 법의 어울림〔法和〕에는 달리하는 진리가 없다〔無別理〕. 붇다께 서 법 설함에는 늘 몇몇의 사람과 더불어 함께 하시었으니 『법화경』은 '일만 팔천 사람과 함께하셨다' 했고, 다른 경은 많이들 '천이백오십 사람과 함께하셨다' 했는데, 지금 이 경은 '팔천 사람과 함께 하셨다'고 한다.

『석론(釋論)』에서는 네 가지 상가를 밝힌다. 깨끗한 생활〔淨命〕에 의지 하지 않으면 계를 깨뜨리는 상가〔破戒僧〕라 이름한다. 다르마〔法〕와 비나 야〔律〕를 알지 못하면 어리석은 상가〔愚癡僧〕라 이름한다. 다섯 방편의 법 짓는 대중을 부끄러워하는 상가〔慚愧僧〕라 이름한다. 만약 남이 없는 법〔無生法〕을 알아 참을 수 있으면 진실한 상가〔眞實僧〕라 이름한다. 이 가운데 세 가지는 옳음이 아니고, 다만 진실한 상가가 옳은 것이다.

었는데 보디사트바는 삼만 이천이었다.5)

如是我聞 一時佛在毘耶離庵羅樹園 與大比丘衆八千人俱 菩薩三萬二千

---

5) 【영역에 대하여: 불교경전 언어는 넓게 산스크리트, 팔리어로 대표되는 인도어와 동아시아에서 한문과 한문에 의해 번역된 주변국 경전언어, 티베트어를 큰 줄기로 하는 언어권, 근대에 이루어진 영어 러시아어 등 유럽어 계열이 있다. 이 『유마경』은 산스크리트 원문이 없고 한역과 티베트어 번역이 있다. 언어소통의 세계적인 흐름에 따라 처음 영역본을 본서에 첨부하려 했으나, 영문 번역의 문제점을 발견하고 아주 일부분만 번역의 예를 보이기 위해 첨부한다. 영역은 런던의 Sambhala 출판사에서 발간한 중국계 Lu Kuan yu의 유마경 번역이다.】

이 문장에 대한 영역과 모인 대중의 덕을 찬탄하는 첫 부분의 영역은 다음과 같다.

Thus have I heard. Once upon a time the Buddha sojourned in the Amra park at Vaiśāli with an assembly of eight thousand great bhikṣus. With them were thirty-two thousand Bodhisattvas who were well known for having achieved all the perfections1 that lead to the great wisdom.

They had received instructions from many Buddhas and formed a Dharma-protecting citadel. By up-holding the right Dharma, they could give the lion's roar (to teach others); so their names were heard in the ten directions. They were not invited but came to the assembly to spread the teaching on the Three Treasures to transmit it in perpetuity.

이 영역에 대한 우리말 직역의 보기를 보이면 다음과 같다.

'이렇게 내가 들었다. 어느 때 붇다께서는 바이샬리 암라나무 동산에 머무셨다. 그곳에서는 팔천 위대한 빅슈의 무리가 함께 하였으며, 그들과 더불어 삼만 이천 보디사트바들이 같이 있었다. 그들은 위대한 지혜에 이끄는 완성의 행을 달성함으로 잘 알려진 분들이었다. 그들은 많은 붇다로부터 근본 교훈을 받아 들였으며 바른 법을 유지함으로써 법을 수호하는 성을 이루었다. 그들은 남을 가르치기 위한 사자의 외침을 줄 수 있었으며, 그렇게 그들의 이름은 시방에 널리 들리었다. 그들은 초대받지 않아도 영원토록 전도하여 삼보의 가르침을 펼치기 위해 대중에 갔다.'

2) 함께한 대중의 덕을 찬탄함[嘆德]

뭇 사람들이 아는 분들로서 큰 지혜의 바탕 되는 행[大智本行]을 다 이루어 모든 붇다의 위신의 힘이 세우신 바라, 법을 보살피는 성(城)이 되기 위해 바른 법을 받아 지니어6), 사자의 외침[師子吼]을 할 수 있었다. 이름은 시방에 들리고 뭇 사람들이 청하지 않아도 벗이 되어 그들을 편안케 하며, 삼보를 잇고 넓혀[紹隆三寶] 끊어지지 않게 하였다.

마라7)와 원수를 항복받아 모든 바깥길을 눌러서 다 이미 청정해졌으며 길이 모든 얽힘을 떠나 마음은 늘 걸림 없는 해탈에 머물렀다. 바른 생각·선정(dhyāna)·다라니(dhārani)와 말재

---

6) 바른 법과 법의 성을 보살핌[護法城]; 구마라지바 법사가 말했다. '법의 성[法城]은 곧 실상의 법이니 밖으로 법의 성을 보살펴야 안으로 받아지님이 굳건해진다.'
   전등(傳燈)은 말한다. '바른 법이란 본래 깨침[本覺]의 묘한 성품이고, 법을 보살핌이란 새로 깨침의 두렷이 닦음이다. 무릇 보디사트바가 되는 것은 먼저 두렷이 닦음이 있어 이로써 법의 성을 보살피는 것이다. 그런 뒤에 여래께서 말씀하신 바른 깨침에 본래 있는 성품을 바야흐로 닦아 지니므로 본래 깨침을 받아 지니어 잃지 않게 된다. 그리하여 온갖 세 미혹의 허물과 그름에 더불어 네 마라 뭇 악[四魔衆惡]이 들어오지 못하게 하니 곧 참으로 법을 보살핌이다.'

7) 뭇 마라[衆魔]; 구마라지바 법사가 말했다. '마라[魔]는 네 마라[四魔]이다. 남이 없는 참음[無生忍]을 얻어 번뇌를 길이 끊으므로 탐욕의 마라[欲魔]를 항복받는다. 법신(法身)을 얻으면 곧 다시 육신을 얻지 않으니 곧 몸의 마라[身魔]를 항복받음이다. 몸이 없으면 죽음이 없으니 곧 죽음의 마라[死魔]를 항복받음이다. 세 마라가 없으면 곧 마라의 왕 파아피스가 틈을 얻지 못하므로 하늘 마라[天魔]를 항복받음이다.' 이는 마치 사리푸트라가 바깥길과 더불어 말로 따지는데 이레 낮 밤으로 따진 뒤에야 이겼다고 함과 같으니 이것도 그에 견줌이다.

간이 끊어지지 않았고, 보시(布施)・계 지님[持戒]・욕됨 참음[忍
辱]・정진(精進)・선정(禪定)・지혜(智慧), 방편의 힘[方便力]이 갖
취지지 않음이 없다. 얻을 바 없음을 얻어 법의 참음을 일으키지
않고[不起法忍][8] 이미 따를 수 있어, 물러섬 없는 법의 바퀴를
굴리고[轉不退輪] 법의 모습을 잘 알며, 중생의 근기를 알았다.

---

8) 남이 없는 법의 참음[無生法忍]을 일으키지 않음[不起法忍]: 남이 없는
  법의 참음은 번뇌가 본래 나되 남이 없는 법을 깨쳐 참음이니 일으킬 모
  습이 없다. 구마라지바 법사는 말한다.
  '앎이 있는 이래 일찍이 법을 보지 않았다가 지금 비로소 믿을 수 있고
  받을 수 있어 참아 두려워하지 않으니[忍不恐怖] 편안히 머물러 움직이
  지 않으므로 참음[忍]이라 한다.'
  법의 참음은 보디의 다른 이름이니, 『인왕경(仁王經)』의 말씀에 의거하
  면 다섯 참음[五忍]이 있다. 첫째 눌러 참음[伏忍]이니, 별교는 열 믿음
  [十信]에 있고 원교는 오품(五品)에 있다. 둘째 믿음의 참음[信忍]이니,
  별교는 열 머묾[十住]에 있고 원교는 일곱 째 믿음[七信]에 있다. 셋째
  부드럽게 따라 참음[柔順忍]이니, 별교는 열 행[十行]과 열 회향[十廻向]
  에 있고 원교는 여덟・아홉・열째 믿음[八九十信]에 있다. 넷째 남이 없
  는 참음[無生忍]이니, 별교는 열 지위[十地]에 있고 원교는 첫 머묾[初
  住: 十住의 처음]에 있다. 다섯째 고요히 사라진 참음[寂滅忍]이니, 별교
  는 묘한 깨침[妙覺]에 있는데 원교의 두 번째 행함[二行: 十行]에 해당
  하니 원교라야 지극히 묘한 깨침이다.
  지금 모든 보디사트바가 법의 참음을 일으키지 않으니 다섯 참음에서
  어느 참음에 속하는가.
  위의 옛 조사의 풀이로 보면 삼장교의 구경각[藏敎究竟覺]이라도 원교
  의 믿음의 지위에 지나지 않으니, 이는 성인의 언교 세움은 중생의 집착
  에 응함이라 말자체로 그 내용을 가릴 수 없다. 그러므로 조사선 지상주
  의의 입장에서 선종에서는 구경각이 견성(見性)이라 했는데, 천태선문에
  서는 초발심주가 견성이라 했으니 천태는 교종이라 말한 일부 선류의 주
  장은 언어이해의 혼란에 그 까닭이 있음을 알아야 한다. 자교오종(藉敎悟
  宗)의 실천관이 어찌 다만 교종일 것인가. 또 이 경에 문자가 곧 해탈의
  모습이라 했으니 선교판별론을 말하는 이들이 실은 참된 선의 종지[禪
  宗]에 눈 어두움을 스스로 말하는 셈인 것이다.

모든 대중을 덮어 두려울 바 없음〔無所畏〕을 얻고 공덕 지혜로 그 마음을 닦고, 좋은 모습으로 몸을 꾸미어〔相好嚴身〕 빛깔 모습〔色像〕이 으뜸감에,9) 모든 세간의 좋은 꾸밈거리를 버리고, 이름을 일컬음은 높고 멀어서 수메루산(Sumeru)을 넘었다. 깊은 믿음은 굳세고 단단하여 마치 금강과 같고, 법의 보배 널리 비추어 단이슬을 비 내리어, 뭇 말에서 미묘하기 으뜸이었다.

깊이 연기(緣起)에 들어가, 모든 삿된 견해를 끊어 있음과 없음

---

9) 상호로 몸을 꾸밈〔相好嚴身〕이 중도관(中道觀)이 됨을 말함: 승조법사가 말했다. '마음은 지혜의 덕으로 꾸미고 꼴은 좋은 모습으로 꾸민다.'

이를 유계존자가 보인 살핌의 지혜로 풀이해 보자.

공관을 닦아 지혜를 돕고 가관을 닦아 공덕을 도우며 중도관을 닦아 몸의 모습〔色相〕을 돕는다.

따지는 이가 말했다. 공과 거짓 있음의 살핌을 닦아 두 법을 돕는 것은 그럴 수 있지만, 중도의 살핌을 닦아 몸의 모습을 돕는 것은 그것이 그렇지 못할까 걱정입니다. 대개 몸의 모습은 밖으로 꾸밈이라 일이 거짓 있음에 속하는데 왜 이를 법신이라 말합니까?

답한다. 물질을 거짓 있음이라 한 것은 범부의 뜻에 속한다. 물질이 법에 속한다고 하면 성인의 지혜에 속한다. 그러므로 『승만경』은 붇다를 찬탄해 이렇게 말한다.

여래의 아름다워 묘한 몸은 　　　 / 세간에서 더불어 같음이 없네.
견줌 없어 사유하고 말할 수 없으니 /그러므로 지금 머리 숙여 절합니다.

如來妙色身　世間無如等　無比不思議　以故今敬禮

또 경은 말한다.

여래의 몸은 다함없으며 / 지혜 또한 다시 그러하네.
온갖 법은 늘 머무르니 / 그러므로 저는 귀의합니다.

如來身無盡　智慧亦復然　一切法常住　是故已歸依

『기신론』은 말한다. '여래 몸의 성품이 곧 이 지혜이다.'

이런 여러 증명이 널리 여러 경에 맞으니 애오라지 몸을 거짓 있음이라 하면 어찌 마하야나이겠는가.

두 가(有無二邊)에 나머지 다른 익힘이 없었으며, 법을 연설하는 데 두려움 없어 마치 사자의 외침 같았다. 그가 강설함은 마치 우레가 떨침 같아 헤아림 없고 이미 헤아림을 지나 뭇 법의 보배를 모으니 마치 바다 길의 길잡이 같았다(如導師).

모든 법의 깊고 묘한 뜻을 밝게 통달하여, 중생이 가고 오며 나아가는 곳과 마음의 행한 바를 잘 알았다. 같음 없이 같은(無等等) 붇다의 자재한 지혜와 열 힘(十力), 네 두려움 없음(四無所畏), 열여덟 함께하지 않는 법(十八不共法)에 가까이하여, 온갖 모든 악한 길을 막았다. 그렇지만 다섯 삶의 길(五道)에 태어나 그 몸을 나타내 큰 의왕(大醫王)이 되어 뭇 병을 잘 낫게 하고 병을 따라 약을 주어(應病與藥) 복용하게 하였다.

그리하여 헤아릴 수 없는 공덕(無量功德)을 다 성취하고, 헤아릴 수 없는 붇다의 땅(無量佛土)을 다 꾸며 깨끗이 하니 그것을 보고 듣는 자는 이익을 받지 않음이 없었으며, 모든 지은 것에 또한 함부로 덜어냄이 없어서 이와 같이 온갖 공덕을 다 갖추었다.

衆所知識 大智本行 皆悉成就 諸佛威神之所建立 爲護法城 受持正法
能獅子吼 名聞十方 衆人不請友而安之 紹隆三寶 能使不絶
降伏魔怨 制諸外道 悉已淸淨 永離蓋纒 心常安住無礙解脫 念定總持 辯
才不斷 布施持戒 忍辱精進 禪定智慧 及方便力 無不具足 逮無所得 不起
法忍 已能隨順 轉不退輪 善解法相 知衆生根
蓋諸大衆 得無所畏 功德智慧 以修其心 相好嚴身 色像第一 捨諸世間
所有飾好 名稱高遠 踰於須彌 深信堅固 猶若金剛 法寶普照 而雨甘露 於
衆言音 微妙第一
深入緣起 斷諸邪見 有無二邊 無復餘習 演法無畏 猶獅子吼 其所講說
乃如雷震 無有量已過量 集衆法寶 如海導師
了達諸法 深妙之義 善知衆生 往來所趣 及心所行 近無等等 佛自在慧

十方無畏 十八不共 關閉一切 諸惡趣門 而生五道 以現其身 爲大醫王 善
療衆病 應病與藥 令得服行 無量功德 皆成就 無量佛土 皆嚴淨 其見聞者
無不蒙益 諸有所作 亦不唐捐 如是一切功德 皆悉具足

　그 보디사트바들의 이름은 평등히 살피는 보디사트바, 평등하
지 않음을 살피는 보디사트바, 평등하되 평등하지 않음〔等不等〕
을 살피는 보디사트바, 선정이 자재한 보디사트바, 법에 자재한
왕의 보디사트바, 법의 모습인 보디사트바, 밝은 빛 보디사트바,
빛으로 꾸민 보디사트바, 크게 꾸민 보디사트바, 보배 쌓임 보디
사트바, 말재간 많은 보디사트바, 보배 손 보디사트바, 보배 도
장손 보디사트바, 늘 손을 드는 보디사트바, 늘 손을 내리는 보
디사트바, 늘 슬퍼 아파하는〔常慘〕 보디사트바, 기쁨의 뿌리 보
디사트바, 기쁨의 왕 보디사트바, 말소리 보디사트바, 허공의 곳
간〔虛空藏〕 보디사트바, 보배 횃불 쥔 보디사트바, 보배에 용맹한
〔寶勇〕 보디사트바, 보배를 보는 보디사트바, 인드라하늘왕의 그
물〔帝網〕 보디사트바, 밝은 그물 보디사트바, 따라 살핌 없는 보
디사트바, 지혜 쌓임 보디사트바, 보배 빼어난 보디사트바였다.
　하늘왕 보디사트바, 마라 무너뜨리는 보디사트바, 번개 덕 보
디사트바, 자재왕 보디사트바, 산이 서로 치는 소리 보디사트바,
코끼리 모습 보디사트바, 흰 코끼리 모습 보디사트바, 늘 정진하
는 보디사트바, 쉬지 않는 보디사트바, 묘하게 나는〔妙生〕 보디
사트바, 꽃으로 꾸민〔華嚴〕 보디사트바, 세간 소리 살피는〔觀世
音〕 보디사트바, 큰 힘 얻는 보디사트바, 브라흐마 그물〔梵網〕
보디사트바, 보배 지팡이 보디사트바, 이길 수 없는 보디사트바,
땅을 꾸미는〔嚴土〕 보디사트바, 금 머리상투 보디사트바, 구슬

머리상투 보디사트바, 마이트레야 보디사트바, 만주스리 법왕의 아들 보디사트바 등 이와 같은 삼만 이천 분들이었다.

其名曰等觀菩薩 不等觀菩薩 等不等觀菩薩 定自在王菩薩 法自在王菩薩 法相菩薩 光相菩薩 光嚴菩薩 大嚴菩薩 寶積菩薩 辯積菩薩 寶手菩薩 寶印手菩薩 常擧手菩薩 常下手菩薩 常慘菩薩 喜根菩薩 喜王菩薩 辯音菩薩 虛空藏菩薩 執寶炬菩薩 寶勇菩薩 寶見菩薩 帝網菩薩 明網菩薩 無緣觀菩薩 慧積菩薩 寶勝菩薩

天王菩薩 壞魔菩薩 電德菩薩 自在王菩薩 功德相嚴菩薩 獅子喉菩薩 雷音菩薩 山相擊音菩薩 香象菩薩 白香象菩薩 常精進菩薩 不休息菩薩 妙生菩薩 華嚴菩薩 觀世音菩薩 得大勢菩薩 梵網菩薩 寶杖菩薩 無勝菩薩 嚴土菩薩 金髻菩薩 珠髻菩薩 彌勒菩薩 文殊師利法王子菩薩 如是等三萬二千人

다시 만 브라흐마하늘왕과 시기(śikhi) 등이 있어, 다른 네 천하[四天下]로부터 붇다 계신 곳에 와서 법을 들었다.

다시 만이천의 샤크라하늘 왕이 있어, 네 천하로부터 와서 모임 자리에 앉았으며 아울러 다른 큰 위력의 모든 하늘, 용과 신, 야차, 간다르바, 아수라, 킴나라, 마호라가 등이 모두 와서 모임에 앉았으며, 여러 비구 비구니[10], 우파사카, 우파시카도 같이

---

10) 비구, 비구니: 비구 비구니는 팔리어에 기반한 소리 옮김이고, 산스크리트 발음으로는 빅슈, 빅슈니(biksu, biksuni)이다. 비구에 대해서 승조법사는 말한다.

'중국말로는 깨끗한 생활방식으로 밥을 빎[正命乞食]이고, 번뇌를 깨뜨림[破煩惱], 계를 지님[能持戒], 마라를 두렵게 함[怖魔]인데, 인도에서는 한 이름으로 네 뜻을 거둘 수 있으나 중국말로는 옮길 수 없다. 그러므로 본래 이름을 두었다.'

比丘者 肇師云 秦言淨命乞食 破煩惱 能持戒 怖魔等 天竺一名 該此四義 秦無以翻 故存本稱

구마라지바 법사는 말했다.

와 모임에 앉았다.

그때 붇다께서는 헤아릴 수 없는 백 천의 무리에게 공경히 에 워싸여 그들을 위해 법을 설하시니 비유하면 수메루산 왕이 큰 바다에 드러나 자리에 편안히 함과 같았으며, 뭇 보배의 사자자 리는 온갖 여러 곳에서 온 대중을 덮고 있었다.

復有萬梵天王 尸棄等 從餘四天下 來詣佛所而聽法 復有萬二千天帝 亦 從餘四天下 來在會坐 幷餘大威力 諸天 龍神·夜叉·乾闥婆·阿修羅· 迦樓羅·緊那羅·摩睺羅伽等 悉來會坐 諸比丘比丘尼 優婆塞 優婆夷 俱 來會坐

彼時 佛與無量百千之衆 恭敬圍繞 而爲說法 譬如須彌山王 顯于大海 安 處 衆寶獅子之座 蔽於一切諸來大衆

평석

1. 본 경 설하는 법의 모임의 여섯 성취와 설함과 들음의 실상

인연으로 있는 세간의 법 밖에 초월적 신성을 말하지 않는 붇다의 가르침에서는 초월적 신성이 보이는 계시의 빛이나 계시의 언어가 '이 와 같은 법[如是法]'의 증명이 될 수 없다. 세간법의 진실 밖에 여래의 지혜가 없고 여래의 지혜 밖에 세간법의 진실이 따로 없으니 여래를

'처음 처와 자식의 집[妻子家]을 나와서는 밥을 빌어 스스로 청정하게 목숨 살림을 돕고 끝내 삼계의 집[三界家]을 나옴이니 반드시 번뇌를 깨 뜨려 계를 지니어 스스로 지켜야 한다. 이 두 뜻을 갖추면 하늘 마라가 그 경계 벗어남을 두려워한다.'

什師云 始出妻子家 應以乞食自資淸淨活命 終出三界家 必須破煩惱持戒自 守 具此二義 天魔怖其出境也

따라 이와 같은 법을 중생이 듣고 스스로 깨쳐, 해탈을 중생 스스로 증득할 수 있음이 진리의 역사적 검증이 된다.

붇다 세존의 법에서는 세속[俗]의 영역과 거룩함[聖]의 영역이 두 법으로 나뉘지 않는다.

그러므로 현실 경험의 장에서 세간의 진실을 이와 같이 깨친, 여래의 말씀을, 아난다가 이와 같이 듣고 그 법을 이와 같이 전할 때, 듣는 대중이 그 말씀을 자신의 삶의 진실로 받아들임으로써 여래의 법은 이 세간에서 구체적으로 검증된다.

이와 같음[如是]은 세존의 깨친 지혜가 '깨친바 실상 그대로의 법임 [如實相]'을 말한다. 곧 세간의 진실 그대로의 이와 같은 법을 아난다가 말씀 그대로[如說] 이와 같이 듣고, 들은 법을 다시 세간의 소리로 전함으로써 이 법은 세간에 전승되고 유포된 것이다.

이와 같은 법[如是]은 말로써 보인 말할 것 없는 삶이 실상이다.

'이와 같이 내가 들었다'고 함에서 '이와 같음[如是]'의 뜻을 어떻다 해야 하는가. 대혜종고 선사는 말한다.

"당에 올라 말했다[上堂].

마음 그대로 붇다이니 붇다는 사람을 멀리하지 않는다. 마음 없음이 바로 도(道)이니 도는 사물 밖이 아니다.

삼세의 모든 붇다가 다만 이 마음으로 법을 설하시고 다만 이 도(道)로 중생을 건네주신다.

이 도로 중생을 건네주시니 건네줄 중생이 없고, 이 마음으로 법을 설하시니 설할 법이 없다.

설할 법 없는 것이 참된 법 설함이고, 건넬 중생 없는 것이 참된 중생 건네줌이다.

삼세 모든 붇다가 또한 이와 같고 현전 대중이 또한 이와 같음을 알아야 한다."

그러고는 털이를 들고 말했다. "도리어 알겠는가."

다시 선상(禪床)을 치고 말했다.

"이와 같고 이와 같다〔如是如是〕."11)

곧 이 같은 법을 이 같이 깨쳐, 법을 설하시는 분 붇다〔說者〕와, 샤카무니붇다의 말씀을 이같이 들은 이 아난다〔聞者〕와, 아난다의 들음〔聞〕이라는 경험의 행위와, 법을 말하고 들은 때〔時〕와 곳〔處〕, 함께 들은 대중〔衆〕, 이 여섯 가지 법〔六法: 信·聞·主·處·時·衆〕이 이루어져야〔六成就〕 가르침이 구체적인 역사현실 속에서 검증된다.

'이와 같이 내가 들었다'고 할 때 '나〔我〕'는 세존의 육성의 설법을 귀로 직접 들은 아난다 존자를 말한다. 아난다는 법의 실상을 깨달아 두렷한 음성〔圓音〕으로 법을 설하시는 세존의 거룩한 얼굴을 우러러, 기쁜 마음으로 여래의 사자 같은 외침〔獅子吼〕을 들으므로 한문불교권은 아난다를 '기뻐하는 이〔慶喜〕'라 옮긴다.

아난다는 세존의 거룩한 얼굴을 바라보며 그 음성을 듣고 말씀의 뜻을 받아들여 그 말씀을 듣고 들으며〔聞聞〕 기뻐하고 기뻐하는 주체이다. 그러므로 아난다는 멈추어 있고 닫혀있는 주체가 아니다. 그는 소리를 듣고 들으며 기뻐하고 기뻐하는 주체, 나이되 나 아닌 나이다. 보고 듣는 나에 나 없고, 나 없음에 나 없음도 없으므로 나의 나됨〔我我〕이 쉼 없되, 과정으로 주어지는 나됨의 나는, 실로 한 법도 세움이 없고 한 법도 깨뜨림이 없는 '나 없는 나〔無我之我〕'인 것이다.

그러므로 대승경전의 편집자들은, 경을 들은 주체가 붇다 생존 시 아난다를 떠나지 않지만 아난다가 역사적인 실존 속에 닫힌 모습이 아

---

11) 上堂 卽心是佛佛不遠人 無心是道道非物外 三世諸佛只以此心說法 只以此道度生 以此道度生 無生可度 以此心說法 無法可說 無法可說是眞說法 無生可度是眞度生 當知三世諸佛亦如是 現前大衆亦如是 乃擧拂子云 還委悉麼 復擊禪床云 如是如是

님을 보이기 위해, 아난다에 네 가지 이름[四名]이 있다고 말하니, 천태선사(天台禪師)는 그 뜻을 받아 다음 같이 말한다.

'아난다에 네 이름이 있으니 곧 기쁨의 아난다[歡喜阿難], 어진 아난다[賢阿難], 가르침의 곳간 아난다[典藏阿難], 바다 같은 아난다[海阿難]이다.

기쁨의 아난다는 나의 나됨[我我]이니, 듣고 들음을 써서 '한길 여섯 자의 몸인 붇다[丈六身佛]'를 몸소 받들어 삼장(三藏)의 법을 지니어 다함없는 나의 나됨으로 듣고 듣는다고 말한 것이다. 어진 아난다는 나이되 나 없음[我無我]이니, 듣되 듣지 않음을 써서 한길 여섯 자 존귀하고 빼어난 몸의 붇다를 받들어 모셔, 통교(通敎)의 법을 지니므로 나이되 나 없고[我無我] 듣되 듣지 않음[聞不聞]이라 말한다.

가르침의 곳간 아난다는 나 없되 나됨[無我我]이니, 듣지 않되 들음을 써서 존귀하고 빼어난 몸의 붇다를 받들어 별교(別敎)의 법을 지니므로, 나 없되 나됨으로[無我我] 듣지 않되 듣는다고 말한다. 바다 같은 아난다는 나[我]와 나 없음[無我]이 둘이 아니니, 들음도 아니고 듣지 않음도 아님[不聞不聞]을 써서, 법신의 붇다[法身佛]를 받들어 모셔 원교(圓敎)의 법을 지니므로, 나[我]와 나 없음[無我]이 둘이 아니라, 들음도 아니고 듣지 않음도 아님을 쓴다고 말한다. 이 경은 비록 두렷이 단박 깨닫게 함[圓頓]에 속하나, 또한 세 수레[三乘]의 말하고 들음에 통하여, 붇다의 한 소리를 각기 이해한다[一音各解]고 하니 반드시 분별해야 한다.'12)

---

12) 有四種阿難 謂歡喜阿難 賢阿難 典藏阿難 海阿難 爲四種緣 立四種名(典藏出阿含經 餘三出正法念經) 歡喜阿難是我我 用聞聞 親承丈六身佛 持三藏法 故言我我聞聞 賢阿難是我無我 用聞不聞 親承丈六尊特合身佛 持通敎法 故言我無我聞不聞

천태선사의 이 뜻은 여래의 법을 듣는 아난다의 나[我]를, 연기가 곧 공이고 거짓이름이고 중도[緣起卽空卽假卽中]인 가르침에 따라, 과정으로서의 나의 존재 곧 나의 나됨[我我]을, 나에 나 없음[我無我], 나 없음의 나[無我我], 나도 없고 나 없음도 없는 뜻[無我無無我義]으로 전개한 것이다.

여래께서 설한 진리는 보고 듣고 말하는 세간의 행위의 진실 밖에 따로 있는 법이 아니다. 그래서 우리는 붇다를 '세간의 진실을 바르게 아시는 분 세간해(世間解, lokavit)'라 하고, '진리 그대로 오신 분, 여래(如來, tathāgata)'라 한다.

그렇다면 아득한 뒷세상 문헌을 통해 가르침을 접하는 우리들 중생은 어떻게 해야 가르침의 뜻에 함께하고 진리의 문에 들어설 수 있는가. 그리고 『비말라키르티 수트라』의 가르침을 설하고 듣는, 이 법의 모임[法會]과, 경이 보이고 있는 '사유하고 말할 수 없는 해탈의 세계[不思議解脫境界]'는 같은가 다른가.

다시 경전의 말씀이 보이는 세간의 진실과, 지금 경을 보고 있는 나의 삶의 지평은 하나인가 둘인가. 또한 아득한 뒷세상 문헌을 통해, 가르침의 말씀을 접하는 우리 중생은, 어찌해야 경이 보이는 해탈의 땅에 들어갈 수 있는가.

지금 법을 듣되 들음 없고[聞而不聞] 옛 가르침을 보되 봄이 없으면[見而不見], 그가 보고 들음을 떠나지 않고 해탈의 땅에 들어감인가. 영가선사의 『증도가』는 말한다.

마음은 아는 뿌리, 법은 티끌경계
두 가지가 마치 거울 위의 먼지 같네.

典藏阿難是無我我 用不聞聞 親承尊特身佛 持別教法 故言無我我不聞聞 海阿難我無我而不二 用不聞不聞 親承法身佛 持圓教法 故言我無我而不二 用不聞不聞 此經雖屬圓頓 亦通三乘說聽 一音各解 故須分別

먼지와 때 다해 없어져야 거울 빛 나타나듯
마음과 법 둘이 없어져야 성품이 곧 참되리라.

心是根　法是塵　兩種猶如鏡上痕
痕垢盡除光始現　心法雙亡性卽眞

　성품의 참됨은 본 경의 진리의 바탕[體]인 참 성품[眞性]의 해탈이자
경을 보는 나의 실상을 말하리라. 이때 성품이란 눈에 보이는 모습 밖
에 따로 그 성품이 있는가. 모습 밖에 성품이 없어 모습에 곧 모습 없음
[於相無相]이 성품이니, 연기로 있는 법 설함[說法]과 법 들음[聽法]의
모습을 쓸어 없애고, 성품의 참됨이 따로 있는 것이 아니다.
　그러니, 법을 말하고 듣는 비말라키르티 법의 회상과 막힘없는 해탈
경계는 같다 해도 안 되고 다르다 해도 안 될 것이다. 이는 또한 여래께
서 설하신 해탈 경계와 지금 아득한 세월 뒤 문자반야를 통해 이 경을
읽고 외우는 우리 중생의 경험 현실이 하나라 해도 안 되고 다르다 해
도 안 됨이니, 옛 선사[圓悟勤]는 이 뜻을 다음 같이 노래한다.

　털끝도 남기지 않으니 가로 세로 자유롭다.
　문턱 밖 하늘과 땅 툭 트여 열렸으니
　큰 방위는 밖이 없어 걸림 없이 노닐도다.
　밝고 밝은 조사와 붇다의 뜻이여
　백 가지 풀끝에 밝고 밝아 또렷하다.

毫髮不留　　縱橫自由
閫外乾坤廓落　大方無外優游
明明祖佛意　明明百草頭

여우같은 의심의 그물 벗어 깨뜨리고

애욕의 강물 흐름을 끊어 버리네.

비록 하늘을 돌리는 힘이 있다 해도

어찌 곧 바로 쉬어버림과 같겠는가.

네거리 길 가운데 헐벗은 듯 깨끗하니

위산의 검은 암소를 풀어 놓았네.

褫破狐疑網　　截斷愛河流

縱有迴天力　　爭如直下休

四衢道中淨躶躶　放出潙山水牯牛

위 원오선사의 게송은 무엇을 말함인가.

지금 설함 없이 설하시는 여래의 설법을 들음 없이 들으면, 보고 듣는 이 자리가 막힘없고 걸림 없는 법계〔無障礙法界〕이고, 사유하고 말할 수 없는 해탈의 땅〔不思議解脫地〕임을 이리 말함이리라.

위산의 검은 암소〔潙山水牯牛〕는 무엇을 보임인가.

위산영우선사(潙山靈祐禪師)가 제자들에게, '내가 죽어서 검은 암소가 되어 옆구리에 위산승 영우라 쓰면 암소라 부를래? 위산승 영우라 부를래?'라고 물은 공안의 뜻을 다시 보임이다. 이는 이것이 이것이 아니고 저것이 저것이 아닌 곳에서 이것 저것을 버림이 없이 이것 저것을 마음대로 굴려 쓰는 해탈의 경계를 말함인가. 이때 위산의 검은 암소는 어디서 얻어 볼 것인가. 해탈이 다시 고요한〔解脫寂滅〕 소식을 알아야 할 것이다.

이제 다시 경의 원문에 돌아가 경을 주석하신 여러 성사들의 뜻을 받들어 '이와 같이 내가 어느 때 어느 곳에서 붇다의 가르침을 누구누구와 같이 들었다.'는 이 첫 귀절을 자세히 풀이해 보자.

내가 저 법 설하는 분의 소리를 들음〔聞〕은 무엇인가. 실로 있는 내가 있고 듣는 귀가 있어서 저 소리를 듣는 것인가. 『대지도론』은 말한다.

'귀 뿌리〔耳根〕가 무너지지 않고 소리〔聲塵〕가 들을 수 있는 곳에 있어, 마음을 지어 자세히 들으니 원인과 조건이 어울려 합하므로 들음〔聞: 耳識〕이라 말한 것이다.'

곧 들음〔耳識〕은 귀가 아니지만 귀 아님도 아니고, 뜻 뿌리〔manas〕가 아니지만 뜻 뿌리 떠남도 아니며, 소리〔聲〕가 아니지만 소리 아님도 아니며, 저 허공(虛空)이 아니지만 허공 아님도 아니다. 들음은 인연으로 난 것이나 인연은 실로 있는 원인과 조건이 아니니 듣되 들음 없는 것이다.

실로 들음 없되 보고 들음이 분명하여, 아난다와 듣는 대중이 붇다께서 남기신 뜻〔佛遺旨〕을 몸소 받아, 다시 말해 그릇되지 않으므로 '내가 들었다'고 말한 것이다.

저 소리 듣는 나〔我〕의 모습은 어떠한가. 나는 여기 멈추어 있는 나〔我〕가 아니라 나는 나뒘의 다함없는 이어짐〔我我〕으로 주어진다.

자아〔我〕는 실로 없음이 아니므로〔非無故〕 저 대상을 받아 알 수 있지만, 자아는 실로 있음이 아니므로〔非有故〕 행위 밖에 물러서 있는 자아가 아니라, 들어서 아는 바〔所緣〕를 안고, 늘 앎 행위 자체〔識自體〕로 살아 움직이는 나 아닌 나〔無我之我〕이다.

그러므로 소리 들을 때 자아는 소리 듣는 앎 활동으로 주어지며, 빛깔 볼 때 자아는 보는 앎 활동 자체로 주어지는 자아이다. 그래서 천태선사는 나〔我〕를 풀이하면 네 뜻〔四意〕이 있다고 하니 곧 다음을 말한다.

'나의 나뒘, 나이되 나 없음, 나 없되 나뒘, 나와 나 없음이 둘이 아님이다〔我我, 我無我, 無我我, 我無我不二〕.'

곧 저 밖의 소리를 알아들을 때 실로 듣는 내〔我〕가 있다 해도 안 되고, 실로 듣는 내가 없다 해도 안 된다. 소리 듣는 나〔我〕는, 나에 나 없으므로 나 없되 나되어, 나 없음의 나뒘〔無我我〕과 나에 나 없음

〔我無我〕이 끝내 둘이 아닌 것이다. 그러므로 내가 저 소리를 들을 때 듣는 주체의 연기의 뜻〔緣起義〕을 이와 같이 살피면, 때〔時〕와 곳〔處〕의 필연 속에 갇힌 나〔我〕가, '하늘 위 하늘 아래 홀로 높은 나〔我〕'와 둘이 아닌 것이다.

천태선사의 뜻을 따르면 저 소리 들음에도 또한 네 가지 뜻이 있으니 다음을 말한다.

'듣고 들음, 듣되 듣지 않음, 듣지 않되 들음, 들음도 아니고 듣지 않음도 아님이다〔聞聞, 聞不聞, 不聞聞, 不聞不聞〕.'

그러므로 지금 소리 듣는 이곳에서, 듣되 들음 없이 소리를 듣고, 아득한 옛날 여래의 가르침을 종이 위의 문자로 읽는 이가, 저 문자를 보되 봄이 없이 보면, 문자와 소리를 보고 듣는 이곳에서, 나에 나없는 참나〔眞我〕를 체득하여 여래의 설법을 들음 없이 듣고, 말 없는 말로 여래의 법을 중생을 위해 설할 수 있는 것이다.

그리고 여기 육신의 붇다가 계시는 바이샬리성 암라나무 동산을 떠나지 않고, 온갖 곳에 열려진 깨끗한 땅〔淨土〕, 붇다의 나라〔佛國〕를 볼 수 있을 것이며, 늘 고요하고 밝은 붇다의 땅〔常寂光土〕을 떠나지 않고 여기 이곳에 붇다의 일〔佛事〕을 지을 수 있을 것이다.

그러나 여기에서 우리는 다시 하나의 물음을 던지지 않을 수 없다. 붇다 당시 상가의 대중은 비구(빅슈, bhikṣu) 대중이, 경전에 천이 백오십 갖추어진 숫자로 나오고, 비구니(빅슈니, bhikṣunī) 대중을 합해도 몇 천을 넘지 않을 것이다. 그런데 왜 이 『비말라키르티경』은 '큰 비구대중 팔천 사람과 함께 했다'고 하고 '보디사트바의 대중이 삼만 이천'이라 말하고 있는가. 연기법에서 수(數)는 어떻게 분별되는가.

수(數)는 연기로 일어난 모습을 인식 주체가 알아차림으로 분별된다. 분별되는 모습이 모습이되 모습 아닌 모습이라면 수 또한 수 아닌 수〔非數之數〕이다. 또 미혹한 상가대중은 출가에 앉아 재가를 분별하고, 재가는 세속생활을 붙들어 쥐고 출가대중을 출가로 분별하여 집착한다.

그것에 그것이라 할 수와 모습이 꼭 그것이 아님을 보이려고, 팔천의 비구를 보이고 삼만 이천의 보디사트바를 보인 것이 아닌가. 비구상가의 숫자에 비해 보디사트바 상가의 숫자를 '삼만 이천'의 큰 숫자로 보인 것은 이 『비말라키르티 경』의 편집 당시 출가주의에 갇힌 슈라바카야나(śrāvakayāna, 聲聞乘) 상가(saṃgha)를 넘어, 보디사트바야나(bodhisattva-yāna, 菩薩乘) 새로운 상가 출현을 바라는 시대대중의 요구, 시대정신을 반영한 것이리라.

중생의 미혹이 미혹이 아니고 슈라바카의 소리 들음〔聲聞〕이 실로 들음이 아니면 재가 출가의 모습이 어찌 정해진 숫자의 모습이겠는가. 중생이 중생 아니고 보디사트바가 보디사트바가 아니니 저 미혹의 중생이 소리 듣는 그곳에서 미혹을 돌이키면 저 중생이 곧 깨친 중생〔覺有情〕인 보디사트바(bodhisattva)이고, 마음이 큰 중생〔大心凡夫〕곧 마하사트바(mahasattva)인 것이다.

그러니 어찌 비구가 출가주의, 계율주의를 내세워 집에 사는 이나 계 못 지키는 이를 가벼이 하며, 재가가 어찌 세간생활의 도를 내세우거나 출세간의 깨끗함을 신비화해서, 계 못 지키는 출가의 허물을 욕질하고 비난할 것인가.

출가비구 법은 신비화하고 우상화해서도 안 되지만, 허물 많은 출가 상가라 해도 출가 비구법(比丘法)을 만대에 전승해 가야, 붇다의 지혜의 생명〔慧命〕이 이 혼탁한 세간에 그 목숨 줄을 오래 이어갈 것이다.

학담도 이제 한 노래로 여래의 뜻을 기려보리라.

이와 같은 경의 말씀 이같이 들으면

들을 때 들음 없이 큰 천세계 경을 열어서
이웃집 장씨 이씨 마음 큰 장부가
티끌 세계마다 붇다의 일을 지으리.

　如是經說如是聞　聞時無聞開大千
　張三李四摩訶薩　塵塵刹刹作佛事

한 털끝 가운데 있는 보배왕의 나라
이 가운데 거룩한 대중 수는 얼마인가.
앞도 셋 셋이요 뒤도 셋 셋이니
봄바람이 불어옴이여, 꽃잎 펄펄 날리도다.

　一毛端中寶王刹　於此聖衆數幾何
　前三三與後三三　春風來兮花紛飛

2. 대중의 덕을 찬탄함

　이 경 설함을 듣기 위해 많은 대중이 모여드니, 이 대중은 이미 가르
침의 소리를 듣고 지혜의 흐름에 들어간 이들이라 그 누가 '사유할 수
없고 말할 수 없는 해탈' 밖의 사람이겠는가.

　범부는 범부이나 여래의 공덕의 곳간〔如來藏〕에 이미 있는 범부이며,
슈라바카가 비록 지금 슈라바카이나 이미 부사의 해탈의 터전에 있는
슈라바카이다. 프라데카붇다가 프라데카붇다이나 이미 법계 공덕의
곳간에 있는 프라데카붇다이고 보디사트바가 깨친 중생이라 하나 보
디사트바는 끊을 번뇌도 보지 않고 얻을 보디도 보지 않는다.

　그러므로 중생이, 중생의 모습〔衆生相〕을 버리고, 닦아가는 수행자가
닦음의 모습〔修行相〕을 보지 않으며, 보디사트바가 깨침의 모습을 보
지 않으면, 법의 모임〔法會〕에 함께 한 여러 대중에 무슨 분별할 모습

이 있겠는가.

'사유할 수 없고 말할 수 없는 해탈[不思議解脫]'을 말하는 이 법의 모임에는 범부중생 브라흐마하늘과 샤크라 하늘왕, 온갖 하늘, 용, 야차, 간다르바, 킴나라, 마호라가, 빅슈, 빅슈니, 우파사카, 우파시카, 슈라바카, 프라데카붇다. 보디사트바가 모두 함께 모여 법의 모임[法會]에 가족이 되는 것이다.

영가선사(永嘉禪師)의 『증도가』는 다음 같이 노래한다.

법 가운데 왕 가장 높고 빼어나니
강가강 모래 수 여래 함께 같이 증득하네.
내가 지금 이 여의구슬 풀어내니
믿어 받는 자는 모두 다 서로 응하리라.

法中王　最高勝　河沙如來同共證
我今解此如意珠　信受之者皆相應

경에서는 붇다의 이 해탈의 경 설하는 모임에 함께하는 대중이 다 큰 지혜의 바탕 되는 행[大智本行]을 모두 이루어, 모든 붇다의 위신의 힘으로 세우신 바라 한다. 이는 범부의 미혹과 닦아 행하는 이들의 닦아감, 깨친 보디사트바의 깨달음이 여래의 위없는 보디의 본바탕 떠나지 않음을 말하며 부사의 해탈의 경계 떠나지 않음을 말함이리라. 이 해탈의 경계에서 모습은 모습 아닌 모습이니 성현의 모습 나툼을 어찌 모습 있음이라 할 것인가.

그러나 범부가 범부 되는 모습[凡夫相]을 붙들고 있는 한, 범부는 범부인 것이니 어찌해야 범부가 범부를 돌이켜 해탈의 땅에 나아갈 수 있겠는가.

한 생각 바른 살핌[一念正觀]이 범부를 보디사트바로 세울 수 있는 것이니 지금 물든 사바의 땅에 머무는 범부가, 생각에 생각 없음을 바

로 보면, 생각에 생각 없음[於念無念]은 생각 없음에 생각 없음도 없어
[無無念] 생각이 곧 중도의 바른 생각이 되는 것이다.

그러면 공함과 거짓 있음, 중도의 세 살핌[空假中三觀]이, 생각에 생
각 없음을 살피는 한 마음 가운데 있고, 생각 없음에 생각 없음도 없음
은 머묾 없는 행[無住行]으로 발현되며 그 행은 다시 고요한 것이니,
여섯 파라미타행이 곧 한 생각 한 행[一念一行] 가운데 갖추어지는 것
이다.

그렇다면 『금강경』의 가르침대로 '머묾 없이 그 마음을 내면[應無所
住而生其心]' 한 생각에 여섯 파라미타의 만 가지 행을 냄이 없이 내는
것이니, 이와 같이 듣고 믿어 행하면 우리 중생 또한 이 경이 보이고
있는 큰 지혜 본바탕의 행[大智本行]을 다 이루게 되는 것이다.

또 머묾 없는 성품이 바로 여래 '본래 깨침의 땅[本覺地]'이고 모습이
모습 아닌 성품[性]이니 모습 없는 성품의 땅에서, 닦음 없이 파라미타
행을 닦으면 바로 온전한 성품이 닦음을 빼앗고[全性奪修] 온전한 성품
이 닦음을 일으키는 것[全性起修]이다.

그러므로 지금 이 법의 회상에 모인 대중의 소리 들음[聲聞]의 행과,
인연 깨침[緣覺]의 행과, 파라미타(pāramitā)의 행이, 모두 온전한 성
품의 행인 줄 알면 이 뜻이 곧 경에서, 법의 모임에 함께한 대중이 모두
붇다의 위신의 힘이 건립한 바라 한 뜻이다.

다시 함께한 대중의 온전한 닦음이 성품에 있음[全修在性]을 알면,
이 뜻이 본 경에서 '보디사트바의 모든 행이 본래 있는 공덕의 힘이다
[本有功德之力]'고 한 뜻이다.

곧 지금 여기 한 생각 안에 실로 있는 생각의 뿌리가 없고, 한 생각
밖에 실로 취할 법이 없으면, 중생의 미혹이 부사의 해탈인 것이고, 여
기 여러 대중이 모인 바이샬리 암라나무 동산이 바로 툭 트여 막힘없는
정토(淨土)이며 '늘 고요한 빛의 땅 붇다의 나라[常寂光佛國]'인 것이다.

범부승 학담이 이제 이 뜻을 몇 수 노래로 보여, 비말라키르티 법의 회상을 찬탄하리라.

범부가 비록 물들었으나 범부가 범부 아니고
성문과 연각 비록 작은 수레라 하나
소리 들음에 들음 없고 깨치는 연이 연 아니니
두 수레 버리지 않고 큰 수레를 몰리라.

凡夫雖染凡非凡　聲聞緣覺雖小乘
聞聲無聞緣非緣　不捨二乘御大乘

만약 사람이 여기에서 바른 법에 나아가
못나 물러섬과 교만 늘림 이 두 마음 벗어나면
범부의 길 가운데서 보디의 길에 오르고
암라나무 동산에서 묘한 기쁨의 세계 보리라.

若人於此趣正法　退屈增上二心脫
凡夫路中登覺路　菴羅園見妙喜界

범부마음이 붇다의 참마음 떠나지 않고
사람 사람이 본래 여래장을 갖추었으니
출가와 재가에 두 다름이 없으면
비말라키르티 회상에서 남이 없음 노래하리.

凡心不離佛眞心　人人本具如來藏
出家在家無二別　淨名會上歌無生

2. 경의 큰 뜻을 일으킴[發起序]

해제

통하여 여는 가름[通序] 다음에 본 경만의 따로 하여 여는 가름[別序]이다.

그 가운데 둘이 있으니 처음 상서를 나타내고[現瑞], 둘째 장자의 아들 보배쌓임[寶積]이 붇다를 찬탄함[讚佛]이다.

처음에도 여섯이 있으니, 1. 대중이 에워 쌈[大衆圍繞]이요, 2. 대중을 위해 설법하심[爲衆說法]이요, 3. 붇다께서 빼어난 몸을 나타내심[佛現勝身]이요, 4. 장자가 일산을 바침[長者獻蓋]이요, 5. 붇다께서 신묘한 변화를 나타내심[佛示神變]이요, 6.대중이 드물게 있는 일을 찬탄함[衆歎希有]이다.

이때 붇다세존께 찬탄의 노래를 바친 장자의 아들 보배쌓임을 다만 범부의 몸이라 해서는 안 되니, 밖으로 범부의 모습을 나투었되 이미 여래 법신의 공덕에 머문 마하사트바[法身大士]이다. 장자의 아들 보배쌓임의 한 생각 성품이 붇다의 법계[佛界]를 갖추고, 붇다의 성품은 아홉 법계[九界]의 성품을 갖추어, 성품이 각각 서로 갖추고 겹치고 겹쳐 다함없다. 그러므로 이곳 셀 수 없는 백천 대중이 같이 여래께 가서 여래를 공경히 둘러싸고, 대중이 다시 여래의 신묘한 변화를 본다고 한 것이다.

범부의 일상, 일과 일이 서로 걸림 없어[事事無礙] 융통한 모습이, 바로 셀 수 없는 여러 대중이 함께 붇다를 모시는 이 모습이고, 여래께서 셀 수 없는 여러 대중을 위해 설법할 수 있는 이 모습일 것이다.

1) 보배쌓임의 공양

이때 바이샤알리 성에 장자의 아들이 있었으니 이름을 보배쌓임〔Ratna-rāśi, 寶積〕[13]이라 하였다. 오백 다른 장자의 아들들과 함께하였는데 일곱 보배일산을 가지고 붇다[14] 계신 곳에 왔다. 머리와 얼굴을 붇다의 발에 대어 절하고 각기 그 일산을 붇다께 같이 공양하였다. 그러자 붇다의 위신[15]의 힘이 모든 보배

---

13) 보적(寶積): 승조법사가 말했다.
   '보적 또한 법신의 마하사트바이다. 늘 비말라키르티와 더불어 함께 여래에게 나아가 같이 도의 가르침을 넓힌다. 그런데 지금 홀로 오백 사람과 함께 붇다께 간 것은, 병이 말미암은 까닭을 물어, 이 경전의 문을 열려는 것이다. 인도에서는 빼어나게 행하는 법을 귀하게 여기니, 각기 따로 일곱 보배 일산을 지니어 붇다께 공양한 것이다.'
   肇公曰 寶積亦法身大士 常與淨名俱詣如來共弘道敎 而今獨與五百人詣佛者 將生問疾之由 啓玆典之門也 天竺貴勝行法 各別持七寶蓋 卽以供養佛

14) 붇다〔佛〕에 대해서는 『무아소』에 이렇게 말한다.
   진제(眞諦) 삼장은 말한다. 붇다에는 세 뜻이 있다. 온갖 것 아는 지혜〔一切智〕는 바깥길과 다르고, 자비(慈悲)는 히나야나의 두 수레와 다르며, 평등(平等)은 작은 보디사트바와 다르다. 다른 사람에게는 이 평등함이 없다. 『대지도론〔釋論〕』은 이렇게 밝힌다. 붇다는 아홉째 이름이니, 붇다라는 이름은 깨침〔覺〕이 된다. 세간과 세간 벗어남, 항상함과 덧없음, 수와 수 아님이 평등함을 깨치되 환히 크게 깨치므로〔朗然大悟〕 붇다(Buddha)라 이름한다.
   천태대사는 말한다. 붇다에는 온갖 것 아는 지혜〔一切智〕를 의지해 한 길 여섯 자 붇다가 있고, 도의 씨앗인 지혜〔道種智〕를 의지해 한 길 여섯 자 존귀함이 빼어난 붇다가 있으며, 온갖 공덕의 씨앗인 지혜〔一切種智〕를 의지해 법신의 붇다가 있다. 세 붇다에는 같음과 다름을 얻지 못하니, 같고 다름이 아니지만〔非一異〕 같고 다를 뿐이다.'
   眞諦云 佛有三義 一切智 異外道 慈悲異二乘 平等異小菩薩 餘人無此 釋論明 佛是第九號 佛名爲覺 覺世間出世間 常非常數非數等 朗然大悟 故名爲佛 大師云 佛者依一切智 有丈六佛 依道種智 有丈六尊特佛 依一切種智 有法身佛 三佛不得一異 非一異而一異爾

일산을 합해 한 일산을 이루니 '삼천의 큰 천세계'를 두루 덮었고.16) 이 세계의 넓고 긴 모습이 그 가운데 다 나타났다.

또 이 삼천의 큰 세계의 모든 수메루산(Sumeru), 히마빈산(Himavin, 雪山), 무치린다산(Mucilinda), 마하무치린다산(Mahāmucilinda), 향산(Gandha-mādana, 香山), 보배산〔寶山〕, 금산(金山), 검은 산〔黑山〕, 쇠가 두른 산〔Catravāḍa, 鐵圍山〕, 큰 쇠가 두른 산〔Mahācatravāḍa, 大鐵圍山〕, 큰 바다, 강과 내, 냇물 흐름, 깊은 샘, 그리고 해와 달, 별자리, 하늘궁, 용궁, 여러 높은 신들의 궁이 다 보배 일산 가운데 나타났다.

또 시방 모든 붇다와 모든 붇다의 법 설하심이 또한 보배 일산 가운데 나타났다.17)18)

---

15) 붇다의 위신〔佛威神〕: 구마라지바 법사가 말했다.
　'그 신묘한 변화를 나타냄에 그 뜻이 둘이 있다. 하나는 신묘한 변화의 헤아릴 수 없음을 나타내 지혜가 반드시 깊음〔智慧必深〕을 나타낸 것이다. 둘째는 보배쌓임이 진귀한 것을 바치니 반드시 오는 세상 이룰 바 진귀한 과보를 얻게 됨이라 반드시 만약 이와 같은 묘함이면 인행이 작아도〔因小〕 과덕이 큼〔果大〕을 밝힌 것이다.'
　什公曰 現其神變 其旨有二 一者現神變無量 顯智慧必深 二者寶積獻其所珍 必獲可珍之果 來世之所成 必若如此之妙 明因小而果大也

16) 일산이 삼천의 큰 천세계를 두루 덮음: 수메루산 네 섬〔四洲〕의 천개가 한 소천세계이고, 소천의 천개가 중천세계, 중천의 천개가 한 대천세계이다. 한 일산이 삼천의 큰 세계를 덮으니, 승조법사는 삼천의 큰 천세계에서 크고 작음과 넓고 좁음이 서로 융통함을 이렇게 말한다.
　'일산〔蓋〕은 넓지 않으나 세계의 여덟 끝〔八極〕에 두루하고, 땅 또한 좁지 않으나 일산 가운데 나타난다.'
　肇公曰 蓋以不廣而彌八極 土亦不狹而現蓋中

17) 일산에 세계의 모습과 붇다의 설법하는 모습이 나타남: 승조법사는 말한다.
　'붇다의 땅이 아주 좋음을 나타내려하므로 시방에 널리 나타낸 것이다. 여러 장자의 아들들이 다 오래 도의 마음을 내었지만 아직 정토(淨土)를 닦

爾時毘耶離城 有長者子 名曰寶積 與五百長者子俱 持七寶蓋 來詣佛所
頭面禮足 各以其蓋 共供養佛 佛之威神 令諸寶蓋 合成一蓋 遍覆三千大
千世界 而此世界廣長之相 悉於中現

又此三千大千世界 諸須彌山 雪山 目眞隣陀山 摩訶目眞隣陀山 香山 寶
山 金山 黑山 鐵圍山 大鐵圍山 大海江河 川流泉源 及日月星辰 天宮龍
宮 諸尊神宮 悉現於寶蓋中 又十方諸佛 諸佛說法 亦現於寶蓋中

2) 보배쌓임의 붇다 찬탄

이때 온갖 대중이 붇다의 위신의 힘을 보고 일찍이 있지 않던

지 않았으니 정토의 뜻을 열어내려고 그 일산 가운데 이를 나타낸 것이다.'
18) 한 일산 속에 삼천 세계가 나타남: 재물의 실상이 모든 법의 실상이니
재물을 보시하되 법에 통하면 법의 보시가 다함없게 된다. 『무아소(無我
疏)』는 말한다.
　'재물로 법에 통할 수 있으면 곧 법보시가 다함없으니 경에서 말한 바
밥에 평등하면 모든 법에 평등하고 모든 법에 평등하면 밥에 평등하다
함 같다. 오직 이 묘한 느낌[妙感]으로 붇다게 우러러 이르므로 붇다의
위신의 힘이 모든 보배일산을 합해 한 일산을 이루고 삼천의 큰 천세계
를 두루 덮는다. 대저 재물 보시는 참으로 한정 있지만 법보시는 한정 없
다. 또 그 성품은 본래 융통하여 두루하지 않는 바가 없다. 여래는 그 성
품에 하나 되어 녹이고 통하며 두루 하고 널리 가득하다.
　그러므로 모든 보배일산을 합해 한 일산을 이루어 큰 천세계를 널리 덮
는다. 스스로의 성품의 바탕이 본래 묘하지 않다면 여래가 어찌 뜻을 지
어[作意] 이를 변할 수 있겠는가. 대저 보배일산은 자취[迹]이고 그 성품
이 융통함은 바탕[本]이다. 미혹한 이는 바탕을 잊고 자취를 집착하고,
깨친 이는 자취 그대로 바탕을 통달한다. 바탕과 자취가 비록 다르나 사
유할 수 없고 말할 수 없음은 하나이다. 또 오백 보배일산은 자취이고 합
해 한 일산을 이루어 두루 큰 천세계를 덮는 것은 바탕이다. 처음은 곧
바탕을 좇아 자취를 삼으므로 오백이 되지만, 지금은 자취를 따라 바탕에
돌아가므로 합해 한 일산이 되는 것이다. 또한 바탕과 자취가 비록 다르
나 사유할 수 없고 말할 수 없음은 하나이다[不思議一].'

일이라 찬탄하고 손을 모아 붇다께 절하고 높으신 얼굴을 우러러보며 눈을 잠깐도 떼지 못했다.

이에 장자의 아들 보배 쌓음이 곧 붇다 앞에서 게로써 노래해 말했다.19)20)

爾時 一切大衆 覩佛神力 嘆未曾有 合掌禮佛 瞻仰尊顔 目不暫捨 於是 長者子寶積 卽於佛前 以偈頌曰

눈은 맑고 길고 넓어 푸른 연꽃 같고
마음 맑아 이미 모든 선정 건넜네.21)

---

19) 경의 이 부분의 영역과 그에 대한 우리말 직역은 다음과 같다.

All those present who witnessed the Buddha's super-natural powers, praised the rare occurrence which they had never seen before, brought their palms together and gazed at Him without pausing for an instant.

Thereupon, Ratna-rāśi chanted the following gāthā of praise:

'지금 붇다의 초자연적인 힘을 보았던 모든 이들은 예전에 아직 보지 못했던 아주 드문 나타남을 찬탄하였다. 그리고 그들의 두 손을 모아 잠깐도 그침이 없이 붇다를 응시하였다.

그러자 라트나라쉬가 다음 가타의 노래를 부르며 찬탄하였다.'

20) 보배쌓임의 찬탄에 대해 구마라지바 법사는 말한다.

'위는 몸으로써 공양하고 지금은 마음과 입으로 공양함이며, 위는 재물로 공양하고 지금은 법으로 공양함이다. 거듭 다시 대중이 그 신묘한 변화를 비록 보았지만 아직 변화의 말미암은 바를 알지 못하니 마루가 있음을 미루어 믿음과 즐거움이 더욱 깊게 하려 하므로 게로써 찬탄한 것이다.'

什公曰 上以身供養 今以心口供養 上以財養 今以法養 復次衆雖見其變 未知變之所由 欲令推宗有在 信樂彌深 故以偈讚也

21) 모든 선정을 건넘〔度諸禪定〕: 『무아소』는 말한다.

물든 마음이 이 언덕이니 오직 선정으로 이를 건넌다. 만약 선정에 맛들여 탐착하면 선정이 이 다시 물듦이 되므로 선정이 이 언덕이라 반드시

맑은 업 오래도록 쌓고 쌓아서
일컬음은 이루 헤아릴 수 없네.
고요함으로 중생을 이끄시니
그러므로 붇다께 머리 숙여 절하옵니다.22)

곧 큰 성인의 신통변화를 뵈오니

다시 건너야 한다. 대개 세간 선정[世間禪]과 세간 벗어난 선정[出世間
禪], 세간 벗어난 높고 높은 선정[出世間上上定]에 이르기까지 전하고 전
하며 흩어짐을 논하고 안정됨을 논하니, 세간의 근본선정은 욕계의 흩어
짐의 자리[欲界散地]에서 비록 선정이라 일컫지만, 세간 벗어난 네 현성
은 이미 다시 흩어짐을 삼는다. 그러니 어찌 하물며 여래의 높고 높은
선정이겠는가.
그러므로 아래 글은 말한다.
'무엇을 묶임이라 말하는가. 선정의 맛을 탐착하면[貪著禪味] 이것이 보
디사트바의 묶임이다.'
『금강경』은 말한다. '나의 설법을 뗏목의 비유와 같이 알아야 하니 법
도 오히려 버려야 하는데 하물며 법 아님일 것인가.'
이것이 곧 선정 맛의 바다[禪定味海]는 오직 붇다 성인만이 건널 수 있
음이다.
燈曰 染心此岸 惟禪度之 若味著於禪 禪復爲染 故禪定此岸 復須度之 蓋世
間禪 出世間禪 以至出世間上上禪 傳傳可以論散論定 故世間根本禪 於欲界
散地 雖稱爲定 於出世四聖 已復爲散 況如來上上禪乎 故下文云 何謂爲縛
貪著禪味是菩薩縛 金剛云 知我說法如筏喩者 法尙應捨 何況非法 是則禪定
味海 惟佛聖人乃能度之

22) 『무아소』는 말한다.
'눈이 맑아 연꽃 같음은 물질이 고요함[色寂]이고, 마음 맑아 모든 선정
건넘은 마음이 고요함[心寂]이다. 오래 맑은 업 쌓음은 업의 고요함[業
寂]이다. 셋이 고요하지 않음은 범부이고, 스스로 고요하되 사람을 고요
하게 하지 않는 이는 히나야나의 두 수레이다. 자기와 남이 겸해 고요하
게 하지만 오히려 인행에 머무는 이는 보디사트바이고, 스스로와 남이 함
께 고요하여 다 저 언덕에 이르게 하는 분이 여래(如來)이다.'

시방의 헤아릴 수 없는 땅을 널리 나투네.
그 가운데서 모든 붇다 법을 연설하시니
여기에서 온갖 것 다 보고 듣도다.

법왕23)의 법의 힘은 중생 뛰어나
늘 법의 재물로 온갖 중생에 베푸시고
모든 법의 모습 잘 분별하시나
으뜸가는 뜻24)에는 움직이지 않으시네.
이미 모든 법에 자재를 얻으셨으니
이 때문에 이 법왕께 머리 숙여 절하옵니다.

目淨修廣如靑蓮　心淨已度諸禪定
久積淨業稱無量　導衆以寂故稽首

旣見大聖以神變　普現十方無量土
其中諸佛演說法　於是一切悉見聞

---

23) 법왕(法王): 승조법사는 말한다.
'세속의 왕은 세속의 힘이 풀뿌리 사람에 빼어나므로 한 나라를 윤택하
게 할 수 있다. 그러나 법왕의 법의 힘〔法王法力〕은 무리를 뛰어나므로
도의 건질 수 있음의 정해진 영역이 없다〔無疆〕. 모든 법의 다른 모습을
잘 분별할 수 있어 이로부터 아래 선악의 업이 또한 없어지지 않음〔善惡
之業亦不亡〕에 이르기까지 다 법의 보시〔法施〕를 찬탄한 것이다.'

24) 으뜸가는 뜻〔第一義〕: 승조법사는 말한다.
'으뜸가는 뜻이란 모든 법이 한 모습인 뜻〔諸法一相義〕을 말한다. 비록
모든 법의 다른 모습을 분별하지만 한 모습에 어긋나지 않으니〔不乖一
相〕이는 법왕의 바뀔 수 없는 법을 찬미한 것이다. 대저 세속의 왕은
풀뿌리 사람들에 자재하고 법왕은 법에 자재하다. 법에는 정해진 모습이
없으니 응함 따라 가려 다름을 좋아하는 자를 위해, 다름을 가리되 같음
에 어긋나지 않고, 같음을 좋아하는 이를 위해 같음을 가리되 다름에 어
긋나지 않는다. 같음과 다름이 가림을 달리하나〔同異殊辨〕법의 모습에
함께 맞으므로〔俱適法相〕자재함을 얻음이다.'

法王法力超群生　常以法財施一切
能善分別諸法相　於第一義而不動
已於諸法得自在　是故稽首此法王

모든 법은 있지 않고 또한 없지 않아

이 인연 때문에 모든 법 생겨나네.25)

나 없고 지음 없고 받는 자 없으나

선악의 업은 또한 없어지지 않네.26)27)

---

25) 있음 아니고 없음 아님〔不有亦不無〕: 승조법사는 말한다.

'그 있음을 말하려니 있음은 스스로 나지 않고〔有不自生〕 그 없음을 말하려 하니 연이 모여 꼴이 된다〔緣會而形〕. 모여 꼴이 되니 없다고 말하지 못하고 없음이 아니라 있다고 말하지 못한다. 또 있음〔有〕이 있으므로 없음〔無〕이 있으니 있음이 없으면 어떤 곳이 없음인가. 없음〔無〕이 있으므로 있음〔有〕이 있으니 없음이 없다면 어떤 곳이 있음인가. 그렇다면 곧 스스로 있음이 있지 않고 스스로 없음이 없지 않으니 이것이 법왕(法王)의 바른 말씀이다. 인연이므로 모든 법이 난다는 것은 있음 또한 연을 말미암지 않음이 없고〔有亦無不由緣〕 없음 또한 연을 말미암지 않음이 없어〔無亦無不由緣〕, 법은 있음과 없음이 아니므로 인연을 말미암아 나는 것이다.

논(論)은 말한다. 법은 연을 좇으므로 있지 않고 연이 일으키므로 없지 않다. 나도 없고 지음 없으며 받음 없다는 것은 모든 법이 연을 좇아 나서 따로 참으로 주재하는 자가 없는 것이므로 나 없음〔無我〕이다. 대저 나 있으므로 선악을 짓고 화와 복을 받지만 법이 이미 나 없으므로 지음 없고 받는 자가 없는 것이다.'

肇公曰 欲言其有 有不自生 欲言其無 緣會卽形 會形非謂無 非無非謂有 且有有故有無 無有何所無 有無故有有 無無何所有 然則自有則不有 自無則不無 此法王之正說也 以因緣故諸法生者 有亦(*無)不由緣 無亦(*無)不由緣 以法非有無 故由因緣生 (*문맥상 無가 누락되어 번역자가 삽입함.)

論曰 法從緣故不有 緣起故不無 無我無造無受者 諸法皆從緣生 無別有眞主宰之者 故無我也 夫以有我 故能造善惡 受禍福 法旣無我 故無造無受者也

26) 선악의 업이 없어지지 않음: 『무아소』는 말한다.

처음 보디나무 아래서 힘써 마라 항복 받으시고
단이슬의 니르바나 얻어 보디의 도 이루어
마음과 뜻이 없고 받아 지어감 없으시사
모든 바깥길을 다 꺾어 누르시었네.

큰 천세계에 세 번 법바퀴 굴렸으니
그 법바퀴는 본래 늘 청정하도다.
하늘과 사람 도를 얻어 이를 증명하니
삼보가 여기에서 세간에 나타났네.28)

'만약 지음 없고 받음이 없다면 또 함이 있는 선으로 복을 얻고 악을 하
여 재앙 이룸도 있지 않아야 한다. 그러나 중생의 마음의 앎은 서로 전해
아름다워함과 미워함이 말미암아 일어나니 과보의 응함의 길이 이어 돌
아 서로 스며드는 것이다. 그것은 마치 소리가 울림과 어울려 따름과 같
고, 꼴이 곧으면 그림자가 바름과 같아 이는 스스로 그러한 이치〔自然之
理〕라 털끝만큼의 다름이 없다. 그러니 어찌 항상한 나〔常我〕를 빌어서
나겠는가.'

若無造無受者 且不應有爲善獲福爲惡致殃也 然衆生心識相傳 美惡由起 報
應之道 連環相襲 其猶聲和響順 形直影端 此自然之理 無差毫分 復何假常
我而生之哉

27) 이 게송에 대한 영역과 우리말 직역은 다음과 같다.
   Thou teacheth neither is nor is not
   For all things by causes are created.
   There is neither self nor doing nor thing done, But good or evil
   karma is infallible.
   붇다 (당신)께서는 아무것도 없지만 없는 것도 아님을 가르쳤으니
   모든 것은 원인에 의해 만들어지기 때문이네.
   거기에는 자기 스스로도 없고 행함도 없고 행해진 것도 없으나
   착하고 악한 업은 사라져 없어질 수 없네.
28) 삼보의 세간 출현〔三寶現世間〕: 승조법사가 말했다.

이 묘한 법으로 중생을 건져주심에
한번 받아 물리지 않으면 늘 고요하리니
늙고 병들어 죽음 건네주는 큰 의왕
법의 바다 가없는 덕에 절하오리라.

諸法不有亦不無　以因緣故諸法生
無我無造無受者　善惡之業亦不亡

始在佛樹力降魔　得甘露滅覺道成
已無心意無受行　而悉摧伏諸外道

三轉法輪於大千　其輪本來常淸淨
天人得道此爲證　三寶於是現世間

以斯妙法濟群生　一受不退常寂然
度老病死大醫王　當禮法海德無邊

'처음 사슴 동산에서 콘단냐 등을 위하여 사제(四諦)의 법바퀴를, 보이고 권하고 증득함〔示勸證〕으로 세 번 큰 천세계에 굴림이다. 법바퀴는 늘 깨끗하여 허공과 같다. 비록 다시 옛과 지금이 같지 않고 때가 옮기어 세속이 바뀌지만 성인과 성인이 서로 전해 도는 바뀌지 않는다. 처음 법바퀴 굴림이 콘단냐 등 다섯 비구이나 팔만의 여러 하늘무리가 도를 얻었으니 이것이 늘 청정함의 밝은 증명이다.'

삼보가 세간에 나타남은 무엇인가. 승조법사는 다시 말한다.

'보디의 도가 이미 이루어지니 붇다의 보배〔佛寶〕이고 법바퀴가 이미 구르니 다르마의 보배〔法寶〕이다. 다섯 사람이 출가하여 도를 얻으니 상가의 보배〔僧寶〕이다. 이에 삼보가 비롯하였다 말한 것이다.'

전등은 말한다. 삼보의 뜻에 넷이 있다. ① 서로 따르는 삼보〔相從三寶〕, ② 모습 달리하는 삼보〔別相三寶〕, ③ 머물러 지니는 삼보〔住持三寶〕, ④ 한바탕의 삼보〔一體三寶〕. 지금은 서로 따르는 삼보이니, 붇다를 따라 법이 있고 법을 따라 상가가 있음을 말한 것이다.

이를 살핌의 지혜로 풀이해보자. 곧 한 바탕의 삼보를 살핌〔觀一體三寶〕에서 살필 수 있는 보디의 지혜〔覺智〕는 붇다의 보배이고, 살피는 바는 진리〔諦理〕이며, 진리와 지혜가 어울려 합함〔諦智和合〕은 상가의 보배이다.

헐뜯음과 기림에 움직이지 않음 수메루산 같고
착함과 착하지 않음에 평등하게 자비하사
마음의 행 평등함이 허공 같으니
그 누가 사람의 보배 들고 공경히 받들지 않으리.

지금 세존께 이 미묘한 일산 받드니
이 가운데 우리 삼천의 큰 세계 나타내시네.
모든 하늘 용과 신이 머무는 궁전
간다르바 등과 야차들의 무리까지

세간에 모든 있는 것들 다 보시사
열 힘 갖추신 분 슬피 여겨 이 변화 나투심에
뭇사람들 없던 일 보고 다 붇다 찬탄하니
지금 저도 삼계의 세존께 머리 숙여 절합니다.

毀譽不動如須彌　於善不善等以慈
心行平等如虛空　孰聞人寶不敬承

今奉世尊此微蓋　於中現我三千界
諸天龍神所居宮　乾闥婆等及夜叉

悉見世間諸所有　十力哀現是化變
衆覩希有皆歡佛　今我稽首三界尊

큰 성인 법의 왕은 중생이 돌아가는 바이라
깨끗한 마음으로 붇다 살펴 기뻐하지 않음 없네.
각기 세존 뵙고 자기 앞에 계신다 하니
이는 곧 신묘한 힘의 함께하지 않는 법이네.

붇다께서 한 음성으로 법을 연설하면
중생은 부류 따라 각기 알아듣고서
다 세존 말씀 자기 말과 같다고 하니
이는 곧 신묘한 힘의 함께하지 않는 법이네.

붇다께서 한 음성으로 법을 연설하면
중생은 제각기 따라서 아는 바이라
받아 행함 널리 얻고 그 이익을 얻으니
이는 신묘한 힘의 함께하지 않는 법이네.

붇다께서 한 음성으로 법을 연설하면
어떤 이는 두려워하고 어떤 이는 기뻐하며
어떤 이는 싫증내 떠나고 어떤 이는 의심 끊으니
이는 곧 신묘한 힘의 함께하지 않는 법이네.

大聖法王衆所歸　淨心觀佛靡不欣
各見世尊在其前　斯則神力不共法

佛以一音演說法　衆生隨類各得解
皆謂世尊同其語　斯則神力不共法

佛以一音演說法　衆生各各隨所解
普得受行獲其利　斯則神力不共法

佛以一音演說法　或有恐畏或歡喜
或生厭離或斷疑　斯則神力不共法

머리 숙여 열 힘 갖춰29) 큰 정진하신 분께 절하옵고
머리 숙여 두려움 없음30) 이미 얻은 분께 절하오며

머리 숙여 사유하고 말할 수 없음에 머문 분께 절하옵고
머리 숙여 온갖 중생 큰 인도자에 절하옵니다.

머리 숙여 모든 맺음 묶임 끊은 분께 절하옵고
머리 숙여 저 언덕 건넌 분께 절하옵니다.
머리 숙여 모든 세간 건네주시는 분께 절하옵고
나고 죽음 길이 떠난 분께 절하옵니다.

중생의 오고 가는 모습 다 아시고

---

29) 붇다의 열 힘[佛十力]: ① 곳과 곳 아님을 아는 지혜의 힘[處非處智力], ② 업의 달라짐과 익음을 아는 지혜의 힘[業異熟智力], ③ 선정과 지혜 해탈을 평등히 지니고 평등히 이른 지혜의 힘[靜慮解脫等持等至智力], ④ 근기의 높고 낮음을 아는 지혜의 힘[根上下智力], ⑤ 중생의 갖가지 하고자 함을 잘 아는 지혜의 힘[種種勝解智力], ⑥ 모든 법의 영역을 아는 지혜의 힘[種種界智力], ⑦ 중생이 널리 나아가 행함을 아는 지혜의 힘[遍趣行智力], ⑧ 지난 생의 오래 머묾을 생각 따라 아는 지혜의 힘[宿住隨念智力], ⑨ 중생의 죽고 남을 아는 지혜의 힘[死生智力], ⑩ 번뇌의 샘이 다한 지혜의 힘[漏盡智力].

• 보디사트바의 열 가지 힘[菩薩十力]: ① 깊은 마음의 힘[深心力], ② 늘어나 오르는 깊은 마음의 힘[增上深心力], ③ 방편의 힘[方便力], ④ 지혜의 힘[智力], ⑤ 원의 힘[願力], ⑥ 행의 힘[行力], ⑦ 신묘한 변화의 힘[神變力], ⑧ 마하야나의 힘[大乘力], ⑨ 보디의 힘[菩提力], ⑩ 법바퀴 굴리는 힘[轉法輪力].

30) 붇다의 네 두려움 없음[佛四無所畏]: ① 온갖 것 아는 지혜를 말함에 두려움 없음[說一切智無所畏], ② 온갖 번뇌 다함을 말함에 두려움 없음[說漏盡無所畏], ③ 도 장애함을 말함에 두려움 없음[說障道無所畏], ④ 계정혜 등 괴로움을 다하는 도법 말함에 두려움 없음[說盡苦道無所畏].

• 보디사트바의 네 두려움 없음[菩薩四無所畏]: ① 들은 법을 잘 지니어 전함에 두려움 없음[能持無所畏], ② 중생 근기를 앎에 두려움 없음[知根無所畏], ③ 중생 의심 끊어줌에 두려움 없음[決疑無所畏], ④ 중생에게 답해 말해줌에 두려움 없음[答報無所畏].

모든 법에서 잘 해탈 얻으시사
세간에 집착 않음 연꽃과 같아
늘 공적한 행에 잘 들어가시네.31)
모든 법의 모습 통달하여 걸림 없으시니
허공같이 의지함 없는 분께 절하옵니다.

稽首十力大精進　稽首已得無所畏
稽首住於不思議　稽首一切大導師

稽首能斷諸結縛　稽首已到於彼岸
稽首能度諸世間　稽首永離生死道

悉知衆生來去相　善於諸法得解脫
不著世間如蓮華　常善入於空寂行
達諸法相無罣礙　稽首如空無所依

평석

1. 보배쌓임의 공양

장자의 아들 보배쌓임이 가르침의 큰 뜻을 일으키려 붇다를 찬탄하
니 보배쌓임은 범부의 몸이되 믿음의 마음을 일으켜 보디에 나아가는
마하사트바의 대명사이다. 비록 범부의 몸이되 이미 그 몸이 여래 공덕

---

31) 공적한 행에 잘 들어가심: 승조 법사는 말한다.
'나가고 들어감에 자재하나 고요함에 어긋나지 않으므로 늘 잘 들어감이
다. 만법은 그윽하고 깊어 누가 그 가를 알겠는가. 오직 붇다께서 걸림
없으므로 홀로 통달함이라 일컫는다.'
肇公曰 出入自在 而不乖寂 故常善入 萬法幽深 誰識其涘 唯佛無礙 故獨稱達

의 곳간〔如來藏〕이므로 보배쌓임〔寶積〕의 이름으로 번뇌의 한 생각이
만 가지 덕 갖춤을 나타낸다.

보배쌓임과 더불어 오백 장자의 아들이 여래께 보배일산을 바치니
오백 일산이 한 일산이 되고 한 일산이 삼천의 큰 세계를 덮어, 넓고
큰 세계가 그 가운데 나타나고 온갖 산, 온갖 중생과 세계, 붇다의 법
설하심이 그 가운데 나타남은 무엇인가. 중생의 망념으로 이것을 다만
이것이라 하고 저것을 다만 저것이라 하면 이것은 저것에 통하지 못하
고 한 티끌이 온갖 티끌에 통한 줄 알지 못한다.

그러나 홀연히 믿음의 마음을 일으켜 여래를 찬탄하고 정토행(淨土
行)을 물으려 함에, 범부의 물든 모습이 온전히 여래의 공덕의 모습이
며 한 티끌이 온갖 티끌에 통한 법계의 실상이 온전히 드러남이니 이는
닦아서 얻는 모습이 아니라 본래 그러한 삶의 실상을 이리 보임이다.

경은 이 뜻을 여래의 위신의 힘으로, 여기 이곳 암라동산에 막힘없고
걸림 없는 법계〔無障礙法界〕의 모습이 온전히 드러나 있다고 말한 것이
니, 영가선사의 『증도가』는 노래한다.

한 성품이 두렷이 온갖 성품에 통했고
한 법이 두루 온갖 법을 머금었네.
한 달이 온갖 물에 널리 다 나타나고
온갖 물에 비친 달은 한 달에 거둬지네.
모든 붇다의 법의 몸이 나의 성품에 들어오고
나의 성품 도로 여래에 함께 합해지네.

　一性圓通一切性　一法遍含一切法
　一月普現一切水　一切水月一月攝
　諸佛法身入我性　我性還共如來合

2. 보배쌓임의 붇다 찬탄

붇다의 위신의 힘으로 여기 이곳 범부의 땅에 중생과 법계의 진실상이 온전히 드러나니 붇다의 보디 밖에 저 세계가 없고 중생의 번뇌의 땅을 떠나 붇다의 나라가 없기 때문이다. 그렇다면 보배쌓임 장자의 아들이 이미 온갖 공덕을 실현하신 분, 붇다를 우러러 찬탄함은 곧 중생이 번뇌를 돌이켜 여래의 보디에 나아감이며 탐욕에 물든 중생의 몸〔衆生身〕을 돌이켜, 여래의 공덕의 몸〔如來功德身〕에 돌아감이다.

세간법의 있되 공한 진실을 바로 보면, 지금 중생이 여래의 법 설함을 듣는 암라나무 동산을 떠나, 장엄한 붇다의 나라〔佛國〕가 없다. 그러므로 여래의 청정한 몸과 말과 뜻의 업으로 성취된 서른두 모습〔三十二相〕 빼어난 여래의 상호를 찬탄하는 것이, 바로 여래의 지혜와 자비의 공덕을 찬탄함이다.

그리고 장엄한 공덕의 몸을 찬탄하는 것이 여래의 보디의 지혜에 지혜의 모습도 없고, 깨친 바 진리에 진리의 모습도 없어, 지혜와 진리가 서로 응해〔智理相應〕 하나 된 여래의 법의 몸〔法身〕을 찬탄함이다.

곧 미혹의 중생이 이 세계의 실상과 둘이 없는 여래의 보디를 찬탄하는 것이 바로 나의 탐욕의 몸〔肉身〕을 돌이켜, 법의 몸〔法身〕 지혜 목숨〔慧命〕에 나아감이고, 끝내 티끌에 돌아가고야 말 세간 재물〔財〕의 집착을 버려, 늘고 줄어듦이 없는 법의 재물〔法財〕을 얻는 길이다.

그러니 우리 눈앞〔眼前〕에 공덕의 몸〔功德身〕을 나투시는 붇다, 그 지혜 덕상을 찬탄하는 것이 어찌 대상화하고 우상화 할 모습을 찬탄함이겠는가. 그 모습의 장엄이 장엄 아닌 장엄이라면 여래의 거룩한 모습을 찬탄함이 바로 '늘 머무는 붇다 다르마 상가〔常住三寶〕'에 귀의함이고, 이 세간의 땅에 늘 머무는 붇다 다르마 상가 그 지혜의 목숨을 잇고 넓히는 길이다.

곧 여래는 세간법의 나되 남이 없는〔生而無生〕 진실을 깨친 분이니 연기하는 세간법의 진실 밖에 여래의 보디가 없고, 나의 지금 한 생각 〔現前一念〕 밖에 세계의 실상이 없다.

　그렇다면 생각을 일으켜〔起念〕, 밖으로 신묘하고 거룩한 법을 찾는 것이, 도리어 법을 등지는 것이니, 『대혜어록(大慧語錄)』 가운데 다음 몇 마디 법어를 살펴보자.

　선사는 어느 날 당에 올라〔上堂〕 어떤 승려가 투자(投子)선사에게 물은 다음 말을 들어 보였다.

　어떤 것이 '열 몸 갖추어 잘 다루는 장부〔十身調御丈夫〕'입니까.
　투자(投子)가 승상을 내려와 섰다.
　또 물었다. 범부와 성인이 서로 가기 얼마입니까.
　투자가 또한 승상을 내려와 섰다.

　대혜선사가 말했다.

　투자가 승상에서 내려온 뜻을
　오늘 아침에 그 뜻을 들어 보여주겠다.
　나귀 앞, 말 뒤의 녀석들은
　부디 어지럽게 알아들으려 말라.32)

　投子下繩床　今朝爲擧揚
　驢前馬後漢　切忌亂承當

　또 어떤 승려가 운문(雲門)선사에게 '어떤 것이 붇다입니까〔如何是佛〕' 물으니, 운문이 '마른 똥막대기이다〔乾屎橛〕'라고 한 말에 대혜선

---

32) 上堂擧 僧問投子 如何是十身調御 投子下繩床立 又問 凡聖相去多少 投子
　　亦下繩床立 師云 投子下繩床 今朝爲擧揚 驢前馬後漢 切忌亂承當

사는 다음 같이 노래했다.

> 운문의 마른 똥막대기여,
> 온전히 법보화 세 몸을 뛰어넘는다.
> 일 없이 산을 나서 노닐으니
> 백냥 돈주머니 지팡이 끝에 걸었네.

> 雲門乾屎橛　全超法報化
> 無事出山遊　百錢杖頭挂

운문의 마른 똥막대기가 여래의 법·보·화 세 몸〔法報化三身〕을 온전히 뛰어 넘는다는 뜻이 무엇인가. 이는 마른 똥막대기에 중생이 알 수 없는 신묘한 도리가 있음을 보인 것인가. 붇다를 물으니 마른 똥막대기라고 한 운문의 뜻이 속됨에서 속됨을 깨뜨릴 뿐 아니라 거룩함에서 거룩함을 깨뜨리므로 그 뜻을 대혜선사가 '마른 똥막대기가 법보화 세 몸을 뛰어넘는다'고 말한 것이 아닌가.

법·보·화 세 몸도, 연기로 있는 법〔緣起有法〕의 본래 그러한 모습에 붙인 이름이니, 이름 붙이기 전 사물의 진실을 법보화 세 몸 뛰어넘은 마른 똥막대기로 보임이리라.

다시 '돈다발 걸치고 산을 나서 노닌다'고 말하니, 도리어 보고 듣고, 가고 오는 세간법의 진실 밖에 찾아야 할 신묘한 도리 없음을 이리 보임인가. 한 생각 밖에 거룩한 법을 구해도 바른 뜻이 아니나 한 생각의 본래 그러함을 붙들어 쥐고 본래 붇다〔本來佛〕라 말함도 크게 그르치는 것이다. 대혜선사가 보인 것처럼, 나귀 앞〔驢前〕 말 뒤에서〔馬後〕 서성이며 어지럽게 헤아리지 말 일이다.

옛사람의 다음 법어를 살펴보자.〔선문염송 904칙〕

용아(龍牙)선사가 대중에 보여 말했다.

강과 호수가 비록 사람을 걸리게 할 마음이 없으나 이때 사람들이 지나감을 얻지 못해 강과 호수가 사람 걸리게 함을 이루었다.

조사와 붇다〔祖佛〕가 비록 사람을 속일 마음이 없으나, 이때 사람들이 꿰뚫지 못해 조사와 붇다가 사람 속임〔瞞人〕을 이루게 되었다.

어떤 승려가 물었다.

'어찌해야 조사와 붇다의 속임을 받지 않겠습니까?'

선사가 말했다.

'곧 반드시 스스로 깨달아 가야 한다〔須自悟去〕.'33)

지비자(知非子)가 노래했다.

강과 호수가 본래 걸리게 않지만
걸리는 것은 배가 없기 때문이네.
이때 사람들이 꿰뚫지 못해서
붇다와 조사의 속임 받게 되었네.
바이로차나 정수리 위를 다니고
백자 장대 끝에서 걸음 내딛으라.
조주 늙은이 보지 못했는가.
큰 길이 장안에 통했도다.

江湖本不礙　自是無舟船
時人透不得　卽被佛祖瞞
毗盧頂上行　進步百尺竿
不見趙州老　大道通長女

---

33) 龍牙示衆云 江湖雖無礙人之心 爲時人過不得 江湖成礙人去 祖佛雖無瞞人之心 爲時人透不得 祖佛成瞞人去 僧問 如何得不被祖佛瞞 師云則須自悟去

운문 고(雲門杲: 大慧)선사가 말했다.

옛 스님〔古德〕의 다음 말을 보지 못했는가.

'강과 호수가 사람을 걸리게 할 마음이 없고 붇다와 조사가 사람을 속일 뜻이 없으나, 다만 사람이 지나감을 얻지 못해서 강과 호수가 사람 걸리게 하지 않음을 말하지 못한다. 그리고 붇다와 조사의 언교〔佛祖言教〕가 비록 사람을 속이지 않으나 다만 이 도를 배우는 이가 방편을 잘못 알아 한 말〔一言〕 한 구절〔一句〕 가운데, 그윽함〔玄〕을 구하고 묘함〔妙〕을 구하고 얻음을 구하고 잃음을 구해, 그로 인해 꿰뚫지 못하고 붇다와 조사가 사람 속이지 않음을 말하지 못한다.'

이는 마치 눈먼 사람이 해와 달빛을 보지 못함이 눈먼 자의 허물이지 해와 달의 허물이 아님과 같다.

이것이 곧 이 도를 배움이 문자의 모습〔文字相〕 떠나고 분별의 모습〔分別相〕 떠나며 언어의 모습〔言語相〕 떠나야 하는 본보기 모습이다.34)

『비말라키르티 수트라』서분(序分) 풀이를 마치며, 학담 또한 옛조사의 뜻을 받들어 여래의 가르침과 비말라키르티 보디사트바의 법의 모임을 기리리라.

한 생각의 진실이 법계의 참됨이니
안과 밖에서 현묘함 구함을 모두 말하지 마라.

---

34) 雲門杲法語云 不見古德有言 江湖無礙人之心 佛祖無謾人之意 只爲時人 過不得 不得道江湖不礙人 佛祖言教雖不謾人 只爲學此道者 錯認方便 於一言一句中 求玄求妙求得求失 因而透不得 不得道佛祖不謾人 如患盲之人 不見日月光 是盲者過 非日月咎 此是 學此道 離文字相 離分別相 離語言相底樣子 〔문자와 분별 언어의 모습 떠남이 어찌 문자와 언어를 끊음이겠는가. 문자에 문자 없고 언어에 언어 없음을 알면 문자의 모습이 해탈인 것이다.〕

생각 안에 얻음 없고 생각 밖에 구함 없으면
다만 아는 한 생각은 막혀 걸림 없도다.

　一念眞實法界眞　內外求玄都莫說
　念內無得外無求　但知一念無障礙

붇다와 조사의 언구에서 현묘함 구하면
곧 마라와 바깥길이 마라 소굴에 이끌리라.
문자의 모습 떠나고 마음의 붙잡음 떠나면
문자가 해탈이라 티끌 티끌이 통하도다.

　佛祖言句求玄妙　卽是魔外引魔窟
　離文字相離心緣　文字解脫塵塵通

이와 같이 붇다와 조사의 말씀 내가 들으면
보고 듣는 그 자리가 사유할 수 없고 말할 수 없으니
사유와 말길 가운데서 붇다의 일을 지어
빛깔 냄새 맛과 닿음으로 모든 붇다 공양하리.

　如是我聞佛祖說　見聞當處不思議
　思議路中作佛事　色香味觸供諸佛

경의 뜻을
바로 말하는 가름[正說分]

이끄는 글

이끄는 글

앞 「붇다의 나라를 보이는 품〔佛國品〕」 전반부에서 경의 가르침에 믿음을 내게 하는 여섯 성취〔六成就〕의 인연을 보이고 경의 큰 뜻을 일으켜 낸다. 곧 여래께서 바이샬리 암라동산에 모인 대중들 오백 장자의 아들들에게 일산으로 신묘한 변화를 보여, '사유할 수 없고 말할 수 없는 연기의 실상'과 '여래의 공덕'을 보여 여래를 찬탄케 함이 그것이다.

그러자 이제 여러 장자의 아들들이 먼저 마음을 내어, '바라오니 붇다의 나라 인과〔佛國因果〕를 듣고자 합니다'라고 말씀드린다.

이는 마치 화엄회상 선재어린이〔善財童子〕가 여러 선지식을 참방하면서 다음처럼 말하는 것과 같다.

'저는 이미 먼저 도의 마음〔道心〕을 내었으나 보디사트바가 어떻게 보디사트바의 행을 닦는지 알지 못합니다.'

수행은 먼저 진리에 대한 믿음의 마음〔信心〕을 내야 하니 그 마음을 내지 않으면 인행(因行)에 의지할 바가 없고, 과덕(果德)에 돌아갈 바가 없게 된다. 믿음의 마음을 낸다는 것은 먼저 이미 해탈경계를 증득한 분의 삶의 진실이, 나의 진실임을 믿는데서 출발한다.

그러므로 믿는다는 것은 나의 삶 밖에 대상화 할 진리나 초월자를 믿는 것이 아니다. 그것은 일어나고 사라지는 나의 삶의 움직임〔生滅心〕이 진여(眞如)인 움직임인 것을 바로 보아 아는 것이니, 한 생각이 진여인 생각인 줄 알 때 바른 보디의 마음을 낼 수 있는 것〔發心〕이다.

곧 삶의 진실을 알아 도를 본〔見道〕 뒤에 바른 마음을 내는 것이고, 바른 마음을 낸 뒤에 바른 행을 일으켜 옳게 도를 닦는 것[修道]이며, 도를 닦은 뒤에 도를 증득하는 것[證道]이다.

나고 사라지는 마음[生滅心]이 이미 니르바나 되어있고, 세간의 모습[世間相]이 진여인 줄 알 때, 진여인 한 생각을 냄이 없이 내게 되며, 진여인 여섯 파라미타를 닦아, 온전한 성품이 닦음을 빼앗고[全性奪修] 온전한 성품이 닦음을 일으키게 되니[全性起修] 그 때 '성품과 닦음이 둘이 없는 도[性修不二之道]'에 나아가 그 도를 온전히 쓰는 것이다.

이를 천태선사 『마하지관』의 '열 수레 살피는 법[十乘觀法]'으로 사유해보자. 열 실천의 수레[十乘]가 벌려져 있으나 뒤의 아홉 수레[九乘]가 첫 실천의 수레에 거두어진다.

첫 수레는 한 생각으로 '사유할 수 없고 말할 수 없는 경계를 살핌[觀不思議境]'이니 살피는 바[所觀]에 사유할 바 없음을 알면, 진리를 살피는 실천의 수레[乘] 또한 생각에 생각 없다. 타는 바[所乘]에 모습 없으므로 탈 수 있음[能乘]에도 살핌이 없고 생각이 없는 것이다.

이때 살피는 바 경계[所觀境]란 다섯 쌓임·열두 들임·열여덟 법의 영역[陰入界境] 밖에 다른 법이 아니니 연기로 있는 세간법의 실상 밖에 구할 부사의 경계가 없기 때문이다. 다시 살피는 바 다섯 쌓임[五陰]을 한 생각[다섯 쌓임이 생각인 다섯 쌓임이므로]에 거두어 생각을 살피는 바 경계 삼으면, 생각으로[能觀] 생각[所觀]에 생각 없음[於念無念]을 살피는 것이 부사의 경계를 살핌[觀不思議境]이다.

두 번째 수레는 '참되고 바르게 보디의 마음 냄[眞正發菩提心]'이니, 생각에 생각 없되 생각 없음에 생각 없음도 없음을 알아 생각 없는 생각[無念之念]을 냄이, 바른 보디의 마음 냄이다.

세 번째 수레는 '잘 교묘히 지관에 마음을 편안케 함[善巧安心止觀]'이니, 생각하되 생각 없음[念而無念, samatha]과 생각 없이 생각함[無念而念, vipaśyana]이 두 법이 아니면 사마타[止]와 비파사나[觀]가 하나 되어, 실상의 도를 봄[見道]과 닦음 없이 도를 닦음[修道]이 첫 세 수레 안에 거두어진다.

뒤의 일곱 수레[七乘]는 법의 치우침을 깨뜨림[破法偏], 통하고 막힘을 앎[識通塞], 여러 실천법을 고루어 맞게 함[道品調適], 마주해 다스려 도와 열게 함[對治助開], 차제의 지위를 앎[知次位], 편안히 참을 수 있음[能安忍], 법의 애착을 떠남[離法愛]이다.

이 일곱 수레는 인행을 닦아 과덕 증득함 가운데 실천의 조건이 되는 일인데, 인행과 과덕에 취해 모두 얻을 바 없음을 알면, 생각으로 생각에 생각 없음[於念無念]을 살피는 처음 한 수레의 법 가운데, 열 수레[十乘]의 법이 모두 갖춰진다.

펼쳐진 법의 번쇄함은 중생 집착의 번쇄함에 상응하니 생각으로 생각에 생각 없음[於念無念] 살피는 법 밖에, 사마타(samatha, 止)와 비파사나(vipaśyana, 觀)가 없고, 법의 애착 떠남이 없는 것이다.

곧 열 수레 가운데 끝 수레의 법이, 법의 애착 떠남[離法愛]인데 끊을 중생의 망념이 이미 니르바나 되어 있음에서 보면, 실로 얻을 니르바나의 과덕이 없고 신비화할 닦음이 없다. 그러므로 바른 실천의 수레 가운데서는 실로 얻을 바 법 없음을 아는 것이 법의 애착 떠남이다. 머물 바 법의 애착[法愛]을 떠나면, 생각 생각 모든 공덕을 세간과 중생에 공양하고 회향하는 것이니, 본 경에서 아쵸바야붇다를 뵙고 세간에 법공양(法供養)하는 뜻이 『마하지관』의 '열 수레 살핌의 법[十乘觀法]'과 다르지 않다.

지금 이 경의 앞에서 오백장자는 이미 보배일산의 사유할 수 없고 말할 수 없는 신묘한 변화를 보았다. 이는 곧 실상의 도를 봄이고 사유할 수 없고 말할 수 없는 경계[不思議境]를 살핌이라 여기에서 의심하지 않으면 이미 도의 마음 냄[發心]이라, 이것이 바른 보디의 마음을 냄[發菩提心]이다.

이처럼 이미 보디의 마음을 내고 믿음의 마음을 낸 이들이 다시 여래 세존(如來世尊)께 붇다의 나라 인과[佛國因果]를 듣고자 원하니 이는 바른 수행[正修行]의 길을 보여주시도록 청함이다.

『비말라키르티 수트라』의 이 가르침과 천태선사 『마하지관』열 수레 실천의 법[十乘觀行]에 어찌 두 길이 있을 것인가. 그리고 『마하지관』의 열 수레 살피는 행[十乘觀行]이 어찌 현전의 한 생각[現前一念]에서, 생각으로 생각에 생각 없음[於念無念]을 바로 보아 살피는 무념선(無念禪)의 길과 다를 것인가.

현전의 한 생각이 살피는 지혜[能觀智]이고 생각에 생각 없음[於念無念]이 살피는 바 부사의 경계[所觀不思議境]이며, 생각에 생각 없음[於念無念]과, 생각 없되 생각함[無念而念]이 둘 아니면 사마타와 비파사나를 같이 행함[止觀俱行]이다.

여래의 법 가운데 가르침의 약, 법의 약[法藥]은 오직 중생의 병(病) 따라 세워질 뿐이니, 병 따라 세워진 법의 약 가운데 어찌 두 법을 헤아릴 것인가.

제1. 붇다의 나라를 보이는 품〔佛國品〕 중 정설분

해제

이 품의 제목은 붇다의 나라〔佛國〕이니 천태선사의 판별로는 이 국토에 넷이 있다.

첫째, 범부 성인이 같이 머무는 땅〔凡聖同居土〕이니, 여섯 범부〔六凡〕와 성인이 같이 머무는 땅이다.

둘째, 방편의 나머지 있는 땅〔方便有餘土〕이니 공(空)으로 증득을 삼는 슈라바카〔聲聞〕, 프라데카붇다〔緣覺〕 두 수레와 위없는 보디를 이루지 못한 부분적인 깨침의 보디사트바의 국토이다.

셋째, 실다운 과보의 땅〔實報土〕이니 보디사트바의 원력의 힘으로 장엄한 국토이다.

넷째, 늘 고요한 빛의 땅〔常寂光土〕이니 모든 붇다의 지극한 지혜로 비추는 바 국토이다.

붇다의 나라를 그 실상에서 보면 늘 고요한 빛의 땅이나, 모습이 없지 않은 인연의 땅을 잡아 보면, 인연의 땅은 범부 성인이 같이 머무는 땅〔同居土〕과 실다운 과보의 땅〔實報土〕을 거둘 것이다.

그러나 법성의 땅〔法性土〕, 진여의 땅〔眞如土〕이 곧 연기로 있는 모습의 땅의 있되 공한 진여라면, 모습의 땅과 진여의 땅에 두 다름이 없는 것이다.

앞에서 보배 쌓임이 붇다께 일산을 바치자 여래께서 여러 일산을 모아 한 일산이 되게 하자 그 일산이 삼천세계에 두루했다 하니, 이는 저 세계의 낱낱 사법이 진여인 사법이라 사법과 사법이 융통한 세계의 실상을 일산을 통해 보이신 것이다.

이를 네 붇다의 나라에 가져오면 모습 있는 인연의 땅이 늘 고요한 빛의 땅 떠나지 않음을 말한 것이다. 저 일산의 신묘한 모습을 지금 이 암라동산의 대중이 보았으니 이는 저 국토의 장엄과 세계가 중생 아는 마음 떠나지 않음을 말한 것이다.

다섯 쌓임의 교설[五蘊說]에서 마음[心: 受想行識]은 물질과 세계를 떠난 마음이 없고 세계의 모습[色]은 마음을 떠난 세계가 없으니 마음은 있되 있지 않고 저 세계는 없되 없지 않다. 세계 가운데 하나가 여럿이 되고 하나가 온갖 것에 두루함은 인연으로 있는 낱낱 사법이 있되 공하여 낱낱 사법이 진여인 사법임을 말한다.

여기 있는 내가 세계의 이러한 모습을 보고 들을 수 있는 것은 왜 그럴 수 있는가. 세계는 공하되 없지 않고 나는 있되 공하여 세계의 진여와 나의 진여가 두 법이 아니기 때문이다.

「불국품」 첫머리에서 보배쌓임 장자가, 붇다의 국토 청정히 하는 행을 물으니, 이는 주체의 행위와 세계의 관계를 물어, 행위가 곧 세계인 행위라 주체의 행위 밖에, 세계 변화 실천의 힘이 없음을 보이고 있는 것이다.

여래의 '열여덟 법의 영역의 교설〔十八界說〕'로 보면 행위는 여섯 앎〔六識〕으로 표현된다.

자아와 세계는 십팔계설에서 여섯 아는 뿌리〔六根〕와 여섯 경계〔六境〕로 표시된다. 내가 저 세계를 보고 듣고 느껴 안다는 것〔見聞覺知〕은 나와 저 세계가 실로 있다 해도 알 수 없고 실로 없다 해도 알 수 없으며 주체 객체가 같다 해도 알 수 없고 다르다 해도 알 수 없다. 나는 있되 있지 않고 저 세계는 없되 없지 않으므로 나와 세계의 닿음과 만남〔觸・受〕이 있는 것이다.

지금 어떤 것을 알 때, 아는 행위는 행위 밖에 내가 있고 앎의 뿌리〔意根〕가 있어서 알게 함이 아니다. 다시 행위 밖에 스스로 있는 사물이 있어서 아는 주체에 저의 그림자를 던져 주는 것이 아니다. 알 때 자아는 세계를 느껴 아는 자아로 드러나고 세계는 앎 행위 안에 주체에 파악된 세계로 드러나는 것이다. 앎은 주체 객체에서 일어났지만 앎일 때 자아는 이미 세계화된 자아이고 세계는 이미 주체화된 세계인 것이다. 앎이 주체 객체에서 일어났지만 앎 활동〔識・業〕이 자아와 세계를 새롭게 규정하는 창조의 힘이 되는 것이다.

앎이 곧 주체의 세계화와 세계의 주체화가 하나 되는 실천의 장이니 앎일 때 자아는 앎인 자아이고 세계는 앎인 세계이다. 그러므로 앎이 모습에 물들면 세계가 다시 모습에 물든 앎에 의해 물들여지고, 앎이 앎에 앎 없는 앎의 진실〔無念眞念〕을 실현하게 되면 세계 또한 모습에 모습 없는 세계의 실상〔無相實相〕을 실현하게 된다.

곧 모습에 모습 없으면 앎에 앎 없게 되고 앎에 앎 없으면 모습 없는 세계의 실상〔無相實相〕이 구현된다. 모습에 물든 앎이 환상을 만들고 환상의 공업(共業)이 역사의 허위의식, 닫혀진 사회 억압된 문명을 재생산한다. 중생 번뇌의 업이 삼계(三界)를 연기하고 보디사트바의 깊은 마음, 곧은 마음, 자비의 마음이 정토(淨土)를 장엄한다.

깊은 마음〔深心〕은 무엇인가. 생각에 생각 없는 마음이, 곧 바닥없는〔無底〕깊은 마음이다. 무엇이 곧은 마음〔直心〕인가. 생각 없되 생각 없음도 없이 두 가〔兩邊〕에 매이지 않는 마음이 곧은 마음이다. 깊은 마음 곧은 마음이 하나 되어 앞으로 나아가면 이 마음이 사마타와 비파사나가 하나 된 마음이고, 중생을 거두어 한 중생도 빠뜨리지 않는 대자비의 마음〔大慈悲心〕이고, 헤아릴 수 없는 마음〔無量心〕, 온갖 공덕을 중생에 회향하는 마음〔迴向心〕이다.

마음 밖에 세계가 없으니 보디사트바의 이 깊고 곧은 마음 널리 거두는 마음이 곧 중생이 태어날 정토의 땅이다.

1. 붇다의 국토 청정함과 보디사트바의 정토행을 물음

이때 장자의 아들 보배쌓음이 이 게를 말하고 나서 붇다께 말씀드렸다.

"세존이시여, 이 오백 장자의 아들들이 다 이미 아누타라삼막삼보디의 마음을 내었으니 붇다의 국토 청정해짐을 듣고자 합니다. 바라오니 세존께서는 모든 보사트바의 정토의 행[淨土之行]을 말씀해 주십시오."

爾時 長者子寶積 說此偈已 白佛言 世尊 是五百長者子 皆已發阿耨多羅三藐三菩提心 願聞得佛國土淸淨 唯願世尊 說諸菩薩淨土之行

2. 붇다의 국토와 정토행을 답함

붇다께서 말씀하셨다.

"좋은 말이다. 보배쌓임아, 모든 보디사트바를 위하여 여래에게 국토 깨끗이 하는 행[淨土行]을 물을 수 있구나. 자세히 듣고 자세히 들어, 잘 사유하라. 그대를 위해 말하겠다."

이에 보배쌓임과 오백 장자의 아들들이 가르침을 받아 들었다.

붇다께서 말씀하시었다.

"보배 쌓임아, 중생의 무리들이 보디사트바의 붇다의 땅[佛土]이니, 왜 그런가? 보디사트바는 교화하는 중생을 따라 붇다의 땅을 취하고, 고루어 누르는 바 중생을 따라 붇다의 땅을 취하며, 모든 중생이 어떤 나라로 붇다의 지혜에 들어가는가에 응해 붇다의 땅을 취하고, 모든 중생이 어떤 나라로 보디사트바의 뿌

리 일으키는가에 응해 붇다의 땅을 취하기 때문이다.[1]

왜 그런가? 보디사트바가 깨끗한 나라[淨國] 취하는 것은 다 모든 중생을 이익되게 함이기 때문이다. 비유하면 어떤 사람이 빈 땅에 궁실을 지으면 뜻을 따라 걸림 없지만, 만약 허공이라면 끝내 이룰 수 없는 것과 같다. 보디사트바도 이와 같아 중생을

---

1) 경의 이 부분에 대한 영역과 우리말 직역은 다음과 같다.

The Buddha said: "Excellent, Ratna-rāśi, it is good that you can ask on behalf of these Bodhisattvas about deeds that lead to the realization of the Buddha's Pure Land. Listen carefully and ponder over all what I now tell you."

Threat, Ratna-rāśi and the five hundred sons of elders listened attentively to His instruction.

The Buddha said: "Ratna-rāśi, all species of living beings are the Buddha land sought by all Bodhisattvas. Why is it so? Because a Bodhisattva wins the Buddha land according to the living beings converted by him (to the Dharma); according to the living beings tamed by him; according to the country (where they will be reborn to) realize the Buddha- wisdom and in which they will grow the Bodhisattva root.

붇다께서 말씀하시었다. '아주 뛰어나구나, 라트나라시여. 붇다의 깨끗한 땅의 실현에 이끄는 행위에 관해 그대가 보디사트바의 이익을 묻는 것은 좋은 일이다. 주의 깊게 잘 들으라. 그리고 지금 내가 너에게 말한 모든 것을 깊이 생각하라.'

그러자 라트나라시와 오백장자의 아들들이 여래의 가르침을 주의 깊게 들었다.

붇다께서는 말씀하셨다. '라트나라시여, 살아있는 존재의 무리가 모든 보디사트바들이 찾는 붇다의 땅이다. 왜 그러한가. 다르마를 따라 보디사트바에 의해 바뀐 중생에 따라서 보디사트바는 붇다의 땅을 얻기 때문이고 보디사트바에 의해 길들여진 중생에 따라 그리고 그들이 태어나 붇다의 지혜를 실현하고 그 안에서 보디사트바의 뿌리를 자라게 할 나라를 따라 붇다의 땅을 얻기 때문이다.'

성취하기 위하므로 붇다의 나라 취하기를 바라니 붇다의 나라 취하기를 바람은 허공이 아닌 것이다.

佛言善哉 寶積 乃能爲諸菩薩 問於如來淨土之行 諦聽諦聽 善思念之 當爲汝說 於是寶積 及五百長者子 受敎而聽

佛言 寶積 衆生之類 是菩薩佛土 所以者何 菩薩隨所化衆生 而取佛土 隨所調伏衆生 而取佛土 隨諸衆生 應以何國 入佛智慧 而取佛土 隨諸衆生 應以何國 起菩薩根 而取佛土

所以者何 菩薩取於淨國 皆爲饒益諸衆生故 譬如有人 欲於空地 造立宮室 隨意無礙 若於虛空 終不能成 菩薩如是 爲成就衆生故 願取佛國 願取佛國者 非於空也

보배쌓임이여, 알아야 한다. 곧은 마음〔直心〕이 보디사트바의 정토이니 보디사트바가 붇다 이룰 때 아첨하지 않는 중생이 그 나라에 와서 태어난다. 깊은 마음〔深心〕이 보디사트바의 정토이니 보디사트바가 붇다 이룰 때 공덕 갖춘 보디사트바가 그 나라에 와서 태어난다. 마하야나의 마음〔大乘心〕이 보디사트바의 정토이니 보디사트바가 붇다 이룰 때 마하야나의 중생이 그 나라에 와서 태어난다.2)

2) 정토와 세 마음 아홉 행: 정토는 삶들이 의지하는 세계〔依報〕이고, 세 마음〔三心〕 아홉 행〔九行〕은 삶들〔正報〕의 마음 활동이다. 연기법에서 세계 없는 마음이 없고 주체의 앎 없는 세계가 없으니 세계의 청정한 과보의 땅인 정토는 보디사트바의 세 마음 아홉 행을 떠나지 않는다.
세 마음〔三心〕: 세 마음은 곧은 마음〔直心〕, 깊은 마음〔深心〕, 마하야나의 마음〔大乘心〕이다. 생각이 이쪽 저쪽 두 가에 치우치지 않으면 곧은 마음이고, 곧은 마음이면 그 삶이 깊고 깊어 밑이 없게 되니 깊은 마음이고, 곧고 깊은 마음이면 그 행이 넓고 가없어 싣지 못함이 없고 거두지 못함이 없으니 마하야나의 마음이다. 이 세 마음이 바탕이 되어 행이 나오는 것이니, 곧은 마음은 살피는 지혜〔能觀智〕에 해당하고, 깊은 마음은

寶積當知　直心是菩薩淨土　菩薩成佛時　不諂衆生　來生其國　深心是菩薩
淨土　菩薩成佛時　具足功德衆生　來生其國　菩提心是菩薩淨土　菩薩成佛時
大乘衆生　來生其國

널리 베풂〔布施〕이 보디사트바의 정토이니 보디사트바가 붇다
이룰 때 온갖 것 버릴 수 있는 중생이 그 나라에 와서 태어난다.
계 지님〔持戒〕이 보디사트바의 정토이니 보디사트바가 붇다 이룰

살피는 바 경계〔所觀境〕에 해당하고, 대승의 마음은 지혜와 진리가 하나
된 행에 해당한다.

그러므로 『무아소』는 두렷한 가르침〔圓教〕의 두렷한 살핌〔圓觀〕을 잡
아 다음 같이 세 마음을 풀이한다.

'세 지혜를 한 마음 가운데 닦으면 곧장 도량에 이르러 그 가운데 사이에
굽어 잘못됨이 없으니 바야흐로 곧은 마음〔直心〕이라 이름한다. 삼제의 진
리에 한 마음 가운데서 나아가면 이치가 깊은 바탕을 다하고 진실한 바탕
을 사무쳐 드날리니 바야흐로 깊음〔深〕이라 이름한다. 진리의 수레를 타게
되고 나아가 따라 타면 한번 날라 온갖 것을 실어 나르고 네 방위〔四方〕에
노닐어 곧장 도량에 이르니 바야흐로 마하야나〔大乘〕라 이름한다.

이 세 마음〔三心〕을 바탕삼고 그런 뒤에 아홉 행〔九行〕을 겸해 닦으면 바
야흐로 마음과 행이 같이 좋음〔心與行而俱善〕이라 이름하고 인행과 과덕이
같이 아름다움〔因與果而兼美〕이라 이름하니, 이것이 곧 중생이 바로 보디
사트바의 정토라 함이다. 또 세 마음이 이 때문에 바탕이 되는 것이다.'

三智於一心中修　直至道場　於其中間無委曲相　方名直心　三諦於一心中造
理盡淵府　究暢實際　方名爲深　理乘得乘　及以隨乘　一運一切運　遊於四方　直
至道場　方名爲大乘　以此三心而爲之本　然後兼修九行　方得名爲心與行而俱
善　因與果而兼美　是則衆生是菩薩淨土者　又三心爲之本也

이를 살핌을 잡아 풀이하면〔觀解〕 다음과 같다.

'세 살핌을 한 마음 가운데 닦으면 곧장 나아가 앞이 없게 되니 곧 이것이
곧은 마음이다. 세 진리를 한 경계 가운데서 비추면 가에 사무치고 바닥에
이르니 곧 이것이 깊은 마음이다. 네 넓은 행을 한 마음 가운데 갖추면 움
직여 실음이 넓고 넓으니 곧 대승의 마음이다.'

三觀於一心中修　直往無前　卽是直心　三諦於一境中照　窮邊到底　卽是深心
四弘於一心中具　運載普廣　卽是大乘心

때 열 착한 길[十善道]을 행해 원을 채운[滿願] 중생이 그 나라에 와서 태어난다. 욕됨 참음[忍辱]이 보디사트바의 정토이니 보디사트바가 붇다 이룰 때 서른두 모습으로 장엄하는 중생이 그 나라에 와서 태어난다.

정진(精進)이 보디사트바의 정토이니 보디사트바가 붇다 이룰 때 온갖 공덕 부지런히 닦는 중생이 그 나라에 와서 태어난다. 선정(禪定)이 보디사트바의 정토이니 보디사트바가 붇다 이룰 때 마음 거두어 어지럽지 않은 중생이 그 나라에 와서 태어난다. 지혜(智慧)가 보디사트바의 정토이니 보디사트바가 붇다 이룰 때 지혜로 바로 안정한[正定] 중생이 그 나라에 와서 태어난다.

布施是菩薩淨土 菩薩成佛時 一切能捨衆生 來生其國 持戒是菩薩淨土 菩薩成佛時 行十善道滿願衆生 來生其國 忍辱 是菩薩淨土 菩薩成佛時 三十二相莊嚴衆生 來生其國 精進是菩薩淨土 菩薩成佛時 勤修一切功德 衆生 來生其國 禪定是菩薩淨土 菩薩成佛時 攝心不亂衆生 來生其國 智 慧 是菩薩淨土 菩薩成佛時 正定衆生 來生其國

네 헤아릴 수 없는 마음[四無量心]이 보디사트바의 정토이니 보디사트바가 붇다 이룰 때 '큰 사랑, 가엾이 여김, 따라 기뻐함, 버림[慈悲喜捨]'을 성취한 중생이 그 나라에 와서 태어난다.

네 거두는 법[四攝法]3)이 보디사트바의 정토이니 보디사트바가 붇다 이룰 때 해탈에 거두어지는 중생이 그 나라에 와서 태어난다.

방편(upāya, 方便)이 보디사트바의 정토이니 보디사트바가 붇

---

3) 네 거두는 법[四攝法]: 보디사트바가 중생을 거두어 안락에 이끄는 네 법. ① 널리 베풂으로 거둠[布施攝], ② 사랑스런 말로 거둠[愛語攝], ③ 이로운 행으로 거둠[利行攝], ④ 일 같이함으로 거둠[同事攝].

다 이룰 때 온갖 법에 방편이 걸림 없는 중생이 그 나라에 와서 태어난다.4)

　서른일곱 실천법〔三十七道品〕5)이 보디사트바의 정토이니 보디

---

4) 방편에 대해 승조법사는 말한다.
　'방편이란 교묘히 편한 지혜이다. 작은 덕을 쌓아 큰 공을 얻고, 공이 비록 이루어지나 증득하지 않으며, 있음에 머물러도 고요함에 어긋나지 않고 없음에 머물러도 교화를 잃지 않으며 함이 없되 하지 않음도 없으면 방편이 걸림 없음이다.'
　肇公曰 方便者 巧便慧也 積小德而獲大功 功雖就而不證 處有不乖寂 居無不失化 無爲而無所不爲 方便無礙也

　이를 관행으로 살펴보자.
　'마음 살핌의 방편〔觀心方便〕이란 다음 같이 말할 수 있다.
　성품 가운데 닦음을 갖추고 닦음 가운데 성품을 갖추면 사마타 가운데 비파사나가 있고 비파사나 가운데 사마타가 있으며, 약 가운데 병이 있고 병 가운데 약이 있다. 온전한 성품이 닦음 일으킴〔全性以起修〕을 통달하면 온전한 닦음이 성품에 있으니〔全修而在性〕 사마타를 돌이켜 비파사나를 짓고 비파사나를 돌이켜 사마타를 짓는다. 반드시 병 가운데가 곧 약임을 살펴서 약 가운데서 병내지 않도록 하는 것이 곧 방편이 걸림 없음이다.'

5) 서른일곱 실천 법〔三十七道品〕: 산스크리트 sapta-trimad-bodhipasa 의 번역어. 곧 보디에 이르는 서른일곱 실천 법을 말하니, 『마하지관』의 열 수레 살피는 행으로 보면 여러 실천 법을 고루어 맞춤〔道品調適〕에 해당한다. 그러나 이 법들은 부사의 경계를 살피는 지혜〔觀不思議境〕 밖에 있는 것이 아니라 한 생각의 중도를 살피는 지혜가 병통과 근기의 차별에 의해 여러 법들로 나타난 것이다. 곧 생각에 생각 없음을 살피는 지혜가 여러 방편에 적용된 것이니 닦음에 닦음 없음을 알면 중도의 살피는 지혜 밖에 따로 여러 방편이 없다.
　『대승의 니르바나 수트라』의 뜻으로 보면, 살피는 바 바른 원인의 붇다 성품〔正因佛性〕과 그 바른 원인 깨치는 지혜〔了因佛性〕와 그 방편이 되는 지혜〔緣因〕, 이 세 원인〔三因: 正因·了因·緣因〕이 모두 붇다성품에서 연기하여 붇다성품을 실현하는 법〔三因佛性〕이라는 가르침과, 천태 관행에 두 법이 없다 할 것이다.
　서른일곱 법은 곧 네 곳 살핌〔四念處〕, 네 바르게 부지런함〔四正勤〕, 네

사트바가 붇다 이룰 때 네 곳 생각함[四念處], 네 부지런함[四正勤], 네 자재한 선정[四如意足], 다섯 진리의 뿌리[五根], 진리의 힘[五力], 일곱 깨달음 갈래[七覺支], 여덟 바른길[八正道]을 성취한 중생이 그 나라에 와서 태어난다.

회향하는 마음[廻向心]6)이 보디사트바의 정토이니 보디사트바

바르게 끊음[四正斷], 네 뜻대로 되는 선정[四如意足], 다섯 진리의 뿌리[五根], 다섯 진리의 힘[五力], 일곱 깨달음 법의 갈래[七覺支], 여덟 바른 길[八正道]이다.

여덟 바른 길[八正道]을 보기로 들면, 여덟 바른 길은 바른 생각 말 사유 등 바른 행[正行]을 나타내는 말이다. 붇다의 연기법에서 보디 해탈에 이르는 길은 중생 스스로의 바른 행으로 구현되고 그 행위의 해탈로 검증된다. 곧 바른 길, 바른 행[中道正行]은 보디의 원인이자 그 결과이니 서른일곱 도품의 낱낱 법이 모두 그러하다. 이 뜻이 곧 붇다의 성품[佛性]을 깨치는 원인[因]과 조건[緣]이 모두 붇다 성품이라는 삼인불성[三因佛性]의 뜻과 다르지 않다.

6) 회향하는 마음[廻向心]: 『무아소』는 다음 같이 말한다.
'회향하는 마음에 넷이 있다.
1. 일을 돌려 진리에 향함[回事向理]이다. 앞에 닦는 바 여섯 파라미타 등 행과 같으니 참으로 일[事]을 돌려 진실한 이치에 향하지 않으면, 행은 지음 있음[有作]을 이루게 되고 일은 연으로 닦음[緣修]에 속하여 범부의 낮은 행, 삼장교의 일로 건넘[事度]을 이루게 된다. 그러므로 반드시 회향하여 밝게 알아야 한다. 그러면 비록 손가락 튕겨 꽃을 뿌리고 머리 숙이고 손을 모아도 다 온전한 성품이 닦음 일으킴이라 바탕이 법계이므로 보디사트바의 닦는 바 복을 함부로 다치지 않고, 한번 절하고 한번 참회함에 티끌 칼파의 죄가 녹고 한 번 보시하고 한 번 계 지님의 공이 허공과 같아진다.
2. 작음을 돌려 큼에 향함[回小向大]이다.
3. 자기를 돌려 남에 향함[回自向他]이다.
4. 인행을 돌려 과덕에 향함[回因向果]이다.
이 일과 이치가 서로 같은 행[理事相卽之行]을 돌려, 중생과 마하야나와 붇다의 과덕에 향하면 곧 다음처럼 말함과 같게 된다.
'스스로 사람과 하늘의 복된 과보, 슈라바카와 프라데카붇다 나아가 방편

가 붇다 이룰 때 온갖 것을 갖춘 공덕의 국토를 얻는다. 여덟 어려움7) 없앰을 말하는 것이 보디사트바의 정토이니 보디사트바가 붇다 이룰 때 나라의 땅에 세 악, 여덟 어려움〔三惡八難〕이 없다.

四無量心是菩薩淨土 菩薩成佛時 成就慈悲喜捨衆生 來生其國 四攝法是菩薩淨土 菩薩成佛時 解脫所攝衆生 來生其國 方便是菩薩淨土 菩薩成佛時 於一切法 方便無礙衆生 來生其國 三十七道品是菩薩淨土 菩薩成佛時 念處正勤神足根力覺道衆生 來生其國 迴向心是菩薩淨土 菩薩成佛時 得一切具足功德國土 說除八難是菩薩淨土 菩薩成佛時 國土無有三惡八難

스스로 계행을 지키되〔自守戒行〕 남의 빠뜨림〔彼闕〕을 비방하지 않는 것이 보디사트바의 정토이니 보디사트바가 붇다 이룰 때 나라의 땅에, 금한 계 범한다는 이름〔犯禁之名〕이 없다. 열 착함〔十善〕이 보디사트바의 정토이니 보디사트바가 붇다 이룰 때 목숨이 살아있는 가운데 일찍 죽지 않는다.8)

의 수레 모든 지위 보디사트바를 구하지 않고 오직 가장 높은 수레를 의지해 보디의 마음을 내 법계중생과 더불어 한때 같이 아누타라삼막삼보디의 마음 얻고자 합니다.'

마음의 회향을 살핌〔觀心廻向〕에 대해서 『무아소』는 다음 같이 말한다. '한 생각 앎의 마음에서 처음 이미 진여의 변하지 않음〔眞如不變〕이 연 따름〔隨緣〕을 통달하면 지금은 연 따름이 변하지 않음을 알아 이 따르되 변하지 않음〔隨緣不變〕을 돌이켜, 변하지 않되 연 따름에 향하게 함이니, 곧 작음〔小〕을 돌려 큼〔大〕에 향하고, 일〔事〕을 돌려 진리〔理〕에 향하며, 인행〔因〕을 돌려 과덕〔果〕에 향하고, 자기〔自〕를 돌려 남〔他〕에 향함이 다 여기에 있는 것이다.

7) 여덟 어려움〔八難〕: 붇다의 법을 듣지 못하는 여덟 어려움이니, ① 지옥에 있는 어려움, ② 축생에 있는 어려움, ③ 아귀에 있는 어려움, ④ 오래 사는 하늘에 있는 어려움, ⑤ 우타라쿠루의 좋은 곳에 머무는 어려움, ⑥ ⑦ 몸에 장애가 있어서 가르침을 보고 듣지 못하는 어려움, ⑧ 붇다의 세상을 만나지 못하는 어려움이다.

크게 넉넉하고 깨끗한 행[大富梵行]으로, 말함이 진실하면 늘 부드러운 말씨로 따르는 붙이가 떠나지 않으며, 다툼을 잘 어울리게 하고 말은 반드시 이익 되어, 질투하지 않고 성내지 않는 바른 견해의 중생[正見衆生]이 그 나라에 와서 태어난다.

이와 같이 보배쌓임이여, 보디사트바는 그 곧은 마음[直心]을 따라 그 행을 낼 수 있으며 그 행 냄을 따라 곧 깊은 마음[深心]을 얻는다. 그 깊은 마음을 따라 곧 뜻이 고루어 눌러지며 그 고루어 눌러짐[調伏]을 따라 말씀대로 행하고, 말씀대로 행함을 따라 회향할 수[廻向] 있으며 그 회향함을 따라 곧 방편(方便)이 있게 되며 그 방편을 따라 중생을 성취한다.

중생 성취함을 따라 붇다의 땅이 깨끗해지고, 붇다의 땅이 깨끗함을 따라 법 설함이 깨끗해지고 법 설함이 깨끗함을 따라 지혜가 깨끗해지고 지혜가 깨끗함을 따라 곧 그 마음이 깨끗해지고 그 마음이 깨끗함을 따라 곧 온갖 공덕이 깨끗해진다. 그러므로 보배쌓임이여, 만약 보디사트바가 정토를 얻고자 하면 그 마

---

8) 보디사트바의 정토인 아홉 행[九行]은 다음과 같다.
　① 여섯 파라미타이니, 널리 베풂·계 지님·욕됨 참음·정진·선정·지혜이다.
　② 네 헤아릴 수없는 마음이니, 큰 사랑·가엾이 여김·따라 기뻐함·크게 버려 평등함[慈悲喜捨]이다.
　③ 네 거두는 법이니, 보시·사랑스런 말·이로운 행·일 같이함[布施 愛語 利行 同事]이다.
　④ 방편(方便)이다.
　⑤ 서른일곱 도 돕는 법[三十七助道品]이니, 몸·느낌·마음·법[身受心法]의 네 곳 살핌[四念處], 네 바르게 부지런함[四正勤: 악을 끊음 없이 끊고, 선을 지음 없이 짓는 행, 네 자재한 선정[四如意足], 다섯 진리의 뿌리[五根], 다섯 진리의 힘[五力], 일곱 깨달음법의 갈래[七覺支], 여덟 바른 길[八正道]이다.
　⑥ 회향(廻向)하는 마음이다.　　⑦ 여덟 어려움을 없앰[除八難]이다.
　⑧ 스스로 계행을 지킴[自守戒行]이다.　⑨ 열 착한 행[十善]이다.

음을 깨끗이 해야 하니 그 마음이 깨끗함을 따라 곧 붇다의 땅이 깨끗해지는 것이다."9)

---

9) '마음이 깨끗함을 따라 정토가 깨끗해지는 행'을 『무아소』는 다음 같이 말한다.

정토의 행은 비록 다시 갖가지이나 반드시 마음의 깨끗함 이를 중심으로 삼아야 한다. 그러므로 위에서 펼쳐 굴려 끝에 맺어 돌아감은 다음과 같다. '지혜의 깨끗함을 따라 곧 그 마음이 깨끗해지니 이것이 곧 마음이 깨끗함이 바탕 됨이고, 땅의 깨끗함은 끝이 됨이며, 마음의 깨끗함이 원인이 되고, 땅의 깨끗함이 결과 됨이다. 대개 성품이 국토를 갖추어 본래 그렇게 청정하나 중생이 그 깨끗함을 얻지 못하는 것은 세 미혹이 물듦을 닦아 이로써 더럽혀지기 때문이고 닦음의 악[修惡]을 여러 가지로 행해 이것이 해치기 때문이다.

그러므로 여래께서는 정토의 행[淨土行]을 설하시는데 세 마음[三心]에서 시작하고 뒤는 아홉 행[九行]으로 하신 것이다.

세 마음을 닦으면 물든 닦음이 없고, 아홉 행을 행하면 닦음의 악[修惡]이 없어진다. 그런 뒤에 그 공덕이 정토의 행을 이루니 마쳐 다한 뜻의 돌아감이 여기에 있는 것이다.

어떤 이가 물었다.

'가르침의 문[敎門]에서 말한 바 오직 마음인 정토[唯心淨土]와 이 경의 글에서 마음이 깨끗함과 땅이 깨끗함은 같은가 다른가?'

답한다.

'같지 않다. 대개 오직 마음인 정토는 성품[性]을 말하고 닦음[修]을 말하지 않으나, 마음이 깨끗해야 땅이 깨끗함은 닦음[修]을 말하고 성품을 말하지 않은 것이다. 저 성품은 본래 닦음을 인해 말한 것이나 닦음은 반드시 성품을 의지해 닦는다. 지금 경에서 붇다의 나라 인과의 종지는 이미 두렷한 사람[圓人]이니 이 두렷한 가르침을 받아 먼저 오직 마음인 정토의 뜻[唯心淨土之旨]을 깨닫고, 뒤에 마음이 깨끗하고 땅이 깨끗한 닦음[心淨土淨之修]을 행해야 그런 뒤에 참성품의 해탈[眞性解脫]의 과덕을 증득할 것이다.'

천태선사 『정명소(淨名疏)』는 다음 같이 정토 살핌의 뜻을 말한다.

'마음 성품의 본래 깨끗함이 허공 같다고 살피면 이는 곧 성품이 깨끗한 경계[性淨之境]이다. 경계는 곧 나라이다. 살피는 지혜로 이 마음을 깨치면 이를 붇다라 이름한다.

自守戒行 不譏彼闕 是菩薩淨土 菩薩成佛時 國土無有犯禁之名 十善是
菩薩淨土 菩薩成佛時 命不中夭 大富梵行所言誠諦 常以軟語 眷屬不離
善和諍訟 言必饒益 不嫉不恚 正見衆生 來生其國

如是寶積 菩薩隨其直心 則能發行 隨其發行 則得深心 隨其深心 則意調
伏 隨其調伏 則如說行 隨如說行 則能迴向 隨其迴向 則有方便 隨其方便
則成就衆生 隨成就衆生 則佛土淨 隨佛土淨 則說法淨 隨說法淨 則智慧
淨 隨智慧淨 則其心淨 隨其心淨 則一切功德淨

是故寶積 若菩薩 欲得淨土 當淨其心 隨其心淨 則佛土淨

3. 사리푸트라가 의심하자 붇다의 땅이 늘 깨끗함을 보이심

이때 사리푸트라가 붇다의 위신을 받아 이렇게 생각했다.

"만약 보디사트바의 마음 깨끗함이 곧 붇다의 땅이 깨끗해지는
것이라면, 우리 세존께서 본래 보디사트바였을 때 뜻이 어찌 깨

첫 살핌을 인해 행이라 이름하고 살핌이 이루어지면 과덕이라 이름한다.
만약 스스로 행함을 논하면 이는 곧 마음 왕[心王]이 물듦 없음이고, 만
약 남 교화함을 논하면 곧 이것이 마음 씀의 해탈[心數解脫]이다.
지혜의 씀은 큰 신하이니 모든 수의 높은 미혹을 물리쳐 마음 근원 청
정한 땅에 돌아갈 수 있다.
그러므로 '마음이 깨끗하면 붇다의 땅이 깨끗하다'고 말한다.
또 네 가르침에서 밝힌 바 네 마음을 따르면, 이 네 마음이 깨끗해지니
곧 네 가지 붇다의 나라가 다 깨끗하다. 이 네 가지 마음[四種心]은 다만
한 자성의 청정한 마음[自性清淨心]이라 이 마음이 만약 깨끗하면 온갖
붇다의 땅이 다 깨끗하다.'
天台淨名疏云 觀心性本淨猶如虛空 卽是性淨之境 境卽國也 觀智覺悟此心
名之爲佛 初觀名因 觀成名果 若論自行 卽是心王無染 若論化他 卽是心數
解脫 智慧數爲大臣 能排諸數上惑 以還心原淸淨土也 故云 心淨卽佛土淨也
又隨四敎所明四心 此四種心淨 卽四種佛國悉淨 此四種心 只是一自性淸淨
心 此心若淨 一切佛土皆悉淨也

끗하지 않았기에 이 붇다의 땅 깨끗하지 않음이 이와 같은가?"

爾時 舍利弗 承佛威神 作是念 若菩薩 心淨則佛土淨者 我世尊 本爲菩薩時 意豈不淨 而是佛土不淨 若此

붇다께서 그 생각을 아시고 곧 말씀해주셨다.
"어떻게 생각하는가? 해와 달이 어찌 깨끗하지 않은가? 눈먼 이라 보지 못한 것인가?"
대답했다
"해와 달 탓이 아닙니다. 세존이시여, 이는 눈먼 이의 허물이지 해와 달의 허물이 아닙니다."
"사리푸트라여, 중생의 죄 때문에 '여래 나라의 땅〔如來國土〕'이 깨끗하게 장엄된 것을 보지 못하는 것이지 여래의 허물이 아니다. 사리푸트라여, 나의 이 땅이 깨끗하지만 그대가 보지 못한 것이다."
이때 '소라 상투 브라흐마하늘 왕'이 사리푸트라에게 말했다.
"이 붇다의 땅이 깨끗하지 않다는 이런 생각을 하지 마십시오. 왜 그런가요? 저는 샤카무니붇다의 땅이 청정함을 보니 비유하면 자재하늘왕의 궁전〔自在天宮〕과 같습니다."
사리푸트라가 말했다.
"내가 이 땅을 보니 언덕과 구덩이 가시덤불, 모래와 자갈, 흙과 돌, 여러 산들, 더럽고 나쁜 것들이 가득 차 있소."
소라상투 브라흐마하늘 왕이 말했다.
"어진 이의 마음에 높고 낮음이 있어 붇다의 지혜〔佛智慧〕를 의지하지 않으므로 이 땅이 깨끗하지 않음을 볼 뿐입니다. 사리푸트라시여, 보디사트바는 온갖 중생에 다 평등하여 깊은 마음이 청정해 붇다의 지혜를 의지하니 곧 이 붇다의 땅이 청정함을 볼 수 있습니다."

이에 붇다께서 발가락으로 땅을 누르자 바로 그때 삼천의 큰 천세계가 얼마쯤 백 천의 진기한 보배로 꾸며지니, 비유하면 '보배로 장엄된 붇다〔寶莊嚴佛〕'의 헤아릴 수 없는 공덕으로 장엄된 땅과 같았다. 온갖 대중이 일찍이 있지 않던 일이라 찬탄하고 보배 연꽃자리에 앉아있음을 다 스스로 보았다.

붇다께서 사리푸트라에게 말씀하셨다.

"그대는 또 이 붇다의 땅이 깨끗이 꾸며짐을 살피는가?"

사리푸트라가 말씀드렸다.

"예, 그렇습니다. 세존이시여, 본래 보지 못하고 본래 듣지 못한 것인데 지금 붇다의 국토 깨끗이 꾸며짐〔嚴淨〕이 다 나타났습니다."

붇다께서 사리푸트라에게 말씀하셨다.

"나의 붇다 나라의 땅〔我佛國土〕이 늘 깨끗함이 이와 같다. 이 낮고 못난 사람들을 건네주려고 이 뭇 악으로 깨끗하지 않은 땅을 보일 뿐이다. 비유하면 여러 하늘들이 함께 보배 그릇의 밥을 먹는다 해도 그 복덕에 따라 밥 색깔에 다름이 있는 것과 같다. 이와 같이 사리푸트라여, 만약 사람 마음이 깨끗하면 곧 이 땅이 공덕으로 장엄된 것을 보게 된다."

佛知其念 卽告之言 於意云何 日月 豈不淨耶 而盲者不見 對曰不也 世尊 是盲者過 非日月咎 舍利弗 衆生罪故 不見如來國土嚴淨 非如來咎 舍利弗 我此土淨 而汝不見

爾時 螺髻梵王 語舍利弗 勿作是念 謂此佛土 以爲不淨 所以者何 我見

釋迦牟尼佛土清淨 譬如自在天宮

舍利弗言 我見此土 丘陵坑坎 荊棘沙礫 土石諸山 穢惡充滿

螺髻梵王言 仁者 心有高下 不依佛慧故 見此土爲不淨耳 舍利弗 菩薩於
一切衆生 悉皆平等 深心清淨 依佛智慧 則能見此佛土清淨

於是 佛以足指按地 卽時三千大千世界 若干百千珍寶嚴飾 譬如寶莊嚴佛
無量功德寶莊嚴土 一切大衆 歎未曾有 而皆自見坐寶蓮華

佛告舍利弗 汝且觀是佛土嚴淨 舍利弗言 唯然世尊 本所不見 本所不聞
今佛國土 嚴淨悉現

佛告舍利弗 我佛國土 常淨若此 爲欲度斯下劣人故 示是衆惡不淨土耳
譬如諸天 共寶器食 隨其福德 飯色有異 如是舍利弗 若人心淨 便見此土
功德莊嚴

4. 대중이 깨달음의 이익 얻음을 밝힘

붇다께서 이 국토가 깨끗하게 장엄된 것을 나타낼 때 보배 쌓
임이 거느린 오백 장자의 아들들이 다 '남이 없는 법의 참음[無
生法忍]'을 얻었으며, 팔만사천 사람들도 다 아누타라삼먁삼보디
의 마음을 냈다.

붇다께서 신통을 거두시자 이에 세계는 옛과 같이 돌아왔다.

슈라바카의 수레[śrāvakayāna, 聲聞乘]를 구하는 삼만 이천
여러 하늘들과 사람들이 함이 있는 법[有爲法]이 다 덧없음을 알
고서, 티끌과 때를 멀리 떠나 법의 눈[法眼]이 깨끗함을 얻었으
며, 팔천비구가 모든 법을 받지 않고 '샘이 다해 뜻이 풀렸다[漏
盡意解].'10)

---

10) 이 경문에 대한 영역과 우리말 직역은 다음과 같다.

When this Buddha land (i.e. the world) appeared in its

當佛現此國土嚴淨之時 寶積所將五百長者子 皆得無生法忍 八萬四千人 皆發阿耨多羅三藐三菩提心 佛攝神足 於是世界 還復如故

求聲聞乘 三萬二千 諸天及人 知有爲法 皆悉無常 遠塵離垢 得法眼淨 八千比丘 不受諸法 漏盡意解

---

majestic purity the five hundred sons of elders who came with Ratna-rāśi, realized the patient endurance of the uncreate (anutpattika-dharma-kṣānti), and eighty-four thousand people developed their minds set on Supreme Enlightenment (anuttara-samyak-sambodhi).

The Buddha then stopped pressing His toes on the ground and the world returned to its previous (filthy) condition. Thirty-two thousand devas and men aspiring to the śrāvaka stage, understood the impermanence of all phenomena, kept from earthly impurities and achieved the Dharma-eye (which sees the truth of the four noble truths), eight thousand bhiksus kept from phenomena and succeeded in putting an end to the stream of transmigration (thus realizing arhatship).

붇다의 땅이 장엄한 깨끗함 가운데 나타날 때 라트나라시와 함께 온 오백 장자의 아들들이 '만들어지지 않은 참음'을 실현하였다. 그리고 팔만 사천 사람들이 그들의 마음을 최상의 깨달음에 발전시켰다.

붇다께서는 그러자 붇다의 발로 땅 누름을 멈추었다. 세계는 다시 이전의 상태로 되돌아왔다.

슈라바카의 단계를 바라는 삼만 이천 하늘신과 사람들이 모든 현상의 덧없음을 이해하였다. 그리고 세속의 물듦을 벗어나 네 거룩한 진리를 볼 수 있는 법의 눈을 달성하였다.

팔천의 빅슈의 무리는 현상의 모습을 떠나고 (아라한의 과덕을 실현함으로써) 거듭 태어남의 흐름을 끝내게 되었다.

평석

1. 보디사트바의 행인 정토

연기하는 세계에서 법의 성취는 그것을 이루는 인연을 떠나 있을 수 없다. 사바의 물든 땅은 본 성품이 청정한 해탈의 땅이지만 어떻게 해야 지금 저 물들고 고통스런 현실을 돌이켜 현실의 안락국토를 이룰 수 있는가. 붇다의 나라를 성취할 실천의 인과는 무엇인가.

지금 번뇌의 땅에서 위없는 보디의 마음을 낸, 마하사트바 보배쌓임 어린이가 붇다의 공덕을 찬탄하며 붇다의 나라를 이룰 그 실천의 인과를 묻고 있는 것이다.

이미 주어진 것 지금 경험되고 있는 것에 대한 자기 물음이 없는 중생 현실의 새로운 전변이 어디 있겠는가. 삶의 진실에 대한 자기 물음이, 물음인 해답으로 돌이켜 나오는 곳에 간화행자(看話行者)의 공안 타파(公案打破)의 소식이 있어, 새로운 삶의 길이 열릴 것이며 새로운 땅 새로운 나라가 열릴 것이다.

그렇다면 그 실천의 인연과 결과의 모습은 어떤 것인가. 정토의 땅 붇다의 나라는 실로 이루어짐이 있는가. 그 결과가 성취되는 진실의 모습은 어떠한가.

2. 중도의 바른 행[中道正行]이 보디사트바의 정토임을 보이심

붇다의 연기론(緣起論)에서 중생의 앎[識]과 행위[業]는 주체가 내는 것도 아니고[非自作] 객체가 내는 것도 아니며[非他作] 주·객의 기계적 결합도 아니며[非自他作] 원인 없이 나는 것도 아니다[非無因作].

앎 활동은 주체가 아니되 주체 아닌 것도 아니며 객체가 아니되 객체 아닌 것도 아니다. 아는 여섯 뿌리〔六根〕에 실로 아는 뿌리가 없되, 뿌리 없음도 아니고, 아는 바 대상에 모습 없되, 모습 없음도 아니다.

그러므로 아는 자 아는 바가 어울려 지금 현전하는 앎〔現前識〕을 이루니, 앎 활동은 앎에 앎이 없되〔於知無知〕 앎 없음도 없이〔無無知〕, 주체와 객체〔根境〕의 새로운 만남과 닿음〔觸〕을 통해 새롭게 연기한다.

곧 앎〔知〕에 앎이 없되 앎 없음도 없으며〔無知而無無知〕 남이 없되 남 없음도 없이〔無生而無無生〕 앎은 나고 나는 것〔生生〕이다. 여섯 아는 뿌리〔六根〕로 표시된 아는 자〔能知〕와, 여섯 티끌 경계〔六塵〕로 표시된 아는 바〔所知〕는, 공하되 없지 않으므로〔空而不空〕 서로 어울려, 앎 활동〔六識〕을 일으켜, 앎을 내는 곳〔處: 十二處〕이 된다.

다시 아는 자〔知者: 內根〕와 아는 바〔所知: 外境〕는 있되 있지 않으므로, 하나의 앎이 사라지고 다음 앎이 날 때 그 아는 뿌리와 경계는, 이미 있는 앎을 거두어들임〔十二入〕이 되고 새로운 앎을 예비하는 터전〔十二處〕이 된다.

이처럼 아는 자〔根〕 아는 바〔境〕는, 앎이 남 없이 날 때〔無生而生〕 곳〔處〕의 이름〔內處, 外處〕을 얻고, 앎이 사라짐 없이 사라질 때〔無滅而滅〕 들임〔入〕의 이름〔內入 外入〕을 얻는다. 앎 활동〔六識〕의 연기적인 나고 사라짐을 따라, 아는 자, 아는 바는 내는 곳〔處〕과 거두어들임〔入〕의 이름을 교환한다.

이렇게 보면 열여덟 법의 영역〔十八界〕은 모두 있되 공하여, 여섯 앎〔六識〕과 (여섯 앎을 일으키고 들이는) 열두 곳〔十二處〕은 서로가 서로를 거둔다고 말할 수 있다. (열두 곳이 유식에서는 제8알라야식으로 표시되니, 여섯 앎과 열두 곳의 서로 거둠은 유식불교에서 전육식과 제8알라야식의 서로 갈무리함과 갈무리되어짐으로 표현된다.)

여섯 앎[六識]일 때 여섯 앎은 자아와 저 세계의 그림자이고 반영이자, 여섯 앎일 때 저 자아와 세계는 앎의 자기활동 자기모습으로 주어지니, 앎 활동[識]은 자아[根]와 세계[境]를 새로운 모습으로 규정하는 하되 함이 없는 활동을 다함없이 이어간다.

곧 아는 자[六根], 앎[六識], 아는 바[六境]는 모두 있되 공하고 공하므로 새롭게 연기하니, 여섯 앎은 자아와 세계가 공한 진여(眞如)의 바탕에서 연기하고, 여섯 앎의 활동이 자아와 세계를 앎의 자기 모습으로 지음 없이 새롭게 지어간다.

그러므로 저 세계의 모습에 물들고 갇힌 망념(妄念)이, 물든 세계를 지속시키고, 번뇌의 땅에서 환상과 망념을 돌이켜 바른 앎[正念] 바른 원[正願]을 일으키면, 물든 땅[穢土]을 돌이켜 깨끗한 땅[淨土]을 이룰 수 있다.

그러므로 보디사트바의 정토는 물든 땅 중생무리와 번뇌를 떠나지 않으며, 여섯 파라미타 네 거둠의 법[四攝法]이 보디사트바의 정토인 것이다. 중생의 번뇌와 여래의 보디가 둘이 아닌 진여성품[眞如性]에서 보디사트바의 크나큰 원의 힘으로 중생의 물든 땅을 떠나지 않고 정토가 연기하기 때문이니, 『대혜어록(大慧語錄)』은 경을 인용하여 이렇게 말한다.[『대혜어록』 권20]

번뇌의 무리가 여래의 씨앗[如來種]이니 가르침 가운데 밝은 글이 있다.

마치 높은 언덕에서는 연꽃이 나지 않고 낮고 젖은 진흙이 이 꽃을 내는 것과 같다. 곧 불난 집 번뇌 가운데 있으며, 머리를 내고 머리가 사라져 헤아릴 수 없는 괴로움을 받아도 홀연히 괴로움 가운데서 싫어해 떠남을 내, 처음 '위없는 보디의 마음'을 내면 번뇌의 무리가 여래의 씨앗이 되는 것이니 바로 이를 말함이다.11)

중생 번뇌의 마음과 여래 보디의 마음에 두 바탕이 없어 여래장의 마음〔如來藏心〕을 떠나지 않고 사대 허공(四大虛空) 저 세계가 업을 따라 발현되는 것〔循業發現〕이니 『수능엄경』의 다음 말과 같다.

'여래장 가운데 성품인 물질이 참으로 공하고, 성품이 공한 참된 물질의 청정함이 본래 그러해 법계에 두루하다.'

如來藏中 性色眞空 性空眞色 淸淨本然 周遍法界

이를 한마음의 진여(眞如)와 나고 사라짐〔生滅〕이 둘이 아닌 문에서 보면 다음 같이 말할 수 있다.

'육근(六根)과 육경(六境)이 마주해 한 생각의 마음이 일어나면〔一念心起〕 삼천 세계의 성품과 모습〔三千性相〕이 곧 한 생각 진여의 바탕이라 물들고 깨끗한 연을 따를 수 있어 열 법계〔十法界〕를 갖추어 짓는다. 바로 온전한 진여의 변하지 않는 바탕이 연 따름〔隨緣〕 아님이 없다.'

이는 곧 한 생각의 바로 그 자리〔一念當處〕 변하지 않는 진여의 온전한 바탕이 온전히 연 따르지 않음이 없어서 진여의 성품〔眞性〕이 사바의 물든 땅과 정토의 깨끗한 땅을 떠나지 않는 것이라 할 수 있다. 한 생각이 곧 삼천계의 의보와 정보인데〔一念三千〕 어찌 그러지 않을 수 있겠는가. 그러므로 여기 사바세계 보디사트바의 한 생각이 저 정토를 바로 볼 수 있고, 지금 여기에서 정토의 땅을 드러내고 실현할 수 있는 것이다. 어찌 그리될 수 있는가.

---

11) 塵勞之儔 爲如來種 敎有明文 譬如高原陸地不生蓮華 卑濕淤泥乃生此華 在火宅塵勞中 頭出頭沒 受無量苦 忽於苦中而生厭離 始發無上菩提之心 塵勞之儔爲如來種 正謂此也

중생 번뇌와 여래의 보디에 두 바탕이 없어, 중생 마음이 홀연히 내달려 구하지 않고 망녕되이 모습 취하지 않으며, 모든 경계를 따라 붙잡아 알지 않으면〔不緣諸境〕 중생의 망념이 진여의 성품에 돌아간다.

이때 중생인 나의 마음이, 마음에 마음 없음을 알아 삼세 모든 붇다와 큰 보디사트바와 서로 계합하되, 어울려 하나 됨 또한 붙잡아 취하지 않으면 저절로 둘 아님〔不二〕을 이루기 때문이다.

곧 예토와 정토가 둘 아닌 진여에서, 보디사트바가 지혜와 자비〔智悲〕 큰 원〔大願〕을 일으키면 여섯 길 중생 악도가 공한 곳에서 모습 없되 모습 없음도 없는 밝은 빛의 정토〔寂光土〕가 현전한다. 그리고 저 정토교(淨土敎)의 가르침처럼 중생이 비록 악업을 지었다 하더라도 그 악업을 참회하고 여래의 본원(本願)에 대한 믿음과 그 본원의 배에 함께 탈 발원을 하면 저 정토에 가서 날 수 있는 것이다.

영가선사 『증도가』는 이렇게 노래한다.

참된 모습 깨달음에 사람과 법이 없으니
찰나 사이 아비지옥 업을 모두 없애도다.
내가 만약 거짓말로 뭇 삶들을 속인다면
스스로 혀를 빼는 지옥고통 불러서
티끌 수 한량없이 오랜 칼파 지내리라.

證實相 無人法　　剎那滅却阿鼻業
若將妄語誑衆生　　自招拔舌塵沙劫

위없는 여래선을 단박 깨쳐 사무치니
여섯 파라미타 만 가지 행이 바탕 속에 두렷하며
꿈속에선 여섯 갈래 고통길이 분명터니

깨친 뒤엔 공하고 공해 큰 천세계 모습 없네.

頓覺了如來禪　六度萬行體中圓
夢裏明明有六趣 覺後空空無大千

3. 사바의 물든 땅이 청정한 까닭을 묻고 여래께서 답하심

중생의 무리가 곧 정토이고 이곳 암라나무 동산이 곧 막힘없고 걸림 없는 청정한 땅인데 왜 사리푸트라는 이를 믿지 못하고 이 땅이 가시덤불 모래 자갈 웅덩이 온갖 더러운 것들이 있는 곳이라 의심해 말하는가.

사리푸트라는 이미 연기로 있는 세간법이 성품이 공한 줄 깨달아, 슈라바카의 과덕을 성취한 여래의 슈라카바 제자 가운데, 지혜로 으뜸가는 제자인데 어찌 이를 알지 못하겠는가.

다만 막힘없어 사유할 수 없고 말할 수 없는 해탈의 땅 가운데서 성품이 공한 줄〔性空〕 모르는 중생을 위해, 신단타의 인연〔生滅因緣〕으로 이 세계의 깨끗하지 않은 모습을 짊어지고, 짐짓 여래께 물음을 던진 것이다.

이에 여래께서 발가락으로 땅을 누르자 이 세계가 보배로 장엄된 국토의 모습이 된 것이다. '사바국토가 깨끗하지 않다' 말하는 사리푸트라를 경책한 저 '소라상투 브라흐마하늘왕'은 하늘왕 아닌 하늘왕이라 '보디사트바 하늘왕'이니 중생을 위한 세계의 신단타로, '이 세계 아닌 세계의 본래 깨끗함'을 말한 것이다.

다시 사리푸트라와 브라흐마 하늘왕〔天王〕이, '붇다의 지혜〔佛慧〕'를 의지하지 않으므로 중생이 사바국토의 깨끗하지 않음을 본다고 한 문답을 자세히 살펴보자.

중생의 몸의 눈〔肉眼〕은 장애 안〔障內〕만을 보고, 눈의 보는 힘〔眼

力]이 닿는 곳에 있는 것만을 본다. 몸의 눈이 볼 수 있는 세간법의 모습은 인연으로 일어난[緣起] 크고 작은 모습, 더럽고 깨끗한 모습이다. 이 인연으로 있는 모습은 인연으로 난 모습이라 있되 실로 있음이 아니다.

있음의 성품이 공한 줄[性空] 아는 자가, 지금 있는 모습의 모습됨을 넘어서 사물의 새로운 변화를 볼 수 있고, 사물의 새로운 있음이 '나지 않고 남[不生生]'을 알아, '남도 아니고 나지 않음도 아닌[不生不生] 사물의 중도의 진실'을 보아, 여래의 지견[佛知見]에 함께 할 수 있다.

이를 다섯 눈의 교설[五眼說]로 살펴보자. 범부의 몸의 눈[肉眼]은 감각의 영역에 갇혀 있는 인식의 눈[眼識]이라 장애 밖을 보지 못한다. 그에 비해 감각적 인식이 확장된 이성적 인식의 눈[意識]은 감각적 인식을 토대로 감각을 확장해 장애 밖까지 본다. 이를 경전은 하늘눈[天眼]이라 한다. 보배상투 하늘왕은 이미 하늘눈[天眼]을 지닌 하늘왕이지만, 그는 하늘눈의 보는 바 모습도, 공한 줄 아는 지혜의 눈[慧眼]을 갖춘 하늘왕이다.

그리고 지금 하늘눈이 보는 바가 공한 줄 알되 공에 머묾 없이 사물의 새로운 변화를 보며, 이 땅이 자재하늘의 궁전[自在天宮] 같이 청정함을 보니 곧 법의 눈[法眼]이다.

혜안(慧眼)과 법안(法眼)이 둘이 없으면 중도의 눈[中道眼]이고 붇다의 눈[佛眼]이다.

붇다께서 발가락으로 땅을 눌러 삼천의 큰 천세계[三千大千世界]가 진기한 보배로 꾸며진 모습을 보이시니 이는 중생의 '모습에 물든 이성적 미혹과 감성적 미혹[見思惑]'을 깨뜨려, 붇다의 지견[佛知見] 붇다의 눈[佛眼]을 열어주신 것이다.

그 뜻을 경은 '붇다께서 발로 땅을 밟으니 이 땅이 보배로 장엄된 붇다의 헤아릴 수 없는 공덕의 땅과 같다'고 말한 것이다. 곧 온갖 공덕 갖춘 여래의 지견에서 여래는 탐냄·성냄·어리석음에 물든 중생을 건지시려고, 중생 스스로 짓는 업의 힘〔業力〕으로써 뭇 악으로 가득 찬 이 땅에 나타나심을 보여주시고 이 사바에 머물고 계시는 것이다.

그러나 붇다의 눈으로 보는 중생세간 이 사바의 물든 땅은, 한 티끌 안에 '삼천의 큰 세계에 가득한 경전〔大千經卷〕'을 갖추었으며, 한 가는 털구멍 안에 '보배왕의 나라〔寶王刹〕'를 갖춘 '헤아릴 수 없는 공덕 곳간〔無量功德藏〕'의 땅, 진여(眞如)의 땅인 것이다.

4. 장자의 아들들이 남이 없는 법의 참음〔無生法忍〕을 얻음

붇다의 중생을 위해 법 설하시는 방편이, 어찌 입으로 말함에 그칠 것인가. 때로 꽃을 집어 들어〔擧拈花〕 법의 진실을 열어 보이고, 이 경처럼 발가락으로 땅을 밟아〔足指按地〕 이 사바국토 고난의 땅이 늘 고요한 빛의 땅임〔常寂光土〕을 보여주시는 것이다. 그러므로 말없는 참 설법을 들은 오백장자의 아들들이 '남이 없는 법의 참음〔無生法忍〕'을 얻은 것이고 팔만 사천 사람들이 위없는 보디의 마음〔bodhicitta〕을 낸 것이다.

슈라바카야나〔聲聞乘〕 구하는 많은 이들은 온갖 모습 있는 법〔一切有爲法〕의 공함과 온갖 함이 있는 법〔有爲法〕의 덧없음을 깨달아, 함이 있는 법들에 구하는 마음을 놓게 된다. 그러나 다시 슈라바카의 수행자들은 모습을 끊고 모습 없음이 아니라 모습에 모습 없음〔無相〕을 알아 마하야나에 나아가며, 함께 법을 들은 온갖 비구들은 번뇌의 샘이 다하고〔漏盡〕, 모습에 묶인 뜻이 풀리게 된 것〔意解〕이다.

학담 또한 몇 수 노래로 갖가지 방편의 문〔方便門〕을 열어 중생을 해탈의 땅에 이끄시는 여래의 뜻을 찬탄하리라.

미혹에 가린 범부의 몸의 눈은 장애 안을 보고
하늘신은 걸림 벗어나 장애 밖을 보니 하늘눈이네.
공하다고 살피는 지혜눈은 이성과 감성의 미혹 깨뜨리고
법의 눈은 거짓 있음을 보아 티끌 수 미혹 깨뜨리네.

凡夫肉眼見障內　天見障外是天眼
空觀慧眼破見思　法眼見假破塵沙

붇다의 눈은 모습과 모습 없음에 머물지 않아
중도의 눈은 무명의 미혹을 깨뜨리네.
붇다는 다섯 눈 갖추어 지혜가 걸림 없으니
헤아릴 수 없는 공덕이 한 생각 가운데이네.

佛眼不住相無相　中道眼破無明惑
佛具五眼智無礙　無量功德一念中

범부는 무엇으로 붇다의 눈을 갖추게 되는가.
한 생각에서 빛을 돌이켜 생각의 진실 보면
한 가는 티끌 깨뜨려 큰 천세계 경을 보고
한 가는 털끝에서 보배왕의 나라 나투리.

凡夫以何具佛眼　一念廻光見念眞
破一微塵見大千　一毫端現寶王刹

제2. 방편을 보이는 품〔方便品〕

해제

「방편품(方便品)」에서 방편의 뜻을 경 원문은 다음과 같이 말한다.

'비말라키르티 그는 이미 깊은 법문에 들어 프라즈냐파라미타에 잘 머물러서 방편을 통달하였으며 크나큰 원을 이루어 중생의 마음이 나아가는 곳을 밝게 알았으며 모든 근기의 날카로움과 무딤을 잘 가려 알았다.'

본 경의 뜻으로 보면, 방편(upāya)은 모습이 모습 아닌 세간법의 진제(眞諦)를 통달한 프라즈냐파라미타(prajñā-pāramitā)를 떠남 없이, 모습 없되 모습 없음도 없는 세간법의 차별상과 중생의 근기의 다름을 밝게 알아, 큰 원〔大願〕을 이루는 차별지(差別智)의 구체적인 수단이라 할 수 있다.

『무아소』는 방편의 뜻을 넓혀 다음 같은 뜻을 말한다.

사전적인 의미로 보면 방편에서 방(方)이란 법(法)이고 편(便)이란 씀〔用〕이다. 법에는 모남〔方〕과 둥굶〔圓〕이 있고, 씀에는 어긋남〔差〕과 만남〔會〕이 있다. 방편은 곧 모남〔方〕에 맞추어 장인이 곱자〔矩〕를 쓰는 것이고, 둥굶〔圓〕에 맞추어 그림자 쇠〔規〕 쓰는 것을 말한다. 법화로 보면, 세 방편〔三權〕은 이 곱자이고 모남이며 한 진실〔一實〕은 이 그림자 쇠이고 둥굶〔圓〕이니, 만약 지혜가 곱자에 의해 가면 치우친 법을 잘 써서 중생에 맞아 만나고, 만약 지혜가 그림자 쇠에 의해 나아감에 맞으면 곧 두렷한 법을 잘 써서 중생에 맞아 만난다.

이 풀이에 따르면 곧 법에 맞게 수단 쓰는 것이 방편(方便)이라. 방편에는 객관 상황과 남의 뜻을 따르는〔隨他意〕 방편과, 스스로의 뜻을 따라〔隨自意〕 진여의 바탕에서 교화의 씀〔化用〕을 내는 것이 있다.

『법화(法華)』로 보면 양(羊)과 사슴〔鹿〕 소〔牛〕의 방편으로 불난 집 어린이를 꾀어, 흰 소의 큰 수레〔白牛大車〕에 이르게 하는 방편은 남의 뜻〔他意〕을 따름이니, 이 방편은 곧 방편을 열어 진실을 여는 것〔開權顯實〕이라 법화에서 이 방편의 뜻은 다른 경과 통할 수 있다.

그러나 『법화』에서 '옷 속에 감춘 값할 길 없는 보배', '왕의 정수리 위 한 구슬', '나그네의 거지 몸이 바로 장자의 아들임을 마지막 일러주는 것'은, 숨어 그윽하고 묘한 뜻〔秘妙〕이라 다른 경의 방편의 뜻과 다르다 할 것이다.

본 경에서 비말라키르티의 부사의 해탈에 이르게 하는 방편은 남의 뜻을 따름〔隨他意〕과 스스로의 뜻을 따름〔隨自意〕이 겸한 방편이라 할 것이니 법화의 비밀한 방편과도 통할 수 있다.

승조법사(僧肇法師)는 본 경에서 방편의 뜻〔方便義〕을 다음 같이 말한다.

'방편이란 교묘히 편한 지혜〔巧便慧〕이다. 작은 덕을 쌓아 큰 공〔大功〕을 얻고, 공이 비록 이루어지나 증득하지 않으며, 있음에 머물되 고요함에 어긋나지 않고, 없음에 머물되 변화를 잃지 않는다. 함이 없되 하지 않음도 없음이 방편의 걸림 없음이다.'

方便者 巧便慧也 積小德而獲大功 功雖就而不證 處有不乖寂 居無不失化 無爲而無所不爲 方便無礙也

이 방편의 지혜를 마음 살핌〔觀心〕으로 풀이하면 스스로의 뜻을 따르는 법화의 비밀한 뜻과도 통하게 되니 마음 살핌의 방편〔觀心方便〕의 뜻을 유계의 『무아소』는 이렇게 말한다.

'성품〔性〕 가운데 닦음〔修〕을 갖추고 닦음〔修〕 가운데 성품〔性〕을 갖추며, 사마타(samatha) 가운데 비파사나(vipaśyanā)가 있고 비파사나 가운데 사마타가 있으며, 약 가운데 병이 있고 병 가운데 약이 있으면, 온전한 성품을 통달해 닦음을 일으켜서 온전한 닦음이 성품에 있게 된다. 사마타를 돌이켜 비파사나를 짓고 비파사나를 돌이켜 사마타를 지으면, 병 살핌에서 곧 약이라 약 가운데서 병내지 않게 함이니 곧 방편의 걸림 없음이다.'

觀心方便者 性中具修 修中具性 止中有觀 觀中有止 藥中有病 病中

有藥 達全性以起修 全修而在性 回止而作觀 回觀而作止 當觀病中而
卽藥 弗使藥中而生病 卽方便無礙也

유계존자의 풀이에 따르면 걸림 없는 방편〔無礙方便〕이란 방편으로
세운 실단타의 인연의 자취가 공한 곳에서 병 따라 쓰는 약의 방편을
자재하게 굴려 씀이라, 방편의 자취와 진실의 바탕이 둘이 없음을 말한
다 할 것이다.

곧 이 비말라키르티 장자가 청정한 붇다의 나라에 머문 사람이지만
이 사바세계 '범부와 성인이 같이 사는 땅〔凡聖同居土〕'에 장자의 모습
을 나타내고, 중생의 병듦을 따라 병을 보여〔示疾〕법설함의 모임을
있게 한 것이 곧 방편이다. 그렇지만 이 세계 실단타의 인연〔世界悉檀〕
으로 사바에 있는 모습과, 중생 병의 인연을 따르는 실단타의 모습〔爲
人, 對治悉檀〕, 이 인연의 모습이 진실의 바탕을 떠나지 않는 인연의
모습이라 그 방편이 걸림 없고 막힘없는 것이다.

실단타의 인연으로 중생을 위하는 방편을 써서 병(病)을 보이지만,
방편의 인연이 공해 붙잡을 수 없는 것이니 실단타의 인연으로 보여주
는 세계의 진실은 바로 '사유할 수 없고 말할 수 없는 해탈의 경계'이다.
그러므로 본 경의 방편의 행은 남의 뜻을 따라 주는 방편이자 법화(法
華)에서 스스로의 뜻을 따라 비밀히 보이는 묘한 방편〔秘妙方便〕에 통
하는 것이다.

1. 먼저 비말라키르티의 진실한 지혜를 펴서 보임[先敍實智]

이때 바이샬리 큰 성에 장자(長者)가 있었으니 비말라키르티라고 이름하였다. 그는 이미 일찍이 헤아릴 수 없는 붇다께 공양하여 깊이 착함의 뿌리를 심었으며 '남이 없는 참음[無生忍]'을 얻어 말재간[辯才]에 걸림이 없이, 신통에 노닐었다.

다라니(dhāraṇi)를 얻고 두려울 바 없음[無所畏]을 얻어 마라와 번뇌의 원수를 항복받고, 깊은 법문에 들어 프라즈냐파라미타에 잘 머물러서 방편을 통달하였으며 크나큰 원을 이루어 중생의 마음이 나아가는 곳[心之所趣]을 밝게 알았다.

또 모든 근기의 날카로움과 무딤을 잘 가려 알았고, 붇다의 도[佛道]에 든 지 오래되어 마음이 이미 깨끗하고 맑았으며, 마하야나[大乘]에 결정되어 있었다. 그는 지을 바를 잘 사유하고 헤아려 붇다의 몸가짐[威儀]에 머물러 마음은 커 바다와 같아, 모든 붇다께서 칭찬하셨으며, 제자인 샤크라하늘왕과 브라흐마하늘왕 세간의 주인인 네 하늘왕의 하늘이 공경하는 바이었다.[1]

---

1) 이 경문에 대한 영역과 우리말 직역은 다음과 같다.

And the great town of Vaiśalf there was an elder called Vimalakirti who had made offerings to countless Buddhas and had deeply planted all good roots, thereby achieving the patient endurance of the uncreate. His un- hindered power of speech enabled him to roam everywhere using his supernatural powers to teach others. He had achieved absolute control over good and evil influences (dhāraṇi) thereby realizing fearlessness. So he overcame all passions and demons, entered all profound Dharma-doors to enlightenment, excelled in Wisdom perfection (prajñā- pāramitā) and was well versed in all expedient methods

爾時毘耶離 大城中有長者 名維摩詰 已曾供養 無量諸佛 深植善本 得無生忍 辯才無礙 遊戲神通 逮得總持 獲無所畏 降魔勞怨 入深法門 善於智度 通達方便 大願成就 明了衆生心之所趣

又能分別諸根利鈍 久於佛道 心已純淑 決定大乘 諸有所作 能善思量 住佛威儀 心大如海 諸佛咨嗟 弟子釋梵 世主所敬

(upāya) of teaching, thereby fulfilling all great Bodhisattva vows. He knew very well the mental propensities of living beings and could distinguish their various (spiritual) roots. For a long time he had trodden the Buddha-path and his mind was spotless. Since he understood Mahāyāna, all his actions were based on right thinking. While dwelling in the Buddha's awe-inspiring majesty, his mind was extensive like the great ocean. He was praised by all Buddhas and revered by Indra and Brahmā.

이때 바이샬리 큰 성에 비말라키르티라 부르는 나이 드신 분이 있었다. 그는 셀 수 없는 붇다들께 공양해왔으며 온갖 착한 뿌리를 깊이 심었다. 그래서 '만들어지지 않는 참음'을 성취하였다. 그의 장애받지 않는 연설의 힘은, 그를 남을 가르칠 수 있는 초자연적인 힘을 사용하며 어느 곳이나 돌아다닐 수 있게 하였다.

그는 선악의 영향력에 절대적인 통제를 성취하였으며, 그래서 두려움 없음을 실현하였다. 그리하여 그는 모든 욕정과 악마들을 극복하였으며 깨달음에 이르는 깊은 다르마의 문에 들어갔다. 지혜의 완성에 탁월하였고, 가르침의 모든 편리하고 유용한 방법에 조예가 있었으며 보디사트바의 크나큰 서원을 채웠다.

중생의 정신적인 경향을 잘 알았으며 그들의 다양한 뿌리들을 구별할 수 있었다. 긴 시간 그는 붇다의 길을 밟아왔으며 그의 마음은 허물이 없었다. 그가 마하야나를 이해한 뒤로부터 그의 모든 행동은 바른 사유에 기초하였다.

붇다의 경외심을 불러일으키는 장엄함에 머물러 있는 동안 그의 마음은 큰 바다와 같이 넓었다.

그는 모든 붇다들의 칭찬을 받았으며, 인드라 하늘신과 브라흐마로부터 공경 받았다.

2. 좋은 방편의 행을 밝힘〔明善方便行〕

그는 사람들을 건네주려 하므로 좋은 방편〔善方便〕으로써 바이샬리에 살았는데 재물이 헤아릴 수 없어서 여러 가난한 사람들을 거두었고, 계를 받듦〔奉戒〕이 청정하여 여러 계 허무는 이들을 거두었다.

참음〔忍〕으로써 지어가는 행을 고루어〔以忍調行〕 모든 성냄을 거두었으며, 크나큰 정진으로 모든 게으른 이들을 거두고, 한마음인 디야나의 고요함〔一心禪寂〕으로 모든 어지러운 뜻을 거두었으며, 결정된 지혜로 모든 지혜 없는 이들을 거두었다.

비록 흰옷을 입었으나 '슈라마나의 청정한 비나야의 행〔沙門淸淨律行〕'을 받들어 지녔으며, 비록 세속의 집에 살았으나 삼계를 집착하지 않았다〔不著三界〕. 아내와 자식 있음을 보이더라도 늘 깨끗한 행을 닦았고〔常修梵行〕, 거느리는 이들이 있음을 나타내도 늘 멀리 여읨〔遠離〕을 즐겨하였다.

비록 보배 꾸밈새를 걸쳐 입었지만 타고난 좋은 모습으로 몸을 꾸몄고, 비록 마시고 먹지만 디야나의 기쁨〔禪悅〕으로 맛을 삼았으며, 만약 바둑과 장기 두는 놀이판에 간다 해도 문득 그것으로 사람들을 건네주었다.

모든 다른 가르침의 길〔諸異道〕을 받아도 바른 믿음〔正信〕을 허물지 않았으며 세속 책에 밝지만 붇다의 법을 늘 즐거워하며〔常樂佛法〕 온갖 곳에서 공경함 보이는 것을 공양 가운데 으뜸 삼았다.

바른 법을 잘 지녀 어른과 어린이들을 잘 거두며 온갖 살림살이〔一切治生〕에 짝을 이루어 어울리며, 비록 세속의 이익〔俗利〕을 얻더라도 그것을 기뻐 즐거워하지 않았다. 모든 네거리 길에서 노닐더라도 중생을 이익되게 하여〔饒益衆生〕 바른 법에 들어가 다스려 온갖 사람을 건져 보살피었다.

강론하는 곳에 가서는 마하야나로 이끌고 모든 배움터에 가서는 새로 배우는 어린 이들을 이끌어 깨우쳤다. 모든 음란한 곳〔婬舍〕에 가서는 욕망의 허물을 보여주며, 여러 술집〔酒肆〕에 들어가서는 그 뜻을 세워 줄 수 있었다.

欲度人故 以善方便 居毘耶離 資財無量 攝諸貧民 奉戒清淨 攝諸毀禁 以忍調行 攝諸恚怒 以大精進 攝諸懈怠 一心禪寂 攝諸亂意 以決定慧 攝諸無智
雖爲白衣 奉持沙門清淨律行 雖處居家 不著三界 示有妻子 常修梵行 現有眷屬 常樂遠離 雖服寶飾而以相好嚴身 雖復飮食而以禪悅爲味 若至博奕戲處 輒以度人
受諸異道 不毀正信 雖明世典 常樂佛法 一切見敬 爲供養中最 執持正法 攝諸長幼 一切治生諧偶 雖獲俗利 不以喜悅
遊諸四衢 饒益衆生 入治正法 救護一切 入講論處 導以大乘 入諸學堂 誘開童蒙 入諸婬舍 示欲之過 入諸酒肆 能立其志

만약 장자(長者)들에 있으면 장자들 가운데서 웃어른이 되어 빼어난 법을 설해주고 만약 거사(居士)들에 있으면 거사들 가운데서 그들의 탐착을 끊어주며 챠트리야(Kṣatriya)에 있으면 챠트리야 가운데서 욕됨 참음〔忍辱〕을 가르치며, 만약 브라흐마나(Brāhmaṇa)에 있으면 브라흐마나 가운데서 어른이 되어 그들의 아만(我慢)을 없애주며, 큰 벼슬아치에 있으면 큰 벼슬아치 가운데서 바른 법을 가르쳤다.

만약 왕의 아들에 있으면 왕의 아들 가운데서 어른이 되어 충

성과 효[忠孝]를 보였으며, 만약 안의 벼슬[內官]에 있으면 안의
벼슬 가운데 어른이 되어 궁의 여인을 교화했으며, 만약 풀뿌리
삶들[庶民]에 있으면 풀뿌리 삶들의 어른이 되어 복의 힘[福力]
을 일으키게 하였다.

만약 브라흐마 하늘[Brāhmaṇa-deva, 梵天]에 있으면 브라흐
마 하늘 가운데 어른이 되어 빼어난 지혜를 가르치며 샤크라인
드라 하늘(Śakrodevandra)에 있으면 샤크라인드라 하늘 가운
데 어른이 되어 덧없음을 보여 나타내며, 만약 세간 보살피는 하
늘[護世天: 四王天]에 있으면 세간 보살피는 하늘 가운데 어른이
되어 여러 중생을 보살폈다.

장자 비말라키르티는 이와 같은 헤아릴 수 없는 방편으로 뭇
삶들을 이익 되게 하였다.

若在長者 長者中尊 爲說勝法 若在居士 居士中尊 斷其貪著 若在刹利
刹利中尊 敎以忍辱 若在婆羅門 婆羅門中尊 除其我慢 若在大臣 大臣中
尊 敎以正法 若在王子 王子中尊 示以忠孝 若在內官 內官中尊 化正宮女
若在庶民 庶民中尊 令興福力

若在梵天 梵天中尊 誨以勝慧 若在帝釋 帝釋中尊 示現無常 若在護世
護世中尊 護諸衆生 長者維摩詰 以如是等無量方便 饒益衆生

3. 방편으로 병을 보여 몸의 집착 떠나 법신(法身) 좋아하게 함

1) 병을 보임

그가 방편으로 몸에 병 있음을 나투어 보이니 그가 앓기 때문
에 나라의 왕, 큰 벼슬아치, 장자, 거사, 브라흐마나들과 여러

왕의 아들들, 여러 관리의 붙이들 셀 수 없는 천 사람이 다 가서 병문안 하였다. 그렇게 문안하러 간 이들에게 비말라키르티는 몸의 병을 인해 널리 이렇게 법을 설해주었다.

'여러 어진이들이여, 이 몸은 덧없고 강함 없으며 힘이 없고 굳셈이 없어 빨리 썩는 법이라 믿을 수 없습니다. 괴롭고 뇌로우며 뭇 병이 모인 바이니 여러 어진이들이여, 이와 같은 몸은 밝은 지혜의 사람이 의지하지 않는 바이오.

이 몸은 거품더미 같아 잡아 만질 수 없고. 이 몸은 물거품 같아 오래 서지 못하고, 이 몸은 불꽃같아 목마른 애욕을 좇아 나며, 이 몸은 파초와 같아 가운데 굳셈이 없고, 이 몸은 허깨비 같아 뒤바뀜을 좇아 일어나며, 이 몸은 꿈과 같아 허망하게 봄〔虛妄見〕이 되며, 이 몸은 그림자 같아 업연(業緣)을 좇아 나타나며, 이 몸은 메아리 같아 여러 인연〔諸因緣〕에 속하며, 이 몸은 뜬구름 같아 잠깐 사이 변해 사라집니다.

이 몸은 번개 같아 생각 생각 머물지 않고, 이 몸은 주인 없어〔無主〕땅과 같고, 이 몸은 나〔我, ātman〕가 없어 불과 같으며, 이 몸은 목숨 없어〔無壽〕바람 같으며, 이 몸은 사람〔人, pudgala: 주재자〕이 없어 물과 같으며, 이 몸은 실답지 않아〔不實〕네 큰 요인〔四大〕으로 집을 삼습니다.

이 몸은 비어서 나와 내 것을 떠났으며〔離我我所〕, 이 몸은 앎이 없어〔是身無知〕풀과 나무, 기와 자갈과 같으며, 이 몸은 지음 없어 바람의 힘이 굴리는 바이며, 이 몸은 깨끗하지 않아 더럽고 나쁜 것이 가득 찼으며, 이 몸은 헛되고 거짓되어 비록 씻기고 옷 입히며 먹여도 반드시 닳아 사라짐에 돌아갑니다.

이 몸은 재앙이라 백한 가지 병으로 뇌로우며, 이 몸은 언덕의 우물〔丘井〕과 같아 늙음에 내몰리며, 이 몸은 정해짐 없어 반드시 죽게 되오. 이 몸은 독한 뱀 같고 원수와 도적 같으며 이 몸은 빈 무더기 같아서 다섯 쌓임·법의 영역·모든 들임〔陰界諸入〕이 함께 합해 이루어진 것입니다.2)

其以方便 現身有疾 以其疾故 國王大臣長者居士婆羅門等 及諸王子 幷餘官屬 無數千人 皆往問疾 其往者 維摩詰 因以身疾 廣爲說法
諸仁者 是身無常無强無力無堅 速朽之法 不可信也 爲苦爲惱 衆病所集
諸仁者 如此身明智者所不怙 是身如聚沫 不可撮摩 是身如泡 不得久立
是身如炎 從渴愛生 是身如芭蕉 中無有堅 是身如幻 從顚倒起 是身如夢

---

2) 마지막 단락의 경문에 대한 영역과 우리말 직역은 다음과 같다.

　It is empty, being neither ego nor its object. It is without knowledge like grass, trees and potsherds. It is not the prime mover, but is moved by the wind (of passions). It is impure and full of filth. It is false, and though washed, bathed, clothed and fed, it will decay and die in the end. It is a calamity being subject to all kinds of illnesses and sufferings. It is like a dry well for it is pursued by death. It is unsettled and will pass away. It is like a poisonous snake, a deadly enemy, a temporary assemblage (without underlying reality), being made of the five aggregates, the twelve entrances (the six organs and their objects) and the eighteen realms of sense (the six organs, their objects and their perceptions).

　몸은 비었고 자아가 없고 자아의 대상이 없습니다. 이 몸은 풀이나 나무 질그릇 조각들처럼 앎이 없습니다. 몸은 스스로 움직이는 것이 아닙니다. 그러나 바람에 의해 움직여집니다. 몸은 깨끗하지 않고 더러움으로 가득 찼으며, 몸은 거짓이라 빨래하고 목욕시키고 옷 입히고 먹인다 해도 몸은 끝내 썩어지고 죽을 것입니다. 몸은 온갖 종류의 병과 고통을 받아야 하는 재앙입니다. 몸은 죽음에 의해 쫓기는 마른 우물과 같습니다. 몸은 불안정하여 사라질 것입니다. 몸은 독 있는 뱀과 같고 목숨을 앗아가는 적과 같으며, 일시적인 모임과 같으며 다섯 쌓임·열두 들어감·열여덟 감각의 영역에 의해 만들어졌습니다.

爲虛妄見 是身如影 從業緣現 是身如響 屬諸因緣 是身如浮雲 須臾變滅

　是身如電 念念不住 是身無主爲如地 是身無我爲如火 是身無壽爲如風 是身無人爲如水 是身不實 四大爲家

　是身爲空 離我我所 是身無知 如草木瓦礫 是身無作 風力所轉 是身不淨 穢惡充滿 是身爲虛僞 雖假以澡浴衣食 必歸磨滅

　是身爲災 百一病惱 是身如丘井 爲老所逼 是身無定 爲要當死 是身如毒 蛇 如怨賊 如空聚 陰界諸入所共合成

2) 몸의 애착을 여의고 법신을 좋아하도록 함〔令離愛着 法身愛樂〕

"여러 어진이들이여, 이 몸은 걱정하고 싫어할 바이니 붇다의 몸〔佛身〕을 즐거워해야합니다. 왜 그런가요. 붇다의 몸은 곧 법신(法身)이라 헤아릴 수 없는 공덕 지혜를 좇아 나고, 계·정·혜·해탈·해탈지견을 좇아 나며,3) 큰 사랑 가엾이 여김 함께 기뻐함 평등한 마음〔慈悲喜捨〕을 좇아 나기 때문이오.

널리 베풂, 계 지님, 욕됨 참음, 부드럽게 어울림, 부지런히 행함, 정진, 선정, 해탈, 사마디(samādhi), 많이 들음〔多聞〕과 지혜, 모든 파라미타(pāramita)를 좇아 나며, 방편을 좇아 나고, 세 밝음〔三明〕을 좇아 나며, 여섯 신통〔六通〕을 좇아 나며, '서른 일곱 도 돕는 여러 실천법〔三十七助道品〕'을 좇아 납니다.

사마타와 비파사나〔止觀〕를 좇아 나며, 열 가지 힘〔十力〕 네 두려움 없음〔四無所畏〕, 열여덟 함께 하지 않는 법〔十八不共法〕을 좇아 나며, 온갖 착하지 않은 법을 끊고 온갖 착한 법 모음을 좇아

---

3) 다섯 가름 법신〔五分法身〕: 법신을 이루는 다섯 공덕의 몸으로, 계의 몸〔戒身〕, 선정의 몸〔定身〕, 지혜의 몸〔慧身〕, 해탈의 몸〔解脫身〕, 해탈지견의 몸〔解脫知見身〕이다. 계정혜의 세 실천이 해탈의 몸〔解脫身〕을 이루고 해탈이 세간을 건지는 지견으로 펼쳐짐.

나고, 진실을 좇아 나며, 놓아 지내지 않음[不放逸]을 좇아 나서, 이와 같은 헤아릴 수 없는 청정한 법을 좇아 여래의 몸[如來身]을 내기 때문이오.

여러 어진이들이여, 붇다의 몸[佛身]을 얻어 온갖 삶들의 병을 끊고자 하면 아누타라삼먁삼보디의 마음을 내야 합니다."

이와 같이 장자 비말라키르티는 여러 병문안 온 이들을 위해 그들에 맞게 법을 설해, 셀 수 없는 천 사람들이 다 아누타라삼먁삼보디의 마음을 내게 하였다.

諸仁者 此可患厭 當樂佛身 所以者何 佛身者 卽法身也 從無量功德智慧生 從戒定慧解脫解脫知見生 從慈悲喜捨生 從布施 持戒 忍辱柔和 勤行精進 禪定解脫三昧 多聞智慧 諸波羅蜜生 從方便生 從六通生 從三明生 從三十七道品生

從止觀生 從十力四無所畏 十八不共法生 從斷一切不善法 集一切善法生 從眞實生 從不放逸生 從如是無量淸淨法 生如來身 諸仁者 欲得佛身 斷一切衆生病者 當發阿耨多羅三藐三菩提心

如是長者維摩詰 爲諸問疾者 如應說法 令無數千人 皆發阿耨多羅三藐三菩提心

평석

1. 비말라키르티의 이름을 펴고 덕을 폄

경전에서 장자(長者)는 세간에 머무는 거사(居士)로서 크게 부유하고 덕이 있으며 지혜 깊은 이로 표현된다. 곧 여래 성도하신 뒤 처음 붇다의 상가대중이 머물 상가라마를 이루기 위해 슈라바스티의 제타바나(Jetavānā)에 정사를 지어 상가에 기증한 '외로운 이 돕는 장자', 아나타핀디카(Anāthapiṇḍika) 장자와 같은 분이다. 비말라키르티 또한 아나타핀디카 같은 세간의 장자[世間長者]이자 출세간의 장자[出世間長者]로 기술된다.

출세간의 장자란 삼계의 인도자[三界導師]이신 붇다를 세간 장자에 견주어 장자로서도 가장 높은 장자임을 보인 것이다. 『법화경』에서 붇다의 헤아릴 수 없는 공덕을 장자로서 비유해 보인 것과 같다.

천태선사의 『법화문구(法華文句)』는 세간 장자의 열 덕[長者十德]을 말한다. 장자가 갖춘 열 덕이란 귀한 족성[貴姓], 높은 지위[位高], 크게 부유함[大富], 위세가 매서움[威猛], 지혜가 깊음[智深], 나이 듦[年耆], 행이 깨끗함[行淨], 예를 갖춤[禮備], 윗분이 찬탄함[上歎], 아래 사람이 돌아감[下歸]이다.

세간 장자에 견준 출세간 장자(出世間長者)로서 붇다 또한 열 덕[佛十德]을 갖추니 다음과 같다.

붇다의 족성[姓]은 곧 삼세 진여의 진실한 바탕[眞如實際]을 좇아나므로 귀한 것이고, 지위는 공(功)을 이루어 도(道)가 드러나, 열 이름[十號]이 끝이 없으므로 높다.

부유하기는 법의 재물 만 가지 덕[法財萬德]을 다 갖추어 가득하므로 가장 부유하고, 위세는 열 힘[十力]이 용맹하여 마라를 항복 받고 바깥 길을 누르므로 가장 용맹하며, 지혜는 한마음의 세 지혜[一心三智]를 통달하지 못함이 없기 때문에 위없는 것이다. 나이[年]는 과덕으로 바른 깨침을 이루어 오래고 멂이 이와 같음이고, 행(行)은 세 업[三業]이 지혜를 따라 움직여 잃음 없음[無失]이다.

예(禮)는 붇다의 몸가짐을 갖추어 마음이 큰 바다와 같아, 위로는 시방 붇다의 함께 일컬어 기리는 바 되고 아래로는 일곱 방편의 무리4)가

---

4) 일곱 방편의 무리[七方便人]: 원교 보디사트바의 원만한 진리의 수레를

다 와 귀의하기 때문이다.

그렇다면 왜 이 경은 여래의 가르침을 펴는 중심주체를, 장자 비말라키르티로 설정하고 그가 '세간 장자의 덕'을 갖추었을 뿐 아니라 붇다의 보디로서 완성을 삼는 '출세간 장자의 덕〔出世間長者德〕'까지 갖추었다고 하는가.

이는 이 경이 편집될 때의 시대정신이 슈라바카야나〔聲聞乘〕의 상가가 갖는 출가주의 계율주의의 편협성을 깨는데 있음을 나타낸다. 온갖 중생을 해탈의 땅에 이끌려는 붇다의 상가정신에서는, 재가(在家) 또한 당당한 실천의 주체이며, 여래의 바른 법 가운데 번뇌에 물든 범부 또한 여래의 공덕의 곳간〔如來藏〕을 이미 갖춘 무리이다.

이런 뜻을 보이기 위해, 재가(在家) 장자가 세간의 공덕뿐 아니라 출세간 해탈의 공덕 이미 갖춤을 말하고, 비말라키르티 장자를 붇다의 법 설하는 주체로 세운 것이라 할 수 있다.

이런 경의 뜻을 다시 왜곡하여 출가주의에 맞서는 재가주의(在家主義)를 내세우거나, 세간 무절제한 탐욕과 애착〔貪愛〕의 생활을 반성 없이 정당화하는 것은, 비말라키르티의 둘이 아닌 법문〔不二法門〕의 뜻을 그르치는 것이다.

저 비말라키르티가 묘한 기쁨의 세계〔妙喜世界〕라는 청정한 붇다의 나라〔淸淨佛國〕로부터 와서, 이곳 사바의 물든 땅에 재가 장자의 몸을 나투었다고 함도 범부가 비록 번뇌의 몸이지만 그 진실은 여래와 다름 없는 법계 공덕의 곳간〔法界藏〕임을 보이는 것이다. 그리고 본래 '나고 죽음이 없는 진여의 땅'에서 옴이 없이 이 세간에 왔음을 그리 보인 것인 줄 알아야 한다.

이루기 전 일곱 수레의 사람, 곧 사람의 수레, 하늘의 수레, 슈라바카의 수레, 프라데카붇다의 수레, 장교 보디사트바의 수레, 통교 보디사트바의 수레, 별교 보디사트바의 수레를 말한다.

비말라키르티의 세간 장자의 공덕과 출세간 보디의 공덕을 아우른 공덕은, 구할 바 있고 얻을 바 있는 공덕이 아니다. 이는 법의 재물〔法財〕이 헤아릴 수 없이 가득하나, 그 법의 재물은 모습 없는 보디의 도 그 바탕〔道體〕이자 씀이 없이 쓰는 도의 씀〔道用〕임을 말한다.

경의 글 가운데서 보면, '착함의 바탕을 깊이 심어 남이 없는 참음을 얻었다〔深植善本 得無生忍〕'고 한 것은 비말라키르티가 증득한 도의 바탕〔道體〕을 말하고, 경의 품 제목에서 방편(方便)이라는 말은 장자의 도의 씀〔道用〕을 말한다.

'도의 바탕과 도의 씀이 때를 같이 하여야〔體用同時〕' 묘한 방편이 됨을 유계존자 『무아소』의 말로 살펴보자.

씀만 미묘하면〔用微〕 바탕이 서지 않고, 바탕만 미묘하면〔體微〕 씀이 드러나지 않는다. 바탕과 씀이 함께 깊으면 이것이 묘한 방편〔妙方便〕이다. 그러므로 그 씀을 드러내려면 먼저 그 바탕을 펴야하니 그 바탕이란 무엇인가.

원교의 첫 머묾의 지위〔圓初住位〕에 들어가 두렷이 세 덕을 증득함〔圓證三德〕이다. 바로 원교 집안의 첫 머묾〔初住〕을 마음 냄〔發心〕이라 하니5) 한 품 무명을 깨뜨릴 때 세 가지 마음을 낼 수 있다. 곧 온갖 경계의 마음을 내고 온갖 지혜의 마음을 내며 온갖 공덕의 마음을 내는 것이다.

경계(境界)인 마음이 곧 법신(法身)이고, 지혜(智慧)인 마음이 곧 반야(般若)이며, 공덕(功德)인 마음이 곧 해탈(解脫)이다. 이 셋〔此三: 法身, 般若, 解脫〕을 낼 때 앞도 아니고 뒤도 아니며 또한

---

5) 원교의 첫 머묾〔初住〕에 들어가야 발심: 원교의 지위 점차에서는 믿음이 가득해진〔十信滿〕 십주(十住)의 첫 지위가 바로 중도의 지혜에 바로 머묾이다. 중도의 지혜이면 중도는 법신이고 법신의 지혜는 반야이며 지혜의 씀은 해탈이니, 첫 머묾에 니르바나의 세 덕이 원만하다고 한 것이다.

한때도 아니다. 그러므로 『화엄경』은 이렇게 말한다.

'처음 마음 낼 때가 곧 바른 깨침 이룸이니 있는 바 지혜의 몸은
남을 말미암아 깨침이 아니다.'

初發心時便成正覺 所有慧身 不由他悟

청정하고 묘한 법신〔淸淨妙法身〕이 맑고 고요하여 온갖 것에 응
하니, 지혜는 반야(般若)이고 법은 곧 법신이며 온갖 것에 응함은
해탈(解脫)이다.

장자(長者)의 증득한 지위가 이미 높으니 스스로 착함의 바탕을
깊이 심음이 아니라면 이룰 수 없음이며, 착함의 뿌리가 이미 깊으
니 스스로 많은 붇다께 공양하지 않았다면 심을 수 없는 것이다.

그러므로 경을 편다는 것은 세 일〔三事: 法身, 般若, 解脫〕이 서
로 좇음〔三事相從〕을 잡아, 장자의 도의 바탕〔道體〕에 이와 같은
큼이 있음을 밝히는 것이다. 붇다께 공양함이 많다는 것의 하나는
공양을 일으켜 복을 가득하게 함〔興供足福〕이고, 하나는 법을 들
어 지혜를 가득하게 함〔聞法足慧〕이다. 이는 오히려 밖으로 돕는
것〔外資〕이니 만약 안으로 증득함〔內證〕이라면 곧 착함의 바탕을
깊이 심어 선정(禪定)을 갖추게 하고 지혜(智慧)를 갖추게 함〔足
定足慧〕이다.

그러므로 『법화경』은 말한다.

'붇다는 스스로 대승에 머물러
그 얻은 바 법과 같이
선정과 지혜의 힘으로 장엄해
이로써 중생을 건네준다.'

佛自住大乘　如其所得法
定慧力莊嚴　以此度衆生

위의 세 귀절6)은 도의 바탕[道體: 선정 지혜]을 바로 밝힘이고, 아래 한 귀절은 도의 씀[道用: 중생 건네줌]을 바로 밝힌다. 이 또한 두렷한 종[圓宗]의 큰 뜻이니, 합하지 않고 맞음[不合而符]이다.

지금 사람들은 곧 이렇게 말한다.

'나는 곧장 사람의 마음을 가리켜[直指人心] 성품을 보아 붇다 이룸[見性成佛]을 구할 뿐이다.'

그러니 말을 많게 하는 지위가 또한 어찌 할 수 있겠는가.

또 이렇게 말한다.

'나는 조사선(祖師禪)만 배울 뿐이다. 그러면 선정과 지혜가 또한 어찌 함이 되겠는가.'

또 말한다.

'나는 마음의 종[心宗]만을 구할 뿐이다. 그러면 붇다께 공양하고 법을 들음이 또한 어찌 함이 되겠는가.'

이 늙은이를 돌이켜 볼 줄 모른다면, 어찌 품의 말과 같이 되겠는가.7)

---

6) 위의 세 구절: 유계의 원문에 '위의 두 구절'이나, 평석자가 『법화경』의 게송에 경의 원문을 맞추어 앞의 한 구절을 추가하였으므로, '위의 세 구절'이라 하였다.

7) 用微體而不立 體微用而不彰 體用俱深 是妙方便 故欲彰其用 先敍其體 其體者何 入圓初住位 圓證三德也 正以圓家初住 名爲發心 破一品無明時 能發三種心 謂發一切境界心 發一切智慧心 發一切功德心 境界心卽法身 智慧心卽般若 功德心卽解脫 此三發時 不前不後 亦不一時 故華嚴云 初發心時 便成正覺 所有慧身 不由他悟

清淨妙法身 湛然應一切 慧卽般若 法卽法身 應一切卽解脫 長者證位旣高 自非深植善本 而莫能致 善根旣深 自非供養多佛 而莫能植 故敍經者 約三事相從 以明長者之道體 有如此之大也 供佛多者 一以興供足福 一以聞法足慧 此猶外資也 若夫內證 則深植善本 以足定足慧

故法華云 (佛自住大乘) 如其所得法 定慧力莊嚴 以此度衆生 上二句(三句)正明道體 下一句正明道用 此亦圓宗大旨 不合而符也 今人則曰 吾求直指人心見性成佛而已 夥言位地 亦奚以爲 又曰吾學祖師禪而已 定之與慧 亦奚以爲 又曰 吾求心宗而已 供佛聞法 亦奚以爲 不知回視此老 爲何如品也

위의 법문 가운데 오직 조사선(祖師禪)만 구하고 따로 선정 지혜를 하지 않는다고 하고, 나는 마음의 종지〔吾求心宗〕만 구할 뿐이라 함은 도의 바탕이 철저하면 도의 씀이 바로 응하게 됨을 말한 것이리라.

곧 법신이면 반야와 해탈이 이미 갖춰지는 것이니, 법신을 바로 깨치는 조사선(祖師禪) 밖에 따로 구할 선정과 지혜가 없는 것이다.

도의 바탕과 도의 씀이 하나 됨은 구체적인 일상 경험활동에서 어떠한가.

경은 바탕과 씀이 하나 되는 그 모습을, 지을 바를 잘 사유하여 헤아림이라 하니 이는 경계를 마주하여 보되 봄이 없으면〔見而無見〕 봄이 없되 봄 없음도 없음〔無見而無無見〕을 말한 것이다.

도의 바탕〔道體〕을 모르는 범부는, 경계의 모습을 따라 사유하고 헤아리는 자이며, 도의 씀〔道用〕을 모르는 슈라바카 등 히나야나의 두 수레는, 보고 들음을 막고 분별을 끊으나, 모든 붇다와 보디사트바는 분별없이 분별한다〔無分而分〕.

이것이 보디사트바에게 큰 도의 바탕이 있고 큰 씀이 있는 것이니, 경이 '붇다의 몸가짐에 머물러 마음이 큰 바다와 같다'고 함이다.

이를 조사선(祖師禪)의 가풍을 쓰는 자는 '다만 조사선을 배울 뿐 선정 지혜를 따로 구하지 않는다'고 말하며, '오직 견성법(見性法)만 말할 뿐 선정 해탈(禪定 解脫)을 구하지 않는다'고 하는 것이다.

그러므로 법신 반야 해탈이 서로 갖추어 하나 되는 뜻을 모르고, 오직 함이 없음에 머물러〔住無爲〕 '조사선(祖師禪)의 홀로으로 전한 법〔單傳法〕을 찾는다'고 말하면서 할 일을 마쳤다고 하는 자들은 ,조사선(祖師禪)과 견성법(見性法)의 참뜻을 모르는 자라 할 것이다.[8]

---

8) 조사선과 견성법: 조사선 가풍을 말하면서 교 밖에 따로 전한〔敎外別傳〕법이 있다고 주장하며 선(禪)이면 교(敎)가 아니고 율(律)이 아니며 일〔事〕이 아니라고 말하는 선류들이 조사선과 견성법이면 파라미타행 갖춤이 되는 중도의 뜻을 모르고 이 병폐에 떨어진 자들이다.

또 조사선과 견성법을 행한다고 하면서 연기중도(緣起中道)의 뜻에 맞지 않는 법을 말하고, 파라미타의 해탈행을 등지면 그는 조사선과 간화선의 행자가 아니고 바깥길의 법〔外道法〕을 붙들고 조사선을 말하는 자라 할 것이다.

이를 다시 수행자의 살피는 앎〔觀解〕을 잡아 『마하지관』의 뜻으로 풀이하면 어떻다 할 수 있는가.

유계존자의 『무아소』는 다음 같이 말한다.

한 마음 가운데 세 진리〔三諦〕 갖춤을 살피면 이것이 도의 바탕이다. 세 살핌〔三觀〕이 세 미혹〔三惑〕 깨뜨려 세 해탈〔三脫〕을 일으킬 수 있으니 곧 이것이 도의 씀〔道用〕이다. 이 진리인 살핌〔諦觀〕이 타고난 성품의 덕〔天然性德〕이다.

곧 깊이로 사무치고 가로로 두루하여 곧 이것이 도의 헤아림 없는 헤아림〔道量〕이라 시방 모든 붇다가 인가하신 바이고 온갖 중생이 귀의하는 바이니 곧 위로 공경하고 아래가 따름이다.9)

2. 밖으로 좋은 방편 나툼을 폄〔敍外現善權〕

1) 도의 바탕 떠나지 않고 중생 건네는 행을 일으킴

비말라키르티는 본래 청정한 국토의 '금싸라기 여래〔金粟如來〕'인데, 이곳 사바에 비말라키르티로 왔다는 것은 그 본바탕이 '여래의 보디

---

9) 觀一心中具足三諦 卽是道體 三觀能破三惑 能起三脫 卽是道用 此之諦觀 乃天然性德 則豎窮橫遍 卽是道量 十方諸佛之所印可 一切衆生之所歸依 卽 上敬下服

〔세 미혹〔三惑〕: 있음〔有〕에 막힌 이성적 미혹과 감성적 미혹인 견사혹(見思惑), 공(空)에 걸려 티끌 모래 수 작용이 없는 미혹인 진사혹(塵沙惑), 중도를 실현하지 못한 미혹인 무명혹(無明惑)을 말함.〕

그대로의 공덕의 땅'에서 자비 방편으로 여기 사바세계에 장자의 몸을 나투었다고 한 것이다.

다시 남이 없는 참음〔無生忍〕 얻음을 보인 것은, 바탕 가운데 자취〔本中之迹〕이니 사바국토에서 남이 없음을 깨쳐 얻음을 나타낸다. 법이 본래 남이 없음〔法本無生〕을 깨침이라 이 얻음은 얻되 얻음 없음이니, 남이 없는 법의 참음〔無生法忍〕을 얻은 비말라키르티는 장자 아닌 장자의 몸이다.

그는 마음에 마음 없고〔心無心〕 경계에 모습 없음〔境無相〕을 체달해, 한 법도 얻을 것 없는 곳에서 응함 없이 온갖 경계에 응한다. 그는 모습이 모습 없음〔相卽無相〕을 체달해 경계를 취하지 않되, 모습 없음에 모습 없음도 없으므로〔無相而無無相〕 한 중생도 버림이 없이, 큰 원(願)과 방편(方便), 실천의 힘〔力〕과 차별지(差別智)를 갖추어 여섯 파라미타로 뭇 삶을 거둔다.

그리하여 헤아릴 수 없는 재부로 가난한 이들을 거두고, 계(戒, śila)를 받들어, 계 허무는 이를 거두며, 참음으로 성냄을 거두고 정진으로 게으름을 거두며, 선정의 고요함으로 어지러움을 거두되 고요함에 머물지 않고, 지혜로 지혜 없음을 거둔다.

보디사트바의 사람 거둠은, 방편(方便)과 원(願), 원을 이룰 구체적인 힘〔力〕과 차별지〔智〕를 갖추어, 고난과 시련에 빠진 중생이 그 환란에서 벗어나 해탈에 이르게 하는 거둠이다. 경의 비유에 따르면, 중생이 보디사트바의 거둠을 받으면 마치 사냥꾼에 쫓기는 사슴이, 떨기숲〔叢林〕 사이에 머무르면 사냥꾼이 그 발자취를 찾지 못함과 같다.

그는 비록 처자가 있는 장자(長者)의 모습과, 흰옷 입은 거사〔白衣居士〕의 모습이지만, 슈라마나의 청정 율행〔沙門淸淨律行〕을 받들어 지니어 출가상가를 보살피며, 집에 살되 물든 세간을 탐착하지 않는다. 여러 붙이를 거느리되 멀리 물듦을 떠나 아란야(araṇya)행을 즐기며,

선정의 즐거움〔禪悅〕과 법의 기쁨〔法喜〕으로 삶의 즐거움을 삼으며, 모든 바깥길〔外道〕의 다른 가르침을 받아들이되, 붇다께서 가르치신 바른 믿음〔正信〕을 허물지 않는다.

세속의 이익을 거두되 늘 베풀어 중생을 요익케 하고, 바른 법에 들어 온갖 중생을 건져낸다. 그는 함에 함이 없고 실로 얻는 바 공(功)이 없으므로〔無爲無功〕, 스스로의 할 수 있음으로 하지 못함을 꾸짖지 않고, 스스로의 성취를 자랑거리 삼지 않는다. 그는 늘 베풀고 버림으로, 참된 삶의 풍요를 누리는 사람이고 낮춤으로 공경을 이룬 분이다.

2) 높고 귀함으로 세간의 삶들을 거둠〔以尊貴攝〕

세간은 높고 낮음, 많이 가짐과 못 가짐의 차별이 있다. 비말라키르티는 이 차별이 차별 아닌 차별임을 알아 높음으로 낮음을 억압하지 않고 가짐으로 못 가짐을 빼앗지 않으며 크게 베풂과 버림으로 하나 되어 어울리는 삶을 이루어간다. 세간의 차별을 소통의 차별로 세워, 서로 살림의 세간을 만들어가며 가짐을 널리 나누어 함께 번영하는 세상을 만들어간다.

자신이 처한 계급과 차별의 조건 속에서, 억압과 착취의 조건을 없애고 분열과 차단의 장벽을 없애, 함께 나누고 더불어 기뻐하는 생활 조건을 만들어간다.

그는 하늘에 있으면 가장 높고 위력 있는 하늘이 되어 여러 중생을 보살피고, 사람의 세간에 있으면 세간 중생에게 세간의 풍요와 소유도 덧없음인 줄 알게 하여, 가짐을 버려 빼앗길 것 없는 참된 풍요와 무너지지 않을 법의 기쁨〔法喜〕에 나아가게 한다.

비말라키르티 그는 붇다의 나라에서 이 고난의 땅에 온 여래의 심부름꾼이며, 이 사바의 땅에서 여래의 교화를 돕는 여래의 자비 화현인 것이다.

3. 방편으로 병을 보여 몸이 헛된 거짓임을 보임

이 경 『비말라키르티수트라』는, 이 세간에 힘 있는 장자인 비말라키르티가 방편으로 병을 보여〔示疾〕, 병문안 온 여러 상가 대중 많은 보디사트바와 더불어, 법을 묻고 답함으로 가르침이 출발하게 되었다.

비말라키르티 거사는 '청정한 붇다의 나라〔清淨佛國〕에서 이곳 사바에 왔다' 말하니 이는 '나고 죽음이 없는 보디의 땅'에서, 신단타의 인연으로 나고 죽음 나툼을 말한 것이고, '늘 고요한 빛의 땅〔常寂光土〕'을 떠나지 않고 모습 아닌 모습 나툼을 말한다.

법신·반야·해탈(法身 般若 解脫) 니르바나의 세 덕〔涅槃三德〕이 모두 실현된 여래의 몸에는, 실로 나고 죽음이 없고 병들어 시듦이 없다. 그러나 방편으로 중생을 위해 보인 이 몸에는, 몸의 모습이 없지 않으므로 병 또한 없지 않다.

여래의 가르침을 듣고 몸의 실상〔身實相〕을 통달한 보디사트바에게는, 몸의 병듦이 곧 몸의 덧없음〔無常〕을 보임이라, 몸의 덧없음이 덧없음 그대로 실로 바뀌어 움직임이 없음을 알면, 그가 '늘 머무는 붇다의 몸〔常住佛身〕'을 본 것이다.

그러므로 비말라키르티는 이 고난의 세간 한복판에서, 병을 보여〔示疾〕 붇다의 몸〔佛身〕을 깨닫게 하고, 몸의 덧없음〔無常〕을 보여 참된 항상함〔眞常〕을 알게 하니, 이것이 비말라키르티와 큰 보디사트바의 참된 자비방편(慈悲方便)인 것이다.

붇다의 몸〔佛身〕은 몸이 몸 아닌 몸의 진실〔身實相〕이니 중생이 보디의 마음을 내, 몸에 나 없음〔身無我〕을 통달하면, 중생 또한 나고 죽음이 있는 이 현실의 땅에서 스스로 검증할 수 있는 법의 진실인 것이다.

병이 있는 이 몸은, 몸에 몸이라 할 '나의 실체가 없는〔無我〕 몸이다. 중생은 네 큰 요인〔四大〕의 어울려 합함〔和合〕과 업(業)으로 있는, 이 몸을 집착하여, 몸이 몸이 아니되 몸 아님도 아닌 몸의 실상〔身實相〕을 보지 못한다.

'몸의 나고 죽음 없는 실상'을, 경은 붇다의 몸[佛身]이라 하고 법신(法身)이라 한다. 법신을 그 진실에서 보면, 원인과 조건이 모여 이룬 이 몸에서, 몸을 이루는 원인과 조건이 있되 공하여, 몸이 모여 합하되 실로 모임이 없고[不合] 몸이 흩어지되 실로 흩어짐이 없는 것[不散]이니 이를 알면 곧 법신을 알 수 있다.

중생은 인연의 모임인 이 몸이 실로 있다고 집착하는 무명(無明)으로 인해 온갖 망상을 일으키고, 있음[有]을 있다 하므로 없음[無]을 없다고 집착하여, 길이 나고 죽음[生死]의 굴레를 벗어나지 못한다.

곧 중생은 몸의 실로 있음[身實有]을 집착하여 여래의 몸[如來身]을 보지 못하고, 여래 공덕의 곳간[如來藏] 그 법의 재물[法財] 헤아릴 수 없는 공덕의 곳간[無量功德藏]을 등진 채, 스스로 궁핍의 삶, 고통의 굴레를 짊어지고, 기나긴 나고 죽음의 바퀴 구름[生死輪廻]을 벗어나지 못한다.

그러나 여래의 가르침을 듣고 이 몸이 몸 아닌 줄 체달하고 몸의 공함 또한 공한 줄 깨달으면, 이 몸을 여래 공덕의 몸[如來功德身]으로 굴려 쓸 수 있고, 이 몸의 한 털구멍[一毛孔]에서 보배왕의 세계[寶王刹]를 나툴 수 있다.

이 여래의 몸[如來身] 법의 몸[法身]은 모습 밖의 신묘한 자아가 아니라 인연으로 있는 몸의 본래 그러한 진실을 말한다. 이 법의 몸은 몸의 스스로 그러한 진실이지만 집착과 무명의 마음[無明心]이 본래 온 바가 없고 본래 난 바 없어[本無所生], 허깨비와 같은 줄 밝혀내지 못하면, 스스로의 삶 속에서 나타낼 수 없다.

중생 몸의 스스로 그러한 실상을 붇다의 성품[佛性]이라 하고 여래 공덕의 곳간[如來藏]이라 한다면, 여래가 가르친 온갖 파라미타, 온갖 실천법은 이미 이루어진 여래의 보디 니르바나의 땅에서 일어나, 중생을 다시 해탈의 땅에 이끄는 실천법이다.

그러니 그 실천법은 실로 무명을 끊고 보디를 얻게 하는 법이 아니라, 저 중생의 음욕과 성냄과 어리석음〔婬怒癡〕이 실로 끊을 바 없음을 바로 보게 하는 방편의 법약(法藥)이라, 중생의 병이 본래 공한 줄 알면 법의 약〔法藥〕도 실로 닦을 바 없고, 여래의 보디도 실로 얻을 바 없다.

이처럼 중생이 비록 여래의 공덕의 땅 가운데 있지만, 중생이 병을 병으로 안고 있는 한, 보디사트바의 병을 낫게 하는 방편행은 쉽지 않으니 비말라키르티가 중생을 따라 병을 보임〔示疾〕은, 몸이 몸 아님을 보이기 위한 보디사트바의 방편행(方便行)이며 자비행(慈悲行)이다.

곧 본래 병 없는 곳에서 병을 보이는 보디사트바의 방편은, 병을 보여 몸에 나 없음〔身無我〕을 깨우쳐 병을 낫게 하는 자비행이다. 그래서 보디사트바는 중생이 아프면 보디사트바 또한 아프지만 보디사트바는 병 없는 여래의 몸에서 병을 짓는 방편으로 몸이 몸 아님〔身非身〕을 알게 하여, 중생을 병 없는 여래의 몸〔如來身〕에 이끄는 것이다.

승조법사(僧肇法師)는 몸에 몸 없는 여래의 몸〔如來身〕으로서 법신(法身)을, 경을 이끌어 다음 같이 보인다.

'경은 말한다. 법신이란 허공의 몸〔虛空身〕이다. 남이 없되〔無生〕나지 않음이 없고〔無不生〕 꼴이 없되〔無形〕 꼴 되지 않음이 없다〔無不形〕. 삼계의 밖으로 뛰어나 마음 있는 경계를 끊으니, 다섯 쌓임〔五陰〕·열두 들임〔十二入〕·열여덟 법의 영역〔十八界〕이 거둘 수 없어 일컬어 기림이 미칠 수 없는 바이라, 추위 더위가 그 걱정거리가 될 수 없고 나고 죽음이 그 바탕을 변화할 수 없다.

그러므로 그 물 됨〔爲物〕은 미묘하여〔微妙〕 모습 없어서 있음〔有〕이 될 수 없고, 만 가지 꼴에 응함을 갖추어 없음〔無〕이 될 수 없다. 우주의 여덟 끝〔八極〕에 두루 하니 작음이 될 수 없고,

가늘어 사이 없음〔無間〕에 들어가니 큼이 될 수 없다.

그러므로 남에 들고 죽음에서 나올 수 있어〔入生出死〕, 다함없
는 변화〔無窮之化〕에 통하여 변해 나타나는 것이 방위를 달리하되
그 응함에 구할 실마리가 없다. 이는 히나야나의 두 수레〔二乘〕가
가려 알지 못하는 바이고 자리 돕는〔補處〕 보디사트바도 보지 못
하는 바인데 하물며 범부는 눈이 없는데〔凡夫無目〕 어찌 그 사이
에 생각을 둘 수 있겠는가.

애오라지 그 현묘함의 끝을 거칠게 나타낼 뿐이다.

그렇다면 법신은 하늘에 있으면 하늘이고, 사람에 있으면 사람
이니 어찌 가까이 '한길 여섯 자 몸〔丈六〕'을 버리고, 멀리 법신을
구할 수 있겠는가.'10)

4. 옛 선사들의 법어로 다시 살핌

승조법사는 다섯 쌓임, 꼴이 있는 이 몸을 버리고 법신을 구할 수
없다고 했으나, 또한 다섯 쌓임이 허깨비 같음〔五蘊如幻〕을 요달하지
못하면, 법신을 알 수 없으니 『증도가』는 노래한다.

법신을 깨달음에 한 물건도 없으니
본원의 자기 모습 타고난 붇다로다.
다섯 쌓임의 뜬구름은 부질없이 오고 가고

---

10) 肇公曰 經云 法身者虛空身也 無生而無不生 無形而無不形 超三界之表 絶
有心之境 陰入所不能攝 稱讚所不能及 寒暑不能爲其患 生死無以化其體 故
其爲物也 微妙無象 不可爲有 備應萬形 不可爲無 彌綸八極 不可爲小 細入
無間 不可爲大
故能入生出死 通洞乎無窮之化 變現殊方 應無端之求 此二乘之所不識 補
處之所不覩 況凡夫無目 敢惜思於其間哉 聊依經誠言 麤標其玄極耳 然則法
身在天而天 在人而人 豈可近捨丈六而遠求法身乎

세 가지 독 물거품은 헛되이 일고지네.

法身覺了無一物　本源自性天眞佛
五陰浮雲空去來　三毒水泡虛出沒

승조법사는 법신이 허공의 몸[虛空身]이지만 가까이 있는 거친 몸을 버리고 구할 수 없다고 하니, 이를 다시 옛 선사[玄沙禪師]의 이야기를 통해 살펴보자.[선문염송 991칙]

현사(玄沙)선사가 약을 잘못 먹어서 온 몸이 붉게 짓물러졌다.
어떤 승려가 물었다.
어떤 것이 굳센 법신[堅固法身]입니까?

　玄沙因誤喫藥　徧身紅爛　僧問　如何是堅固法身

선사가 말했다.
고름이 방울방울 떨어진다.

　師云　膿滴滴地

이에 대해 천의회(天衣懷)선사가 노래했다.

고름이 방울방울 온몸이 문드러지니
낚시하는 배 위에서 집안 풍속 드러내네.
그때 사람 다만 낚싯줄 위만을 보고
갈대꽃이 붉은 여뀌 마주한 줄 못 보네.

滴滴通身是爛膿　釣魚船上顯家風
時人只看絲綸上　不見蘆花對蓼紅

강위에서 고기잡이 하던 사씨 집[謝家] 셋째 아들 현사선사가 출가하여 법신의 뜻을 깨닫고 고름 뚝뚝 떨어지는 업보의 몸으로, 법신 보임을 이리 노래한 것이리라.

갈대꽃이 붉은 여뀌 마주한 줄 보지 못하다고 함은 무엇을 말함인가. 세간법의 이것이 저것을 마주하고 우리 눈이 저 빛깔을 볼 수 있는 것〔眼見色〕이 실은 이것에 이것이 없고 저것에 저것 없음인 줄 알지 못하는 범부의 미혹을 이렇게 깨우쳐 줌이리라.

숭승공(崇勝珙)선사가 다시 노래했다.

청정한 법의 몸에 고름이 방울방울
칼파의 불이 활활 타도 변해 바뀜 없도다.
한 티끌인 법계 통달한 사람 드무니
겨자씨와 수메루산이 머금어 드는 뜻을
그 뉘라서 올바로 알아볼 수 있을건가.
그 누가 올바로 알아보는 자인가
진흙신이 산 오르는 나막신에 못 미치네.

清淨法身膿滴滴　劫火洞然無變易
一塵法界罕逢人　芥子須彌　誰委的
誰委的　　　　　泥靴不及登山屐

진흙신이 나막신에 못 미친다고 하니, 곳을 따라 어느 때 진흙신 신고 어느 때 나막신 신는 인연의 뜻〔因緣義〕으로 법신(法身)을 보임인가.

인연으로 있는 몸의 병〔身病〕으로 법신을 보인 현사선사와 비말라키르티 두 선지식을 학담도 한 노래로 찬탄하리라.

고름이 방울방울 떨어짐 들어 법신을 말하니
덧없는 몸 가운데 참된 항상함 나타내네.
방울방울 떨어짐 없고 자취 없으니

물든 땅 티끌 가운데서 법신 은혜 널리 받도다.

擧膿滴滴談法身　無常身中顯眞常
滴滴無墮沒痕迹　穢土塵中普受惠

네 요인의 몸은 본래 덧없으나
몸의 실상 살피면 덧없음도 없어라.
이와 같이 살피면 자비 지혜 나타나
중생이 아플 때에 보디사트바도 그러하네.

四大身也本無常　觀身實相無無常
如是觀察悲智顯　衆生病時菩薩然

병을 보여 중생 병을 건지는 마하사트바는
방편행 가운데서 묘한 법을 나타내시네.
눕는 자리의 병 가운데 가엾이 여겨 설법하니
비말라키르티의 몸은 끝내 무너지지 않네.

示疾救病大士者　方便行中顯妙法
平床病中哀愍說　淨名身也終不壞

제3. 제자품(弟子品)

1. 사리푸트라(Śāriputra)
2. 마하목갈라야나(Mahāmaudgalyāyana)
3. 마하카아샤파(Mahākāśyapa)
4. 수부티(Subhuti)
5. 푸르나(Pūrṇa)
6. 마하카탸야나(Mahākātyāyana)
7. 아니룻다(Aniruddha)
8. 우팔리(Upāli)
9. 라훌라(Rāhula)
10. 아난다(Ānanda)

해제

이 품의 제목[弟子品]에 대해 유계존자는 말한다.

뜻을 취해 제목을 나타내니, 이 품의 제목은 갖춰 말하면 '제자들이 병문안 하는 품[弟子問疾品]'이라 말해야 한다. 보기를 따라 아래 보디사트바품도 또한 '병문안[問疾]'의 두 글자를 더해야 한다. 글에 없는 것은 번역한 사람이 줄인 것이다. 이 가운데 병문안을 논하면 여래께서 곧 만주스리 보디사트바를 보내야 손님과 주인이 아름다운 겸하게 되어 다듬돌과 방망이가 서로 두들기게 되는 것이다. 지금 먼저 제자와 보디사트바를 보내는 것은 비말라키르티의 변재가 아주 빼어남을 나타낼 뿐 아니라 또한 만주스리라야 바야흐로 마주해 대꾸할 수 있음을 드러내려 함이다.

만약 비밀한 뜻[密意]이라면 바로 이 경은 설함이 방등(方等)에 있지만 바로 이 경은 치우침을 꾸짖고 작은 수레를 꺾어[彈偏斥小] '큰 수레를 찬탄하고 두렷함을 기림[歎大襃圓]'에 맞는다. 그러므로 여래께서 먼저 제자와 보디사트바 보냄을 펴서 그 스스로 꾸중들은 말을 펴도록 한 것은 그 말과 변재가 사유할 수 없음을 나타낸 것이다. 그러므로 일을 펴고 법을 설해 그 사이에 섞은 것은, 경을 모아 엮은 이[結集經者]의 교묘한 생각이다.1)

왜 세존께서는 슈라바카 제자의 대명사인 열 큰 제자[十大弟子]에게 비말라키르티에게 문병하도록 하시고, 그 제자들은 그 '옛적 비말라키르티에게 꾸중들은 일'을 여래께 말씀드려 '문병할 수 없다'고 말한 것인가. 슈라바카 제자들이 스스로 짊어진 법의 치우침을 드러내 히나야나(hinayāna)의 좁은 길 가는 많은 슈라바카의 수행자들[聲聞]이 마하야나(mahayāna)의 크고 넓은 길에 나아가게 하려 함이리라.

본 경에서 여래의 가르침을 받들어 법의 중도실상을 깨쳐, '사유할 수 없고 말할 수 없는 해탈의 씀[不思議解脫用]'을 온전히 발휘하는 참사람은 비말라키르티이다.

---

1) 取義題顯 具足應云弟子問疾品 準例下菩薩品 亦應加問疾二字 文無者 譯人之略也 論此中問疾 如來應卽遣文殊 庶賓主兼美 砧椎相扣 今先遣弟子菩薩者 不惟顯維摩才辯殊勝 亦欲彰文殊方堪酬對 若密意者 正以此經說在方等 適當彈偏斥小 歎大襃圓 故敘如來先遣弟子及以菩薩 俾其自敘被呵之辭 彰其辭辯難思 故將敘事與說法 雜糅其間 乃結集經者之巧思也

여래의 맨 처음의 가르침은 만법이 인연으로 일어남〔緣起〕을 보인 가르침으로 인간의 고통과 해탈도 원인에 의해 일어남을 가르친 법문〔生滅四諦〕이다. 지금 세간에 드러나 있는 존재는 브라흐만 같은 신성(神性)이 일으키거나, 시간 공간〔時·空〕 같은 다양성의 포괄자가 일으킨 것도 아니고, 또는 더 이상 나눌 수 없는 원자적 요인이 쌓여〔積聚〕 있는 것이 아니다.

존재는 원인 조건〔因緣〕이 어울려 결과〔果〕를 내지만, 원인 조건 결과도 실로 있음이 아니다.

존재는 스스로 지음이 아니고〔非自作〕, 밖이 지음도 아니며〔非他作〕, 안과 밖의 기계적 결합으로 지어진 것이 아니고〔非自他作〕, 원인 없이 지어진 것도 아니다〔非無因作〕.

여래의 가르침에서 연기로 있다〔緣起有〕는 것은, 그 있음이 있음 아니라〔有卽非有〕는 말이고, 있음이 있음 아니므로 없음도 없음 아닌 것〔無卽非無〕이다.

그러므로 인연으로 있는 존재의 진실에는 있음, 없음, 있기도 하고 없기도 함, 있음도 아니고 없음도 아님〔有, 無, 亦有亦無, 非有非無〕의 모든 언어적 규정이 붙을 수 없다. 이를 화엄(華嚴)은 사유할 수 없고 말할 수 없는 법계〔不思議法界〕라 하고 천태(天台)의 관행에서는 '말길이 끊어지고 마음 가는 곳이 사라졌다〔言語道斷 心行處滅〕'고 말한다.

그러나 부사의 해탈의 곳에 계시는 여래는 이 세간에 중생구제의 인연을 버리지 않으시니 세간 존재를 절대신이 지었다고 하거나 원자적 요소가 쌓여 있다고 말하면〔邪因說〕, 세계가 인연으로 있다〔緣起有〕고 말하고, 인연으로 있기 때문에 '있되 있지 않다〔非有〕'고 말한다.

다시 중생이 없음〔無〕을 집착하면 '없되 없지 않아, 있기도 하고 없기도 하다〔亦有亦無〕'고 말하며, '있기도 하고 없기도 함'을 집착하면 '있음도 아니고 없음도 아니다〔非有非無〕'고 말한다.

그러므로 법의 진실은 네 귀절을 떠나지만〔離四句〕, 네 구절〔四句〕이 다시 중생을 건지기 위한 세계 신단타의 인연〔世界悉檀因緣〕이 되고 교화의 방편(方便)이 되는 것이다.

아가마수트라의 교설은 여래세존의 맨 처음 설한 육성의 교설이지만, 여래께서 미망의 중생이 부사의 법계에 들어가게 하기 위한 신단타의 인연으로 세운 교설이다. 아가마〔Āgama, 阿含〕의 연기로 있다〔緣起有〕는 교설이, 중도실상(中道實相)을 열기 위한 교설인 줄 아는 자가, 천태선사 교판의 뜻을 아는 자이며, 교(敎)를 의지해 여래의 종지에 들어가는 자〔藉敎入宗〕이다.

그리고 아가마가 가르치는 바 '연기로 있다〔緣起有〕'함이 곧 '사유할 수 없고 말할 수 없는 있음〔不思議有〕'인 줄 아는 자가, 여래의 가르침을 통해 법의 진실에 나아가는 자이다.

지금 여래의 열 슈라바카의 큰 제자는, 신단타의 인연으로 세간에 모습을 나타낸 슈라바카의 현성〔聲聞賢聖〕이다. 그러므로 비말라키르티가 열 제자를 꾸중함은 신단타의 인연으로 있다 함을 '실로 있다〔實有〕' 하거나, '있되 공한 줄〔有而空〕' 모르는 이 세간의 망집을 꾸중하는 것이라 그 꾸중 속에 크게 살림이 있는 줄을 알아야 한다.

열 제자와 비말라키르티, 이분들은 여래의 해탈법을 연출하는 큰 놀이판의 한 역할을 맡아 놀리는 분들이니 '꾸중하고 꾸중 듣는 자, 누가 옳고 누가 옳지 않은가.' 함께 막고 함께 살려야〔雙遮雙照〕 여래의 은혜를 크게 갚는 자라 할 것이다.

1. 사리푸트라(Śāriputra) 존자

이때 장자 비말라키르티는 스스로 이렇게 생각하였다.

'자리에 앓아누워 있는데 세존의 크신 자비로 어찌 가엾이 여기지 않으시는가?'

붇다께서 그 뜻을 아시고 곧 사리푸트라에게 말씀하시었다.

"그대가 비말라키르티에게 가서 병문안 하라."

사리푸트라가 붇다께 말씀드렸다.

"세존이시여, 저는 그에게 가 병문안 할 수 없습니다.[2] 왜냐하면 제가 옛날 일찍이 숲속 나무아래서 좌선할 때를 기억하기 때문입니다. 그때 비말라키르티는 와서 저에게 말했습니다.

'저 사리푸트라시여, 반드시 앉아 있는 것이 좌선〔宴坐〕이 아닙니다. 대저 좌선이란 삼계에 몸과 뜻을 나타내지 않는 것이 좌선

---

[2] 시작부분의 경문에 대한 영역과 우리말 직역은 다음과 같다.

Vimalakirti wondered why the great com- passionate Buddha did not take pity on him as he was confined to bed suffering from an indisposition. The Buddha knew of his thought and said to Sariputra: "Go to Vimalakirti to enquire after his health on my behalf."
Śāriputra said: "World Honoured One, I am not qualified to call on him and enquire after his health. The reason is ⋯

비말라키르티는 곰곰히 생각했다. '위대한 자비의 붇다께서는 왜 침상에 누워 작은 병으로 앓고 있는 그를 가엾이 여기지 않으시는가.'
붇다께서는 그의 생각을 아시고 사리푸트라에게 말씀하시었다.
'여래를 대신해 비말라키르티에게 가서 그의 건강을 묻도록 하라.'
사리푸트라가 말씀드렸다.
'세상에서 존경받는 한 분이시여. 저는 그를 방문해 그의 건강을 물을 자격이 없습니다. 왜냐하면 그 이유는 다음과 같습니다.

이며 사라져다한 사마디〔滅盡定, nirodha-samadhi〕를 일으키지 않고 모든 몸가짐 나타내는 것이 좌선입니다. 도의 법〔道法〕을 버리지 않고 범부의 일 나타내는 것이 좌선이고, 마음이 안에도 머물지 않고 또한 밖에도 머물지 않아야 좌선입니다.

모든 견해에 움직이지 않고 서른일곱 여러 실천 법〔三十七道品〕 닦아 행하는 것이 좌선이며 번뇌를 끊지 않고 니르바나에 들어가는 것이 좌선입니다. 만약 이와 같이 앉을 수 있으면 붇다께서 인정해주실 것입니다.'

그때 저는 세존이시여, 이 말을 듣고 말없이 있으며 대꾸하지 못했습니다. 그러므로 저는 그에게 가서 병문안 할 수 없습니다."

爾時 長者維摩詰自念 寢疾於床 世尊大慈 寧不垂愍 佛知其意 卽告舍利弗 汝行詣維摩詰問疾 舍利弗白佛言 世尊 我不堪任詣彼問疾 所以者何 憶念我昔曾於林中宴坐樹下

時維摩詰 來謂我言 唯舍利弗 不必是坐 爲宴坐也 夫宴坐者 不於三界現身意 是爲宴坐 不起滅定 而現諸威儀 是爲宴坐 不捨道法 而現凡夫事 是爲宴坐 心不住內 亦不在外 是爲宴坐 於諸見不動 而修行三十七道品 是爲宴坐 不斷煩惱 而入涅槃 是爲宴坐

若能如是坐者 佛所印可

時我世尊 聞說是語 默然而止 不能加報 故我不任詣彼問疾

평석

장자는 바이샬리에서 아파 누워 있고 세존께선 암라나무 동산에 높이 앉아 계시는데 어찌 비말라키르티의 생각을 세존이 아시고 여러 제자들에게 비말라키르티에게 병문안 하라 말씀하시는가.

비말라키르티는 생각하되 생각 없고〔念而無念〕 세존은 앎이 없이 아시므로〔無知而知〕 비말라키르티와 세존의 앎의 바탕에 두 모습이 없어 그런 것인가. 유계의 『무아소』는 말한다.

　장자는 바이샬리에서 병을 보이니 곧 고요함 그대로 비추고〔卽寂而照〕 여래는 암라동산에서 자리를 높이 하시니 곧 비춤 그대로 고요하다〔卽照而寂〕. 또 장자의 마음의 생각은 곧 비춤 그대로 늘 고요하고, 여래께서 뜻을 아심은 곧 고요함 그대로 늘 비춘다. 고요함과 비춤의 씀〔寂照之用〕이 비록 바뀌어 없어지고 바뀌어 일어나지만, 법신의 바탕성품은 곧 하나의 같음〔一如〕이라 두 같음이 없으니, '한 몸〔一身〕 한 지혜〔一智慧〕이고 열 힘〔十力〕과 두려움 없음〔無畏〕도 또한 그러하다'고 말한 것이다.
　비록 생각하여 하려 함이 아니라도 그렇지만, 하물며 생각하여 두드리고, 두드려서 응함이겠는가. 그러므로 생각하자 곧 사람을 보내시니 빠름이 북채와 북이 서로 응함과 같다.3)

곧 저기 비말라키르티의 생각을 여기 세존께서 아시니, 저곳 비말라키르티는 생각하되 생각이 없고 이곳 세존께서는 생각함 없이 아시어〔無念而知〕 부름과 응함의 길이 통해〔感應路通〕 막혀 걸림이 없기 때문〔無所障礙〕이다. 지금 지구에 있는 내가 밤하늘 북극성 별을 볼 수 있는 것과 같으니 나와 저 별에 두 성품이 있다면 어찌 내가 저 별을 볼 수 있겠는가. 둘〔二〕이라 해도 볼 수 없고 하나〔一〕라 해도 볼 수 없을 것이다.

---

3) 長者示疾毗耶 則卽寂而照 如來高座菴園 則卽照而寂 又長者心念 則照而常寂 如來知意 則寂而常照 寂照之用 雖遞廢而遞興 法身體性 則一如無二如 所謂一身一智慧 力無畏亦然 雖不念而將欲 矧念而扣 扣而應乎 是故念而卽遣 疾如桴鼓也

사리푸트라는 여래의 상가 슈라바카 제자 가운데 지혜로 으뜸가는 제자로서 여래의 칭찬을 받고 여래의 큰 인정을 받은 제자이다. 그러니 그의 지혜가 어찌 선정과 다른 지혜일 것이며 그의 비파사나(vipaśyanā)가 어찌 사마타(samatha)와 다른 비파사나일 것인가.

사리푸트라가 꾸중들은 바, 삼계에 몸과 뜻을 나타내는 좌선이란 모습에 물든 이 번뇌의 몸과, 삼계의 꼴과 모습이 있는 좌선법이라, 끊을 번뇌가 있고 얻을 니르바나가 있는 좌선법이고, 붙잡을 몸이 있고 머무를 삼계가 있는 좌선법이다.

이는 마음에 붙잡아 아는 앎〔能緣〕이 있고 저 세계에 알 바〔所緣〕 모습이 있는 선정법이다. 그러한 선정법에서는 사마타〔止〕가 비파사나〔觀〕가 되지 못해, 공함이면 있음이 되지 못하고 고요함이면 움직임이 되지 못한다.

그러나 사마타가 비파사나인 바른 선정이면, 느낌〔受〕과 모습 취함〔想〕이 사라진 니로다사마디(nirodha-samādhi: 滅受想定)에 있으며 모든 몸가짐을 나타내고, 비파사나가 사마타이므로 여기 삼계에 앉아 있되 삼계에 몸과 마음을 나타내지 않는다.

비말라키르티의 꾸중을 빌어 사리푸트라께서 짐짓 비파사나가 사마타가 되지 못하고 사마타가 비파사나가 되지 못한 치우친 선정의 허물을 안고서, 중도의 진실상을 드러내고, 선정과 지혜의 이름이 사라진 참 좌선법을 밝혀줌이리라.

짐짓 꾸중 들은 허물이 어디 있는가. 몸을 몸이라 하고 번뇌를 번뇌라 함이 허물의 뿌리이니 몸이 몸 아닌 법신의 좌선〔法身坐禪〕은 어떻다 할까. 승조법사는 다음과 같이 말한다.

'대저 법신의 편히 앉음〔法身之宴坐〕이란 꼴과 신그러운 앎〔形神〕을 함께 없애니, 도(道)는 늘 있는 경계를 끊어, 보고 들음이

미치지 못하는 바이다. 그러니 어찌 삼계에 다시 몸을 나타내고 뜻을 닦아 선정을 삼겠는가.

사리푸트라에게는 오히려 세간과보로 난 몸〔世報生身〕과 세간과보의 뜻 뿌리〔意根〕가 있다. 그러므로 사람 사이를 번거롭고 시끄러움으로 삼아 나무 아래 편히 앉아 아직 아는 마음과 꼴이 자취 없게 하지 못한 것이다. 그러므로 이 꾸짖음을 이룬 것이다.

그러나 무릇 꾸짖음이 일어나는 것은, 뜻이 많이 이익됨〔多益〕에 있으니 어찌 저와 나〔彼我〕를 두어 옳고 그름으로 마음을 삼겠는가.'4)

꾸중 일으킴이 꾸중 들음을 통해 많은 중생을 이익되게 함이니 중생의 허물을 안고 중생을 불난 집에서 이끌어내는 소식이다.

비말라키르티의 깨우침처럼 끊을 번뇌가 이미 니르바나 되어있음에서 저 언덕에 감이 없이 가는 해탈의 행은, 번뇌를 끊지 않고 니르바나의 행을 이룸이니 그 뜻을 영가선가의 『증도가』는 다음 같이 노래한다.

그대 보지 못하는가.
배움 끊고 한이 없는 한가로운 도인은
헛된 생각 끊지 않고 참됨 또한 구하잖네.
무명의 참성품이 곧바로 붇다 성품이요
허깨비의 공한 몸이 곧바로 법신이네.

君不見
絶學無爲閑道人　不除妄想不求眞
無明實性卽佛性　幻化空身卽法身

---

4) 肇公曰 夫法身之宴坐 形神俱滅 道絶常境 視聽之所不及 豈復現身於三界 修意而爲定哉 舍利弗猶有世報生身 及世報意根 故以人間爲煩擾 而宴坐樹下 未能神形無跡 故致斯呵 凡呵之興 意在多益 豈存彼我以是非爲心乎

영가선사의 위 게송은 범부의 악을 짓는 닦음의 악〔修惡〕이 성품의 악〔性惡〕이고 보디사트바의 보디의 도 닦음〔修道〕이 성품의 덕〔性德〕이라, 악에 끊을 것이 없고 보디에 얻을 것 없음을 이리 노래한 것이리라.

그렇다면 중생의 번뇌가 본래 여래 공덕의 곳간임〔如來功德藏〕을 바로 아는 것이 곧 모든 붇다의 경계일 것이니 어디에서 끊을 번뇌의 경계를 보고, 얻을 보디(bodhi)의 경계를 볼 것인가.

선문(禪門)의 법어로 살펴보자.〔선문염송 66칙〕

만주스리 보디사트바가 말했다.

만약 바로 중생의 번뇌를 밝게 알면 곧 모든 붇다의 경계〔諸佛境界〕이다.

文殊云 若正了知 衆生煩惱 卽是諸佛境界

이에 대해 심문분(心聞賁)선사는 다음 같이 노래한다.

까마귀 울음 한가락에 먼 뜻을 전하는데
해당화 날려 다하고 하늘에 달은 환히 밝네.
비단 같은 내 아득히 흐르고 상강은 드넓은데
애닯도다, 이 소리 아는 이 없네.

一曲啼鳥寄遠情　海棠飄盡月空明
錦川迢遞湘江闊　惆悵無人會此聲

이 게송은 중생의 보고 듣는 경계에 실로 붙잡을 것 없고 얻을 것 없음을 알면, 바로 그 자리가 여래의 막힘없는 해탈경계임을 이리 노래한 것이리라. 이처럼 선(禪)을 행하되 선의 모습〔禪相〕에 떨어지고 닦되 닦음의 모습을 내면 비말라키르티가 사리푸트라의 좌선을 꾸짖듯, 참사람의 꾸중을 듣는 것이다.

그러나 미혹에 떨어진 중생이 닦아 행하려는 마음을 내지 않는다면 어찌 해탈의 땅에 이르겠는가. 이 비말라키르티의 꾸중함을 듣고, 다시 좌선하는 선승(禪僧)을 비방하거나, 닦아 행하는 자〔修行人〕를 업신여기면 크나큰 죄를 지으리라.

다음 옛 선사의 공안법문을 살펴보자.〔선문염송 155칙〕

숭산 준극 화상(崇山峻極和尙)에게 어떤 승려가 물었다.

'어떤 것이 크게 닦아 행하는 사람입니까?'

선사가 말했다.

'칼〔枷〕을 짊어지고 사슬〔鎖〕을 안았다.'

승려가 물었다.

'어떤 것이 크게 업을 짓는 사람입니까?'

선사가 말했다.

'선(禪)을 닦아 정(定)에 드는 것이다.'

다시 말했다.

'알겠는가?'

승려가 말했다.

'모르겠습니다.'

선사가 말했다.

'너는 나에게 착함을 물으나 착함은 악함을 좇지 않고 너는 나에게 악함을 물으나 악함은 착함을 좇지 않는다.'

뒤에 어떤 승려가 안국사(安國師)에게 이 이야기를 들어 보이니 국사가 말했다.

'이 사람은 모든 법의 남이 없음〔無生〕을 알아 다했구나.'[5]

---

5) 崇山峻極和尙 因僧問如何是大修行底人 師云擔枷抱鎖 僧云如何是大作業
   底人 師云修禪入定 復云會麼 僧云不會 師云汝問我善 善不從惡 汝問我惡

선과 악은 각기 나는 연[生緣]이 따로 있으므로 지음 있는 모습으로 좋은 행을 짓는다고 악이 사라지지 않는다. 모든 법이 남이 없음[諸法無生]을 알아 악을 끊되 끊음 없으면 그가 질곡의 현실을 떠나지 않고 자비 행할 수 있다. 그러나 오히려 선정을 닦되 선의 모습[禪相]을 떠나지 못하고 선정의 맛[禪味] 탐착하면 그가 도리어 크게 죄업 짓는 중생임을 이리 말한 것이리라.

열재거사(悅齋居士)는 이렇게 노래한다.

동쪽마을 큰 색시가 어리석지만
큰 장부의 선 곳이 편안함을 배워서
이로 좇아 소리와 이름이 온 마을에 떠들썩하나
어찌 일찍이 한 줄기 눈썹을 다쳤겠는가.

東村大姐得憃癡　學丈夫兒立地綏
從此聲名喧里巷　何曾損着一莖眉

열재거사의 이 게송의 뜻은 무엇인가. 모든 법이 남이 없음[無生]을 안다면, 좌선하고 공덕 짓는 모습을 지은들 무슨 허물이 있겠는가.

원오근(圜悟勤) 선사는 이렇게 집어보였다[拈].

'착함을 사무치니 착함은 스스로 어디서 났는가.
악을 사무치니 악은 어디서 일어났는가.
만약 이곳을 밝게 보면 곧 모든 법이 남이 없음[無生]이다.'
어떤 이가 숭녕(崇寧)에게, '어떤 것이 크게 닦아 행하는 사람인가?' 묻는다 하자.
그러면 저에게 다음처럼 대꾸해 말하겠다.
'좌선하여 정에 드는 사람[坐禪入定]이다.'

惡不從善 後有僧擧似安國師 國師云 此子會盡諸法無生

'어떤 것이 크게 업을 짓는 사람인가?'라고 물으면
그에게 이렇게 대꾸해 말하리라.
'칼〔枷〕을 짊어지고 사슬〔鎖〕을 안았다.'
또 말해보라. '이 같은가, 다른가.'6)

옛 분들의 뜻을 받들어, 학담도 한 노래로 사리푸트라 슈라바카 성인
〔聲聞聖人〕의 꾸중 들음과, 비말라키르티 보디사트바의 꾸중하심을 함
께 기리리라.

진여와 나고 사라짐 본래 둘이 없으니
날을 마치도록 번거롭고 시끄러워도 늘 고요하네.
향내 맡고 빛깔 보아도 경계가 여기에 이름이 없으니
하늘은 비어 드넓고 구름은 아득하네.

眞如生滅本無二　終日煩擾常寂然
聞香見色境無至　天空虛闊雲悠悠

번뇌를 끊지 않고 참됨에 들어가지 않으니
법계에 편히 앉아 붇다의 일 짓네.
온전한 성품이 닦음 뺏고 성품이 닦음 일으키니
성품 닦음 둘 아니라 행과 원이 가득하네.

不斷煩惱不入眞　安坐法界作佛事
全性奪修性起修　性修不二行願滿

---

6) 圜悟勤拈 窮善善自何生 究惡惡從何起 若能明見者箇田地 便是諸法無生 有
問崇寧 如何是大修行底人 對他道坐禪入定 如何是大作業底人 對他道擔枷
抱鎖 且道 是同是別

2. 마하목갈라야나(Mahāmaudgalyāyana) 존자

붇다께서 마하목갈라야나에게 말씀하시었다.

"그대가 비말라키르티에게 가서 병문안 하라."

목갈라야나가 붇다께 말씀드렸다.

"세존이시여, 저는 그에게 가서 병문안 할 수 없습니다. 왜냐하면 제가 옛날 바이샬리 큰 성 마을 가운데 들어가 여러 거사들을 위하여 설법한 것을 기억하기 때문입니다. 그때 비말라키르티는 저에게 와 이렇게 말했습니다.

'저 마하목갈라야나시여, 흰옷의 거사들을 위해 설법하는 것은 그대 어진이처럼 해서는 안 됩니다.

대저 설법이란 법과 같이〔如法〕 설해야 합니다. 법은 중생(衆生, sattva)이 없으니 중생의 때〔衆生垢〕를 여의었기 때문이고, 법에는 나〔我, ātman〕가 있지 않으니 나의 때〔我垢〕를 여의었기 때문이며, 법에는 목숨의 길이와 목숨〔壽命, jiva〕이 없으니 나고 죽음을 여의었기 때문이고, 법에는 사람〔人, pūdgala〕이 없으니 앞과 뒤의 때가 끊어졌기 때문이며, 법은 늘 고요하니 모든 모습을 없앴기 때문이오.

법은 모습을 떠났으니 따라 아는 바〔所緣〕가 없기 때문이고, 법에는 이름과 글자〔名字〕가 없으니 말이 끊어졌기 때문이며, 법에는 말함이 있지 않으니 느껴 살핌〔覺觀〕을 여의었기 때문이고, 법은 꼴과 모습이 없으니 허공과 같기 때문이오. 법에는 허튼 따짐〔戲論〕이 없으니 마쳐 다해 공하기〔畢竟空〕 때문이며, 법에는 내 것이 없으니 내 것〔我所〕을 여의었기 때문이며, 법에는 분별이 없으니 모든 가려 앎(諸識)을 여의었기 때문이고, 법에는 견 줌(比)이 없으니 서로 기다림(相待)이 없기 때문이오.

법은 원인에 속하지 않으니 연(緣)에 있지 않기 때문이고, 법은 법의 성품(法性)과 같으니 모든 법에 들어가기 때문이고, 법은 같음(如)을 따르니 따르는 바가 없기 때문이며. 법은 진실한 바 탕(實際)에 머무니 모든 가의 치우침(諸邊)이 움직이지 못하기 때문이고, 법은 움직여 흔들림이 없으니 여섯 티끌경계에 의지하 지 않기 때문이고, 법에는 가고 옴이 없으니 늘 머물지 않기 때 문(常不住故)이오.

법은 공(空)을 따르고 모습 없음(無相)을 따르며 지음 없음(無 作)에 응하여 법은 곱고 미움을 떠나고, 법은 늘고 줄어듦이 없 으며, 법은 나고 사라짐이 없고, 법은 돌아가는 바가 없소. 법은 눈 귀 코와 혀 몸과 뜻을 지나 법은 높고 낮음이 없으며, 법은 늘 머물러 움직이지 않으니(法常住不動)7) 법이 온갖 살피는 행을 여의었기 때문이오.

저 마하목갈라나야나시여, 법의 모습이 이와 같으니 어찌 설할 수 있겠습니까?

대저 설법이란 설함도 없고 보임도 없으며 그 법을 듣는 자는

---

7) 법은 늘 머물러 움직이지 않음(常住不動): 법이 늘 머물지 않음(常不住) 과 늘 머물러 움직이지 않음(常住不動)은 서로 다른 뜻인가. 모든 법은 연 을 따라 찰나 찰나 나고 사라져 머물러 있는 모습이 없다. 그러나 나되 남 이 없고 사라지되 사라짐이 없어 나고 사라지는 모습 또한 얻을 수 없다. 늘 머물지 않고 나고 사라지는 인연의 모습과 늘 머물러 고요한 진여의 모 습에 두 법이 없으니, 『법화경』「안락행품」은 이 뜻을 이렇게 말한다. '온갖 모든 법은 공해 있는 바가 없어서 늘 머묾도 없고 또한 일어나고 사라짐도 없다(一切諸法 空無所有 無有常住 亦無起滅).'

들음 없고 얻음도 없으니, 비유하면 허깨비 놀리는 자가 허깨비 사람을 위해 법을 설함과 같이 이런 뜻을 세워 법을 설해야 합니다.

반드시 중생 근기에 날카로움과 무딤이 있음을 알아, 알고 봄〔知見〕을 잘하여야 걸리는 바가 없을 것이니 큰 자비의 마음으로 마하야나를 찬탄하며 붇다의 은혜 갚아 삼보를 끊어지지 않도록 하길 생각한 뒤에 법을 설해야 합니다.'

비말라키르티가 이 법을 설할 때 팔백 거사가 아누타라삼먁삼보디의 마음을 냈습니다. 저는 이런 말재간이 없습니다. 이렇기 때문에 저는 그에게 가서 병문안 할 수 없습니다."

佛告大目犍連 汝行詣維摩詰問疾 目連白佛言 世尊 我不堪任詣彼問疾 所以者何 憶念 我昔入毘耶離大城 於里巷中 爲諸居士說法

時維摩詰來謂我言 唯大目連 爲白衣居士說法 不當如仁者所說 夫說法者 當如法說 法無衆生 離衆生垢故 法無有我 離我垢故 法無壽命 離生死故 法無有人 前後際斷故 法常寂然 滅諸相故

法離於相 無所緣故 法無名字 言語斷故 法無有說 離覺觀故 法無形相 如虛空故 法無戲論 畢竟空故 法無我所 離我所故 法無分別 離諸識故 法無有比 無相待故

法不屬因 不在緣故 法同法性 入諸法故 法隨於如 無所隨故 法住實際 諸邊不動故 法無動搖 不依六塵故 法無去來 常不住故

法順空隨無相 應無作 法離好醜 法無增損 法無生滅 法無所歸 法過眼耳鼻舌身心 法無高下 法常住不動 法離一切觀行

唯大目連 法相如是 豈可說乎 夫說法者 無說無示 其聽法者 無聞無得 譬如幻士 爲幻人說法 當建是意 而爲說法 當了衆生根有利鈍 善於知見 無所罣礙 以大悲心 讚于大乘 念報佛恩 不斷三寶 然後說法

維摩詰說是法時 八百居士 發阿耨多羅三藐三菩提心 我無此辯 是故不任 詣彼問疾

평석

 마하목갈라야나는 한문불교권에서 목련(目連)존자로 알려진 제자이다. 목갈라야나는 사리푸트라의 벗으로 출가 전 사리푸트라와 같이 바깥길 여섯 스승〔六師外道〕가운데 한 사람인 산자야(Sañjaya)의 제자였다. 붇다께서 처음 가야(Gayā, 象)산의 산상설법으로 브라마나 집단인 카아샤파 세 형제를 귀의시켜 출가비구 상가의 구성원을 삼을 무렵, 카시 사슴동산의 첫 귀의자인 다섯 비구들은 여래의 뜻을 받아 각기 전법의 길을 떠났다.

 다섯 비구 가운데 한 제자인 아슈바짓트〔Aśvajit, 馬勝〕가 라자그리하의 거리를 걸을 때, 사리푸트라가 아슈바짓트를 만나 아슈바짓트가 말해준 게송을 듣고 깨친 뒤, 산자야 교단에 돌아온 사리푸트라가 아슈바짓트 만난 이야기를 목갈라야나에게 전해 주자 목갈라야나 또한 그 게송을 두세 번 되새겨 말하다가 깨달아, 붇다의 상가에 귀의하였다.

 그리하여 붇다의 초기교단은 카아샤파 세 형제를 따르던 브라마나 교단의 무리들 천명 남짓과 산자야교단의 250명 남짓 제자들이 귀의하여 『금강경』 회상에 등장하는 1,250 상가대중의 숫자가 성도 후 얼마 되지 않아 곧 갖춰졌다.

 붇다의 가르침은 초월자의 계시를 다시 전해주는 가르침이 아니다. 붇다 연기법(緣起法)의 가르침은 여기 가르침을 전하는 이의 지혜가 있고 저기 깨친 바 진리가 있는 가르침이 아니라, 지혜는 진리인 지혜이고 진리는 지혜인 진리이다. 그리고 가르침의 말씀은 지혜의 앎에 앎이 없고 앎 없음에 앎 없음도 없으므로 일어나는 해탈의 활동이 법 설함의 활동이다.

 그러므로 '설함에도 다시 설함이 없어야〔於說無說〕' 그 설함이 법과 같이 설함〔如法說〕이 되고 진리의 설함이 되는 것이다. 곧 법을 설하되 설함 가운데 실로 설하는 자와 설하는 바의 두 모습이 없어야 법을 설하되 설함 없는 진리의 설법이 되는 것이다. 알되 앎이 없고 설하되 설함이 없어야 그 설함은 진리 그대로의 설함, 지혜의 설함이 되는 것이니, 경에서 법과 같다고 함〔如法者〕을 유계존자는 다음 같이 풀이한다.

'법과 같다〔如法〕고 함은 말로 보인 바〔所詮〕 법의 바탕〔法體〕을 가리킨 것이니 법의 바탕은 청정하여 맑기가 허공과 같다. 모든 허물을 떠나 이루 말할 수 없으니 반드시 말하고자 하면 법과 같이 말해야 한다. 대저 법을 설하는 자〔說法者〕는 말함 없고 보임 없으며 법을 듣는 자〔聽法者〕는 들음 없고 얻음 없어야 이를 얻음 이라 말하는 것이다.'8)

『아가마수트라』에도 대중에게 힘을 주어 설법하는 목갈라야나에게 여래께서 다음 같은 뜻으로 경책하는 말씀이 나온다.
'목갈라야나여, 너무 힘주어 설법하지 마라. 말에 말이 없으니 말함 없이 법을 설해야 잘 설법함이다.'
또 아가마수트라의 여러 곳에 듣되 들음 없음〔無聞〕이 많이 들음〔多聞〕이라는 붇다의 가르침이 나온다. 말하고 들을 때 실로 말함과 들음이 없으므로 연기법의 가르침에서는 들음 없이 들어야, 잘 들음〔善聞〕이고 많이 들음〔多聞〕이며, 설함 없이 설해야 잘 설함〔善說〕이 되는 것이다.
목갈라야나는 여래 제자 가운데 신통(神通)제일의 제자로 사리푸트라와 더불어 여래 다음 버금가는 현성으로 추앙되는 제자인데, 그가

---

8) 如法者 指所詮之法體也 法體淸淨 湛若虛空 離諸過 不可說 必欲說之 當如法說 所謂大說法者 無說無示 其聽法者 無聞無得 斯言得矣

어찌 소리 들음〔聲聞〕의 참뜻을 모르고 슈라바카의 현성이 되었을 것인가. 그가 법을 설하고서 비말라키르티의 짐짓 꾸중함을 일으켜, 참설법이 설함에 설함 없되 설함 없음도 없음을 보인 것이리라.

영가선사의 『증도가』는 노래한다.

말 없을 때 말함이고 말할 때 말 없음이니
큰 보시의 문이 열려 비좁아 막힘없네.
무슨 종지 아느냐고 내게 누가 묻는다면
마하반야의 힘이라고 대답하여 주리라.

默時說　說時默　大施門開無壅塞
有人問我解何宗　報道摩訶般若力

사자의 외침소리 두려움 없는 설법이여,
백 짐승이 들으면 다 뇌가 찢어지고,
코끼리도 날뛰다 모든 위세 잃지만
하늘과 용 고요히 듣고 큰 기쁨을 내도다.

獅子吼無畏說　　百獸聞之皆腦裂
香象奔波失却威　天龍寂聽生欣悅

법의 모습과 같이 말함과 말 없음에 둘이 없는 참 설법의 뜻을 대홍은 (大洪恩) 선사는 다시 이렇게 노래한다.〔선문염송 125칙〕

말 없을 때 말함이고 말할 때 말 없으니
지장의 머리 희고 회해의 머리 검네.
만주스리와 비말라키르티가 함께 서로 아니
큰 보시의 문이 열려 좁아 막힘없네.

默時說　說時默　藏頭白海頭黑
文殊摩喆共相知　大施門開無擁塞

만주스리와 비말라키르티가 함께 서로 안다는 것이 실로 서로 아는 자가 없다는 뜻이므로 말하고 들음 가운데 큰 보시의 문이 좁아 막힘 없는 것이다. 학담도 한 노래로 비말라키르티 보디사트바의 뜻을 기리리라.

바이샬리성 가운데 목갈라야나 존자
여러 거사들 위해 법 설함을 행했네.
법에는 중생 없고 말하는 자 없으니
법과 같이 설하는 것이 참 설법이네.

毘耶城中目連尊　爲諸居士行說法
法無衆生無說者　如法而說眞說法

저와 이것이 서로 아나 본래 앎이 없으니
보시의 문이 열려 좁아 막힘없네.
말함 없이 말해 거북털이 날림이여
말로써 국토 장엄해 중생을 건네주리.

彼此相知本無知　布施門開無壅塞
無說而說龜毛飛　以說嚴土度含生

3. 마하카샤파(Mahākāśyapa) 존자

붇다께서 마하카샤파에게 말씀하시었다.

"그대가 비말라키르티에게 가서 병문안 하라."

카샤파가 붇다께 말씀드렸다.

"세존이시여, 저는 그에게 가서 병문안 할 수 없습니다. 왜냐하면 제가 옛날 가난한 마을에서 밥 빌 때를 기억해 생각하기 때문입니다. 그때 비말라키르티가 저에게 와서 이렇게 말했습니다.

'저 마하카샤파시여, 자비의 마음이 있으시나 넓지 못하여 넉넉한 이들을 버리고 가난한 이들을 좇아 비시오. 카샤파시여, 평등한 법에 머물러 차례에 응해 밥을 비셔야 합니다. 먹지 않음 때문에 밥을 비셔야 하고, 어울려 합하는 모습[和合相]을 깨뜨리기 때문에 덩이 밥을 취하셔야 하며, 받지 않음 때문에 저 밥을 받아야 합니다.

빈 무더기라는 생각[空聚相]으로 마을에 들어가, 보는 바 빛깔에는 눈 어둔 이와 같고, 듣는 바 소리에는 메아리와 같고, 맡는 바 냄새에는 바람과 같으며, 먹는 바 맛에는 분별하지 않으며, 모든 닿음[諸觸]을 받는 데는 지혜의 얻음[智證]과 같아야 합니다. 그리하여 모든 법이 허깨비 모습 같아 스스로의 성품[自性]도 없고 남의 성품[他性]도 없으며 본래 스스로 그러하지도 않아[本自不然] 지금 곧 사라짐도 없음을 알아야 합니다.

카샤파시여, 만약 여덟 삿됨[八邪]을 버리지 않고 여덟 해탈[八解脫]에 들어가며, 삿된 모습으로 바른 법에 들어가며, 한 먹을 것으로 온갖 삶들에 베풀고〔施一切〕 모든 붇다들과 뭇 어진이 거룩한 이들께 공양하고 그런 뒤에 먹을 수 있습니다. 이와 같이 먹는 사람은 번뇌가 있지도 않고, 번뇌를 떠나지도 않으며, 선정의 뜻에 들어가지도 않고〔非入定意〕 선정의 뜻을 일으키지도 않으며〔非起定意〕, 세간에 머물지도 않고〔非住世間〕 니르바나에 머물지도 않습니다〔非住涅槃〕.

그에게 베푸는 자는 큰 복도 없고 작은 복도 없으며 이익됨도 없고 덜어짐도 없으니 이것이 바로 붇다의 도에 들어가 슈라바카에 의지하지 않는 것입니다.

카샤파시여, 이와 같이 먹으면 남의 베풂을 헛되이 먹지 않게 됩니다.'

그때 세존이시여, 저는 이렇게 말함을 듣고 일찍이 있지 않음을 얻고서, 곧 온갖 보디사트바들께 깊이 공경하는 마음을 일으키고 다시 이렇게 생각하였습니다.

'여기 집의 이름〔家名〕이 있는 이의 말재간과 지혜가 이와 같을 수 있는데 그 누가 아누타라삼막삼보디의 마음을 내지 않겠는가.'

저는 이로부터 다시 사람들에게 슈라바카와 프라데카붇다의 행을 권하지 않았습니다. 그러므로 그에게 가 병문안 하지 못합니다."

佛告大迦葉 汝行詣維摩詰問疾 迦葉白佛言 世尊 我不堪任詣彼問疾 所以者何 憶念我昔於貧里而行乞 時維摩詰 來謂我言 唯大迦葉 有慈悲心而不能普 捨豪富從貧乞 迦葉 住平等法 應次行乞食 爲不食故 應行乞食爲壞和合相故 應取搏食 爲不受故 應受彼食

以空聚想 入於聚落 所見色與盲等 所聞聲與響等 所嗅香與風等 所食味

不分別 受諸觸如智證 知諸法 如幻相 無自性 無他性 本自不然 今則無滅
迦葉 若能不捨八邪 入八解脫 以邪相入正法 以一食施一切 供養諸佛 及
衆賢聖 然後可食 如是食者 非有煩惱 非離煩惱 非入定意 非起定意 非住
世間 非住涅槃

其有施者 無大福無小福 不爲益不爲損 是爲正入佛道 不依聲聞 迦葉 若
如是食 爲不空食人之施也 時我世尊 聞說是語 得未曾有 即於一切菩薩
深起敬心

復作是念 斯有家名 辯才智慧 乃能如是 其誰不發阿耨多羅三藐三菩提心
我從是來 不復勸人以聲聞辟支弗行 是故不任詣彼問疾

평석

카아샤파존자는 여래의 열 큰 제자 가운데 두타(dhūta, 頭陀)행에
으뜸가는 제자로 알려져 있다. 동아시아 선종(禪宗)을 중심으로 카샤
파존자는 여래의 정법안장(正法眼藏) 니르바나의 묘한 마음〔涅槃妙心〕
을 세 곳〔三處〕에서 전한 첫 조사로 숭앙되고 있다.

달마선종(達摩禪宗)은 세 곳에서 여래께서 카아샤파존자에게 마음
을 전했다〔三處傳心〕고 하나, 천태선문(天台禪門)은 널리 전함〔普傳〕
과 특별히 전함〔特傳〕을 나누어, 여러 슈라바카의 제자 많은 대중에게
널리 전함 가운데 카샤파존자에게 특별히 전함을 인정한다. 가르침의
측면에서도 여래 니르바나 이후, 핍발라(Pippala) 굴〔七葉窟〕에서의
경전 일차 결집이 카아샤파존자의 제안으로 이루어졌으니 가르침 송
출의 주체는 아난다이지만 가르침을 결집하게 되는 중심에 카아샤파
존자가 있다.

비나야(vinaya)의 측면에서도 비구가 되기 전 여래를 뵙고, 눈 마주

치자〔目擊〕 바로 계를 갖춘〔具足戒〕 제자라고 말해진다. 비구 두타법9)
의 첫째는 아란야에 머묾이고, 둘째는 밥 때가 되면 마을에 들어가 일
곱 집을 다니며 밥을 빌어서〔乞食〕 살아가는 것이다.

카아샤파존자는 으뜸가는 두타행자10)의 모습대로 가난한 자보다 더
욱 가난하고 낮은 모습으로, 가난한 마을에 들어가 그들에게 밥을 빌어
복의 씨앗을 심어준 분이다. 이러한 모습이 어찌 가난하여 가진 것 없
는 이들을 보살피고 그들이 현세에 복을 지어 풍요에 나아가도록 하는
자비의 마음이 아니겠는가. 그러나 비말라키르티는 그가 넉넉한 자를
버리고 가난한 자만을 좇는 것이 자비심이 넓지 못함이라 비판하니 이
는 저 가난한 이들에게서 못 가짐만을 보고 부유한 자에게서 실로 가짐

9) 열두 두타〔十二頭陀〕: 두타는 산스크리트 dhūta이니, 탐욕을 떠난 수행
자의 절제된 생활 질서를 말한다. 열두 두타행은 다음과 같다.
   ① 아란야에 머묾〔在阿蘭若處, aranyaka〕: 산 숲 넓은 들판에서 생활
함. ② 늘 밥을 빌어 생활함〔常行乞食, yathasamstarika〕. ③ 차제로
밥을 빎〔次第乞食, paindapatika〕. ④ 한 번만 밥을 받아먹음〔受一食
法, ekasanika〕. ⑤ 양을 조절해 먹음〔節量食, namtika〕. ⑥ 낮과 저
녁에 마시지 않음〔中後不得飮漿, khalupascadbhatika〕. ⑦ 똥 걸레 옷
을 입음〔著糞掃衣, pamsukulia〕. ⑧ 세 옷만을 입음〔但三衣, tracivari
ka〕. ⑨ 무덤 사이에 머묾〔塚間住, smasanika〕. ⑩ 나무 아래 그침〔樹
下止, vrksamuika〕. ⑪ 한데서 앉음〔露地座, abyavakasika〕. ⑫ 다만
앉아 눕지 않음〔但座不臥, naisadika〕.
10) 두타 행자: 인도에서 붇다의 으뜸 제자인 카아샤파존자가 두타제일의
제자라면, 중국에서는 천태선문 7조 좌계현랑선사(左溪玄朗禪師)가 두타
를 행함 가운데 으뜸인 선사이며, 우리불교사에서는 고려 백련결사의 원
묘요세선사(圓妙了世禪師)가 대표적인 두타 행자이다. 그리고 우리불교
근세선사로서는 조선조 말 지리산 칠불선원(七佛禪院)에서 보디사트바의
서상계(瑞祥戒)를 받아 용성선사까지 그 계맥이 전해진 칠불계맥의 비조
대은낭오선사(大隱朗悟禪師)가 두타를 행하며 평생 눕지 않고 좌선한 선
사이다. 그리고 근세 두 수월선사(水月禪師) 가운데 북수월(北水月: 南水
月은 용성선사의 스승 고운사 수월영민선사)로 알려진 수월음관선사(水月
音觀禪師)가 두타행으로 알려진 선사이다.

만을 보아서 그런 것인가.

없음에서 없음만을 보고 있음에서 있음만을 보면, 참으로 있음과 없음이 서로 소통되는 삶의 길이 열릴 수 없으리라. 없음에서 없되 없지 않음을 보아야 없음에서 새로운 있음을 창출할 수 있으며, 없음에서 또한 크게 베풀어 줄 수 있음을 볼 수 있으리라.

다시 있음이 있되 실로 있지 않음을 보아야 지금 있음을 버려 보다 큰 삶의 풍요에 나아갈 수 있는 것이니 지금 있음을 있음으로 붙들어 쥐고 있으면, 많이 가졌어도 그가 실로 빈곤한 자임을 보인 것이리라.

있음에서 있음을 떠나고 없음에서 없음을 떠나야 평등한 법에 머물러 먹지 않음 때문에 밥을 빌 수 있으며, 밥과 몸〔身〕의 어울려 합하는 모습〔和合相〕을 깨뜨리고, 먹되 먹음 없이 덩이밥을 취할 수 있으리라. 덩이밥을 먹되 덩이밥을 취하지 않고, 먹되 먹음 없으면 그가 법의 밥〔法食〕을 먹는 것이며 선정의 기쁨으로 먹을거리 삼음〔禪悅食〕이다.

밥과 먹을거리를 마주하되 마주함이 없으면, 그가 법성의 몸〔法性之身〕으로 먹음 없이 먹는 것이니 유계의 『무아소』는 말한다.

'법성의 몸〔法性之身〕은 크기가 허공과 같아 참으로 먹을 필요가 없다. 색신은 마주함이 있으므로 반드시 밥을 빌어야 한다. 몸의 실상〔身實相〕을 살피면 곧 마주함이 있지만 본래 마주함 있음이 없다.

마주함이 없음으로써 마주함 있음을 보니 비록 밥을 빌되 오히려 먹지 않음과 같다. 대저 마주함 없음〔無待〕으로써 마주함 있음〔有待〕을 보면 곧 비록 급하되 느림 같고, 비록 있되 없음 같으니, 탐욕 등으로 마루〔宗〕 삼음이 아니다.'[11]

---

11) 夫法性之身 量等虛空 固不須食 色身有待 故須行乞 觀身實相 即有待而本

그러므로 마을에 들어가 밥을 빌되 빈 마을에 들어감과 같고 빛깔을 보되 봄이 없고 소리 듣되 들음 없으면 그가 밥〔食〕을 빌되 법(法)을 비는 자이며 밥을 빎으로써 위없는 법에 나아가는 자이다. 덩이밥을 먹되 먹음 없어 법의 실상에 나아가면 한 법도 받아들임이 없이 온갖 공덕을 세간에 베푸는 것이니 이것이 온갖 것을 널리 베풂〔一切施〕이다.

카아샤파께서는 가난한 자를 도와 복의 씨앗 심는 자비행을 일으키고, 비말라키르티의 꾸중을 일으켜 참으로 먹되 먹음 없는 진리의 밥 먹음〔法食〕을 보인다. 그리하여 한 법도 받아들임 없이 온갖 공덕을 세간에 베푸는 참된 보시의 길을 보이니, 비말라키르티의 꾸중이 카아샤파의 밥 비심을 온갖 공덕의 보시〔一切功德施〕로 되살려내고 있는 것이다.

스스로의 몸에 어울려 합한 모습〔和合相〕이 없고 밥을 빌러 마을에 들어가되 마을이 텅 빈 마을 같아 한 법도 받음이 없이 온갖 공덕을 법계에 회향〔法界廻向〕하는 것이 참사람의 밥 비는 모습이다.

영가선사의 『증도가』에서는 참으로 한 법도 받음 없이 가난하되 풍요로운 자의 삶, 두타(dhūta)행자의 삶을 이렇게 노래한다.

아주 가난한 샤카의 제자 입으로 가난하다 말하지만
실로 몸은 가난하나 도는 가난하지 않네.
가난함에 몸은 늘 헌 베옷만을 입지만
도는 곧 마음에 값할 길 없는 보배 감추었네.

窮釋子　口稱貧　實是身貧道不貧
貧則身常披縷褐　道則心藏無價珍

無有待 以無待視有待 雖乞食猶不食也 夫以無待視有待 則雖急若緩 雖存若亡 不以貪等爲宗矣

값할 길 없는 보배 그 씀은 다함없어
중생 이롭게 하려 응할 때는 끝내 아낌없네.
세 가지 몸 네 지혜 바탕 속에 두렷하고
여덟 해탈 여섯 신통 마음 땅 도장이네.

無價珍　用無盡　利物應時終不吝
三身四智體中圓　八解六通心地印

이에 사명법지(四明法智)존자는 비말라키르티의 깨우침을 말미암아,
떨어진 누더기로 마을에서 밥을 빌되, 밥[食]이 곧 법계(法界)라 살피
는 참된 두타행을 다음 같이 말한다.

　여덟 삿됨을 버리지 않고 여덟 해탈에 들게 하여 삿된 모습으
로 바른 모습에 들어 이로써 도에 들 수 있고, 다시 밥[食]이 곧
법계(法界)임을 살피고 밥이 곧 오직 마음임[食唯心]을 아니 곧
일곱 밥[七食]12)이 다 법계라[皆法界] 좁쌀이 수메루산을 받아
들인다.
　이 법계의 밥으로 온갖 배고파 주린 중생에게 베풀고 또한 이로
써 모든 붇다 여러 현성에게 공양하니 이것이 곧 스스로를 이익
되게 하고 남을 이익되게 하는[自利利他] 행과 원이 다함없음[行
願無盡]이다. 참으로 이와 같은 행을 갖출 수 있는 뒤에야 사람의
밥을 먹을 수 있어서 베풀어준 밥을 헛되이 받지 않게 된다.13)

---

12) 일곱 밥[七食]: 덩이 밥[段食], 닿음의 밥[觸食], 하고자 함의 밥[思
　食], 앎의 밥[識食], 해탈의 밥[解脫食], 법의 기쁨의 밥[法喜食], 선정
　의 밥[禪悅食]. 앞의 네 밥 먹음은 온갖 중생이 먹는 밥이고, 뒤의 세 밥
　은 밥의 공한 진실을 살펴 먹음 없이 먹는 진리의 밥이다.
13) 俾其不捨八邪入八解脫 以邪相入正相 旣能以是而入道 復能觀食皆法界 了
　食唯心 則七食皆法界 粒粟納須彌 以茲法界之食 施於一切饑餓衆生 亦以之

범부승 학담 또한 한 노래로 카아샤파존자와 비말라키르티가 보인
참된 걸식(乞食)과 두타행자의 삶을 기리어 보리라.

카샤파존자 밥을 빌고 비말라키르티는 깨우치셔
이로써 참된 두타행을 열어 나투었네.
이 몸 이 밥에서 법계를 깨쳐 알고
밥을 비는 마을에서 비어 고요하다 살피네.

迦葉行乞淨名喩   以是開顯眞頭陀
於此身食了法界   行乞聚落觀空寂

밥 한 알도 받지 않되 수메루산 받아들이고
빛깔 보되 보지 않고 소리 받지 않아서
법계의 밥으로 온갖 이들에 공양하면
스스로와 남 이익주어 함생을 배불리리.

不受一粒納須彌   見色不見不受聲
法界之食供一切   自利利他飽含生

供養諸佛及諸賢聖 此則自利利他 行願無盡 果能具如是行 然後可以食人之
食 不空受乎施也

4. 수부티(Subhuti) 존자

붇다께서 수부티에게 말씀하셨다.

"그대가 비말라키르티에게 가서 병문안 하라."

수부티가 붇다께 말씀드렸다.

"세존이시여. 저는 그에게 가서 병문안 할 수 없습니다. 왜냐하면 제가 옛날 그 집에 들어가 밥을 빌던 것을 기억하기 때문입니다.

그때 비말라키르티는 저의 파트라(pātra, 鉢盂)에 밥을 가득 채우고서 저에게 말했습니다.

'저 수부티시여, 만약 밥에 평등할 수 있으면[於食等] 모든 법에 또한 평등할 수 있고[諸法亦等] 모든 법에 평등할 수 있는 사람은 밥에도 또한 평등합니다. 이와 같이 밥을 빌 수 있어야 밥을 받아먹을 수 있습니다.

만약 수부티여, 음욕 성냄 어리석음을 끊지 않고 또한 함께하지도 않으며, 몸을 무너뜨리지 않고 한 모습[一相]을 따르며, 어리석음 애착을 없애지 않고 밝은 해탈[明脫]을 일으키며, 다섯 거스르는 죄의 모습[五逆相]으로 해탈을 얻어 또한 풀림도 아니고 묶임도 아니며, 네 진리[四諦]를 보지 않되 진리 보지 않음도 아니며, 과덕 얻음이 아니고 얻지 않음도 아니며, 범부도 아니고 범부 떠남도 아니며, 성인이 아니고 성인 아님도 아니며, 비록 온갖 법을 성취하되 모든 법의 모습[諸法相]을 떠나야, 밥을 받아먹을 수 있습니다.

만약 수부티시여, 붇다를 보지 않고 다르마를 보지 않으며, 저 바깥길 여섯 스승[彼外道六師]인 푸라나카샤파, 마카리코사라푸트

라, 산자야벨라리푸트라, 아지타케사캄바린, 가라구타카차야나,
니르그란타나타푸트라 등이 그대의 스승이고 그들을 인해 집을
나왔으니〔出家〕 저 스승들이 떨어진 곳에 그대 또한 따라 떨어져
야 밥을 받아먹을 수 있습니다.

만약 수부티시여, 모든 삿된 견해에 들어가 저 언덕에 이르지
않고〔不到彼岸〕 여덟 어려움〔八難〕에 머물러 어려움 없음을 얻지
않으며〔不得無難〕, 번뇌에 같이해 청정한 법을 떠나 그대가 '다툼
없는 사마디〔無諍三昧〕'를 얻으면 온갖 중생도 또한 이 선정을 얻
습니다.

그대에게 보시하는 자는 복밭〔福田〕이라 이름하지 못하고, 그대
에게 공양하는 자는 세 악한 길에 떨어지고, 뭇 마라와 더불어
손을 잡아 여러 번뇌의 벗을 지으며, 그대와 뭇 마라 모든 번뇌
가 평등하여 다름없어서 온갖 중생에 원망하는 마음이 있고 모
든 붓다를 헐뜯고 다르마〔法〕를 허물며, 상가의 수〔衆數〕에 들어
가지 않고 끝내 니르바나에 건넘을 얻지 않아서 그대가 만약 이
와 같으면, 밥을 받아먹을 수 있습니다.'

그때 저는 세존이시여, 이 말을 듣고 아득하여 무슨 말인지 알
지 못해서 어떤 말로 답할지 알지 못하고 곧 파트라를 두고 그
집을 나오려하니 비말라키르티가 말했습니다.

'수부티시여, 파트라를 들고 두려워 마십시오. 어찌 생각하시
오. 여래께서 변화해 지은 사람이 만약 이 일로 따진다면 어찌
두려워하겠소.'

제가 '아니요.'라고 말하자, 비말라키르티가 말했습니다.

'온갖 모든 법은 허깨비 변화의 모습〔幻化相〕과 같으니 그대는

지금 두려워하지 않아야 합니다. 왜냐하면 온갖 말과 말함은 이 허깨비 모습을 떠나지 않으며, 지혜로운 사람이라면 문자에 집착하지 않으므로 두려워할 바가 없습니다. 왜인가요, 문자의 성품〔文字性〕을 떠나 문자가 없으니〔文字性離無有文字〕이것이 해탈입니다. 해탈의 모습이란 곧 모든 법이기 때문입니다.'

비말라키르티가 이 법을 설할 때 이백 하늘 사람들이 법의 눈〔法眼〕이 깨끗함을 얻었습니다. 그러므로 저는 그에게 가서 병문안 할 수 없습니다."

佛告須菩提 汝行詣維摩詰問疾 須菩提白佛言 世尊 我不堪任詣彼問疾 所以者何 憶念我昔入其舍從乞食 時維摩詰 取我鉢盛滿飯 謂我言

唯須菩提 若能於食等者 諸法亦等 諸法等者 於食亦等 如是行乞 乃可取食

若須菩提 不斷婬怒癡 亦不與俱 不壞於身 而隨一相 不滅痴愛 起於明脫 以五逆相 而得解脫 亦不解不縛 不見四諦 非不見諦 非得果 非不得果 非凡夫 非離凡夫 非聖人 非不聖人 雖成就一切法 而離諸法相 乃可取食

若須菩提 不見佛不聞法 彼外道六師 富蘭那迦葉 末伽梨拘賖梨子 刪闍夜毘羅胝子 阿耆多翅舍欽婆羅 迦羅鳩馱迦旃延 尼犍陀若提子等 是汝之師 因其出家 彼師所墮 汝亦隨墮 乃可取食

若須菩提 入諸邪見 不到彼岸 住於八難 不得無難 同於煩惱 離清淨法 汝得無諍三昧 一切衆生 亦得是定 其施汝者 不名福田 供養汝者 墮三惡道 爲與衆魔 共一手 作諸勞侶 汝與衆魔 及諸塵勞 等無有異 於一切衆生 而有怨心 謗諸佛 毀於法 不入衆數 終不滅度 汝若如是 乃可取食

時我世尊 聞此茫然 不識是何言 不知以何答 便置鉢 欲出其舍

維摩詰言 唯須菩提 取鉢勿懼 於意云何 如來所作化人 若以是事詰 寧有懼不

我言 不也 維摩詰言 一切諸法 如幻化相 汝今不應有所懼也 所以者何 一切言說 不離是相 至於智者 不著文字故 無所懼 何以故 文字性離無有文字 是則解脫 解脫相者 則諸法也

維摩詰說是法時 二百天子得法眼淨 故我不任詣彼問疾

평석

　수부티존자는 공을 아는데 으뜸[解空第一]인 제자이다. 법 설함을 듣되, 실로 설하고 들음 없음을 잘 아는 어진 이로 경전에 기술된다. 이분은 특히 『금강경(金剛經)』설법의 인연이 되는 슈라바카 현성으로, 『금강경』에서 여래의 법 설함의 대상이자 물음과 대답의 주인공으로 등장하는 현성이다.

　『아가마수트라[阿含經]』에서는 세존께서 도리하늘에서 어머니 마야부인을 위해 설법하고 이 사바에 돌아오시려는데 그가 도리하늘에서 오시는 세존을 뵈러가려다가 '무엇이 여래의 참 몸[如來眞身]인가'를 스스로 묻고, 바위 아래서 좌선한 제자로 기술되고 있다.

　『아가마수트라』에서, '우트팔라 꽃빛[蓮華色] 비구니'가 도리하늘에서 돌아오시는 세존을 먼저 뵙기 위해, 신통으로 샤크라하늘왕의 모습을 나타내 다른 대중보다 먼저 세존을 뵙자 세존께서는 그에게 말씀한다.

　'우트팔라비구니여, 그대는 여래의 몸을 먼저 보았지만 여래의 법신[如來法身]은 저 바위 아래 좌선하고 있는 수부티가 먼저 보았다.'

　이때 법신을 보았다함은 색신을 떠나 본 것인가, 색신 그대로 본 것인가, 보고 봄[見見]으로 본 것인가, 보되 보지 않은 것[見不見]인가, 보지 않고 본 것[不見見]인가, 봄도 아니고 보지 않음도 아님[不見不見]인가.

　'법신(法身)을 보았다'는 세존의 인정하심은, 보고 봄과 보지 않고 봄 등 모든 언구의 분별을 넘어선 것이니 살피고 살펴야 할 것이다.

　비말라키르티거사가 수부티존자에게 '밥에 평등해야 법에 평등하다'고 꾸중했으나, 이는 온갖 법의 차별이 공한 줄 잘 아는 수부티의 공덕을, 꾸중을 통해 드러냄이리라.

비말라키르티의 꾸중은 중생의 망집과 병을 깨뜨림이니, 어찌 있음에서 있음을 이미 벗어난 수부티의 바른 눈을 깨뜨림이겠는가.

『선문염송집』은 비말라키르티의 수부티에 대한 꾸중을 들어 다음같이 공안 법문(公案法門)을 제시한다.〔선문염송 63칙〕

비말라키르티가 수부티의 밥 빎〔乞食〕을 인해 존자에게 말했다.

바깥 길의 여섯 스승은 그대의 스승이라 그를 의지해 출가하였으니 저 스승이 떨어진 곳에 그대 또한 따라 떨어져야 밥을 받을 수 있습니다.14)

이 꾸중은 무엇을 보임인가. 바깥 길의 여러 삿된 견해가 허깨비처럼 공한 것이라 그 견해를 따라 들어가 삿됨에 물듦 없이 삿됨을 바름으로 돌이켜 내야, 참으로 공(空)을 아는 여래의 제자임을 이리 보임인가. 무진거사(無盡居士)는 이렇게 노래한다.

삿된 견해로 바깥 길 스승에게 귀의했으니
스승과 더불어 같이 떨어짐을 다시 어찌 의심하리요.
그대에게 파타라 가득 향그런 밥을 담아주노니
한낮이면 으레 배가 바로 고프기 때문이네.

邪見歸依外道師　與師同墮復何疑
憑君滿鉢盛香飯　午日亭亭腹正飢

비말라키르티가 수부티께 말했다.〔선문염송 64칙〕

---

14) 維摩因須菩提乞食 謂尊者曰 外道六師 是汝之師 因其出家 彼師所墮 汝亦
　　隨墮 乃可取食

그대에게 보시하는 자는 복밭[福田]이라 이름하지 못하고 그대에게 공양한 자는 세 악한 길에 떨어집니다. 그대에게 보시하는 자는 붇다를 비방하고 다르마를 허물며 상가의 수에 들 수 없고 끝내 니르바나를 얻지 못합니다.

그대가 만약 이와 같으면 밥을 받을 수 있습니다.

수부티가 이를 듣고 아득하여 답하지 못했다.15)

이는 복의 모습 취하는 것이 참된 복을 깨뜨리며, 붇다 다르마 상가의 거룩한 모습[聖相] 취하는 것이, 늘 머무는 삼보[常住三寶]의 진실 무너뜨림을 이리 보인 것인가.

'그대에게 보시하는 자는 복밭이라 하지 못하고 삼악도에 떨어진다'는 이 구절을 참된 보시는, 복에 복의 모습을 취하지 않고[不取福德相] 삼악도에 떨어져서 중생 건질 수 있어야 한다는 뜻으로 『무아소(無我疏)』는 다음 같이 풀이한다.

모습 없는 복밭은 이름에 이름할 수 없다. 곧 이는 깊이 죄와 복의 모습을 통달하면 시방 두루 비춤을 말한다. 삼악도에 떨어진 자가 보디를 이룰 수 있다는 것은 성품의 악 법문[性惡法門]을 증득하면 꼴을 세 악한 길에 드리워 중생을 교화해 이끎이다. 이와 같은 복을 참복[眞福]이라 하고 이와 같은 공양을 참된 공양[眞供]이라 이름한다.16)

죄와 복이 공한 줄 알아야 참된 세간의 복밭이 됨을 영가선사는 이렇게 노래한다.

---

15) 維摩謂須菩提曰 其施汝者 不名福田 供養汝者 墮三惡道 謗於佛 毀於法 不入衆數 終不得滅度 汝若如是 乃可取食 須菩提聞此 茫然不知答

16) 無相福田 名不可名 所謂深達罪福相 遍照於十方也 墮三惡道者 得成菩提 證性惡法門 垂形三途 化導衆生也 如是之福 名爲眞福 如是之供 名爲眞供

죄와 복이 본래 없고 손해 이익 없으니
적멸한 성품 가운데서 묻고 찾지 말지니라.
여태껏 때 낀 거울 닦아내지 못했더니
오늘에야 뚜렷이 분석하여 밝혀내네.

無罪福　無損益　寂滅性中莫問覓
比來塵鏡未曾磨　今日分明須剖析

보녕용(保寧勇) 선사는 이렇게 노래한다.

가도 없고 바탕 없으니 넘겨짚어 잼을 쉬라.
바닷물 가고 오되 본래 스스로 태평하네.
맑고 흐림 얕고 깊음과 짜고 싱거움에
한 가지 맛만은 아주 또렷이 분명하도다.

無邊無際休甚酌　潮去潮來本自平
淸濁淺深幷苦淡　一般滋味逈分明

대혜고(大慧杲) 선사는 노래한다.

홀로 앉았는데 뉘 알기를 허락하리.
푸른 산은 지는 해를 마주했네.
꽃은 반드시 밤을 이어 피어나니
새벽바람 불기를 기다리지 마라.

獨坐許誰知　靑山對落暉
花須連夜發　莫待曉風吹

세간법이 본래 공해 세간법의 움직이는 모습 밖에 취할 진여가 없으니 진여인 나고 사라짐에 실로 끊어짐이 없음을 이리 노래함이다. 죄와 복이 공한 줄 알아 성품의 악 법문을 통달했으니 지옥 불 가운데 연꽃 피워내는 참사람의 일이 어찌 다함이 있으리. 죽암규(竹菴珪) 선사는 다시 이렇게 노래했다.

숲에 들되 숲을 움직이지 않고
물에 들되 물결 일으키지 않네.
가마솥 끓는 물에 찬 기운 없으니
눈을 감고 황하를 뛰어넘으라.

入林不動草　入水不動波
鑊湯無冷處　合眼跳黃河

또 문자의 모습을 없애지 않고 문자가 해탈이라 한 뜻을 살펴보자. 문자가 곧 허깨비 같아 문자의 성품〔文字之性〕을 스스로 떠났으니 문자의 모습에 집착을 내지 않으면 곧 문자가 해탈의 모습이다. 허깨비인 줄 알면 곧 떠난다〔知幻卽離〕고 한 『원각경』의 뜻이 이 뜻이니, 문자 밖에서 가르침 밖에 따로 전한〔敎外別傳〕 소식을 찾는 것이 조사선(祖師禪)의 뜻을 어기는 것이고 여래의 뜻〔如來義〕을 저버리는 것이다.

'가르침 안에 참으로 전한 것〔敎內眞傳〕'이 '가르침 밖에 따로 전한 소식〔敎外別傳〕'이라고 한 옛사람의 말이 어찌 거짓일 것인가.

이제 학담도 한 노래를 더해 수부티와 비말라키르티의 한바탕 해탈의 놀이판 흥을 더하리라.

차별된 만 가지 법에서 본래 공함을 알면
평등한 성품 가운데서 함이 있음을 행하리.

삼보의 거룩한 모습을 탐착하지 않아야
삼보께 귀명하여 티끌세계를 받들게 되리.

差別萬法了本空　平等性中行有爲
三寶聖像不貪著　歸命三寶奉塵刹

뭇 수에 들지 않아야 비로소 상가를 보고
붇다를 집착해 붇다 구하지 않고 다르마 집착 않으며
앞과 뒤의 셋 셋에서 어울려 합함을 떠나야
마른 똥막대기 가운데서도 붇다의 일 지으리.

不入衆數始見僧　不著佛求不著法
前後三三離和合　乾屎橛中作佛事

5. 푸르나(Pūrṇa) 존자

붇다께서 푸르나마이트레야니푸트라(Pūrṇá-maitrāyaṇī-putra)에게 말씀하시었다.

"그대가 비말라키르티에게 가 병문안 하라."

"세존이시여, 저는 그에게 가 병문안 할 수 없습니다. 왜냐하면 제가 옛날 큰 숲 가운데 한 나무아래서 여러 새로 배우는 비구들을 위해 설법한 일을 기억하기 때문입니다. 그때 비말라키르티가 저에게 와 말했습니다.

'저 푸르나시여, 먼저 선정에 들어 이 사람들의 마음을 살핀 뒤에 설법해야하니 더러운 먹을거리〔穢食〕를 보배그릇에 담지 마십시오. 이 비구들이 마음으로 생각하는 것을 알아 유리를 수정과 같다고 여김이 없어야 합니다. 그대가 중생의 근원을 알지 못해 히나야나의 법〔小乘法〕 일으킴이 없도록 해야 하니 저들 스스로 부스럼이 없는데 이를 다치게 하지 마십시오.

큰 길을 가고자 하면 작은 길을 보이지 마십시오. 큰 바다를 소 발자국에 넣지 마시고 햇빛을 저 반딧불과 같다하지 마십시오. 푸르나시여, 이 비구들은 오래 마하야나(mahayāna)의 마음을 일으켰으나 그 가운데 이 뜻을 잊은 것이니 어떻게 히나야나(hinayāna)의 법으로 이들을 가르쳐 이끌겠습니까. 제가 살피니 작은 실천의 수레〔小乘〕 지혜는 작고 얕아, 마치 눈먼 사람이 온갖 중생 근기의 날카로움과 무딤을 분별하지 못함과 같습니다.'

그때 비말라키르티가 곧 사마디에 들어가 이 비구들이 스스로 오랜 목숨〔宿命〕을 알게 하니 그들은 일찍이 오백 붇다의 처소에서 뭇 덕의 바탕을 심어, 아누타라삼먁삼보디에 회향하였습니다. 곧 그때 툭 트여 열려 본마음〔本心〕을 도로 얻었습니다.

이에 모든 비구들은 비말라키르티의 발에 머리 숙여 절하자 그때 비말라키르티가 그로 인해 설법하여 아누타라삼먁삼보디에서 다시 물러나 돌이키지 않게 되었습니다〔不復退轉〕.

저는 슈라바카의 치우친 수행자는 사람의 근기를 살피지 못하므로 설법하지 않아야 한다고 생각했습니다. 이러므로 저는 그에게 가 병문안 할 수 없습니다."

佛告富樓那彌多羅尼子 汝行詣維摩詰問疾 富樓那白佛言 世尊 我不堪任詣彼問疾 所以者何 憶念我昔於大林中在一樹下 爲諸新學比丘說法 時維摩詰 來謂我言

唯富樓那 先當入定 觀此人心 然後說法 無以穢食 置於寶器 當知是比丘心之所念 無以琉璃 同彼水精 汝不能知衆生根源 無得發起以小乘法 彼自無瘡 勿傷之也

欲行大道 莫示小徑 無以大海 內於牛跡 無以日光 等彼螢火

富樓那 此比丘久發大乘心 中忘此意 如何以小乘法 而教導之 我觀小乘智慧微淺 猶如盲人 不能分別一切衆生根之利鈍

時維摩詰 卽入三昧 令此比丘自識宿命 曾於五百佛所 植衆德本 廻向阿耨多羅三藐三菩提 卽時豁然 還得本心

於是諸比丘 稽首禮維摩詰足 時維摩詰 因爲說法 於阿耨多羅三藐三菩提不復退轉 我念聲聞 不觀人根 不應說法 是故不任詣彼問疾

평석

푸루나는 설법으로 으뜸가는 제자이다. 설법은 진리인 지혜의 마음으로 설하되 설함 없어야 법 설함이라 말한다. 그러므로 말함에 말이 없어

야 참 설법이고, 모든 법이 공한 여래의 방[如來室]에 들어가 여래의 자리
[如來座]에 앉을 수 있어야 설법이며, 중생의 근기와 그에 맞음을 알아야
설법이다. 언어의 차별에 달라지지 않는 진리의 한맛[一味]을 알고, 중생
근기와 알맞음[隨宜]을 살피는 방편(方便)이 있어야 설법이다.

그러므로 비말라키르티는 '더러운 음식을 보배그릇에 담아서는 안 된
다'고 말하고 '중생이 이미 니르바나 되어 있는데 끊어야 할 번뇌를 말
하지 말라'고 깨우친다.

푸르나가 이미 설법제일이라 여래의 인가를 받았다면 그가 어찌 말
에 말없음을 모르고 '법 설하는 자 가운데 그대가 으뜸'이라 칭찬받았을
것이며, 듣되 들음 없음[無聞]으로 많이 들음[多聞]을 갖추지 않고, 법
을 잘 설하는 자[善說]가 되었을 것인가.

비말라키르티의 꾸중을 빌어 '마하야나의 크고 넓은 길'을 열어 보인
것이니 막힘없이 툭 트인 마하야나의 길을 비좁아 답답한 길에 가두지
말고, 큰 바다를 소 발자국에 넣지 말아야 할 것이다.

영가선사는 『증도가』에서 다음 같이 노래한다.

해를 차게 하고 달을 뜨겁게 한다 해도
뭇 마라가 참된 말씀 깨뜨릴 수 없어라.
코끼리가 수레 끌고 당당히 길에 나아가는데
범아재비 수레 막음 뉘라서 볼 것인가.

日可冷　月可熱　衆魔不能壞眞說
象駕崢嶸漫進途　誰見螳螂能拒轍

큰 코끼리는 토끼의 길에 노닐지 않고
큰 깨침은 작은 마디에 매이지 않네.
대통 같은 소견으로 푸른 하늘 비방하지 말라.
아직 못 깨침에 내가 지금 그대 위해 밝히노라.

大象不遊於兔徑　大悟不拘於小節
莫將管見謗蒼蒼　未了吾今爲君決

성품이 삿되고 앎을 그릇되게 하여
여래의 두렷이 단박 행하는 법 알지 못했네.
두 수레는 정진해도 도의 마음이 없고
바깥 길은 알음알이 밝지만 지혜가 없네.

種性邪　錯知解　不達如來圓頓制
二乘精進勿道心　外道聰明無智慧

학담도 옛 조사의 뜻을 받아, 푸르나 존자가 허물을 보여 크게 드러
낸, 마하야나 설법(說法)의 뜻을 말해 보이리라.

법의 진실을 깨달아 진리의 한맛 의지해
맞음 따르고 기틀 응해 말함 없이 말하면
이것이 곧 참된 설법이라 이름하니
넓은 문 보여 나타내 큰 자비 행함이네.

了法眞實依一味　隨宜應機無說說
是卽名爲眞說法　普門示現行大悲

마하야나는 작은 길에 매이지 않고
큰 깨침은 대쪽 같은 견해에 걸리지 않네.
푸른 하늘의 길은 드넓어 막혀 걸림 없으며
만으로 겹친 천산에는 한 길이 통하였네.

大乘不拘於小路　大悟不礙於管見
蒼天路闊無障礙　萬重千山一路通

6. 마하카챠야나(Mahā-kātyāyana) 존자

붇다께서 마하카챠야나에게 말씀하시었다.

"그대가 비말라키르티에게 가서 병문안 하라."

카차야나가 붇다께 말씀드렸다.

"세존이시여, 저는 그에게 가서 병문안 할 수 없습니다. 왜냐하면 제가 옛날 일을 기억하기 때문입니다. 붇다께서 여러 비구들을 위해 법의 요점 간략히 설하시고 제가 곧 그 뒤에 그 뜻을 펴서 연설하였으니 곧 덧없음의 뜻〔無常義〕, 괴로움의 뜻〔苦義〕, 공의 뜻〔空義〕, 나 없음의 뜻〔無我義〕, 고요히 사라짐의 뜻〔寂滅義〕을 말합니다.

그때 비말라키르티가 저에게 와서 말했습니다.

'저 카차야나시여, 나고 사라지는 마음의 지어감〔生滅心行〕으로 실상의 법〔實相法〕을 말해서는 안 됩니다. 카차야나시여, 모든 법은 마쳐 다해 나지 않고 사라지지 않으니 이것이 덧없음의 뜻〔無常義〕이고, 다섯 받는 쌓임〔五受陰〕이 통달하여 공해 일어나는 바 없음〔無所起〕이 괴로움의 뜻〔苦義〕입니다. 모든 법이 끝내 다해 있는 바 없음이 공의 뜻〔空義〕이고, 나와 나 없음〔我無我〕에서 둘이 아님이 나 없음의 뜻〔無我義〕이고, 법이 본래 그렇지 않아〔法本不然〕 지금은 곧 사라짐 없음이 고요히 사라짐의 뜻〔寂滅義〕입니다.'

이 법을 설할 때 저 여러 비구들이 마음에 해탈을 얻었습니다. 그러므로 저는 그에게 가서 병문안 할 수 없습니다."

佛告摩訶迦旃延 汝行詣維摩詰問疾 迦旃延白佛言 世尊 我不堪任詣彼問

疾 所以者何 憶念昔者 佛爲諸比丘 略說法要 我卽於後 敷演其義 謂無常
義 苦義 空義 無我義 寂滅義

時維摩詰 來謂我言 唯迦旃延 無以生滅心行說實相法 迦旃延 諸法畢竟
不生不滅 是無常義 五受陰洞達 空無所起 是苦義 諸法究竟無所有 是空
義 於我無我而不二 是無我義 法本不然 今則無滅 是寂滅義

說是法時 彼諸比丘 心得解脫 故我不任詣彼問疾

평석

마하카챠야나는 붇다의 슈라바카의 제자 가운데 논의(論議, upadeśa)
에 으뜸인 제자이다. 논의란 붇다의 가르침에서 큰 뜻의 돌아감〔旨歸〕
을 알지 못한 이들에게 집착을 따라 말〔言〕과 뜻〔義〕을 세워 가르침의
바른 길을 알도록 함이다. 그러므로 듣는 자가 큰 뜻에 돌아가려면 말
을 통해 말을 잊고〔忘言〕 뜻을 통해 뜻을 잊어야〔忘意〕 한다.

여래께서는 다섯 쌓임〔五蘊〕이 어울려 일어난 세간법의 있음〔世間
有〕을 즐겁다고 집착하는 중생을 위해, 연기로 있는 것〔緣起有〕에의
집착이 괴로움임〔苦〕을 가르친다. 그러나 연기로 있는 것은 있되 공하
여 즐겁다고 집착할 것이 없지만 괴롭다고 버릴 것이 없다. 몸〔身〕과
세간법에서 즐겁다는 집착을 떠나면, 괴로움과 즐거움, 괴롭지도 않
고 즐겁지도 않음〔苦, 樂, 不苦不樂〕을 모두 떠난 참 즐거움〔眞樂〕이 현
전한다.

인연으로 있는 세간법의 있음〔緣起有〕을 실로 있다〔實有〕고 말함으로
공하다〔空〕 하였지만, 있음이 있음 아니면〔有非有〕 공에 공이라 할 것
이 없으니 인연으로 있음〔因緣有〕에서 실로 있음과 실로 공함을 모두
떠나면 연기 중도(緣起中道)의 실상에 돌아갈 수 있다.

인연으로 있는 나[我]에서 실로 있는 나[實我]를 집착하므로 여래는 나 없음[無我]을 설하셨으나 나[我]에 나 없으면[無我] 나 없음에 집착할 나 없음도 없으니[無無我], 나에 나도 없고 나 없음도 없으면[無我無無我] 참나[眞我]를 실현할 수 있다.

연기로 나고 사라지는[緣起生滅] 세간법은, 나되 남이 없고 사라지되 사라짐이 없으나 남이 없이 나고, 사라짐 없이 사라진다. 곧 연기로 있는 모든 법[諸法]은 있되 공하여 늘 머묾[常住]도 없고 나고 사라짐[起滅]도 없다. 중생이 법의 늘 머묾을 집착하면 덧없음[無常]을 가르치고, 실로 생겨나 덧없이 사라짐을 집착하면 늘 머묾[常住]을 가르친다.

그러나 항상함에 항상함이 없으면 덧없음에 덧없음이 없으니 법에서 항상함과 덧없음[常無常]의 집착을 모두 떠나면 참된 항상함[眞常]에 돌아갈 수 있다. 항상함과 덧없음 두 가의 치우침[二邊]을 모두 떠나면 끊어짐[斷]과 늘 있음[常]을 떠나, 법의 진실에 나아가 중도실상(中道實相)에 돌아갈 수 있다.

그러므로 덧없음의 뜻[無常義]을 유계존자는 다음 같이 말한다.

여래께서 모든 법이 덧없음을 말한 것은 바로 범부가 나고 사라지는 덧없음[生滅之無常]을 집착하여 항상함 삼는 것을 없애려고 한 것이다. 이것이 곧 덧없음이니 나고 사라지는 것의 항상함이 없음이다[無生滅之常也]. 나고 사라짐이 항상하다는 뜻의 집착[生滅常之情執]이 참으로 없어지면 곧 모든 법의 마쳐 다해 나지 않고 사라지지 않는 바탕[不生不滅之體]이 나타나니, 이것이 여래께서 덧없음을 설한 뜻이다.

그것이 여기에 있으니 그것을 나고 사라지는 마음의 지어감[生滅心行]으로 말할 수 있겠는가.17)

유계존자는 괴로움의 뜻〔苦義〕을 다음 같이 풀이한다.

'여래께서 다섯 받는 쌓임〔五受陰〕이 괴로움이라 설하시는 것은 범부가 다섯 받는 쌓임〔五受陰〕의 괴로움을 집착하여, 받아쓰는 즐거움이 있게 됨〔有受用之樂〕을 없애려 한 것이다. 이것이 곧 괴로움의 뜻이니 괴롭다는 것은 다섯 쌓임에 범부의 즐길만한 즐거움〔無樂之樂〕이 없으며, 다섯 받는 쌓임〔五受陰〕이 공하여 일어나는 바 없음을, 통달한 즐거움이 없지 않음을 보인 것이다.
  대저 괴로움의 병이 이미 없어지면 곧 참된 항상함과 즐거움, 나와 깨끗함〔常樂我淨〕, 이 네 덕의 즐거움의 바탕〔四德之樂體〕이 드러나니 어찌 범부의 괴로움의 뜻〔凡夫之苦義〕이 성인의 즐거움의 뜻〔聖人之樂義〕이 되지 않겠는가.'18)

공의 뜻〔空義〕을 유계존자는 다음과 같이 풀이한다.

'모든 붇다께서 공한 법〔空法〕을 설하시는 것은 있음〔有〕에 집착하는 것을 건네주기 위함이다. 두 작은 수레는 비록 있음〔有〕을 깨뜨리나 또 다시 공(空)을 집착한다. 그러니 다만 있음이 본래 공하기만〔有本空〕 한 것이 아니라 이 공함도 또한 다시 공한 것이다. 공함과 있음 둘이 모두 공하면〔空有二俱空〕 이를 중도의 뜻〔中道義〕이라 이름한다.
  중도의 바탕〔中道體〕도 또한 공하니 이것이 마쳐 다함도 공함

17) 如來說諸法無常者 正欲祛凡夫執生滅之無常以爲常 是則無常者無生滅之常也 生滅常之情執苟除 則諸法畢竟不生不滅之體現 此如來說無常義 其在於是 其可以生滅心行而說之哉
18) 如來說五受陰是苦者 亦欲祛凡夫執五受陰之苦而爲有受用之樂 是則苦義者 示五受陰無凡夫無樂之樂 而不無五受陰洞達空無所起之樂
  夫苦病旣除 則四德之樂體現 豈不凡夫之苦義爲聖人之樂義哉

〔畢竟空〕이라 한다. 마쳐 다함도 공함 가운데 어찌 일찍이 모든 법을 없게 하겠는가. 이 모든 법의 공함을 모든 법의 실상〔諸法實相〕이라 이름한다. 이렇게 여래께서 공을 말씀하심 이것이 참된 공의 뜻〔眞空義〕이다.'19)

유계존자는 나 없음의 뜻〔無我義〕을 이렇게 말한다.

나〔我〕란 여래께서 증득한 참나〔眞我〕이고, 나 없음〔無我〕이란 범부가 나 집착한 것〔著我〕이 없음이다. 이는 곧 이 나〔我〕가 곧 나 없음〔我卽無我〕이라 나 없음이 참나이니 어찌 히나야나〔小乘〕의 나 깨뜨림〔破我〕과 바깥 길의 나 잊음〔忘我〕이 이에 미칠 수 있겠는가.20)

참된 고요히 사라짐의 뜻〔眞寂滅義〕을 경은 '법이 본래 그렇지 않아서〔不然〕지금 곧 사라짐이 없으니〔今則無滅〕이것이 곧 고요히 사라짐의 뜻이다'라고 한다.
승조법사는 이 참된 적멸의 뜻〔眞寂滅義〕을 다시 이렇게 말한다.

'히나야나의 작은 수레는 삼계가 불타듯 하므로 이를 없애 함이 없음〔無爲〕을 구한다. 대저 불타듯 함이 이미 꼴이 되므로 사라진다는 것은 남〔生〕 때문에 이름한 것이다. 마하야나(mahayana)의 살피는 법은 본래 스스로 그렇지 않으니〔本自不然〕지금 어떤 것이 사라지겠는가. 그렇지 않아서〔不然〕사라지지 않으니〔不滅〕,

---

19) 諸佛說空法 爲度著於有 二乘雖破有 又復著於空 非獨有本空 此空亦復空 空有二俱空 是名中道義 中道體亦空 是爲畢竟空 於畢竟空中 何嘗無諸法 而此諸法空 名諸法實相 如來說於空 是此眞空義
20) 我者 如來所證之眞我也 無我者 無凡夫之著我也 是則此我卽無我 無我乃 眞我 豈小乘之破我 外道之忘我 可跂及哉

참된 고요히 사라짐〔眞寂滅〕이다.'21)

남이 있어서 사라짐이 있는 것이니 남이 남 아님을 알면 사라짐이
어찌 실로 사라짐이 되겠는가. 나지 않고 사라지지 않음이 참된 적멸의
뜻이 된다. 이와 같이 여래의 가르침은, 집착이 있으면 말과 뜻을 세워
집착을 없애는 것이니 잘 논의(論議)하는 자는 말과 뜻을 세워서 법을
가르치되 말과 뜻을 넘어서서 바른 실상(實相)을 열어낸다.
　영가선사의 『증도가(證道歌)』는 집착 때문에 세운 말과 뜻을 새롭게
집착하는 허물을 다음 같이 깨우친다.

　나도 일찍 젊은 때에 배우고 물음을 쌓아서
　또한 일찍이 주석을 말하고 경론을 찾았네.
　이름과 모습 분별하여 쉴 줄을 몰랐으니
　바다에 들어 모래 세듯 부질없이 피곤했네.

　吾早年來積學問　亦曾討疏尋經論
　分別名相不知休　入海算沙徒自困

　여래의 쓰린 꾸중 문득 들어 받게 되니
　남의 보배 세는 것이 무슨 이익 있을 건가.
　지금껏 비칠대며 헛되게 행해 옴을 깨치니
　여러 해 바람티끌 속 그릇 나그네가 되었어라.

　却被如來苦呵責　數他珍寶有何益
　從來蹭蹬覺虛行　多年枉作風塵客

---

21) 肇公曰 小乘以三界熾然 故滅之以求無爲 夫熾然旣形 故滅名以生 大乘觀
　法 本自不然 今何所滅 不然不滅 乃眞寂滅也

또한 어리석고 또한 어린 아이처럼 어두우니
빈주먹 손가락 위에 실다운 앎을 내네.
손가락을 달로 집착하여 그릇 공을 베푸니
아는 뿌리 경계 가운데 헛되이 괴이함 짓네.

亦愚癡　亦小駭　空拳指上生實解
執指爲月枉施功　根境塵中虛捏怪

학담도 한 노래로 카차야나존자의 논의의 방편과 비말라키르티장자
보디사트바의 참 설법의 뜻을 기리리라.

여래의 여러 말씀은 망상을 깨기 위함이라
만약 모든 견해 없으면 무엇을 말하리.
비록 그러나 불난 집에 사람이 아우성치면
휘날리는 여러 말들로 중생 건네도다.

如來諸說爲破妄　若無諸見如何說
雖然火宅人叫喚　紛紛諸說度諸衆

붇다와 조사의 말씀 많아도 거북털 같아
허공 가운데 가득해도 잡을 수 없어라.
이와 같이 문자의 모습 바로 살피면
문자가 성품을 떠나 문자가 곧 해탈이네.

佛祖說多如龜毛　滿虛空中沒可把
如是正觀文字相　文字性離卽解脫

7. 아니룻다(Aniruddha) 존자

붇다께서 아니룻다에게 말씀하시었다.

"그대가 비말라키르티에게 가서 병문안 하라."

아니룻다가 붇다께 말씀드렸다.

"세존이시여, 저는 그에게 가서 병문안 할 수 없습니다. 왜냐하면 제가 옛날 한 곳에서 거닐어 다니던 일을 기억하기 때문입니다. 그때 브라흐마하늘왕이 있었는데 이름을 '꾸밈이 깨끗한 이〔嚴淨〕'라 하였습니다. 일만 브라흐마와 함께 하였는데 깨끗하고 밝은 빛을 놓으며 제가 있는 곳에 와, 머리 숙여 절하며〔稽首作禮〕 이렇게 물어 말했습니다.

'아니룻다의 하늘눈〔天眼〕이 보는 바는 어디까지 입니까?'

제가 곧 답했습니다.

'어진이여, 저는 이 샤카무니 붇다의 땅 '삼천의 큰 천세계〔三千大千世界〕' 보는 것을 손바닥 안의 암라(Āmra)나무 열매 보듯이 합니다.'

그때 비말라키르티가 저에게 와 이렇게 말했습니다.

'저 아니룻다시여, 하늘눈이 보는 바는 모습 지음이 됩니까, 모습 지음이 없습니까? 가령 모습 지음이라면 바깥길의 다섯 신통〔外道五通〕과 같을 것이요, 만약 모습 지음이 없다면 곧 이는 함 없음〔無爲〕이니 봄이 있지 않아야 할 것입니다.'

세존이시여, 그때 저는 말할 수 없었습니다. 저 모든 브라흐마하늘왕들이 그 말을 듣고 일찍이 있지 않음〔未曾有〕을 얻고 곧 절하고 이렇게 물었습니다.

'세간에 누가 참된 하늘눈〔眞天眼〕이 있는 분입니까?'

비말라키르티가 말했습니다.

'붇다 세존만이 참된 하늘눈〔眞天眼〕을 얻어 늘 사마디에 계시며〔常在三昧〕 모든 붇다의 나라를 보시되 두 모습으로 하지 않으십니다.'

이에 '꾸밈이 깨끗한 브라흐마하늘왕〔嚴淨梵王〕'과 그 붙이들 오백 브라흐마하늘이 다 아누타라삼보디의 마음을 내고 비말라키르티의 발에 절하고 홀연히 나타나지 않았습니다.

그러므로 저는 그에게 가서 병문안 할 수 없습니다."

佛告阿那律 汝行詣維摩詰問疾 阿那律白佛言 世尊 我不堪任詣彼問疾
所以者何 憶念我昔於一處經行 時有梵王 名曰嚴淨 與萬梵俱 放淨光明
來詣我所 稽首作禮 問我言 幾何阿那律天眼所見

我卽答言 仁者 吾見此釋迦牟尼佛土 三千大千世界 如觀掌中庵摩勒果

時維摩詰來謂我言 唯阿那律 天眼所見 爲作相耶 無作相耶 假使作相 則
與外道五通等 若無作相 卽是無爲不應有見

世尊 我時默然 彼諸梵聞其言 得未曾有 卽爲作禮而問曰 世孰有眞天眼者
維摩詰言 有佛世尊得眞天眼 常在三昧悉見諸佛國不以二相

於是嚴淨梵王及其眷屬五百梵天 皆發阿耨多羅三藐三菩提心 禮維摩詰足
已忽然不現 故我不任詣彼問疾

평석

아니룻다 존자는 여래의 열 큰 제자 가운데 하늘눈〔天眼〕으로 으뜸가는 제자이다. 아니룻다는 좌선하는 가운데 졸다 여래께 꾸중을 듣고 아예 잠자지 않고 공부하다 눈에 병이 들어 육신의 눈〔肉眼〕이 멀었지만 하늘눈〔天眼〕을 얻은 제자이다.

아니룻다 존자는 『아가마수트라』에서 늘 몸과 느낌, 마음과 법〔身·

受·心·法〕이 네 곳〔四處〕을 살피는 바 경계〔所觀境〕로 삼아 선정을 닦으며, 처음 배우는 이들이 선정을 물으면 '네 곳 살핌의 법〔四念處法〕'을 잘 알아 이끌어주는 슈라바카 현성으로 기술된다.

브라흐마하늘왕과 만나 아니룻다의 하늘눈이 브라흐마하늘왕의 하늘눈과 다름없음을 묻고 답했지만, 참된 하늘눈은 여래 세존만이 열었다는 비말라키르티의 말은 무엇을 보이는가.

범부의 몸의 눈〔肉眼〕은 장애 안에 있는 것만 볼 수 있으나 하늘눈〔天眼〕은 장애 밖까지 볼 수 있다. 그러나 비말라키르티의 깨우침처럼 모습을 짓는다면 이는 바깥 길의 신통의 눈과 같을 것이다. 몸의 눈과 하늘눈의 봄에 짓는 모습이 없어서, 보되 봄이 없어야〔見無見〕 지혜의 눈〔慧眼〕이 되고, 봄이 없되 봄 없음도 없어〔無見而無無見〕 보지 않되 보아야 법의 눈〔法眼〕이 된다. 보되 봄 없음〔見而無見〕과, 봄이 없이 봄〔無見而見〕의 치우침을 모두 벗어나 둘이 없어야 붇다의 눈〔佛眼〕이라 하고 중도의 눈〔中道眼〕이라 한다.

붇다의 눈은 봄〔見〕에, 봄과 보지 않음이 모두 없으므로 모습으로 한정할 수 없는 봄이다. 그러나 삼천의 큰 세계를 보는 하늘눈〔天眼〕은 비록 멀리 장애 밖을 보는 신통의 눈이지만 그 봄에 한정이 있고 끝이 있는 봄이다.

이 붇다의 한정할 길 없는 참된 하늘눈〔眞天眼〕은 몸의 눈을 떠나 따로 있는 신묘한 눈이 아니다. 그 눈은 몸의 눈〔肉眼〕의 봄에 봄이 없고 보는 바에 보는 바 모습이 없어, 있음과 없음을 모두 뛰어난 눈이므로 몸의 눈 밖에 따로 구하는 눈이 아니다.

영가선사의 『증도가』는 붇다의 눈이 참된 하늘눈이 되는 까닭을 다음 같이 노래한다.

한 법도 보지 않음 곧바로 여래이니

바야흐로 살핌이 자재하다 이름하네.
깨치면 업의 장애 본래 공하고
못 깨치면 반드시 묵은 빚을 갚게 되리.

不見一法卽如來　方得名爲觀自在
了卽業障本來空　未了還須償夙債

다섯 눈을 깨끗이 하고 다섯 힘 얻음은
깨쳐야 알 수 있지 헤아리기 어려워라.
거울 속 꼴을 보는 것은 어렵지 않으나
물 가운데 달을 잡으려면 어찌 잡을 수 있으리.

淨五眼　得五力　唯證乃知難可測
鏡裏看形見不難　水中捉月爭拈得

마음 거울 환히 밝아 그 비침 걸림 없으니
사무친 빛 툭 트여 온누리 두루하네.
만 가지 것 펼쳐짐의 그림자 그 가운데 드러나니
한 알의 구슬 두렷이 밝아 안과 밖이 아니로다.

心鏡明　鑑無碍　廓然瑩徹周沙界
萬象森羅影現中　一顆圓明非內外

이제 다시 옛 조사의 공안 법문을 통해 가림과 가림 없음, 봄과 보지 않음에 걸림 없는 참 지혜의 눈을 살펴보자.〔『선문염송』 907칙〕

용아선사(龍牙禪師)에게 어떤 승려가 보자선사(報慈禪師)가 선사의 진영〔師眞〕 찬하는 다음 게송을 말했다.

해는 솟구쳐 산에 이었고

달은 둥글어 창에 비치네.
몸 없는 것이 아니지만
온전히 드러내려 않네.

日出連山　月圓當戶
不是無身　不欲全露

그러고는 용아선사에게 물었다.
'온전히 드러내 주시길 바랍니다.'
선사가 휘장을 활짝 펼치며 말했다.
'보았는가.'
'보지 못했습니다.'
선사가 말했다.
'눈을 가져오라.'
〔다른 한 본에서는 '눈을 가져오지 않았구나'라고 한다.〕

뒤에 보자(報慈)가 들어 보임을 듣고 말했다.
'용아가 겨우 하나의 반만 얻었구나.'[22]

대각 연(大覺璉) 선사가 노래했다

왼쪽의 해 오른쪽 달이
밤낮을 돌고 돎이여,
모두 다 사무치지 못하네.
수메루산이여, 홀로 솟아 높고 높으니,
흐릿한 이 그 누가 둥지와 굴 알건가.

---

22) 龍牙因僧擧報慈 贊師眞偈云 日出連山 月圓當戶 不是無身 不欲全露 問云
請師全露 師撥開帳子云 還見麽 僧云不見 師云將眼來(一本云不將眼來) 後
報慈聞擧云 龍牙只得一半

다르고 다름이여,
아수라가 성을 내 주먹 휘두르니
해와 달 허공에 빠지고
수메루는 꺾여 부러지네.
어두움이 끝없이 펼침이여 이 때와 철은
봄꽃이 피어남이여 이월 삼월이로다.

左日右月 晝夜循環兮 俱不徹
妙高兮獨聳巍巍 朦朧詎知巢穴
別別脩羅才怒揮拳 兩曜淪空兮須彌也折
黑漫漫兮底時節 春花開兮二月三月

정엄수(淨嚴邃)선사가 노래했다.

원래부터 두루한 세계가 온몸인데
어찌 꼭 휘장 거둬 비로소 볼 것인가.
얼굴 위 부끄러운 빛 없음을 알려는가.
대개 마음 가운데 사람 저버리지 않기 때문이리.

從來遍界是全身　何必褰幃始見親
要知面上無慚色　蓋爲心中不負人

　어찌 눈앞을 가리는 장막을 치운다고 사물이 자신의 진실을 다 드러
내 보일 것인가. 오히려 앎에 앎이 있어[於知有知] 보는 바에 볼 것을
두어 사물이 온몸을 드러내지 못함이 아닌가. 용아선사가 가져오라는
눈이 곧 보되 봄이 없는 지혜의 눈을 말함이리라. 저 낮과 밤을 비추는
해와 달이 하늘을 돌고 돌아 비춘다 한들, 비춤이 있고[能照] 비추는
바[所照] 있으면 그 밝음이 어찌 감추어진 진실을 다 드러낼 것인가.
　도리어 해와 달이 의지하고 있는 수메루산마저 무너져 캄캄하고 캄

캄해야 참으로 어두워지지 않는 참 밝음이 드러나 봄날 피어나는 환한 꽃소식을 보고 마음속 그 사람까지 등지지 않으리라.

그 사람은 누구인가. 보되 한 법도 보지 않는 그 사람이 이월 삼월 봄꽃 피어나는 환한 봄소식 온전히 보리라.

범부승 학담도 옛 조사의 뜻을 이어 한 노래로 장애에 가리지 않는 여래의 참된 눈을 기려보리라.

휘장을 연다고 어찌 눈에 막힘없으리.
해와 달이 쉬지 않아도 아직 밝음 아니고
비춤과 비추는 바에 함과 하여짐이 없고
수메루산 꺾어져야 비로소 밝음이리.

開帳如何眼無障　日月不撤未是明
照與所照能所亡　妙高山折始是明

몸의 눈은 빛깔 보되 장애 안에 그치고
하늘눈의 빛깔 봄은 장애 밖에 미치네.
지혜눈은 빛깔 보되 봄에 봄이 없고
법의 눈은 보지 않고 빛깔을 보도다.

肉眼見色止障內　天眼見色及障外
慧眼見色見無見　法眼不見而見色

중도인 붇다의 눈은 있음과 없음 벗어나
한 빛깔 한 냄새도 중도 아님이 없네.
모든 붇다의 하늘눈이 가장 빼어남이여
붇다의 땅 널리 다 보되 늘 사마디이네.

中道佛眼出有無　一色一香無非中
諸佛天眼最殊勝　悉見佛土常三昧

8. 우팔리(Upāli) 존자

붇다께서 우팔리에게 말씀하시었다.

"그대가 비말라키르티에게 가서 병문안 하라."

우팔리가 붇다께 말씀드렸다.

"세존이시여, 저는 그에게 가서 병문안 할 수 없습니다. 왜냐하면 저는 옛날 두 비구가 비나야의 행〔律行〕을 범하고 부끄럽게 여기고도 붇다께 여쭐 수 없으므로 저에게 와서 물은 일을 기억하기 때문입니다. 비구들은 말했습니다.

'저 우팔리시여, 저희들은 비나야(vinaya: 律)를 범하여 참으로 부끄럽게 여기지만 붇다께 여쭈지 못합니다. 의심과 뉘우침을 풀어 이 죄의 허물 벗어나게 해주시길 바랍니다.'

저는 곧 그들을 위해 비나야의 법대로 해설해 주었습니다. 그때 비말라키르티가 저에게 와서 이렇게 말했습니다.

'저 우팔리시여, 이 두 비구의 죄를 무겁게 늘리지 마시고 곧장 바로 없애게 해 그 마음을 시끄럽게 하지 마십시오. 왜 그런가요. 저 죄의 성품은 안에 있지 않고 밖에 있지 않으며 가운데 사이에도 있지 않습니다. 붇다께서 말씀하신 바와 같이 마음이 물들므로 중생이 물들며 마음이 깨끗하므로 중생이 깨끗한 것입니다.

마음 또한 안에 있지 않고 밖에 있지 않으며 가운데 사이에 있지 않으니 마음이 그러함 같이〔如心其然〕 죄의 허물도 그러하며 모든 법도 또한 그러하여〔諸法亦然〕 한결같음〔如〕을 떠나지 않습니다.

저 우팔리시여, 마음의 모습〔心相〕으로 해탈을 얻을 때 허물이
있겠습니까.'

제가 말했습니다. '없습니다.'

그러자 비말라키르티는 말했습니다.

'온갖 중생의 마음의 모습이 때 없는 것도 또한 다시 이와 같습
니다. 저 우팔리시여, 망상(妄想)이 이 때〔垢〕이니, 망상이 없으
면 깨끗함인 것입니다. 뒤바뀜〔轉倒〕이 때이니, 뒤바뀜이 없는
것이 깨끗함인 것입니다. 나를 취하는 것〔取我〕이 때이니, 나를
취하지 않는 것이 깨끗함인 것입니다.

우팔리시여, 온갖 법이 나고 사라져 머물지 않는 것〔一切法生滅
不住〕23)이 허깨비 같고 번갯불 같으며, 모든 법은 서로 기다리
지 않으며〔不相待〕 나아가 한 생각도 머물지 않습니다. 모든 법
은 다 망상으로 봄〔妄見〕이라 꿈같고 불꽃같으며 물 가운데 달
〔水中月〕 같고 거울 가운데 모습〔鏡中像〕 같으니 망상으로 나는
것입니다.

그가 이렇게 알면 이를 '비나야를 받듦〔奉律〕'이라 이름하고 그
가 이렇게 알면 이를 '비나야를 잘 앎〔善解〕'이라 이름하는 것입
니다.'

이에 두 비구가 말했습니다.

'높은 지혜이십니다. 이는 우팔리께서 미칠 수 있는 바가 아니
며, '비나야 지니는 이 가운데 높은 사람〔持律之上〕'도 말할 수 없

---

23) 온갖 법이 머물지 않음〔一切法不住〕: 온갖 법은 나고 사라져 머물지 않
으나 온갖 법이 연기로 남〔緣起生〕은 남이 없고, 연기로 사라짐〔緣起滅〕
은 사라짐이 없으니 나고 사라짐〔生滅〕과 남이 없고 사라짐 없음〔無生無
滅〕에 두 법이 없어야 중도의 실상이 된다.

는 것입니다.'

저는 곧 답해 말했습니다.

'스스로 붇다를 내놓고는 슈라바카나 보디사트바로서 그의 즐겁게 말함을 누를 수 있는 이가 있지 않으니 그 지혜의 밝게 통달함이 이와 같습니다.'

이때 두 비구는 의심과 뉘우침이 곧 없어져 아누타라삼먁삼보디의 마음을 내고서 이렇게 서원하여 말했습니다.

'온갖 중생이 다 이 말재간을 얻게 하리라.'

그러므로 저는 그에게 가서 병문안 할 수 없습니다."

佛告優波離 汝行詣維摩詰問疾 優波離白佛言 世尊 我不堪任詣彼問疾 所以者何 憶念昔者 有二比丘 犯律行以爲恥 不敢問佛 來問我言

唯優波離 我等犯律 誠以爲恥 不敢問佛 願解疑悔得免斯咎 我卽爲其如 法解說 時維摩詰 來謂我言

唯優波離 無重增此二比丘罪 當直除滅勿擾其心 所以者何 彼罪性 不在 內 不在外 不在中間 如佛所說 心垢故衆生垢 心淨故衆生淨 心亦不在內 不在外 不在中間 如其心然 罪垢亦然 諸法亦然 不出於如

如優波離 以心相得解脫時 寧有垢不 我言 不也 維摩詰言 一切衆生心相 無垢 亦復如是 唯優波離 妄想是垢 無妄想是淨 顚倒是垢 無顚倒是淨 取 我是垢 不取我是淨

優波離 一切法生滅不住 如幻如電 諸法不相待 乃至一念不住 諸法皆妄 見 如夢如炎 如水中月 如鏡中像 以妄想生 其知此者 是名奉律 其知此者 是名善解

於是二比丘言 上智哉 是優波離 所不能及 持律之上而不能說 我卽答言 自捨如來未有聲聞及菩薩 能制其樂說之辯 其智慧明達爲若此也

時二比丘疑悔卽除 發阿耨多羅三藐三菩提心 作是願言 令一切衆生皆得 是辯 故我不任詣彼問疾

평석

우팔리존자는 붇다의 열 큰 제자 가운데 계 지님〔持戒〕에 으뜸인 제자이다. 그러므로 붇다 니르바나 뒤에 마하카샤파존자의 제안으로 가르침을 모아 엮을 때〔핍발라굴 제1차 결집〕 수트라는 아난다존자가 송출(誦出)하였고 실라(śīla, 戒)와 비나야(vinaya, 律)는 우팔리존자가 송출하였다.

붇다의 가르침에서 계정혜(戒定慧) 세 배움 가운데 계를 배움〔戒學〕이란 무엇인가? 계〔戒, śīla〕는 선정과 지혜가 하나 된 해탈의 활동이 구체적인 생활규범에 적용된 실천이다. 그러므로 계는 소극적인 금지적인 규범만을 말하지 않고, 악을 그치고〔止惡〕 착함을 행하며〔行善〕 중생 거두는 행〔攝衆生〕을 포괄한다.

니르바나의 세 덕〔涅槃三德〕인 법신·반야·해탈이 보디의 결과라면, 계정혜 세 배움〔戒定慧三學〕은 보디의 인행이니 인행과 과덕은 서로 응한다. 선정이 지혜인 진리의 바탕을 반영한 실천이라면 지혜는 법신인 반야를 반영한 실천이다. 법신인 반야, 진리인 지혜가 알되 앎이 없고 앎 없되 앎 없음도 없어 있음과 없음을 떠나므로 진리인 지혜는 머묾 없는 행〔無住行〕으로 발현되고 머묾 없는 행은 행하되 행함 없어 해탈의 행은 다시 공하여 해탈은 법신의 고요함이 된다.

계는 해탈의 행이 생활규범으로 나타난 모습이므로 계는 진리인 지혜의 막힘없는 연기의 실상 그대로의 행이다.

본 경에서 우팔리존자가 일상 형식적인 생활규범으로서 계(戒)를 보이고 있다면, 비말라키르티의 꾸중은 계가 진리인 지혜이고 지혜인 해탈의 행임을 보여 말한 것이다. 그러므로 이 수트라의 이야기를 통해, 비말라키르티 보디사트바와 우팔리존자는 꾸중하고 꾸중 들음으로 계의 참모습〔戒實相〕을 드러낸 것이다.

여인을 범하고 그 죄가 탄로 까 두려워 사람을 죽인〔犯淫殺〕두 비구는 바로 여래께서 제정한 출가비구의 가장 무거운 계를 깨뜨린 사람이다. 반드시 죄를 참회하고 다시 범하지 않을 것을 다짐한다 해도 죄의 무거운 과보를 벗어나기 어렵다. 그러므로 우팔리존자는 '범한 죄가 커서 참회가 쉽게 통하지 않는다'고 가르쳤을 것이다.

그러나 위없는 여래의 법에서 죄에서 놓여날 비결이 어찌 없겠는가. 지은 죄는, 죄를 짓고서 뉘우침 없는 뻔뻔한 자의 삶의 모습으로 벗어날 수 없으며, 죄의식에 빠져 가슴만 치는 회한의 삶으로도 해탈하지 못한다.

과거의 잘못을 그냥 묻어두고 앞으로 나가려는 자나, 과거에 매몰되어 한걸음도 앞으로 내딛지 못하는 자의 삶은, 모두 죄의 허물에서 벗어나 새로운 삶의 길을 열어내지 못한다.

죄(罪)와 복(福)으로 규정된 중생의 업(業)은, 아는 주체〔六根〕와 알려지는 바 경계〔六境〕가 어울려 연기한 것이다. 업과 죄의 본바탕은 고요하나 주체 객체의 만나 어울려 닿음〔觸〕속에서 늘 새로운 업이 연기한다. 그러므로 죄(罪)와 업(業)이 온 곳이 없음을 살피는 지혜를 통해, 온 곳이 없되 오지 않음이 없음 살피는 삶의 경각심이, 죄를 참으로 반성해서 죄와 잘못에 묶인 사람을 새롭게 해탈의 사람, 자비의 사람 되게 한다.

이것이 죄 벗어남과 새로 나아감의 문을 열어주는 비결이다. 죄 벗어나는 실천이 참회(懺悔)라면 새로운 삶에 나아감이 발원(發願)이다. 죄를 벗어나는 참회의 행 가운데 죄와 업이 본래 공한〔罪業本空〕본바탕을 깨달아 죄에서 단박 벗어남을 실상참회(實相懺悔)라 하고, 지난 잘못을 뉘우치고 새로운 삶 결단하는 것을 구체적인 생활 속의 참회〔事懺〕라 한다. 생활 속의 나고 사라지는 일이 진여(眞如)를 떠나지 않으므로 실상을 살펴 죄업을 벗어나는 진리의 참회〔理懺〕와 생활 속에서

부단히 반성하는 일의 참회[事懺]가 함께 해야 바른 참회가 된다.

영가선사는 『증도가』에서 우팔리 존자와 비말라키르티 장자의 문답을 들어 실상참회의 길을 다음 같이 보이고 있다.

지난 세상 용시비구 무거운 죄 짓고서
남이 없는 참된 모습 깨달음에
일찍이 붇다 이뤄 지금껏 있었도다.

勇施犯重悟無生　早是成佛于今在

사자의 외침소리 두려움 없는 설법이여
쇠가죽 같은 어리석음 깊이 슬퍼하도다.
범한 무거운 죄 보디에 장애한 줄만 알고서
여래께서 묘한 비결 열어줌은 못 보도다.

師子吼　無畏說　深嗟懵憧頑皮鞄
只知犯重障菩提　不見如來開秘訣

지난 옛날 두 비구가 음행 살생 범했을 때
우팔리는 반딧불의 죄를 맺어 키웠었고
비말라키르티 마하사트바 단박 의심 없애주니
빛나는 해 눈과 서리 녹여줌과 같아라.

有二比丘犯淫殺　波離螢光增罪結
維摩大士頓除疑　還同赫日消霜雪

학담도 한 노래로 참된 실상의 참회와 계 받듦의 길을 노래해 보이리라.

업은 어디에서 일어나는가 찾을 곳 없지만
아는 뿌리 경계 서로 합하면 나지 않음도 없네.
이와 같이 업의 진실을 깨쳐 알면
탐냄 성냄 어리석음이 자비 지혜 원을 이루리.

業從何起無處尋　根境和合無不生
如是了知業眞實　貪瞋癡成悲智願

선과 악이 본래 공하나 공 또한 공하니
모든 악은 짓지 말고 착한 행을 받들어야 하네.
악을 끊되 끊음 없고 착함 지음에 지음 없으면
함이 없이 착함 행해 참으로 비나야 받듦 되네.

善惡本空空亦空　諸惡莫作奉善行
惡斷無斷善無作　無爲行善眞奉律

중생의 죄업은 마치 거울의 모습 같아서
죄업을 실로 끊고서 해탈을 구하지 않네.
죄의 성품 깨쳐서 밝은 해탈 일으켜야
참된 참회의 행으로 죄업중생 건네주리.

衆生罪業如鏡像　不斷罪業而求脫
了知罪性起明脫　眞懺悔行度罪衆

9. 라훌라(Rāhula) 존자

붇다께서 라훌라에게 말씀하셨다.

"그대가 비말라키르티에게 가 병문안 하라."

라훌라가 붇다께 말씀드렸다.

"세존이시여, 저는 그에게 가서 병문안 할 수 없습니다. 왜냐하면 옛 때에 바이샬리의 여러 장자의 아들들이, 제가 있는 곳[我所]에 와서 머리 숙여 절하고 물은 일이 있는데, 그때의 일을 기억하기 때문입니다. 그들은 이렇게 물었습니다.

'라훌라시여, 그대는 붇다의 아들이신데 전륜왕의 지위를 버리고 집을 나와 도를 행하십니다. 그렇게 집을 나온 이에게는 어떤 이익이 있습니까?'

저는 곧 법다이 출가하는 공덕의 이익[出家功德之利]을 말해주었습니다."

그때 비말라키르티가 저에게 와 저에게 말했습니다.

"라훌라시여, 출가하는 공덕의 이익을 말해서는 안 됩니다. 왜인가요. 이익 없고 공덕 없는 것이 출가(出家)이기 때문입니다. 함이 있는 법[有爲法]은 이익 있고 공덕 있음을 말할 수 있으나, 대저 출가란 함이 없는 법[無爲法]이라 함이 없는 법 가운데는 이익 없고 공덕이 없기 때문입니다.

라훌라여, 출가는 저기도 없고 여기도 없으며, 또한 가운데 사이도 없어, 예순두 견해24)를 떠나[離六十二見] 니르바나에 머무

---

24) 육십이견(六十二見): 마음과 물질이 서로를 의지해 연기하는 현실세간 가운데 모든 집착된 견해를 모아 육십이견으로 정리한 것. 색·수·상·행·식의 다섯 쌓임을 과거·현재·미래의 삼세(三世)로 곱하고, 삼세마

는 것이니 지혜로운 이가 받는 바이며, 성인이 행하는 곳입니다. 그러니 뭇 마라를 항복받아 다섯 길〔五道〕을 건네주고 다섯 눈〔五眼〕을 깨끗이 해 다섯 진리의 힘〔五力〕을 얻어 다섯 진리의 뿌리〔五根〕25)를 세워 줍니다.

그리하여 저들을 괴롭히지 않고, 뭇 뒤섞인 악을 떠나 모든 바깥길〔諸外道〕을 꺾어 거짓이름을 벗어나며, 진흙에서 벗어나 매어 집착이 없고, 내 것이 없어 받을 바가 없으며 시끄러워 어지러움이 없고 안에 기쁨을 품고 저들의 뜻을 보살피며 선정을 따라 뭇 허물을 떠나는 것입니다.

만약 이와 같을 수 있으면 이것이 참 출가〔眞出家〕입니다."

이에 비말라키르티는 여러 장자의 아들들에게 말했습니다.

"그대들은 바른 법 가운데서 같이 출가해야한다. 왜인가. 붇다의 세상은 함께하기 어렵기 때문이다."

여러 장자의 아들들이 말했다.

"거사시여, 저희들이 듣기에 붇다께선 어버이가 들어주지 않으면 출가할 수 없다고 말씀하셨습니다."

다 있음〔有〕과 없음〔無〕, 있기도 하고 없기도 함〔亦有亦無〕, 있음도 아니고 없음도 아님〔非有非無〕의 네 구절〔四句〕의 분별을 곱해 육십 견해를 만들고, 다시 거기에 모든 견해의 뿌리인 끊어짐과 항상함의 두 견해〔斷常二見〕를 더한 것이다.

25) 다섯 진리의 뿌리〔五根〕: 뿌리는 생성의 토대가 됨을 뜻하니 산스크리트 indriya의 번역어이다. 믿음의 뿌리〔信根〕, 정진의 뿌리〔進根〕, 생각의 뿌리〔念根: 四念處〕, 선정의 뿌리〔定根: 四如意足〕, 지혜의 뿌리〔慧根〕가 해탈 성취의 뿌리가 됨을 말한다.

다섯 진리의 힘〔五力〕: 다섯 뿌리의 뛰어난 역량이니, 곧 믿음의 힘〔信力〕, 정진의 힘〔精進力〕, 생각의 힘〔念力〕, 선정의 힘〔定力〕, 지혜의 힘〔慧力〕이다.

비말라키르티가 말했다.

"그러하나 그대들이 곧 아누타라삼먁삼보디의 마음을 내면 이것이 곧 출가(出家)이고, 이것이 곧 계 갖춤〔具足〕이다."

그때 서른두 명의 장자의 아들들은 다 아누타라삼먁삼보디의 마음을 내었습니다. 그러므로 저는 그에게 가서 병문안 할 수 없습니다.

佛告羅睺羅 汝行詣維摩詰問疾 羅睺羅 白佛言 世尊 我不堪任詣彼問疾 所以者何 憶念昔時 毘耶離 諸長者子 來詣我所 稽首作禮 問我言 唯羅睺羅 汝佛之子 捨轉輪王位 出家爲道 其出家者 有何等利 我卽如法 爲說出家功德之利

時維摩詰 來謂我言 唯羅睺羅 不應說出家功德之利 所以者何 無利無功德 是爲出家 有爲法者 可說有利有功德 夫出家者 爲無爲法 無爲法中 無利無功德

羅睺羅 出家者 無彼無此 亦無中間 離六十二見 處於涅槃 智者所受 聖所行處 降伏衆魔 度五道 淨五眼 得五力 立五根 不惱於彼 離衆雜惡 摧諸外道 超越假名 出淤泥 無繫著 無我所 無所受 無擾亂 內懷喜 護彼意 隨禪定 離衆過 若能如是 是眞出家

於是維摩詰 語諸長者子 汝等於正法中 宜共出家 所以者何 佛世難値 諸長者子言 居士 我聞佛言 父母不聽不得出家

維摩詰言 然汝等便發阿耨多羅三藐三菩提心 是卽出家 是卽具足

爾時 三十二長者子 皆發阿耨多羅三藐三菩提心 故我不任詣彼問疾

평석

라훌라는 붇다세존의 출가 전 육신의 아들이나 출가하여 지혜의 흐름에 들어가 여래의 법의 몸〔法身〕을 깨쳐 지혜의 목숨〔慧命〕을 이었으니 출가하여 비로소 법왕의 아들〔法王子〕이 된 것이다.

라훌라는 아수라가 달을 먹을 때[蝕月時] 이름이다. 여기 말로 옮기면 덮어 가림이니, 해와 달의 밝은 빛 가림을 말한다. 이 존자가 어머니 야쇼다라의 태[母胎]에 여섯 해 동안 있어, 어머니 태에 가렸으므로 그렇게 이름한 것이다.

슈라바카의 법 가운데 밀행(密行)에 으뜸인 제자이니 아마도 그는 붇다 출가 전 육신의 아들로 그 이름과 행을 감추고 감추어서 밀행(密行)의 이름을 얻은 것이리라.

바이샬리 장자의 아들들이 출가의 이익과 공덕을 물으니 세간 함이 있는 법[世間有爲法] 가운데서, 법다이 얻을 바 있는 출가의 이익과 공덕[出家利益功德]을 말했으리라.

출가비구는 세 뜻을 머금으니 '마라를 두렵게 함[怖魔]', '악을 깨뜨림[破惡]', '빌어서 사는 수행자[乞士]'이다.

마라(māra)는 나고 죽음[生死]을 즐기는데 비구는 이미 번뇌와 애욕의 집을 나와, 다시 다른 사람을 교화하여 함께 삼계 나고 죽음을 떠나게 하니 마라의 뜻에 어긋난다. 그러므로 마라는 힘을 써서 누르나 마라가 도리어 다섯 묶임[五縛]을 스스로 입게 되니, 출가를 곧 마라를 두렵게 함이라 이름한 것이다.

이처럼 출가하여 마라를 이미 항복 받으면 설법하여 중생을 건네주니 이것이 세간 중생을 위해 '집을 나온 이'의 할 수 있음이다.

이러한 출가의 공덕[出家功德]은, 함이 있는 세간법에서 끊어야 할 재가(在家)의 탐착이 있고, 출가해서 얻어야 할 참됨이 있는 두 모습의 출가 공덕법이다.

재가 출가에 두 모습이 없는 실상에서 보면 실로 끊어야 할 탐착이 없고 모습 밖에 얻어야 할 참됨이 없다. 중생의 번뇌가 이미 니르바나 되어 있음을 통달하면 곧장 중생의 망상(妄想)과 티끌 번뇌[塵惱]의 땅에서 보디(bodhi)에 이르니 이것이 참된 출가이다. 그러면 중생 번뇌의 땅을 떠나지 않고 다섯 눈[五眼]을 맑게 하고, 다섯 진리의 힘[五力] 진리의 뿌리[五根]를 세우게 된다.

이렇게 출가한 이는 세간 함이 있는 법이 공한 줄 알아, 함이 있음을 다하지 않고[不盡有爲], 함이 없음 또한 공한 줄 알아 함이 없음에도 머물지 않으니[不住無爲], 세간 함이 있는 모든 법을, 참된 함이 없는 법[眞無爲法]으로 쓸 수 있다.

무엇을 끊고 무엇을 다시 얻을 것인가. 오직 온갖 함이 있음[一切有爲]이 곧 함이 없음이라, 함이 있음이 함이 없음[無爲] 떠나지 않는 줄 통달하는 지혜의 한 행[一行]만이 있을 뿐이다.

함이 있음이 곧 함이 없음인 줄 통달하는 사마타(samatha)의 행과, 함이 없음이 곧 함이 있음인 줄 아는 비파사나(vipaśyana)의 행이 있으면, 행하고 행하되 행함을 그윽이 숨기며, 숨음과 드러남이 하나 된[隱顯不二] 참된 밀행(密行)이 성취될 것이다.

영가선사는 『증도가』에서 오직 실상을 실현하는 참된 출가[眞出家], 세간법을 행하되 늘 고요함을 떠나지 않는 참된 아란야행을 이렇게 노래한다.

깊은 산에 들어가 아란야에 머무니
높은 산 깊은 골짝 우거진 큰 솔 숲 아래
상가의 도량 노닐거나 고요히 좌선함에
고요한 안거 생활 실로 맑고 깨끗하네.

入深山　住蘭若　岑崟幽邃長松下
優遊靜坐野僧家　閴寂安居實蕭灑

늘 홀로 다니고 늘 홀로 노닐으나
깨친 이는 니르바나의 길 함께 노닐도다.
좋은 맵시 신그러이 맑음 그 바람 스스로 높으나

여윈 모습 마른 뼈대 돌아보는 사람 없네.

常獨行　常獨步　達者同遊涅槃路
調古神淸風自高　貌悴骨剛人不顧

　학담도 한 노래로 라훌라존자와 비말라키르티보디사트바가 연출해
보이는 출가행(出家行)과 밀행(密行)을 찬탄하리라.

　출가의 공덕은 이 무슨 모습인가
삼계가 공한 줄 알아야 참 출가로다.
지금 있는 곳 떠나지 않고 번뇌의 감옥 벗어나니
얻음 없고 공이 없어 헤아릴 수 없는 공덕이네.

出家功德是何相　了三界空眞出家
不離當處出惱獄　無得無功無量功

　여러 파라미타 행으로 괴로운 중생 건네주니
편안히 앉음 떠나지 않고 세간에 노니네.
걸음걸음 밟는 곳에 연꽃이 솟으니
니르바나의 길 넓고 넓어 늘 안락하네.

以諸行法度苦衆　不離安坐遊世間
步步踏處蓮華出　涅槃路闊常安樂

　라훌라존자는 언제나 비밀히 행하니
삼계에 머물러 있으며 아란야행을 나투네.
드러남과 그윽함이 두렷이 통해 발자취 없으니
참된 법왕의 아들이라 붇다께서 언약 주시네.

羅睺尊者常密行　處於三界現蘭若
顯密圓通沒蹤迹　眞法王子佛授記

10. 아난다(Ānanda) 존자

붓다께서 아난다에게 말씀하셨다.

"그대가 비말라키르티에게 가서 병문안 하라."

아난다가 붓다께 말씀드렸다.

"세존이시여, 저는 그에게 가서 병문안 할 수 없습니다. 왜냐하면 옛 때 세존께서 몸에 작은 병이 있으시어 소젖[牛乳]을 쓰리라하여 저는 곧 파트라를 지니고 큰 브라흐마 집에 가, 문 아래서 있었을 때를 기억하기 때문입니다.

그때 비말라키르티가 저에게 와 말했습니다.

'아난다시여, 무슨 일로 이른 새벽에 파트라를 지니고 여기에 있소.'

제가 말했습니다.

'거사시여, 세존께서 몸이 좀 불편하시어 소젖[牛乳]을 써야 되리라하여 여기에 와 있습니다.'

그러자 비말라키르티가 말했습니다.

'그만 두시오, 그만 두시오. 아난다여, 이런 말을 하지 마시오. 여래의 몸[如來身]은 금강의 바탕[金剛體]이라 모든 악을 이미 끊고 뭇 착함이 널리 모였는데, 무슨 병이 있으며 무슨 괴로움이 있겠소.

조용히 돌아가시오. 아난다시여, 여래를 비방하지 마시고, 다른 사람들이 이 더러운 말을 듣게 하지 마시고 또 큰 위덕을 갖춘 여러 하늘과 타방 정토세계에서 오신 여러 보디사트바들이 이 말을 듣지 않도록 하십시오.

아난다시여, 전륜성왕(轉輪聖王)은 적은 복으로도 오히려 병 없음을 얻는데, 어찌 하물며 헤아릴 수 없는 복이 널리 모여 빼어

나신 붇다이겠소. 가시오, 아난다시여. 우리들이 이 부끄러움을
받지 않게 하시오. 바깥길 브라흐마나들이 이 말을 들으면 이렇
게 생각할 것이오.

'무엇을 스승이라 이름 할 것인가. 스스로의 병도 건질 수 없는
데 여러 병을 건질 수 있겠는가.'

그대는 가만히 어서 가 사람들이 듣지 않게 하시오. 아셔야 하
오, 아난다시여. 모든 여래의 몸은 법신(法身)이라 욕망을 생각
하는 몸이 아니오. 붇다께선 세간의 존귀하신 분〔世尊〕이라 삼계
를 지나가며, 붇다의 몸〔佛身〕은 샘이 없어〔無漏〕 모든 번뇌의 흐
름〔諸漏〕이 이미 다하고, 붇다의 몸은 함이 없어〔無爲〕 모든 수
〔諸數〕에 떨어지지 않소. 이와 같은 몸이 무슨 병이 있고 무슨
괴로움이 있겠소.'

그때 저는 세존이시여, 실로 부끄러움을 품고 붇다를 가까이
모시고서 그릇 들음이 없었던가 생각했습니다.

그러자 허공 가운데서 다음과 같은 소리를 들었습니다.

'아난다시여, 거사의 말과 같으나 다만 붇다께서 다섯 흐린 악한
세상〔五濁惡世〕에 나오시어 이 법을 나타내 행하신 것은 중생을
건네 벗어나도록 하기 위함이니, 가라 아난다시여, 소젖 가져오는
것을 부끄러워 말라.'

세존이시여, 비말라키르티의 지혜와 변재26)가 이와 같습니다.

---

26) 네 걸림 없는 변재〔四無礙辯〕: 네 걸림 없는 지혜〔四無礙智〕라고도 한
다. ① 법에 걸림 없음〔法無礙, dharma-pratisamvid〕, ② 뜻에 걸림
없음〔義無礙, artha-pratiamvid〕, ③ 말에 걸림 없음〔詞無礙, nirukti-
pratisamvid〕, ④ 즐거이 말함에 걸림 없음〔樂說無礙, pratibhna-prat
isamvid〕.

그러므로 그에게 가서 병문안 할 수 없습니다."

佛告阿難 汝行詣維摩詰問疾 阿難白佛言 世尊 我不堪任詣彼問疾 所以
者何 憶念昔時 世尊身小有疾 當用牛乳 我卽持鉢 詣大婆羅門家門下立
　時維摩詰 來謂我言 唯阿難 何爲晨朝持鉢住此 我言 居士 世尊身小有疾
當用牛乳 故來至此
　維摩詰言 止止阿難 莫作是語 如來身者 金剛之體 諸惡已斷 衆善普會
當有何疾 當有何惱 默往阿難 勿謗如來 莫使異人聞此麤言 無令大威德諸
天 及他方淨土諸來菩薩 得聞斯語 阿難 轉輪聖王以少福故 尚得無病 豈
況如來無量福會普勝者哉
　行矣阿難 勿使我等受斯恥也 外道梵志 若聞此語 當作是念 何名爲師 自
疾不能救而能救諸疾
　仁可密速去 勿使人聞 當知阿難 諸如來身卽是法身 非思欲身 佛爲世尊
過於三界 佛身無漏 諸漏已盡 佛身無爲 不墮諸數 如此之身 當有何疾 當
有何惱
　時我世尊 實懷慚愧 得無近佛而謬聽耶 卽聞空中聲曰
　阿難 如居士言 但爲佛出五濁惡世 現行斯法 度脫衆生 行矣阿難 取乳勿慚
　世尊 維摩詰智慧辯才爲若此也 是故不任詣彼問疾

　이와 같이 오백의 큰 제자들이 각기 붇다를 향해 그 본래 인연
[本緣]을 말하고 비말라키르티의 말한 바를 일컫어 다 그에게 가
서 병문안 할 수 없다고 말했다. 27)

　如是五百大弟子 各各向佛說其本緣 稱述維摩詰所言 皆曰不任詣彼問疾

27) 이 경문에 대한 영역과 우리말 직역은 다음과 같다.
　Thus each of the five hundred chief disciples related his
　encounter with Vimalakirti and declined to call on him to
　enquire after his health.
　그렇게 오백 큰 제자들 낱낱이 비말라키르티와 그들의 만남을 연관시키
　고 그의 건강을 묻기 위해 그를 방문하는 것을 사양하였다.

평석

아난다존자는 열 큰 제자 가운데 많이 들음〔多聞〕에 으뜸인 제자이다. 카아샤파존자의 제안으로 맨 처음 붇다의 가르침을 결집할 때, 붇다의 말씀을 '같이 외우는 공인의 형식〔samgiti, 合誦〕'을 거쳐, 가르침을 문자화 한 중심주체가 아난다존자이다.

상기티의 중심 주체가 아난다이므로 붇다의 모든 가르침에 대해 아난다의 이름으로 '이와 같이 내가 들었다'고 경전의 첫머리를 서술하게 된 것이다.

붇다 당시 슈라바카야나의 상가에 대한 붇다 육성의 설법뿐 아니라 후대 편집된 경전과 용궁의 장경〔龍藏〕이라고 말해진 경의 말씀까지도, 모두 '이와 같이 내가 들었다'고 시작하게 된 것이다. 이는 곧 붇다의 가르침이 마주하는 근기 따라 그 표현을 달리하지만 처음 육성의 설법에서부터 마하야나의 모든 가르침이 모두 한맛〔一味〕, 한 뜻〔一義〕임을 나타낸다.

그러나 본 경에서 아난다 존자에 대한 비말라키르티의 꾸짖음은 아난다의 '많이 들음의 행〔多聞行〕' 가운데 허물을 들어, 아난다의 작은 행을 꾸짖어 큰 행에 나아가게 하고 있지 않다.

오히려 붇다 세존을 늘 가까이 모시는 아난다 존자의 시자행(侍者行)을 들어, 비말라키르티 장자의 꾸짖음이 이루어지고 있다.

수트라에서 비말라키르티 장자는 여래의 몸이 방편으로 보인 육신이 아니라 병 없는 법신(法身)임을 보여 아난다의 시자행을 꾸짖고 있다.

아난다 존자가 밥 때가 아닌 이른 새벽에 큰 브라흐마나의 집 문 앞에 소젖을 빌려온 것은 여래의 몸에 작은 불편함이 생겼기 때문이다. 여래의 방편 인연의 몸이 공한, 실상의 몸〔實相身〕 법의 몸〔法身〕 금강의 몸〔金剛身〕에 실로 병 있다는 허물을 일으키므로 비말라키르티 장자가 아난다를 꾸짖어 여래의 몸이 병 없는 법의 몸〔法身〕임을 밝히고 있다.

법의 몸에는 실로 병과 늙음이 없으나 인연으로 나툰 세간의 몸에는 중생이 병듦을 따라 여래도 중생을 건지기 위해 병의 모습을 방편으로 나타내 보이신다. 그래서 다시 본 경은 허공의 소리를 빌어 아난다에게 '소젖 가져오는 것을 부끄러워 말라'고 깨우친 것이다.

영가선사의 『증도가』는 아난다가 들어서 전한 여래의 법이 말에 말이 없되 말없음도 없는 실상의 법〔實相法〕이며 여래의 진실한 모습이 공도 없고〔無空〕 공 아님도 없는〔無不空〕 진리의 몸이고 병과 늙고 죽음이 없는 법의 몸〔dharma-kaya〕임을 다음 같이 노래한다.

참됨도 구하잖고 허망함도 끊지 않아
두 법이 모두 공해 모습 없음 깨쳐 알면
모습 없고 공도 없고 공 아님도 없으니
이것이 바로 여래의 진실한 모습이리.

不求眞　不斷妄　了知二法空無相
無相無空無不空　卽是如來眞實相

그러므로 실상의 법 참 말씀의 다라니에 들어간 자가, 깨달음 바다의 끝없는 법의 은혜에 젖게 됨을 이렇게 노래한다.

셀 수 있는 온갖 말귀 말귀라 할 것 없으니
신령스런 나의 깨침과 무슨 어울림 있을 건가

一切數句非數句　與吾靈覺何交涉

법의 우뢰 떨쳐내고 법의 북을 울리니
자비구름 퍼짐이여 단이슬을 뿌리도다.
용과 코끼리 밟는 곳에 젖는 은혜 끝없으니
세 수레와 다섯 성품의 무리 다 깨치도다.

震法雷擊法鼓　　布慈雲兮灑甘露
龍象蹴踏潤無邊　　三乘五性皆惺悟

학담도 한 노래로 아난다 존자의 많이 들음〔多聞〕과 시자행의 큰 뜻을 노래하리라.

여래의 몸은 공하되 공함도 없으니
금강의 몸 가운데 어찌 병이 있으리.
비록 그러나 늙고 병듦의 연을 나타내 보여
헤아릴 수 없는 방편으로 널리 중생 건네주네.

如來色身空無空　　金剛身中何有病
雖然示現老病緣　　無量方便廣度衆

아난다존자는 붇다를 모셔 늘 공양하고
늘 세존의 설법 들어 이와 같이 전하네.
붇다께 설함 없음 알아야 참된 많이 들음이니
붇다의 법신 떠나지 않고 붇다 은혜 갚으리.

阿難侍佛常供養　　恒聞說法如是傳
了佛無說眞多聞　　不離法身報佛恩

그러므로 끝 세상 제자의 무리들도
또한 아난다 존자가 붇다를 모시고 받들듯이
아침저녁 붇다 앞에 향과 촛불을 올리고
세계의 티끌 같은 칼파에 늘 법공양을 행하리라.

是故末世弟子衆　　亦如阿難侍供佛
朝夕香火供佛前　　常行法供利塵劫

제4. 보디사트바의 품〔菩薩品〕

1. 마이트레야 보디사트바
2. 빛나게 꾸민 어린이
3. 세간 지니는 보디사트바
4. 장자의 아들, 좋은 덕

해제

여래께서 여러 보디사트바에게 비말라키르티에게 문병하도록 권하
니 그 보디사트바들이 옛 때 비말리키르티에게 경책 받은 내용을 들어
문병할 수 없음을 말한 품이다.

보디사트바는 깨침이라는 뜻의 보디(bodhi)와 중생이라는 뜻의 사
트바(sattva)가 결합된 말이니, 깨친 중생이라 말할 수 있다. 깨친 중
생〔覺衆生〕인데 왜 비말라키르티의 경책의 대상이 되는가?

여래의 근본교설인 사제법(四諦法)은, 중생의 물든 현실인 괴로움〔苦
諦〕과 해탈의 결과로서 니르바나〔滅諦〕가 모두 원인에 의해 일어남을
보인다. 이와 같이 네 진리의 법〔四諦法〕을 나고 사라지는 인과〔生滅因
果〕로 살핀다 해도, 원인의 행으로 연기한 중생의 괴로움과 해탈의 결
과인 니르바나에 머물고 취할 모습이 없는 것이다.

다시 결과로서 괴로움과 니르바나에 취할 모습이 없으므로 괴로움을

일으키는 번뇌와 번뇌 끊는 행에도 취할 모습이 없으니 사제법은 바로 중생의 못 깨침〔不覺〕, 보디사트바의 닦아감〔修行〕, 여래의 니르바나〔涅槃〕에 모두 얻을 것 없음〔無所得, 無自性〕을 가르친다. 나아가 이를 원효(元曉)께서 해석한 『대승기신론(大乘起信論)』의 뜻으로 보면, 사제법은 곧 중생의 못 깨침〔不覺〕 큰 보디사트바의 새로 깨침〔始覺〕 중생의 본래 깨침〔本覺〕에 모두 자기 성품 없음〔無自性〕을 가르치는 법문이다.

그러므로 중생이 지금 중생의 못난 모습에 머물러 있거나, 닦아가는 보디사트바가 닦아 행함을 취하거나〔간화선 행자가 화두 봄 자체를 신비화하거나〕, 깨친 자가 깨친 모습을 취하거나〔도인의 모습을 세워 대중 위에 군림하거나〕, 본래 성불 본래 깨침을 관념적으로 취하거나 모두 여래 고집멸도(苦集滅道) 사제의 참뜻을 모르는 자이다.

이처럼 못 깨친 모습과 새로 깨친 모습, 본래 깨친 모습의 자성 없음〔無自性〕을 알지 못하면, 다 참사람〔眞人〕 비말라키르티의 꾸지람의 대상이 되는 것이다.

그러나 비말라키르티의 꾸중은 짐짓 꾸짖을 바 대상을 세워, 깨뜨림을 통해 여래 중도의 실상에 바로 세워주는 깨뜨림이니〔破立一致〕, 비말라키르티의 꾸중과 깨뜨림이, 깨뜨림 아닌 깨뜨림인 줄 알아야 할 것이다.

1. 마이트레야(Maitreya) 보디사트바

이에 붇다께서는 마이트레야 보디사트바에게 말씀하셨다.

"그대가 비말라키르티에게 가서 병문안 하라."

마이트레야 보디사트바가 붇다께 말씀드렸다.

"세존이시여, 저는 그에게 가서 병문안 할 수 없습니다. 왜인가요? 제가 옛날 투시타 하늘왕과 그 붙이들을 위해 '물러나 뒤바뀌지 않는 지위의 행〔不退轉地之行〕' 설해주던 일을 기억해 생각하기 때문입니다. 그때 비말라키르티가 저에게 와서 이렇게 말했습니다.

'마이트레야시여, 세존께서 어진이께 한 생에 아누타라삼먁삼보디 얻을 것이라 언약〔記〕하셨는데, 어느 생을 써서 이 언약을 받습니까? 지나감〔過去〕입니까, 아직 오지 않음〔未來〕입니까, 드러나 있음〔現在〕입니까?[1]

---

[1] 서두의 경문에 대한 영역과 우리말 직역은 다음과 같다.

The Buddha then said to Maitreya Bodhisattva: "You go to Vimalakirti to enquire after his health on my behalf."

Maitreya replied: "World Honoured One, I am not qualified to call on him and enquire after his health. The reason is that once when I was expounding to the deva-king and his retinue in the Tusita heaven the never-receding stage (of Bodhisattva development into Buddhahood) Vimalakīrti came and said to me: 'Maitreya, when the World Honoured One predicted your future attainment of supreme enlightenment (anuttara-samyak-sambodhi) in one lifetime, tell me in which life, whether in the past, future or present, did or will you receive His prophecy?

그러자 붇다께서 마이트레야보디사트바에게 말씀하시었다. "그대가 여래를 대신하여 비말라키르티에게 가서 그의 건강을 묻도록 하라."

만약 지나간 생이라면 지나간 생은 이미 사라졌고, 만약 아직 오지 않은 생이라면 오지 않은 생은 아직 이르지 않았으며, 만약 드러나 있는 생이라면 드러나 있는 생은 머묾이 없습니다.

붇다의 말씀대로라면 다음과 같습니다.

'비구여, 그대는 바로 이때〔卽時〕 또한 나고, 또한 늙으며, 또한 죽고, 또한 사라진다.'2)

마이트레야가 대답했다.

"세상에서 존경받는 한 분이시여, 저는 그를 방문해서 그의 건강을 물을 있는 자격이 없습니다. 그 이유는 다음과 같습니다. 한때 저는 투시타하늘에서 하늘왕과 그의 수행원들에게 붇다의 성품에 들어가는 보디사트바의 발전에서 뒤로 물러서지 않는 단계를 연설하고 있었습니다.

비말라키르티가 와서 저에게 말했습니다.

'마이트레야시여, 세상에서 존경받는 오직 한 분께서 한 생 가운데 그대의 미래 최상의 깨달음의 증득을 언약하시었습니다. 어느 생에 얻는지 저에게 말씀하십시오. 과거인가 미래인가 현재인가. 그대는 여래의 예언을 받았는가, 받을 것인가.'"

2) 지금 이때 나고 사라짐: 법은 본래 남이 없되 찰나 찰나 나고 사라지는데 어느 때를 잡아 언약 받음이라 할 것인가. 유계의 『무아소』는 『능가경』을 이끌어 이렇게 말한다.

'처음 남에 곧 사라짐이 있다는 것은 어리석은 자를 위해 설한 것이 아니다〔初生卽有滅 不爲愚者說〕.'

대개 찰나에 아홉 세상이라 한 생각이 삼천 계〔一念三千〕이니 바탕에 맞서 서로 깨뜨려 남이 곧 남 없음이다. 마치 돌 불, 번개 불이 공해 비어서 빛나고 빛나는 것과 같다. 허깨비 가림이 사라짐과 같고 헛꽃이 저절로 없어짐과 같으니, 어디에 그 남이 있어서 한 생의 언약을 받는다고 말하겠는가.

새롭고 새롭게 나고 사라져서 '엇갈리는 팔이 이미 사라짐〔交臂已謝〕'이니, 어찌 흰 머리를 기다린 뒤에 변함이겠는가. 또한 이 뜻은 승조법사께서 『조론』에서 알고 말한 것이다.

楞伽云 初生卽有滅 不爲愚者說 蓋刹那九世 一念三千 敵體相破 生卽無生 如石火電光空虛熠熠 幻翳若消 狂華自滅 何有其生 而日受一生記耶 新新生滅 交臂已謝 豈待白首然後爲變 亦肇公之知言也

만약 남이 없음[無生]으로 언약을 받는 것이라면 남이 없음은 바로 바른 지위[正位]라 바른 지위 가운데는 또한 언약 받음이 없고 아누타라삼먁삼보디 얻음이 없는데 어떻게 마이트레야에서 한 생의 언약을 받겠습니까.

진여가 남[如生]을 좇아 언약을 받습니까, 진여가 사라짐[如滅]을 좇아 언약을 받습니까? 만약 진여가 남을 좇아 언약을 받는다 하면 진여는 남이 없으며[如無有生], 진여가 사라짐을 좇아 언약을 받는다 하면 진여는 사라짐이 없습니다[如無有滅].

온갖 중생이 다 한결같음[一切衆生皆如]이라 온갖 법 또한 한결같음[一切法亦如]이며, 뭇 성현 또한 한결같음이며, 마이트레야에 이르기까지도 한결같음입니다. 만약 마이트레야가 언약을 받는다면 온갖 중생도 또한 언약을 받아야 합니다. 왜 그런가요. 대저 한결같음이란 둘이 아니고 달라짐이 아니기 때문[如者不二不異]입니다.

만약 마이트레야에서 아누타라삼먁삼보디를 얻는다면 온갖 중생도 다 또한 얻어야 할 것입니다.

왜 그런가요. 온갖 중생도 곧 보디의 모습[菩提相]이기 때문입니다.

만약 마이트레야에서 니르바나를 얻는다면 온갖 중생도 또한 니르바나 해야 할 것입니다. 왜 그런가요. 모든 붇다는 온갖 중생이 마쳐 다해 고요하여 곧 니르바나의 모습[涅槃相]이라 거듭 다시 사라지지 않음을 아시기 때문입니다.

於是佛告彌勒菩薩 汝行詣維摩詰問疾 彌勒白佛言 世尊 我不堪任詣彼問疾 所以者何 憶念我昔爲兜率天王及其眷屬 說不退轉地之行 時維摩詰來謂我言
彌勒 世尊授仁者記一生當得阿耨多羅三藐三菩提 爲用何生得受記乎 過去耶未來耶現在耶 若過去生過去生已滅 若未來生未來生未至 若現在生現

在生無住

如佛所說 比丘汝今卽時亦生亦老亦滅 若以無生得受記者 無生卽是正位
於正位中亦無受記 亦無得阿耨多羅三藐三菩提 云何彌勒受一生記乎

爲從如生得受記耶 爲從如滅得受記耶 若以如生得受記者 如無有生 若以
如滅得受記者 如無有滅 一切衆生皆如也 一切法亦如也 衆聖賢亦如也 至於
彌勒亦如也 若彌勒得受記者 一切衆生亦應受記 所以者何 夫如者不二不異

若彌勒得阿耨多羅三藐三菩提者 一切衆生皆亦應得 所以者何 一切衆生
卽菩提相 若彌勒得滅度者 一切衆生亦應滅度 所以者何 諸佛知一切衆生
畢竟寂滅 卽涅槃相不復更滅

그러므로 마이트레야시여, 언약 받았다는 이 법으로 여러 하늘
신들을 꾀어서는 안 되니 실로 아누타라삼막삼보디의 마음을 낸
이도 없고 또한 물러서는 이도 없습니다. 마이트레야께서는 이
여러 하늘 신들로 하여금 '보디에 분별하는 견해〔分別菩提之見〕'를
버리도록 해야 합니다.

왜냐하면 보디는 몸〔身〕으로 얻지 못하고, 마음〔心〕으로 얻지
못하여 고요히 사라짐〔寂滅〕이 보디라 모든 모습을 없애기 때문
이고, 살피지 않음〔不觀〕이 보디라[3] 모든 따라 생각함〔諸緣〕을
떠나기 때문이며, 지어가지 않음〔不行〕이 보디라 기억해 생각함
〔憶念〕을 떠나기 때문이며, 끊음〔斷〕이 보디라 모든 견해를 버리
기 때문입니다.

떠남〔離〕이 보디이니 모든 망상을 떠나기 때문이고, 막음〔障〕이
보디이니 모든 바람〔諸願〕을 막기 때문이고, 들어가지 않음〔不入〕
이 보디이니[4] 탐착함이 없기 때문이고, 따름〔順〕이 보디이니 한

---

3) 살피지 않음〔不觀〕이 보디: 보디는 진리인 지혜라 살펴 아는 지혜가 있
   고 지혜 밖에 따라 알아 살피는 바 진리가 있음이 아니다.

결같음[如]을 따르기 때문이며, 머묾[住]이 보디이니 법의 성품[法性]에 머물기 때문이고, 이르름[至]이 보디이니 진실한 바탕[實際]에 이르기 때문이며, 둘 아님[不二]이 보디이니 뜻 뿌리와 법[意法]을 떠나기5) 때문입니다.

평등함[等]이 보디이니 허공과 평등하기 때문이고, 함이 없음[無爲]이 보디이니 나고 머물고 사라짐이 없기 때문이며, 바로 앎[知]이 보디이니 중생의 마음의 지어감[心行]을 알기 때문이고, 모이지 않음[不會]이 보디이니6) 모든 들임[諸入]이 모이지 않기 때문이며, 합하지 않음[不合]이 보디이니 번뇌의 익힘을 떠나기 때문이다. 곳 없음[無處]이 보디이니 꼴과 빛깔이 없기 때문이고, 거짓 이름[假名]이 보디이니 이름과 글자가 공하기 때문이며, 변화와 같음[如化]이 보디이니 취하고 버림이 없기 때문입니다.

어지러움 없음[無亂]이 보디이니 늘 스스로 고요하기 때문이고,

---

4) 들어가지 않음[不入]이 보디: 보디는 여섯 아는 뿌리가 공한 지혜이니 아는 뿌리에 들어감이 있고 받아들임이 있으면 보디가 아님.

5) 뜻 뿌리와 법을 떠남: 뜻[意]은 여섯 아는 뿌리[六根]을 나타내고 법(法)은 아는 바 여섯 티끌 경계[六塵]를 말한다. 아는 자, 아는 바가 있되 공하므로 아는 자, 아는 바가 어울려 여섯 앎[六識]을 내니 보디(bodhi)는 생각에 생각 없음[於念無念]에서 세 진리[三諦] 세 지혜[三智]가 원융함을 깨쳐 아는 자[根], 아는 바[境], 앎 활동[識]이 모두 공한 줄 체달한 지혜이므로 보디는 뜻과 법을 떠난다고 한 것이다.

6) 모이지 않음[不會]이 보디: 승조법사가 말했다. '모든 들임은 안과 밖의 여섯 들임[內外六入]인데 안과 밖이 모두 공하므로 모든 들임이 만나 합하지 않은 것이다. 마음이 반드시 만나 모이지 않아야 얻을 수 있음이다.' [연기법에서 인(因)과 연(緣)이 공한 인연이라 인연이 모이되 모임 없고 모임 없으므로 흩어짐이 없는 것이며, 실로 있는 주·객이 만나 앎[識]을 내지 않고 앎에 주객의 모이는 모습이 없는 것이니 앎은 앎 없는 앎이다.]

잘 고요함〔善寂〕이 보디이니 성품이 청정하기 때문이며, 취함 없음〔無取〕이 보디이니 붙잡아 생각함〔攀緣〕을 떠나기 때문입니다. 달라짐 없음〔無異〕이 보디이니 모든 법이 평등하기 때문이고, 견줌 없음〔無比〕이 보디이니 비유할 수 없기 때문이고, 미묘함〔微妙〕이 보디이니 모든 법은 알 수 없기 때문입니다.'

　세존이시여, 비말라키르티가 이 법을 설할 때 이백의 하늘 신들이 남이 없는 법의 참음〔無生法忍〕을 얻었습니다. 그러므로 저는 그에게 가서 병문안 할 수 없습니다."

　是故彌勒 無以此法誘諸天子 實無發阿耨多羅三藐三菩提心者 亦無退者 彌勒當令此諸天子 捨於分別菩提之見 所以者何 菩提者 不可以身得 不可以心得 寂滅菩提 滅諸相故 不觀是菩提 離諸緣故 不行是菩提 無憶念故 斷是菩提 捨諸見故

　離是菩提 離諸妄想故 障是菩提 障諸願故 不入是菩提 無貪著故 順是菩提 順於如故 住是菩提 住法性故 至是菩提 至實際故 不二是菩提 離意法故

　等是菩提 等虛空故 無爲是菩提 無生住滅故 知是菩提 了衆生心行故 不會是菩提 諸入不會故 不合是菩提 離煩惱習故 無處是菩提 無形色故 假名是菩提 名字空故 如化是菩提 無取捨故

　無亂是菩提 常自靜故 善寂是菩提 性淸淨故 無取是菩提 離攀緣故 無異是菩提 諸法等故 無比是菩提 無可喩故 微妙是菩提 諸法難知故

　世尊 維摩詰說是法時 二百天子 得無生法忍 故我不任詣彼問疾

평석

　마이트레야(Maitreya) 보디사트바는 샤카무니 붇다께서 범부승 아지타(Ajita)에게 '그대는 오는 세상 위없는 보디를 이루어 마이트레야 붇다라고 이름하리라' 언약함에서 그 이름을 얻었다. 그 앞으로 올 붇다는 뒤로 '물러나 뒤바뀌지 않을 행〔不轉倒行〕'을 이루어 투시타하늘 (Tuṣita-deva, 兜率天) 에서 설법하고 계시니 그를 마이트레야 보디사트바라 이름한다.

한 생에 아누타라삼먁삼보디를 이룬다 하니 그 한 생은 어느 때인가? 이미 지나감인가, 지금 드러나 있음인가, 아직 오지 않음인가. 세 때를 모두 얻을 수 없으니 그때는 어느 때인가. 세 때 얻을 수 없음을 진여 (眞如)라 한다면 진여가 남이 없는데 어느 한 생을 써서 언약을 받는가. 마이트레야에게 보디 언약 주심이, 중생이 본래 중생 아니라 중생이 이미 니르바나 되어 있음을 일깨워 주심이라면, 마이트레야에게 언약 주심이 온갖 중생에게 언약 주심이리라.

'남이 없는 법의 참음〔無生法忍〕' 얻을 때가 언약 받음이라면 남이 없다면 남이 없고 사라짐 없는데〔無生無滅〕 어느 때를 써서 언약 받는가. 중생이 중생 아니되 중생 아님도 없어 언약 주고받음 없는 것도 아니고 보디 이룸 없는 것도 아니나 실로 어느 때라고 말할 것이 없음인가.

보디는 삼세(三世)의 때가 아니나 때 없음도 아니라 아직 오지 않은 어느 때라고 말한 것인가. 중생의 본래 깨침〔本覺〕과 중생의 못 깨침〔不覺〕과 보디사트바의 새로 깨침〔始覺〕에 모두 얻을 것이 없음을 알 때가, 여래의 보디언약 얻을 때라 거짓이름 함인가.

그러므로 마이트레야의 보디 이룸과 그 마이트레야의 세상 이루어짐은 어느 때가 아니나 때 아님도 아니라, 아직 오지 않은 세상〔未來世〕 어느 때라 이름한 것이리라.

영가선사의 『증도가』는 때 아닌 마이트레야의 때를 다음 같이 노래한다.

뉘라서 생각 없고 남이 없다 말하는가,

만약 실로 남 없다면 나지 않음 또한 없네.
기계나 나무사람 불러서 물어보라,
붇다 구해 공 베푼들 어느 때나 이룰 건가.

誰無念　誰無生　若實無生無不生
喚取機關木人問　求佛施功早晩成

한 지위에 온갖 지위 모두 다 갖췄으니
물질 마음 아니고 업을 행함도 아니로다.
손가락을 튕길 사이 팔만 법문 모두 다 이루고
세 아상키야 칼파 찰나 사이 없애도다.

一地具足一切地　非色非心非行業
彈指圓成八萬門　刹那滅却三祇劫

　다른 수트라의 가르침을 통해 살펴보자. 『아가마 수트라〔阿含經〕』
에서는 마이트레야 보디사트바가 위없는 보디를 이룰 때, 카아샤파존
자가 샤카무니세존께 받은 가사를 마이트레야께 바치면 '카야샤파존자
의 몸이 별처럼 부서진다'고 했으니, 이는 무엇을 말하는가.
　이는 지금 중생의 한 생각 진실 밖에, 얻고 구할 법이 있으면 참된
법의 전승이 아님을 이리 보인 것인가. 끊어짐도 아니고 항상함도 아닌
법〔不斷不常〕의 실상을 마이트레야와 카아샤파존자가 가사를 주고받
는 서사로 이리 보이며, 카아샤파가 샤카무니세존께 받은 가사를 마이
트레야께 바치면 그 몸이 별처럼 부서진다고 한 것이리라.
　『선문염송』에서 아난다가 카아샤파께 '세존께서 금란가사를 전함
밖에 따로 무슨 법을 전했습니까?'라고 물으니, '문 앞의 찰간대를
쓰러뜨려라〔倒却門前刹竿着〕'고 답한 카샤파의 말7) 가운데 마이트레

───────────────

7) 阿難問迦葉 世尊傳金襴外 別傳何法 迦葉召阿難 阿難應喏 迦葉云 倒却門

야께 가사를 전하고 카아샤파의 몸이 별처럼 부서졌다는 뜻의 답이
있는 것이다.

　대각련(大覺璉)선사는 '문 앞의 찰간대 꺾으라〔倒却門前刹竿着〕'는 뜻
을 다음 같이 노래로 보인다.〔선문염송 81칙〕

금란가사 밖에 다시 무엇을 전했는가.
불러서 문 앞 찰간대 꺾으라 한다.
밤에 드니 눈보라가 불어 아주 세찬데
하늘 가득 별빛이 달빛 가운데 차가웁다.

金襴之外更何傳　召向門前倒刹竿
入夜雪風吹大緊　滿天星彩月中寒

　한 생각 밖에 구할 법이 없음을 알면 도리어 보고 듣는 경계를 떠나지
않고 정법안장의 소식이 또렷이 밝음인가. 그러나 아는 뜻 뿌리〔意根〕
도 공해 취할 것 없음을 알아야 할 것이니, 심문분(心聞賁)선사는 이렇
게 노래한다.

뜻 뿌리 사라져 다함에 금란가사 받았으니
법의 곳간 옆에 찰간대를 쓰러뜨린다.
만약 카아샤파가 떨어진 곳 알았다 말한다면
스스로 오히려 눈동자 속임을 입게 되리라.

意根滅盡領金襴　法藏傍邊倒刹竿
若謂頭陁知落處　自家猶被眼睛瞒

前刹竿著

학담도 한 노래로 마이트레야 보디사트바의 보디 언약 얻음을 노래
하리라.

마이트레야 보디사트바가 붇다 언약 받으니
언약 받은 때는 어느 때에 거두어지는가.
앞으로 올 붇다 이룸은 어느 때의 가름인가
보디에는 모습 없으니 어떤 모습 있으리.

彌勒菩薩受佛記　受記時也何時攝
當來成佛何時分　菩提無相有何相

연기의 실상은 세 때가 원융하니
생각에 생각 없어 떠남과 합함 없으면
끊어짐 아니고 항상함 아니어서 한 생각 두렷하니
모든 붇다 보디 언약 지금 때에 이루어지리.

緣起實相三世融　於念無念無離合
不斷不常一念圓　諸佛記也今時成

보디에는 모습 없고 모습 아님도 없으니
닦음에 닦음 없되 행원이 가득하면
이곳은 마이트레야의 때 두렷 가득함이라
모습 없고 공도 없어 용화세계 열리리라.

菩提無相無不相　於修無修行圓滿
此處彌勒時圓滿　無相無空龍華開

2. 빛나게 꾸민 어린 이〔光嚴童子〕

붇다께서 '빛나게 꾸민 어린이〔光嚴童子〕'에게 말씀하셨다.

"네가 비말라키르티에게 가서 병문안 하라."

빛나게 꾸민 어린이가 붇다께 말씀드렸다.

"세존이시여, 저는 그분께 가서 병문안 할 수 없습니다. 왜냐하면 제가 옛날 바이샤알리 큰 성을 떠나려〔離大城〕 할 때 비말라키르티 그분이 막 성에 들려고〔入城〕 해서, 제가 곧 절하고 물어서 말한 일을 기억하기 때문입니다. 제가 말했습니다.

'거사시여, 어디서 오십니까?'

저에게 답해 말했습니다.

'나는 도량〔道場〕을 좋아옵니다.'

제가 물었습니다.

'도량은 어느 곳입니까?'

답했습니다.

'곧은 마음〔直心〕이 도량이니 헛되고 거짓이 없기 때문이고, 행을 냄〔發行〕이 도량이니 일을 이룰 수 있기 때문이며, 깊은 마음〔深心〕이 도량이니 공덕을 늘리기 때문이고, 보디의 마음이 도량이니 그릇되고 잘못됨이 없기 때문입니다.

보시가 도량이니 갚음을 바라지 않기 때문이고, 계 지님이 도량이니 원을 얻어 갖추기〔得願具〕 때문이며, 욕됨 참음이 도량이니 모든 중생에게 마음이 걸림 없기 때문이고, 정진이 도량이니 게을러 물러섬이 없기 때문이며 선정이 도량이니 마음이 고루어 부드럽기 때문이고, 지혜가 도량이니 모든 법을 드러내 보이기

〔現見諸法〕 때문입니다.

크나큰 사랑〔慈〕이 도량이니 중생에 평등하기 때문이고, 가엾이
여김〔悲〕이 도량이니 지쳐 고달픔을 참기 때문이며, 따라 기뻐함
〔喜〕이 도량이니 법을 기뻐하고 즐거워하기 때문이고, 버림〔捨〕
이 도량이니 미워함과 사랑함을 끊기 때문이며,8) 신통(神通)이
도량이니 여섯 신통〔六通〕을 성취하기 때문이고, 해탈(解脫)이 도
량이니 앞의 선정을 등져버릴 수 있기〔背捨〕9) 때문이며, 방편(方

---

8) 네 헤아릴 수 없는 마음〔四無量心, catvāri-apramānāna〕: 자비희사의
네 헤아릴 수 없는 마음. ① 자무량심(慈無量心): 중생에게 즐거움을 주
는〔與樂〕 헤아릴 수 없는 마음, ② 비무량심(悲無量心): 중생을 가엾이
여겨 괴로움을 빼내주는〔拔苦〕 헤아릴 수 없는 마음, ③ 희무량
심(喜無量心): 중생의 공덕을 따라 기뻐하는〔隨喜〕 헤아릴 수 없는 마음, ④ 사무
량심(捨無量心): 원한과 친함을 모두 버려 중생에 평등한〔平等〕 헤아릴
수 없는 마음.

9) 등져 버림〔背捨〕: 여덟 등져 버림〔八背捨〕이니 묶임을 버리기 위한 앞의
선정을 버리고 나아가는 해탈법. 번뇌의 속박에서 벗어나는 여덟 가지 선
정(禪定)을 말함.
 ① 내유색외관색(內有色外觀色)배사: 마음 안에 있는 빛깔이나 모양에 대
   한 생각을 버리기 위해 바깥 대상의 빛깔이나 모양에 대하여 부정관(不
   淨觀)을 닦음.
 ② 내무색외관색(內無色外觀色)배사: 마음에 빛깔이나 모양에 대한 생각은
   없지만 그 상태를 유지하기 위해 부정관(不淨觀)을 계속 닦음.
 ③ 정배사(淨背捨): 부정관(不淨觀)을 버리고 바깥 대상의 빛깔이나 모양의
   청정함을 살펴 탐욕이 일어나지 않고, 그 상태를 완전히 체득하여 안주함.
 ④ 공배사(空背捨): 형상에 대한 생각을 버리고 허공의 곳 살피는 선정에
   들어감.
 ⑤ 식처배사(識處背捨): 허공의 곳 살피는 선정을 버리고 앎의 곳을 살피
   는 선정에 들어감.
 ⑥ 무소유처배사(無所有處背捨): 앎의 곳을 살피는 선정을 버리고 있는 바
   없는 곳을 살피는 선정에 들어감.
 ⑦ 비상비비상처배사(非想非非想處背捨): 있는 바 없는 곳을 살피는 선정

便)이 도량이니 중생을 교화하기 때문이고 네 거둠〔四攝〕이 도량이니 중생을 거두기 때문입니다.10)

많이 들음〔多聞〕이 도량이니 들음과 같이 행하기 때문이고, 마음 누름〔伏心〕이 도량이니 모든 법을 바르게 살피기 때문이며, 서른일곱 실천법〔三十七道法〕이 도량이니 함이 있는 법〔有爲法〕을 버리기 때문이고, 네 진리〔四諦〕가 도량이니 세간을 속이지 않기 때문이며, 열두 연기〔十二緣起〕가 도량이니11) 무명(無明)에서 나아가 늙고 죽음〔老死〕에 이르기까지 다 다함없기 때문이오.

모든 번뇌〔諸煩惱〕가 바로 도량이니 실상과 같음을 알기〔知如實〕때문이고,12) 중생(衆生)이 도량이니 나 없음〔無我〕을 알기 때문이며, 온갖 법〔一切法〕이 도량이니 모든 법이 공함〔諸法空〕을 알기 때문이고, 마라 항복받음〔降魔〕이 도량이니 기울어 움직이지

을 버리고 생각도 아니고 생각 아님도 아닌 곳의 선정에 들어감.

⑧ 멸수상배사(滅受想背捨): 생각 아니고 생각 아님도 아님을 버리고 느낌과 모습 취함 사라진 선정에 들어감.

10) 네 거두는 법〔四攝法〕: 보디사트바가 중생을 거두어 안락에 이끄는 네 법. ① 널리 베풂으로 거둠〔布施攝〕, ② 사랑스런 말로 거둠〔愛語攝〕, ③ 이로운 행으로 거둠〔利行攝〕, ④ 일 같이 함으로 거둠〔同事攝〕.

11) 열두 연기〔十二緣起〕가 곧 도량: 열두 연기는 나고 나서 다함없고, 나되 남이 없으므로 그 연기에 다함이 없는 것이다. 유계존자 『무아소』는 다음 같이 말한다.

'열두 연기는 미혹과 업, 괴로움의 세 길〔惑業苦三道〕을 벗어나지 않는다. 그러나 괴로움의 길이 곧 법신이고 미혹의 길이 반야이며 업의 길이 해탈이라 연기가 미묘하니 어찌 다함이 있겠는가.'

又十二緣起 不出三道 然而苦道卽法身 惑道卽般若 業道卽解脫 緣起微妙 曷有盡哉

12) 실상과 같음을 앎〔知如實〕: 번뇌를 끊고 진여실상이 아니라 번뇌의 진실이 진여임을 앎.

않기 때문이고 삼계가 도량이니 나아가는 바가 없기 때문입니다.

　사자의 외침[師子吼]이 도량이니 두려울 바가 없기 때문이고, 여래의 열 가지 힘[十力], 네 두려움 없음[四無畏], 열여덟 함께 하지 않는 법[十八不共法]13)이 도량이니, 모든 허물이 없기 때문이며, 세 밝음[三明]14)이 도량이니 나머지 걸림[餘礙]이 없기 때문이고, 한 생각에 온갖 법을 아는 것[一念知一切法]이 도량이니 온갖 법 아는 지혜[一切智]를 성취하기 때문입니다.

　이와 같이 잘 행하는 이여, 보디사트바가 만약 모든 파라미타 (pāramita)에 응해 중생을 교화하려면 모든 짓는 것들[諸有所作] 발을 들고 내리는 것[擧足下足]까지도 다 도량을 좇아 와서 붇다의 법에 머문 줄 알아야 하오.'

　이 법을 설할 때 오백 하늘 사람이 다 아누타라삼먁삼보디의 마음을 내었습니다. 그러므로 저는 그분께 가서 병문안 할 수 없

---

13) 붇다의 다른 중생과 함께 하지 않는 열여덟 법[十八不共法]: ① 몸의 업에 잃음이 없음[身無失], ② 입의 업에 잃음이 없음[口無失], ③ 뜻의 업에 잃음이 없음[念無失], ④ 중생에 평등한 마음[無異想], ⑤ 선정인 마음의 평화[無不定心], ⑥ 온갖 중생을 버리지 않는 마음[無不知已捨心], ⑦ 중생을 제도하려는 원에 줄어듦이 없음[欲無減], ⑧ 중생 제도의 정진에 줄어듦이 없음[精進無減], ⑨ 중생 제도하려는 생각에 줄어듦이 없음[念無減], ⑩ 중생 제도하는 지혜에 줄어듦이 없음[慧無減], ⑪ 해탈에 줄어듦이 없음[解脫無減], ⑫ 해탈지견에 줄어듦이 없음[解脫知見無減], ⑬ 온갖 몸의 업이 지혜의 행을 따름[一切身業隨智慧行], ⑭ 온갖 입의 업이 지혜의 행을 따름[一切口業隨智慧行], ⑮ 온갖 뜻의 업이 지혜의 행을 따름[一切意業隨智慧行], ⑯ 지혜의 지견이 과거세에 걸림 없음[智慧知見過去世無礙], ⑰ 지혜의 지견이 미래세에 걸림 없음[智慧知見未來世無礙], ⑱ 지혜의 지견이 현재세에 걸림 없음[智慧知見現在世無礙].

14) 세 밝음[三明]: 하늘눈의 밝음[天眼明], 오랜 목숨 아는 밝음[宿命明], 번뇌의 샘 다한 밝음[漏盡明].

습니다."

佛告光嚴童子 汝行詣維摩詰問疾 光嚴白佛言 世尊 我不堪任詣彼問疾
所以者何 憶念我昔出毗耶離大城 時維摩詰方入城 我即爲作禮而問言 居
士從何所來 答我言 吾從道場來 我問道場者何所是

答曰 直心是道場 無虛假故 發行是道場 能辦事故 深心是道場 增益功德
故 菩提心是道場 無錯謬故 布施是道場 不望報故 持戒是道場 得願具故
忍辱是道場 於諸衆生心無礙故 精進是道場 不懈退故 禪定是道場 心調柔
故 智慧是道場 現見諸法故

慈是道場 等衆生故 悲是道場 忍疲苦故 喜是道場 悅樂法故 捨是道場
憎愛斷故 神通是道場 成就六通故 解脫是道場 能背捨故 方便是道場 教
化衆生故 四攝是道場 攝衆生故 多聞是道場 如聞行故 伏心是道場 正觀
諸法故 三十七品是道場 捨有爲法故 諦是道場 不誑世間故 緣起是道場
無明乃至老死皆無盡故

諸煩惱是道場 知如實故 衆生是道場 知無我故 一切法是道場 知諸法空
故 降魔是道場 不傾動故 三界是道場 無所趣故

師子吼是道場 無所畏故 力無畏不共法是道場 無諸過故 三明是道場 無
餘礙故 一念知一切法是道場 成就一切智故

如是善男子 菩薩若應諸波羅蜜教化衆生 諸有所作擧足下足 當知皆從道
場 來住於佛法矣

說是法時 五百天人 皆發阿耨多羅三藐三菩提心 故我不任詣彼問疾

평석

중생이 중생이 아니므로 깨친 중생이 보디사트바의 이름을 얻고 번뇌
를 돌이켜 보디에 니아가는 자를 보디사드바라 하므로 보디사트바에
정해진 모습이 없다. 그러므로 이미 여래로부터, 오는 세상 붇다 이룰

언약을 받고 물러섬이 없는 지위의 행을 이룬 마이트레야도 보디사트바라 이름하고, 번뇌의 마음을 돌이킨 범부[廻心凡夫], 지금 닦아가는 슈라마나와 첫 마음[初心]의 보디사트바도 보디사트바라 이름한다.

어린이가 어린이가 아니고 나이든 어른이 어른이 아니라 마음을 돌이키면 어린이도 보디사트바가 되고 나이든 어른도 보디사트바가 된다.

또 재가와 출가, 남자나 여자도 모두 보디에 마음을 돌이키면 보디사트바라 이름한다. 그러므로 『아가마 수트라[阿含經]』에서도 여래께서는 나이 어려 출가해서 사미의 몸으로 사마디를 얻고 지혜를 얻은 어린이를 크게 칭찬하며, 여래의 설법을 들으면서 졸기만 하는 장로비구에게 '나이 들었다고 장로(長老)가 아니고 이 사미가 장로이다'라고 하신 것이다.

빛나게 꾸민 어린이는, 나이 어리지만 만 가지 행, 만 가지 착함[萬行萬善]으로 스스로의 삶을 꾸며 이름이 '빛나게 꾸민 어린이'인 것이다.

어린이는 바이샬리성을 나서려 하고 비말라키르티는 성안으로 들어오려는데 '어디서 오십니까?' 물어서, '도량에서 옵니다'라고 답하니 그 말의 뜻은 무엇일까?

도량(道場)은 곳[處所]이다. 우리가 움직일 때 오고 가는 곳은 가고 오는 행위를 떠나 없고 행위는 마음을 떠나 없다. 곧은 마음[直心] 깊은 마음[深心]으로 오는 이는, 깊고 곧은 처소에서 오는 것이니 그 오는 곳이 진리의 도량이 되는 것이다.

곧 만행은 진리의 처소에서 일어나 진리에 가는 행이니 만행(萬行)은 도량의 인행[道場因]이고 도량(道場)이라 말하는 것은 인행 가운데서 과덕을 말함[因中說果]이다. 만행은 니르바나의 모습 없는 바탕에서 일어나 니르바나에 이끄는 행이다.

마음인 도량에서 만행의 발걸음이 일어나면 걸음걸음이 도량에서 일어나고 걸음걸음이 도량을 떠나지 않는다. 천태선사의 성품과 닦음이 둘이 아닌 뜻[性修不二之義]으로 보면, 온전한 성품인 곳 성품의 땅이 닦음을 일으키고 온전한 닦음이 곧 성품인 곳인 것이다[全性起修 全修卽性].

이 성품과 닦음 둘이 아닌 중도의 뜻[性修不二, 修悟不二中道之義]이 곧 단박 깨쳐 단박 닦음[頓悟頓修]이니 성품인 닦음 그 중도의 뜻은 점차 닦음[漸修], 단박 깨침[頓悟], 단박 깨쳐 점차 닦음[頓悟漸修]을 깨뜨리지 않는다. 이 연기 중도의 뜻[緣起中道義] 밖에 '붇다의 마음의 종지[佛心宗]'를 세울 수 없다.

비말라키르티는 곧은 마음[直心], 행을 냄[發行], 깊은 마음[深心], 보디의 마음[菩提心]이 도량이라 하니, 이 네 마음[四心]은 『기신론』의 세 마음의 뜻[三心義]과 합한다.

『기신론』에서 진리이자 지혜인 삼보에의 귀의는 다음 세 마음[三心]에 돌아감이다. 세 마음에서 첫째는 곧은 마음이니 진여를 바로 생각하기 때문이고[正念眞如故], 둘째는 깊은 마음이니 온갖 착한 행[一切善行]을 즐거이 모으기 때문이며, 셋째는 크게 슬피 여김의 마음이니 온갖 중생의 괴로움을 빼내 주려하기 때문이다.

지금 본 경에서 곧은 마음은 논의 첫째 이름과 뜻이 같으며, 셋째 깊은 마음도 논의 둘째 이름과 뜻에 같다. 넷째 보디의 마음은 논의 셋째 대비의 마음[大悲心]과 이름은 다르나 뜻은 같다. 그것은 곧 네 넓은 서원[四弘誓願] 갖춘 큰 보디 가운데, 중생 건짐의 서원이 있고 다른 세 원이 있기 때문이다.

경의 둘째 행을 냄[發行]이란 『기신론』의 두 번째 깊은 마음의 온갖 모든 착한 행[一切善行] 즐거이 모음을 말한다. 그러므로 경의 네 마음은 『기신론』의 세 마음[三心]인 것이다.

곧은 마음이 도량이라는 첫째 귀절을 살펴보자. 곧은 마음은 이것과 저것, 있음과 없음에 치우침 없는 마음이다. 곧 이 말은 생각에 생각 없는 바른 생각으로 진여를 생각함〔正念眞如〕이니 생각에 생각 없으면 곧 진여이고 생각 없음에 생각 없음도 없으면 곧 생각 없는 생각이 진 여인 세계의 실상을 생각함이기 때문이다. 또 진여의 진리인 곧고 바른 생각이 생각 없되 생각 없음도 없어 모든 행을 이끄는 머리가 되니 곧 깊고 깊은 마음이 온갖 착한 행 즐거이 모음이다.

천태선사 『마하지관』 '열 수레의 살피는 법〔十乘觀法〕'에서 첫째 사 유하고 말할 수 없는 경계를 살핌〔觀不思議境〕과 같다. 이 살핌은 살피 는 바 세 가지 경계〔陰入界境: 쌓임·들임·법의 영역〕가 곧 진여인 경계 라고 살핌이다. 살피는 바가 진여인 경계이면 모습에 모습 없음이니 살피는 생각 또한 생각에 생각 없다.

살피는 바 모든 경계〔所觀境〕 모든 법〔諸法〕을 마음〔心〕에 거두면, 한 생각으로 마음에 마음 없음〔於心無心〕을 살피는 것이 곧 한 생각으로 삼제의 경계〔三諦境〕를 살핌이다. 그러니 한 생각〔一念〕으로 생각에 생 각 없음〔於念無念〕을 살피는 한 수레가, 뒤 아홉 살핌의 수레〔九乘觀行〕 와 아홉 살피는 바 경계〔所觀境〕를 거둔다.

이를 닦음〔修〕과 성품〔性〕으로 보면, 경계의 모습에 모습 없음을 살 피는 것이 닦음인 성품을 이루고 뒤 아홉 수레의 살핌은 성품인 닦음을 이룬다.

두렷이 단박 행하는 사람〔圓頓人〕이라면 지관에 교묘히 편안히 함〔巧 安止觀〕 등 아홉 수레가 '온전한 성품이 닦음을 일으킴〔全性起修〕'이고, 온전한 닦음이 성품에 있는〔全修在性〕' 중도의 뜻을 이룬다.

열 수레의 두 번째 수레는 '참되고 바르게 보디의 마음 냄〔眞正發菩提 心〕'이니, 경의 보디의 마음과, 천태선사 살핌의 수레에서 보디의 마음 냄은 둘이 아니다.

경에서 뒤에 벌린 여러 행은 바로 진여를 생각하는 바른 마음으로,

보디의 마음 낼 때, (생각에 생각 없음을 살펴 생각이 생각 없는 생각이 될 때) 온갖 행이 일어나고 다시 그 행이 온전히 진리 도량(道場)의 행이 되어, 보디의 공덕 갖추게 됨을 나타낸다.

영가선사 또한 『증도가』에서, 온갖 실천법이 진여인 진리의 도량에서 일어난 바라, 에카야나 하나인 수레〔ekayāna, 一乘〕의 지혜가 끝내 삶 안에 중도실상을 온전히 현전케 함을 이렇게 노래한다.

결정된 그 말씀 참된 일승 보임이여,
어떤 사람 안 믿으면 그 뜻대로 맡겨두라.
근원을 바로 끊음 붇다께서 인가하니
잎을 따고 가지 찾음 나는 그 짓 할 수 없네.

決定說　表眞乘　有人不肯任情徵
直截根源佛所印　摘葉尋枝我不能

가는 것도 선이요 앉음 또한 선이니
말하거나 말 않거나 움직이고 고요함에
삶의 바탕 언제나 편안하고 넉넉하네.
날선 칼날 만나도 마음 항상 태평하고
독약을 마신대도 조용하고 한가하네.

行亦禪　坐亦禪　語默動靜體安然
縱遇鋒刀常坦坦　假饒毒藥也閑閑

학담도 한 노래로 도량을 좇아 가고 오는 보디사트바의 발걸음을 노래하리라.

안과 밖에 나오고 들어감 늘 하는 일인데

어느 곳 좇아오는가 물음이 기특하고
도량을 좇아온다 답함이 기이하다.
무엇을 도량이라 하고 어느 곳이 이곳인가.

出入內外恒茶飯　從何所來問奇特
從道場來答也奇　何名道場何處是

진여인 만 가지 행이 이 도량이라
행 그대로 진여이니 닦음이 성품에 있음이고
참됨 그대로 만행이니 성품이 닦음 일으킴에
단박 깨쳐 단박 닦아 성품 닦음 하나이네.

眞如萬行是道場　卽行眞如修在性
卽眞萬行性起修　頓悟頓修性修一

비록 성품 닦음 본래 둘 아니라고 말하나
사람 위한 인연으로 여러 방편 베풀어
단박 행하고 점차 행함으로 여러 중생 이끄니
진리도량 좇아 옴이라 끝내 함이 없네.

雖曰性修本不二　爲人因緣設方便
頓漸諸行引諸衆　從道場來終無爲

3. 세간 지니는 보디사트바〔持世菩薩〕

붇다께서 '세간 지니는 보디사트바〔持世菩薩〕'에게 말씀하셨다.

"그대가 비말라키르티에게 가서 병문안 하라."

'세간 지니는 보디사트바'가 붇다께 말씀드렸다.

"세존이시여, 저는 그에게 가서 병문안 할 수 없습니다. 왜냐하면 저는 옛날 고요한 방에 머물고 있을 때를 기억해 생각하기 때문입니다. 그때 마라(māra)의 왕 파아피야스(pāpiyas)가 만 이천 하늘 여인을 거느렸는데, 모습이 '샤크라인드라 하늘왕〔帝釋〕'과 같아 북을 두드려 연주하고 노랫가락을 타며 제가 있는 곳에 왔습니다. 그 붙이들과 더불어 나의 발에 머리 숙여 절하고 손을 모아 공경히 한쪽에 서 있었습니다.

저는 속으로 샤크라왕이라 생각하여 말했습니다.

'잘 오셨소, 카우시카(Kauśika)여. 비록 복이 있다 하지만 스스로 놓아 지내서는 안 됩니다. 다섯 욕망이 덧없음을 살펴서 착한 바탕을 구하여, 몸〔身〕과 목숨〔命〕과 재물〔財〕에서 굳센 법을 닦아야 합니다.'

그러자 바로 저에게 말했습니다.

'바르고 크신 분이시여, 이 '만 이천 하늘 여인'을 받아주시어 비질해 쓸고 물 뿌리도록 하십시오.'

제가 말했습니다.

'카우시카여, 이 법답지 않은 것들로 '슈라마나인 샤카무니의 제자〔沙門釋子〕'인 나에게 강요하지 마시오. 이들은 나에게 맞는 것이 아니오.'

말이 채 마치기 전에 비말라키르티가 저에게 와서 말했습니다.

'샤크라인드라 하늘왕이 아니오. 이는 마라(māra)가 와서 그대를 놀리는 것일 뿐이오.'

그러고는 바로 마라에게 말했습니다.

'이 모든 여인들을 나에게 주라. 나라면 받아들일 수 있다.'

마라는 곧 놀라고 두려워 이렇게 생각했습니다.

'비말라키르티가 나를 괴롭히지나 않을까?'

모습을 숨기고 가려고 하나 숨길 수 없었고 그 신묘한 힘을 다했으나 또한 갈 수 없었습니다. 그러자 허공 가운데서 소리가 들렸습니다.

'파피야스여, 여인들을 그에게 주면 갈 수 있으리라.'

마라가 두려워 몸을 숙였다가 우러르며 주었습니다.

佛告持世菩薩 汝行詣維摩詰問疾 持世白佛言 世尊 我不堪任詣彼問疾
所以者何 憶念我昔 住於靜室時 魔波旬從萬二千天女 狀如帝釋 鼓樂絃歌
來詣我所 與其眷屬稽首我足 合掌恭敬於一面立 我意謂是帝釋 而語之言

善來憍尸迦 雖福應有不當自恣 當觀五欲無常以求善本 於身命財而修堅
法 卽語我言

正士 受是萬二千天女可備掃灑 我言 憍尸迦 無以此非法之物 要我沙門
釋子 此非我宜 所言未訖時 維摩詰 來謂我言

非帝釋也 是爲魔來嬈固汝耳 卽語魔言 是諸女等可以與我 如我應受 魔
卽驚懼念 維摩詰將無惱我 欲隱形去而不能隱 盡其神力亦不得去 卽聞空
中聲曰 波旬 以女與之乃可得去 魔以畏故俛仰而與

그때 비말라키르티가 여러 여인들에게 말했습니다.

'마라가 그대들을 나에게 주었으니, 이제 그대들은 아누타라삼먁삼보디의 마음을 내야 한다.'

그러고는 곧 맞음을 따라 그들을 위해 법을 설하여 도의 뜻〔道意〕을 내도록 하였습니다. 다시 말했습니다.

'그대들은 이미 도의 뜻을 내어서 법의 즐거움〔法樂〕이 있으니 스스로 즐길 수 있다. 그러니 다시 다섯 욕망의 즐거움〔五欲樂〕을 즐기지 않아야 한다.'

하늘 여인들이 곧 물었습니다.

'무엇을 법의 즐거움〔法樂〕이라 합니까?'

답해 말했습니다.

'늘 붇다〔佛〕믿기를 즐거워하고 법(法) 들으려 함을 즐거워하며, 상가대중〔衆〕공양하기를 즐거워하며, 다섯 욕망 떠나기를 즐거워하고, 다섯 쌓임을 원수와 도적같이 살피기를 즐거워하며, 네 큰 요인〔四大〕을 독한 뱀과 같다 살피기를 좋아하며, 안의 들임〔內入〕이 빈 무더기와 같다 살피기를 좋아함이다.

그리고 도의 뜻〔道意〕을, 따라 보살피기〔隨護〕즐거워하고, 중생 이롭게 하길 즐거워하며, 스승 공경히 모시길 즐거워하고, 널리 보시 행함을 즐거워하고, 계행 굳건히 지킴을 즐거워하며, 욕됨을 참고 부드럽게 어울림〔忍辱柔和〕을 즐거워하고, 착한 뿌리 권하기를 즐거워하며, 선정(禪定)의 어지럽지 않음을 즐거워하고, 때를 떠나〔離垢〕밝은 지혜〔明慧〕를 즐거워함이다.

보디의 마음 넓히기를 즐거워하고, 뭇 마라 항복받기를 즐거워하며, 모든 번뇌 끊기를 즐거워하며, 붇다의 국토 깨끗이 하기〔淨佛國土〕를 즐거워하고, 좋은 모습〔相好〕의 성취를 즐거워하기 때문에 모든 공덕을 닦으며, 도량 장엄하기〔嚴道場〕를 즐거워하고, 깊은 법 들어 두려워하지 않음을 즐거워하고, 세 해탈문〔三

脫門]을 즐거워함이다.

때 아닌 때[非時]를 즐거워하지 않으며, 배움 같이 하는 이[同學] 가까이 하기를 즐거워하며, 배움 같이하지 않는 이들 가운데서 마음에 걸림 없기[心無罣礙]를 즐거워하고, 나쁜 스승[惡知識] 보살펴주는 것을 즐거워하고, 옳은 스승[善知識] 가까이 모시기를 즐거워하며, 마음이 기뻐 청정함을 즐거워하고, 헤아릴 수 없는 실천법[道品] 닦기를 즐거워하는 것이다. 이것이 보디사트바의 법의 즐거움이다.'

이에 파아피야스가 여러 여인들에게 말했다.

'나는 너희들하고 같이 하늘 궁에 돌아가려고 한다.'

여러 여인들이 말했다.

'우리들을 이 거사님께 주어서 법의 즐거움[法樂]이 있으니 저희들은 매우 즐겁습니다. 다시 다섯 욕망의 즐거움을 즐기지 않겠습니다.'

마라가 말했다.

'거사시여, 이 여인들을 놓아 주십시오. 온갖 가지고 있는 것을 남들에게 베푸는 것 이것이 보디사트바입니다.'

비말라키르티가 말했습니다.

'나는 이미 버렸다. 그대는 곧 데리고 가서 온갖 중생이 법의 원[法願] 갖춤을 얻도록 하라.'

爾時維摩詰語諸女言　魔以汝等與我　今汝皆當發阿耨多羅三藐三菩提心卽隨所應而爲說法令發道意　復言　汝等已發道意　有法樂可以自娛　不應復樂五欲樂也

天女卽問　何謂法樂　答言　樂常信佛　樂欲聽法　樂供養衆　樂離五欲　樂觀五陰如怨賊　樂觀四大如毒蛇　樂觀內入如空聚　樂隨護道意　樂饒益衆生　樂

敬養師 樂廣行施 樂堅持戒 樂忍辱柔和 樂勤集善根 樂禪定不亂 樂離垢
明慧

樂廣菩提心 樂降伏衆魔 樂斷諸煩惱 樂淨佛國土 樂成就相好故修諸功德
樂嚴道場 樂聞深法不畏 樂三脫門不樂非時 樂近同學 樂於非同學中心無
恚礙 樂將護惡知識 樂親近善知識 樂心喜清淨 樂修無量道品之法 是爲菩
薩法樂

於是波旬告諸女言 我欲與汝俱還天宮 諸女言 以我等與此居士 有法樂我
等甚樂 不復樂五欲樂也 魔言 居士可捨此女 一切所有施於彼者 是爲菩薩
維摩詰言 我已捨矣 汝便將去 令一切衆生得法願具足

그러자 여러 여인들이 비말라키르티에게 물었다.

'저희들은 어떻게 마라의 궁〔魔宮〕에 머물러야 합니까?'

비말라키르티가 말했습니다.

'여러 누이들이여, 법문이 있으니 다함없는 등〔無盡燈〕15)이라
이름한다. 너희들이 배워야 하니 다함없는 등이란, 비유하자면
한 등이 백 천 등불을 켜면 어두운 것이 다 밝아져, 밝음이 끝내
다하지 않음과 같다.

이와 같이 여러 누이들이여, 대저 한 보디사트바가 백 천 중생
을 열어 이끌어 아누타라삼먁삼보디의 마음을 내게 하면, 그 도
의 뜻〔道意〕에도 또한 사라져 다함이 없어, 설한 법을 따라 스스
로 온갖 착한 법을 늘리는 것과 같으니 이를 다함없는 등〔無盡
燈〕이라 이름한다.

너희들이 비록 마라의 궁에 머물더라도 이 다함없는 등으로 셀

---

15) 다함없는 등〔無盡燈〕: 바른 지혜는 세간법의 나고 사라짐이 나고 사라
짐 없음을 체달한 지혜이다. 그러므로 지혜의 등을 밝힌 보디사트바는 나
고 사라짐이 없는 곳에서 지혜의 등불을 밝혀 세간의 어두움을 깨뜨리되
다함이 없고 쉼이 없는 것이다.

수 없는 하늘의 남자와 하늘의 여인들이 아누타라삼약삼보디의 마음을 내도록 하면, 붇다의 은혜를 갚는 것〔報佛恩〕이며 또한 온갖 중생을 크게 이익 되게 하는 것〔大饒益〕이다.'

그때 하늘 여인들이 비말라키르티의 발에 얼굴을 대어 절하고, 마라를 따라 궁에 돌아가 홀연히 나타나지 않았습니다.

세존이시여, 비말라키르티가 이와 같이 자재하고 신묘한 힘과 지혜와 변재가 있습니다. 그러므로 저는 그에게 가서 병문안 할 수 없습니다."

於是諸女問維摩詰 我等云何止於魔宮 維摩詰言 諸姉有法門名無盡燈 汝等當學 無盡燈者 譬如一燈燃百千燈 冥者皆明 明終不盡 如是諸姉 夫一菩薩開導百千衆生 令發阿耨多羅三藐三菩提心 於其道意亦不滅盡 隨所説法而自增益一切善法 是名無盡燈也

汝等雖住魔宮 以是無盡燈 令無數天子天女 發阿耨多羅三藐三菩提心者 爲報佛恩 亦大饒益一切衆生 爾時天女 頭面禮維摩詰足 隨魔還宮忽然不現

世尊 維摩詰有如是自在神力智慧辯才 故我不任詣彼問疾

평석

지세(持世) 보디사트바는 '세간 지니는 보디사트바'이다.

보디사트바의 뜻이 깨친 중생〔覺衆生〕, 마음이 큰 범부〔大心凡夫〕라 한다면 보디사트바는 이 세간의 땅을 떠남이 없이, 세간 속에서 보디 (bodhi) 해탈(mokṣa)의 도를 구현하는 자이다.

세간은 선과 악, 옳고 그름이 서로 부딪히며 어울려 이루어져 가는 세계이다. 보디사트바가 깨침을 지향하고 깨친 중생이라면, '세간 지니는 보디사트바'는 선악의 굴레에 갇혀있는 자가 아니라 매순간 '무엇이 선이고 악이며, 무엇이 옳음이고 바름인가'를 물으며, 악을 돌이켜 착함을 실현하고 세상을 풍요와 번영, 정의와 평화의 땅으로 꾸려가는 자일 것이다.

여래 세존께서 '세간 지니는 보디사트바'에게 비말라키르티에게 병문안 하도록 분부하심은 왜일까. 이는 비말라키르티의 입을 통해, 옳고 그름의 대립과 세간의 다툼을, '그렇지 않되 그렇지 않음도 아닌〔不然而無不然〕 크게 그러한〔大然〕 긍정의 세계'로 나아가도록 미망의 중생에게 일깨워주심일 것이다.

악한 마라는 세간 보살피는 하늘왕〔天王〕의 모습을 나투어, '세간 지니는 보디사트바'에게 아름다운 하늘 여인을 맡겨주려 한다.

비말라키르티가 나서서 그 은혜 베풀려는 자가 하늘왕이 아니라 악한 마라(māra)의 왕임을 일깨워줌은 우리에게 무엇을 보여주려 함인가.

마라의 왕이란 악의 의지로 닦음의 악〔修惡〕을 일으키는 위력 있는 자를 말한다. 마라는 마라가 아니라 마라의 행위가 마라를 짓는 것이니, 마라는 마라의 짓을 일으키거나 마라이면서 착함과 옳음을 거짓으로 꾸밀 수 있다.

그러나 마라의 짓은 성품의 악〔性惡〕이 악 지음으로 일어난 것이므로 악 지음과 악 닦음〔修惡〕이 성품의 악〔性惡〕인 줄 알면, 악 닦음을 성품의 악으로 굴려 악한 길의 중생을 건질 수 있다.

악을 실로 있는 악으로 규정해 그 악을 피하거나 깨뜨리려 해도, 악 닦음을 그치게 할 수 없으며, 그 그름〔非〕이 그름〔非〕인 줄 모르고 동조해도 그 악은 역사에서 지양될 수 없다.

악은 악 아니되 악 아님도 아닌 줄 알아야 악을 시정하되, 보다 큰 긍정의 땅에서 악을 성품의 악에서 선악을 잘 굴려 쓰는 닦음의 행으로 바꿀 수 있다.

그것이 경에서 비말라키르티가 마라왕의 여인들을 받아들여 탐욕의 즐거움〔欲樂〕을 법의 즐거움〔法樂〕으로 돌이켜 주는 뜻이다. 성품의 악〔性惡〕을 알아 닦음의 악〔修惡〕을 그치고, 짐짓 '악 아닌 악'을 지어 삶들을 교화하면, 그가 참으로 잘 '세간 지니는 자〔持世〕'이며 물든 세간에서 스스로 물듦 없이 세간을 법의 향〔法香〕으로 장엄하는 보디사트바일 것이다.

선과 악이 인연을 따라 일어나 공한 줄 알되, 선도 아니고 악도 아님에 머물지 않으면, 그가 성품의 악〔性惡〕과 성품의 선〔性善〕을 알아, 악 닦음을 그치고 성품의 선과 성품의 악을 지음 없이 지어, 세간을 복덕의 땅, 풍요의 땅으로 만들어가고 지니어가는 보디사트바일 것이다.

왜 악이 다만 악이 되고 마라가 다만 마라가 되는가. 그것은 선(善)을 선(善)이라고 하여 악(惡)이 구제될 수 없는 악으로 규정되기 때문이 아닌가. 붇다(buddha, 佛)와 다르마(dharma, 法)에, 붇다와 다르마라는 집착을 일으키므로 오히려 마라의 세계가 마라의 땅이 되고, 마라가 다만 마라가 되는 것이리라.

다음 수트라의 이야기를 들어보고 이 뜻을 살펴보자.〔선문염송 60칙〕

『모든 붇다들의 요점을 모은 경〔諸佛要集經〕』에 말했다.

하늘왕 여래〔天王如來〕께서 만주스리보디사트바가 홀연히 붇다라는 견해〔佛見〕, 다르마라는 견해〔法見〕를 일으킴으로 인해, '두 쇠로 둘러 싸인 산의 지옥〔二鐵圍山〕'에 빠뜨렸다.

이에 대해 설두현(雪竇顯) 선사가 말을 내려보였다.

만주스리는 붇다라는 견해〔佛見〕, 다르마라는 견해〔法見〕를 일으켜 두 쇠로 둘러싼 산 가운데 떨어졌고, 납승은 붇다라는 견해, 다르마라는 견해를 일으켜 다섯 가닥 서까래 밑에 줄지어 있는데, 푸른 산봉우리〔翠峰〕가 붇다라는 견해, 다르마라는 견해를 일으키면 누가 엿볼 수 있겠는가.

대신 말했다.

저울과 자가 손에 있도다〔秤尺在手〕.16)

이 공안(公案)은 무엇을 보이고 있는가. 만주스리는 붇다와 법이라는 견해로 지옥에 떨어졌고 우리들 납자들은 붇다와 법이라는 견해를 일으켜 지금 출가 승려의 몸으로 아란야의 서까래 밑에 줄지어 있다. 이처럼 취할 붇다라는 견해를 일으킴으로, 버릴 저 철위산의 지옥고통이 분별되나, 마음 없이 수메루산 같은 분별을 낸다면 엿보아 취할 허물이 어디 있겠는가.

옳고 그름이 옳고 그름이 아니나 옳음을 옳음 아닌 옳음으로 세울 수 있어야, 이 참아야만 살 수 있는 사바(sabbhā)의 땅〔忍土〕에서 세간을 잘 지니어 견딜 수 있으며, 이 세간 복덕의 행을 잘 지어갈 수 있는 것이리라.

옳음이 옳음이 아니나 옳음 아님도 아니니 그것을 무엇으로 판단하는가. 저울과 자가 내 손에 있으니 선과 악이 공한 줄 알되 공도 공한 줄 아는 지혜의 잣대를 스스로 쥐어야 하리라.

영가선사의 『증도가』는 말한다.

그름이 그름이 아니고 옳음이 옳음 아니나
털끝만큼 어긋나도 천리나 벌어진다.
옳음에 용의 딸이 단박 붇다를 이루고
그름에 선성비구 산채로 지옥 떨어지네.

非不非 是不是 差之毫釐失千里
是卽龍女頓成佛 非卽善星生陷墜

---

16) 諸佛要集經云 天王如來 因文殊師利 忽起佛見法見 貶向二鐵圍山
雪竇顯垂語云 文殊起佛見法見 貶向二鐵圍山 衲僧起佛見法見 列在五條椽
下 翠峰起佛見法見 誰敢覷着 代云秤尺在手

옳고 그름이 공하나 옳음은 옳음이고 그름은 그름이니, 옳고 그름을
모두 죽여, 그렇지 않되 크게 그러함[不然之大然]의 땅에 세워야 하리라.
『증도가』는 다시 이렇게 노래한다.

대장부가 지혜의 칼 잡아 휘두르니
지혜의 칼날이여, 금강의 불꽃 튀네.
다만 저 바깥 길의 마음 꺾을 뿐 아니라
벌써 하늘 마라 간과 쓸개 떨어졌네.

大丈夫 秉慧劍   般若鋒兮金剛焰
非但能摧外道心   早曾落却天魔膽

학담도 한 노래로 비말라키르티 보디사트바의 뜻을 기리리라.

세간의 선악은 본래 비어 고요하니
옳고 그름 선과 악을 모두 막고 모두 비추면
시비 바다 속에서 자재하게 다니며
번뇌의 티끌 가운데서 복밭을 지으리라.

世間善惡本空寂   是非善惡雙遮照
是非海裏自在行   煩惱塵中作福田

세간의 나고 사라짐이 본래 진여이니
한 등을 켤 때에 다함없는 등을 밝히리라.
마라궁전이 변하여 상가라마가 되리니
마라의 붙이들과 더불어 정토를 장엄하리.

世間生滅本眞如   燃一燈時明無盡
魔宮變爲僧伽藍   與諸魔眷嚴淨土

4. 장자의 아들, 좋은 덕〔善德〕

붇다께서 장자의 아들, 좋은 덕에게 말씀하셨다.

"그대가 비말라키르티에게 가서 병문안 하라."

좋은 덕이 붇다께 말씀드렸다.

"세존이시여, 저는 그분께 가서 병문안 할 수 없습니다.

왜인가요. 제가 옛날 스스로 아버지의 집에서 '큰 베풂의 모임〔大施會〕'을 열어 온갖 슈라마나(śramaṇa)와 브라마나(brāhmaṇa) 나아가 여러 바깥길 닦는 이들, 가난한 이들, 아래의 천한 이들, 외로운 이들, 비는 이들〔乞人〕에게 공양할 때를 기억해 생각하기 때문입니다. 기한이 이레〔七日〕를 채울 무렵 그때 비말라키르티가 와서 모임 가운데 들어와 저에게 이렇게 말했습니다.

'장자의 아들이여, 대저 큰 베풂의 모임은 그대가 연 것과 같아서는 안 되오, 법으로 베푸는 모임〔法施會〕이 되어야 하는데 어찌 재물만을 베푸는 모임〔財施會〕을 여는 것이오.'

제가 거사에게 말했습니다.

'무엇이 법을 베푸는 모임입니까?'

그분이 이렇게 대답했습니다.

'법을 베푸는 모임이란, 앞도 없고 뒤도 없이 한때에 온갖 중생에게 공양하는 것 이를 법을 베푸는 모임이라 이름하오. 무엇을 말하는가요. 보디(bodhi)로써 큰 사랑의 마음〔慈心〕을 일으켜 중생을 건져주고, 크게 가엾이 여기는 마음〔大悲心〕을 일으키며, 바른 법 지님으로 기쁨의 마음〔喜心〕을 일으키고, 평등한 마음〔捨心: upekṣa〕으로 지혜의 행을 거둠이오.17)

아끼고 탐냄을 거두어 다나파라미타를 일으키고, 계 범함을
교화하려고 실라파라미타를 일으키며, 나없는 법[無我法]으로
찬티파라미타를 일으키고, 몸과 마음의 모습 떠남으로 비리야
파라미타를 일으키며, 보디의 모습으로 디야나파라미타를 일으
키고, 온갖 것 아는 지혜[一切智]로 프라즈냐파라미타를 일으키
는 것이오.18)

17) 네 헤아릴 수 없는 마음[四無量心, catvāri-apramānāna]: 자비희사
의 네 헤아릴 수 없는 마음. ① 자무량심(慈無量心): 중생에게 즐거움을
주는[與樂] 헤아릴 수 없는 마음. ② 비무량심(悲無量心): 중생을 가엾
이 여겨 괴로움을 빼내주는[拔苦] 헤아릴 수 없는 마음. ③ 희무량심(喜
無量心): 중생의 공덕을 따라 기뻐하는[隨喜] 헤아릴 수 없는 마음. ④
사무량심(捨無量心): 원한과 친함을 모두 버려 중생에 평등한[平等] 헤
아릴 수 없는 마음.

18) 여섯 파라미타[六波羅蜜, sat-pāramitā]: 연기론의 해탈은 행위를 통
해 이루어지고 행위를 통해 발현되니 그 해탈관을 단적으로 보여준 교설
이 초기불교의 팔정도(八正道)이고, 대승불교의 여섯 파라미타의 교설이
다. 여섯 파라미타는 팔정도의 시대적 구성이니 팔정도 밖에 따로 있는
가르침이라 보아서는 안 된다. 그리고 팔정도는 보디에 이르는 실천의 구
체성을 나타내기 위해 여섯 이름을 세운 것이라 그 실천이 따로 따로 있
는 가르침이라 보아서는 안 되니, 여섯 파라미타 행이 모두 프라즈냐 파
라미타가 이끄는 행이고, 파라미타의 닦음은 닦음 없는 성품의 행이며[全
修卽性] 니르바나의 성품이 일으킨 행이다[全性起修].
  선종(禪宗)의 많은 이들이 육바라밀은 세 아상키야 칼파를 닦아서 보디
이루는 법이고, 돈오법(頓悟法)이 아니라고 말한다. 그러나 이는 과정으
로 주어지는 파라미타의 행을 단절되고 나뉜 법이라 생각하는 병폐를 깨
기 위해 세 아상키야 기나긴 칼파에 닦아가는 법이라고 방편으로 한 말
이지 수트라의 본뜻이 아니다.
  경교의 뜻은 닦음과 깨침을 두 길로 말하지 않는다. 세 아상키야 칼파의
행으로 표현된 여섯 파라미타는 성품과 닦음이 둘이 아닌 관점[性修不二
門]에서, 닦음과 깨침이 중도인 실천행[修悟不二]이 삶의 전 과정에서 끊
어짐 없이 영구운동의 행으로 이어지는 것으로 보아야 한다.

중생을 교화하려고 공함〔空〕의 해탈법을 일으키고, 함이 있는 법〔有爲法〕을 버리지 않고 모습 없음〔無相〕의 해탈법을 일으키며, 태어남 받는 것을 보여 나타내되 지음 없음〔無作〕의 해탈법을 일으키고, 바른 법 보살펴 지니려고 방편의 힘〔方便力〕을 일으키는 것이오.

중생을 건네주려고 네 거두는 법〔四攝法〕19)을 일으키고, 온갖 분들 공경히 섬김으로 교만 없애는 법을 일으키며, 몸과 목숨 재물〔身命財〕에서 세 가지 굳센 법〔三堅法〕을 일으키고, '붇다와 다르마와 상가, 보시, 계, 하늘의 이 여섯 생각함〔六念〕' 가운데 바른 사유 생각의 법〔思念法〕을 일으키고, '여섯 어울려 공경하는 법〔六和敬〕'으로 바르고 곧은 마음〔質直心〕을 일으키며, 바른 행의 착한 법으로 깨끗한 목숨〔淨命〕을 일으키며, 마음의 깨끗한 기쁨〔心淨歡喜〕으로 현성 가까이함을 일으키며, '악한 사람 미워하지 않음〔不憎惡人〕'으로 조복하는 마음〔調伏心〕을 일으키는 것이오.

출가의 법〔出家法〕으로 깊은 마음〔深心〕 일으키며, 말씀대로의 행〔如說行〕으로 많이 들음〔多聞〕을 일으키고, 다툼 없는 행〔無諍行〕으로 아란야(araṇya)의 비어 한가한 곳〔空閑處〕을 일으키고, 붇다의 지혜에 나아가 향함〔趣向佛智〕으로 편안히 앉음〔安坐〕을 일으키며, 중생의 묶임을 풀어주려고 닦아 행함의 자리〔修行地〕

여섯 파라미타의 명칭을 살펴보면 다음과 같다. ① 널리 베풂〔布施, dāna〕, ② 계 지님〔持戒, śīla〕, ③ 욕됨 참음〔忍辱, kṣānti〕, ④ 정진(精進, vīrya), ⑤ 선정(禪定, dhyāna), ⑥ 지혜(智慧, prajñā).

19) 네 거두는 법〔四攝法〕: 보디사트바가 중생을 거두어 안락에 이끄는 네 법. ① 널리 베풂으로 거둠〔布施攝〕, ② 사랑스런 말로 거둠〔愛語攝〕, ③ 이로운 행으로 거둠〔利行攝〕, ④ 일 같이 함으로 거둠〔同事攝〕.

를 일으키는 것이오.

좋은 모습 갖춤과 붇다의 땅 깨끗이 함[淨佛土]으로 복덕의 업을 일으키고, 온갖 중생 마음의 생각을 알아 응함대로 법을 설해[如應說法] 지혜의 업을 일으키며, 온갖 법을 알아 취하지 않고 버리지 않아서, 한 모습의 법[一相法]에 들어가 슬기의 업[慧業]을 일으키고, 온갖 번뇌와 온갖 장애 온갖 착하지 않은 법을 끊어, 온갖 착한 업을 일으켜 온갖 지혜, 온갖 착한 법을 얻음으로써 온갖 '붇다의 도 돕는 법[助佛道法]'을 일으키는 것이오.

이와 같이 잘 행하는 이여, 이것이 법을 베푸는 모임[法施之會]이오. 만약 보디사트바가 '이 법을 베푸는 모임'에 머문다면 큰 다나파티[mahā-dānapāti, 大施主]인 것이며, 또한 '온갖 세간의 복밭[一切世間福田]'인 것이오.'

佛告長者子善德 汝行詣維摩詰問疾 善德白佛言 世尊我不堪任詣彼問疾
所以者何 憶念我昔自於父舍設大施會 供養一切沙門婆羅門及諸外道 貧窮
下賤孤獨乞人 期滿七日 時維摩詰來入會中 謂我言

長者子 夫大施會不當如汝所設 當爲法施之會 何用是財施會爲

我言 居士 何爲法施之會 答曰 法施會者 無前無後 一時供養一切衆生 是
名法施之會 曰何謂也 謂以菩提起於慈心 以救衆生 起大悲心 以持正法起
於喜心 以攝智慧行於捨心 以攝慳貪起檀波羅蜜 以化犯戒 起尸羅波羅蜜
以無我法 起羼提波羅蜜 以離身心相 起毘梨耶波羅蜜 以菩提相 起禪波羅
蜜 以一切智起般若波羅蜜 教化衆生而起於空 不捨有爲法而起無相 示現
受生而起無作 護持正法起方便力

以度衆生起四攝法 以敬事一切起除慢法 於身命財起三堅法 於六念中 起
思念法 於六和敬起質直心 正行善法起於淨命 心淨歡喜起近賢聖 不憎惡
人起調伏心

以出家法起於深心 以如說行起於多聞 以無諍法起空閑處 趣向佛慧起於
宴坐 解衆生縛起修行地 以具相好及淨佛土 起福德業 知一切衆生心念 如

應說法起於智業 知一切法不取不捨 入一相門 起於慧業 斷一切煩惱一切
障礙一切不善法 起一切善業 以得一切智慧一切善法 起於一切助佛道法
　如是善男子 是爲法施之會 若菩薩住是法施會者 爲大施主 亦爲一切世間
福田

　세존이시여, 비말라키르티가 이 법을 설할 때 브라마나 대중
가운데 이백 사람이 다 아누타라삼먁삼보디의 마음을 내었습니
다. 저는 그때 마음의 청정을 얻어 일찍이 있지 않음을 찬탄하고
비말라키르티의 발에 머리 조아려 절했습니다.

　그러고는 곧 백 천의 값어치가 되는 보배목걸이를 풀어 올려드
렸는데 받지 않으시니 제가 말했습니다.

　'거사시여, 반드시 받아주시고 다시 주시고 싶은 뜻에 따르시길
바랍니다.'

　그러자 비말라키르티는 목걸이를 받아 두 가름으로 만들어, 한
가름을 지니어 이 모임 가운데 가장 낮은 '비는 이〔乞人〕'에게 주
고, 한 가름은 받들어 저 '이길 수 없는 여래〔難勝如來〕'에게 드렸
습니다. 그러자 온갖 대중으로 모인 이들은 다 '밝은 빛의 국토
〔光明國土〕 이길 수 없는 여래'를 뵙게 되었습니다. 또 구슬이 저
붇다 위에서 네 기둥 보배 대를 이루어 네 면을 꾸미어 서로 가
리지 않음을 보았습니다.

　그때 비말라키르티가 신묘한 변화를 나타내고서는 이렇게 말했
습니다.

　'만약 다나파티가 평등한 마음〔等心〕으로 '가장 낮아 빌어 사는
자〔最下乞人〕'에게 베풀고, 마치 여래의 복밭의 모습이 분별할 수
없는 것과 같이, 큰 자비에 평등하여 과보를 구하지 않으면, 이

것을 '법의 보시 갖춤〔具足法施〕'이라 이름하는 것이오.'

성 가운데 한 '가장 낮아 빌어 사는 이〔最下乞人〕'까지도 그 신묘한 힘〔神力〕을 보고, 그 설하심을 듣고, 다 아누타라삼먁삼보디의 마음을 내었습니다.

그러므로 저는 그분께 가서 병문안 할 수 없습니다."

이와 같이 여러 보디사트바들이 각기 붇다를 향해 그 본래 인연〔本緣〕을 설해 비말라키르티의 말한 바를 일컬어 말씀드리고, 다 '그에게 가서 병문안 할 수 없다'고 말하였다.[20]

世尊 維摩詰說是法時 婆羅門衆中二百人皆發阿耨多羅三藐三菩提心 我時心得清淨歎未曾有 稽首禮維摩詰足 卽解瓔珞價直百千 以上之 不肯取我言居士 願必納受隨意所與

維摩詰乃受瓔珞分作二分 持一分施此會中一最下乞人 持一分奉彼難勝如來 一切衆會皆見光明國土難勝如來 又見珠瓔在彼佛上 變成四柱寶臺 四面嚴飾不相障蔽 時維摩詰 現神變已作是言

若施主 等心施一最下乞人 猶如如來福田之相 無所分別 等于大悲不求果報 是則名曰具足法施 城中一最下乞人 見是神力 聞其所說 皆發阿耨多羅三藐三菩提心 故我不任詣彼問疾

如是諸菩薩各各向佛 說其本緣 稱述維摩詰所言 皆曰不任詣彼問疾

---

20) 마지막 문장에 대한 영역과 우리말 직역은 다음과 같다.

Thus each of the Bodhisattvas present related his encounter with Vimalakīrti and declined to call on him to enquire after his health.

그러자 낱낱의 보디사트바들은 현재 비말라키르티와 만남에 관계된 이들이었는데 모두 그 보디사트바들이 그를 방문해서 그의 건강을 물을 수 없다고 하였다.

평석

장자의 아들 보디사트바의 이름이 '좋은 덕[善德]'이라 하니 그는 재화가 넉넉할 뿐 아니라 그 재화를 이 세간의 어진이들 가난한 이들 외로운 이들에게 나누고, 그들을 보살필 줄 아는 '덕 갖춘 장자'임을 말한다.

재물을 많이 가진 자도 그 가진 것을 실로 가짐이라 집착하면 재물을 나눌 수 없다. 가짐이 실로 가짐 아닌 줄 알 때 지금 가진 것을 나눠 더 큰 삶의 풍요에 나아갈 수 있다. 가짐을 있다고 생각하는 자는 그 있음을 지키거나 늘리기 위해 잠 못 이룰 것이니 그는 자기 가짐보다 더 많이 가진 자 앞에 절망하는 자, 더 많이 가진 자보다 갖지 못한 자로서 그의 삶은 실로 곤궁하고 피폐한 자이다.

있음을 있다 하므로 없음이 없음이 되니 있음을 있다 하지 않으면 없음이 없지 않음이 되어, 결핍 속에서 절망하지 않고 풍요 속에서 탐욕하지 않는다.

있음을 버리는 곳에서 없음마저 버릴 때, 있음과 없음이 서로 통하는 삶의 소통이 이루어진다. 있음을 있음으로 쥐고 있는 한 그는 가진 것만큼 삶이 소외되고 닫힌다. 없는 자의 결핍감과 있는 자의 탐욕이 모두 삶의 소외를 해방시키지 못한다.

이를 어찌 재물에만 한정할 것인가. 권력 재능 지식 그 무엇도 마찬가지이다. 그러므로 가진 것의 있되 있지 않은 실상, 물질의 모습이되 모습 아닌 실상을 모르면 참된 베풂이 이루질 수 없다.

사람 사이 주고받을 때 주는 나[施者]와 받는 너[受者] 주고받는 물질[施物]의 모습에 모습 없는 실상을 모르면, 보시는 참된 법의 보시가 될 수 없다. 나에 나가 없고 너에 너의 모습이 없으며 물질이 나고 사라짐 없는 공덕의 곳간인 줄 알아야, 재물 보시가 법의 보시[法施]가 되고, 물질 보시가 삶에 평화와 안락을 주는 보시〔無畏施: 두려움 없음을 주는 보시〕가 된다.

다시 보시하는 주체의 편에서 살펴보면, 보시하는 나와 받는 너, 그리고 주고받는 어떤 것의 다함없는 실상을 아는 지혜의 눈을 열어줄 때 그 보시가 법의 보시가 되는 것이니, 그 지혜의 눈이 인간의 모든 사회적 활동을, 함께 살림의 파라미타의 행이 되게 하기 때문이다. 곧 지혜의 눈을 이웃과 함께 하는 프라즈냐파라미타가 보시파라미타(dāna pāramita)의 사회적 실천을 이끌어, 우리들의 삶 속에서 있음이 없음을 살리고 없음이 있음을 거두어, 서로 살림〔相生〕이 되게 할 것이다.

사물 사물이 서로 개방되어 있고 나와 너가 막혀 있지 않으므로 막힘 없고 걸림 없는 법계 모습 그대로의 행이, 상호개방 상호소통의 세상을 열어줄 것이다.

사람 사이 나라 사이, 충돌과 전쟁이 없는 평화의 장은 어디에 있는가. 비말라키르티 보디사트바는 세간의 소용돌이 속에서 '다툼 없는 행〔無諍行〕'이 아란야(araṇya)의 비어 한가한 곳〔空閑處〕을 일으킨다고 가르치니, 다툼 없고 다툼 없애는 사회적 실천이 역사 속에 화해와 평화의 공동체를 실현케 할 것이다.

절제되지 않는 탐욕과 채워지지 않은 탐욕이 서로 충돌하고, 탐욕의 충돌과 꺾임이 분노를 낳고 전쟁을 낳게 된다. 그 분노와 탐욕의 바탕을 살펴보면 세계와 인간, 가진 것의 본질을 보지 못한, 무지〔無明〕와 환상〔妄想〕이 그 뿌리가 된다.

그러므로 붇다께서는 더불어 사는 공동체에서 화합의 법으로 '여섯 어울려 공경하는 법〔六和敬〕'을 보이시니, 여섯 법은 첫째 삶의 건강한 윤리적 규범을 같이함〔同戒〕, 둘째 인간이해와 세계인식의 바른 견해를 같이함〔同見〕, 셋째 서로 돕고 살리는 바른 행을 같이함〔同行〕, 넷째 몸의 사랑을 같이함[身慈], 다섯째 말의 사랑을 같이함[口慈], 여섯째 뜻의 사랑을 같이함[意慈]이다.

이때 법의 진실을 보는 지혜가 우리들의 주고받는 행위, 재물 보시[財施]를 법의 보시[法施]가 되게 하고 함께 거두고 크게 살리는 보시가 되게 하며 삶에 두려움 없음을 주는 안락의 보시[無畏施]가 되게 하는 것이다. 그 구체적인 비파사나(vipaśyanā)의 실천이, 붇다 다르마 상가를 생각하고[念佛法僧] 보시와 계와 하늘을 생각하는[念施戒天] 여섯 생각[六念]이다.

연기의 진실이 다르마(dharma)이고, 다르마의 구현자가 붇다(buddha)이고, 다르마를 행하는 공동체가 상가(saṃgha)이니, 있되 공하고 공하되 있는 세간법의 진실 살핌이 붇다·다르마·상가를 생각함[念三寶]이다.

그리고 그 세간법의 진실 살핌이 삶의 탐욕을 해방하고 갈등과 충돌을 해방하는 바른 사유 바른 행의 토대가 되는 것이다.

저 비말라키르티께서 좋은 덕 보디사트바가 바친 목걸이를, 나누어 세상에서 가장 가난하고 낮은 자[最上乞人]에게 주고, 보디의 완성자이길 수 없는 여래[難勝如來]께 바친 뜻은 무엇일까.

연기법이 제시하는 법보시의 길이 가장 낮은 자와 높은 자, 못 가진 자와 많이 가진 자를 함께 살리는 해탈의 길임을 보이는 것이며, 정신을 해방하고 물질을 해방하며, 미혹한 자 탐욕에 빠진 자들이 모두 함께 위없는 보디에 나아가도록 함을 나타낸 것이다.

영가선사는 『증도가(證道歌)』에서 법보시의 다함없는 공덕의 세계를 다음 같이 노래한다.

깨달으면 곧 요달함이라 공을 따로 베풀 것 없지만
함이 있는 온갖 법은 모습 서로 같지 않네.

모습에 머문 보시 하늘에 나는 복 주지만
마치 허공에다 화살을 쏘는 것과 같아라.

覺卽了　不施功　一切有爲法不同
住相布施生天福　猶如仰箭射虛空

힘 다하면 그 화살 땅에 도로 떨어져
오는 생에 뜻과 같지 않음을 부르리니
함이 없는 실상의 문에 한 번 뛰어
여래의 땅에 곧장 듦과 어찌 같다 할 것인가.

勢力盡　箭還墮　招得來生不如意
爭似無爲實相門　一超直入如來地

　학담도 몇 수 노래로 영가선사의 뜻을 받아 비말라키르티 보디사트
바의 가르침을 찬탄하리라.

주고 받음 주는 물건 세 바퀴가 공하니
법의 실상을 밝게 알아 재물을 보시하고
또한 중생 위해 물질의 진실 말해주면
재물과 법의 보시 둘을 다 갖추게 되리.

施受財物三輪空　了法實相施財物
亦爲衆說物眞實　財法二施兩具足

본래 생각 없는 곳에서 생각 없는 생각으로
함이 있음에 머물지 않고 여섯 파라미타 행하면
몸과 목숨 재물이 공덕의 곳간 되어

세 법이 무너지지 않고 굳센 법을 이루리라.

本無念處無念念　不住無爲行六度
身命財爲功德藏　三法不壞成堅法

다툼 없는 법으로 아란야행 일으켜
모든 법의 모습에 취하지 않고 버리지 않으며
중생의 생각 알아 지혜의 업 일으키면
두려움 없는 보시 또한 갖추게 되리.

以無諍法起空閑　諸法相中不取捨
知衆生念起智業　無畏施也亦具足

한 모습 한 행을 이와 같이 닦으면
세 보시 갖춤 두렷하여 의보 정보 해탈하리.
이와 같은 사람을 어떻다고 말할까.
곧 좋은 덕의 복과 지혜 갖춘 이라 말하리.

一相一行如是修　三施具圓依正脫
如是人也云何謂　卽謂善德福慧士

제5. 만주스리 보디사트바가 병문안 하는 품[文殊師利問疾品]

해제

만주스리(Manjuśri, 文殊)는 동아시아 불교권에서 '묘한 덕[妙德]'으로 번역된다. 만주스리 보디사트바는 여래의 지혜를 상징하는 보디사트바이니, 만주스리의 지혜에 상응한 진리[理]와 행(行)은 사만타바드라[Samantabhadra, 普賢] 보디사트바로 표현된다.

지혜와 진리가 만주스리[文殊]와 사만타바드라[普賢]로 표현되는 것은 이 지혜와 진리의 하나 됨 속에 붇다의 위없는 보디[anutara-bodhi]가 있음을 나타낸다. 그러나 연기법에서 인행과 과덕은 서로 융통하므로 만주스리의 지혜가 있어야 여래의 보디지만, 만주스리의 지혜는 여래의 진리인 지혜임을 나타낸다. 곧 연기법에서 지혜란 진리인 지혜이니 '지혜와 진리의 하나 됨'이 여래의 걸림 없고 막힘없는 지혜 곧 '밝은 빛이 두루 비추는 바이로차나붇다(Vairocana-buddha, 光明遍照佛)'인 것이다. 이 뜻을 화엄교(華嚴敎)는 '만주스리, 사만타바드라, 바이로차나 세 성인이 원융함[三聖圓融]'이라 말한다.

이는 여래 초기교설 다섯 쌓임의 교설[五蘊說]에서 마음법[心]은 물질법[色]을 떠나 없고 물질법은 마음을 떠나 없다는 뜻을 우주론적으로 전개한 것이다. 또 여래의 연기법에서 진리는 행위로서의 진리임을 살펴보자. 진리인 지혜에서 지혜로 아는 바 진리의 모습에 모습 없으면, 아는 지혜 또한 앎 없는 앎이다. 앎에 앎 없으면 앎 없음에 앎 없음[無無念]도 없으니 앎에 앎 없고 앎 없음도 없음은 머묾 없는 행[無住行]으로 주어진다. 이에 지혜인 사만타바드라의 진리[普賢理]는 광대무변한 보현의 행원[普賢行願]으로 표현되는 것이니 연기법에서 진리는 사물화 되고 대상화 될 수 있는 진리가 아니라, 주체의 행위의 해탈로 주어지는 것이다.

본 경에서 앞 두 품은 슈라바카의 제자들이 그 소리 들음[聲聞]에서 듣되 들음 없음을 알면 슈라바카의 행을 떠나지 않고 슈라바카가 곧 보디사트바임을 나타내고, 다시 「보디사트바품」에서 처음 마음 낸[初發心] 보디사트바가 그 닦음이 닦음 없는[無修] 닦음이 되면 처음 마음 낸 보디사트바가 바로 크나큰 보디사트바임을 보이고 있다.

비말라키르티의 꾸중은 크게 살려냄의 비판이며 깨뜨림은 크게 세워냄의 깨뜨림이니, 히나야나(Hinayāna)의 작은 수레 탄 이도 그가 마음을 돌이키면 이미 마하야나의 수레를 모는 자[御大乘]이다.

이런 뜻으로 보면, 경에서 슈라바카의 열 제자는, 비록 세간에 슈라바카의 작은 행을 나퉈 보였지만 그들이 바로 방편으로 중생을 위해 작은 행[小行]을 보여 마하야나에 이끄는 슈라바카 보디사트바인 것이다.

경에서 비말라키르티가 저 타방 붓다의 국토, 묘한 기쁨의 세계[妙喜世界]에서 왔다고 한 것은 비말라키르티의 몸의 뿌리가 늘 고요한 정토의 땅임[常寂光土]을 보이고, 그로 인해 다시 삼계 중생의 몸[衆生身]의 의지처도 또한 '늘 고요한 정토의 땅[常寂光土]'임을 깨우쳐준다.

이처럼 비말라키르티가 바이샬리에 출현하여 만주스리와 만나게 되는 이 법의 모임은 광대하여 사유할 수 없으니, 유계존자의 『무아소

(無我疏)』는 이렇게 말한다.

'비말라키르티의 법의 모임은 넓고 커서 사유하기 어렵다. 손님과 주인이 굳세게 받쳐줌은 반드시 다듬잇돌과 방망이〔碪椎〕가 서로 마주해야 장인〔匠〕이 법의 그릇〔法器〕을 이룰 수 있으니 어찌 작은 연이겠는가. 그러므로 작은 비말라키르티가 넉넉히 주인 될 수 없고 작은 만주스리가 넉넉히 손님될 수 없으니 뭇 사람이 감당할 수 없음을 먼저하고, 만주스리가 대꾸하기 어려움을 뒤로 한 것이다. 참으로 여래의 분부를 받들어 말을 이루어야, 한때의 아름다운 모임〔嘉會〕을 이루는 것이다.'[1]

비말라키르티와 만주스리가 만나 이루어진 큰 법의 모임 법의 문답이 앞에 슈라바카 열 큰 제자와 작은 보디사트바의 감당하지 못함을 먼저 해서 뒤에 큰 선지식의 문답이 이루어진 까닭을 말하고 있다.

이제 이 큰 두 선지식이 서로 묻고 답하는 것은 마치 다듬돌과 방망이가 서로 어울림 같으니, 이 「만주스리가 병문안 하는 품」과 「부사의 해탈을 말하는 품」「둘이 아닌 법문의 품」에서 비로소 비말라키르티가 병을 보인 방편의 뜻〔方便意〕과 여래께서 병문안 하도록 하신 자비의 본마음〔慈悲本懷〕이 드러나 이루어진 것이다.

---

1) 淨名法會廣大難思 當賓主之盤桓 必碪椎以相對 匠成法器 豈小緣哉 故微維摩 無足以爲主 微文殊 無足以爲賓 先衆人之無堪 後妙德之難酬 固當奉命致辭 以成一時之嘉會也

1. 만주스리의 병문안

그때 붇다께서 만주스리에게 말씀하시었다.

"그대가 비말라키르티에게 가서 병문안 하라."

만주스리가 붇다께 말씀드렸다.

"세존이시여, 저 높은 사람은 대꾸해 마주하기 어렵습니다. 그는 깊이 실상(實相)을 통달하여 법의 요점을 잘 설하며, 말재간이 막힘없고 지혜가 걸림 없어 온갖 보디사트바의 법의 격식[法式]을 다 압니다.

모든 붇다의 비밀한 법의 곳간[諸佛秘藏]에 들어가지 않음이 없어 뭇 마라를 항복받고, 신통에 노닐어 그 지혜 방편은 다 이미 건넘을 얻었습니다. 비록 그러하나 붇다의 거룩한 뜻[聖旨]을 받들어서 그에게 가서 병문안해야 합니다."2)

---

2) 서두의 경문에 대한 영역과 우리말 직역은 다음과 같다.

The Buddha then said to Mañjuśrī: "You call on Vimalakirti to enquire after his health."

Mañjuśrī said: "World Honoured One, he is a man of superior wisdom and it is not easy to match him (in eloquence). For he has reached reality, and is a skilful expounder of the essentials of the Dharma. His power of speech is unhindered and his wisdom is boundless. He is well versed in all matters pertaining to Bodhisattva development for he has entered the mysterious treasury of all Buddhas. He has overcome all demons, has achieved all transcendental power and has realized wisdom by ingenious devices (upaya). Nevertheless, I will obey the holy command and will call on him to enquire after his health."

붇다께서 그때 만주스리에게 말씀하시었다.

이에 이 무리 가운데 여러 보디사트바와 큰 제자들, 샤크라인
드라 하늘왕, 브라흐마 하늘왕, 네 하늘왕〔四天王〕 등이 모두 이
렇게 생각했다.

지금 두 '마하사트바인 만주스리와 비말라카르티가 함께 말하면
반드시 묘한 법〔妙法〕을 설할 것이다.'

그러자 바로 그때 팔천의 보디사트바들과 오백 슈라바카, 백
천의 하늘과 사람들이 다 따라 좇고자 하였다. 이에 만주스리는
여러 보디사트바와 큰 제자의 무리들, 나아가 여러 하늘과 사람
들에 공경히 둘러싸여 바이샬리 큰 성에 들어갔다.

爾時 佛告文殊師利 汝行詣維摩詰問疾 文殊師利白佛言 世尊 彼上人者
難爲訓對 深達實相 善說法要 辯才無滯 智慧無礙 一切菩薩法式悉知 諸
佛秘藏無不得入 降伏衆魔 遊戲神通 其慧方便皆已得度 雖然當承佛聖旨
詣彼問疾

於是衆中 諸菩薩大弟子釋梵四天王等 咸作是念 今二大士文殊師利維摩
詰共談 必說妙法 卽時八千菩薩五百聲聞 百千天人皆欲隨從

於是 文殊師利 與諸菩薩大弟子衆及諸天人 恭敬圍繞 入毘耶離大城

'그대가 비말라키르티를 방문하여 그의 건강을 묻도록 하라.'
만주스리가 말씀드렸다.
'세상에서 존경받는 한 분이시여. 그는 최상의 지혜의 사람입니다. 그를
만나 대화하는 것은 쉽지 않습니다. 왜냐하면 그는 진실에 도달했고 다르
마의 정수에 대한 재능 있는 연설자이기 때문입니다. 그의 연설할 수 있
는 힘은 장애받지 않으며 그의 지혜는 매임이 없습니다. 그는 모든 붇다
의 비밀한 보배 곳간에 들어가기 위한 보디사트바의 발전에 관계된 모든
문제에 아주 정통합니다. 그는 모든 악마를 정복하였으며 모든 초월적인
힘을 달성하였으며 기발한 수단에 의해 지혜를 실현하였습니다. 그럼에도
불구하고 저는 거룩하신 명령을 따르겠습니다. 그래서 그를 방문하여 그
의 건강을 묻겠습니다.'

2. 비말라키르티가 빈방에서 맞아들임

그때 장자 비말라키르티가 마음으로 생각하였다.

'지금 만주스리가 대중과 함께 오시고 있다.'

곧 신묘한 힘으로 그 방안을 비워, 있는 것들과 여러 모시는 이들을 치워버리고 '한 누울 자리〔一床〕'만을 두어 앓아 누워있었다. 만주스리가 이미 그 집에 들어서자 그 방이 비어, 모든 있는 것들이 없고 오직, '홀로 누울 한자리〔寢獨一床〕'만을 보았다.

그때 비말라키르티가 말했다.

"잘 오셨습니다, 만주스리시여. 오지 않는 모습으로 오시고, 보지 않는 모습으로 보십니다."

만주스리가 말했다.

"그렇습니다, 거사시여. 만약 왔다면 다시 오지 않을 것이고, 만약 갔다면 다시 가지 않을 것입니다. 왜인가요. 오는 것은 좇아오는 바가 없고 가는 것은 이르는 바가 없습니다. 볼 수 있는 것은 다시 볼 수 없습니다.

또 이런 일은 놓아두고 이 병은 참을만하십니까? 낫도록 다스리는데 덜어짐이 있어, 더해 도지지나 않는지요? 세존께서 가만히 물으심이 헤아릴 수 없으십니다. 거사시여, 이 병은 어떤 원인으로 일어났습니까? 난 지가 오래되었습니까, 어떻게 해야 사라집니까?"

비말라키르티가 말했다.

"어리석음을 좇아 애착이 있어 곧 제 병이 생겼으며 온갖 중생이 병듭니다. 그러므로 저도 병들었습니다. 온갖 중생의 병이 사라지면 곧 저의 병도 사라집니다. 왜 그런가요, 보디사트바는 중생 때문에 나고 죽음에 듭니다. 나고 죽음이 있으면 병이 있으니 만약 중생이 병 떠남을 얻으면 곧 보디사트바는 다시 병이 없습니다.

비유하면 장자에게 외아들이 있어 그 아들이 병을 얻으면 어버이도 또한 아프고, 만약 아들이 병이 나으면 어버이도 또한 나음과 같습니다.

보디사트바도 이와 같아 모든 중생에 이를 사랑하는 것이 아들과 같아, 중생이 병들면 보디사트바도 또한 병들고 중생의 병이 나으면 보디사트바도 또한 낫습니다.

또 '이 병이 어떤 원인으로 일어났는가' 말씀하시니 보디사트바의 병은 크게 가엾이 여김〔大悲〕으로 일어난 것입니다."

爾時長者維摩詰心念 今文殊師利與大衆俱來 卽以神力空其室內 除去所有及諸侍者 唯置一床以疾而臥 文殊師利旣入其舍 見其室空無諸所有獨寢一床 時維摩詰言 善來文殊師利 不來相而來 不見相而見

文殊師利言 如是居士 若來已更不來 若去已更不去 所以者何 來者無所從來 去者無所至 所可見者 更不可見 且置是事 居士 是疾寧可忍不 療治有損不至增乎 世尊慇懃致問無量 居士 是疾何所因起 其生久如 當云何滅

維摩詰言 從癡有愛則我病生 以一切衆生病 是故我病 若一切衆生病滅 則我病滅 所以者何 菩薩爲衆生故入生死 有生死則有病 若衆生得離病者 則菩薩無復病

譬如長者唯有一子 其子得病 父母亦病 若子病愈 父母亦愈 菩薩如是 於諸衆生愛之若子 衆生病則菩薩病 衆生病愈菩薩亦愈 又言 是疾何所因起 菩薩病者以大悲起

3. 붇다의 해탈은 중생 마음의 지어감[心行]에서 구해야 함을 보임

만주스리가 말하였다.

"거사시여, 왜 이 방은 비어 모시는 이가 없습니까?"

비말라키르티가 말했다.

"모든 붇다의 국토[諸佛國土] 또한 다시 다 공합니다."

또 물었다.

"무엇으로 공을 삼습니까?"

답했다.

"공으로써 공합니다."3)

"공이 어찌 공을 씁니까?"

---

3) 공으로써 공함[以空空]의 뜻: 비말라키르티의 방이 공해 시자가 없음으로 시작된 만주스리 보디사트바와 비말라키르티 마하사트바의 문답은 '이 방만 빈 것이 아니라 모든 붇다의 국토 또한 비었다'는 대답이 그 단초가 된다.

비말라키르티가 '내 방만 비지 않고 모든 붇다의 국토가 비었다'고 말함은 '모습 있는 만법의 있는 모습이 다 공하다'는 뜻이니, 연기법에서 모든 법은 인연으로 일어나므로 공한 뜻이다. 무엇으로 공을 삼습니까[以何爲空] 물으니, 이는 '어떻게 공한 줄 알아 공이라 합니까'라는 뜻이다.

연기법에서 세계는 마음인 세계이고 마음은 세계인 마음이다. 그러므로 공한 줄 아는 지혜 밖에 공한 세계가 없는 것이니, 저 세계가 있되 공함을 아는 공한 지혜로 공함을 공함이라 하는 것이다. 그러므로 '공으로써 공을 삼는다'고 할 때 앞의 공은 있되 공함을 아는 지혜의 공함[智空]이고 뒤의 공은 살피는 바 경계의 공함[境空]이다. 곧 보디사트바의 공한 지혜로써 지혜인 세계의 모습이 공함을 공하다 한 것이다.

이때 방에 있던 것과 시자를 치운 것은, 있음을 있음이라 하는 중생의 망집을 치운 것이지 있음을 없애고 공을 말한 것이 아니다. 보디사트바의 공한 지혜는 분별없는 공[無分別空]이므로 있음을 분별함도 공하고, 공도 공한 것이다.

"분별없는 공이므로〔以無分別空故〕 공합니다."4)

또 물었다.

"공을 분별할 수 있습니까?"

"분별함 또한 공합니다."5)

"공(空)은 어디에서 구해야 합니까?"

"반드시 예순두 견해〔六十二見〕 가운데서 구해야 합니다."

또 물었다.

"예순두 견해는 어디서 구해야 합니까?"

"반드시 모든 붇다의 해탈 가운데서 구해야 합니다."

"모든 붇다의 해탈은 어디서 구해야 합니까?"

답했다.

"모든 붇다의 해탈〔諸佛解脫〕은 온갖 중생의 마음의 지어감〔衆生

---

4) 분별없는 공이므로 공함: 분별하는 바 저 세계의 모습이 본래 공하니 본래 공함을 알지 못하면 망상에 떨어진다. 그러므로 분별할 것 없는 본래 공함을 통달해서 공해야 한다. 이를 중생의 망상에서 보면, 중생은 망상에 떨어져 나고 죽는 번뇌 바다에 빠진 것이다. 그러므로 생각을 돌이켜 본래 공한 진실에 계합해야 한다.

5) 분별 또한 공함: 승조법사는 말한다.

'앞에서 분별이라 말한 것은 분별할 것 없음에 분별할 뿐이다. 만약 분별에 무심할 수 있어 분별할 것 없음에 분별하면 비록 날이 다하도록 분별해도 일찍이 분별함이 있지 않다.'

向之言分別者 分別於無分別耳 若能無心於分別 而分別於無分別者 雖復終日分別 而未嘗分別也 故曰分別亦空

이때 분별함이 없이 분별한다고 한 것은 범부의 망상을 공하게 해야 하니 곧 공으로써 공하게 함이다. 그렇게 하려면 지금 현전하는 한 생각에서 생각이 나되 남이 없음〔生而無生〕을 살펴, 생각이 바로 남이 없되 남〔無生而生〕이 되는 것이니 곧 생각하되 생각 없음〔念而無念〕을 바로 보는 '무념의 디야나〔無念禪〕'를 행해야 한다.

心行] 가운데서 구해야 합니다.

또 어진 이께서 '왜 모시는 이가 없는가' 물으셨으니 모든 뭇 마라[衆魔]와 나아가 모든 바깥 길[外道]이 나를 모시는 이들입니다. 왜인가요. 뭇 마라는 나고 죽음을 즐기는데 보디사트바는 나고 죽음을 버리지 않습니다. 바깥 길은 모든 견해를 즐기는데 보디사트바는 모든 견해에 움직이지 않습니다."

文殊師利言 居士 此室何以空無侍者 維摩詰言 諸佛國土亦復皆空
又問 以何爲空 答曰 以空空 又問 空何用空 答曰 以無分別空故空
又問 空可分別耶 答曰 分別亦空 又問 空當於何求 答曰 當於六十二見
中求 又問 六十二見當於何求 答曰 當於諸佛解脫中求
又問 諸佛解脫當於何求 答曰 當於一切衆生心行中求 又仁所問何無侍者
一切衆魔及諸外道 皆吾侍也 所以者何 衆魔者樂生死 菩薩於生死而不捨
外道者樂諸見 菩薩於諸見而不動

4. 병이 공한 곳에서 자비로 앓는 보디사트바의 병

만주스리가 말했다.

"거사가 앓는 병은 어떤 모습입니까?"

비말라키르티가 말했다.

"나의 병은 볼 수 있는 꼴이 없습니다."

또 물었다.

"이 병은 몸이 합한 것[身合]입니까, 마음이 합한 것[心合]입니까?"

답해 말했다.

"몸이 합한 것이 아니니 몸의 모습을 떠났기 때문이고, 또한 마음이 합한 것이 아니니 마음이 허깨비 같기 때문입니다."

또 물었다.

"땅과 물, 불과 바람, 이 네 큰 요인〔四大: 地水火風〕에서 어느 요인의 병입니까?"

답해 말했다.

"이 병은 땅의 요인이 아니고 또한 땅의 요인을 떠나지도 않습니다. 물 불 바람의 요인도 또한 다시 이와 같습니다. 그런데도 중생의 병은 네 큰 요인을 좇아 일어나 그에게 병이 있으므로 나도 병든 것입니다."

文殊師利言 居士所疾 爲何等相 維摩詰言 我病無形不可見 又問 此病身合耶 心合耶 答曰 非身合身相離故 亦非心合心如幻故 又問 地大水大火大風大 於此四大 何大之病

答曰 是病非地大亦不離地大 水火風大亦復如是 而衆生病從四大起 以其有病是故我病

5. 보디사트바의 병든 이 위로하는 법

이때 만주스리가 비말라키르티에게 물어 말했다.

"보디사트바는 어떻게 앓는 보디사트바를 위로해 깨우쳐야 합니까?"

비말라키르티가 말했다.

"몸의 덧없음〔身無常〕을 말하되 몸을 싫어해 떠나도록 말하지 않고, 몸에 괴로움이 있음〔身有苦〕을 말하되 니르바나를 즐거워하도록 말하지 않으며, 몸이 나 없음〔身無我〕을 말하되 중생 가르쳐 이끌도록 말하며, 몸이 비어 고요함을 말하되 마쳐 다해 고요히 사라짐을 말하지 않습니다.

먼저의 죄 뉘우치기를 말하되 지나감에 들어가기를 말하지 않으며, 자기의 병으로 저들의 병을 가엾이 여기되 오랜 세상 셀 수 없는 칼파〔無數劫〕의 괴로움을 알아서 온갖 중생 이익주리라 생각해야 하며, 닦을 복을 기억해 깨끗한 목숨〔淨命〕 생각하여, 근심과 걱정을 내지 말고, 늘 정진을 일으켜 큰 의사〔醫王〕가 되어 뭇 병을 다스려 낫게 해야 합니다.

보디사트바는 이와 같이 병들어 앓는 보디사트바를 위로해 깨우쳐서 그들을 기쁘게 해야 합니다."

爾時文殊師利 問維摩詰言 菩薩應云何 慰喩有疾菩薩

維摩詰言 說身無常 不說厭離於身 說身有苦 不說樂於涅槃 說身無我而說教導衆生 說身空寂 不說畢竟寂滅 說悔先罪而不說入於過去 以己之疾 愍於彼疾 當識宿世無數劫苦 當念饒益一切衆生 憶所修福念於淨命 勿生憂惱常起精進 當作醫王療治衆病

菩薩應如是慰喩 有疾菩薩 令其歡喜

6. 병든 보디사트바가 마음을 조복하는 법

만주스리가 말했다.

"거사시여, 병든 보디사트바는 어떻게 그 마음을 고르고 눌러야 합니까?"

비말라키르티가 말했다.

"병들어 앓는 보디사트바는 이렇게 생각해야 합니다.

'지금 나의 이 병은 다 앞 세상 망상으로 뒤바뀐 모든 번뇌를 좇아 생겨나, 실다운 법이 없으니 누가 병을 받는 자인가. 왜 그런가. 네 요인이 합하므로 거짓이름하여 몸이라 하나 네 요인에 주인이 없고〔四大無主〕, 몸 또한 나가 없다〔身亦無我〕.'

또 이 병이 일어남은 다 나 집착함〔著我〕을 말미암은 것이다 그러므로 나에 집착함을 내지 말아야 하니 곧 병의 바탕을 알면 '나라는 모습 취함〔我想〕'과 '중생이라는 모습 취함〔衆生想〕'을 없애고, 법이라는 생각〔法想〕을 일으켜 이렇게 생각해야 합니다.

'다만 뭇 법이 합해 이 몸을 이루어 일어남은 오직 법이 일어남〔唯法起〕6)이고, 사라짐은 오직 법이 사라짐〔唯法滅〕이다. 또 '이 법은 각기 서로 알지 못해 일어날 때 내가 일어난다고 말하지 않고 사라질 때 내가 사라진다'고 말하지 않는다.'

저 병으로 앓는 보디사트바는 법이라는 모습 취함〔法想〕을 없애기 때문에 이렇게 생각해야 합니다.

'이 법이라는 모습 취함〔此法想者〕도 또한 이 뒤바뀜이다. 뒤바뀜이란 큰 걱정거리이니 나는 이를 떠나야 한다. 무엇이 떠남인가. 나〔我〕와 내 것〔我所〕을 떠남이다. 어떻게 나와 내 것을 떠나는가. 두 법 떠남을 말한다. 어떻게 두 법을 떠나는가. 안과 밖

---

6) 어떤 존재〔我〕를 이루어내는 주체적 요인〔因〕과 객관 여건〔緣〕을 모든 법〔諸法〕이라 하나, 나라는 집착〔我執〕을 깨기 위해 오직 법이 모여 난다고 말한 것이지만 모든 법도 공한 법이라 법과 법이 서로 알지 못하고 법이 모여 이루어낸 결과로서 존재〔我〕도 또한 공한 것이다.
그러므로 경은 나〔我〕와 중생(衆生)의 집착을 없애기 위해 법이라는 모습 취함〔法想〕을 일으키지만 끝내 법이라는 모습 취함〔法想〕도 없애야 한다고 말한다.

의 모든 법〔內外諸法〕을 생각하지 않고, 평등(平等) 행하는 것을 말한다.

어떤 것이 평등함인가. 내가 평등하고 니르바나가 평등함이다.

왜 그런가. 나와 나르바나, 이 둘이 다 공하기 때문이다. 무엇이 공함인가. 다만 이름과 글자라 공한 것이다. 이와 같은 두 법은 정해진 성품이 없다. 이 평등을 얻으면 다른 병이 있지 않고 오직 공한 병〔空病〕만 있으나 공한 병도 또한 공한 것이다.

이 병들어 앓는 보디사트바는 받는 바 없이 모든 느낌〔諸受〕을 받으니, 아직 붇다의 법을 갖추지 않고서는 또한 느낌을 없애 증득함〔證〕을 취하지 않는다.7) 설사 몸의 괴로움이 있어도 악한 길의 중생을 생각해 큰 자비의 마음을 일으키니 내가 이미 고루어 눌러졌어도 또한 온갖 중생을 고루어 눌러야 한다.

다만 그 병(病)을 없애고 법(法)을 없애지 않으니 병의 바탕을 끊어 가르쳐 이끌기 위한 것이다. 무엇을 병의 바탕〔病本〕이라 하는가. 붙잡아 생각함〔攀緣〕이 있음을 말하니 붙잡아 생각함이 있음을 좇아 곧 병의 바탕이 있는 것이다.

어떤 것을 붙잡아 생각하는가. 삼계(三界)를 말한다. 어떻게 붙잡아 생각함을 끊는가. 얻을 바 없기 때문〔以無所得〕이니 만약 얻을 바 없으면 붙잡아 생각함이 없다. 무엇을 얻을 바 없다 하는가. 두 견해 떠남을 말한다. 무엇을 두 견해라 하는가. 안의 봄〔內見〕, 밖의 봄〔外見〕8)을 말하니 여기에 얻을 바 없는 것이다.'

---

7) 느낌을 없애 증득함〔滅受而證〕: 괴로움과 즐거움, 괴롭지도 않고 즐겁지도 않음〔苦, 樂, 不苦不樂〕의 느낌이 공한 것이니 세 느낌을 끊고 증득함을 삼지 않아, 괴로운 느낌을 받아도 자비의 마음으로 돌이킴.

8) 안의 봄〔內見〕, 밖의 봄〔外見〕: 눈의 아는 뿌리〔眼根〕가 빛깔〔色境〕을

만주스리시여, 이것이 병들어 앓는 보디사트바가 그 마음을 고루어 누름이니 늙고 병들어 죽는 괴로움을 끊는 것이 보디사트바의 보디입니다.

만약 이와 같지 않으면 이미 닦아 다스린다 해도 지혜의 이익이 없습니다. 비유하면 원수를 이겨야 용맹함이 되는 것 같아 이와 같이 늙음 병 죽음을 겸해 없애는 것을 보디사트바라 말합니다.

文殊師利言 居士 有疾菩薩云何調伏其心 維摩詰言 有疾菩薩應作是念
今我此病皆從前世妄想顚倒諸煩惱生 無有實法誰受病者 所以者何 四大合
故假名爲身 四大無主 身亦無我 又此病起 皆由著我 是故於我不應生著
卽知病本 卽除我想及衆生想 當起法想 應作是念

但以衆法合成此身 起唯法起 滅唯法滅 又此法者各不相知 起時不言我起
滅時不言我滅 彼有疾菩薩爲滅法想 當作是念 此法想者亦是顚倒 顚倒者
是卽大患 我應離之 云何爲離 離我我所 云何離我我所 謂離二法 云何離
二法 謂不念內外諸法行於平等 云何平等 爲我等涅槃等 所以者何 我及涅
槃此二皆空 以何爲空 但以名字故空 如此二法無決定性 得是平等無有餘
病 唯有空病空病亦空

是有疾菩薩以無所受而受諸受 未具佛法亦不滅受而取證也 設身有苦念惡

볼 때 실로 보는 자가 있어 보는 바[所見]를 보는 것이 아니다. 보는 자와 보는 바가 얻을 바가 없기 때문에 서로 어울려 보고 보는 앎[眼識]을 이루니 보는 자, 보는 바, 보고 보는 앎이 모두 공하다. 보는 자 보는 바가 어울려 만나 보고 보는 앎[眼識]을 내지만, 보고 보아 알 때, 보는 자 보는 바는 앎 밖에 물러서 있는 것이 아니라 앎일 때 보는 자는 앎 자체[識自體分] 속의 볼 수 있음[見分]이 되고 보는 바는 앎 자체 속의 보여지는 모습의 가름[相分]이 된다. 그러므로 『아가마수트라』는 눈 뿌리[眼根], 빛깔의 경계[色境], 눈의 앎[眼識]을, 안의 봄[內見], 밖의 봄[外見], 안과 밖의 봄[內外見]이라 하니, 이는 아는 자[根]와 아는 바[境], 앎[識]에 모두 얻을 바 없되[無所得] 공해 없음[空無]도 아님을 보인 것이다.

趣衆生起大悲心 我旣調伏亦當調伏一切衆生 但除其病而不除法 爲斷病本
而敎導之 何謂病本 謂有攀緣 從有攀緣則爲病本 何所攀緣 謂之三界 云
何斷攀緣 以無所得 若無所得則無攀緣 何謂無所得 謂離二見 何謂二見
謂內見外見是無所得

文殊師利 是爲有疾菩薩調伏其心 爲斷老病死苦是菩薩菩提 若不如是己
所修治爲無慧利 譬如勝怨乃可爲勇 如是兼除老病死者菩薩之謂也

7. 보디사트바의 묶임과 풀림

저 병들어 앓는 보디사트바는 다시 이렇게 생각해야 합니다.

'나의 이 병이 참이 아니고〔非眞〕 있음이 아님〔非有〕과 같이 중
생의 병도 또한 참이 아니고 있음이 아니다. 이렇게 살필 때 모
든 중생에 만약 '사랑의 견해인 큰 자비〔愛見大悲〕'9)를 일으키면
곧 버려 떠나야 한다. 왜 그런가. 보디사트바가 바깥 티끌의 번
뇌〔客塵煩惱〕를 끊어 없애야 큰 자비를 일으키게 되기 때문이다.

사랑의 견해인 큰 자비〔愛見大悲〕는 곧 나고 죽음에 지쳐 싫어
하는 마음이 있음이니 만약 이를 떠날 수 있으면 지쳐 싫어함이
없어, 나서 있는 곳곳마다 애착 견해의 덮이는 바 되지 않는다.

나는 곳에 묶임이 없으면 중생을 위해 법을 설해 묶임을 풀어
줄 수 있다.

분다의 말씀과 같이 '만약 스스로 묶임이 있으면서 남의 묶임을

---

9) 사랑의 견해인 큰 자비〔愛見大悲〕: 저 보여지는 바 대상에 실로 볼 바
   있음을 일으켜 사랑의 마음을 내면 이는 애착의 견해인 사랑이다. 경계를
   보되 볼 바 없음을 알아 가엾이 여김을 내면 따라 생각함이 없는 큰 자
   비〔無緣大悲〕가 된다.

풀 수 있다'는 것은 있을 수 없다. '만약 스스로 묶임이 없으면 남의 묶임 풀 수 있다'는 것은 그럴 수 있다. 그러므로 보디사트바는 묶임을 일으키지 않아야 한다.

무엇을 묶임〔縛〕이라 하고 무엇을 풀림〔解〕이라 하는가.

선정의 맛 탐착하면〔貪着禪味〕 이것이 보디사트바의 묶임이고, 방편으로 나는 것〔以方便生〕이 보디사트바의 풀림이다. 또 방편 없는 지혜〔無方便慧〕는 묶임이고, 방편 있는 지혜〔有方便慧〕가 해탈이며, 지혜 없는 방편〔無慧方便〕은 묶임이고 지혜 있는 방편〔有慧方便〕은 풀림이다.

무엇을 방편 없는 지혜〔無方便慧〕의 묶임이라고 하는가. 곧 '애착하는 견해의 마음'으로 붇다의 땅을 장엄하고 중생을 성취하여, 공함과 모습 없음, 지음 없는 법〔空·無相·無作〕 가운데, 스스로 고루어 누르면 이것을 방편 없는 지혜〔無方便慧〕의 묶임이라 이름한다.

무엇을 방편 있는 지혜〔有方便慧〕의 풀림이라 하는가. 곧 애착하는 견해의 마음으로 붇다의 땅을 장엄하여 중생을 성취하지 않고, 공함과 모습 없음, 지음 없는 법〔空無相無作法〕 가운데 스스로 고루어 누르되 지쳐 싫어하지 않으면, 이를 방편 있는 지혜〔有方便慧〕의 풀림이라 이름한다.

무엇을 지혜 없는 방편〔無慧方便〕의 묶임이라 이름하는가. 곧 보디사트바가 탐냄 성냄 삿된 견해 등 모든 번뇌에 머물러 뭇 덕의 바탕을 심는 것, 이를 지혜 없는 방편의 묶임이라 이름한다.

무엇을 지혜 있는 방편〔有慧方便〕의 풀림이라 하는가. 곧 모든 탐욕 성냄 삿된 견해 등 모든 번뇌를 떠나, 뭇 덕의 바탕을 심어

아누타라삼먁삼보디에 회향하면 이를 지혜 있는 방편의 풀림이
라 이름한다.'

彼有疾菩薩應復作是念

如我此病非眞非有 衆生病亦非眞非有 作是觀時 於諸衆生 若起愛見大悲
卽應捨離 所以者何 菩薩斷除客塵煩惱 而起大悲

愛見悲者 則於生死有疲厭心 若能離此無有疲厭 在在所生 不爲愛見之所
覆也 所生無縛 能爲衆生說法解縛

如佛所說 若自有縛能解彼縛 無有是處 若自無縛 能解彼縛 斯有是處 是
故菩薩不應起縛

何謂縛何謂解 貪著禪味是菩薩縛 以方便生是菩薩解 又無方便慧縛 有方
便慧解 無慧方便縛 有慧方便解

何謂無方便慧縛 謂菩薩以愛見心 莊嚴佛土成就衆生 於空無相無作法中
而自調伏 是名無方便慧縛

何謂有方便慧解 謂不以愛見心莊嚴佛土成就衆生 於空無相無作法中 以
自調伏而不疲厭 是名有方便慧解

何謂無慧方便縛 謂菩薩住貪欲瞋恚邪見等諸煩惱 而植衆德本 是名無慧
方便縛

何謂有慧方便解 謂離諸貪欲瞋恚邪見等諸煩惱 而植衆德本 迴向阿耨多
羅三藐三菩提 是名有慧方便解

8. 보디사트바의 중도의 행

1) 마음을 조복함과 조복하지 않음에 모두 머물지 않음

만주스리시여. 저 병들어 앓는 보디사트바는 이와 같이 모든
법을 살펴야 합니다. 또 거듭 몸의 덧없음 괴로움, 공함, 나 아
님〔無常·苦·空·非我〕을 살피면 이를 지혜라 이름하고, 비록 몸

에 병이 있어 늘 나고 죽음에 있어도, 온갖 중생을 이익되게 하여 싫어해 물림이 없으면 이를 방편이라 이름합니다.

또 다시 몸을 살피되 몸이 병을 떠나지 않고 병이 몸을 떠나지 않으며 이 병과 이 몸이 새로움이 아니고 옛이 아니라고〔非新非故〕 살피면 지혜라고 이름하며, 설사 몸에 병이 있어도 길이 사라지지 않는다〔不永滅〕고 살피면 방편이라고 이름합니다.

만주스리시여, 병 있는 보디사트바가 이와 같이 그 마음을 고루고 눌러야 하되 고르고 누름 그 가운데도 머물지 않고〔不住調伏〕, 또한 다시 마음을 고루고 누르지 않음에도 머물지 않아야 합니다〔不住不調伏〕.

왜인가요. 만약 마음을 고루고 누르지 않음에 머물면〔住不調伏心〕 이는 어리석은 사람의 법〔愚人法〕이요, 만약 마음을 고루고 누름에 머물면〔住調伏心〕 이는 슈라바카의 법〔聲聞法〕입니다.

그러므로 보디사트바는 '마음을 고루어 누름과 고루어 누르지 않음'에 머물지 않으니〔不住於調伏不調伏心〕 이 두 법을 떠나면 이것이 보디사트바의 행〔菩薩行〕입니다.10)

나고 죽음에 있어도 더러운 행이 되지 않고, 니르바나에 머물러도 길이 사라짐에 건넘이 아니면, 이것이 보디사트바의 행입니다.

범부의 행이 아니고〔非凡夫行〕, 현성의 행이 아니면〔非賢聖行〕

---

10) 조복함에 머묾과 조복하지 않음에 머묾: 경의 이 가르침을 중국 선종에서 닦음〔修〕과 깨침〔悟〕의 논쟁과 연결지어 생각하면, 조복함에 머묾은 번뇌를 끊고 도를 얻으려 하는 성문의 법이거나 깨침 없는 점차 닦음〔漸修〕이고, 조복하지 않음에 머묾은 범부의 번뇌에 머문 삶이거나 닦음의 인과를 살려내지 못하는 단박 깨침〔頓悟〕의 법이다.

이것이 보디사트바의 행이고, 물든 행이 아니고〔非垢行〕 깨끗한 행도 아니면〔非淨行〕 이것이 보디사트바의 행입니다.

비록 마라의 행보다 지나되 뭇 마라 항복함을 나타냄이 보디사트바의 행이고, 온갖 것 아는 지혜〔一切智〕를 구하되, 때 아닌 구함이 없으면〔無非時求〕 이것이 보디사트바의 행이며, 비록 모든 법이 나지 않음을 살피되 바른 지위〔正位〕에 들어가지 않으면 이것이 보디사트바의 행입니다.

文殊師利 彼有疾菩薩應如是觀諸法 又復觀身無常苦空非我 是名爲慧 雖身有疾常在生死 饒益一切而不厭倦 是名方便 又復觀身 身不離病 病不離身 是病是身 非新非故 是名爲慧 設身有疾而不永滅 是名方便

文殊師利 有疾菩薩應如是調伏其心不住其中 亦復不住不調伏心 所以者何 若住不調伏心是愚人法 若住調伏心是聲聞法 是故菩薩不當住於調伏不調伏心 離此二法 是菩薩行

在於生死不爲汚行 住於涅槃不永滅度 是菩薩行 非凡夫行 非賢聖行 是菩薩行 非垢行非淨行 是菩薩行

雖過魔行 而現降衆魔 是菩薩行 求一切智無非時求 是菩薩行 雖觀諸法不生而不入正位 是菩薩行

2) 끊되 끊음 없고 닦음에 닦음 없는 바른 행

비록 열두 연기〔十二緣起〕를 살피되 모든 삿된 견해에 들어감〔入諸邪見〕이 보디사트바의 행이고, 비록 온갖 중생을 거두되 애착하지 않음 이것이 보디사트바의 행이며, 비록 멀리 떠남을 즐거워하되 몸과 마음의 다함에 의지하지 않음 이것이 보디사트바의 행입니다.

비록 삼계에 다녀도 법의 성품〔法性〕무너뜨리지 않음 이것이 보디사트바의 행이고, 비록 공함[空]을 행해도 뭇 덕의 바탕 심는 것 이것이 보디사트바의 행이며, 비록 모습 없음[無相]을 행해도 중생을 건네줌 이것이 보디사트바의 행이고, 비록 지음 없음[無作]을 행해도 몸 받음을 나타냄 이것이 보디사트바의 행입니다.

비록 일어남 없음[無起]을 행해도 온갖 착한 행을 일으킴이 보디사트바의 행이고, 비록 여섯 파라미타(pāramita)를 행해도 중생의 마음과 마음 씀[心心數法]의 법을 두루 알면 이것이 보디사트바의 행이고, 비록 여섯 신통[六通]을 행해도 샘[漏]을 다하지 않음 이것이 보디사트바의 행이며, 비록 네 헤아릴 수 없는 마음[四無量心]을 행해도 브라흐마하늘 세계[梵世]에 나는 것을 탐착하지 않음 이것이 보디사트바의 행입니다.

비록 선정 해탈 모든 사마디[禪定, 解脫, 諸三昧]를 행해도 선정을 따라 나지 않는 것11) 이것이 보디사트바의 행이고, 비록 네 곳 살핌[四念處]을 행해도 몸과 느낌 마음과 법[身·受·心·法] 길이 떠나지 않음 이것이 보디사트바의 행이고, 비록 '네 바르게 부지런함[四正勤]'12)을 행하지만 몸과 마음의 정진 버리지 않음 이것이 보디사트바의 행이며, 비록 '네 뜻대로 되는 선

---

11) 선정 따라 나지 않음[不隨禪生]: 붇다의 가르침에서 갖가지 실천법은 연기중도의 실상에 돌아가기 위함이다. 실로 끊을 것이 있고 닦음이 있고 얻음이 있는 것은 연기의 진실이 아니다. 그러므로 닦아서 닦음 따라 선정의 하늘에 나는 것은 참된 해탈이 아니다.

12) 네 바르게 부지런함[四正勤]: ① 이미 생긴 악은 길이 끊도록 함[已生惡令永斷], ② 아직 생기지 않은 악은 생기지 않도록 함[未生惡令不生], ③ 이미 생긴 선은 늘어나 자라도록 함[已生善令增長], ④ 아직 생기지 않은 선은 생기도록 함[未生善令得生].

정〔四如意足〕'13)을 행해도 자재한 신통 얻음 이것이 보디사트바의 행입니다.

비록 '다섯 진리의 뿌리〔五根〕'14)를 행해도 중생 모든 근기의 날카롭고 무딤을 앎 이것이 보디사트바의 행이며, 비록 '다섯 진리의 힘〔五力〕'15)을 행해도 붇다의 열 힘〔十力〕 구하기를 즐거워함 이것이 보디사트바의 행이고, 비록 '일곱 깨달음 법〔七覺分〕'16)을 행해도 붇다의 지혜를 분별하며, 비록 '여덟 바른길〔八正道〕'을 행해도 헤아릴 수 없는 붇다의 도〔無量佛道〕 행함을 즐거워함 이것이 보디사트바의 행입니다.

雖觀十二緣起而入諸邪見 是菩薩行 雖攝一切衆生而不愛著 是菩薩行 雖樂遠離而不依身心盡 是菩薩行

雖行三界而不壞法性 是菩薩行 雖行於空而植衆德本 是菩薩行 雖行無相

13) 네 뜻대로 되는 선정〔四如意足〕: 하고자 함의 여의족〔欲如意足〕, 생각의 여의족〔念如意足〕, 정진의 여의족〔精進如意足〕, 사유의 여의족〔思惟如意足〕.

14) 다섯 진리의 뿌리〔五根〕: 뿌리는 생성의 토대가 됨을 뜻하니 산스크리트 indriya의 번역어이다. 믿음의 뿌리〔信根〕, 정진의 뿌리〔進根〕, 생각의 뿌리〔念根: 四念處〕, 선정의 뿌리〔定根: 四如意足〕, 지혜의 뿌리〔慧根〕가 해탈 성취의 뿌리가 됨을 말한다.

15) 다섯 진리의 힘〔五力〕: 다섯 뿌리의 뛰어난 역량이니, 곧 믿음의 힘〔信力〕, 정진의 힘〔精進力〕, 생각의 힘〔念力〕, 선정의 힘〔定力〕, 지혜의 힘〔慧力〕이다.

16) 일곱 깨달음 법의 갈래〔七覺支〕: ① 법 가림의 깨달음 법〔擇法覺分〕, ② 정진의 깨달음 법〔精進覺分〕, ③ 기쁨의 깨달음 법〔喜覺分〕, ④ 없앰의 깨달음 법〔除覺分〕, ⑤ 버림의 깨달음 법〔捨覺分〕, ⑥ 선정의 깨달음 법〔定覺分〕, ⑦ 생각의 깨달음의 법〔念覺分〕
앞의 세 법은 비파사나의 법이고, 다음 세 법은 사마타의 법이며, 마지막 생각의 깨달음 법〔念覺分〕은 사마타와 비파사나를 균등히 하여 방편을 쓰는 실천법.

而度衆生 是菩薩行 雖行無作而現受身 是菩薩行

雖行無起而起一切善行 是菩薩行 雖行六波羅蜜而遍知衆生心心數法 是菩薩行 雖行六通而不盡漏 是菩薩行 雖行四無量心而不貪著生於梵世 是菩薩行

雖行禪定解脫三昧而不隨禪生 是菩薩行 雖行四念處而不永離身受心法 是菩薩行 雖行四正勤而不捨身心精進 是菩薩行 雖行四如意足而得自在神通 是菩薩行 雖行五根而分別衆生諸根利鈍 是菩薩行 雖行五力而樂求佛十力 是菩薩行 雖行七覺分而分別佛之智慧 是菩薩行 雖行八聖道而樂行無量佛道 是菩薩行

3) 사마타와 비파사나를 같이 행함

비록 사마타 비파사나(samatha, vipaśyanā: 止觀)와 도 돕는 법〔助道之法〕을 행해도, 마쳐 다해 고요히 사라짐에 떨어지지 않음 이것이 보디사트바의 행이고, 비록 모든 법이 나지 않고 사라지지 않음을 행하되 그 몸을 좋은 모습으로 장엄함〔相好莊嚴〕17) 이것이 보디사트바의 행이고, 비록 슈라바카 프라데카붇다의 몸가짐을 나타내되 붇다의 법을 버리지 않음〔不捨佛法〕 이것이 보디사트바의 행입니다.

비록 모든 법의 마쳐 다한 깨끗한 모습〔諸法究竟淨相〕을 따르되, 응한 바를 따라 그 몸을 나타냄 이것이 보디사트바의 행이고, 비록 모든 붇다의 국토가 허공처럼 길이 고요함을 살피되 갖가지 붇다의 땅을 나타냄 이것이 보디사트바의 행이고, 비록 붇다의 도를 얻어 법바퀴를 굴리다〔轉于法輪〕 니르바나에 들되〔入於涅槃〕,

---

17) 몸을 장엄함〔相好莊嚴〕: 몸을 집착하는 것은 범부의 탐욕이고, 몸을 버리는 것은 몸을 부정해 해탈하려는 바깥길의 법이나 보디사트바는 몸 아닌 몸의 진실대로 몸을 장엄함.

보디사트바의 도를 버리지 않음 이것이 보디사트바의 행입니다.'

이 말을 설할 때 만주스리가 거느린 대중과 그 가운데 팔천 하늘왕의 아들들〔八千天子〕이 다 아누타라삼먁삼보디의 마음을 내었다.18)

雖行止觀助道之法 而不畢竟墮於寂滅 是菩薩行 雖行諸法不生不滅 而以相好莊嚴其身 是菩薩行 雖現聲聞辟支佛威儀 而不捨佛法 是菩薩行

雖隨諸法究竟淨相而隨所應爲現其身 是菩薩行 雖觀諸佛國土永寂如空而現種種淸淨佛土 是菩薩行 雖得佛道 轉于法輪入於涅槃而不捨於菩薩之道 是菩薩行

說是語時 文殊師利所將大衆 其中八千天子 皆發阿耨多羅三藐三菩提心

평석

1. 만주스리의 병문안

비말라키르티거사가 바이샬리에서 방편으로 병(病)을 보이고 만주스리가 붇다세존의 분부를 받들어 병문안 하여 큰 법의 모임이 이루어진다. 두 큰 보디사트바는 묻고 답함을 통해 병의 실상을 밝힘으로 모

---

18) 마지막 경문에 대한 영역과 우리말 직역은 다음과 같다.

While Vimalakirti was expounding the Dharma, all the eight thousand sons of devas who had come with Mañjuśrī, developed the profound mind set on the quest of supreme enlightenment (anuttara-samyak-sambodhi).

비말라키르디가 다르마를 자세히 설명하는 동안 만주스리와 같이 왔던 모든 팔천의 하늘왕의 아들들은 깊은 마음을 발전시켜 최상의 깨달음을 탐구하는데 두었다.

든 법의 실상〔諸法實相〕을 밝히고, 비말라키르티가 병을 보이는 자비 방편(慈悲方便)을 통해 보디사트바의 행을 열어 보인다.

만주스리가 비말라키르티의 참 면목을 알아보는 지혜의 눈〔智慧眼〕에, 병에 병 없는 병의 실상〔病實相〕이 온통 드러나고, 비말라키르티가 병을 나투어 보이는 방편의 행〔方便行〕을 통해, 세계의 실상 그대로의 보디사트바의 행〔菩薩行〕이 온전히 드러난다.

만주스리의 진리 그대로의 지혜의 눈에 비친 비말라키르티의 지혜 또한 실상인 지혜로 잘 법의 요점을 설하는 것〔深達實相 善說法要〕이니 비말라키르티는 실상의 법 그대로의 말〔如實言〕을 말함 없이 말하는 분이다. 깊이 실상을 통달함은, 깨친 바 진리의 머묾 없고 밑 없는 바탕이 깊음〔體深〕이요, 잘 법의 요점을 설함은 모습 없되 모습 없음도 없으므로 드러나는 지혜의 씀이 큼〔用大〕이다.

온갖 보디사트바의 법식을 다 안다 함은 실천의 까닭을 다 알아 세간을 위해 모습 없되 모습 아님도 없는〔無相而無不相〕 거짓 있음을 내는 지혜〔出假之慧〕가 무르익음이다.

'모든 붇다의 비밀한 법의 곳간에 들지 않음이 없다' 함은 여래과덕(如來果德)에 하나 됨이고, '뭇 마라를 항복받아 신통에 노닐며 지혜의 방편이 이미 건넘을 얻었다'고 함은 신통(神通)과 지혜〔智〕와 방편(方便), 이 셋이 이미 저 언덕에 이르지 않음이 없음이다. 그러니 이런 사람을 어찌 쉽게 마주해 대꾸할 수 있겠는가.

두 큰 보디사트바의 만남은 여래 진리인 지혜의 구체적인 검증이며, 여래의 지혜는 '방편 갖춘 자비행'으로의 발현임을 눈앞에서 나타내 보임이다.

이 두 보디사트바의 만남으로 드러난 모든 법의 실상〔諸法實相〕과 실상 그대로의 자비행(慈悲行)은, 모든 범부 하늘신과 사람, 슈라바카와 보디사트바의 본래 갖춘 삶의 실상이니, 어느 누가 두 큰 사람〔mahas attva]의 뒤를 따르지 않겠는가.

만주스리와 비말라키르티 두 큰 선지식이 만나, 묻고 답함으로 보이는 큰 법의 모임[大法會]에, 셀 수 없는 하늘과 사람, 슈라바카 제자와 보디사트바들이 함께 하고 있는 것이다.

2. 만주스리의 옴이 없는 옴과 비말라키르티의 맞이함

만주스리가 여래의 분부를 받들어 비말라키르티에게 병문안 가려고 함에 비말라키르티의 방안에는 '누울 자리 하나만'이 놓여 있다고 하니 이는 무엇을 보임인가.

만주스리는 여기 이곳을 떠나 비말라키르티의 방안에 이르렀으나 실로 옴[來]이 없었고 감[去]이 없었으며 이름[到]이 없었다. 그리고 앓아 누워있는 비말라키르티는 방에 모든 있는 것들을 치우고 한자리만을 두고 그 위에 누워 있었다.

여기 이곳 한 모습[一相]의 진실 밖에 모든 법의 실상이 없고 한 생각[一念] 밖에 법계가 없으며, 가고 오는 행위의 진실 밖에 법의 진실이 없다.

수트라에서 만주스리의 비말라키르티께 병문안 옴[來]은 옴이 없는 옴[無來之來]으로 표현되고, 만주스리가 앓아 누워있는 비말라키르티를 봄[見]은 봄이 없는 봄[無見之見]으로 표현된다.

그리고 비말라키르티는 병을 앓고 있는 방에 이미 있던 자리들을 치우고 새로 누울 자리를 놓고 홀로 그 위에 누워있으니, 이 모습은 연기로 있는[緣起有] 온갖 법이 있되 공하고, 그 공함도 공한 실상을 보인 것이리라.

이미 있던 누울 자리가 실로 있는 것이라면 어찌 그 자리를 치울 수 있겠는가. 그리고 새로 놓은 자리의 빈 공간이 아주 없음이라면 그 빈 자리를 어찌 새 자리로 채울 수 있겠는가. 이미 있음[已有]이 사라져도 실로 사라짐이 없고 새로 있음[新有]이 생겨나도 실로 남이 없으므로 이것과 저것은 옴이 없이 오고, 감이 없이 가는 것이다.

비말라키르티의 병 또한 마찬가지다. 몸이 몸 아니므로 애착과 네 요인[四大]의 부조화로 병이 나니, 병이 인연으로 남 속에서, 나의 병이 나만의 닫혀진 자아의 병이 아님을 알고, 몸이 몸 아님[身非身]을 체달하면 그가 네 요인의 몸[四大身]에서 금강의 몸[金剛身]을 깨친 자이다.

그리고 애착으로 인한 몸의 병 아닌 병에서 보디사트바의 원의 힘[菩薩願力]을 내면, 병이 바로 큰 자비 원력의 나타내 보임[大悲示現]이 되는 것이다. 중생이 아픈데 중생과 진여의 몸[眞如身]을 같이 하는 큰 자비의 보디사트바가 어찌 중생과 더불어 아프지 않겠는가.

보디사트바가 몸이 몸 아님을 알고 몸이 몸 아님도 아님을 알아, 몸의 병을 법신(法身)의 바탕에서 중생과 함께하는 보디사트바의 자비(慈悲)로 발현하는 뜻을 승조법사는 다음 같이 말한다.

'대저 법신은 남이 없으니[法身無生] 하물며 다시 꼴이 있겠는가. 이미 꼴 있음이 없는데 병이 무엇을 말미암아 일어나겠는가. 그렇지만 저 중생을 위해 태어남을 받으니[爲彼受生] 꼴 없을 수 없다. 이미 꼴 있으니 병 없을 수 없다. 그러므로 그 오래고 가까움을 따라[隨其久近] 그와 더불어 병을 함께한다. 만약 저가 병을 떠나면 보디사트바는 다시 병이 없다.'19)

---

19) 肇公曰 夫法身無生 況復有形 旣無有形 病何由起 然爲彼受生 不得無形 旣有形也 不得無患 故隨其久近 與之同疾 若彼離病 菩薩則無復病也

3. 공한 지혜로 살피는 공한 경계

비말라키르티의 방과 모든 붇다의 국토가 공함은 무엇으로 공한가. 그 공함의 뜻을 비말라키르티거사는 '공으로써 공함'이라 하니 그 뜻은 무엇인가.

살피는 지혜의 공함〔能觀智空〕으로써 살피는 바 경계가 공함〔所觀境空〕을 공으로써 공함〔以空空〕이라 한 것이다. 이 뜻을 살핌의 관행으로 풀이하여〔觀解〕 유계존자는 다음 같이 말한다.

한 생각 잠깐 일어나는 마음〔一念介爾之心〕을 살피는 것이 방장의 방〔方丈室〕이다. 중도를 살피는 지혜로 이 한 생각을 살피면, 고요함 그대로 움직임〔卽靜而動〕이고 밝음 그대로 어두움이니 바로 비말라키르티가 병 있음을 보여 나타냄이다.

온전히 공함을 요달함이 곧 방 가운데 있는 것을 치움〔去〕이니 붇다의 나라〔佛國〕 또한 공함이다. 이와 같이 공함을 살필 수 있는 지혜〔空觀智〕로써 살피는 바 경계〔所觀境〕를 공하게 하니 곧 공으로써 공함〔空空〕이다.

얻을 바 함과 하여지는 바가 없음〔無能所可得〕을 아니 곧 분별없는 공이기 때문에 공하고 분별 또한 공함이다.

이 한마음의 성품이 다섯 쌓임 갖춤〔一心性具五陰〕을 살피니 낱낱이 다 법계라 인드라구슬 그물이 겹치고 겹쳐 다함없음과 같아 서로 주인 되고 손님 된다. 그리하여 때로 물질이 크고 내가 작아 내가 물질 가운데 있다고 한다. 곧 공으로써 공함 등은 반드시 예순두 견해 가운데서 구해야 한다고 하니 이와 같은 견해가 붇다의 법계와 평등함〔與佛法界等〕이다.

곧 예순 두 견해는 모든 붇다의 해탈 가운데 구해야 한다 함이니 가없는 세계바다가 털끝도 떨어지지 않음이다. 이것이 곧 모든

붇다의 해탈〔諸佛解脫〕은 중생 마음의 지어감〔衆生心行〕 가운데서 구해야 한다고 함이다.20)

연기법에서 세계는 마음인 세계이니 방장의 빈방은 방장을 보고 있는 이의 마음인 방이다. 그러므로 세계인 마음을 돌이켜 살펴보는 것이 마음인 세계의 실상을 살핌이다. 곧 겹치고 겹쳐 다함없는 세계의 차별상을 말해도 이는 다 공한 지혜로써 공한 것〔空空〕이니 모든 있음 모든 분별이 공하면 붇다의 법계와 평등함이다.

그러므로 유계존자는 한 생각 세계를 안고 일어나는 마음으로 살피는 바 경계를 삼아, 살피는 한 생각〔能觀一念〕으로 지금 한 생각 일어난 마음〔所觀一念〕을 살펴 마음의 공함으로 참된 공을 보여, 만주스리를 맞이하는 '비말라키르티의 방이 비었다'고 하는 것이다.

한 방의 빈 모습은 모든 법의 빈 모습이니 연기법에서 한 법의 그러한 모습은 온갖 모든 법의 그러한 모습이기 때문이다.

곧 생각으로 생각을 살펴 생각의 공함을 들어 '방이 비어 모시는 이가 없다'고 한 것이며 이 뜻이 곧 '모든 붇다의 국토가 비었다'는 뜻이다. 유계의 『무아소』는 붇다의 국토 공함을 다음 같이 풀이한다.

비말라키르티의 방이 비었음〔維摩室空〕은 본래 '고요한 빛의 묘한 땅〔寂光妙土〕'을 나타낸다. 지금 모든 붇다의 국토라 말한 것

---

20) 觀一念介爾之心 卽方丈室也 以中觀之智 觀此一念 卽靜而動 卽明而昏 卽維摩示現有疾也 了達全空 卽去室中所有 佛國亦空也 如是以能空觀智 空其所觀之境 卽空空也 了無能所可得 卽以無分別空故空 分別亦空也
觀此一心性具五陰 一一皆爲法界 如帝網珠 重重無盡 互爲賓主 或色大我 小我在色中等云云 卽空空等 當於六十二見中求也 如此之見 與佛法界等
卽六十二見 當於諸佛解脫中求也 無邊刹海 不隔毫端 卽諸佛解脫 當於衆生心行中求也

은 곧 고요한 빛이다. 비록 이 고요한 빛[寂光]이 또한 아래의 실다운 과보의 땅 등 세 땅[三土]을 갖추니 금싸라기여래 스스로 머묾[金粟自居]은 곧 '고요한 빛의 땅[寂光]'이고, 모든 보디사트바가 사는 것은 '실다운 과보의 땅[實報]'이며, 두 작은 수레의 사람이 머묾[二乘人居]은 '방편의 나머지 있는 땅[方便]'이고, 장자거사(長者居士, 淨名)가 머묾은 '범부 성인이 같이 머무는 땅[同居]'임과 같다.

지금 국토라 말한 것은 곧 네 땅[四土]을 함께 거두고 공함은 함께 공한 것이다. 지금 고요한 빛이라 말한 것은 마쳐 다한 높은 단계[究竟上品]이니 오직 항상하고 즐겁고 참된 나의 깨끗한 덕[常樂我淨之德]을 갖춤이라. 세 미혹과 두 죽음[二死: 分段·變易]이 없는 모습을 깨달으므로 공하다고 말한다.

그러니 작은 수레[小乘]의 세 해탈[三解脫]의 첫 문에서 공(空)이 한 물건도 없음으로 공(空)을 삼는 것과 같지 않다.

아래 글에서 등왕여래에게서 자리를 빌고 향적여래에게서 밥을 빈다고 하니 하나와 여럿이 걸림 없고[一多無礙] 작음과 큼이 서로 받아들이는[小大相容] 사유할 수 없고 말할 수 없는 해탈이 다 여기에 바탕한다. 천태대사가 말한 바 참되고 깨끗한 해탈[眞淨解脫]이다.21)

『마하지관』에서 '한 빛깔 한 냄새가 중도 아님이 없다[一色一香無非

---

21) 維摩室空 本以表寂光妙土 今言諸佛國土 卽寂光也 雖是寂光 亦具下之三土 如以金粟自居卽寂光 諸菩薩居卽實報 二乘人居卽方便 長者居士同居卽凡聖 今云國土 則四土俱該 空則俱空 今言寂光 乃究竟上品 惟具常樂我淨之德 了無三惑二死之相 故言爲空 非如小乘 三脫初門之空以無一物者爲空也 下文借座燈王 乞食香積 一多無礙 小大相容 不思議解脫 皆本乎此 大師所謂眞淨解脫也

中道'고 한 것처럼 모든 붇다의 국토 또한 연기이므로 공하고 공도 공해 모든 국토 온갖 것이 중도 실상(中道實相) 아님이 없고 참 성품의 해탈〔眞性解脫〕아님이 없는 것이다.

곧 비말라키르티가 방편으로 방안에 모시는 이들을 치워, 빈방에서 홀로 앓고 있는 모습을 보인 것은 곧 있음이 공함을 잡아, 공이 바로 중도인 참성품의 해탈〔眞性解脫〕을 보인 것이다.

4. 실상과 해탈

연기로 있는 온갖 법의 진실에 어두움〔無明, avidyā〕으로 말미암아 삶의 고통이 일어나니 해탈은 연기의 진실에 돌아감이라 고통의 한복판이 곧 해탈이 일어나는 곳이다. 그 뜻을 경은 '붇다의 해탈〔佛解脫〕은 중생 마음의 지어감〔衆生心行〕가운데서 구한다.'고 말한다.

연기법에서 해탈의 현장은 고통의 현장이며, 해탈은 괴로움이 일어나는 역과정으로 구현된다. 이런 뜻을 승조법사는 다음 같이 말한다.

'삿된 견해 버리는 것을 해탈이라 이름하고 해탈 등지는 것을 삿된 견해라 이름한다. 그렇다면 삿됨과 해탈은 서로 없애는 것이니 누가 그 근원이 되는가. 중생에게 그 근원이 되는 것은 하나일 뿐이다. 그러므로 (중생의) 모든 해탈을 구하는 것은 (스스로의) 삿된 견해〔邪見〕에 바탕해야 하는 것이다.'22)

유식(唯識)의 뜻으로 보면 중생의 집착된 번뇌의 삶〔遍計所執相〕이란 연기이므로 공한 세간법의 진실에 대한 왜곡이다. 그러므로 번뇌에 물

---

22) 肇公曰 捨邪見名解脫 背解脫名邪見 然則邪解相靡 孰爲其源 爲其源者 一
　　而已矣 故求諸解脫 當本之邪見也

든 삶이 원래 실다운 있음이 아닌 줄[遍計所執無自性]을 알아, 있되 공한 연기의 진실[依他起相無自性]에 돌아가는 것이 '두렷이 이루어진 삶의 실상[圓成實相]'을 회복하는 것이다. 그리고 삶의 실상에 대한 왜곡이 온갖 견해이므로, '예순두 견해[六十二見]는 붇다의 해탈 가운데서 구해야 한다'고 하고 '붇다의 해탈은 중생의 마음의 지어감 가운데서 [衆生心行中] 구해야 한다'고 말한 것이다.

중생의 지금 앓고 있는 병의 조건 가운데, 해탈의 조건이 있는 것이라 병을 떠나서 해탈이 없고, 중생의 마음의 지어감[衆生心行]을 떠나 모든 붇다의 해탈이 없는 것이다.

그러나 다시 '해탈을 구한다'고 말한 것은, 중생의 번뇌가 없지 않음 [煩惱非無]으로 일어나는 닦음의 모습[修相]이지, 본래 그러한 성품 [性]은 아닌 것이라 성품을 취해 조복하지 않는 모습[不調伏相]에 머물러서는 안 된다.

유계존자는 다음 같이 말한다.

'대저 삿된 견해는 미혹이고 해탈은 깨침이니 다 닦음[修]이라, 성품[性]이 아니고, 끝이고 바탕이 아니다. 그 흐름을 따르면[循其流] 곧 천 가지 다름이 다투어 일어나니[千差競起] 다르지 않을 수 없으나 그 근원에 거슬러 돌아가면[遡其源] 곧 한길이 평등[一道平等]하니 같지 않을 수 없다.

그러므로 『화엄경』은 말한다.

마음은 교묘한 화가와 같아
갖가지 다섯 쌓임 짓는다.
온갖 세간에 있는 법 가운데
짓지 않는 법이 없도다.

心如巧畫師　造種種五陰

一切世間中　無法而不造

바로 중생 마음의 지어감〔衆生心行〕으로 한 생각의 바탕이 열 법계의 성품과 모습〔十界性相〕을 갖추어 두루 갖추지 않음이 없어서, 삿됨이 될 수 있고 바름이 될 수 있으며, 중생이 될 수 있고 붇다가 될 수 있다.

그러므로 모든 붇다의 해탈은 모든 중생의 마음의 지어감 가운데서 구하도록 한다. 이것이 곧 삿된 견해〔邪見〕와 해탈(解脫)이 다 마음의 지어감에 바탕함이다. 바깥 길〔外道〕은 성품을 거슬러〔逆性〕 이를 구하니 좋지 않다. 그러므로 삿된 견해를 이룬다. 모든 붇다는 성품을 따라〔順性〕 잘 이를 구한다. 그러므로 해탈을 이룬다.

해탈이란 무엇인가. 곧 앞에서 보인 바 국토가 다 공함이니 공으로써 공함이라 공을 분별하지 않음이 다 그 일이다.

한 경이 밝힌 바 큰 바탕 큰 실천의 마루〔大體大宗〕가 해탈의 큰 씀〔解脫大用〕으로 더불어, 여기에 바탕하지 않음이 없다. 비말라키르티가 병으로 앓아누움은 그것이 말미암음이 있는 것이다.23)

---

23) 夫邪見迷也 解脫悟也 皆修也 非性也 末也 非本也 循其流 則千差競起 不能不以之異 遡其源 則一道平等 不能不以之同 故華嚴云 心如工畫師 造種種五陰 一切世間中 無法而不造
正以衆生心行 一念體具十界性相 無不周足 可以爲邪 可以爲正 可以爲生 可以爲佛 故諸佛解脫令於衆生心行中求也 是則邪見解脫 皆本於心行 外道逆性求之不善 故成邪見 諸佛順性以善求之 故成解脫 解脫者何 卽前所示國土皆空 以空空 無分別空 皆其事也 一經所明 大體大宗 與夫解脫大用 莫不本諸於此 維摩臥疾 其有由矣
〔바깥길은 진리를 연기된 있음〔緣起有〕의 진실에서 구하지 않고 연기된 세속법 위에 초월자나 절대 성품을 세워서 찾으니 이를 성품을 거슬러 구함〔逆性而求〕이라 한다.〕

중생의 한 생각을 떠나 만법이 없으니 중생의 생각을 떠나 붇다의 이미 이루어진 해탈이 없고, 중생의 새로 이룰 해탈도 없다. 비말라키르티의 빈방에 앓아누움도 이 몸과 세계의 공한 실상을 보여 해탈의 길을 열기 위함이다.

곧 해탈은 있되 공한 만법의 진실, 몸이 몸 아닌 몸의 실상에 있고 실상인 지혜에 있는 것이다. 그러니 번뇌로 모습에 물든 중생 마음의 지어감 그대로 해탈이 아니고, 중생 마음의 지어감을 떠나서도 해탈을 구할 수 없다.

번뇌의 흐름에 따라 사는 범부는 번뇌의 흐름을 돌이킬 방편이 없으므로 번뇌를 조복하지 않는 모습〔不調伏相〕에 머무른다. 그에 비해 나고 죽음의 번뇌를 끊고 니르바나 얻으려는 슈라바카는 번뇌를 조복하는 모습〔調伏相〕에 머무른다.

두 치우침을 떠나 '번뇌 조복하지 않음에도 머물지 않고 억지로 번뇌 조복해 끊는 모습에 머물지 않는 것〔不住不調伏 不住調伏〕'이 실상에 부합된 법이고, 중생 마음의 지어감 가운데 번뇌를 돌이켜 지혜로 쓰는 보디사트바의 법이다. 이 법이 곧 경에서 '모든 붇다의 해탈은 중생 마음의 지어감 가운데서 구하라'고 한 법이니 이 법 밖에 따로 구할 해탈의 길이 없다.

이와 같음에도 종파선으로서의 선종의 종지 조사선(祖師禪)을 교조화 하는 일부 선류들은 깨침과 닦음, 실로 닦음과 닦을 것 없음의 논쟁이 홍인선사(弘忍禪師)의 문하, 대통선사(大通禪師: 神秀)와 대감선사(大鑑禪師: 慧能)의 남북종 법통논쟁 돈점논쟁(頓漸論諍)에서 비롯한 것으로 알고 있다.

그러나 닦음과 깨침의 연기 중도적인 뜻은 이 『비말라키르티경』에 여실히 밝혀져 있으며, 성품과 닦음〔性修〕, 깨침과 닦음〔悟修〕이 둘이 아닌 중도의 수행관〔性修不二門〕은 천태선사 『마하지관』 『법화현의』에 밝게 드러나 있다.

5. 병든 보디사트바를 위로하는 법

보디사트바가 병들 때는, 몸이 실로 있는 몸이 아니라 앞 세상 망상과 뒤바뀐 생활습성으로 인해 병듦을 알아야 하니 병듦이 곧 몸의 나 없음〔身無我〕을 나타내는 것이다. 몸의 나 없음과 덧없음을 알되, 몸의 있음〔有〕을 없애고 공(空)을 말해 몸을 싫어해 떠나도록 해서는 안 된다.

몸이 몸 아니므로 병 또한 허깨비 같음을 알고, 저 중생의 병이 허깨비 같음을 알아 중생에게 큰 자비심을 일으켜야 한다.

이것이 곧 병이 실다움이 아닌 줄 가르치되, 공에 머묾 없이 병들게 하는 조건을 알아 방편으로 중생의 뭇 병을 낫게 하는 보디사트바의 자비행(慈悲行)이다.

선정의 고요함은 움직임 밖에 머물러야 할 선정의 모습이 있는 행이 아니다. 몸이 몸 아니고 병이 병 아님을 알아 몸과 병을 취하지 않고 경계를 취해 따라 알지 않는〔不緣境界〕 행이 디야나(dhyāna)이다. 그러므로 움직임 밖의 고요함, 병 없는 디야나를 따로 세워, 그 맛을 탐착하는 것〔貪着禪味〕은 보디사트바의 묶임이다. 몸과 병의 모습을 취하지 않는 사마타(samatha)에서, 비파사나(vipaśyana)의 살핌으로 새로운 상황에 대처하고, 몸과 병에 새로운 인연을 지어가는 것이 보디사트바의 병들고 닫힌 상황을 풀어가는 법이다.

승조법사는 병 있는 중생이 병 없음을 구현하는 지혜를 다음 같이 말한다.

'중생은 허물에 막힘이 깊고 두터워 단박 버릴 수 없다. 그러므로 단계로 점차 버려서 버릴 것 없음에 이른다. 위는 법(法)으로써 나〔我〕를 없애고 공으로써 법(法)을 없앰이다. 지금 여기서는

마쳐 다함마저 공하므로 공함도 공하다 함〔空於空者〕이니 병 없음
의 지극함이다.'24)

공에 머물지 않고 공을 좇아 거짓 있음에 들어가〔從空入假〕, 병과 번
뇌 조복하는 실천법은 어떠한가. 천태대사는 『영락경』에서 보인 두
번째 거짓있음 살핌〔第二假觀〕을 다음 같이 풀이해 말한다.

'공을 좇아 거짓 있음에 드는 살핌〔從空入假觀〕이란 다음과 같
다. 만약 공(空)에 머문다면 두 작은 수레〔二乘〕와 무엇이 다른
가. 붇다의 법을 이루지 못하고 중생을 이익되게 하지 못한다.
그러므로 공을 살피되 공에 머물지 않고〔不住空〕 거짓 있음에
들어가 병을 알고 약을 알아〔知病識藥〕 병에 응해 약을 주어 복용
하게 한다. 이를 공을 좇아 거짓 있음에 드는 살핌〔從空入假觀〕이
라 이름한다.
평등(平等)이라 말한 것은 앞의 공한 살핌을 바라보고 평등이라
말한 것이니 앞은 거짓을 깨뜨리려 공(空)을 쓴 것이고 지금은
공(空)을 깨뜨리려 거짓을 쓴 것이다. 깨뜨림과 씀이 이미 균등하
니〔破用旣均〕 평등한 살핌〔平等觀〕이라 말한다.
이 살핌이 이루어질 때 도의 씨앗인 지혜〔道種智〕를 증득한다.
지금 몸에 괴로움 있음을 세움〔設身有苦〕과 더불어, 악한 길의 중
생을 생각해〔念惡趣衆生〕 큰 자비심을 일으켜, 내가 이미 조복되
면 또한 온갖 중생 조복함을 같이 해야 한다.'25)

---

24) 肇公曰 羣生封累深厚 不可頓捨 故階級漸遣 以至無遣也 上以法除我 以空
除法 今以畢竟空 空於空者 乃無患之極耳
〔법으로 나를 없애 공으로 법을 없앰〔以空除法〕: 나〔我〕가 여러 법으로
연기함으로 나〔我〕가 공하되, 모든 법도 공함을 말한다. 다시 공함도 공
하면 이는 마쳐 다함도 공함이다.〕

천태선사의 공관과 가관은 그 가운데 깨뜨림과 씀이 평등하여 다만 차제가 아니니, 차제가 아닌 뜻을 지금 현전하는 한 생각[現前一念]에서 살피는 지혜[能觀智]와 살피는 바 경계[所觀境]를 모두 거두어 보는 무념선(無念禪)의 행으로 보면 다음과 같다.

앞생각으로 뒷생각의 생각에 생각 없음[於念無念]을 살펴 공에 머물지 않으면 생각 없음[無念]에 생각 없음도 없어[無無念] 생각 없음을 보는 한 생각이 공관·가관·중도관을 모두 거둔다. 이렇게 보면 하택선사와 대감혜능선사의 무념(無念)의 종지가 곧 천태선사 살피는 행의 시대적 해석의 뜻임을 알게 된다.

승조법사는 이 경에서 조복함에 머물지 않고 조복하지 않음에도 머물지 않고서[不住調伏 不住不調伏], 병과 번뇌 잘 스스로 조복함[善自調伏]을 다시 이렇게 말한다.

'잘 스스로 조복함이란 다음을 말한다. 있음[有]에 있어도 있음에 물들지 않고 공(空)에 있어도 공에 물들지 않으니 이것이 받지 않음[無受]의 지극함이다. 마음이 받는 바가 없으므로 받지 않는 바가 없고[無所不受] 받지 않는 바가 없으므로 길이 중생과 더불어 모든 느낌[諸受]을 함께 받는다. 모든 느낌이란 괴로운 느낌[苦受], 즐거운 느낌[樂受], 괴롭지 않고 즐겁지 않은 느낌[不苦不樂受]을 말한다. 붇다의 법을 아직 갖추지 않고 중생을 아직 건네지 않고서는, 홀로 세 느낌[三受]을 없애고 증득함을 취하지 않는다.'26)

---

25) 天台大師 釋瓔絡第二假觀云 從空入假觀者 若住於空 與二乘何異 不成佛法 不益衆生 是故觀空不住於空 而入於假 知病識藥 應病授藥 令得服行 故名從空入假觀 而言平等者 望前稱平等 前破假用空 今破空用假 破用旣均故言平等觀 此觀成時 證道種智也 與今設身有苦 念惡趣衆生 起大悲心 我旣調伏 亦當調伏一切衆生同

곧 연기의 진실을 살피는 보디사트바는, 지금 여기 나의 괴로운 느낌과 모든 느낌이 바는 바 없으므로 받지 않는 바 없음을 알아 세간 중생의 괴로움을 함께 느끼며, 나의 느낌이 나만의 느낌이 아니라 저 세계와 중생의 괴로움을 떠나지 않음을 알아, 내 병과 괴로운 느낌의 공성을 알 때 온갖 중생의 괴로움이 공한 줄 안다. 그리하여 나의 느낌 받음이 실로 받음 없는 곳에서 모든 지어감[行]을 보디사트바의 큰 원과 행[大願行]으로 돌이켜 나의 해탈이 중생의 해탈이 되게 하고 내가 받는 즐거움을 뭇 삶들의 즐거움으로 회향하게 된다.

그러나 방편(方便)과 지혜(智慧)를 모두 갖추어야, 보디사트바의 해탈이라 하는 것이니 승조법사는 다음 같이 말한다.

'뭇 덕[衆德]을 교묘히 쌓으면 이를 방편(方便)이라 말하고, 곧장 법의 모습[法相]을 통달하면 이를 지혜(智慧)라 한다. 두 행을 함께 갖춘 뒤에야 해탈일 뿐이다. 만약 방편이 없이 지혜가 있으면[無方便而有慧] 묶임을 면하지 못한다. 만약 지혜가 없이 방편이 있어도[無慧而有方便] 또한 묶임을 면하지 못한다.'27)

곧 공을 살펴도 공을 취하지 않고 있음을 거쳐도 집착하지 않아야 이를 교묘한 방편[巧方便]이라 이름한다. 곧 있음과 공함을 좇아 중도에 들 때, 바른 조복이 되고 방편과 지혜 같이 갖춤이 되니 천태선사는 『영락경』에서 밝힌 중도관(中道觀)을 다음 같이 말한다.

---

26) 肇公曰 善自調伏者 處有不染有 在空不染空 此無受之至也 以心無受 故無所不受 無所不受 故能永與羣生 同受諸受 諸受 謂苦受 樂受 不苦不樂受也 佛法未具 衆生未度 不獨滅三受而取證也

27) 肇公曰 巧積衆德 謂之方便 直達法相 謂之慧 二行俱備 然後爲解耳 若無方便而有慧 未免於縛 若無慧而有方便 亦未免於縛

'두 가지 공함이 방편이니 처음 나고 죽음이 공함을 살핌이고, 다음 니르바나가 공함을 살핌이다. 이 두 공함〔二空〕이 둘을 모두 막는 방편〔雙遮之方便〕이다. 처음 살핌은 공을 씀〔用空〕이고 다음 살핌은 거짓 있음을 쓰니〔用假〕, 이 두 씀은 둘을 같이 살려 비추는 방편〔雙照之方便〕이다.

마음 마음이 길에 돌아가〔歸趣〕 사르바즈냐의 바다에 들어가면, 두 진리를 같이 비춘다〔雙照二諦〕.

이 살핌이 이루어질 때 온갖 공덕의 씨앗인 지혜〔一切種智〕를 증득한다. 지금 지혜가 방편과 더불어 겸하는 행이니 곧 공함과 거짓 있음을 같이 비추어 쓰는 뜻〔雙照用空假之義〕이다.'28)

6. 보디사트바의 중도행

연기법에서 마음은 늘 세계의 모습인 마음이고, 세계는 마음인 세계이다. 지혜는 진리인 지혜라, 지혜로 살피는 바 진리의 경계에서 세속의 진리〔世俗諦〕에 머물 있음〔有〕이 없고, 진제(眞諦)에 머물 공(空)이 없으니, 지혜에도 있음과 없음을 얻을 수 없다.

지혜로 살피는 바에 모습〔相〕과 모습 없음〔無相〕이 모두 없으므로 모습 따라 연기하는 앎에 앎이 없고 앎 없음에 앎 없음도 없다. 알되 앎 없고 앎 없이 알면〔知而無知 無知而知〕, 앎 없는 앎은 머묾 없는 행〔無住行〕으로 주어지니 이 머묾 없는 행이 보디사트바의 행이다. 이를 『금강반야경』의 뜻으로 살펴보자.

『금강경』이 '머무는 바 없이 그 마음을 내야 한다〔應無所住而生其

---

28) 天台大師釋瓔珞中觀云 二空爲方便者 初觀空生死 次觀空涅槃 此之二空 爲雙遮之方便 初觀用空 次觀用假 此之二用 爲雙照之方便 心心歸趣入薩婆若海雙照二諦也 此觀成時 證一切種智 與今慧與方便兼行 卽雙照用空假之義

心]'고 하니, 곧 여섯 티끌경계〔六塵〕에 머물지 않고 보시 등 파라미타 행함을 말한다. 여기서 머무는 바 없음은 지혜(智慧)이고 마음을 내 파라미타 행함은 방편(方便)이다. 또 여섯 경계에 머물지 않음은 알되 앎 없으니 비파사나인 사마타〔卽觀之止〕이고, 그 마음을 내는 것은 앎 없이 앎이니 사마타인 비파사나〔卽止之觀〕이다. 사마타와 비파사나가 하나 됨이 선정과 지혜가 하나 된 파라미타이고 보디사트바의 행이다.

여래께서 처음 『아가마수트라』에서 가르치신 실천법〔道諦: 三十七道品〕들은 중생의 갖가지 집착과 번뇌를 깨뜨리고 해탈 니르바나를 얻게 하는 법이다. 그러므로 이 법들을 떠나 보디사트바의 행이 있는 것이 아니다. 다만 끊어야 할 집착과 번뇌의 법이 인연으로 난 법이라 끊되 실로 끊을 것이 없는 법이고, 끊을 번뇌가 실로 있음 아니라면 얻을 해탈 니르바나도 얻되 실로 얻는 법이 아니며, 닦는 갖가지 실천법도 닦되 실로 닦는 법이 아니다.

그러므로 번뇌가 없지 않으므로 세워진 갖가지 행이 '닦되 닦음 없는 행〔修而無修行〕'이 되면, 곧 닦아가는 모든 실천법이 바로 보디사트바의 행이 된다. '나고 사라지는 사제법〔生滅四諦法〕'에서 네 곳 살핌〔四念處〕 여덟 바른길〔八正道〕 등의 도제(道諦)가 슈라바카의 도제라면, 그 닦음이 닦음 없되 닦지 않음도 없으면 그 법이 곧 보디사트바의 '중도의 바른 행〔中道正行〕'이 되는 것이다.

곧 세간 모습에 물든 범부의 행이 아니고〔非凡夫行〕, 있음을 깨트리고 공을 증득하려는 치우친 두 수레 현성〔二乘賢聖〕의 행이 아니면〔非賢聖行〕 이 중도의 행이 곧 보디사트바의 행이다. 서른일곱 실천법〔三十七道品〕을 떠나 보디사트바의 행이 따로 있는 것이 아니라 서른일곱 법을 닦음 없이 닦으면 그 갖가지 도법이 바로 보디사트바의 행이다.

이런 뜻을 보이기 위해 『마하프라즈냐파라미타수트라(Maha-praj ñāpāramitā-sūtra, 大品般若經)』는 '네 곳 살핌의 법〔四念處法〕이 곧 마하야나(mahayāna)이다'라고 한 것이며, 천태선사는 『사념처관 (四念處觀)』을 지어 경의 뜻을 받아 네 곳 살핌이 곧 마하야나임을 말 했다. 다시 영명연수선사(永明延壽禪師)는 천태 『사념처관(四念處 觀)』(4권)을 한 권〔一卷〕으로 요약하고 크게 강조하여 『종경록(宗鏡 錄)』에 수록하였다.

붇다 세존께서 맨 처음 나고 사라지는 인과법〔生滅因果〕으로, 해탈의 도〔道諦〕를 말하면서 보인 갖가지 실천법이, 곧 닦되 닦음 없음을 알 면, 닦음 없으므로 닦음 없는 닦음이 없지 않다.

닦되 닦음 없음과 닦음 없이 닦음이 둘이 아닌 중도행으로서 보디 사트바의 행은, 깨침과 닦음이 둘이 아니라〔悟修不二〕 온전한 닦음이 곧 성품이고〔全修卽性〕 온전한 성품이 닦음을 일으키는 것〔全性起修〕 이다.

있음과 없음을 모두 막고 모두 살리는〔有無雙遮雙照〕 보디사트바가, 어찌 실로 끊을 삼계의 고통을 보고, 얻을 니르바나의 고요함을 볼 것인가.

7. 조사선의 공안법문(公案法門)으로 살핌

이런 뜻을 조사선 여러 큰 조사들의 법문으로 살펴보자.

『선문염송집』은 이 뜻을 다음 같이 공안 법문으로 제시한다.〔선문염 송 61칙〕

『만주스리 보디사트바가 설한 반야경〔文殊說般若經〕』에 말했다.
'청정하게 행한 자가 니르바나에 들지 않고 계 깨뜨린 비구가 지옥에

들어가지 않는다.'

　　淸淨行者 不入涅槃 破戒比丘 不入地獄

　해인신(海印信) 선사가 노래했다.

　허공이 무너져 내리고
　가문 땅에 우레가 친다.
　산호가지에 열매 맺고
　무쇠나무에 꽃이 핀다.
　한산 습득이 하하 웃으니
　도사 귀신은 간밤 삼대에서 춤추었도다.29)

　　虛空撲落旱地颷雷　　珊瑚結菓鐵樹花開
　　寒山拾得呵呵笑　　　鍾馗昨夜舞三臺

　무쇠나무에 꽃피니 한산 습득이 하하 웃고 도사 귀신 춤춘 소식이
무엇인가. 이는 나고 사라짐이 나고 사라짐이 아닌 줄 알면, 닦아감에
실로 닦음이 없고 니르바나에 실로 얻음이 없어, 나고 나는 법〔生生法〕
이 해탈의 묘한 씀〔解脫妙用〕이 됨을 이리 노래한 것이리라.

　보녕용(保寧勇)선사는 다시 이렇게 노래한다.

　평생에 한가하여 거리낌 없이
　술집과 찻집에 마음대로 노닐었네.
　한 땅에서도 거둬주지 않고 진에서도 몰라 하니

29) 文殊菩薩所說般若經云 淸淨行者 不入涅槃 破戒比丘 不入地獄
　　海印信頌 虛空撲落 旱地颷雷 珊瑚結菓 鐵樹花開 寒山拾得呵呵笑 鍾馗昨夜
　　舞三臺

또 나귀 타고 양주를 지나간다.

生平疎逸無拘檢　酒肆茶坊信意遊
漢地不收秦不管　又騎驢子過楊州

실로 붙잡을 바 없으므로 여기에도 머물 수 없고 저기에도 머물 수 없으나 도리어 머묾 없이 가는 곳곳마다 고향노래 부름을 이리 노래한 것이리라.

운문고(雲門杲: 大慧) 선사는 이렇게 노래한다.

벽 위에 등잔을 두었고
집 앞에 술상을 두었네.
답답할 때 세 잔 술 마시니
어느 곳에서 근심이 오리.

壁上安燈盞　堂前置酒臺
悶來打三盞　何處得愁來

기쁨과 괴로움, 근심과 슬픔이 오는 곳이 없으니 곳곳에서 주인 되어 지음 없이 세속의 일을 돌이켜 붇다의 일 지음을 노래한 것이다.
영가선사는 『증도가』에서 단박 세간 인연법의 나고 사라짐이 모두 공함을 깨쳐 온갖 중생의 마음의 지어감을, 보디사트바의 행으로 돌이켜 쓰는 중도행을 다음 같이 보인다.

몇 번이나 나고 몇 번이나 죽었던가.
나고 죽음 아득하여 그침이 없도다.
단박 깨쳐 남이 없음 알고서부터
모든 영화와 욕됨에 어찌 근심하고 기뻐하리.

幾廻生　幾廻死　生死悠悠無定止
自從頓悟了無生　於諸榮辱何憂喜

위없는 여래선을 단박 깨쳐 사무치니
여섯 파라미타 많은 행이 바탕 속에 두렷하네.
꿈속에선 여섯 갈래 고통길이 분명터니
깨친 뒤엔 공하고 공해 대천세계 모습 없네.

頓覺了　如來禪　六度萬行體中圓
夢裏明明有六趣　覺後空空無大千

　학담도 옛 조사들의 뜻을 받아 비말라키르티와 만주스리의 두 분 큰
선지식의 만남과 마하야나 보디사트바의 행을 기리어 노래하리라.

만주스리가 세존의 분부 받들어 병문안 하니
비말라키르티 빈방에서 오는 손님 맞네.
두 큰 선지식 서로 얼굴 마주하어
밝고 밝게 환히 알아 보되 보지 않네.

文殊奉命詣問疾　淨名空室迎來客
兩大知識相對面　明明了知見不見

병을 보이고 병문안 하여 실상을 나타내고
병 없는데 병을 앓으니 방편의 지혜이네.
빈방에 물건 치우고 홀로 평상에 누움이여
비말라키르티의 자비는 공왕여래 가운데네.

示疾問疾現實相　無病而病方便慧

空室置物獨臥床　淨名慈悲空王中

보디사트바는 세속과 참됨에 머물지 않고
니르바나 취하지 않고 세속 버리지 않네.
삼계 가운데 다니며 붇다의 일 지으니
걸음걸음 밟는 곳에 우둠바라꽃 피네.

菩薩不住俗與眞　不取涅槃不捨俗
三界中行作佛事　步步踏處優鉢華

제6. 사유하고 말할 수 없는 해탈을 보인 품〔不思議品〕

해제

　본 경이 밝힌 진리의 바탕인 해탈의 경계가 '사유할 수 없고 말할 수 없음'을 보인 품이다. 사유하고 말할 수 없는 해탈이란 참 성품의 해탈〔眞性解脫〕이다. 참 성품은 이 경이 보인 진리의 큰 바탕〔眞理大體〕으로 실상과 하나 된 지혜이자 지혜인 진리의 경계이다. 그러므로 진리인 지혜 밖에 구할 모습이 있는 경계가 아니며, 실상인 지혜라 허튼 따짐〔戱論, prapañca〕의 경계가 아니며 분별 망상(妄想)의 경계가 아니다.

　지혜인 진리에서 있되 있음 아닌 공제(空諦)의 한 진리가, 없되 없음 아닌 거짓 있음의 진리〔假諦〕, 있음과 없음이 둘이 아닌 중도의 진리〔中道諦〕를 거두어 다름이 없다. 또 진리인 지혜로 공제를 본 '온갖 것 아는 지혜〔一切智〕' 밖에, 거짓 있음을 아는 '도의 씨앗인 지혜〔道種智〕'와 중도실상을 아는 '온갖 공덕의 씨앗인 지혜〔一切種智〕'가 따로 없다.

　그러므로 한 지혜가 세 지혜를 거두지 않음이 없으니 이처럼 한마음의 세 지혜〔一心三智〕가 원융한 세 진리〔圓融三諦〕와 하나 되어, 지혜와 진리에 이름이 사라지면 이를 '바이로차나 붇다(Vairocana-buddha)'라 한다.

　지혜와 진리가 하나 되어 지혜에 지혜의 이름이 없으면 이 지혜에는 있음과 없음을 얻을 수 없어〔不得有無〕 지혜가 머묾 없는 행〔無住行〕

으로 발현되고 그 행은 행에 행함이 없어 다시 고요하니 이 머묾 없는 행을 '사만타바드라의 광대한 행〔普賢廣大行〕'이라 한다.

이를 니르바나의 세 덕〔涅槃三德〕으로 보면 여래의 법신(法身)은 어둡지 않아 지혜로 주어지고, 지혜〔般若〕는 막힘없어 해탈(解脫)의 행으로 주어지며, 해탈이 다시 고요하여〔解脫寂滅〕 다시 법신(法身)인 것이다.

이처럼 해탈의 행은 법신에 드는 원인이자 법신의 결과이니 이 경의 '사유하고 말할 수 없는 해탈'은 지혜의 과덕이자 '늘 고요한 빛의 땅, 붇다의 나라' 정토의 행〔淨土行〕이며 저 정토에 드는 인행〔淨土因〕으로서 보디사트바의 행이다.

그러니 온갖 번뇌 중생인들 어찌 이 사유하고 말할 수 없는 해탈 경계 밖에 있을 것이며, 저 슈라바카 제자의 소리 들음〔聲聞〕이 이 해탈 경계 밖에 있을 것인가. 소리 듣되 들음 없으면 그가 두렷 통한 경계〔圓通境界〕에 있으며 사유하고 말할 수 없는 해탈 경계의 사람이다. 그러므로 이 품의 마지막에서 '두타 행으로 으뜸인 카샤파 존자'가 이 부사의 해탈을 찬탄하여 온갖 범부와 히나야나의 작은 수레 탄 이들을 함께 이끌어 해탈의 땅에 이르게 하고 있는 것이다.

1. 법을 구하는 참모습

그때 사리푸트라가 이 방 가운데 앉을 자리가 없는 것을 보고 이렇게 생각하였다.

'이 여러 보디사타바와 제자의 무리들이 어디에 앉아야 하는가?'

장자 비말라키르티가 그 뜻을 알고 사리푸트라에게 말했다.

"어떤가요, 어진이시여. 법을 위해 오셨소? 자리를 구하신 것인가요?'

사리푸트라가 말했다.

"나는 법을 위해 온 것이지 앉을 자리 위해 오지 않았습니다."

비말라키르티가 말했다.

"저 사리푸트라시여, 대저 법을 구함이란 몸과 목숨〔軀命〕을 탐내지 않으니 어찌 하물며 앉을 자리이겠습니까. 대저 법을 구함이란 물질〔色, rūpa: 物質〕, 느낌〔受, vedanā: 領納〕, 모습 취함〔想, samjñā: 取像〕, 지어감〔行, samskāra: 造作〕, 앎〔識, vijñāna: 了別〕으로 구함 있음이 아니고, 열여덟 법의 영역〔界: 六根, 六境, 六識〕, 열두 들임〔入: 六根과 六境의 十二入〕으로 구함 있음이 아니며, 욕계 색계 무색계로 구함 있음이 아닙니다.[1]

---

[1] 서두의 경문에 대한 영역과 우리말 직역은 다음과 같다.

Sariputra saw no seats in the room and thought: "Where do the Bodhisattvas and chief disciples sit?" Vimalakirti knew of Sariputra's thought and asked him: "Virtuous One, do you come here for a seat or for the Dharma?" Śāriputra replied: "I come here for the Dharma and not for a seat."

Vimalakirti said: "Hey Sariputra, he who searches for the Dharma does not even cling to his body and life, still less to

저 사리푸트라시여, 대저 법을 구함이란 붇다를 집착해 구함이 아니고, 다르마를 집착해 구함이 아니며, 상가를 집착해 구함이 아닙니다. 대저 법을 구함이란 괴로움〔苦〕을 보아 구함이 없고, 괴로움의 원인〔集〕 끊어 구함이 없으며, 괴로움을 다해 증득함〔盡證〕과 실천의 도 닦음〔修道〕에 나아가 구함이 없습니다.

왜 그런가요? 법은 허튼 따짐〔戲論〕이 없어서 만약 내가 괴로

---

a seat, for the quest of Dharma is not related to (the five aggregates): form (rūpa), sensation (vedanā), conception (sañjñā), discrimination (samskāra) and consciousness (vijñāna); to the eighteen fields of sense (dhātu: the six organs, their objects and their perceptions); to the twelve entrances (ayatana: the six organs and six sense data that enter for or lead to discrimination); and to the worlds of desire, form and beyond form.

사리푸트라는 방안에 자리가 없는 것을 보았다. 그리고 이렇게 생각했다.
'어디에 보디사트바들과 큰 제자들이 앉을까?'
비말라키르티가 사리푸트라의 생각을 알고 그에게 물었다.
'덕 높은 분이시여, 그대는 자리를 위해 여기에 왔습니까, 다르마를 위해 왔습니까?'
사리푸트라가 대답했다.
'저는 다르마를 위해 왔지 자리를 위해 오지 않았습니다.'
비말라키르티가 말했다.
'예, 사리푸트라시여. 다르마를 찾는 그 사람은 몸과 삶에 매달리지 않습니다. 그러니 자리이겠습니까. 다르마를 추구함이란 다섯 요인에 관계되지 않으니 곧 형상 감각 이해 분별 의식에 관계되지 않으며, 감각의 열여덟 영역, 열두 들어옴에 관계되지 않으며, 그리고 탐욕과 형상과 형상 너머의 세계에 관계되지 않습니다.

〔오온, 십이처, 십팔계에 대한 영어 번역은 용어만 유사하게 옮긴 뜻일 뿐, 본서에서 번역하고 있는 것처럼 식(識, vijñāna)을 주객관〔十二處: 六根, 六境〕이 함께하여 주객관을 거두는 앎 활동으로 옮긴 뜻과는 다르다. 연기론의 언어는 연기론적 세계관에 맞게 옮겨야 한다.〕

움〔苦〕을 보아, 괴로움의 원인 모음〔集〕을 끊으며, 사라짐〔滅〕을 증득하고 실천의 도(道) 닦아야 한다고 말하면, 이는 곧 허튼 따짐이지 법을 구함이 아닙니다.

저 사리푸트라시여, 법을 고요히 사라짐〔寂滅〕이라 이름하니 만약 나고 사라짐을 행하면 나고 사라짐을 구함이지 법을 구함이 아닙니다. 법을 물듦 없음〔無染〕이라 이름하니 만약 법에 물들고 나아가 니르바나에 물들어도 이는 곧 물들어 집착함이지 법을 구함이 아닙니다. 법은 행하는 곳〔行處〕이 없으니 만약 법을 행하면 이는 곧 어떤 곳〔處〕을 행함이지 법을 구함이 아닙니다.

법은 취하고 버림이 없으니〔無取捨〕 만약 법을 취하고 버리면 이는 곧 취하고 버림이지 법을 구함이 아닙니다. 법은 처소가 없으니〔無處所〕 만약 처소에 집착하면 이는 곳에 집착함이지 법을 구함이 아니고, 법은 모습 없음〔無相〕이라 이름하니 만약 모습을 따라 알면 이는 모습을 구함이지 법을 구함이 아닙니다.

법은 머물 수 없으니 만약 법에 머물면 이는 곧 법에 미묾이지 법을 구함이 아닙니다. 법은 보고 듣고 느껴 알 수 없으니 만약 보고 듣고 느껴 앎〔見聞覺知〕을 행하면 이는 곧 보고 듣고 느껴 앎이지 법을 구함이 아닙니다. 법을 함이 없음〔無爲〕이라 하니 만약 함이 있음〔有爲〕을 행하면, 이는 함이 있음을 구함이지 법을 구함이 아닙니다.

그러므로 사리푸트라시여, 만약 법을 구함이라면 온갖 법에 구하는 바가 없어야〔應無所求〕 합니다."

이 말을 할 때 오백 하늘왕의 아들들이 모든 법 가운데서 법의 눈이 깨끗함〔法眼淨〕을 얻었다.

爾時 舍利弗 見此室中無有床座 作是念 斯諸菩薩 大弟子衆 當於何坐

長者維摩詰知其意 語舍利弗言 云何仁者 爲法來耶 求床座耶

舍利弗言 我爲法來 非爲床座 維摩詰言 唯舍利弗 夫求法者不貪軀命 何況床座 夫求法者 非有色受想行識之求 非有界入之求 非有欲色無色之求

唯舍利弗 夫求法者 不著佛求 不著法求 不著衆求 夫求法者 無見苦求 無斷集求 無造盡證 修道之求

所以者何 法無戲論 若言我當見苦斷集證滅修道 是則戲論 非求法也

唯舍利弗 法名寂滅 若行生滅 是求生滅非求法也 法名無染 若染於法乃至涅槃 是則染著 非求法也 法無行處 若行於法 是則行處 非求法也

法無取捨 若取捨法 是則取捨 非求法也 法無處所 若著處所 是則著處 非求法也 法名無相 若隨相識 是則求相非求法也

法不可住 若住於法 是則住法 非求法也 法不可見聞覺知 若行見聞覺知 是則見聞覺知 非求法也 法名無爲 若行有爲 是求有爲 非求法也

是故舍利弗 若求法者 於一切法應無所求 說是語時 五百天子 於諸法中 得法眼淨

2. 사유하고 말할 수 없는 신통을 보임

그때 장자 비말라키르티가 만주스리에게 물었다.

"어진이께서는 헤아릴 수 없는 천만 억 아상키야(asaṃkhya)[2] 나라에 노니시었으니 어떤 붇다의 땅에 좋고 빼어나 묘한 공덕으로 성취한 사자의 자리〔師子座〕가 있습니까?"

만주스리가 말했다.

---

2) 아상키야(asaṃkhya): 셀 수로 나타낼 수 없는 큰 수. 아승지(阿僧祇)로 소리 옮김. 『화엄경』 「아승지품」에서는, 큰 수〔大數〕 가운데 105번째의 수.

"거사시여, 동방으로 삼십육 억 강가강 모래 수 나라를 건너 세계가 있으니 수메루(Sumeru)의 모습〔須彌相〕이라 이름합니다. 그 붇다의 이름은 '수메루 등의 왕〔須彌燈王〕'으로 지금 드러나 계시는데, 저 붇다의 몸 길이는 팔만사천 요자나(yojana)[3]이고, 그 사자의 자리는 높이가 팔만사천 요자나로 그 꾸밈이 으뜸입니다."

이에 장자 비말라키르티가 신통의 힘을 나투자 바로 그때 저 붇다께서 '삼만 이천 사자의 자리〔獅子座〕'를 보내니, 높고 넓어 깨끗하게 꾸며졌다. 비말라키르티의 방에 들어오니 여러 보디사트바와 큰 제자, 샤크라인드라 하늘왕, 브라흐마 하늘왕 등이 옛날에는 보지 못했었다. 그 방이 넓고 넓어져 삼만 이천 사자의 자리를 다 싸 받아들이되 거리껴 막힘이 없었다. 바이샬리 성과 잠부드비파, 네 천하에는 또한 비좁아 몰림이 없이 옛 그대로임을 다 보았다.

그때 비말라키르티가 만주스리에게 말했다.

"사자의 자리에 나아가시어, 모든 보디사트바들과 높으신 분이 함께 앉으십시오. 반드시 스스로 몸을 세워 저 자리의 모습과 같게 하십시오."

그러자 신통을 얻은 보디사트바들은 스스로 그 꼴을 변해 사만 이천 요자나가 되어 사자의 자리에 앉았는데 모든 새로 뜻을 낸 보디사트바들과 큰 제자들은 다 자리에 오를 수 없었다.

그때 비말라키르티가 사리푸트라에게 말했다.

"사자의 자리에 나아가십시오."

---

3) 요자나(yojana): 유순(由旬)으로 옮김. 소유순은 40리라고 함.

사리푸트라가 말했다.

"거사시여, 이 자리는 높고 넓어 제가 오를 수 없습니다."

비말라키르티가 말했다.

"저 사리푸트라시여, '수메루 등의 왕〔須彌燈王〕여래'께 절하면 앉을 수 있습니다."

이에 새로 뜻을 낸 보디사트바와 큰 제자들이 곧 '수메루 등의 왕 여래'에게 절하자 곧 사자의 자리에 앉을 수 있었다.

사리푸트라가 말했다.

"거사시여, 일찍이 있지 않았습니다. 이와 같이 작은 방이 이 높고 넓은 자리를 받아들여도 바이샬리성에 거리껴 막힘이 없고 또 잠부드비파에 마을과 성읍 나아가 네 천하 모든 하늘과 용왕 귀신의 궁전들이 비좁아 몰리지 않았습니다."

爾時 長者維摩詰 問文殊師利 仁者 遊於無量千萬億阿僧祇國 何等佛土 有好上妙功德成就 師子之座 文殊師利言 居士 東方度三十六恒河沙國有 世界 名須彌相 其佛號須彌燈王 今現在 彼佛身長八萬四千由旬 其師子座 高八萬四千由旬 嚴飾第一

於是 長者維摩詰 現神通力 卽時 彼佛遣三萬二千師子座 高廣嚴淨 來入 維摩詰室 諸菩薩大弟子 釋梵四天王等 昔所未見 其室廣博悉皆包容三萬 二千師子座 無所妨礙 於毘耶離城 及閻浮提四天下 亦不迫迮 悉見如故

爾時 維摩詰 語文殊師利 就師子座 與諸菩薩上人俱坐 當自立身如彼座 像 其得神通菩薩 卽自變形 爲四萬二千由旬坐師子座 諸新發意菩薩 及大 弟子皆不能昇

爾時 維摩詰 語舍利弗 就師子座 舍利弗言 居士 此座高廣 吾不能昇 維 摩詰言 唯舍利弗 爲須彌燈王如來 作禮乃可得坐 於是 新發意菩薩 及大 弟子 卽爲須彌燈王如來作禮 便得坐師子座

舍利弗言 居士 未曾有也 如是小室 乃容受此高廣之座 於毘耶離城 無所 妨礙 又於閻浮提 聚落城邑及四天下 諸天龍王 鬼神宮殿 亦不迫迮

3. 사유할 수 없고 말할 수 없는 해탈 경계

비말라키르티가 말했다.

"저 사리푸트라시여, 모든 붇다와 보디사트바에게 해탈이 있으니 '사유할 수 없고 말할 수 없음[不可思議]'이라 이름합니다.

만약 보디사트바로서 이 해탈에 머무는 이는, 수메루의 높고 넓음을 개자 가운데 들여도 늘고 줆이 없으니 수메루산의 왕[須彌山王] 본래 모습이 옛과 같기 때문이고, 네 하늘왕[四天王]과 도리(忉利: Trāyastriṃśa) 등 모든 하늘은 자기가 들어간 바를 느껴 알지 못합니다.

오직 건널 자라야 수메루산(Sumeru-śriṅga)이 개자 가운데 들어감을 봅니다. 이를 '사유할 수 없고 말할 수 없는 해탈에 머무는 법문[住不思議解脫法門]'이라 이름합니다.

또 네 큰 바닷물을 한 털구멍에 들여도 물고기 자라 거북 악어 같은 물에 사는 무리들을 흔들지 않으니, 저 큰 바다의 본모습은 옛과 같기 때문에 모든 용과 귀신 등이 자기가 들어간 줄을 느껴 알지 못하고 이 모든 중생에게도 또한 흔들리는 바가 없습니다.

또 사리푸트라시여, '사유할 수 없고 말할 수 없는 해탈'에 머무는 보디사트바는 '삼천의 큰 천세계[三千大千世界]'를 끊어 가져서 마치 도자기 만드는 집[陶家] 장인이 물레바퀴를 오른 손바닥 안에 쥐어, 강가강 모래 수 세계 밖에 던지는 것과 같지만 그 가운데 중생이 자기가 가는 줄을 느껴 알지 못합니다.

또 다시 도로 본 곳에 두어도 도무지 사람들이 가고 온다는 생각이 있지 않게 하니 이 세계의 본모습이 옛과 같기 때문입니다.

또 사리푸트라시여, 어떤 중생이 있어 오래 세간에 머물기를 좋아하여 건네줄 수 있는 이면 보디사트바는, 이레〔七日〕를 늘려 한 칼파(kalpa, 劫)를 삼아 저 중생으로 하여금 한 칼파라고 말하게 합니다. 어떤 중생이 있어 세간에 오래 머물기를 좋아하지 않는 이를 건네줄 수 있으면 보디사트바는 한 칼파를 줄여 이레를 삼아 저 중생이 이레라고 말하게 합니다.

또 사리푸트라시여, '사유할 수 없고 말할 수 없는 해탈'에 머문 보디사트바는 온갖 붇다의 땅 꾸미는 일을 한 나라에 모아 중생에 보여줍니다. 또 보디사트바는 한 붇다의 땅 중생을 오른 손바닥에 두고 시방에 날아 이르러 온갖 이들께 널리 보여주지만 본 곳〔本處〕을 움직이지 않습니다.

또 사리푸트라시여, 시방 중생이 모든 붇다들께 올리는 공양거리를, 보디사트바는 한 털구멍에서 다 볼 수 있게 합니다.

또 시방의 국토에 있는 해와 달 별자리를 한 털구멍에서 널리 이를 보도록 합니다.

또 사리푸트라여, 시방세계에 있는 모든 바람〔諸風〕을 보디사트바는 입 가운데 들어 마실 수 있되 몸이 다치지 않으며, 밖의 모든 나무들 또한 꺾여 부러지지 않습니다.

또 시방세계에 칼파가 다해 불이 탈 때, 온갖 불〔一切火〕을 배 가운데 들여도 불의 일이 옛과 같아 해 끼치지 않습니다.

또 아래쪽으로 강가강 모래 수 같은 여러 붇다의 세계를 지나 한 붇다의 땅을 취해, 위쪽으로 강가강 모래 수 셀 수 없는 세계를 지나 들어서 놓더라도, 바늘 끝을 가지고 대추나무 한 잎을 드는 것 같아 흔들리는 바가 없습니다.

또 사리푸트라여, '사유할 수 없고 말할 수 없는 해탈'에 머무는 보디사트바는 신통으로 붇다의 몸을 나툴 수 있으며, 때로 프라데카붇다의 몸을 나투고, 때로 슈라바카의 몸을 나투며, 때로 브라흐마하늘왕의 몸을 나투며, 때로 세간주인인 하늘왕의 몸〔世主身〕을 나투고, 전륜왕의 몸을 나툴 수 있습니다.

또 시방세계에 있는 뭇 소리들에서 위와 가운데 아래의 소리를 다 변화하여, 붇다의 음성을 만들어, 덧없음 괴로움 공함 나 없음〔無常·苦·空·無我〕의 소리를 연설해내며, 나아가 시방 모든 붇다들께서 설하신 갖가지 법을, 다 그 가운데서 널리 들을 수 있게 합니다.

사리푸트라여, 나는 간략히 보디사트바의 '사유할 수 없고 말할 수 없는 해탈'의 힘을 말했는데 만약 널리 말한다면 칼파를 사무쳐도 다하지 못합니다."

維摩詰言 唯舍利弗 諸佛菩薩有解脫 名不可思議 若菩薩住是解脫者 以須彌之高廣內芥子中 無所增減 須彌山王本相如故 而四天王忉利諸天 不覺不知己之所入 唯應度者乃見須彌入芥子中 是名住不思議解脫法門 又以四大海水入一毛孔 不嬈魚鼈黿鼉水性之屬 而彼大海本相如故 諸龍鬼神阿修羅等 不覺不知己之所入 於此衆生亦無所嬈

又舍利弗 住不可思議解脫菩薩 斷取三千大千世界 如陶家輪著右掌中 擲過恒河沙世界之外 其中衆生不覺不知己之所往 又復還置本處 都不使人有往來想 而此世界本相如故

又舍利弗 或有衆生 樂久住世而可度者 菩薩卽延七日以爲一劫 令彼衆生謂之一劫 或有衆生 不樂久住而可度者 菩薩卽促一劫以爲七日 令彼衆生謂之七日

又舍利弗 住不可思議解脫菩薩 以一切佛土嚴飾之事 集在一國示於衆生 又菩薩以一佛土衆生置之右掌 飛到十方遍示一切 而不動本處 又舍利弗十方衆生供養諸佛之具 菩薩於一毛孔皆令得見 又十方國土所有日月星宿 於一毛

孔普使見之 又舍利弗 十方世界所有諸風 菩薩悉能吸著口中而身無損 外諸樹木亦不摧折 又十方世界劫盡燒時 以一切火內於腹中 火事如故而不爲害

又於下方過恒河沙等諸佛世界 取一佛土舉著上方 過恒河沙無數世界 如持鍼鋒舉一棗葉而無所嬈

又舍利弗 住不可思議解脫菩薩 能以神通現作佛身 或現辟支佛身 或現聲聞身 或現帝釋身 或現梵王身 或現世主身 或現轉輪王身 又十方世界所有衆聲 上中下音 皆能變之 令作佛聲 演出無常苦空無我之音 及十方諸佛所說 種種之法 皆於其中 普令得聞 舍利弗 我今略說 菩薩不可思議解脫之力 若廣說者 窮劫不盡

4. 카샤파의 찬탄

이때 마하카샤파가 보디사트바의 '사유할 수 없고 말할 수 없는 해탈법문' 설함을 듣고 일찍이 있지 않던 일임을 찬탄하여 사리푸트라에게 말하였다.

"비유하면 어떤 사람이 눈먼 이 앞에 뭇 빛깔과 모습을 나타내도 그가 보지 못하는 것같이 온갖 슈라바카가 이 '사유할 수 없고 말할 수 없는 해탈법문'을 듣고, 알지 못하는 것도 이와 같을 것입니다. 지혜로운 이가 이를 들으면 그 누가 아누타라삼먁삼보디의 마음을 내지 않겠습니까.

우리들은 무엇 때문에 길이 그 뿌리를 끊어 이 마하야나(mahayāna, 大乘)에 이미 썩은 씨앗같이 되었습니까? 온갖 슈라바카가 이 '사유할 수 없고 말할 수 없는 해탈법문'을 들으면 울며 눈물 흘려, 소리가 '삼천의 큰 세계'에 떨칠 것이고, 온갖 보디사트바는 크게 기뻐하여 이 법을 이마에 이어 받을 것입니다.

만약 보디사트바가 있어 '사유할 수 없고 말할 수 없는 해탈법
문'을 믿어 안다면 온갖 마라(māra)의 무리들이 어찌하지 못할
것입니다."

마하카아샤파가 이 말을 할 때 삼만 이천 하늘무리들이 다 아
누타라삼먁삼보디의 마음을 내었다.

是時大迦葉 聞說菩薩不可思議解脫法門 歎未曾有 謂舍利弗 譬如有人於
盲者前 現衆色像非彼所見 一切聲聞 聞是不可思議解脫法門 不能解了爲
若此也 智者聞是 其誰不發阿耨多羅三藐三菩提心

我等何爲永絶其根 於此大乘已如敗種 一切聲聞聞是不可思議解脫法門
皆應號泣聲震三千大千世界 一切菩薩應大欣慶 頂受此法 若有菩薩信解不
可思議解脫法門者 一切魔衆無如之何

大迦葉說是語時 三萬二千天子 皆發阿耨多羅三藐三菩提心

5. 보디사트바의 방편

그때 비말라키르티가 마하카아샤파에게 말했다.

"어진이여, 시방 헤아릴 수 없는 아상키야 세계 가운데 마라의
왕이 된 이는 많이들 다 이 '사유할 수 없고 말할 수 없는 해탈'
에 머문 보디사트바가 방편의 힘〔方便力〕으로 중생을 교화하려고
마라의 왕을 나타내 지은 것입니다.

또 카아샤파여, 시방의 헤아릴 수 없는 보디사트바들이 어떤
사람에게 손과 발, 귀와 코, 머리와 눈, 뇌수(腦髓), 피와 살, 살
갗과 뼈, 마을과 성읍, 아내와 아들, 사내 종과 여자 종, 코끼리
와 말, 수레, 금 은 유리, 자거 마노, 산호와 호박, 진주와 값진

조개, 옷가지와 먹고 마실 것을 빈다고 합시다. 이와 같이 비는 자〔如此乞者〕는 많이 이 '사유할 수 없고 말할 수 없는 해탈'의 보디사트바가 방편의 힘〔方便力〕으로 가서, 그를 굳세게 하려고 시험 삼아 그런 것입니다.

왜 그런가요. '사유할 수 없고 말할 수 없는 해탈'에 머문 보디사트바는 위덕의 힘이 있으므로 내몲〔逼迫〕을 나타내, 모든 중생에게 이와 같이 어려운 일을 보이는 것이니 범부로 낮고 못나 힘이 없는 이는, 보디사트바를 이와 같이 내몰 수 없는 것입니다.

비유하면 용과 코끼리가 차고 밟는 것〔龍象蹴踏〕은 나귀가 감당하지 못하는 것〔非驢所堪〕과 같습니다. 이를 '사유할 수 없고 말할 수 없는 해탈'에 머무는 보디사트바의 지혜 방편의 문〔智慧方便之門〕이라 이름합니다."[4]

爾時 維摩詰語大迦葉 仁者 十方無量阿僧祇世界中 作魔王者 多是住不可思議解脫菩薩 以方便力 教化衆生現作魔王

又迦葉 十方無量菩薩 或有人從乞手足耳鼻頭目髓腦血肉皮骨聚落城邑妻子奴婢 象馬車乘 金銀琉璃 車磲馬磑珊瑚琥珀 眞珠珂貝 衣服飮食 如此乞者 多是住不可思議解脫菩薩 以方便力而往試之令其堅固

---

4) 마지막 문단에 대한 영역과 우리말 직역은 다음과 같다.

These Bodhisattvas are like dragons and elephants which can trample (with tremendous force) which donkeys cannot do. This is called the wisdom and expedient methods (upāya) of the Bodhisattvas who have won inconceivable liberation.

이 보디사트바들은 어떤 당나귀도 그럴 수 없는 엄청난 힘을 가지고 밟을 수 있는 코끼리와 용과 같으니 이것은 사유할 수 없는 자유를 얻을 수 있는 보디사트바의 지혜와 방편이라 일컬어집니다.

所以者何　住不可思議解脫菩薩　有威德力故現行逼迫　示諸衆生如是難事
凡夫下劣無有力勢　不能如是逼迫菩薩
　譬如龍象蹴踏　非驢所堪　是名住不可思議解脫菩薩　智慧方便之門

평석

1. 법을 구함과 법의 실상

　경에서 법을 구함이란, 밖으로 대상화해서 얻을 바 모습 있는 법을
구함이 아니고 모든 법의 참모습을 주체화함이다. 연기법에서 물질 떠
나 마음이 없고 마음 떠나 물질이 없으므로 마음은 마음에 마음 없고
물질은 물질에 물질이 없다. 그러므로 지금 한 생각 현전하는 앎 활동
에서 밖으로 구할 모습이 있고, 안의 마음에 얻을 것이 있으면 법을
구함이 아니다.

　저 아는 바 모습이 모습 아니므로 있음을 구해 있음을 얻으면 법을
구함이 아니며 모습 없음에 모습 없음도 없으므로 없음을 구해 없음을
얻어도 법을 구함이 아니다.

　마음이 경계를 알되, 앎에 실로 앎이 없고 보고 들음이 없으므로, 법
을 보고 듣고 느껴 안다고 하면, 이는 '보고 듣고 느껴 앎〔見聞覺知〕'을
행함이지 법을 구함이 아니다. 법은 구함이 없어야 법을 구함이고, 얻
을 바 없어야 법을 얻음 없이 얻음이다.

　고집멸도(苦集滅道) 사제의 가르침은 괴로움의 발생과 해탈 니르바
나의 실현이 연기임을 보인 교설이라, 사제법이 곧 사제의 인과가 공함
〔四諦空〕을 보인 가르침이다. 그러므로 끊을 번뇌〔集〕와 괴로움〔苦〕을
말하고 닦을 도(道)와 얻을 니르바나〔滅〕를 말해도, 실로 끊을 괴로움

과 번뇌가 없고, 실로 닦을 도와 얻을 니르바나가 없으므로 '도를 닦아 니르바나를 얻는다' 하면 이는 허튼 따짐이지 법을 구함이 아니다.

실로 버릴 세간의 모습이 없고 머물 니르바나가 없으므로 취하고 버림, 머물 모습을 보면 이는 법을 구함이 아니다. '사유할 수 없고 말할 수 없는 법의 실상'은 알고 보는 경험활동 밖의 경계가 아니라, 말에 말없고 사유에 사유 없는 지혜인 실상이니, 『법화경』은 이렇게 말한다.

'이 법은 사유하고 헤아려 분별하여 알 수 있는 바가 아니다.'
是法非思量分別之所能解

이는 방편과 진실의 두 지혜가 모두 사유할 수 없고 말할 수 없음을 찬탄한 것이다. 또 경은 말한다.

'오직 붇다와 붇다라야 모든 법의 실상을 사무쳐 다할 수 있다.'
唯佛與佛乃能究盡諸法實相

사무쳐 다할 수 있음〔能究盡〕이란 방편과 진실의 두 지혜이고, 사무쳐 다하는 바〔所究盡〕란 모든 법의 실상인 방편과 진실의 두 경계이다. 이 뜻을 천태선사(天台禪師)는 다음 같이 말한다.

'모든 법의 사유하고 말할 수 없음이란 방편의 경계〔權境〕이고 실상의 사유하고 말할 수 없음이란 진실의 경계〔實境〕이다. 모든 법 그대로 실상이니 방편 그대로 진실이고, 실상 그대로 모든 법 이니 진실 그대로 방편이다. 방편의 진실이고 진실의 방편이라 모 두 사유할 수 없고 말할 수 없으니 모든 붇다께서 마쳐 다한 바 경계〔所究盡之境〕이다.'

天台大師云 諸法不思議 權境也 實相不思議 實境也 卽諸法而實相 乃卽權而實 卽實相而諸法 乃卽實而權 權實實權 俱不可思議 乃諸佛 所究盡之境

2. 사유할 수 없고 말할 수 없는 신통

인연으로 있는 낱낱 법이 있되 공하여 모두 진여인 법이라 낱낱 일어난 법은 진여의 변하지 않는 바탕〔眞如不變之體〕을 떠나지 않는다. 그러므로 만약 붇다의 법〔佛法〕이든 중생의 법〔衆生法〕이든 마음의 법〔心法〕이든 모두 진여〔眞如〕의 변하지 않는 바탕 떠남이 없다. 온갖 법은 저 성품의 갖춤〔性具〕과 성품의 헤아림〔性量〕을 털끝이라도 빠뜨림이 없으니 모든 붇다 보디사트바의 깨침 가운데 이 세 법〔心·佛·衆生〕의 평등함을 증득하면, 정보이든 의보이든 큰 것이든 작은 것이든 많음이든 적음이든 법계 아님이 없다.

진여인 온갖 법 그 가운데서는 하나가 헤아릴 수 없음이 되고〔一爲無量〕 헤아릴 수 없음이 하나가 되어〔無量爲一〕, 작음 가운데 큼을 드러내고 큼 가운데 작음을 나타내서, 한 털끝에서 보배왕의 나라를 나타내고〔於一毛端 現寶王刹〕, 작은 티끌 속에 앉아 큰 법바퀴를 굴리는 것〔坐微塵裏 轉大法輪〕이다.

이 때문에 사명 법지(法智)존자는 말한다.

'참으로 법계의 부사의한 바탕〔法界不思議體〕이 나의 한 생각 마음〔心〕을 짓고 또한 거듭 온 바탕이 중생을 짓고〔作生〕 붇다를 지으며〔作佛〕, 의보를 짓고〔作依〕 정보 지음〔作正〕을 말미암아, 한 티끌의 법계가 작지 않고 세계바다의 법계가 크지 않아 오직 그것이 이와 같은 것이다.

그러므로 비말라키르티의 방이 넓은 자리를 받아들이고 또한 많은 대중을 받아들인다. 그래서 수메루산의 높고 넓은 자리가 겨자씨 가운데 들어와도 늘고 주는 바가 없고, 털이 큰 바다를 들여도 물고기와 자라를 흔들지 않는다.

여래의 걸림 없는 신통과 보디사트바의 서른둘 응하는 몸〔三十

二應身〕에 이르도록 다 여기에 바탕 한다. 그렇지 않다면 뜻을 짓는 신통〔作意神通〕과 어찌 다르며, 어찌 지음 없는 묘한 씀〔無作妙用〕이라 말할 것인가.'5)

곧 이 법지존자의 풀이로 보면, 여래와 보디사트바의 신통은 걸림 없는 법계의 진실 그대로의 씀이니 어찌 '짓는 마음〔作意〕'으로, 보고 아는 능력을 확장하는 바깥 길〔外道〕의 얻음 있는 신통과 같겠는가. 여래의 해탈은 법계인 지혜 그대로의 해탈의 행이니 온갖 존재와 온갖 삶들의 행이 진여(眞如)인 존재이고 행이라, 온갖 존재와 존재가 서로 융통하고 낱낱행이 온갖 것을 거두는 행이 되는 것이다.

그러므로 이 경은 말한다.

'모든 붇다의 해탈은 중생 마음의 지어감 가운데서 구해야 한다〔諸佛解脫 當於衆生心行中求〕.'

그러니 중생 스스로의 한 생각의 진실을 살펴 모든 붇다의 해탈을 얻고 이 해탈에 머물면 곧 이와 같은 '갖가지 사유할 수 없고 말할 수 없는 일〔不思議事〕'을 나타낼 수 있다.

곧 중생 마음의 지어감 그 참 성품을 보면 개자와 수메루산의 참 성품을 얻어, 하나의 같음〔一如〕이라 두 같음이 없는 것〔無二如〕이다.

개자의 참 성품을 얻으면 개자의 작음이 수메루산의 큼을 받아들일 수 있고 수메루산의 참 성품을 얻으면 곧 수메루산의 큼이 개자의 작음에 걸리지 않는다.

---

5) 法智大師云 良由法界不思議體 作我一念之心 亦復擧體作生作佛 作依作正 一塵法界不小 刹海法界不大 惟其如此 故能室容廣座 亦容多衆 以須彌之高廣 內芥子中 無所增減 毛內大海 不嬈魚鼈 以至如來無礙神通 菩薩三十二應 皆本于此 不則何異作意神通 焉稱無作妙用耶
〔법지존자의 이 풀이는 인연으로 있는 사법이 공하되 그 공도 공함을 잡아 온갖 사법을 진여인 사법으로 말하고 진여의 성품이 짓지 않는 사법이 없음으로 법계를 풀이한 것이다.〕

이처럼 여래와 보디사트바의 부사의한 해탈과 신통은, 부사의한 법계의 실상 그대로의 삶 활동을 말하니 천만 가지 움직여 바뀌는 부사의한 신통변화를 나타내되, 그 신통 변화가 다시 고요한 것이다.

3. 『증도가』의 노래와 여러 선사들의 법어로 살핌

인연으로 일어나는 세간법이 모두 있되 공해, 세간법이 곧 진여라 세간 사법과 진리가 걸림 없으므로〔理事無礙故〕 세간 사법과 사법이 걸림 없는 것〔事事無礙〕이다. 사유하고 말할 수 없는 해탈과 신통이 중생의 날로 쓰는 일 밖의 신묘한 일이라 해서는 안 된다. 이 신통의 일은 낱낱 법 낱낱 일이, 진여인 일과 법〔眞如事法〕이라 그런 것이니 영가선사는 사유할 수 없고 말할 수 없는 해탈의 경계를 다시 다음 같이 노래한다.

사유하고 말할 수 없는 해탈의 힘이여,
묘한 씀은 강가강 모래처럼 끝없어라.
네 가지 공양거리 수고롭다 사양할까
만 냥의 황금까지 또한 모두 녹여내리.
뼈를 갈고 몸 부숴도 크신 은혜 못 갚지만
한마디에 깨달으면 백억 법문 뛰어나리.

不思議　解脫力　妙用恒沙也無極
四事供養敢辭勞　萬兩黃金亦銷得
粉骨碎身未足酬　一句了然超百億

영가선사 『증도가』의 뜻으로 보면, 부사의 해탈 경계와 부사의 신통이 나의 발 뿌리 밑의 일〔脚根下事〕이며, 나의 보고 듣고 느껴 아는〔見聞覺知〕 일상의 일 그 진실임을 알아야 한다. 다만 범부는 듣되 실로 들음 없는 곳에서 실로 들음을 집착하고, 느껴 알되 앎 없는 곳에서 실로 느껴 앎을 집착함으로, 다함없는 해탈의 경계를 스스로 등지고 있는 것이다. 이를 화엄교(華嚴教)의 법계연기설(法界緣起說)로 보면 해탈의 경계란 연기로 있는 사법[事]과 진여인 진리[理]가 걸림 없으므로[理事無礙] 사법과 사법이 걸림 없는 것[事事無碍]이다.

지금 시대 천체물리학 미시물리학 양자역학(量子力學)이 나오기 전 그 옛날에 이미 이 부사의 법을 깨친 성사들은 '지극히 큰 것이 작음과 같고 지극히 작은 것이 큼과 같으며[極大同小, 極微同大], 한 작은 티끌 가운데 허공을 머금고 온갖 티끌 또한 다시 그러하다[一微塵中含十方, 一切塵中亦如是]'고 말하였다.

이것이 어찌 크고 작은 온갖 사법이 진여인 사법인 줄 통달한 옛 분들의 지혜의 눈[慧眼]이 아니고 무어라고 할 것인가.

연기의 진실이 이와 같으므로 눈이 저 빛깔을 보고[眼見色] 귀가 소리 들음[耳聞聲]에서, 실로 보고 들을 것 없음을 체득하면, 중생의 일용사가 해탈의 일이다.

보고 들을 수 있음이 실은 보고 들음의 공함이니 만약 공하지 않다면 여기 있는 내가 저기 있는 빛깔을 어찌 보고 저 소리를 어찌 들을 수 있겠는가. 아는 자[根] 아는 바[境]와 보고 듣고 느껴 앎[見聞覺知]이 모두 공하기 때문에 알고 볼 수 있으니, 다만 생각에 생각 없음[於念無念]을 바로 보면 그가 부사의 해탈 경계[不思議解脫境界]에 들어가는 자이다.

보지공(寶誌公)선사의 다음 말을 살펴보아야 할 것이니 선사는 말한다.

큰 도는 다만 눈앞에 있다.
비록 눈앞이나 보기 어려우니,
큰 도의 참 바탕을 알려 하는가.

소리와 빛깔 말을 떠나지 마라.

大道只在目前　雖在目前難覩
欲識大道眞體　不離聲色言語

　보지공선사의 뜻을 따르면 도의 참 바탕은, 보고 들음에 있는 것도
아니고 떠난 것도 아니다. 그렇다면 우리들 보고 들음에 갇혀 있는 범
부들은 어찌해야 여래장(如來藏) 뜻대로 되는 보배구슬〔如意寶珠〕을
현전의 삶 속에서 굴려낼 수 있는가. 한 생각 보고 들음의 경계에서
한 법도 얻을 것 없음을 돌이켜보면, 보고 보되〔見見〕 봄도 없고 보지
않음도 없이〔不見不見〕, 보고 보며〔見見〕 듣고 들음〔聞聞〕을 여래장 보
배구슬의 씀으로 굴려 쓸 수 있으리라.
　영가선사의 『증도가』는 이렇게 노래한다.

마니의 보배구슬 사람들 모르는데
여래장 그 속에서 몸소 거둬 얻어내네.
여섯 가지 신묘한 씀 공하되 공하잖고
한 알의 둥근 빛은 빛깔이되 빛 아니네.

摩尼珠　人不識　如來藏裏親收得
六般神用空不空　一顆圓光色非色

학담도 옛 조사들의 뜻을 받아 한 노래로 수트라의 가르침을 현창하리라.

사유하고 말할 수 없는 해탈의 경계와
신묘하게 통한 묘한 씀은 이 무엇인가.
경계 가운데 모습 없고 모습 없음도 없으며
앎에 앎이 없고 앎 없음도 없음이네.

不可思議解脫境　神通妙用是甚麽
境中無相無無相　於知無知無無知

만약 이와 같이 앎과 아는 바를 요달하면
이를 반야의 진실한 사람이라 이름하니,
느껴 아는 경계를 취하지 않고 버리지 않으며
나고 죽음에 머물지 않고 고요함에 머물지 않네.

若了如是能所緣　是名般若眞實人
不取不捨覺知緣　不住生死不住寂

큰 도의 참 바탕이 어느 곳에 있는가,
보고 듣고 느껴 앎의 경계 떠나지 않네.
비록 그러나 꿈 가운데서 꿈 말함을 쉬라,
허깨비인 줄 알면 곧 떠남이고 떠나면 참됨이네.

大道眞體何處在　不離見聞覺知緣
雖然夢中休說夢　知幻卽離離卽眞

신통의 일이란 기이하고 특별한 것 없으니
봄 가운데 봄 없으면 모습이 융통하여
걸음걸음 가는 속에 묘한 씀이 나타나니
이 언덕에서 저 언덕의 사람 보고 절함이네.

神通事也沒奇特　見中無見相融通
步步行裏妙用現　此岸望拜彼岸人

제7. 중생 살피는 품[觀衆生品]

해제

본 품은 '중생의 진실을 바로 살피는 품'이다.

붇다의 초기 근본교설인 십이연기설로 보면, 중생은 법의 진실을 바로 보지 못한 무명(āvidyā, 無明)으로 지어감[行]을 일으켜 나고 죽음[生死]을, 실로 있는 나고 죽음[生死]으로 집착하여 윤회를 벗어나지 못하니 이들을 중생이라 한다. 그에 비해 히나야나의 두 수레 사람들은 나고 죽음을 끊고 공함을 취해 니르바나로 삼는 수행자들이다.

마하야나의 첫걸음을 걷는 자들은 공의 집착을 벗어났으나, 거짓 있음[假名]의 자취를 떨치지 못해, '내가 사람을 위한다'는 집착을 버리지 못한다.

오직 붇다가 보이신 중도의 바른 살핌[中道正觀]에서만 공함과 있음을 모두 깨뜨리고[雙遮] 모두 살려[雙照], 공함과 있음[空有]이 모두 중도의 진실처에 같이 머물게 된다.

공함과 있음을 함께 살리는 중도의 바른 살핌이 온전히 드러날 때, 『대승의 마하파리니르바나수트라[大乘大般涅槃經]』에서 보인 '십이연기가 곧 불성이다'라고 한 가르침의 뜻이 실현된다.

또한 범부의 번뇌 조복하지 않음[不調伏]과 치우친 히나야나의 번뇌 조복함[調伏]을 넘어서, 경험하는 현실세간을 떠나지 않고, 중생의 사유와 언어[思議] 안에서, '사유할 수 없고 말할 수 없는 해탈'을 실현하게 된다.

이 뜻이 어찌 멀리 있을 것인가. 지금 중생의 한 생각[一念]에서 생각으로 생각에 생각 없음[於念無念]을 바로 살피면, 현전하는 한 생각[現前一念] 중생의 망념을 버리지 않고 곧 붇다성품에 나아갈 수 있는 것이다.

1. 중생의 진실을 살핌

그때 만주스리가 비말라키르티에게 물어 말했다.

"보디사트바는 어떻게 중생을 살펴야 하오?"

비말라키르티가 말했다.

"비유하면 허깨비 놀리는 이가 허깨비 사람 보는 것과 같으니, 보디사트바의 중생 살핌은 이와 같습니다. 마치 지혜로운 이가 물 가운데 달(水中月)을 보는 것과 같고, 거울 가운데 얼굴 모습(鏡中像) 보는 것과 같으며, 뜨거울 때 불꽃 같고, 소리 지를 때 울림 같으며, 허공 가운데 구름(空中雲) 같고, 물더미의 물방울 같습니다.[1]

물 위의 거품 같고, 파초의 군셈 같으며, 번갯불의 오래 머묾 같고, 물질(四大色)의 다섯 요인(五大) 같으며, 다섯 쌓임(五陰)의 여섯째 쌓임(第六陰) 같고, 여섯 뜻(六情)의 일곱째 뜻(第七情)과

---

1) 이 경문에 대한 영역과 우리말 직역은 다음과 같다.

Mañjuśrī asked Vimalakirti: "How should a Bodhisattva look at living beings?"

Vimalakirti replied: "A Bodhisattva should look at living beings like an illusionist does at the illusory men (he has created); and like a wise man looking at the moon's reflection in water; at his own face in a mirror; at the flame of a burning fire;

만주스리가 비말라키르티에게 물었다.
'어떻게 보디사트바는 중생을 살펴야 합니까?'
비말라키르티가 대답했다.
'보디사트바는 중생 살피기를 허깨비 놀리는 사람이 허깨비 사람에게 하는 것 같이 해야 합니다. 그리고 지혜로운 사람이 물에 비친 달그림자 보듯이 해야 하며, 거울 안에 그의 얼굴 보듯이 하고, 타오르는 불의 불꽃처럼 보아야 합니다.'

같으며, 열두 들임〔十二入〕의 열셋째 들임〔十三入〕 같으며, 열여
덟 법의 영역〔十八界〕에서 열아홉째 영역〔十九界〕과 같습니다.

보디사트바가 중생 살핌은 이와 같으니 물질 없는 세계〔無色界〕
의 물질〔色〕과 같고, 타버린 씨앗의 싹〔焦穀芽〕과 같으며, 지혜의
흐름에 든〔入流〕 스로타판나(srotāpanna)의 몸의 견해〔身見〕와
같고, 다시 오지 않는〔不來〕 아나가민(anāgāmin)의 태에 듦〔入
胎〕과 같습니다. 공양해야 할 분〔應供, arhat〕의 세 독〔三毒〕과
같고, 참음을 얻은〔得忍〕 보디사트바(bodhisattva)의 탐냄 성냄,
금한 계 허묾〔毀禁〕과 같으며, 붇다(buddha)의 번뇌 익힘과 같
습니다.

눈먼 이가 빛깔 봄과 같으며, 사라져 다한 선정〔nirodha-sam
adhi, 滅盡定〕에 든 이의 나고 드는 숨〔出入息〕과 같으며, 허공
가운데 새의 발자취와 같고, 돌 여인의 아이〔石女兒〕 같고, 변화
로 된 사람이 번뇌 일으킴과 같으며, 꿈에 본 것이 이미 깸과 같
으며, 니르바나에 건넌 이가 몸을 받음 같고, 연기 없는 불〔無烟
之火〕과 같습니다.

보디사트바가 중생을 살핌은 이와 같습니다."

爾時 文殊師利 問維摩詰言 菩薩云何 觀於衆生 維摩詰言 譬如幻師 見
所幻人 菩薩觀衆生爲若此 如智者見水中月 如鏡中見其面像 如熱時焰 如
呼聲響 如空中雲 如水聚沫 如水上泡 如芭蕉堅 如電久住 如第五大 如第
六陰 如第七情 如十三入 如十九界

菩薩觀衆生爲若此 如無色界色 如焦穀芽 如須陀洹身見 如阿那含入胎
如阿羅漢三毒 如得忍菩薩 貪恚毀禁 如佛煩惱習 如盲者見色 如入滅盡定
出入息 如空中鳥跡 如石女兒 如化人起煩惱 如夢所見已寤 如滅度者受身
如無烟之火 菩薩觀衆生爲若此

2. 보디사트바의 자비 행함

만주스리가 말했다

"만약 보디사트바로서 이렇게 살핌을 짓는 자는 어떻게 큰 사랑〔慈〕을 행합니까?"

비말라키르티가 말했다,

"보디사트바는 이렇게 살피고 나면 스스로 다음처럼 생각합니다. '나는 중생을 위해 이 같은 법〔如斯法〕을 설해야 하니, 이는 곧 진실한 사랑〔眞實慈〕이다. 고요한 사랑〔寂滅慈〕을 행해야 하니 나는 바가 없기 때문이고, 뜨겁지 않은 사랑을 행해야 하니 번뇌가 없기 때문이며, 평등한 사랑〔平等慈〕을 행해야 하니 삼세에 평등하기 때문이고, 다툼 없는 사랑〔無諍慈〕을 행해야 하니 일어나는 바 없기 때문이다.

둘 아닌 사랑〔不二慈〕2)을 행해야 하니 안과 밖이 합하지 않기 때문이고, 무너지지 않은 사랑〔不壞慈〕을 행해야 하니 끝내 마쳐 다하기 때문이며, 굳센 사랑〔堅固慈〕을 행해야 하니 마음이 허물어짐이 없기 때문이고, 청정한 사랑〔淸淨慈〕을 행해야 하니 모든 법의 성품이 깨끗하기 때문이다.

가없는 사랑〔無邊慈〕을 행해야 하니 허공과 같기 때문이고, 아라한의 사랑〔阿羅漢慈〕을 행해야 하니 맺음의 적〔結賊〕을 깨뜨리

---

2) 둘이 아닌 사랑〔不二慈〕: 안〔內〕과 밖〔外〕, 이것과 저것이 둘이되 둘이 아닌 실상에 부합된 사랑이 '둘이 아닌 사랑'이다. 안〔六根〕과 밖〔六境〕이 어울려 앎〔六識〕이 날 때 앎에는 안과 밖의 두 모습이 없고 어울려 합하는 모습이 없으며, 있음과 없음을 얻을 수 없으니 앎에는 앎이 없다〔於知無知〕. 그러므로 안과 밖의 두 모습도 아니고 둘이 합하는 모습도 아닌 지혜 그대로의 사랑이 둘이 아닌 사랑〔不二慈〕이다.

기 때문이며, 보디사트바의 사랑〔菩薩慈〕3〕을 행해야 하니 중생을 편안하게 하기 때문이며, 여래의 사랑〔如來慈〕을 행해야 하니 같은 모습〔如相〕을 얻기 때문이고, 붇다의 사랑〔佛之慈〕4〕을 행해야 하니 중생을 깨우치기 때문이며, '스스로 그러한 사랑〔自然慈〕'5〕을 행해야 하니 원인 없음을 얻기〔無因得〕 때문이다.

보디(bodhi)의 사랑을 행해야 하니 한맛〔一味〕에 평등하기 때문이며, 같음 없는 사랑〔無等慈〕을 행해야 하니 모든 애착을 끊기 때문이고, 크게 슬피 여김의 사랑〔大悲慈〕을 행해야 하니 마하야나〔大乘〕에 이끌기 때문이며, 물림이 없는 사랑〔無厭慈〕을 행해야 하니 공함〔空〕과 나 없음〔無我〕을 살피기 때문이다.

법 베푸는 사랑〔法施慈〕을 행해야 하니 남겨 아낌이 없기 때

---

3) 보디사트바의 세 가지 따라 생각하는 큰 사랑〔三緣慈〕: ① 중생을 따라 생각하는 큰 사랑〔衆生緣慈〕: 보디사트바가 큰 사랑의 마음으로 중생을 따라 생각하여 안락을 얻도록 함. ② 법을 따라 생각하는 큰 사랑〔法緣慈〕: 보디사트바가 평등한 지혜로 온갖 법이 인연으로 일어나 자성 없음을 알지만 공에 머물지 않고 큰 사랑의 마음을 움직여 다 안락을 얻게 하는 사랑. ③ 따라 생각함 없는 큰 사랑〔無緣慈〕: 보디사트바가 평등한 큰 지혜로 온갖 중생을 붙잡아 생각함이 없이 온갖 중생이 저절로 큰 안락의 이익 얻게 하는 사랑이다. 형계선사는 말한다. '이 자비를 움직여 법계를 두루 덮으므로 뜻대로 괴로움을 빼내고 저절로 즐거움을 주므로 이를 생각함이 없는 큰 사랑〔無緣大慈〕이라 이름한다.'

4) 붇다의 사랑〔佛慈〕을 행함: 산스크리트의 붇다란 여기 말로 깨친 분이다. 세 깨침〔三覺〕이 있다. 스스로 깨침〔自覺〕은 법을 생각함〔法緣〕에 속한다. 남을 깨치게 함〔覺他〕은 중생 생각함〔生緣〕에 속한다. 깨침이 가득함〔覺滿〕은 따라 생각함 없음〔無緣〕에 속한다. 경에서 중생을 깨치게 하기 때문이라고 했으니, 부분적으로 중생 생각하는 사랑〔生緣慈〕에 속한다.

5) 스스로 그러한 사랑〔自然慈〕: 어떤 원인 때문에 일으키는 사랑이 아니라 삶 자체에서 저절로 우러나오는 사랑이므로 원인 없음〔無因〕을 얻는다고 한 것이다.

문이며, 계 지님의 사랑〔持戒慈〕을 행해야 하니 금함 허무는 이〔毀禁〕 교화하기 때문이고, 욕됨 참는 사랑〔忍辱慈〕을 행해야 하니 저와 나를 보살피기 때문이며, 정진의 사랑〔精進慈〕을 행해야 하니 중생을 짊어지기 때문이고, 선정의 사랑〔禪定慈〕을 행해야 하니 맛을 받지 않기〔不受味〕 때문이고, 지혜의 사랑〔智慧慈〕6)을 행해야 하니 때를 알지 못함〔不知時〕이 없기 때문이며, 방편의 사랑〔方便慈〕을 행해야 하니 온갖 방편을 보여 나타내기 때문이다.

숨김없는 사랑〔無隱慈〕7)을 행해야 하니 곧은 마음이 청정하기 때문이며, 깊은 마음의 사랑〔深心慈〕을 행해야 하니 뒤섞인 행이 없기 때문이고, 속임 없는 사랑〔無誑慈〕을 행해야 하니 헛된 거

---

6) 지혜의 큰 사랑〔智慧慈〕: 지혜의 사랑은 알맞은 때를 아는〔知時〕 사랑이니, 구마라지바 법사가 말했다. '행이 다 차지 않고 과덕 구하는 것을 때를 알지 못함〔不知時〕이라 이름한다.'

유계존자가 말했다. '특별히 이것만이 아니다. 스스로 아직 건너지 못하고 남을 건네주려 하며, 자기가 건너고서 남을 건네주지 않으며, 온갖 중생을 니르바나에 건네주고서 실로 건네줌이 있다고 하며, 머묾 없되 마음을 내지 않으며, 마음을 내되 머묾 없음이 아니면(머묾 없이 마음 내지 못하면) 이를 다 때를 알지 못함〔不知時〕이라 한다. 때를 알아 나와 남 함께 건네줌 이 또한 법을 따라 생각하는 사랑〔法緣慈〕에 속한다.'

위 뜻을 살펴보면 때를 알지 못함이란 상황과 경우에 맞지 않는 행동, 삶의 진실에 부합되지 못한 행동으로 나와 남에 이익주지 못함을 때를 알지 못함이라고 할 수 있다.

7) 숨김없는 사랑〔無隱慈〕: 세 가지 숨김없음이 있다. 첫째, 가르침에 숨김없음〔教無隱〕이니 마음과 말이 곧기 때문이다. 둘째, 행에 숨김없음〔行無隱〕이니 굽거나 좁음이 없기 때문이다. 셋째, 이치에 숨김없음〔理無隱〕이니 마음이 실상에 계합하기 때문이다. 하나라도 숨기는 바가 있으면 청정함이라 이름하지 못한다. 숨김없는 사랑은 법을 따라 생각하는 사랑〔法緣慈〕에 속한다.

짓이 아니기 때문이며, 안락한 사랑〔安樂慈〕을 행해야 하니 붇다
의 즐거움을 얻도록 하기 때문이다.'

보디사트바의 큰 사랑은 이와 같습니다."

文殊師利言 若菩薩作是觀者 云何行慈 維摩詰言 菩薩作是觀已 自念 我
當爲衆生說如斯法 是卽眞實慈也 行寂滅慈 無所生故 行不熱慈 無煩惱故
行等之慈 等三世故 行無諍慈 無所起故 行不二慈 內外不合故 行不壞慈
畢竟盡故 行堅固慈 心無毀故 行淸淨慈 諸法性淨故 行無邊慈 如虛空故
行阿羅漢慈 破結賊故 行菩薩慈 安衆生故 行如來慈 得如相故 行佛之慈
覺衆生故

行自然慈 無因得故 行菩提慈 等一味故 行無等慈 斷諸愛故 行大悲慈
導以大乘故 行無厭慈 觀空無我故 行法施慈 無遺惜故 行持戒慈 化毁禁
故 行忍辱慈 護彼我故 行精進慈 荷負衆生故 行禪定慈 不受味故 行智慧
慈 無不知時故 行方便慈 一切示現故 行無隱慈 直心淸淨故 行深心慈 無
雜行故 行無誑慈 不虛假故 行安樂慈 令得佛樂故 菩薩之慈 爲若此也

만주스리가 또 물었다.

"무엇을 가엾이 여김〔悲〕이라 하오?"

답해 말했다.

"보디사트바가 지은 공덕이 다 온갖 중생과 함께하는 것입니
다."

"무엇을 기뻐함〔喜〕이라 하오?"

답해 말했다.

"이익 되는 바가 있으면 기뻐하여 뉘우치지 않음입니다."

"무엇을 버림〔捨〕이라 하오?"

답해 말했다.

"지은 바 복된 도움〔福祐〕에 바라는 바가 없음입니다."

만주스리가 또 물었다.

"나고 죽음의 두려움이 있는 보디사트바는 어디에 의지해야 하오?"

비말라키르티가 말했다.

"보디사트바는 나고 죽음의 두려움 가운데 '여래의 공덕의 힘〔如來功德力〕'에 의지해야 합니다."

만주스리가 또 물었다.

"보디사트바가 여래의 공덕의 힘〔如來功德力〕에 의지하려 하면 어디에 머물러야 하오?"

답해 말했다.

"보디사트바가 여래의 공덕의 힘에 의지하려 하면 '온갖 중생 건네 벗어나게 함'에 머물러야 합니다."

또 물었다.

"중생을 건네주려면 어떤 것을 없애야 하오?"

답해 말했다.

"중생을 건네려 하면 그 번뇌를 없애야 합니다."

"번뇌를 없애려 하면 어떤 것을 행해야 하오?"

답해 말했다.

"바른 생각〔正念〕을 행해야 합니다."

또 물었다.

"어떻게 바른 생각을 행하오?"

답해 말했다.

"나지 않고 사라지지 않음〔不生不滅〕을 행해야 합니다."

또 물었다.

"어떤 법이 나지 않고 어떤 법이 사라지지 않소?"

답해 말했다.

"착하지 않은 법은 나지 않고 착한 법은 사라지지 않습니다."

또 물었다

"착함과 착하지 않음은 누가 바탕이 되오?"

답해 말했다.

"몸〔身〕이 바탕이 됩니다."

또 물었다.

"몸은 누가 바탕이오?"

답해 말했다.

"하고자 해 탐냄〔欲貪〕이 바탕이 됩니다."

또 물었다.

"하고자 해 탐냄은 누가 바탕이 되오?"

답해 말했다.

"허망한 분별〔虛妄分別〕이 바탕이 됩니다."

또 물었다.

"허망한 분별은 누가 바탕이 되오?"

답해 말했다.

"뒤바뀐 모습 취함〔顚倒想〕이 바탕이 됩니다."

또 물었다.

"뒤바뀐 모습 취함은 누가 바탕이 되오?"

답해 말했다.

"머묾 없음〔無住〕이 바탕이 됩니다."

또 물었다.

"머묾 없음은 누가 바탕이 되오?"

답해 말했다.

"머묾 없음은 바탕이 없습니다〔無本〕. 만주스리시여, 머묾 없는 바탕〔無住本〕을 좇아 온갖 법을 세웁니다."

文殊師利又問 何謂爲悲 答曰 菩薩所作功德 皆與一切衆生共之 何謂爲喜 答曰 有所饒益歡喜無悔 何謂爲捨 答曰 所作福祐無所悕望

文殊師利又問 生死有畏菩薩當何所依 維摩詰言 菩薩於生死畏中 當依如來功德之力

文殊師利又問 菩薩欲依如來功德之力 當於何住 答曰 菩薩欲依如來功德力者 當住度脫一切衆生

又問 欲度衆生當何所除 答曰 欲度衆生除其煩惱

又問 欲除煩惱當何所行 答曰 當行正念 又問 云何行於正念 答曰 當行不生不滅

又問 何法不生何法不滅 答曰 不善不生善法不滅 又問 善不善孰爲本 答曰身爲本 又問 身孰爲本

答曰 欲貪爲本 又問 欲貪孰爲本 答曰 虛妄分別爲本

又問 虛妄分別孰爲本 答曰 顚倒想爲本 又問 顚倒想孰爲本 答曰 無住爲本

又問 無住孰爲本 答曰 無住則無本 文殊師利 從無住本立一切法

3. 하늘 여인과 사리푸트라의 문답〔해탈의 모습〕

그때 비말라키르티의 방에, 한 하늘 여인이 여러 마하사트바〔大人〕들이 설한 법을 듣고 곧 그 몸을 나타냈다.

곧장 하늘의 꽃을 여러 보디사트바와 큰 제자들 위에 뿌리니 꽃이 여러 보디사트바에 이르자 곧 다 떨어졌으나 큰 제자들에 이르자 붙어서 떨어지지 않았다.

온갖 제자들의 신묘한 힘으로 꽃을 떼어내려 했지만 꽃을 떼어내지 못했다.

그때 하늘 여인이 사리푸트라에게 물었다.

"왜 꽃을 떼어내십니까?"

답해 말했다.

"꽃은 법답지 않으니 이 때문에 떼어내려 하오."

하늘 여인이 말했다.

"이 꽃들이 법답지 않다〔不如法〕고 말하지 마십시오. 왜 그런가요? 이 꽃은 분별하는 바가 없습니다. 어진이가 스스로 분별해 모습 취함〔分別想〕을 낼 따름입니다. 붇다의 법에서 집을 나와〔於佛法出家〕 분별하는 바 있음이 법답지 않음이 됩니다. 만약 분별하는 바 없으면 이것이 곧 법다움입니다. 모든 보디사트바들의 꽃이 그렇지 않음을 살피니 이미 온갖 분별의 모습 취함을 끊었기 때문입니다.

비유하면 사람이 두려워할 때 사람 아닌 것〔非人〕이 그 틈을 얻는 것과 같습니다. 이와 같이 제자들이 나고 죽음을 두려워하므로 빛깔, 소리, 냄새, 맛, 닿음〔色聲香味觸〕이 그 틈을 얻습니다. 이미 두려움을 떠나면 온갖 다섯 욕망이 어찌할 수 없습니다. 맺음과 익힘이 아직 다하지 않으니 꽃이 몸에 붙을 뿐입니다."

사리푸트라가 말했다.

"하늘 여인은 이 방에 머문 지는 이미 오래 되었소?"8)

---

8) 하늘여인에게 사리푸트라 존자가 이 방에 머묾을 물은 이 뜻을 승조법사는 이렇게 말한다.

답해 말했다.

"제가 이 방에 머문 지는 어르신의 해탈〔耆年解脫〕과 같습니다."

사리푸트라가 말했다.

"여기 머문 지 오래이오?"

"어르신의 해탈도 또한 얼마나 오래입니까?"

사리푸트라가 말없이 답하지 않았다.

하늘 여인이 말했다.

"어찌 어르신의 오래된 큰 지혜로 말이 없으십니까?"

"해탈이란 말하는 바가 없으므로 나는 여기에서 말할 바를 알지 못하오."

時維摩詰室 有一天女 見諸大人聞所說法 便現其身 即以天華散諸菩薩大弟子上 華至諸菩薩 即皆墮落 至大弟子便著不墮 一切弟子 神力去華 不能令去

爾時 天女問舍利弗 何故去華 答曰 此華不如法 是以去之 天曰 勿謂此華爲不如法 所以者何 是華無所分別 仁者自生分別想耳 若於佛法出家有所分別 爲不如法 若無所分別 是則如法 觀諸菩薩華不若者 已斷一切分別想故

譬如人畏時 非人得其便 如是弟子畏生死故 色聲香味觸得其便也 已離畏者一切五欲無能爲也 結習未盡 華著身耳 結習盡者華不著也

舍利弗言 天止此室 其已久如 答曰 我止此室 如耆年解脫 舍利弗言 止此久耶 天曰 耆年解脫亦何如久 舍利弗默然不答 天曰 如何耆舊大智而默答曰 解脫者無所言說故 吾於是不知所云

하늘 여인이 말했다.

"말과 문자〔言說文字〕가 다 해탈의 모습〔皆解脫相〕입니다. 왜 그

'비말라키르티의 대승의 방〔淨名大乘之室〕에 오래도록 가까이 머물러 묘한 변재가 이 같은가.'

런가요? 온갖 모든 법이 해탈의 모습입니다. 해탈이란 안도 아니고 밖도 아니며 두 가운데 사이에도 있지 않습니다. 문자 또한 안도 아니고 밖도 아니며 두 가운데 사이에 있지 않습니다. 그러므로 사리푸트라시여, 문자를 떠나서 해탈을 말함이 없어야 합니다. 왜냐하면, 온갖 모든 법이 해탈의 모습이기 때문입니다."

사리푸트라가 말했다.

"다시 음욕 성냄 어리석음을 떠나서는 해탈이 아닙니까?"

하늘 여인이 말했다.

"붇다께서는 교만 늘리는 사람[增上慢人]을 위해서는 음욕 성냄 어리석음을 떠나야 해탈이라 설하실 뿐입니다. 만약 교만 늘림이 없는 사람에게는 붇다께서는 '음욕 성냄 어리석음의 성품이 곧 해탈이다[婬怒癡性卽是解脫]'라고 설하십니다."

사리푸트라가 말했다.

"잘 말하고 잘 말했소, 하늘 여인이여. 그대는 어떤 것을 얻고 무엇을 증득해서 말재간이 이와 같소?"

하늘 여인이 말했다.

"저는 얻음이 없고[無得] 증득함이 없기[無證] 때문에 말재간이 이와 같습니다. 왜냐하면 만약 얻음이 있고 증득함이 있다면, 붇다의 법에 교만 늘림[增上慢]이 되는 것입니다."

사리푸트라가 하늘 여인에게 물었다.

"그대는 세 실천의 수레[三乘]에서 어떤 뜻을 구하오?"

하늘 여인이 말하였다.

"저는 슈라바카의 법으로 중생을 교화하므로 저는 슈라바카 (śrāvaka, 聲聞)가 되고 인연법으로 중생을 교화하므로 저는 프라데카붇다(pratyeka-buddha, 緣覺)가 됩니다. 큰 자비의 법으로 중생을 교화하므로 저는 마하야나(mahayāna, 大乘)가 됩니다.

사리푸트라시여. 마치 어떤 사람이 담복숲〔薝蔔林〕에 들어가면 오직 담복의 향만 맡고 다른 냄새를 맡지 않음과 같아 이와 같이 이 방에 들어가면 다만 '붇다의 공덕의 향〔佛功德香〕'만 맡고 슈라바카 프라데카붇다의 공덕의 향 맡기를 즐거워하지 않습니다.

사리푸트라시여. 그처럼 샤크라인드라, 브라흐마하늘왕, 네 하늘왕과 모든 하늘 용과 신들이 이 방에 들어오는 자로서 이 높은 분이 바른 법 강설함을 들으면 다 '붇다의 공덕의 향'을 즐거워하여 마음을 내 벗어나게 됩니다.

天曰 言說文字 皆解脫相 所以者何 解脫者 不內不外不在兩問 文字亦不內不外不在兩問 是故舍利弗 無離文字 說解脫也 所以者何 一切諸法是解脫相

舍利弗言 不復以離婬怒癡爲解脫乎

天曰 佛爲增上慢人 說離婬怒癡爲解脫耳 若無增上慢者 佛說 婬怒癡性卽是解脫

舍利弗言 善哉善哉 天女汝何所得 以何爲證 辯乃如是 天曰 我無得無證故 辯如是 所以者何 若有得有證者 卽於佛法爲增上慢

舍利弗問天 汝於三乘爲何志求 天曰 以聲聞法化衆生故 我爲聲聞 以因緣法 化衆生故 我爲辟支佛 以大悲法 化衆生故 我爲大乘

舍利弗 如人入薝蔔林 唯嗅薝蔔不嗅餘香 如是若入此室 但聞佛功德之香不樂聞聲聞辟支佛功德香也

舍利弗 其有釋梵四天王諸天龍鬼神等 入此室者 聞斯上人講說正法 皆樂佛功德之香 發心而出

4. 일찍이 있지 않던 법〔未曾有法〕

사리푸트라시여, 제가 이 방에 머문 지 열두 해 동안, 처음부터 슈라바카 프라데카붇다의 법 설하는 것을 듣지 않았고 다만 보디사트바의 '큰 사랑 크게 가엾이 여김〔大慈大悲〕'의 '사유할 수 없고 말할 수 없는 모든 붇다의 법〔諸佛之法〕'만을 들었습니다.

사리푸트라시여, 이 방은 늘 '여덟 일찍이 있지 않던 얻기 어려운 법〔八未曾有法〕'을 나타냈습니다.

어떤 법 등이 여덟〔八〕인가요?

이 방은 늘 금색 빛이 비추어 낮 밤에 다름이 없으니, 해와 달의 비추는 바로 밝음을 삼는 것이 아닙니다. 이것이 '첫째 일찍이 있지 않던 얻기 어려운 법'입니다.

이 방에 들어온 이는 모든 번뇌의 때에 괴로움 받지 않습니다. 이것이 '둘째 일찍이 있지 않던 얻기 어려운 법'입니다.

이 방은 늘 샤크라인드라, 브라흐마하늘왕, 네 하늘왕, 다른 곳의 보디사트바들이 와서 모임이 끊어지지 않습니다. 이것이 '셋째 일찍이 있지 않던 얻기 어려운 법'입니다.

이 방은 늘 여섯 파라미타의 물러나 뒤바뀌지 않는 법〔不退轉法〕을 설하니 이것이 '넷째 일찍이 있지 않던 얻기 어려운 법'입니다.

이 방은 늘 하늘과 사람의 으뜸가는 악기 줄을 만들어, 헤아릴 수 없는 법으로 교화하는 소리를 내니 이것이 '다섯째 일찍이 있지 않던 얻기 어려운 법'입니다.

이 방에는 네 큰 곳간〔四大藏〕이 있어 뭇 보배가 가득 쌓여 가난하고 모자란 이들을 건져주어, 구하면 다함없음〔無盡〕을 얻으니 이것이 '여섯째 일찍이 있지 않던 얻기 어려운 법'입니다.

이 방은 샤카무니붇다와 아미타바붇다, 아쵸바야붇다, 보배 덕, 보배 불꽃, 보배 달, 보배 꾸밈, 이기기 어려움〔難勝〕, 사자의 울림〔師子響〕, 온갖 이익 이룸〔一切利成〕 등 이와 같은 시방 헤아릴 수 없는 모든 붇다들께서, 이 높은 사람이 생각할 때 곧 다 오셔서 널리 '모든 붇다의 비밀스런 요점인 법의 곳간〔諸佛秘要法藏〕'을 설하시고 설한 뒤에 돌아가십니다. 이것이 '일곱째 일찍이 있지 않던 얻기 어려운 법'입니다.

이 방은 온갖 하늘이 장엄하게 꾸민 궁전과 모든 붇다들의 정토〔諸佛淨土〕가 다 그 가운데 나타나니, 이것이 '여덟째 일찍이 있지 않던 얻기 어려운 법'입니다.

사리푸트라시여, 이 방은 늘 '여덟 일찍이 있지 않던 얻기 어려운 법〔八未曾有難得之法〕'이 나타나니, 누가 이 '사유할 수 없고 말할 수 없는 법'을 보고, 다시 슈라바카의 법〔聲聞法〕을 즐거워하겠습니까?"

舍利弗 吾止此室十有二年 初不聞說 聲聞辟支佛法 但聞菩薩大慈大悲 不可思議諸佛之法 舍利弗 此室 常現八未曾有難得之法 何等爲八

此室常以金色光照晝夜無異 不以日月所照爲明 是爲一未曾有難得之法

此室入者不爲諸垢之所惱也 是爲二未曾有難得之法

此室常有釋梵四天王 他方菩薩來會不絶 是爲三未曾有難得之法

此室常說六波羅蜜 不退轉法 是爲四未曾有難得之法

此室常作天人第一之樂絃 出無量法化之聲 是爲五未曾有難得之法

此室有四大藏衆寶積滿 賙窮濟乏 求得無盡 是爲六未曾有難得之法

此室釋迦牟尼佛·何彌陀佛·阿閦佛·寶德·寶炎·寶月·寶嚴·難勝· 師子響·一切利成 如是等十方無量諸佛 是上人念時 卽皆爲來 廣說諸佛

秘要法藏 說已還去 是爲七未曾有難得之法

此室一切諸天 嚴飾宮殿諸佛淨土 皆於中現 是爲八未曾有難得之法

舍利弗 此室常現八未曾有難得之法 誰有見斯不思議事 而復樂於聲聞法乎

사리푸트라가 말했다.

"그대는 왜 여인의 몸〔女身〕을 바꾸지 않소?"

하늘여인이 말했다.

"저는 열두 해를 좇아오면서 여인의 몸을 구했으나 아주 얻을 수 없었습니다. 그런데 어떤 것을 바꾸어야 합니까? 비유하면 허깨비 놀리는 이가 허깨비 여인을 변화로 지음과 같으니, 만약 어떤 사람이 '왜 여인의 몸을 바꾸지 않는가' 묻는다면 이 사람이 바르게 물은 것입니까?"

사리푸트라가 말했다.

"아니요. 허깨비에 정해진 모습이 없는데〔幻無定相〕 어떤 것을 바꾸어야 하겠소?"

하늘 여인이 말했다.

"온갖 모든 법도 또한 다시 이와 같아, 정해진 모습이 있지 않는데〔無有定相〕 어떻게 여인의 몸 바꾸지 않는가 묻습니까?"

바로 그때 하늘 여인이 신통의 힘으로 사리푸트라를 변해 하늘 여인과 같게 하고 하늘 여인은 스스로 몸을 변화해 사리푸트라와 같게 하고 물어 말했다.

"왜 여인의 몸을 바꾸지 않습니까?"

사리푸트라가 하늘 여인의 모습으로 답해 말했다.

"나는 지금 어찌 바뀌어서 여인의 몸으로 변했는지 알지 못하오."

하늘 여인이 말했다.

"사리푸트라께서 만약 이 여인의 모습을 바꿀 수 있다면 곧 온갖 여인들도 또한 바꿀 수 있을 것입니다. 마치 사리푸트라께서 여인이 아니지만 여인의 몸을 나타냄과 같이 온갖 여인들도 또한 다시 이와 같아 비록 여인의 모습을 나타냈지만 여인이 아닙니다. 그러므로 붇다께서는 '온갖 모든 법은 남자도 아니고 여자도 아니다〔非男非女〕'고 설하십니다."

그러고는 바로 하늘 여인이 신묘한 힘을 도로 거두자, 사리푸트라의 몸이 도로 옛과 같이 돌아왔다.

하늘 여인이 사리푸트라에게 물었다.

"여인의 몸의 모습이 지금 어디에 있습니까?"

사리푸트라가 말했다.

"여인의 몸의 모습은 있음도 없고 있지 않음도 없습니다〔無在無不在〕."

하늘 여인이 말했다.

"온갖 모든 법도 또한 다시 이와 같아 있음도 없고 있지 않음도 없으니 대저 있음도 없고 있지 않음도 없음이 붇다께서 말씀하신 바입니다."

舍利弗言 汝何以不轉女身 天曰 我從十二年來 求女人相了不可得 當何所轉 譬如幻師化作幻女 若有人問何以不轉女身 是人爲正問不
舍利弗言不也 幻無定相當何所轉
天曰 一切諸法亦復如是無有定相 云何乃問不轉女身 卽時天女以神通力變舍利弗令如天女 天自化身如舍利弗 而問言 何以不轉女身
舍利弗以天女像而答言 我今不知何轉而變爲女身
天曰 舍利弗若能轉此女身 則一切女人亦當能轉 如舍利弗非女而現女身

一切女人亦復如是 雖現女身而非女也 是故佛說一切諸法非男非女
　即時天女還攝神力 舍利弗身還復如故 天問舍利弗 女身色相今何所在 舍
利弗言 女身色相無在無不在 天曰 一切諸法亦復如是 無在無不在 夫無在
無不在者佛所說也

사리푸트라가 하늘 여인에게 물었다.

"그대는 여기서 죽으면 어디서 나게 되오?"

하늘 여인이 말했다.

"붇다께서는 변화로 나시는 것이니, 저도 그와 같이 납니다."

사리푸트라가 말했다.

"붇다의 변화로 나심은 죽고 남이 아니오."

하늘 여인이 말했다.

"중생도 오히려 그러하여 죽고 남이 없습니다."

사리푸트라가 하늘 여인에게 물었다.

"그대는 얼마나 오래 되어야 아누타라삼먁삼보디를 얻게 되오."

하늘 여인이 말했다.

"사리푸트라께서 도로 범부가 된다면 저는 그제서야 아누타라
삼먁삼보디를 이루게 될 것입니다."

"내가 범부가 된다는 것은 있을 수 없소."

하늘 여인이 말했다.

"제가 아누타라삼먁삼보디 얻음에도 또한 이런 일은 없습니다.
왜냐하면 보디는 머무는 곳이 없습니다〔菩提無住處〕. 그러므로 얻
는 자가 있지 않습니다."

사리푸트라가 말했다.

"지금 모든 붇다들이 아누타라삼먁삼보디를 얻음에, 이미 얻었

고 앞으로 얻음이 강가강 모래 수 같다 함은 다 무엇을 말하오?"

하늘 여인이 말했다.

"다 세속 문자의 수[世俗文字數]이므로 삼세가 있다[有三世]고 말한 것이니, '보디에 지나감과 앞으로 옴, 지금[去來今]이 있음'을 말하지 않습니다."

하늘 여인이 말했다.

"사리푸트라시여, 그대는 아라한의 도를 얻으셨습니까?"

사리푸트라가 말했다.

"얻는 바 없기 때문[無所得故]에 얻었소."

하늘 여인이 말했다.

"모든 붇다와 보디사트바들도 또한 이와 같이 얻는 바 없기 때문에 얻으신 것입니다."

舍利弗問天 汝於此沒當生何所 天曰 佛化所生吾如彼生 曰佛化所生非沒生也 天曰 衆生猶然無沒生也 舍利弗問天 汝久如當得阿耨多羅三藐三菩提 天曰 如舍利弗還爲凡夫 我乃當成阿耨多羅三藐三菩提

舍利弗言 我作凡夫無有是處 天曰 我得阿耨多羅三藐三菩提亦無是處 所以者何 菩提無住處 是故無有得者

舍利弗言 今諸佛得阿耨多羅三藐三菩提 已得當得 如恒河沙 皆謂何乎

天曰 皆以世俗文字數故 說有三世 非謂菩提有去來今 天曰 舍利弗 汝得阿羅漢道耶 曰無所得故而得 天曰 諸佛菩薩亦復如是 無所得故而得

그때 비말라키르티가 사리푸트라에게 말했다.

"이 하늘 여인은 이미 일찍이 구십이억 붇다께 공양하여서 보디사트바의 신통에 노닐 수 있습니다. 바라는 바를 갖추어 '남이 없는 참음[無生忍]'을 얻어, 물러나 뒤바뀌지 않음[不退轉]에 머물렀으니 본원(本願) 때문에 뜻을 따라 중생교화 함을 나타낼 수 있는 것입니다."9)

爾時維摩詰 語舍利弗 是天女已曾供養九十二億佛已 能遊戲菩薩神通 所
願具足得無生忍住不退轉 以本願故隨意能現教化衆生

평석

1. 중생의 실상 살피는 것이 해탈의 길

1) 중생을 살핌과 실상의 법

연기법에서는 인연으로 일어난 법의 참 모습[實相] 밖에 구해야할 진
리가 없다. 인연으로 난 법이 있되 공하므로 법의 실상은 구하는 모습
으로 구할 수 없고 얻을 바 모습이 있는 법이 아니다. 법을 구함은 구함
이 없는 구함이고 법을 얻음은 얻는 바 없는 얻음인 것이다.

---

9) 이 경문에 대한 영역과 우리말 직역은 다음과 같다.
   Thereat, Vimalakirti said to Sariputra: "This goddess has
   made offerings to ninety-two lacs of Buddhas. She is able to
   play with the Bodhisattva transcendental powers, has fulfilled
   all her vows, has realized the patient endurance of the
   uncreate and has reached the never-receding Bodhisattva stage.
   In fulfilment of a vow, she appears at will (everywhere) to
   teach and convert living beings."

   그러자 비말라키르티가 사리푸트라에게 말하였다.
   '이 하늘 여인은 구십 이억 붇다들께 공양하여 왔습니다. 그래서 그녀는
   보디사트바의 초월적인 힘을 행할 수 있으며 모든 그녀의 서약을 가득
   채웠으며 만들어지지 않은 괴로움의 참음을 실현하였소. 그리고 뒤로 물
   러서지 않는 보디사트바의 단계에 이르렀소. 서약을 채움 안에서 그녀는
   중생을 가르치고 교화하기 위해 뜻을 따라 어디에나 나타났소.'

인연의 법은 삶 주체[正報]를 중심으로 보면, 마음과 물질세계[色心
二法]의 상호연기로 주어진다. 연기하는 세속의 법은 초기교설에서 다
섯 쌓임[五陰], 열두 들임[十二入], 열여덟 법의 영역[十八界]으로 표시
된 법이니 모두 마음[心法]과 물질세계[色法]가 서로 의존하고 있음을
나타낸다.

이 세 과목의 법[三科法: 陰·入·界]에서 마음은 물질세계를 떠난 마
음이 없고 물질세계는 마음을 떠난 물질세계가 없다. 연기법에서 마
음과 물질은 모두 연기이므로 공하고 공하므로 연기한다. 물질과 마
음의 인연의 진실이 온전히 실현된 모습을 '붇다의 지혜로 바르게 깨
친 세간[智正覺世間]'이라 하고, 인연으로 있는 모습을 '다섯 쌓임의
세간[五蘊世間]'이라 하고, 무명의 번뇌로 물든 모습을 '중생세간(衆生
世間)'이라 한다.

바른 법은 중생의 물든 현실을 떠나 있는 것이 아니라 세간법의 있
되 공한 진실인 것이니 법을 구함은 중생세간 무명(avidyā, 無明)의
땅에 머물러서도 안 되고 무명을 끊고 얻는 것도 아니다. 그 법은
중생의 무명을 지혜로 돌이켜 중생의 있되 공한 진실을 바로 회복함
에 있다.

곧 중생은 '인연으로 주어진 세간[依他起相]'의 '집착되어 물든 모습
[遍計所執相]'을 중생이라 이름한 것이니 인연의 진실을 깨쳐 실상에
돌아가면, '인연법의 두렷이 이루어진 진실의 모습[圓成實相]'이 진리
이고 지혜로 바르게 깨친 세간[智正覺世間]이다.

이처럼 연기법에서 보디(bodhi)와 니르바나(nirvāṇa)는 중생을 끊
고 얻는 것이 아니니 중생 번뇌의 진실을 살펴, 번뇌를 지혜로 돌이켜
쓰는 곳에 해탈의 길이 있고 진리 실현의 길이 있다.

중생의 진실 살피는 것이 보디의 길이고 인연의 참모습을 아는 것
이 진리의 길이라면 언어 문자 또한 마찬가지이다. 사물에 대한 관념

의 그림자를 집착하므로 언어문자의 허물을 말한 것이다. 언어 문자
는 마음이 아니지만 마음 아님도 아니고 물질이 아니지만 물질 아님
도 아니다〔非心非色〕. 말이 이처럼 물질과 마음의 중간영역〔分位唯
識〕으로 인연으로 난 줄 알아, 말에서 말을 떠나되 말없음에 머물지
않고 중생을 위한 자비의 인연으로 말 세울 줄〔立言〕 알면, 언어가
곧 해탈의 모습〔解脫相〕이다. 어찌 언어의 모습을 깨뜨리고 해탈을
말할 것인가.

2) 해탈의 길

그렇다면 보디사트바는 어떻게 중생의 진실을 살펴 해탈의 길에 나
아가는가.

『화엄경』은 '마음과 붇다와 중생 이 셋이 차별 없다〔心佛及衆生 是三
無差別〕'고 하니, 마음〔心〕은 '인연으로 있는 세간의 모습〔依他起相〕'이
고, 중생(衆生)은 '마음의 물든 모습〔遍計所執相〕'이고, 붇다〔佛〕는 '마
음의 두렷이 이루어진 진실의 모습〔圓成實相〕'이다. 그러므로 세 법은
평등하여 차별이 없는 것이라 세 법의 평등한 성품 아는 이를 보디사트
바라고 한다. 보디사트바는 연기법에서 마음이 마음 아니고〔非心〕 물
질이 물질 아닌〔非物〕 마음과 물질의 진실을 아는 자이며, 중생이 중생
아님〔非衆生〕을 알고 붇다가 붇다 아님〔非佛〕을 알아 중생의 땅을 떠나
지 않고 붇다의 해탈을 실현하는 자이다.

보디사트바는 중생에 중생의 모습 없되 모습 없음도 없음을 아니,
중생을 물의 달처럼〔如水中月〕 보고 거울 속 모습〔如鏡中像〕, 물더미의
거품처럼〔如水聚沫〕 본다.

저 중생을 물의 달〔如水中月〕처럼 볼 수 있을 때 저 중생을 나와 한
뿌리〔與我同根〕로 볼 수 있으며 만물을 나와 한바탕〔與我一體〕으로 볼
수 있으니, 중생과 한 뿌리를 같이 하는 사랑 이것이 보디사트바의 큰

사랑[大慈]이고 보디사트바의 크게 가엾이 여김[大悲]이다.

저 중생과 나를 한 뿌리로 보아 취함도 없고 버림도 없으며, 같음도 없고 다름도 없음[不一不異]을 알 때, 그 사랑이 애착이 없는 사랑, 둘 아닌 사랑, 무너지지 않는 사랑이며 굳센 사랑이다.

그리고 저 중생과 내가 한바탕임을 아는 이의 가엾이 여김[大悲]이, 스스로 지은 공덕을 버려 중생과 함께하고 중생과 더불어 기쁨을 같이 하는[大喜] 사랑이다. 크게 가엾이 여기고 같이 기뻐하는 이, 그가 있음도 버리고[捨有], 없음도 버리며[捨無], 있음 아니고 없음 아님마저 버려[捨非有非無], 세간의 모든 있음과 없음에 함께해, 함께 살리는 크나큰 버림[大捨]의 사람이다.

그렇다면 보디사트바의 의지처는 어디인가. 보디사트바는 중생의 성품이 여래의 성품인 줄을 알아, 나고 죽음 가운데서, '나되 남이 없고 죽되 죽음 없는 여래의 공덕[如來功德]'에 의지한다. 여래의 공덕에 의지하는 보디사트바는 나[我]를 세워 내 것[我所] 구하는 마음을 돌이켜 온갖 중생을 크게 살리는 크나큰 바람[大願]의 삶에로 나아간다.

그렇다면 어떻게 해야 구함이 있고, 취하고 버림[取捨]이 있는 중생이, 탐욕 성냄 어리석음[貪瞋痴]의 삶을 돌이켜, 자비와 지혜, 크나큰 바람[悲智願]에로 나아갈 수 있는가.

바른 생각[正念]의 방편(方便)이, 중생을 나고 사라짐에서 나지 않고 사라지지 않는 여래의 공덕의 바다에 나아가게 할 수 있다. 곧 나고 사라지는 생각[生滅念]에서, 생각에 생각 없음[於念無念]을 살피면, 그가 생각 없음에서 생각 없음마저 떠나, 생각과 생각 없음이 둘이 아닌 중도의 바른 생각[正念]을 쓰는 자이다. 그가 모든 뒤바뀜의 바탕이 머묾 없음[無住]을 알아, 머묾 없는 바탕[無住本]에서 온갖 법을 세워 낼 수 있는 것[立一切]이다.

2. 사리푸트라와 하늘 여인의 문답

1) 마하야나의 방에 머문 하늘 여인

여기서 비말라키르티 거사의 방에 머문 하늘 여인과, 여래의 슈라바카 제자 가운데 지혜로 으뜸가는 사리푸트라존자의 문답을 살펴보자.

연기법에서 삶 주체〔正報〕의 행위와, 행위가 일어나는 삶의 터전〔依報〕은 둘이 아니다〔依正不二〕. 그러므로 하늘 여인은 비록 범부의 몸이지만 비말라키르티 '마하야나의 방〔大乘室〕'에 머문 범부라 하늘 여인이지만 하늘 여인이 아니다.

마하야나의 방은 '모든 법이 공한 실상의 방〔諸法空室〕'이며 '사유할 수 없고 말할 수 없는 해탈의 방〔不思議解脫室〕'이다. 본 경은 슈라바카의 행을 꾸짖어 마하야나의 방에 대중을 이끄는 가르침이므로 법을 가르치는 놀이마당에, 사리푸트라 존자는 꽃을 법답지 못하다 떨쳐내는 슈라바카(śrāvaka)의 치우침을 보이고, 하늘 여인은 분별없는 지혜의 마하사트바(mahasattva) 행을 보인다.

마하사트바가 머문 대승의 방에는 모습에 모습 없어 때의 가름〔時分〕이 공했는데 머문 때의 멀고 가까움이 어디 있겠는가. 그러므로 하늘 여인은 '이 방에 머문 지 얼마이냐'는 사리푸트라의 물음에 '나이 드신 어르신의 해탈과 같다'고 답한 것이다. 이 여인이 어찌 다만 하늘 여인이리.

마하야나의 방에 앉아 슈라바카의 법으로 중생을 교화하면 슈라바카가 되고, 인연법으로 중생을 교화하면 프라데카붇다가 되고, 큰 자비의 법으로 교화하면 보디사트바가 되는 것이다.

온갖 법이 공한 마하야나의 방에 앉아, 중생을 한맛의 해탈법〔一味解脫法〕에 이끌기 위해 때로 슈라바카의 법을 보이고 프라데카붇다의 법을 보이며 마하야나의 법을 보이니 이 해탈의 방에는 세 법이 모두 없지만 세 법 아닌 세 법을 교화의 인연 따라 나타내는 것이다.

이 뜻을 말하기 위해 경에서 하늘여 인은 사리푸트라 존자에게 '담복 숲에 들어가면 오직 담복향(舊蔔香)을 맡을 뿐 다른 향을 맡지 못한다'고 말한 것이다. 곧 이 비말라키르티의 방에 들어오면 오직 붇다의 공덕의 향[佛功德香]을 맡을 뿐 다른 수레의 향 맡음을 즐기지 않는다고 함이다.

비말라키르티의 고요한 빛의 방은 법신·반야·해탈, 이 니르바나 과덕의 향이 지극하여, 모든 다른 실천의 수레를 뛰어 넘되, 다른 수레를 방편으로 교화해 이 해탈의 방 마하야나의 방에 이끄는 것이다.

그러니 교화의 인연 따라, '나고 난다[生生]'고 말해도 한맛의 중도를 보이는 말이고, '나되 나지 않는다[生不生]' 말하고, '나지 않되 난다[不生生]'고 말해도 한맛의 중도를 보이는 말이며, '남도 아니고 나지 않음도 아니다[不生不生]'고 말해도 모두 한맛[一味]의 중도를 보이는 말이다. 곧 인연의 법에서 중도의 법까지, 이끌어 보인 방편의 가르침 또한 모두 '사유할 수 없고 말할 수 없는 해탈'의 가르침인 것이다.

그런데 경에서 '이 방에 머문 지 어르신의 해탈과 같다'고 말하고 하늘 여인이 다시 사리푸트라존자에게 '이 방에 머문 지 십이 년이라'고 한 것은 무슨 뜻일까.

이는 『아가마수트라』를 십이년 설했다[阿含十二]는 경전의 말에 상응하여 세워진 말이다. 비록 여래로부터 '모든 법이 연기로 나고 난다[緣起生生]'는 법을 열두 해 들었어도, '나고 난다는 뜻'이 곧 '사유할 수 없고 말할 수 없는 해탈'의 법을 나고 남으로 보인 것이라, 오직 여래의 가르침은 부사의 해탈의 한맛[一味] 한 법[一法]임을 말한 것이리라.

그러므로 하늘 여인은 '내가 이 방에 머문 지 십이 년이지만 처음부터 슈라바카와 프라데카붇다의 법을 듣지 않고 다만 보디사트바의 큰 사랑 크게 가엾이 여김의 '사유할 수 없고 말할 수 없는 모든 붇다의 법'만을 들었다'고 한 것이다.

곧 이 방에 머문 지 12년이라고 말한 것은 경의 가르침을 형식적으로 가름하여 '아가마(Āgama)의 설법 기간이 12년이라'고 함에 근거한다. '아함을 12년, 이 방등을 8년을 설했다'함을 따라 이 방에 12년 머물렀다 했으나, 이 가운데 슈라바카 프레데카붇다의 법을 듣지 않고 다만 '모든 붇다의 사유할 수 없고 말할 수 없는 법만을 들었다'고 한 것이다. 이것이 천태선사가 『마하지관』 머리글에서 밝힌 교판(教判)의 뜻이니 누가 이 뜻을 바로 알 수 있는가.

이른바 참선하면서 조그만 견처를 가지고 깨쳤다고 말하는 암증선사(暗證禪師)가 알 수 있는 바가 아니고, 문자만을 따져 관념의 그림을 그리는 문자법사(文字法師)는 더더욱 알 수 없는 법이다. 오직 선정과 지혜를 같이 통한〔禪慧俱通〕 대선사(大禪師)가 말할 수 있고 알아들을 수 있는 것이니 그가 누구인가.

성사이신 천태선사(天台禪師)가 그분이고 천태선사의 스승인 남악사 대선사(南嶽思大禪師)가 그분이다. 그래서 원효(元曉)께서는 『열반경 종요』에서 천태교판의 큰 뜻을 알아차리고 천태를 '선정과 지혜를 함께 통해 범부와 성인이 헤아릴 수 없는 분〔禪慧俱通 凡聖難測〕'이라 찬탄한 것이다.

이처럼 천태를 자신의 실천적 증험으로 알아본 원효가 어찌 성사가 아닐 것이며, 원효께 『대승열반경』과 이 『비말라키르티 수트라』를 함께 가르치신 고구려 보덕국사(普德國師)가 성사가 아닐 것인가.

그래서 고려 의천존자(義天尊者)는 나라의 위기를 극복하기 위해 고려조에 들어 원효(元曉) 의상(義湘) 두 분 조사를 나라의 스승〔國師〕으로 추존하며, 아울러 두 분 성사의 스승이신 보덕국사(普德國師)를 크게 현창했던 것이리라.

필자 또한 여래의 정법안장은 교 밖에 따로 전한 법〔敎外別傳〕이라는 이른바 종파선(宗派禪)의 선교 판별적 교판에 헤매어 방향을 잡지 못했다. 그러다 명말 우익지욱선사(蕅益智旭禪師)의 『종론(宗論)』을 읽다가 '교 안에 참으로 전한 것이 교 밖에 따로 전함이다〔敎內眞傳 敎外別傳〕'이라는 언구를 보고 나아갈 길을 잡았다. 그리고 '조사공안(祖師公案)도 교(敎)이다'라는 선사의 말을 접하고서 말을 취하지 않되 말을 버리지 않으면 가르침의 언구를 떠나지 않고 여래의 정법안장이 있음을 알게 되었다. 언어가 해탈의 모습〔解脫相〕이라는 본 경의 뜻이 어찌 거짓된 말이고 중생을 속이는 말이겠는가.

2) 언어문자가 해탈의 모습

경에 돌아가 '언어문자가 해탈의 모습'이라는 하늘 여인의 말을 살펴보자. 도의 참 바탕은 말과 소리에 있지도 않고 말과 소리 떠나지도 않음을 이리 보인 것인가.

문자를 떠나 해탈을 말함이 없어 온갖 모든 법이 해탈의 모습이라는 하늘 여인 보디트바의 말은 어떻게 알아야 할까.

연기법의 세계관에서는 인연으로 나고 나는 법의 공한 진실 밖에 해탈도 없고 보디, 니르바나도 없다. 십이연기설(十二緣起說)로 보면 무명(無明)으로 나고 죽음〔生死〕이 장애가 되고 묶임이 된 것이니, 무명을 지양하면 나고 죽음은 남이 아닌 남이고 죽음 아닌 죽음이라 인연법의 진실이 해탈상이고 니르바나의 모습이다. 법신(法身)은 반야(般若)인 법신이니 반야 아닌 법신이 어디 있고, 반야 아닌 해탈(解脫)이 어디 있겠는가.

언어문자란 마음 아니되 마음 아님도 아니고 물질이 아니되 물질 아님도 아닌 마음과 물질세계 그 중간 영역〔非色非心 分位唯識〕이다. 꽃이라는 언어는 꽃을 보는 주체의 마음 떠나 그 언어가 없고, 보는 바

꽃이라는 사물을 떠나서도 그 언어가 없다. 있되 공한 언어의 연기적 진실을 알 때, 우리는 언어에 미혹되지 않고 꽃을 취함도 없고 버림도 없이, 꽃의 실상을 주체화 할 수 있다.

유계존자는 다음 같이 풀이한다.

'세간이 공함[空]·모습 없음[無相]·지음 없음[無作]으로 해탈 (解脫)을 삼는 것은 그것이 분별을 끊을 수 있기 때문이다. 문자 가 매여 묶음 되는 것은 그것이 티끌경계에 생각함을 일으키기 때문이다. 해탈이 해탈 이루는 까닭은 바로 안과 밖 가운데 사이 의 모습[內外兩間之相]이 없음인데 그를 알지 못해, 도리어 문자 언어에서 그 모습을 구하지만 또한 안과 밖 가운데 사이의 모습 이 있지 않다.

참으로 문자가 과연 해탈과 다르다면 한 해탈[一解脫] 한 매어 묶음[一繫縛]이라고 말해야 옳다. 지금 이를 구해 보면 처음부터 둘의 다름이 없다. 이와 같은데 어떻게 해탈에 문자가 없고[解脫 無文字] 문자가 해탈이 아니라[文字非解脫]고 말하겠는가.'10)

『보현관경(普賢觀經)』에 말했다. '바이로차나가 온갖 곳에 두루 하여 온갖 법이 다 붇다의 법이다.'

어찌 온갖 모든 법이 곧 해탈의 모습이 아니겠는가. 그러니 문 자를 떠남 없이 해탈의 모습 말한다는 것이 진실하다.11)

---

10) 世間以空無相無作爲解脫者 以其能絶分別故也 以文字爲繫縛者 以其能起 緣塵故也 不知解脫之所以成解脫者 正以無內外兩間之相 而反求乎文字語言 亦無有內外兩間之相也 苟文字果與解脫異 謂一解脫一繫縛可也 今也求之 初無兩異 如之何謂解脫無文字 文字非解脫乎

11) 普賢觀經云 毗盧遮那 遍一切處 一切諸法 悉是佛法 豈不一切諸法是解脫 相 則無離文字說解說相 實矣

이를 다시 경전 언어를 통해 살펴보자.

천태선사가 네 가르침[四敎]을 밝힘은 다음과 같다.

가르침에는 각각 다 '있음[有]'과 '없음[無]', '있기도 하고 없기
도 함[亦有亦無]', '있음도 아니고 없음도 아님[非有非無]'의 네 구
절 가르침의 언어가 있다.

모아서 이를 말하면 언구가 있음[有言句]이다. 네 귀절 밖에 다
시 언구 없음[無言句]이 있다. 이와 같음 가운데 밝힌 바 해탈을,
말로써 가려 말하면 곧 언구가 있음이고, 잠자코 말없이 답하지
않으면 곧 언구가 없음이다.

그러니 처음부터 말없음이 곧 옳음이 되고 말 있음이 곧 그름이
된 것이 아니다.

저 하늘 여인이 '언설 문자가 다 해탈의 모습이라 말함'과 같으
니 어찌 일찍이 말 있음이 그름으로 정해졌겠는가.

요즈음 배우는 이들을 보기로 하면 오히려 말 없는 것이 '벙어
리 양의 무리[啞羊群]'에 들어가도록 한 것 같다. 그래서 또 누가
옳고 그른지를 알지 못하고 있다.12)

위의 모든 법문을 살펴보면, 연기하는 세간법에 머물 바 없음을 아
는 그가 세간법 떠남이 없이 여래의 공덕의 땅에 서서 중생을 해탈의
저 언덕에 이끄는 자이다. 또한 그가 말에 말이 없고 문자가 문자 아닌
곳에서, 말과 문자로 해탈의 일을 짓고 해탈의 역사를 만들어가는 자
이다.

---

12) 天台明四敎 各各皆有 有無 亦有亦無 非有非無四句 總謂之有言句 四句之
外 更有無言句 如此中所明解脫 累以言說辯之 即有言句 默然不答 即無言
句 然而初不以無言便爲是 有言便爲非 如天女曰 言說文字 皆解脫相 何嘗
定以有言爲非耶 今時學人例尙無言 假使預啞羊羣 又不知孰爲是非也

그렇다면 이는 중생의 나고 사라지는 번뇌의 땅에서, 한 생각을 돌이켜, 나되 남이 없고〔生而無生〕 사라지되 사라짐 없음〔滅而無滅〕을 아는 자가, 남이 없고 사라짐 없는 여래의 공덕의 땅〔如來功德地〕에 서있는 여래의 참 일꾼인 것이다.

그가 바로 '남이 없이 나고, 사라짐 없이 사라지는 생각'을 써서, 물든 세간 역사의 현장에서 큰 법바퀴〔大法輪〕를 굴리는 자이니 그러한 큰 장부를 경은 바른 생각〔正念〕을 행해, 나고 죽음이 없는 여래 공덕의 힘〔如來功德力〕을 의지하는 마하사트바(mahasattva)라 한다.

3) 『증도가(證道歌)』의 뜻으로 다시 살핌

그렇다면 여래의 공덕의 땅 니르바나의 처소에서 큰 자비의 일 지어가는 큰 사람의 모습은 어떠한가.

그가 중생의 일상사 밖에서 따로 신묘한 도를 구해 해탈의 일을 지어가는가.

그는 오직 자기 발 뿌리 밑을 사무쳐 밖으로 한 법도 구함이 없고 안으로 얻을 바가 없기 때문이니, 『증도가』는 이렇게 노래한다.

허물 수도 없고 기릴 수도 없음이여
바탕은 허공 같아 끝이 없어라.
바로 이곳 떠나지 않고 늘 맑고 고요하니
찾으면 곧 그대가 볼 수 없음을 알리라.
취할 수 없고 버릴 수도 없으나
얻을 수 없는 가운데 다만 이렇게 얻도다.

不可毁　不可讚　體若虛空勿涯岸
不離當處常湛然　覓則知君不可見

取不得 捨不得 不可得中秖麼得

설산의 비니 풀은 다른 섞임 없어서
비니 풀 먹은 소는 제호만을 만드나니
제호의 좋은 맛을 내가 늘 받아쓰네.

雪山肥膩更無雜　純出醍醐我常納

중생 일상의 처소에서 밖으로 구해야할 법이 따로 없어 다만 생각에
생각 없고 모습에 모습 없음을 요달하면, 나의 치생산업(治生産業)의
현장이 여래 공덕의 곳간이라 발밑이 곧 다함없는 공덕의 땅임을 이리
노래함이리라.
　학담도 한 노래로 중생 번뇌의 땅에서, 여래의 무너짐 없는 공덕 행하
는 이의 삶을 말해보리라.

범부의 일 밖에 진실이 없으니
어리석은 중생의 법에서 붇다의 일 짓도다.
뜻대로 여러 곳에 노니나 곳에 머물지 않고
집안 속에도 머묾 없이 세속 티끌 노니네.

凡夫事外無眞實　於愚衆法作佛事
信意遊多不住處　家裏無住遊俗塵

만약 중생 번뇌의 감옥을 밝게 알면
곧 바로 모든 붇다 해탈의 경계이네.
빛 돌이켜 한 생각이 생각 없음에 돌아감이여
한 생각 가운데가 공덕의 곳간이네.

若了衆生煩惱獄　即是諸佛解脫境

回光一念歸無念 於一念中功德藏

한번 여래의 비어 고요한 집에 들어가면
오직 여래의 공덕의 향만을 맡게 되네.
언설과 문자가 바로 해탈의 모습이니
언어와 세속 티끌로 정토를 장엄하리.

一入如來空寂室　唯聞如來功德香
言說文字解脫相　言語俗塵嚴淨土

제8. 붇다의 도를 보인 품〔佛道品〕

해제

이 품은 붇다의 도〔佛道〕를 보이는 품이다.

『법화경』은 말한다. '모든 법의 실상〔諸法實相〕은 오직 붇다와 붇다라야 사무쳐 다할 수 있다.'

그러므로 붇다가 깨친 모든 법〔諸法〕의 실상으로 보면, 지옥·아귀·축생·수라·인간·천상〔六道〕이 모두 실상 밖이 아니다. 그러나 온전히 실상인 붇다의 지혜로 보면, 붇다의 도〔佛道〕 밖의 아홉 법계〔九法界〕의 도는 아직 붇다의 도를 온전히 실현한 것이 아니다〔非道〕. 곧 실상에서 보면 열 법계〔十法界〕의 법이 여래와 같은 평등한 성품이나, 마쳐 다한 깨침〔究竟覺〕에서 보면 아홉 법계〔六道, 聲聞, 緣覺, 菩薩〕의 법은 아직 붇다의 도가 아니다.

붇다는 성품의 악〔性惡〕에서 악을 일으킴 없이 일으켜 중생을 제도하나, 성품의 악을 일으켜도 실로 일으킴 없으므로 닦음의 악〔修惡〕은 없다. 아홉 법계의 중생은 닦음의 악〔修惡〕이 없지 않으나, 중생이 닦음의 악을 짓되 지음 없음을 알면 그들의 악 지음도 또한 성품의 악〔性惡〕에 있으므로 붇다의 도〔佛道〕를 통달할 수 있다.

붇다의 보디와 니르바나에 이름 없음〔無名〕에서 보면, 붇다의 도는 온갖 중생의 실상이며 중생인 붇다의 성품〔佛性〕이니 미혹의 중생이 이치로는 붇다와 같다〔理卽〕. 그러나 붇다의 위없는 보디가, 보디 아님

도 아님[非非覺]에서 보면, 붇다만이 보디의 완성자(Anutara-bodhi)
가 된다.

보디사트바는 중생에게 중생의 모습[衆生相]을 보지 않고 붇다의 보
디에 보디의 모습[菩提相]을 보지 않으므로 그를 깨친 중생이라 이름한
다. 보디사트바는 아홉 법계의 닦음의 악[修惡]이 없지 않는 곳에서
그 악이 성품의 악[性惡]에서 남이 없이 남[無生而生]을 요달하므로,
아홉 법계의 닦음의 악을 돌이켜 성품의 악에 있게 된다. 그러면, 성품
의 악[性惡]은 성품의 선[性善]과 융통하니 보디사트바는 도 아님[非
道]으로 붇다의 도를 통달하게 된다.

그러나 이는 큰 원력의 보디사트바, 큰 지혜의 보디사트바가 아니면
행할 수 없으니 경은 이 뜻을 '용과 코끼리가 밟는 것은 말과 나귀가
감당할 수 없다'고 한 것이다.

오역의 죄[五逆罪]를 지어, 중생 건지는 일이, 어찌 아직 믿음의 지위
에도 가지 못한 이들이 감당할 일이겠는가.

그러나 저 지옥과 아귀세계의 험한 길 속에서도 한 길 니르바나의
문[一路涅槃門]이 분명한 것이니, 어떤 승려가 운문(雲門)선사에게 '어
떤 것이 곧장 끊는 한 길[直截一路]입니까?'라고 물으니 '주산(主山)의
뒤이다'고 답한1) 운문의 뜻을 돌이켜 살피고 살펴야 하리라.

---

1) 雲門因僧問 如何是直截一路 師云主山後〔선문염송 1026칙〕

1. 붇다의 도에 통달함

이때 만주스리가 비말라키르티에게 물었다.

"보디사트바는 어떻게 붇다의 도를 통달하오?"

비말라키르티가 말했다.

"만약 보디사트바가 도 아님〔非道〕을 행하면, 이것이 붇다의 도〔佛道〕 통달함입니다."

또 물었다.

"보디사트바는 어떻게 도 아님을 행하오?"

답해 말했다.

"만약 보디사트바라면 다섯 사이 없는 지옥〔五無間〕을 행하되 번뇌와 성냄이 없고, 지옥에 이를지라도 모든 죄의 허물이 없으며,2) 축생에 이르러도 무명과 교만 등의 허물이 없으며, 아귀에 이르러도 공덕을 갖추며,3) 색계 무색계의 도를 행해도 빼어남을

---

2) 오무간 죄업을 짓되 번뇌와 성냄이 없고, 지옥에 이르러도 죄와 허물이 걸림이 되지 않는다는 이 뜻을 옛 조사는 다음 같이 말한다.

　　오조법연(五祖法演) 선사에게 어떤 승려가 물었다. '어떤 것이 임제 밑의 일입니까〔如何是臨濟下事〕.'

　　이로 인해 선사가 말했다. '오역죄인이 우레를 듣는다〔五逆聞雷〕.'

3) 서두의 경문에 대한 영역과 우리말 직역은 다음과 같다.

　Manjuśri asked Vimalakirti: "How does a Bodhisattva enter the Buddha path?"

　Vimalakirti replied: "If a Bodhisattva treads the wrong ways (without discrimination) he enters the Buddha path."

　Mañjuśri asked: "What do you mean by a Bodhisattva treading the wrong ways?"

　Vimalakirti replied: "(In his work of salvation) if a Bodhisattva is free from irritation and anger while appearing in the fiv

---

삼지 않습니다. 탐욕 행함을 보여도 모든 물들어 집착함을 떠나고, 성냄 행함을 보여도 모든 중생에 성내 걸림이 없고, 어리석음 행함을 보여도 지혜로 그 마음을 고루어 누르며, 아껴 탐냄 행함을 보여도 안팎에 있는 것을 버려 몸과 목숨[身命] 아끼지 않습니다.

금함 허물어뜨림[毁禁] 행함을 보여도 깨끗한 계[淨戒]에 편안히 머물며, 나아가 작은 죄라도 오히려 큰 두려움을 품으며 성냄 행함을 보여도 늘 사랑으로 참으며[常慈忍], 게으름 행함을 보여도 공덕을 부지런히 닦으며, 뜻 어지럽힘 행함을 보여도 늘 선정을 생각하고[常念定], 어리석음 행함을 보여도 세간의 지혜와 세간 벗어남의 지혜[世間出世間慧]를 통달합니다.

아첨과 거짓 행함을 보여도 좋은 방편으로 모든 경의 뜻을 따르며, 교만 행함 보여도 중생에 오히려 건네주는 다리[橋梁]와

---

efold uninterrupted hell; is free from the stain of sins while appearing in (other) hells; is free from ignorance, arrogance and pride while appearing in the world of animals; is adorned with full merits while appearing in the world of hungry ghosts;

만주스리가 비말라키르티에게 물었다. '보디사트바는 어떻게 붇다의 길에 들어갑니까?'
비말라키르티가 대답했다. '만약 보디사트바가 차별 없이 그릇된 방법들을 밟아갈 수 있다면 그는 붇다의 길에 들어갑니다.'
만주스리가 물었다. '보디사트바가 그릇된 방법들을 밟아간다는 것으로 그대는 무엇을 의미합니까?'
비말라키르티가 대답했다. '그의 구제의 일 안에서 만약 보디사트바가 다섯 겹 쉬지 않는 지옥에 나타나는 동안 거스름과 성냄으로부터 자유로우면 지옥에 나타나는 동안 죄의 사슬로부터 자유롭다. 그리고 동물의 세계에 나타날 때 무지와 오만 자만에서 자유로우며, 배고픈 귀신의 세계에 나타날 때 충만한 공덕으로 장엄된다.'

같으며 모든 번뇌 행함을 보여도 마음은 늘 청정하며, 마라(māra)
에 들어감을 보이되 붇다의 지혜[佛智慧]를 따라 다른 가르침을
따르지 않으며, 슈라바카에 들어감을 보이되 중생을 위해 아직
듣지 못한 법을 설하고, 프라데카붇다에 들어감을 보이되 큰 자
비를 성취해 중생을 교화합니다.

爾時 文殊師利 問維摩詰言 菩薩云何通達佛道 維摩詰言 若菩薩行於非
道 是爲通達佛道 又問 云何菩薩行於非道 答曰 若菩薩行五無間而無惱恚
至于地獄無諸罪垢 至于畜生無有無明憍慢等過 至于餓鬼而具足功德 行色
無色界道不以爲勝 示行貪欲離諸染著 示行瞋恚於諸衆生無有恚閡 示行愚
癡而以智慧調伏其心 示行慳貪而捨內外所有不惜身命

示行毀禁而安住淨戒 乃至小罪猶懷大懼 示行瞋恚而常慈忍 示行懈怠而
勤修功德 示行亂意而常念定 示行愚癡而通達世間出世間慧 示行諂僞而善
方便 隨諸經義 示行憍慢而於衆生猶如橋梁 示行諸煩惱而心常清淨 示入
於魔而順佛智慧不隨他教 示入聲聞而爲衆生說未聞法 示入辟支佛而成就
大悲教化衆生

가난해 아주 없음에 들어감을 보이되 '보배 손의 공덕[寶手功德]'
이 있어 다함없으며, 몸이 갖춰지지 못함을 보이더라도 모든 좋
은 모습 갖추어[具諸相好] 스스로 장엄하고, 낮고 천함에 들어감
을 보이되 붇다의 종족[佛種姓]4) 가운데 나서 모든 공덕을 갖추
며, 약하고 못나 더러움에 들어감을 보이되 나라야나(nārāyaṇa:
하늘의 힘센 신)의 몸을 얻어 온갖 중생의 즐겨보는 바가 됩니다.
  늙고 죽음에 들어감을 보이되, 길이 병의 뿌리를 뽑아 죽음의
두려움 벗어나게 하며, 살림에 도움 됨[資生]이 있음을 보이되

---

4) 붇다의 종족[佛種姓]: 지혜의 목숨[慧命]으로 자신의 목숨을 삼는 공동
   체의 구성원이 되는 것이 붇다의 종족 가운데 나는 것이다.

늘 덧없음을 살펴 실로 탐내는 바 없으며, 아내와 모시는 여인
있음을 보이되, 늘 다섯 욕망의 진흙 멀리 떠나며, 말더듬과 무
딤을 나타내되, 말재간과 다라니(dhārani)를 성취하여 잃음이
없으며, 삿된 건짐[邪濟]에 들어감을 보이되, 바른 건짐[正濟]으
로 중생을 건네주고, 두루 모든 길에 들어감을 나타내되 그 인연
을 끊으며 니르바나를 나타내되 나고 죽음을 끊지 않습니다.

   만주스리시여, 보디사트바는 이와 같이 도 아님[非道]을 행할
수 있으니 이것이 붇다의 도에 통달함입니다.5)

   示入貧窮而有寶手功德無盡 示入刊殘而具諸相好 以自莊嚴 示入下賤而
生佛種姓中具諸功德 示入羸劣醜陋而得那羅延身 一切衆生之所樂見 示入
老病而永斷病根 超越死畏 示有資生而恒觀無常 實無所貪 示有妻妾采女
而常遠離 五欲淤泥 現於訥鈍而成就辯才 總持無失 示入邪濟而以正濟度

---

5) 도 아님[非道]과 붇다의 도[佛道], 닦음의 악[修惡]과 성품의 악[性惡]:
  『무아소』는 말한다.
   이를 살핌으로 풀이해보자.
   한 생각 마음을 살피면 열 법계를 갖추니 본래 붇다의 법계를 갖추어
   원만하여 청정함에 곧 붇다의 도[佛道]이다. 만약 아홉 법계의 마음[九界
   之心]이 드러나 일어날 때는 다 도 아님[非道]이라 이름한다. 수행하는
   사람은 도 아님을 없애고 따로 붇다의 도를 살피지 않으니 아홉 법계의
   마음[九界心]이 닦음의 악[修惡] 아님이 없음을 안다. 그런데 이 닦음의
   악이 온전히 법계의 물[法界之水]이 아홉 법의 물결이 됨을 아니 닦음의
   악이 곧 성품의 악[性惡]임을 살피면 성품의 악은 나아가지 않는 법이
   없어 뜻대로 붇다의 법계 성품의 착함[佛界性善]을 거두어 얻는다. 이는
   마치 온전한 물결이 곧 물이라 물 밖에 물결이 없는 것과 같다. 이것이
   마음 살핌으로 도 아님을 행해 붇다의 도를 통달함이다.

   觀解者 觀一念心 具足十界 本具佛界 圓滿淸淨 卽是佛道 若九界心現起之
   時 皆名非道 行人不撥非道 而別觀佛道 了九界心 無非修惡 而此修惡乃全
   法界之水 以爲九法之波 能觀修惡 卽是性惡 性惡融通 無法不趣 任運攝得
   佛界性善 如全波卽水 水外無波 是爲觀心行於非道通達佛道也

諸衆生 現遍入諸道而斷其因緣 現於涅槃而不斷生死
　文殊師利 菩薩能如是行於非道 是爲通達佛道

2. 여래의 씨앗

이에 비말라키르티가 만주스리에게 물었다.

"어떤 것이 여래의 씨앗〔如來種〕입니까?"

만주스리가 말했다.

"몸 있음이 씨앗이고, 무명과 애착 있음이 씨앗이며, 탐냄과 성냄이 씨앗이고, 네 뒤바뀜〔四顚倒〕6)이 씨앗이며, 다섯 덮음〔五蓋〕7)이 씨앗이고, 여섯 들임〔六入〕8)이 씨앗이며, 일곱 앎의 곳〔七識處〕9)이 씨앗이고, 여덟 삿된 법〔八邪法〕이 씨앗이며, 아홉

---

6) 네 뒤바뀜〔四顚倒〕: 중생의 네 뒤바뀜을 말하니 항상하지 않은 것을 항상하다 하고, 즐겁지 않은 것을 즐겁다고 하며, 참 나〔我〕아닌 것을 나〔我〕라고 하며, 깨끗하지 않은 것을 깨끗하다〔淨〕집착하는 것이 중생의 네 뒤바뀜〔四顚倒〕이다. 그에 비해 중생의 뒤바뀐 견해를 깨기 위해 방편으로 세운 덧없음〔無常〕괴로움〔苦〕, 나 없음〔無我〕, 깨끗하지 않음〔不淨〕을 다시 집착하는 것은 히나야나의 두 수레이다. 중생의 집착과 히나야나의 집착을 모두 넘어서는 것이 『마하파리니르바나 수트라』가 밝힌 중도의 항상함, 즐거움, 참 나, 깨끗함〔常樂我淨〕의 뜻이다.

7) 다섯 덮음〔五蓋, pañca āvaraṇani〕: 다섯 장애라고 한다. 탐욕의 덮음〔貪蓋〕, 성냄의 덮음〔瞋恚蓋〕, 잠의 덮음〔睡眠蓋〕, 흔들어 뉘우침의 덮음〔掉悔蓋〕, 법을 의심하는 덮음〔疑法蓋〕.

8) 여섯 들임〔六入〕: 열두 들임〔十二入〕가운데 눈·귀·코·혀·몸·뜻의 이 여섯 아는 뿌리〔六根〕는 안의 여섯 들임〔內六入〕이 되고, 빛깔·소리·냄새·맛·닿음·법의 여섯 경계〔六境〕는 밖의 여섯 들임〔外六入〕이 된다. 들임〔入〕은 안의 아는 뿌리와 밖의 경계가 여섯 앎〔六識〕을 내는 곳〔生滅處〕이자 여섯 앎을 거두어 들이는 곳〔攝入處〕이 됨을 말한다.

번뇌의 곳[九惱處]10)이 씨앗이며, 열 착하지 않은 길[十不善道]
이 씨앗입니다. 요점을 말하면 예순두 견해[六十二見]와 온갖 번
뇌가 다 붇다의 씨앗입니다."

"무엇을 말합니까?"

"만약 함이 없음[無爲]을 보아 바른 지위[正位]에 들어간 자는
다시 아누타라삼먁삼보디의 마음을 낼 수 없기 때문입니다. 비유
하면 높은 언덕 마른 땅은 연꽃을 피워낼 수 없고, 젖은 진흙이
라야 이 꽃을 피워낼 수 있는 것과 같습니다. 이와 같이 함이 없
는 법[無爲法]을 보아 바른 지위[正位]에 들어간 자는 끝내 다시
붇다의 법을 낼 수 없고, 번뇌의 진흙 가운데라야 중생이 붇다의
법 일으킬 수 있을 뿐입니다.

또 씨앗을 허공에 심으면 끝내 나지 않으나, 똥거름 땅에서는
잘 자라 우거짐과 같아, 이와 같이 함이 없는 바른 지위[無爲正
位]에 들어가는 자는 붇다의 법을 낼 수 없지만 나라는 견해[我
見] 일으킴이 수메루산 같아도, 오히려 아누타라삼먁삼보다의 마
음을 내면 붇다의 법을 낼 수 있습니다.

그러므로 온갖 번뇌[一切煩惱]가 여래의 씨앗임을 알아야 하
니, 비유하면 큰 바다에 내려가지 않으면, 값할 길 없는 보배구
슬[無價寶珠]을 얻을 수 없는 것과 같습니다. 이와 같이 번뇌의

---

9) 일곱 앎의 곳[七識處]: 눈·귀·코·혀·몸·뜻의 앎[六識]과 여섯 앎의
   뿌리가 되는 마나스(manas, 意根)가 일곱 앎의 곳[七識處]이다.

10) 아홉 번뇌의 곳[九惱處]: 구난(九難). 세존이 세간에 계실 때 겪은 아
   홉 재난. ① 음녀 손타리의 비방, ② 바라문 여인의 비방, ③ 데바닫타에
   게 엄지발가락을 다침, ④ 나무에 다리를 찔림, ⑤ 두통을 앓음, ⑥ 말먹
   이 보리[馬麥]를 드심, ⑦ 등창을 앓음, ⑧ 6년 고행, ⑨ 바라문의 집에
   서 밥을 빌지 못함.

큰 바다에 들어가지 않으면 온갖 지혜의 보배를 얻을 수 없습니다."11)

於是維摩詰 問文殊師利 何等爲如來種 文殊師利言 有身爲種 無明有愛爲種 貪恚礙爲種 四顚倒爲種 五蓋爲種 六入爲種 七識處爲種 八邪法爲種 九惱處爲種 十不善道爲種 以要言之 六十二見及一切煩惱皆是佛種 曰何謂也

答曰 若見無爲 入正位者 不能復發阿耨多羅三藐三菩提心 譬如高原陸地不生蓮華卑濕淤泥乃生此華 如是見無爲法 入正位者 終不復能生於佛法 煩惱泥中乃有衆生起佛法耳

又如殖種於空 終不得生 糞壤之地乃能滋茂 如是入無爲正位者 不生佛法 起於我見如須彌山 猶能發于阿耨多羅三藐三菩提心生佛法矣 是故當知一切煩惱爲如來種 譬如不下巨海不能得無價寶珠 如是不入煩惱大海 則不能得一切智寶

---

11) 두 작은 수레의 함이 없는 법: 승조법사가 말했다.
　'히나야나의 두 수레는 이미 함이 없음을 보아 바른 지위에 편안히 머물러〔安住正位〕 빈 마음이 고요하여 편안하고 고요히 즐거우니 이미 나고 죽음의 두려움이 없어 함이 없는 즐거움이 있다. 맑고 고요하여 스스로 만족하니 바람도 없고 구함도 없다.
　그러니 누가 기꺼이 숨기고 숨겨 대승으로 마음을 삼겠는가. 범부는 다섯 길에 빠져 번뇌에 가려지는 것이니 나아가면 함이 없음의 즐거움이 없고 물러서면 나고 죽음의 두려움이 있다. 겸하여 나라는 마음〔我心〕은 스스로 높아 오직 빼어남만을 바란다. 그러므로 티끌 번뇌에서 자취를 빼내 마음의 위없음을 나타내고, 나고 죽음에 뿌리를 심어〔樹根生死〕 바른 깨침의 꽃을 피워서 스스로 범부로 목숨을 던져 깊은 못을 거스르고, 티끌 바다에 노니는 자가 아니라면 어찌 이 위없는 보배를 이룰 수 있겠는가. 이러므로 범부는 이름을 돌이켜 회복함이 있고 히나야나의 두 수레는 뿌리가 썩는 치욕이 있는 것이다.'

　肇公曰 二乘旣見無爲 安住正位 虛心靜漠 宴寂恬怡 旣無生死之畏 而有無爲之樂 淡泊自足 無希無求 孰肯蔽蔽以大乘爲心乎 凡夫沉淪五趣 爲煩惱所蔽 進無無爲之歡 退有生死之畏 兼我心自高 唯勝是慕 故能發迹塵勞 標心無上 樹根生死 而敷正覺之華 自非凡夫沒命洄淵 遊泳塵海者 何能致斯無上之寶乎 是以凡夫有反復之名 二乘有根敗之恥也

3. 카아샤파의 찬탄

이때 마하카샤파가 찬탄해 말했다.

"잘 말씀하시고 잘 말씀하셨습니다, 만주스리시여. 시원스럽게 이 말씀을 해주셨습니다. 참으로 말씀하신 바와 같습니다. 티끌 번뇌의 무리가 여래의 씨앗이니 저희들은 지금 다시 아누타라삼먁삼보디의 마음 냄을 맡아 짊어질 수 없지만 '다섯 사이 없는 지옥의 죄[五無間罪]'를 지은 자라도 오히려 뜻을 내어 붇다의 법에 날 수 있습니다.

그런데도 지금 저희들이 길이 뜻을 낼 수 없는 것은 비유하면 아는 뿌리가 무너진 사람[根敗之士]이 다섯 욕망[五欲]에 다시 날카로울 수 없는 것과 같습니다.

이와 같이 슈라바카로서 모든 맺음을 끊은 이는 붇다의 법 가운데 다시 이익되는 바가 없어 길이 높은 뜻과 바람[志願]을 내지 못합니다.

그러므로 만주스리시여, 범부는 붇다의 법에 돌아갈 수 있지만 슈라바카는 돌아갈 수 없습니다, 왜 그런가요? 범부는 붇다의 법을 듣고 위없는 도의 마음[無上道心]을 일으켜 삼보를 끊지 않을 수 있지만, 바로 슈라바카로 하여금 몸을 마치도록 붇다의 법의 열 가지 힘[力], 네 두려움 없음[無畏] 등을 듣게 해도 길이 위없는 도의 뜻을 낼 수 없기 때문입니다."

爾時 大迦葉歎言 善哉善哉 文殊師利 快說此語 誠如所言 塵勞之疇爲如來種 我等今者不復堪任發阿耨多羅三藐三菩提心 乃至五無間罪 猶能發意生於佛法 而今我等永不能發 譬如根敗之士 其於五欲不能復利 如是聲聞諸結斷者 於佛法中 無所復益永不志願

是故文殊師利 凡夫於佛法有返復 而聲聞無也 所以者何 凡夫聞佛法 能
起無上道心 不斷三寶 正使聲聞終身聞佛法 力無畏等 永不能發 無上道意

4. 노래로 답함

이때 모임 가운데 보디사트바가 있어 '몸을 널리 나타내는 이〔普
現色身〕'라고 이름하였다. 그가 비말라키르티에게 물어 말했다.

"거사시여, 어버이와 아내 자식, 가까운 가족과 붙이들, 관리와
풀뿌리 삶들, 알고 지내는 이들은 다 누구이며 따라 모시는 이
들, 심부름꾼, 코끼리 말 수레 등은 다 어디에 있습니까?"

이에 비말라키르티가 게(偈)로써 답해 말했다.

爾時 會中有菩薩 名普現色身 問維摩詰言 居士 父母妻子 親戚眷屬 吏
民知識 悉爲是誰 奴婢僮僕象馬車乘皆何所在 於是維摩詰以偈答曰

지혜의 파라미타 보디사트바의 어머니요
방편으로 보디사트바의 아버지 삼으니
온갖 중생을 이끄시는 크신 스승
이로 말미암아 나지 않음이 없네.

법의 기쁨으로 아내 삼고
자비의 마음은 딸이 되며
착한 마음의 성실함은 아들이니
마쳐 다해 비어 고요함이 집이 되네.

뭇 티끌의 번뇌로 제자를 삼아

뜻을 따라 뭇 번뇌를 굴려내니
서른일곱 실천법은 선지식 되어
이로 말미암아 바른 깨침 이루네.

여러 파라미타의 법들은 벗이 되고
네 가지 거두는 법은 기녀 되니
노래 부르고 법의 말씀 외어서
이로써 법을 노래하는 음악 삼네.

智度菩薩母	方便以爲父	一切衆導師	無不由是生
法喜以爲妻	慈悲心爲女	善心誠實男	畢竟空寂舍
弟子衆塵勞	隨意之所轉	道品善知識	由是成正覺
諸度法等侶	四攝爲伎女	歌詠誦法言	以此爲音樂

다라니의 동산 뜨락 가운데
샘 없는 법이 숲의 나무 되니
일곱 깨달음 법의 맑고 묘한 꽃에
해탈 지혜의 알찬 열매 맺네.

여덟 해탈법12)의 목욕 못에
선정의 물 맑아 가득하니
일곱 깨끗한 꽃13) 퍼트려서

---

12) 여덟 해탈〔八解脫〕: 여덟 등져 버림〔八背捨〕이라고도 함. 다섯 욕망으로
   탐해 집착한 경계를 버리고 앞의 선정의 경계마저 버려 나아가는 선정.

13) 일곱 깨끗한 꽃: 일곱 청정한 행을 꽃에 비유함. ① 계의 깨끗한 꽃,
   ② 마음의 깨끗한 꽃, ③ 바른 견해의 깨끗한 꽃, ④ 의심 끊음의 깨끗한
   꽃〔견혹을 끊음〕, ⑤ 분별 끊음의 깨끗한 꽃〔사혹을 끊음〕, ⑥ 행의 깨끗
   한 꽃, ⑦ 니르바나의 깨끗한 꽃.

이 때 없는 사람 씻겨주네.

코끼리와 말의 다섯 신통으로 달리니
대승의 법으로 수레를 삼아서
한마음으로 고르고 끌어서
여덟 바른길에 노닐어가네.

좋은 모습 갖추어 얼굴을 꾸미고
뭇 좋음으로 몸맵시를 가꾸어
부끄러워함의 웃옷을 걸치니
깊은 마음은 꽃다발이 되네.

總持之園苑　無漏法林樹　覺意淨妙華　解脫智慧果
八解之浴池　定水湛然滿　布以七淨華　浴此無垢人
象馬五通馳　大乘以爲車　調御以一心　遊於八正路
相具以嚴容　衆好飾其姿　慚愧之上服　深心爲華鬘

넉넉하여 일곱 재물 보배 있으니[14]

---

14) 일곱 재물 보배: 구마라지바 법사가 말했다.

　일곱 보배란 믿음〔信〕·계〔戒〕·들음〔聞〕·버림〔捨〕·지혜〔智〕·스스로
부끄러워함〔慚〕·남에 부끄러워함〔愧〕이다. 집에 있으면 재물을 버리고,
집을 나오면 다섯 욕망과 번뇌를 버리며, 믿음을 말미암아 착하므로 계를
지니고, 계를 지니면 악을 그친다. 악을 그치고 나면 뭇 착함에 나아가
행해야 하니 뭇 착함에 나아가 행하면 반드시 많이 들음을 말미암아 법
을 들으므로 버릴 수 있으며 버릴 수 있으면 지혜가 난다. 그러므로 다섯
일을 차제로 말한다. 다섯 일이 보배이다. 스스로와 남에 부끄러워함〔慚
愧〕은 사람을 지킴이니 재물에서 사람을 지키면 주인은 또한 사람이므로
일곱 일을 통하여 재물이라 이름한다. 세간에서 재물 많음은 반드시 사람
에서 나와서 이익을 늘린다. 보디사트바도 또한 그러하여 곧 자기의 보배

가르쳐주어 그 이익 늘려주며
말씀한 바대로 닦아 행하여
모든 공덕 회향하여 큰 이익되네.

네 선정15)으로 앉을 자리 삼아서
깨끗한 목숨을 좇아 태어나고
많이 들음으로 지혜 늘려서
스스로 깨침의 소리를 삼네.

단이슬의 법은 밥이 되고
해탈의 맛은 장국이 되니16)

로써 사람에게 가르쳐 주어서, 사람 사람이 얻게 해 말씀대로 행하게 한
다. 교화의 공은 자기에게 돌아가 이익됨이 더 큼이 없다.

15) 네 선정〔四禪, catur-dhyāna〕: 물든 물질세계〔欲界〕의 탐욕을 떠난
깨끗한 물질세계〔色界〕의 네 가지 선정. ① 첫째 선정〔初禪〕: 느낌〔覺〕,
살핌〔觀〕, 기쁨〔喜〕, 즐거움〔樂〕, 한마음〔一心〕의 다섯 갈래 선정. ② 둘
째 선정〔二禪〕: 안의 깨끗함〔內淨〕, 기쁨〔喜〕, 즐거움〔樂〕, 한마음〔一心〕
의 네 갈래 선정. ③ 셋째 선정〔三禪〕: 평정함〔捨〕, 생각〔念〕, 지혜〔慧〕,
즐거움〔樂〕, 한마음〔一心〕. ④ 넷째 선정〔四禪〕: 괴롭지 않고 즐겁지 않
음〔不苦不樂〕, 평정함〔捨〕, 생각〔念〕, 한마음〔一心〕.

• 물질 없는 세계의 네 선정〔無色界 四禪, ccttaro-arupa-dhyāna〕: 물
질의 막힘을 떠난 네 선정. ① 허공의 가없는 곳의 선정〔空無邊處定〕, ②
앎의 가없는 곳의 선정〔識無邊處定〕, ③ 있는 바 없는 곳의 선정〔無所有
處定〕, ④ 모습 취함 있음도 아니고 없음도 아닌 선정〔非想非非想處定〕.

16) 해탈의 맛: 구마라지바 법사가 말했다. 해탈의 맛에 네 가지가 있다.
첫째, 출가하여 다섯 욕망을 떠남이다. 둘째, 선정을 행해 시끄럽고 어지
러운 번뇌를 떠남이다. 셋째, 지혜로 망상을 떠남이다. 넷째, 니르바나로
나고 죽음을 떠남이다.
또한 두 가지 해탈이 있으니 번뇌에서 해탈함이요, 걸림에서 해탈함이다.

깨끗한 마음 씻겨주는 물이 되고
여러 계는 바르는 향이 되네.

번뇌의 도적을 꺾어 없애니
용맹하고 굳건함은 넘을 자 없어
네 가지 마라를 항복 받아서
승리의 깃발 날려 도량을 세우도다.

富有七財寶	敎授以滋息	如所說修行	迴向爲大利
四禪爲床座	從於淨命生	多聞增智慧	以爲自覺音
甘露法之食	解脫味爲漿	淨心以澡浴	戒品爲塗香
摧滅煩惱賊	勇健無能踰	降伏四種魔	勝幡建道場

비록 일어나고 사라짐이 없음 알지만
저에게 보이려고 태어남이 있어서
모든 국토에 다 나타나는 것이
해가 나타나지 않음이 없음 같아라.

시방의 헤아릴 수 없는 억의
모든 여래에게 공양하지만
모든 붇다와 자기의 몸에
분별해 모습 취함 있지 않도다.

비록 모든 붇다의 나라와
중생이 모두 공함을 알지만
늘 정토를 닦고 닦아서
뭇 중생을 이끌어 교화하네.

여러 가지 있는 중생 무리들의
꼴과 소리 그리고 몸가짐들을
두려움 없는 힘의 보디사트바는
한때에 다 나타낼 수 있네.

雖知無起滅　示彼故有生　悉現諸國土　如日無不見
供養於十方　無量億如來　諸佛及己身　無有分別想
雖知諸佛國　及與衆生空　而常修淨土　敎化於群生
諸有衆生類　形聲及威儀　無畏力菩薩　一時能盡現

뭇 마라의 일을 깨쳐 알아
그 행 따라줌을 보여주려고
좋은 방편과 지혜로써
뜻을 따라 다 나타낼 수 있네.

때로 늙고 병들어 죽음 보여
모든 중생을 이루어주지만
허깨비 변화 같음을 밝게 알아
통달하여 막힘이 있지 않네.

때로 무너지는 칼파에 불타 사라져
하늘 땅이 온통 다 탐을 보여서
뭇 사람들 항상하다는 생각 있으면
비추어 덧없음을 알도록 하네.

셀 수 없는 익의 많은 중생이
같이 와 보디사트바에 청하면

한때에 그 집에 가 이르러서
교화해 붇다의 도에 향하게 하네.

覺知衆魔事	而示隨其行	以善方便智	隨意皆能現
或示老病死	成就諸群生	了知如幻化	通達無有礙
或現劫盡燒	天地皆洞然	衆人有常想	照令知無常
無數億衆生	俱來請菩薩	一時到其舍	化令向佛道

경서와 금하는 주술의 법과
교묘한 모든 놀이와 재주
이런 일들 다 나타내 지어서
모든 중생 이익되게 하여주네.

세간에 있는 여러 가지 도의 법
다 그 가운데서 세속의 집을 나와
그로 인해 사람들의 미혹을 풀어
삿된 견해에 떨어지지 않도록 하네.

어떤 때 해와 달 하늘이 되고
브라흐마하늘왕 세계의 주인 되며
어떤 때는 땅이 되고 물이 되며
거듭 바람이 되어주고 불이 되어주네.

칼파 가운데 병들어 앓는 이 있으면
여러 가지 약풀이 됨을 나타내
그 약풀 먹는 이가 있으면
병 없애고 뭇 독한 기운 없애주네.

經書禁呪術　工巧諸伎藝　盡現行此事　饒益諸群生
世間衆道法　悉於中出家　因以解人惑　而不墮邪見
或作日月天　梵王世界主　或時作地水　或復作風火
劫中有疾疫　現作諸藥草　若有服之者　除病消衆毒

칼파 가운데 배고파 주림이 있으면
몸이 먹고 마실 거리 됨을 보여
먼저 저들의 주림과 목마름을 건진 뒤
다시 법을 사람들께 말하여주네.

칼파 가운데 전쟁의 때가 있으면
이 때문에 자비의 마음 일으켜
저 모든 중생들 교화하여서
다툼 없는 땅에 머물게 하네.

만약 큰 전쟁터가 벌어져서
팽팽히 힘으로 마주 서있으면
보디사트바는 위엄과 힘을 나타내
항복받아 어울려 편안케 하네.

온갖 세계의 모든 국토 가운데
여러 지옥이 있는 곳이면
재빨리 그곳에 가 이르러서
그 괴로움 벗어나게 건져주네.

劫中有飢饉　現身作飲食　先救彼飢渴　却以法語人
劫中有刀兵　爲之起慈心　化彼諸衆生　令住無諍地

若有大戰陣　立之以等力　菩薩現威勢　降伏使和安
一切國土中　諸有地獄處　輒往到于彼　勉濟其苦惱

온갖 모든 국토 가운데
축생들이 서로 잡아먹게 되면
다 거기에 가서 남을 나타내
이 때문에 이익됨을 지어주네.

다섯 욕망 받음을 보여주지만
또한 다시 선정 행함을 나타내
마라의 마음을 어지럽게 하여
그 틈을 얻지 못하게 하네.

불 가운데 연꽃이 피면
이를 드물게 있음이라 말하니
욕망에 있으며 선정 행하면
드물게 있음 또한 이와 같도다.

때로 음탕한 여인 됨을 나타내
여러 색욕 좋아하는 이들 이끌어
먼저 욕망의 갈고리로 끌고
뒤에 붇다의 도에 들도록 하네.

一切國土中　畜生相食噉　皆現生於彼　爲之作利益
示受於五欲　亦復現行禪　令魔心憒亂　不能得其便
火中生蓮華　是可謂希有　在欲而行禪　希有亦如是
或現作婬女　引諸好色者　先以欲鉤牽　後令入佛道

때로 성읍 가운데 주인 되고
때로 상인들의 이끄는 이 되며
나라의 스승이나 큰 신하 되어
중생을 도와주고 이익되게 하네.

모든 가난해 없는 자들이 있으면
다함없는 곳간 됨을 나타내
그로 인해 권하고 이끌어주며
보디의 마음 내도록 하여주네.

나라는 마음으로 교만한 이에게는
큰 힘의 장사를 나타내 보여서
모든 높은 교만 녹여 눌러서
위없는 도에 머물게 하네.

놀라 두려워하는 중생 있으면
그 앞에 나타나 위로해 편안케 하고
먼저 두려움 없음으로 베풀고서
뒤에 도의 마음을 내도록 하네.

或爲邑中主	或作商人導	國師及大臣	以祐利衆生
諸有貧窮者	現作無盡藏	因以勸導之	令發菩提心
我心憍慢者	爲現大力士	消伏諸貢高	令住無上道
其有恐懼衆	居前而慰安	先施以無畏	後令發道心

때로 음욕 떠남을 나타내려고
다섯 신통의 신선이 되어

여러 중생 열어 이끌어주며
계와 참음 어짊에 머물게 하네.

받들어 섬겨할 이를 보게 되면
심부름꾼이 됨을 나타내고
이미 기뻐하여 그 뜻에 맞으면
도의 마음 내도록 하네.

저의 필요해 바라는 바를 따라야
붇다의 도에 들어갈 수 있으면
여러 좋은 방편의 힘으로써
다 대어주고 채워줄 수 있도다.

이와 같은 도가 헤아릴 수 없으니
짓는 바에도 끝이 없어라.
지혜도 가와 끝이 없으니
셀 수 없는 중생 건네 벗어나게 하네.

或現離婬欲	爲五通仙人	開導諸群生	令住戒忍慈
見須供事者	現爲作僮僕	旣悅可其意	乃發以道心
隨彼之所須	得入於佛道	以善方便力	皆能給足之
如是道無量	所行無有涯	智慧無邊際	度脫無數衆

설사 온갖 붇다들로 하여금
헤아릴 수 없는 억의 칼파토록
그 공덕을 찬탄하게 한들
오히려 그 찬탄 다할 수 없네.

누가 이와 같은 법 들고서
보디의 마음 내지 않으리.
다만 저 답지 않은 사람들로 어리석고
어두워 지혜 없는 이들은 내놓게 되리.17)

假令一切佛　於無量億劫　讚歎其功德　猶尙不能盡
誰聞如是法　不發菩提心　除彼不肯人　癡冥無智者

평석

1. 도 아님〔非道〕과 붇다의 도〔佛道〕

붇다의 도는 모든 법의 실상을 통달한 '마쳐 다한 보디의 큰 도〔究竟
菩提之大道〕'이다. 모든 붇다의 도는 실로 구함이 없는 법이고 얻음 없
음으로 얻음을 삼는 도이다. 이 도는 비어 현묘하니 어찌 구함이 있고
얻음 있는 보통 사람의 행으로 통하겠는가. 그러므로 만주스리 보디사
트바는 '어떻게 붇다의 도 통달하는가'를 물은 것이다.
　붇다의 도는 모든 법의 실상〔諸法實相〕이다. 그렇다면 그 도가 어찌

---

17) 마지막 게송에 대한 영역과 우리말 직역은 다음과 같다.
　　If all the Buddhas were / To spend countless aeons
　　In praising his merits / They could never count them fully.
　　Who, after hearing this Dharma, / Develops not the bodhi mind,
　　Can only be a worthless man, / A jackass without wisdom.
　　만약 모든 붇다들께서 / 그의 장점들을 찬양함에
　　셀 수 없는 먼 시간을 써도 / 그 붇다들도 충분히 그것들을 셀 수 없으리.
　　이 같은 다르마를 들은 뒤에 / 그 누가 보디의 마음을 발전시키지 않겠는가.
　　그러나 지혜 없어 멍청이같이 / 쓸모없는 사람만은 그럴 수 없네.

붇다의 도가 아닌 여러 중생의 삶을 떠나 통달하겠는가. 그러나 '마쳐 다한 깨침의 지위〔究竟覺〕'에서 보면, 아홉 법계의 도〔九法界道〕는 붇다 의 마쳐다한 지위와 같으면서 다르니, 구경의 깨침에 이르지 못한 아홉 법계의 도가 곧 붇다의 지위라 할 수 없다. 이처럼 붇다의 도는 지옥 아귀의 도가 아니며 하늘과 사람의 도가 아니지만, 지혜 그대로의 실상 에서 보면 아홉 법계의 도가 실상 밖이 아니며 아홉 법계의 진실을 깨 친 것이 붇다의 지혜이고 붇다의 도이다. 그러므로 비말라키르티는 '붇 다의 도가 아닌 아홉 법계의 도〔九法界之道〕'를 통달하면 붇다의 도〔佛 道〕를 통달한다 말한 것이다.

아홉 법계란 바로 지옥, 아귀, 축생, 수라, 인간, 천상, 슈라바카, 프 라데카붇다, 보디사트바의 법계이다. 만약 모든 법의 실상을 통달한 보디사트바가 바탕에서 자취를 나투어, 그 자취로 나툰 바 지옥 아귀 등 붇다의 도 아닌 법계의 도를 따른다 하자, 바탕〔本〕인 실상은 자취 를 따르되 따름 없으므로, 자취 나툰 그 법계에서 실상을 행하면 곧 붇다의 도를 통달함이다.

곧 보디사트바가 저 지옥의 업을 행하되 번뇌가 없고 죄의 허물이 없으면, 그가 지옥의 도를 행하되 붇다의 도를 행하는 자이며, 탐냄 성냄 어리석음 속에서 같이 그 법을 보이되 실로 탐내고 성내며 어리석 지 않으면, 삼계 속에서 삼계의 도를 행하되 붇다의 도를 통달하는 것 이다.

그러나 이를 어찌 낮은 범부가 바라고 행할 수 있음이겠는가. 수트라 는 그래서 '용과 코끼리 밟는 것을 나귀가 감당하지 못한다〔龍象蹴踏 非驢所堪〕'고 한 것이다. 그러나 이미 첫 마음 지혜의 땅에 선 이〔初發心 住〕는 온갖 견해가 여래의 씨앗〔如來種〕인 줄 아는 자이니, 도 아님의 진실을 살펴 (온갖 견해 속에서) 붇다의 도를 통달할 수 있게 되는 것이 다. 저 데바닫타가 비록 오역죄(五逆罪)를 짓고 지옥에 있지만 '지옥이 셋째 선정〔三禪〕의 기쁨 받음과 같다'고 아난다에게 말한 것이 이 보디사트바의 행인 것이다.

『무아소』는 아난다와 데바닫타의 지옥에서의 문답을 이렇게 말한다.

　'앞에 지옥에 떨어졌다고 한 것은 삼악도를 행하는 과보를 잡아 보임이니 다음과 같다. 곧 저 데바닫타가 오역죄(五逆罪)를 행해 산몸으로 지옥에 떨어짐을 보임에 붇다께서 데바닫다의 친 동생 아난다를 보내니 아난다는 지옥에 이르러 안부를 물었다.
　'형은 지금 괴롭습니까?'
　답했다. '나는 지금 지옥에 있는 것이 세 번째 선정 하늘의 즐거움〔三禪之樂〕을 받는 것과 같소.'
　이는 바로 다섯 무간업〔五無間〕을 행해도 괴로움과 성냄이 없는 것이다.[18]

　『선문염송』은 데바닫타와 아난다의 이야기를 다음의 공안 법문으로 제시한다.〔선문염송 17칙〕

　세존께서는 데바닫타가 붇다를 비방하고서 산몸으로 지옥에 들어감을 인해 드디어 아난다로 하여금 다음 같은 물음을 전하게 하셨다.
　'그대는 지옥에 있으며 편안한가?'
　그가 말했다.
　'나는 비록 지옥에 있지만 셋째 선정의 하늘 즐거움〔三禪天樂〕과 같소.'
　붇다께서 다시 아난다로 하여금 물음을 전하게 하셨다.
　'그대는 도로 지옥에서 벗어나기를 구하는가?'

---

18) 前約示行三途果報以明 如調達之示行五逆 生身墮獄 佛遣親弟慶喜 至獄問安 兄今苦否 答曰吾在地獄 如受三禪之樂 此正行五無間而無惱恚也

그가 말했다.

'세존께서 지옥에 오심을 기다려 곧 나가겠소.'

아난다가 말했다.

'붇다께서는 삼계의 큰 스승이신데 어찌 지옥에 들어오실 수 있겠소?'

그가 말했다.

'붇다께서 이미 지옥에 들어오실 수 없다면 내가 어찌 지옥에서 나갈 수 있겠소?'[19]

이는 큰 보디사트바가 도 아님[非道]을 통달하여 붇다의 도 통달함 [通達佛道]을 보일 뿐 아니라 삼계의 위없는 스승이신 붇다께서는 성품의 악[性惡]을 써서 지옥중생 건질 수 있음을 말한 것이리라.

운문 고(雲門杲)선사가 대중에게 이 이야기를 들어〔擧此話〕이렇게 보여 말했다.

'이미 나갈 까닭이 없고 들어올 까닭이 없다 하니 누구를 샤카무니라 부르고 누구를 데바닫타라 부르며, 무엇을 지옥이라 부르겠는가. 알겠는가.'

스스로 병을 들고 주막집에 술 사러 가더니

도리어 비단옷 입고 주인 되어 오는구나.[20]

自攜甁去沽村酒 却着衫來作主人

취암진(翠嵒眞) 선사는 데바닫타의 이야기에 대해, '친절한 말이 친

---

19) 世尊因調達謗佛 生身入地獄 遂令阿難傳問 你在地獄安否 云我雖在地獄 如三禪天樂 佛又令阿難傳問 你還求出不 云待世尊來便出 阿難云 佛是三界 大師 豈有入地獄分 云佛旣無入地獄分 我豈有出地獄分

20) 雲門杲示衆擧此話云 旣無出分 又無入分 喚什麼作釋迦老子 喚什麼作提婆 達多 喚什麼作地獄 還委悉麼 自攜甁去沽村酒 却着衫來作主人

절한 입에서 나온다〔親言出親口〕'라고 집어 보였으니, 이는 '지옥 고통 몸소 받고 있는 이의 그 입에서 지옥과 붇다의 세계 한꺼번에 부수는 산 말이 나옴을 말한 것인가' 살피고 살필 일이다.

다시 도 아님을 통달해 붇다의 도 통달함을 옛 조사가 공안법문으로 거두어 보인 이야기를 살펴보자.〔선문염송 1415칙〕

오조법연(五祖法演)선사에게 어떤 승려가 물었다.
'어떤 것이 임제 아래의 일입니까〔臨際下事〕?'
선사가 말했다.
'오역 죄인이 우레를 듣는다〔五逆聞雷〕.'[21]

오래도록 필자도 이 공안의 뜻이 이 『비말라키르티경』의 가르침이 보이는 바 '다섯 무간의 업〔五無間業〕 가운데서 붇다의 도 행한다.'는 가르침과 한뜻임을 바로 회득하지 못했다. 그것은 '우레 소리 듣는다' 는 그 구절이 지옥 속에서 지옥 벗어나는 뜻임을 알지 못했기 때문이 다. 그러다가 필자는 지리산 연곡사 전(前) 주지 원묵화상(元默和尙)의 청으로 「청매인오선사(青梅印悟禪師) 어록」을 빈역하고 평창하게 되 었다. 그 가운데 청매선사의 언구를 접하고 이 공안이 관념의 공안이 아니라 저 전쟁의 한복판 지옥의 업 가운데서 여래의 정법안장을 매각 하지 않고 보디사트바의 자비행을 행하는 청매인오(青梅印悟)같은 조 사라야 이 공안을 타파할 수 있음을 비로소 알게 되었다.

이 공안에 대한 여러 조사들의 법문을 살펴보자.

죽암 규(竹庵珪) 선사는 이렇게 노래했다.

본래 오역죄인은 우레 소리 들음을 겁내니

---

21) 五祖因僧問 如何是臨際下事 師云五逆聞雷

큰 범이 물이 휘돎을 보는 것과는 같지 않네.
외로운 봉우리 위에서는 같이 다녀야 하나
열십자 네거리에 도로 함께 앉았네.

從來五逆怕聞雷　不似大蟲看水磨
孤峯頂上要同行　十字街頭還共坐

큰 범〔大蟲〕과 함께 열십자 네거리에 앉음이여. 오역죄의 지옥
에 두려워할 지옥 없음을 보임인가.
　운문 고(雲門杲, 大慧)선사는 다음 같이 말한다.

오역이 우레를 들음이여,
증삼이고 안회로다.
한 알의 작은 콩이여,
튀어 식은 재 벗어난다.

五逆聞雷　曾參顔回
一粒豆子　爆出冷灰

오역죄인이 우레를 들음에 공자(孔子)의 제자 증자(曾子)와 안자(顔
子)와 같은 현성이라 하니, '오역이 우레를 듣는다〔五逆聞雷〕' 함이여,
이 죄업의 인과가 있다 함인가 없다 함인가.
　청매선사(靑梅禪師)는 이렇게 말한다.

옆으로 집고 거꾸로 써서 번개처럼 떨치나
다섯 거스름의 죄인이 들으니 뜻이 편치 않도다.
겨우 한 소리가 강 위의 젓대에 있으니
가만히 부는 바람 옥 여인의 잠을 불어서 깨우네.

橫拈倒用奔如電　五逆聞來意不便
賴有一聲江上笛　暗風吹起玉人眠

　청매선사는 임진전쟁 저 오무간 지옥의 죄업 속에서 스스로 가슴을 치고 피눈물을 흘리며 '과거 조사 가운데 나처럼 살생의 업 짊어진 조사가 있었던가' 외쳤다. 학담 또한 청매선사의 이 절규를 들으며 오무간 지옥 죄업을 짊어지고 붇다의 도[佛道]를 행했던 청매선사를 추모해 다음 노래를 바쳤다.

　오역죄인이 우레 들으면 마음이 곧 놀라나
　산을 보고 우레 들음이 인과를 벗어남이네.
　강 위의 한 피리소리 바람과 어울려 오니
　언덕 위 가는 버들 저절로 흔들거리네.

五逆聞雷心卽怕　看山聞雷出因果
江上一笛和風來　岸頭細柳自搖搖

　청매선사처럼 피가 흐르고 통탄의 눈물이 흐르는 전쟁의 지옥업 속에서도 지혜와 자비의 업 버리지 않음이 도 아님으로 붇다의 도를 통달함이다. 다시 마라의 길[魔道]에 들어가고 바깥 길[外道]에 들어가되 다른 가르침을 따르지 않고 붇다의 지혜를 거스르지 않음이 곧 도 아님에 들어가 붇다의 도를 통달함이다.
　또 슈라바카야나, 프라데카붇다야나 이 작은 수레의 법을 보이되, 큰 자비를 행하고 중생을 제도함이 작은 수레의 자취로 붇다의 도를 통달함이다.
　지금 아수라와 같고 지옥 같은 전쟁의 광풍이 지구촌을 휘몰아치고 있고 우리 강토에는 같은 민족끼리 분단의 장벽을 마주보고 서로 저주와 증오 죽임의 기운을 발산하고 있다. 이 오무간(五無間) 지옥의 한복판에서 어떻게 붇다의 도를 행할 수 있는가. 우리 스스로 묻고 그 실천적 해답을 찾아야 할 것이다.

2. 여래의 씨앗

붇다의 보디의 과덕은 여래의 과덕(果德)의 열매이고 여래의 씨앗〔如來種〕은 붇다됨의 바른 원인〔正因〕이다. 아홉 법계 닦음의 악〔修惡〕을 돌이켜 보디사트바가 붇다의 도〔佛道〕를 통달한다면, 닦음의 악이 없지 않은 '도 아님〔非道〕'이 여래의 씨앗이다.

그러므로 경은 만주스리의 말을 통해 몸 있음〔有身〕이 여래의 씨앗이라 한다. 곧 이 몸을 있다 하므로 법신(法身)을 미혹하니 몸에 몸 없음을 알면 이 몸을 떠나지 않고 번뇌의 몸이 바로 법신임을 아는 것이라 이는 '바른 원인의 붇다 성품〔正因佛性〕'으로 씨앗을 삼음이다.

다음 무명(無明)의 애착, 탐냄, 성냄, 네 뒤바뀐 견해〔四顚倒〕, 다섯 덮음〔五蓋〕을 씨앗이라 하니, 이는 번뇌가 지혜 덮음을 들어 번뇌를 깨치면 지혜가 밝아짐을 말하니 바른 원인 깨침의 붇다 성품〔了因佛性〕으로 씨앗 삼음이다.

다시 여섯 들임〔六入〕으로 씨앗 삼으니, 나에 나 없는데〔無我〕 여섯 들임〔內入〕으로 나 삼아서 나에 나 없는〔於我無我〕 참 나〔眞我〕를 미혹함이다. 이 미혹의 씨앗을 돌이켜 참 나에 나아가면 붇다의 도를 통달함이니 이 또한 바른 원인의 붇다 성품〔正因佛性〕으로 씨앗 삼음이다.

여덟 앎〔八識〕의 곳에 머물러 집착을 깨뜨리지 못하면 다 번뇌의 길이나, 번뇌가 보디임을 깨치면 번뇌가 여래의 씨앗이고 여덟 삿된 법〔八邪法〕도 같이 말할 수 있다.

열 착하지 않은 길〔十不善道〕은 악한 업의 길이나, 악업의 길이 성품이 공한 줄 깨치면 얽혀 묶임이 해탈이 된다. 모아 말하면 예순두 견해

〔六十二見〕온갖 번뇌가 여래 과덕의 뿌리가 된다.

곧 지옥 아귀 축생 중생의 세 길〔三道〕은, 삼세 열두 인연〔三世十二因緣〕에 거두어지나 인연이 공한 줄 알고 공도 공한 성품의 공덕을 알면 열두 인연의 물든 모든 법〔十二因緣諸法〕이, 니르바나 세 덕의 성품〔涅槃三德〕이 되고 여래 보디의 씨앗이 된다.

『열반경』에서 '열두 연기가 곧 붇다 성품이다〔十二緣起卽佛性〕'고 한 뜻이 이 뜻이니, 무명의 십이연기를 돌이키면 무명의 연기〔無明緣起〕가 해탈의 연기가 되어, 무명(無明)이 곧 니르바나 과덕의 뿌리가 되고 해탈의 씀〔解脫用〕이 되므로 여래의 씨앗인 것이다.

만약 슈라바카의 작은 수레의 사람들이, 함이 없음〔無爲〕을 보아, 바른 지위〔正位〕에 들어가면, 함이 있음〔有爲〕을 끊고 함이 없음의 바른 지위에 들어감이라 그는 보디의 마음을 낼 수 없으니 마치 연꽃이 높은 언덕에 피지 못함과 같다.

그러나 보디사트바가 도 아님에서 닦음의 악〔修惡〕이 성품의 악〔性惡〕의 일인 줄 알아, 함에 함이 없이〔於爲無爲〕, 함이 있는 온갖 행을 다하지 않고〔不盡有爲〕 온갖 번뇌를 보디의 씨앗으로 굴리면, 성품의 악〔性惡〕을 지음 없이 지어 중생을 건지는 보디사트바의 행이 현전할 수 있다.

경에서 널리 몸을 나타내는 보디사트바〔普現色身菩薩〕란, 나고 죽음에 갇힌 이 몸〔色身〕이 몸에 몸 없음〔無身〕을 알되, 몸 없음에 머물지 않고 몸 아닌 몸〔非身之身〕을 널리 나투는 보디사트바이다. 이 보디사트바가 몸을 널리 나툼이란 닦음의 악이 성품의 악인 줄 알아, 악의 씨앗을 보디의 씨앗, 여래의 씨앗으로 돌려쓰는 넓고 큰 보디사트바행을 나타낸다.

3. 여러 선사들의 법어로 살핌

번뇌의 씨앗을 보디의 씨앗으로 돌려쓰는 이 행을 여러 선사들의 법어로 살펴보자. 영가선사의 『증도가』는 성품의 악〔性惡〕을 알아 거스름과 따름에 자재한〔逆順自在〕 보디사트바의 행과, 보디사트바가 도 아님〔非道〕에 들어가 붇다의 도〔佛道〕를 통달함을 다음 같이 노래한다.

어떤 때는 그렇고 어떤 때는 그렇지 않음
사람들은 도무지 알아채지 못하고
거스르고 따르는 행 하늘도 헤아리지 못하네.
나는 일찍이 오랜 칼파의 닦음 거쳤으나
그럭저럭 사람들을 서로 속임이 아니로다.

或是或非人不識　逆行順行天莫測
吾早曾經多劫修　不是等閑相誑惑

탐욕 속에 선정 닦는 지견의 힘이여
불속에서 핀 연꽃이 끝내지지 않네.

在欲行禪知見力　火中生蓮終不壞

영가선사의 이 노래의 뜻은 어떤 사람의 경계인가. 사람 죽이는 칼〔殺人刀〕과 사람 살리는 칼〔活人刀〕이 온전히 융통한 자의 삶인가. 그렇다면 서로 죽임 속에 서로 살림의 길이 있을 것이니, 다시 옛 선사의 이야기를 들어보자.〔선문염송 1220칙〕

어떤 승려가 파릉(巴陵)선사에게 물었다.
어떤 것이 털을 베는 칼입니까.
선사가 말했다.

산호의 가지마다 달을 버티고 있다.22)

산호가지가 달을 버티고 있음이란 서로 의지해 서로 살리는 소식인데 지금 그러함 속에 지금 그러함을 온통 베어버리는 죽임의 칼이 있음을 털을 베는 칼이라고 한 것이리라.
이에 대해 장영탁(長靈卓)선사가 노래했다.

삼천 냥 무거운 값어치라 꾀할 수 없어서
천고에 억지로 이름 들먹임을 좇았네.
북쪽 변방 전쟁소식 멈춘 지 오래라
강남땅 자고새 울음을 기억하노라.

價重三千不可圖　從敎千古强名摸
長因塞北煙塵息　記得江南啼鷓鴣

피터지게 싸워서 이기려 하는 곳을 돌이켜보니 그곳이 도리어 자고새 울음 속 백 가지 꽃향기 어우러진 곳임을 이리 노래함이리라.
파릉선사 산호가지의 달빛이여, 서로 환하게 마주하여 서로 살림 가운데가 바로 서로를 베어 없애는 털을 베는 칼이라, 서로 온전히 죽임이 있어 서로 살림이 있는 것인가.
숭승공(崇勝珙)선사가 노래했다.

산호가지마다 달을 버팀이여
늠름하게 털 베는 석자의 쇠로다.
온 들판 이어진 산마다 눈은 쌓였는데
갈래 길에 뉘라서 옛 때 수레바퀴 길을 물으랴.
옛 때 길이여 잠깐 보아도 보지 못하니

22) 巴陵因僧問　如何是吹毛劍　師云　珊瑚枝枝撑着月

몇몇의 장부가 가죽 밑에 피가 있던가.

珊瑚枝枝撑着月　凜凜吹毛三尺鐵
遍野連山堆霰雪　路岐誰問舊時轍
舊時轍　瞥不瞥　幾个男兒皮下有血

번뇌의 땅 쓸어 엎는 자가 참 장부가 아니고, 시절인연을 살펴 눈덮인 산골 갈래 길에서 봄꽃 만발한 옛길 보는 자가 참 장부임을 노래한 것이다. 그리고 가죽 밑에 피가 없는 자는 누구인가. 지금 살아있는 것을 온전히 죽이는 자가 온전히 살아있는 참 생명을 볼 수 있다는 뜻이리니, 심문분(心聞賁)선사는 다시 이렇게 노래한다.

변방 싸움터 부역 일에서 벗어나
돌아와 윗골 숲 봄 경치를 훔쳐본다.
누대 앞 언덕에서 말과 소리 전하며
낮은 소리에 곁 사람 눈치 챈 줄 모르네.

脫得邊城戌役身　却來偸賞上林春
御樓前畔低聲語　不覺衝他刢事人

죽고 사는 싸움판 한복판에도 봄소식이 완연한데 무엇을 위해 칼을 들었는가.

천동각(天童覺)선사는 이 이야기에 이어 다음을 들어보였다.
어떤 승려가 임제에게 물었다.
'어떤 것이 털을 베는 칼입니까?'
임제가 말했다.
'재앙의 일이다. 재앙의 일이다.'

그 승려가 절을 하자 임제가 때렸다.

또 이야기를 들어 천동선사는 말했다.

사람 죽이는 칼은 한 털도 건너지 않고
사람 살리는 칼은 한 털도 다치지 않는다.
뜻과 기운 있는 곳에 뜻과 기운 더하고
바람 흐르지 않는 곳에 바람이 흐르도다.[23]

殺人刀一毛不度　活人劍一毫不傷
有意氣時添意氣　不風流處也風流

나고 죽음을 온전히 크게 죽이면 온전히 니르바나 해탈의 활동이 되어
사람 죽이는 칼이 도리어 크게 살림의 칼이 됨을 말한 것이리니, 번뇌
도적의 밑바탕을 사무치면 도리어 여래 공덕의 땅이 되는 소식이다.
　대혜선사(大慧杲禪師)는 번뇌의 씨앗을 온전히 보디의 씨앗으로 돌
이켜 곳곳에 해탈의 문[解脫門]을 여는 보디사트바의 행을 이렇게 노래
한다.〔『대혜어록』 권3〕

소리 살피는 보디사트바 묘한 지혜의 힘이여,
이 세간 괴로움을 건져줄 수 있도다.
백 가지 꽃 피어 환하게 가득한데
엿보아 찾으면 살펴볼 수 없도다.

觀音妙智力　能救世間苦
白花開爛漫　覷見沒可覷

---

23) 天童覺擧僧問臨濟 如何是吹毛劍 濟云禍事禍事 僧便禮拜 濟便打 又擧此
　　話 師云 殺人刀 一毛不度 活人劍一毫不傷 有意氣時添意氣 不風流處也風流

학담도 옛 조사들의 뜻을 받아 몇 수 노래로 도 아님으로 붇다의 도 통달하는 보디사트바의 행을 기리어 말하리라.

중생이 짓는 도 아님의 번뇌의 일이
곧 모든 붇다 여래의 씨앗이네.
도 아닌 닦음의 악이 곧 성품의 악이니
성품의 악은 성품의 착함과 통하네.

衆生非道煩惱事　即是諸佛如來種
非道修惡即性惡　性惡融通性善法

이와 같이 번뇌의 일을 밝게 알면
열두 인연의 두루 헤아린 모습이
여래의 성품의 덕 가운데 일로 굴러 변하여
성품인 악의 법문으로 중생 건네주리.

如是了知煩惱事　十二因緣徧計相
轉變如來性德事　性惡法門度衆生

도 아님을 통달한 보디사트바의 행이여,
뭇 티끌 번뇌로 제자의 무리 삼고
법의 기쁨 아내 삼고 자비 마음 딸을 삼으니
성실함이 아들 되고 비어 고요함 집이 되네.

通達非道菩薩行　衆塵勞爲弟子衆
法喜爲妻慈心女　誠實爲男空寂舍

갖가지 실천법들 아는 이 되고
여러 파라미타행이 벗이 되며
네 거두는 법 기녀 되고 법을 외움 음악 되어

어떤 때 이러하다 아니기도 하며 때로 마라 되어
갖가지 방편으로 저 언덕에 중생을 건네주네.

道品知識諸度侶　四攝爲妓誦法樂
或是或非或爲魔　種種方便度衆生

성품의 악으로 짓는 법문 비록 이와 같으나
용과 코끼리 차고 밟는 것은 나귀가 감당 못하고
성품에 맞게 행함 보디사트바라야 할 수 있으니
지혜 없는 이 앞에서는 마주해 말하지 말라.

性惡法門雖如是　龍象蹴踏驢不堪
稱性行之菩薩能　無智人前莫對語

비록 그러나 범부로서 용맹하고 굳센 이는
성품 닦음 둘 아닌 뜻을 밝게 알아서
걸음걸음 성품 나타내 마라가 붇다 이루니
도 아님으로 행한 바가 정토를 장엄하리.

雖然凡夫勇健人　了達性修不二旨
步步顯性魔成佛　非道所行嚴淨土

제9. 둘이 아닌 법문 품[不二法門品]

해제

연기법(緣起法)에서 온갖 것은 인연으로 나고 인연으로 사라지며, 온갖 있음은 인연으로 있고 인연으로 없다. 그러므로 인연으로 나는 뜻[緣生義]을 모르면 남과 사라짐[生滅], 있음과 없음[有無]은 두 법으로 분별된다. 곧 결과[果]를 내는 원인과 조건[因緣]이 있되 공해, 원인과 조건이 공한 원인 조건이므로 연기법에서 결과로서의 있음은, 있음 아닌 있음이고 없음은 없음 아닌 없음[非無之無]이다.

또한 남[生]은 남이 없는 남[無生之生]이고 사라짐[滅]은 사라짐 없는 사라짐[無滅之滅]이다. 이와 같은 인연의 뜻을 살피지 못하면, 남과 사라짐의 두 법은 진여인 남과 사라짐이 되지 못하고, 있음과 없음은 서로 녹아 통하지 못해[有無不相通] 한마음의 평등한 법이 되지 못한다.

나가르주나 보디사트바는 그래서 『중론송』「인연을 살피는 품[觀因緣品]」의 첫머리를 다음과 같이 시작한다.

나지 않고 또한 사라지지 않으며,
끊어짐이 아니고 또한 항상함이 아니며,

하나 됨도 아니고 또한 달라짐도 아니며,
옴도 아니고 또한 감도 아니다.

不生亦不滅　不斷亦不常
不一亦不異　不來亦不去

　인연으로 있으므로 실로 나지 않고 사라지지 않으며〔不生不滅〕, 실로 있지 않고 없지 않은〔非有非無〕 모든 법의 실상〔諸法實相〕을 미혹하므로, 비말라키르티가 여러 보디사트바에게 둘이 아닌 법의 문〔不二法門〕에 들어감을 물은 것이다.

　이에 서른두 보디사트바〔三十二菩薩〕가 둘이 아닌 법문을 말하니 이는 모두 연기의 진실 등지는 허튼 따짐〔戲論〕을 없애기 위함이다. 둘이라는 집착〔二着〕이 다하면 둘이 아니다〔不二〕라는 병 다스리는 약도 다하는 것이니 모든 법의 실상은 말로 말할 수 없고 뜻으로 헤아릴 수 없는 것이다. 이를 『마하지관』은 살핌의 행〔觀行〕을 잡아 '말길이 끊어지고 마음 가는 곳이 사라졌다〔言語道斷 心行處滅〕'고 한 것이다.

1. 서른두 보디사트바가 둘이 아닌 법문[不二法門]을 말함

이때 비말라키르티가 뭇 보디사트바들에게 말했다.

"여러 어진이들이시여, 어떻게 보디사트바는 둘이 아닌 법문[不二法門]에 들어갑니까? 각기 즐거워하는 바를 따라 말씀하십시오."

모임 가운데 어떤 보디사트바가 있었으니 법에 자재함[法自在]이라 이름하였다. 그가 이렇게 말했다.

"여러 어진이들이여, 나고 사라짐이 둘이나 법은 본래 나지 않고 지금은 곧 사라짐이 없습니다. 이 남이 없는 법의 참음[無生法忍]을 얻으면 이것이 둘이 아닌 법문입니다."1)

덕 지키는[德守] 보디사트바가 말했다.

---

1) 앞 경문에 대한 영역과 우리말 직역은 다음과 같다.

Thereat, Vimalakirti said to the Bodhisattvas present: "Virtuous Ones, each of you please say something about the non-dual Dharma as you understand it."

In the meeting a Bodhisattva called "Comfort in the Dharma" said: "Virtuous Ones, birth and death are a duality but nothing is created and nothing is destroyed. Realization of this patient endurance leading to the uncreate is initiation into the non-dual Dharma."

그때 비말라키르티가 함께한 보디사트바들에게 말했다.

'덕 있는 분들이시여, 그대들 낱낱이 그대들이 이해하고 있는 대로 둘이 아닌 다르마에 대하여 어떤 것을 말씀하십시오.'

모임 안에서 다르마 안에서 안락함이라 불리는 보디사트바가 말했다.

'덕 있는 분들이여, 태어남과 죽음은 둘입니다. 그러나 생겨난 것도 없고 사라지는 것도 없습니다. 남이 없음에 이끄는 참음을 실현함이 둘이 아닌 다르마에 들어가는 시작입니다.'

"나〔我〕와 내 것〔我所〕이 둘이지만, 나 있음을 인해 곧 내 것이 있어서 만약 나 있음이 없으면 곧 내 것이 없으니 이것이 둘이 아닌 법문에 들어감입니다."

눈 깜박이지 않는〔不眴〕 보디사트바가 말했다.

"받음과 받지 않음〔受不受〕이 둘이지만 만약 법을 받지 않으면 곧 얻을 수 없습니다. 얻을 수 없으므로 취함이 없고 버림이 없으며〔無取無捨〕, 지음이 없고 행함이 없으니 이것이 둘이 아닌 법문에 들어감입니다."

덕의 정수리〔德頂〕 보디사트바가 말했다.

"더러움과 깨끗함〔垢淨〕이 둘이지만 더러움의 실다운 성품을 보면 깨끗한 모습도 없습니다.[2] 사라짐의 모습〔滅相〕을 따르면 이것이 둘이 아닌 법문에 들어감입니다."

爾時維摩詰 謂衆菩薩言 諸仁者 云何菩薩入不二法門 各隨所樂說之 會中有菩薩名法自在說言 諸仁者 生滅爲二 法本不生 今則無滅 得此無生法忍 是爲入不二法門

德守菩薩曰 我我所爲二 因有我故便有我所 若無有我則無我所 是爲入不二法門

不眴菩薩曰 受不受爲二 若法不受則不可得 以不可得故 無取無捨 無作無行 是爲入不二法門

德頂菩薩曰 垢淨爲二 見垢實性則無淨相 順於滅相 是爲入不二法門

잘 쉰〔善宿〕 보디사트바가 말했다.

"이 움직임〔是動〕과 이 생각〔是念〕이 둘이지만, 움직이지 않으면

---

2) 깨끗한 모습이 없음: 더러움이 실로 더러움의 모습으로 세워지므로 깨끗한 모습이 있으나 더러움의 실다운 성품을 보면 더러움에 더러움이 없으므로 깨끗함도 없는 것이다.

〔不動〕 생각 없음〔無念〕이고 생각 없으면 곧 분별없으니 이를 통
달하면 이것이 둘이 아닌 법문에 들어감입니다."3)

좋은 눈〔善眼〕 보디사트바가 말했다.

"한 모습과 모습 없음〔一相無相〕이 둘이지만 만약 한 모습이 곧
모습 없음임〔無相〕을 알면 또한 모습 없음을 취하지 않고 평등에

---

3) 움직임〔動〕과 생각〔念〕에 둘 없음: 중생의 지금 생각〔念〕은 생각하는 바
〔所念〕를 떠나 없고, 앎은 아는 바 경계를 떠나 없다. 그러므로 밖으로
비출 바를 내고 경계의 움직임에 앎이 있으면 곧 생각이 움직이나 볼 바
경계에 실로 볼 바 없음〔實無所見〕을 알면 생각을 움직이지 않게 된다.
알 바 없고 볼 바 없음을 깨쳐 앎에 앎이 없으면, 앎 없음에 앎 없음도
없어서 생각을 움직이지 않음이라 생각과 움직임에 둘이 없게 된다.

이를 『슈랑가마수트라』의 뜻으로 보면 생각할 바 없는 원래 밝음〔元
明〕이 비추어 알 바를 내서〔照生所〕 생각이 움직이는 것이니, 『무아소』
의 풀이를 살펴보자.

'움직임이 있으면 생각이 있음이고 생각이 있으면 움직임이 있음이다.
이것이 생각을 움직임이다. 본래 한 법인데 지금 둘이라 한 것은 특별히
비롯함과 마침, 거칠고 가늚이 다를 뿐이다. 만약 마음이 처음 일어날 때
마음에 첫 모습이 없음〔心無初相〕을 깨치면, 미세한 생각을 멀리 떠나기
때문이니 오히려 무슨 생각 움직임이 있겠는가.'

『슈랑가마수트라〔首楞嚴經〕』에서는, 오직 원래의 밝음〔元明〕이 비추어
아는 바를 내서〔照生所〕, 아는 바가 섬〔所立〕에 비추는 성품이 없어져〔照
性亡〕 비로소 생각을 이룬 것이다. 비추면 곧 움직임이고 움직이면 비추
되 고요한 비추는 성품〔照性〕이 없어져 그 생각이 드러나는 것이다.

곧 움직이면 생각이 있어 비로소 둘을 이루니 생각하지 않으면 곧 생각
없음이고 생각 없으면 분별없으니 곧 둘이 아니다. 그러므로 이것이 둘이
아닌 법문에 들어감이라 말한다.'

이를 닦아 행하는 사람의 살핌으로 풀이하면 다음과 같다.

'한 생각 마음을 살핌에 만약 고요함이 오래면 어둡게 졸림을 내고 또렷
함이 많으면 망상을 낸다. 이것이 움직임과 생각이 둘이 됨이다. 만약 고
요할 때 늘 스스로 또렷하고 또렷이 밝을 때 늘 스스로 고요하고 고요하
면 이것이 움직이지 않음이며 생각 없음이고 생각 없으면 분별없음이니
이것이 마음 살펴 둘이 아닌 법문에 들어감이다.'

들어가니, 이것이 둘이 아닌 법문에 들어감입니다."

묘한 팔(妙臂) 보디사트바가 말했다.

"보디사트바의 마음과 슈라바카의 마음이 둘이지만 마음의 모습이 공하여 허깨비 변화 같음을 살피면, 보디사트바의 마음이 없고 슈라바카의 마음이 없으니 이것이 둘 아닌 법문에 들어감입니다."

푸쉬야(Puṣya, 弗沙) 보디사트바가 말했다.

"착함과 착하지 않음이 둘이지만 만약 착함(善)과 착하지 않음(不善)을 일으키지 않고, 모습 없는 바탕에 들어가 통달하면 이것이 둘이 아님에 들어감입니다."

싱하(Siṃha, 師子) 보디사트바가 말했다.

"죄와 복(罪福)이 둘이 되지만 죄의 성품(罪性)을 통달하면 복과 다름이 없습니다. 금강의 지혜로써 이 모습을 밝게 알면 묶임도 없고 풀림도 없으니(無縛無解) 이것이 둘이 아닌 법문에 들어감입니다."

사자의 뜻(師子意) 보디사트바가 말했다.

"샘 있음과 샘 없음(有漏無漏)이 둘이 되지만 만약 모든 법이 평등함을 얻으면 곧 샘과 새지 않음의 생각을 일으키지 않아, 모습(相)에도 집착하지 않고 또한 모습 없음(無相)에 머물지 않으니 이것이 둘이 아닌 법문에 들어감입니다."

깨끗한 앎(淨解)의 보디사트바가 말했다.

"함이 있음과 함이 없음(有爲無爲)은 둘이 되지만 만약 온갖 수(數)를 떠나면 마음은 허공 같아 청정한 지혜가 걸리는 바 없으니 이것이 둘이 아닌 법문에 들어감입니다."

善宿菩薩曰 是動是念爲二 不動則無念 無念則無分別 通達此者 是爲入
不二法門

善眼菩薩曰 一相無相爲二 若知一相卽是無相 亦不取無相入於平等 是爲
入不二法門

妙臂菩薩曰 菩薩心 聲聞心 爲二 觀心相空 如幻化者 無菩薩心 無聲聞
心 是爲入不二法門

弗沙菩薩曰 善不善爲二 若不起善不善 入無相際而通達者 是爲入不二法
門

師子菩薩曰 罪福爲二 若達罪性則與福無異 以金剛慧決了此相無縛無解
者 是爲入不二法門

師子意菩薩曰 有漏無漏爲二 若得諸法等則不起漏不漏想 不著於相亦不
住無相 是爲入不二法門

淨解菩薩曰 有爲無爲爲二 若離一切數則心如虛空 以淸淨慧無所礙者 是
爲入不二法門

나라야나〔Nārāyaṇa, 那羅延〕보디사트바가 말하였다.

"세간(世間)과 세간 벗어남〔出世間〕이 둘이 되지만. 세간 성품의
공함이 세간 벗어남이니 그 가운데 들어가지 않고 나오지 않으
며〔不入不出〕흐르지 않고 흩어지지 않으면〔不溢不散〕이것이 둘
이 아닌 법문에 들어감입니다."

좋은 뜻〔善意〕보디사트바가 말했다.

"나고 죽음과 니르바나가 둘이 되지만, 만약 나고 죽음의 성품
을 보면 나고 죽음이 없어 묶임이 없고 풀림이 없으며 나지 않
고 사라지지 않습니다. 이와 같이 알면 이것이 둘이 없는 법문에
들어감입니다."

드러내 보는〔現見〕보디사트바가 말했다.

"다함과 다하지 않음〔盡不盡〕이 둘이 되지만, 법이 만약 마쳐

다하면 다하거나 다하지 않거나[盡若不盡] 다 이것이 다함없는 모습[無盡相]이고, 다함없는 모습[無盡相]이면 곧 공(空)이고, 공이면 다함과 다하지 않는 모습이 없으니 이와 같이 들어가면 이것이 둘이 아닌 법문에 들어감입니다."

널리 지키는[普守] 보디사트바가 말했다.

"나와 나 없음[我無我]이 둘이 되지만, 나도 오히려 얻을 수 없다면 나 아님[非我]을 어찌 얻을 수 있겠는가, 나의 실다운 성품[我實性]을 보면, 이것이 둘이 아닌 법문에 들어감입니다."

번개 하늘[電天] 보디사트바가 말했다.

"밝음과 밝음 없음[明無明]이 둘이 되지만, 밝음 없음의 실다운 성품[無明實性]이 곧 밝음[明]이지만 밝음 또한 취할 수 없으니 온갖 수[一切數]를 떠나면, 그 가운데 평등하여 둘이 없음 이것이 둘이 아닌 법문에 들어감입니다."

那羅延菩薩曰 世間出世間爲二 世間性空卽是出世間 於其中不入不出不溢不散 是爲入不二法門

善意菩薩曰 生死涅槃爲二 若見生死性則無生死 無縛無解 不生不滅 如是解者 是爲入不二法門

現見菩薩曰 盡不盡爲二 法若究竟 盡若不盡皆是無盡相 無盡相卽是空空則無有盡不盡相 如是入者 是爲入不二法門

普守菩薩曰 我無我爲二 我尙不可得非我何可得 見我實性者不復起二 是爲入不二法門

電天菩薩曰 明無明爲二 無明實性卽是明 明亦不可取 離一切數 於其中平等無二者 是爲入不二法門

기쁘게 보는[喜見, Priyadarśana] 보디사트바가 말했다.

"물질과 물질의 공함은 둘이 되나 물질이 곧 공함이라, 물질을 없애고 공함이 아니어서〔非色滅空〕 물질의 성품이 스스로 공합니다〔色性自空〕. 이와 같이 느낌 모습 취함 지어감 앎〔受想行識〕과 앎 등의 공함〔識空〕이 둘이 되나, 앎이 곧 공이라, 앎 등을 없애고 공이 아니어서 앎 등의 성품이 스스로 공합니다〔識性自空〕. 그 가운데서 통달하면 이것이 둘이 아닌 법문에 들어감입니다."

밝은 모습〔明相〕의 보디사트바가 말했다.

"물질의 네 요인〔四種〕이 다르고 허공의 요인〔虛空〕이 달라 둘이 되지만 네 요인의 성품〔四種性〕이 곧 허공 요인의 성품〔空種性〕이니 앞 때〔前際〕 뒤 때〔後際〕가 공하므로 가운데 때〔中際〕 또한 공함과 같습니다. 만약 이와 같이 모든 요인〔諸種〕의 성품을 안다면, 이것이 둘이 아닌 법문에 들어감입니다."4)

묘한 뜻〔妙意〕 보디사트바가 말했다.

"눈〔眼〕과 빛깔〔色〕이 둘이 되지만 만약 눈의 성품이 빛깔에 탐내지 않고 성내지 않고 어리석지 않음을 알면 이것을 고요히 사라짐이라 이름합니다. 이와 같이 귀〔耳〕와 소리〔聲〕, 코〔鼻〕와 냄새〔香〕, 혀〔舌〕와 맛〔味〕, 몸〔身〕과 닿음〔觸〕, 뜻〔意〕과 법(法)이 둘이 되지만 만약 뜻의 성품이 법에 탐내지 않고 성내지 않으며, 어리석지 않음을 알면 이것을 고요히 사라짐이라 이름합니다. 그 가운데 편안히 머물면 이것이 둘 아닌 법의 문에 들어감입니다."5)

---

4) 물질 구성의 다섯 요인인 지수화풍공(地水火風空)과 주체의 앎〔識〕을 묶어 붇다의 초기경전의 교설은 여섯 영역〔地水火風空識〕이 나 없음〔六界無我〕을 설한다. 여섯 영역이 모두 공하되 공도 공한 줄 알면, 허공과 물질 주체의 앎이 곧 여래장이라는 『슈랑가마수트라』의 종지가 드러난다.

5) 눈과 빛깔 뜻과 법은 곧 초기교설의 열두 곳〔十二處〕 열두 들임〔十二入〕

喜見菩薩曰 色色空爲二 色卽是空 非色滅空 色性自空 如是受想行識 識空爲二 識卽是空 非識滅空 識性自空 於其中而通達者 是爲入不二法門

明相菩薩曰 四種異 空種異爲二 四種性卽是空種性 如前際後際空故 中際亦空 若能如是知 諸種性者 是爲入不二法門

妙意菩薩曰 眼色爲二 若知眼性於色 不貪不恚不癡 是名寂滅 如是耳聲鼻香 舌味 身觸 意法 爲二 若知意性於法 不貪不恚不癡 是名寂滅 安住其中 是爲入不二法門

다함없는 뜻〔無盡意〕의 보디사트바가 말했다.

"보시와 온갖 것 아는 지혜〔sarvajña〕에 회향함〔廻向一切智〕은 둘이 되지만, 보시의 성품〔布施性〕이 곧 온갖 것 아는 지혜에 회향하는 성품입니다. 이와 같이 계 지님, 욕됨 참음, 정진, 선정, 지혜와 온갖 것 아는 지혜에 회향함이 둘이 되지만 지혜의 성품〔智慧性〕이 곧 온갖 것 아는 지혜에 회향하는 성품입니다. 그 가운데서 한 모습〔一相〕에 들어가면 이것이 둘이 아닌 법문에 들어감입니다."

깊은 지혜〔深慧〕의 보디사트바가 말했다.

"이 공함과 이 모습 없음, 이 지음 없음〔空·無相·無作〕이 둘이 되지만 공이 곧 모습 없음이고 모습 없음이 지음 없음이니, 만약 공함, 모습 없음, 지음 없음이면 곧 마음〔心〕과 뜻〔意〕, 앎〔識〕이 없음이라 한 해탈문에서 곧 세 해탈문인 것이니 이것이 곧 둘 아닌 법문에 들어감입니다."6)

이다. 여기 아는 자가 있고 저기 아는 바 법이 실로 있다면 주체가 객체를 보고 듣고 알 수 없다. 아는 자 아는 바가 두 법이 아니지만 하나도 아니기에, 주체는 객체를 앎이 없이 알 수 있다〔無知而知〕.

6) 연기법에서 마음은 모습인 마음이라 모습을 떠난 마음이 없으니, 모습

고요한 뿌리〔寂根〕의 보디사트바가 말했다.

"붇다와 다르마와 상가가 둘이 되지만, 붇다의 도장〔佛印〕이 다르마이고 다르마가 곧 상가라 이 삼보가 다 함이 없어 모습이 허공과 같습니다. 온갖 법 또한 그러하니 이 행을 따를 수 있으면 이것이 둘이 아닌 법문에 들어감입니다."

마음이 걸림 없는〔心無礙〕 보디사트바가 말했다.

"몸〔身〕과 몸의 사라짐〔身滅〕이 둘이 되지만 몸이 곧 몸의 사라짐이니, 왜인가요. 몸의 실상〔身實相〕을 보는 자는 몸의 견해와 몸의 사라짐의 견해를 일으키지 않아서 몸과 몸 사라짐에 둘이 없고 분별이 없게 됩니다. 그 가운데 놀라거나 두려워하지 않으니 이것이 둘이 아닌 법문에 들어감입니다."7)

無盡意菩薩曰 布施迴向一切智爲二 布施性卽是迴向一切智性 如是持戒
忍辱精進禪定智慧 迴向一切智爲二 智慧性卽是迴向一切智性 於其中入一
相者 是爲入不二法門

深慧菩薩曰 是空是無相是無作爲二 空卽無相無相卽無作 若空無相無作
則無心意識 於一解脫門卽是三解脫門者 是爲入不二法門

寂根菩薩曰 佛法衆爲二 佛印是法法卽是衆 是三寶皆無爲 相與虛空等
一切法亦爾 能隨此行者 是爲入不二法門

心無礙菩薩曰 身身滅爲二 身卽是身滅 所以者何 見身實相者 不起見身
及見滅身 身與滅身 無二無分別 於其中不驚不懼者 是爲入不二法門

높은 착함〔上善〕의 보디사트바가 말했다.

없음 공함은 곧 앎에 앎 없음이고 마음에 마음 없음이다.

7) 몸과 몸의 사라짐: 연기법에서 어떤 것은 그것이 자기 성품 없기 때문에 어떤 것이 된다. 그러므로 몸〔身〕은 곧 몸 없음으로 몸이니 이와 같이 알면 몸과 몸의 사라짐에서 둘이 아닌 법문에 들어간다.

"몸과 말과 뜻의 착함이 둘이 되지만 이 세 업이 모두 짓는 모습이 없어서, 몸의 지음 없는 모습[身無作相]이 입의 지음 없는 모습[口無作相]이고 입의 지음 없는 모습이 뜻의 지음 없는 모습[意無作相]입니다. 이 세 업의 지음 없는 모습[三業無作相]이 곧 온갖 법의 지음 없는 모습[一切法無作相]이니 이와 같이 지음 없는 지혜[無作慧]를 따를 수 있으면 이것이 둘이 아닌 법문에 들어감입니다."

복밭[福田] 보디사트바가 말했다.

"복행(福行), 죄행(罪行), 움직이지 않는 행[不動行]이 둘이 되지만 세 행의 실다운 성품이 곧 공하니, 공하면 곧 복행이 없고 죄행이 없으며 움직이지 않는 행이 없습니다. 이 세 행을 일으키지 않으면 이것이 둘이 아닌 법문에 들어감입니다."8)

꽃으로 꾸민[華嚴] 보디사트바가 말했다.

"나를 좇아 둘을 일으켜 둘이 되니, 나의 실상[我實相]을 보면 두 법을 일으키지 않습니다. 만약 두 법에 머물지 않으면 곧 앎 있음이 없고[無有識] 아는 바가 없으니[無所識] 이것이 둘 아닌 법문에 들어감입니다."9)

덕의 곳간[德藏]인 보디사트바가 말했다.

---

8) 지어감[行]에 세 지어감[三行]이 있으니, 선(善)·악(惡)·선도 아니고 악도 아님[非善非惡, 無記]이다. 복과 죄 움직이지 않음[福罪不動行]이 곧 세 지어감이니, 세 지어감이 공함을 알면 곧 둘이 아닌 법문에 들어감이다.

9) 여섯 아는 뿌리[六根] 아는 바 여섯 경계[六境]가 있되 공하여 주체가 객체를 알 수 있으니 여섯 앎[六識] 또한 공하여 앎에 앎이 없다. 그러나 나[我]를 세워 실로 아는 바[所知, 所緣]가 있게 되면 둘 아닌 법문에 들어가지 못한다.

"얻는 바 있는 모습〔有所得相〕은 둘이 되나, 만약 얻는 바가 없으면 취하고 버림이 없습니다〔無取捨〕. 취하고 버림이 없으면 이것이 둘이 아닌 법문에 들어감입니다."

上善菩薩曰 身口意善爲二 是三業皆無作相 身無作相卽口無作相 口無作相卽意無作相 是三業無作相 卽一切法無作相 能如是隨無作慧者 是爲入不二法門

福田菩薩曰 福行罪行不動行爲二 三行實性卽是空 空則無福行無罪行無不動行 於此三行而不起者 是爲入不二法門

華嚴菩薩曰 從我起二 爲二 見我實相者不起二法 若不住二法則無有識無所識者 是爲入不二法門

德藏菩薩曰 有所得相爲二 若無所得則無取捨 無取捨者 是爲入不二法門

달 오름〔月上〕의 보디사트바가 말했다.

"어두움과 밝음이 둘이 되나 어두움이 없고 밝음이 없으면 곧 둘 있음이 없습니다. 왜인가요? '느낌과 모습 취함이 사라져 다한 사마디〔nirodha-samādhi, 滅受想定〕'에 들어가면 어두움이 없고 밝음이 없으며, 온갖 법의 모습도 또한 다시 이와 같습니다. 그 가운데 평등하게 들어가면 이것이 둘 아닌 법문에 들어감입니다."

보배도장 손〔寶印手〕 보디사트바가 말했다.

"니르바나〔涅槃〕를 즐거워하고 세간(世間)을 즐거워하지 않음이 둘이 되나 만약 니르바나를 즐거워하지 않고, 세간을 싫어하지 않으면 곧 둘 있음이 없습니다. 왜인가요? 만약 묶임이 있으면 풀림이 있지만 만약 본래 묶임 없으면 그 누가 풀림을 구하겠습니까. 묶임 없고 풀림 없으면〔無縛無解〕 곧 즐거워함과 싫어함이 없으니〔無樂厭〕 이것이 둘이 아닌 법문에 들어감입니다."

구슬 정수리 왕〔珠頂王〕 보디사트바가 말했다.

"바른 도〔正道〕 삿된 도〔邪道〕가 둘이 되나, 바른 도에 머무는 자는, 이 삿됨인가 이 바름인가를 분별하지 않으니 이 둘을 떠나면 이것이 둘이 아닌 법문에 들어감입니다."

실다움을 즐거워하는〔樂實〕 보디사트바가 말했다.

"실다움〔實〕과 실답지 않음〔不實〕10)이 둘이 되나 진실하게 보는 자는 오히려 실다움도 보지 않는데, 어찌 하물며 실답지 않음이겠습니까. 왜인가요? 몸의 눈〔肉眼〕으로 보는 바가 아니고, 지혜 눈〔慧眼〕이라야 볼 수 있는데 이 지혜 눈〔慧眼〕은 봄이 없고〔無見〕 보지 않음도 없으니〔無不見〕 이것이 둘이 아닌 법문에 들어감입니다."

月上菩薩曰 闇與明爲二 無闇無明則無有二. 所以者何 如入滅受想定 無闇無明一切法相 亦復如是 於其中平等入者 是爲入不二法門

寶印手菩薩曰 樂涅槃不樂世間爲二 若不樂涅槃 不厭世間 則無有二 所以者何 若有縛則有解 若本無縛其誰求解 無縛無解則無樂厭 是爲入不二法門

珠頂王菩薩曰 正道邪道爲二 住正道者則 不分別是邪是正 離此二者 是爲入不二法門

樂實菩薩曰 實不實爲二 實見者 尚不見實 何況非實 所以者何 非肉眼所見 慧眼乃能見 而此慧眼無見無不見 是爲入不二法門

---

10) 실다움〔實〕과 실답지 않음〔不實〕: 인연으로 일어난 어떤 존재가 이루어짐을 실다움이라 하나 인연으로 있음이 공한 줄 아는 지혜의 눈〔慧眼〕은 어떤 것의 있음을 실로 있음으로 보지 않고 실다움에서 실다움도 보지 않으니 보되 봄이 없고 봄이 없되 보지 않음도 없다. 그러므로 보되 봄이 없는 지혜의 눈이 둘이 아닌 법문에 들어간다.

2. 만주스리와 비말라키르티의 둘이 아닌 법문

이와 같이 여러 보디사트바들이 각기 설하고서 만주스리에게 물었다.

"어떤 것이 보디사트바가 둘이 아닌 법문에 들어감입니까?"

만주스리가 말했다.

"나의 뜻 같으면 온갖 법에 말이 없고 말함 없으며〔無言無說〕, 보임 없고 가려 앎이 없어〔無示無識〕모든 묻고 답함을 떠난 것〔離諸問答〕이 둘이 아닌 법문〔不二法門〕에 들어감입니다."

이에 만주스리가 비말라키르티에게 물었다.

"우리들은 각기 스스로 말했소. 어진 이는 어떤 것이 보디사트바가 둘 아닌 법문에 들어감인지 말해야합니다."

이때 비말라키르티는 잠자코 말이 없었다〔默然無言〕.

만주스리가 찬탄해 말했다.

"참으로 잘 보이시고 잘 보이셨소. 나아가 문자가 없고 말이 없으니 이것이 참으로 둘 아닌 법문에 들어감입니다."

이 둘이 아닌 법문 품을 설할 때, 이 모임 가운데 오천 보디사트바가 다 둘이 아닌 법문에 들어가〔入不二法門〕남이 없는 법의 참음〔無生法忍〕을 얻었다.11)

---

11) 끝부분 경문에 대한 영역과 우리말 직역은 다음과 같다.

Vimalakirti kept silent without saying a word.

At that, Mañjuśrī exclaimed: "Excellent, excellent; can there be true initiation into the non-dual Dharma until words and speech are no longer written or spoken?

After this initiation into the non-dual Dharma had been

如是諸菩薩各各說已 問文殊師利 何等是菩薩入不二法門

文殊師利曰 如我意者 於一切法無言無說 無示無識 離諸問答 是爲入不二法門於是文殊師利 問維摩詰 我等各自說已 仁者當說 何等是菩薩入不二法門

時維摩詰 默然無言

文殊師利歎曰 善哉善哉 乃至無有文字語言 是眞入不二法門

說是入不二法門品時 於此衆中五千菩薩 皆入不二法門 得無生法忍

평석

1. 서른두 보디사트바가 둘이 아닌 법문을 말함

연기의 진실을 모르므로 있음을 실로 있음〔有〕이라 하여 없음〔無〕이 실로 없음이 되어 있음과 없음〔有無〕이 두 법이 되고, 남〔生〕을 실로 남이라 하고 사라짐〔滅〕을 실로 사라짐이라 하여 남과 사라짐〔生滅〕이 두 법이 된다.

---

expounded, five thousand Bodhisattvas at the meeting were initiated into it thereby realizing the patient endurance of the uncreate.

비말라키르티가 한 말도 말하지 않고 침묵을 지켰다.

그러자 그때 만주스리가 소리쳐 말했다.

'뛰어나고 뛰어납니다. 문자와 말이 더 이상 쓰이거나 말해지지 않음으로 둘이 아닌 다르마에 들어가는 참된 시작이 있게 되었습니다.

설명되어진 둘이 아닌 다르마에 들어감이 시작된 뒤에 모임에서 오천 보디사트바들이 '만들어지지 않은 법의 참음'을 실현함으로써 둘이 아닌 다르마에 들어가게 되었다.

이처럼 서른두 보디사트바는 각기 나고 사라짐의 둘 아님을 보이고, 나[我]와 내 것[我所]에 둘 아님, 받음[受]과 받지 않음[不受]의 둘 아님, 더러움[垢]과 깨끗함[淨]의 둘 아님을 말한다.

처음 나고 사라짐에서 둘 아닌 법문[不二法門]에 들어감은 남[生]이 실로 남 아님을 알아, 남이 없는 법의 참음[無生法忍]을 얻을 때 들어간다. 그처럼 온갖 법이 연기이므로 공한 줄[緣起卽空] 알고 공하므로 연기하는 줄[空卽緣起] 알면, 온갖 법의 둘됨에서 둘이 아닌 법문에 들어간다.

다음, 받음[受]과 받지 않음[不受]의 둘 아님을 살펴보자. 여래의 다섯 쌓임의 교설[五蘊說]에서 받음은 주체가 경계를 만나 어떤 느낌[受]을 받아들임[領納]이다. 곧 주체의 여섯 아는 뿌리[六根]가 여섯 티끌 경계[六塵]를 서로 마주해, 거스르는 경계를 만나면 괴로운 느낌[苦受]을 내고, 따르는 경계를 만나면 즐거운 느낌[樂受]을 내며, 거스르지도 않고 따르지도 않은 경계를 만나면 평등한 느낌[捨受]을 낸다. 이를 다섯 쌓임의 법으로 말하면 다섯 아는 뿌리[五根]와 경계[六境]는 물질의 쌓임[色陰]에 속하는데 다섯 감각기관이 다섯 경계를 만날 때 아는 뜻 뿌리[意根]가 같이 움직여 아는 바를 앎의 내용[識相分]으로 구성한다. 곧 물질로 인해 받아 느낌[受, vedana]이 있고, 느낌 때문에 모습 취함[想, saṃjñā]이 있고, 모습 취함 때문에 지어감[行, saṃskāra]이 있고, 지어감 때문에 가려 앎[了別, vijñāna]이 있다. 경계에 실로 받음이 있는 것은, 받는 바 경계가 공해, 실로 받을 바 없음을 모르기 때문이다.

그러므로 사람이 나고 죽음에 번뇌하는 것이 받음[受]보다 큼이 없다. 실로 받음이 없게 되면 곧 받되 받음 없는 바른 받음[正受]을 얻을 수 있다. 사마디(samadhi)를 바른 받음[正受]이라 이름하는 것은 이 때문이다. 망녕된 받음[妄受]을 마주해 얻는 법[所得法]이 있으면, 법이 마주함으로 이루어지니 이 받아 얻는 법이 다시 마주함을 이루어, 받음〔受〕과 받지 않음〔不受〕이 분별된다. 그러므로 받음과 받지 않음〔受, 不受〕이 둘을 이룬다고 말한다.

지금 보디사트바에게는 곧 받음에 받을 바 없으므로 서로 인해 마주함〔因對〕이 없고 또한 이루는 바 법이 없다. 그러므로 법을 받지 않으면 곧 얻을 것이 없으나, 얻을 것이 있으면 곧 취함이 있고 받음이 있는 것이다. 이미 얻을 것이 없으면 곧 취함이 없고 받음이 없지만, 취함〔取〕이 있으면 버림〔捨〕이 있고 받음〔受〕이 있으면 받지 않음〔不受〕이 있다.

받음〔受〕이 있으면 모습 취함〔想〕이 있고 모습 취함이 있으면 지어감〔行〕과 가려 앎〔識〕이 있다. 이미 받음과 받지 않음이 함께 없으면 곧 모습 취함·지어감·가려 앎〔想行識〕이 모두 없는 것이다. 그러므로 지음 없고 지어감 없으면〔無作無行〕 이것이 둘이 아닌 법문〔不二法門〕에 들어감인 것이다.

이는 모두 여섯 아는 뿌리〔六根〕와 아는바 여섯 경계〔六境〕에 모두 적용되니, 눈과 빛깔〔眼色〕 나아가 뜻과 법〔意法〕에 마주해 실로 알고 받아 느낄 것이 있으면 두 법이 분별된다. 그러나 주체의 아는 뿌리가 실로 알 바〔所緣〕를 마주함이 없으면, 알되 아는 바 없고〔知而無所知〕 알되 앎이 없으니〔知而無知〕 곧 둘이 없는 법문에 들어감이다.

잘 쉰 보디사트바가 움직임〔動〕과 생각〔念〕이 둘 됨에서 둘이 아닌 법문에 들어감은 무엇인가. 연기법에서 생각〔念〕은 생각하는 바〔所念〕 사물 운동의 움직임을 안고 일어난다. 그러므로 생각하는 바에 실로 생각할 바 없음을 알면, 생각에 생각이 없고〔於念無念〕 생각에 생각 없으면 움직임이 없다. 곧 안의 여섯 들임〔內六入〕과 밖의 여섯 들임〔外六入〕이 겹쳐 가운데 여섯 앎〔內外六識〕이 날 때, 아는 바에 실로 알 바 없으면 앎은 앎 없게 된다. 앎에 앎 없으면〔於念無念〕 앎 없음에 앎 없음도 없다. 앎 없는 앎으로 경계를 만나면 만나되 실로 만남이 없으니 경계를 따라 움직임이 아니고 생각을 움직임이 아니다〔非動念〕.

『능엄경』의 뜻으로 보면 실로 아는 자와 아는 바가 없이, 본래 밝은 참된 곳〔本明元眞〕에서 아는 바가 서서〔所立〕 비추는 성품이 없어진 것〔照性忘〕이니 아는 바에 알 바 없음을 깨치면 본래 밝음〔本明〕에 다시 돌아갈 수 있다. 곧 실로 아는 바〔所知〕가 서서, 생각을 움직이면〔動念〕 무념(無念)의 뜻에 어긋나니, 옛 분들은 이 뜻을 '생각을 움직이면 어긋난다〔動念卽乖〕'고 말한다.

다시 좋은 눈 보디사트바는 한 모습〔一相〕과 모습 없음〔無相〕이 둘이 아니라 한다. 한 모습은 만법의 뭇 모습〔諸相〕이 공한 마음의 한 모습〔一相〕에 돌아감을 말하고, 비록 뭇 모습이 한 모습에 돌아가나 한 모습마저 공한 줄 알면, 한 모습이 모습 없어 평등에 들어간다.

이어 보디사트바의 마음과 슈라바카의 마음이 둘 없음을 말하니 마음에 마음 없으면 보디사트바와 슈라바카에 두 마음이 없는 것이다.

죄와 복, 샘 있음과 샘 없음, 함 있음과 함 없음, 세간과 세간 벗어남에서도, 있음이 연기라 곧 있음〔有〕 그대로 있지 않음임〔非有〕을 알면 두 법에 두 법이 없는 것이다.

좋은 뜻 보디사트바가 나고 사라짐과 니르바나가 둘이 아니라 하니 이는 나고 사라짐의 성품이 곧 니르바나라, 버릴 나고 머물고 달라지고 사라짐도 없고〔無生住異滅〕, 취할 니르바나도 없음〔無涅槃〕을 말한다. 온갖 모든 법이 본래 이미 니르바나 되어 있으므로 거듭 없애 사라지게 할 것이 없는 것이다.

다시 다함〔盡〕과 다하지 않음〔不盡〕이 둘이 아니라 하니, 일어남에 일어남을 보아 다함〔盡〕이 있는 것이나 일어남에 일어남이 없으면 다함에 실로 다함이 없는 것이다. 다함없음〔無盡〕도 얻을 앎이 아니라 다함도 없고〔無盡〕 다하지 않음도 없음〔無不盡〕이 마쳐 다한 다함〔究竟

盡〕이 되는 것이다.

이를 살핌의 행〔觀行〕으로 말해보자.

한 생각이 곧 공하면〔空〕 곧 다하는 모습〔盡相〕이고 곧 거짓 있음이면〔假〕 다하지 않는 모습〔不盡相〕이며, 중도(中道)이면 다함과 다하지 않는 모습이 다 다함없는 모습〔皆無盡相〕이다. 이것이 마음의 다함과 다하지 않는 모습을 살펴, 둘이 아닌 법문에 들어감이다.

다시 나와 나 없음〔我無我〕에 둘 아님을 말하니 나〔我〕에 나가 얻을 수 없는데 나 아님〔非我〕을 어찌 얻겠는가. 나에 나 없는〔於我無我〕 나의 참된 성품〔我眞性〕을 보면 곧 둘이 아닌 법문에 들어감이다.

또 밝음〔明〕과 밝음 없음〔無明〕이 둘이라 하나, 중생 무명의 진실한 성품〔無明實性〕을 알면, 무명을 떠나 붙다 성품〔佛性〕이 없어 평등해 둘이 없는 것이다.

물질〔色〕과 공함〔空〕이 둘이라 하나, 물질의 성품이 스스로 공해, 물질을 없애고 공이 아닌 줄 알면 물질과 공이 둘이 아니다.

물질을 구성하는 땅·물·불·바람의 네 큰 요인〔四大〕과 허공〔空〕이 둘이라 하나, 네 큰 요인은 모습 있는 허공이고 허공은 모습 없는 물질이므로 네 요인도 공하고〔四大空〕 허공도 공하여〔虛空亦空〕, 모습 있는 허공과 모습 없는 물질이 둘이 아니다.

네 요인〔四大〕과 허공(虛空)이 함께 삶들의 의지하는 바 세계〔依報〕를 이루고, 앎 있는 삶〔識, 有情〕은 세계를 의지해 주체〔正報〕가 된다.

곧 마음의 앎〔識〕과 세계〔境: 虛空, 四大〕는 서로 의지해서 마음 떠난 세계가 없고 세계 없는 마음이 없어 마음도 공하고 허공과 물질의 세계도 공하고 그 공함도 다시 공하다. 그러므로 마음에 온갖 법을 거두어 보면 저 허공과 물질세계, 앎이 모두 여래장 성품〔如來藏性〕인 마음과 세계이니 허공과 세계와 마음이, 모두 나고 사라짐이 없고 가고 옴이 없음을 알면 둘이 아닌 법문에 드는 것이다.

이렇게 보면 아가마에서 보인 '여섯 법의 영역〔六界: 地水火風空識〕이 모두 나 없고〔無我〕 나 없음도 없다〔無無我〕'고 한 뜻과, 『슈랑가마수트라』가 보인 '일곱 큰 요인〔七大: 地水火風空見識〕이 다 여래장이라'고 한 말이 두 뜻이 아닌 것이다.

또한 저 『원각경(圓覺經)』에서는 '가없는 허공이 깨침이 나타낸 바이다〔無邊虛空 覺所現發〕'고 하니, 이 뜻이 곧 여래장인 이 앎〔識〕을 깨치면 이 앎을 떠나 가없는 허공과 물질세계가 없음을 나타낸 것이다.

나아가 주체의 아는 뿌리인 눈〔眼〕과 아는 바 경계인 빛깔〔色〕, 귀〔耳〕와 소리〔聲〕, 뜻〔意〕과 법(法) 등도 또한 실로 있음도 아니고 실로 없음도 아니며 하나도 아니고 다름도 아니라〔不一不異〕, 눈이 저 빛깔을 봄이 없이 볼 수 있고 뜻이 법을 앎이 없이 알 수 있는 것이다.

이렇게 말함이 실은 앎에 앎이 없고 아는 바에 아는 바 없음을 나타낸다. 눈〔眼〕이 눈이고 빛깔〔色〕이 빛깔이면 어떻게 눈이 빛깔을 볼 수 있겠는가.

그러니 아는 자와 아는 바 두 법〔眼·色, 意·法〕이 실로 마주함이 있다고 하면, 둘이 아닌 법문〔不二法門〕에 들어갈 수 없다.

2. 조사선의 공안법문으로 둘이 아닌 법문에 들어감을 살핌

서른두 보디사트바의 둘이 아닌 법문〔不二法門〕에 들어감을 옛 조사의 한 공안법문(公案法門)에 거두어서 살펴보자.〔선문염송 1073칙〕

운문선사(雲門禪師)에게 어떤 승려가 물었다.
'어떤 것이 화상의 가풍입니까?'
　如何是和尚家風

이로 인해 선사가 말했다.
'문밖에 글 읽는 이가 와서 말한다.'

　門外有讀書人來報

　화상의 가풍〔和尙家風〕을 물음에 '문밖에서 글 읽는 이가 와서 말한다〔門外有讀書人來報〕'고 하니 어찌 여기 문안에 있는 내〔我〕가 저기 문밖에 글 읽는 이의 말을 듣는가. 책의 글을 읽고 말한다니 이 말은 물질〔色〕인가 마음〔心〕인가, 말 있음인가 말 없음인가.
　이 공안에 대해 지문조(智門祚)선사가 노래했다.

가는 곳 총림마다 집안 풍속 있지만
또 운문의 일과는 같지 않도다.
문밖에 만약 글 읽는 이가 있다면
안회라 한들 또한 통하지 못하리라.

　在處叢林有家風　且與雲門事不同
　門外若有讀書者　任是顔回亦不通

　문성(文聖) 공자(孔子)의 윗머리 제자 안회(顔回)는, 눈으로 글을 보아 뜻을 아는 사람 가운데 으뜸인데, 안회라도 통하지 못한다 함은 무슨 말인가.
　장산전(蔣山泉)선사가 노래했다.

글 읽는 이가 이르렀으니 반드시 살피라.
줄 없는 거문고는 소리 아는 이 만나기 어렵네.
분명히 맞는 가풍 그대에게 말해주니
디딤돌 없는 층계 나아감이 나는 듯하네.

讀書人到切須看　無絃難遇知音者
端的家風說與君　沒堦趨進翼如也

　문밖 글 읽는 이의 소리가 왜 줄 없는 거문고〔無絃〕 소리와 같은가.
말과 소리 있는 곳에 말과 소리 없음을 이리 보임이리라.
　숭승공(崇勝珙)선사는 노래했다.

　문밖 글 읽는 이가 와서 말하니
　집안 풍속의 일에 가는 티끌 끊어졌네.
　아홉 거리 붉은 분 바른 이들 다 서로 알지만
　다 구슬 발 걷고 버들 피는 것을 봄이로다.

門外讀書人報來　家風底事絶纖埃
九衢紅粉皆相識　盡捲珠簾看柳開

　방안에서 발을 걷고〔捲簾〕 버들 피는 것 봄〔看柳開〕이라 하니 이는
봄이 있음〔有見〕인가 봄이 없음〔無見〕인가. 보는 자〔見者〕를 두고 보는
바〔所見〕를 두어 가림이 있게 되니, 어떻게 해야 가림 없이 봄소식 환
히 볼 것인가. 버들 피는 봄소식은 이미 이르렀지만 발을 거두어야 볼
수 있음을 들어, 보는 자 보는 바에 실로 볼 것 없음을 알아야 참으로
보고 볼 수 있음을 이리 말한 것이리라.
　진정문(眞淨文)선사가 당에 올라 이야기를 들어 말했다.

　여러 선덕들이여, 천 번 듣는 것이 한 번 봄만 못하니 또 어떻게 보는가.
　잠자코 말없이 있다〔良久〕 말했다.
　다만 아주 분명함이 지극하니 뒤집은들 얻는 바를 더디게 함〔遲〕이
다.12)

낱낱이 이 법을 갖추어 날로 쓰고 있음이 분명하여 문밖의 소리를 들음 없이 들으니 알아듣게 한들 더딤이 됨을 이리 말한 것이리라.

운문고(雲門杲)선사는, 장씨와 왕씨 두 장원급제자[張注二壯元]가 총림에 이르니 당에 올라[上堂] 이 이야기[此話]를 들어 말했다.

글 읽는 이[讀書人]가 이미 이 속에 있으니 어떻게 그대들과 서로 보는가[與伊相見].

그리고는 좌우를 돌아보고 말했다

'원수 집이 아니면 머리를 모으지 않는다.'13)

보려 함이 있으므로 보는 바가 있어 본다고 말하나 본다는 것은 실로 봄이 없기 때문에 봄인 것이다. 지금 본다는 것은 봄이 있음인가 없음인가. 이 무엇이라 해야 하는가.

3. 만주스리와 비말라키르티의 둘이 아닌 법문

위의 서른두 보디사트바는 각기 중생이 이것을 이것이라 하고 저것을 저것이라 하여 이것 저것에 두 법 세움으로, 법의 약[法藥]이 되는 말로써 그 병(病)을 깨뜨려 둘이 아닌 법문에 들어감을 보인 것이다. 이제 다시 만주스리와 비말라키르티 두 큰 선지식은 어떻게 둘 아닌 법문[不二法門]에 들어감을 보이는가 살펴보자.

만주스리가 모든 법에 말이 없고 말함 없으며[無言無說] 묻고 답함 떠난 것[離諸問答]이 둘이 아닌 법문에 들어감이라 하니, 비말라키르

---

12) 眞淨文上堂擧此話云 諸德千聞不如一見 又作麼生見 良久云 只爲分明極 飜令所得遲

13) 雲門杲因張注二壯元至 上堂擧此話云 讀書人 已在這裏 且作麼生與伊相見 乃顧視左右云 不是冤家不聚頭

티는 다만 잠자코 말 없었다〔默然無言〕.

그러자 만주스리가 비말라키르티의 말 없음〔無言〕을 찬탄해 참으로 둘 아닌 법문에 들어감〔眞入不二法門〕이라 하니 이 두 큰 선지식은 지금 우리 중생에게 무엇을 가르치고 있는가.

만주스리는 말로써 말에 말과 말함이 끊어진 연기의 진실을 보이고, 비말라키르티의 말 없음은 말 없음으로 두 법 분별하는 병(病)과 분별 떠나는 약(藥)을 모두 없앤 것인가.

우리가 말하고 들을 때, 말하다 말없고 말 없다가 말하는 것은, 말에 말이 없고 말없음에 말없음이 없기 때문에 그럴 수 있는 것이다.

그러므로 만주스리는 서른두 보디사트바가 병과 약을 말하는 것이, 실로 말하고 들을 것 없음을 병과 약을 세워 말로써 그리 보인 것이라고 한 것이다. 그렇다면 비말라키르티의 말없음은 말없음〔無言〕으로 병과 약을 모두 막고 모두 살림〔病藥雙遮雙照〕을 보인 것인가.

비말라키르티의 한 침묵은 말에 말없음과 말없되 말함을 모두 넘어서서, 약과 병이 모두 사라진 본래의 진실을 드러냄이리라.

영가선사 『증도가』는 둘이 아닌 법의 문〔不二法門〕을 이렇게 노래한다.

참됨도 구하지 않고 망념도 끊지 않아
두 모습 모두 공해 모습 없음 깨쳐 알면
모습 없고 공도 없고 공 아님도 없으니
이것이 곧 여래의 진실한 모습이리.

　不求眞　不斷妄　了知二法空無相
　無相無空無不空　卽是如來眞實相

망녕된 마음 버리고서 따로 진리 취함이여
취하고 버리는 뜻 묘한 거짓 이루나니

배우는 이 잘 모르고 닦아 행함을 쓰면
도적을 자식인줄 잘못 앎과 같으리.

　捨妄心　取眞理　取捨之心成巧僞
　學人不了用修行　深成認賊將爲子

중생이 있음〔有〕을 실로 있음〔實有〕이라 집착하여 공(空)을 세운 것
인데 공을 공으로 집착하여 공(空)과 있음〔有〕이 두 법이 된 것이니,
『증도가』는 다시 이렇게 말한다.

아주 없는 공으로 인과를 없앤다면
아득하고 끝이 없이 온갖 재앙 부르리라.
있음 버려 공에 집착해 병 되는 것 이 같으니
물에 빠짐 피하려다 불에 듦과 같으리라.

　豁達空　撥因果　莽莽蕩蕩招殃禍
　棄有著空病亦然　還如避溺而投火

　서른두 보디사트바의 갖가지 병의 지적과 병 다스리는 약방문의 말
들과 비말라키르티의 말없음에 대해 대홍은(大洪恩)선사는 다음과 같
이 노래한다.〔선문염송 62칙〕

바이샬리성 속에서 머리 다투어 내달려
거짓 남쪽별이 참 북두별이라 하네.
도리어 조개와 황새가 둘이 서로 버티다가
잠깐 사이 고기잡이 손에 다 떨어졌네.

　毗耶城裏競頭走　謾謂南星眞北斗
　還如蚌鷸兩相持　須臾盡落漁人手

아무리 좋은 천하의 명약이라도 약을 약으로 집착하면, 약 또한 다스림이 됨을 조개〔蚌〕와 황새〔鷸〕가 서로 물고 있다가 모두 고기잡이 손에 떨어짐으로 비유하여 이리 노래함이리라.

개암 붕(介庵朋) 선사가 비말라키르티의 '잠자코 말없이 있음〔良久〕'을 들어 보이고, 말을 붙였다.
'잘못이다.'
만주스리가 좋다고 찬탄함에 말을 붙였다.
'잘못이다.'
이를 인해 노래〔頌〕를 지었다.

이 잘못이라 함이 어찌 일찍 잘못이리.
크도다, 참으로 나쁘지 않구나.
쇠 소가 한밤에 겹친 빗장을 쳐서 여니
기린을 놀라게 해 일으켜 두 뿔을 부러뜨리네.
잘못이고 잘못이라 함이여,
고타마의 바른 법령이요,
공자의 목탁이로다.

是錯何曾錯　　大哉良不惡
鐵牛半夜闢重關　驚起麒麟折雙角
錯錯 瞿曇正令　夫子木鐸

잘못이라 하고 옳다고 찬탄함이 그름을 깨우쳐 바름을 드러냄이니 그름이 어찌 꼭 그름이고 바름이 어찌 꼭 바름이리. 잘못이라 함에서 허물을 떨치면 해탈의 묘용이 드러나니, 쇠 소가 한밤에 겹친 빗장 열어 내 기린의 두 뿔 부러뜨림이로다. 두 법의 집착을 깨뜨리면 참사람의 이 일을 저 사람의 일이 되게 하고 저 사람의 일을 이 사람의 일이

되게 하리라. 그러니 세간 떠난 위없는 스승 고오타마붇다께서 '세간 다스리는 바른 법령〔正令〕'을 쓰고, 경세(經世)의 성인인 공자가 '출세간 상가의 징표인 목탁(木鐸)'을 치는 것이 어찌 두 법이 되리.

그러므로 꾸중을 듣고 집착을 놓으면 도리어 병 나음의 길이 열리고, 찬탄함을 듣고 그 약을 집착하면 약이 도리어 몸을 다치고 목숨을 해치리라.

천동각(天童覺)선사는 그런 뜻을 이렇게 노래한다.

만주스리가 늙은 비말라키르티 문병하면서
둘 아닌 문이 열리니 잘 가르치는 작가를 보네.
옥돌 가운데 참알맹이 뉘라서 볼 수 있나.
앞을 잊고 뒤를 잃음 꾸짖지 마라.
변화가 구차하게 좋은 옥 안아다 바침이여,
도리어 초왕의 뜰에서 발 잘린 사람이고,
(변화는 옥구슬 안아 바치고서 초왕에 발 잘렸고)
환하고 환해 은혜 갚은 구슬이여,
수성에서 발 잘린 뱀이로다.
(원창이 발 다친 뱀 치료해주니 뱀이 구슬 품어 왔네.)
점검하길 쉬라, 티가 아주 끊겨야 하니
속된 기운 아주 없어야 도리어 비슷하리라.

曼殊問疾老維摩　不二門開看作家
珉表粹中誰賞鑑　忘前失後莫咨嗟
區區抱璞兮 楚庭剕士 璨璨報珠兮 隋城斷蛇
休點破 絶疵瑕 俗氣渾無却較些

서른두 보디사트의 약을 보임이 모두 병 따라 쓰는 약이라 끝내 병과 약 모두 사라짐에 돌아감이니 말의 허물 따라 또 말을 세우지 말아야 한다. 아무리 빛나는 말이라도 그 말은 병을 다스리기 위한 말이라 병이 사라지면 그 말도 사라지는 것이니 말의 겉치레를 따라가서는 안 된다.

집착 떠난 참 선지식의 말에 말이 없고 말함 없되 말함이라면, 어찌 만주스리의 말로 말할 것 없음을 보인 것이 낮은 법이고, 말없음으로 둘이 아닌 법문에 들어감을 보인 비말라키르티의 법이 높은 법이라는 분별을 낼 것인가.

천복일(薦福逸)선사는 이렇게 보인다.

바이샬리성 속 비말라키르티여,
저가 끝내 사무쳤나 사무치지 못했나를 아는가.
금털사자 탄 이가 아직 방에 이르기 전에
한 방을 치운 것이 먼저 새어 흘림이네.
둘 아닌 문을 돌이켜 물음에 미쳐서는
한 덩이 구멍 없는 쇳덩이를 밀쳐내었네.
만주스리가 한 쐐기 내림을 억지로 입고서
천 년 만 년에 올록볼록 무늬를 이루었네.

毗耶城裏維摩詰　知他畢竟徹不徹
金毛師子未到時　一室去除先漏洩
及乎廻問不二門　推出一團無孔鐵
剛被文殊下一楔　千年萬載成凹凸

비말라키르티를 구멍 없는 쇠몽둥이라 하니 비말라키르티의 말없음은 말에 말없음과 말없이 말함을 함께 막음이고〔雙遮〕, 만주스리가 한 쐐기를 내려 구멍 없는 쇠몽둥이에 무늬를 입혀주었다고 하니 만주스리의 말로 둘 아닌 법문 보임이, 도리어 말에 말없음과 말없이 말함을 함께 살림〔雙照〕인가.

여기에 무슨 분별을 붙일 것인가.

학담도 한 노래로 두 큰 선지식〔兩大作家〕의 둘 아닌 법문〔不二法門〕에 들어감을 기리리라.

만주스리가 병문안 하러 바이샬리 이르니
두 작가 얼굴 마주해 말이 다함없었네.
말로써 말없음을 보임과 말없이 잠잠함이
막고 비춤 때 같이 하니 분별하지 말라.

　文殊問疾至毘耶　作家相面說無盡
　以言示無與默然　遮照同時莫分別

비말라키르티의 방에 오직 한 침상이니
하늘 위 하늘 아래 다른 일이 없도다.
둘이 아닌 법문 다시 말함을 쉬라.
밤 되자 달은 밝고 새소리는 아득하네.

　淨名室中唯一床　天上天下無他事
　不二法門休更說　夜來月明遠鳥聲

제10. 뭇 향의 나라 향 쌓임의 붇다를 보인 품〔香積佛品〕

해제

　여러 보디사트바가 비말라키르티의 방에서 둘이 아닌 법문〔不二法門〕을 말하고 나서 밥때가 되었다. 그러자 사리푸트라존자가 '이 보디사트바들이 무엇을 잡수실까?'라는 한 생각을 일으켜, 밥때 대중의 먹을거리 걱정하는 이 작은 인연을 통해, 비말라키르티는 이 덩이밥이 아닌 향내음의 밥, 해탈의 밥〔解脫食〕을 먹는 정토의 땅을 가르친다.

　그리고 이 물든 땅과 저 깨끗한 땅이 서로 융통하며 향적세계 붇다의 가르침과 이 사바 샤카무니의 가르침에 두 법이 없음을 보인다.

　사바세계와 저 향적세계의 모습에 모습이 없으니 두 세계는 둘이되 서로 융통한다. 그러므로 이 사바국토 변화로 된 보디사트바〔化菩薩〕가 헤아릴 수 없는 세계 밖의 향 쌓임의 국토에 가 그 붇다께 예배하고, 저 국토의 향 맡음〔聞香〕으로 법문 듣는 보디사트바가, 여기 사바에 와 샤카무니붇다께 법을 듣는다.

　그러자 샤카무니 세존께선 그들에게 다함 있고 다함없는 해탈법문〔有盡無盡解脫法門〕을 설해, 이 세계와 저 국토의 대중이 다 '남이 없는 법의 참음〔無生法忍〕'을 얻게 하신다.

1. 뭇 향의 나라 향 쌓임 붇다(香積佛)의 일을 보임

이에 사리푸트라가 마음으로 생각했다.

"날이 때가 이르려 하니 이 여러 보디사트바들은 무엇을 잡수셔야 할까?"

그때 비말라키르티가 그 뜻을 알고 말했다.

"붇다께선 여덟 해탈(八解脫)을 설하시고 어진이는 받아 행하시는데 어찌 밥 먹으려 함과 섞어 법을 들으시오? 만약 밥을 드시려면 잠깐 기다리십시오. 그대가 일찍이 있지 않던 밥(未曾有食)을 얻도록 하겠소."[1]

그때 비말라키르티가 곧 사마디(samadhi)에 들어 신통의 힘으로 모든 대중에게 다음 같은 일을 보였다.

"위의 세계로 사십이 강가강 모래 수 붇다의 땅을 지나 나라가 있으니 뭇 향(衆香)이라 이름합니다. 붇다의 이름은 향 쌓임(香

---

1) 이 경문에 대한 영역과 우리말 직역은 다음과 같다.

  Sariputra was thinking of mealtime and of the food for the Bodhisattvas in the meeting when Vimalakirti, who read his thought, said to him: "The Buddha taught the eight forms of liberation which you have received for practice; do you now mix your desire to eat with His Dharma? If you want to eat, please wait for a moment and you will have a rare treat."

  사리푸트라가 밥 먹을 때를 생각하였고 그리고 모임의 보디사트바들이 드실 먹을거리를 생각하였다.
  그때 비말라키르티가 그의 생각을 알고서는 그에게 말했다. '붇다께서는 여덟 형태의 해탈을 가르치셨는데 어느 것이나 그대가 수행을 위해 받아들여 온 것이오. 그런데 그대는 지금 그대의 먹을 욕구와 여래의 다르마를 뒤섞는가요. 그대가 먹기를 바란다면 잠깐 기다리세요. 그대는 아주 보기 드문 대접을 받을 것이오.'

積]이시니 지금 현재 그 나라의 향 내음[香氣]은 이 시방 모든 붇다들의 세계, 하늘과 사람의 향 가운데 가장 으뜸이 되오.

저 땅에는 슈라바카 프라데카붇다의 이름은 없고 오직 청정한 큰 보디사트바의 무리만 있는데, 붇다께서 그들을 위해 법을 설하시오.

그 세계의 온갖 것은, 다 향으로 누각을 짓고, 향기로운 땅을 걸어 다니며, 동산은 다 향으로 되었고 그 먹을거리의 향기는 시방 헤아릴 수 없는 세계에 두루 흐릅니다."

그때 저 붇다께서 여러 보디사트바들과 마침 함께 앉아서 향기로 된 먹을거리를 드시고 계셨다. 여러 하늘무리들이 있었는데 다 '향으로 꾸민 이들[香嚴]'이라 불렀다. 다 아누타라삼먁삼보디의 마음을 내었는데 다 저 붇다와 여러 보디사트바에게 공양하니 이 여러 대중들이 눈으로 보지 않음이 없었다.

於是舍利弗心念 日時欲至 此諸菩薩當於何食 時維摩詰 知其意而語言 佛說八解脫 仁者受行 豈雜欲食而聞法乎 若欲食者且待須臾 當令汝得未曾有食

時維摩詰卽入三昧 以神通力示諸大衆 上方界分 過四十二恒河沙佛土 有國名衆香 佛號香積 今現在 其國香氣 此於十方諸佛世界 人天之香最爲第一 彼土無有聲聞辟支佛名 唯有淸淨大菩薩衆 佛爲說法

其界一切 皆以香作樓閣 經行香地 苑園皆香 其食香氣 周流十方無量世界 時彼佛與諸菩薩 方共坐食 有諸天子皆號香嚴 悉發阿耨多羅三藐三菩提心 供養彼佛及諸菩薩 此諸大衆莫不目見

그때 비말라키르티가 뭇 보디사트바들에게 물어 말했다.

"여러 어진이들이시여, 누가 저 붇다께 가서 밥을 드릴 수 있겠소?"

만주스리의 위신의 힘 때문에 모두 다 말이 없었다.

비말라키르티가 말했다.

"어지신 이 대중으로 부끄럽지 않겠소?"

만주스리가 말했다.

"붇다의 말씀처럼 아직 못 배운 이를 가벼이 보지 말아야 합니다."

그러자 비말라키르티가 자리에서 일어나지 않고 무리의 모임 앞에 있으며 변화로 보디사트바를 지었는데, 좋은 모습〔相好〕 위엄 있는 덕〔威德〕이 아주 빼어나 대중의 모임을 덮었다. 그리고는 말했다.

"그대가 위의 세계로 가 사십이 강가강 모래 수 같은 붇다의 땅을 건너면, 나라가 있을 것이니 뭇 향〔衆香〕이라 이름하고 붇다는 향 쌓임〔香積〕이라 부르시는데 여러 보디사트바들과 같이 앉아 마침 밥을 드시고 계실 것이다. 그대는 그곳에 가서 이르러 나의 말과 같이 다음처럼 말하라.

비말라키르티는 세존의 발아래 머리 숙여 절하고
헤아릴 수 없는 공경으로 문안합니다.
지내심에 병과 걱정 적으시고 기력은 편안하십니까?
바라오니 세존께서 드시고 남은 것을 얻어
사바세계에 붇다의 일을 베풀어 짓고
이 작은 법 즐거워하는 이들이 큰 도 넓힘을 얻어
여래의 이름과 소리가 또한 널리 들리도록 하겠습니다."

時維摩詰 問衆菩薩言 諸仁者 誰能致彼佛飯 以文殊師利威神力故 咸皆

默然 維摩詰言 仁此大衆無乃可恥

　文殊師利曰 如佛所言勿輕未學 於是維摩詰 不起于座 居衆會前 化作菩
薩 相好光明威德殊勝 蔽於衆會 而告之曰 汝往上方界分 度如四十二恒河
沙佛土 有國名衆香 佛號香積 與諸菩薩方共坐食 汝往到彼如我辭曰

　維摩詰 稽首世尊足下 致敬無量問訊

　起居少病少惱 氣力安不

　願得世尊所食之餘 當於娑婆世界施作佛事

　令此樂小法者 得弘大道 亦使如來名聲普聞

　그때 변화의 보디사트바〔化菩薩〕가 곧 모인 대중 앞에서 위쪽으
로 오르니 모든 대중이 다 그가 뭇 향의 세계에 가서 이르러, 붇
다의 발에 절하는 것을 보았다.

　또 그가 다음 같이 말하는 것을 들었다.

　'비말라키르티는 세존의 발아래 머리 숙여 절하고
　헤아릴 수 없는 공경으로 문안합니다.
　지내심에 병과 걱정 적으시고 기력은 편안하십니까?
　바라오니 세존께서 드시고 남은 것을 얻어
　사바세계에 붇다의 일을 베풀어 짓고
　이 작은 법 즐거워하는 이들이 큰 도 넓힘을 얻어
　여래의 이름과 소리가 널리 들리도록 하겠습니다.'

　저 여러 마하사트바들은 변화의 보디사트바를 보고서 '일찍이
있지 않던 일'이라 찬탄하였다. 그리고는 물었다.

　"지금 이 높은 분은 어디서 오셨으며 사바세계는 어디쯤에나
있습니까? 무엇을 작은 법 즐거워하는 이들이라 합니까?"

時 化菩薩卽於會前 昇于上方 舉衆皆見 其去到衆香界 禮彼佛足 又聞其言

維摩詰稽首 世尊足下 致敬無量問訊

起居少病少惱 氣力安不

願得世尊所食之餘 欲於娑婆世界 施作佛事

使此樂小法者 得弘大道 亦使如來 名聲普聞

彼諸大士 見化菩薩 歎未曾有 今此上人從何所來 娑婆世界爲在何許 云何名爲樂小法者

곧 이렇게 묻자 붇다께서 말씀하셨다.

"아래로 사십이 강가강 모래 수 붇다의 땅〔佛土〕을 건너 세계가 있으니 사바(sabbhā: 沙婆)라 이름한다. 붇다는 샤카무니라 부르시니 지금 드러나 계시며 다섯 가지 흐린 악한 세상〔五濁惡世〕에서 작은 법 즐거워하는 중생을 위해, 도의 가르침을 펴서 연설하신다. 저기에 보디사트바가 있으니 비말라키르티라 이름한다.

그는 '사유할 수 없고 말할 수 없는 해탈'에 머물러 여러 보디사트바를 위해 설법하려 하므로 변화의 보디사트바를 보내 와서, 나의 이름을 일컬어 드날리고 이 땅을 찬탄하며, 저 보디사트바들이 공덕을 더욱 늘리도록 한다."

그 보디사트바들이 말하였다.

"그 사람은 어찌하여 이런 변화를 지으며 공덕과 힘〔德力〕 두려움 없음〔無畏〕과 신묘한 선정〔神足〕이 이와 같을 수 있습니까?"

붇다께서 말씀하셨다.

"그의 공덕이 매우 크니 온갖 시방에 다 변화로 된 보디사트바를 보내어 붇다의 일을 베풀어 지어 중생을 이익케 한다."

여기에 향 쌓임의 여래〔香積如來〕께서, 뭇 향의 파트라〔衆香鉢〕에 향의 밥〔香飯〕을 가득 담아서, 변화의 보디사트바에게 주었다.

그때 저 구백만 보디사트바들이 함께 소리를 내어 말했다.

"우리들이 사바세계에 가서 샤카무니붇다께 공양하겠습니다. 그리고 비말라키르티 등 모든 보디사트바의 대중을 뵙고자 합니다."

붇다께서 말씀하셨다.

"가도 좋다. 다만 너희 몸의 냄새〔身香〕를 거두어 저 곳의 중생이 미혹해 집착하는 마음〔惑著心〕을 일으킴이 없도록 하라. 또 너희들의 본모습을 버려서, 저 나라의 보디사트바 구하는 이들이 스스로 못나 부끄럽게 여기지 않게 하라. 또 너희들은 저들에게 가볍게 여기고 낮게 여기는 생각을 품어, 걸리는 생각을 짓지 말라.

왜 그런가. 시방국토가 다 허공과 같기 때문이고, 또 모든 붇다들께서도 모든 작은 법 즐거워하는 이들을 교화하려고, 그 청정한 땅〔淸淨土〕을 다 나타내지 않을 뿐이기 때문이다."

即以問佛 佛告之曰 下方度如四十二恒河沙佛土 有世界名娑婆 佛號釋迦牟尼 今現在於五濁惡世 爲樂小法衆生 敷演道教 彼有菩薩名維摩詰 住不可思議解脫 爲諸菩薩說法 故遣化來 稱揚我名幷讚此土 令彼菩薩增益功德
彼菩薩言 其人何如乃作是化 德力無畏 神足若斯
佛言 甚大 一切十方皆遣化往 施作佛事饒益衆生 於是香積如來 以衆香鉢 盛滿香飯 與化菩薩 時彼九百萬菩薩 俱發聲言 我欲詣娑婆世界 供養釋迦牟尼佛 幷欲見維摩詰等諸菩薩衆
佛言 可往 攝汝身香 無令彼諸衆生起惑著心 又當捨汝本形 勿使彼國求菩薩者 而自鄙恥 又汝於彼 莫懷輕賤而作礙想 所以者何 十方國土皆如虛空 又諸佛爲欲化諸樂小法者 不盡現其淸淨土耳

그때 변화의 보디사트바가 이미 파트라의 밥을 받고 구백만 보디사트바들과 함께 붇다의 위신의 힘과 비말라키르티의 힘을 받아서, 저 세계에서 홀연히 사라져 나타나지 않았다가 잠깐 사이 비말라키르티의 집에 이르렀다.

그때 비말라키르티가 '구백만 사자의 자리'를 변화로 지으니 장엄하고 좋음이 앞과 같았다. 모든 보디사트바들이 다 그 위에 앉았다. 이 변화의 보디사트바가 파트라에 가득 담은 향내의 밥을 비말라키르티에게 드렸다.

밥 향기가 바이샬리 성안에 널리 풍기고 '삼천의 큰 세계〔三千大千世界〕'에까지 미쳤다. 그때 바이샬리 브라흐마나와 거사 등은 이 향 내음을 맡고, 몸과 뜻이 시원스러워져 '일찍이 있지 않음'을 찬탄하였다.

이에 장자 '달의 일산을 주관하는 이〔主月蓋〕'가 팔만사천 사람들을 좇아 비말라키르티의 집에 들어와 그 방 가운데 보디사트바들이 아주 많고 여러 사자의 자리가 높고 넓어 아름답게 꾸며진 것을 보았다. 다 크게 기뻐하고 뭇 보디사트바들과 큰 제자들께 절하고서 한쪽에 머물렀다.

여러 땅의 신〔地神〕 허공신(虛空神)과 욕계(欲界) 색계(色界)의 여러 하늘들이 이 향 내음을 맡고 또한 다 비말라키르티의 집에 들어왔다.

그때 비말라키르티가 사리푸트라 등 여러 큰 슈라바카에게 말했다.

"어진이들이여, 밥을 드십시오. 여래의 '단이슬 맛의 밥〔甘露味飯〕'은 큰 자비가 끼쳐 낸 것이니, 한정된 뜻〔限意〕으로 밥을 먹어서 못 삭히도록 하지 마십시오."

어떤 다른 슈라바카가 생각했다.

'이 밥은 적은데 이 큰 무리의 사람들마다 먹을 수 있겠는가?'

변화의 보디사트바가 말했다.

"슈라바카의 작은 덕과 작은 지혜로 여래의 헤아릴 수 없는 복과 지혜를 저울질해 헤아리지 마시오. 네 바다가 마름이 있어도 이 밥은 다함이 없으니 온갖 사람이 먹게 해도 수메루산과 같아서 나아가 한 칼파에 이른다 해도 오히려 다할 수 없습니다.

왜 그런가요? 다함없는〔無盡〕 계·정·혜·해탈·해탈지견의 공덕〔戒·定·慧·解脫·解脫知見功德〕을 갖춘 사람이 먹고 남긴 것은, 끝내 다할 수 없기 때문입니다."

이에 파트라의 밥〔鉢飯〕으로 뭇 대중의 모임을 다 배부르게 해도 오히려 옛과 같이 줄어들지 않았다. 그 모든 보디사트바와 슈라바카 하늘과 사람으로 이 밥을 먹은 이는 몸이 편안하고 즐거웠다. 비유하면 마치 '온갖 즐거움으로 장엄한 나라〔一切樂莊嚴國〕'에 있는 보디사트바와 같았다. 또 모든 털구멍에서 다 묘한 향〔妙香〕을 내니 또한 '뭇 향의 국토〔衆香國土〕' 모든 나무의 향과 같았다.

時化菩薩既受鉢飯 與彼九百萬菩薩俱 承佛威神及維摩詰力 於彼世界忽然不現 須臾之間至維摩詰舍 時維摩詰 即化作九百萬師子之座嚴好如前 諸菩薩皆坐其上 是化菩薩以滿鉢香飯與維摩詰 飯香普熏毘耶離城 及三千大千世界 時毘耶離婆羅門居士等 聞是香氣 身意快然 歎未曾有

於是長者主月蓋 從八萬四千人來入維摩詰舍 見其室中菩薩甚多 諸師子座高廣嚴好 皆大歡喜 禮衆菩薩及大弟子 却住一面 諸地神虛空神及欲色界諸天 聞此香氣 亦皆來入維摩詰舍

時維摩詰語舍利弗等諸大聲聞 仁者可食 如來甘露味飯 大悲所熏 無以限意食之 使不消也 有異聲聞念 是飯少而此大衆人人當食 化菩薩曰 勿以聲

聞小德小智　稱量如來無量福慧　四海有竭此飯無盡　使一切人食揣　若須彌
乃至一劫猶不能盡　所以者何　無盡戒定智慧　解脫解脫知見功德具足者　所
食之餘　終不可盡
　於是鉢飯悉飽衆會猶故不賜　其諸菩薩聲聞天人食此飯者　身安快樂　譬如
一切樂莊嚴國諸菩薩也　又諸毛孔皆出妙香　亦如衆香國土諸樹之香

2. 사바와 향 쌓임 세계의 법 설함

이때 비말라키르티가 뭇 향 세계 보디사트바에게 물었다.

"향 쌓임 여래〔香積如來〕께서는 무엇으로 법을 설하십니까?"

저 보디사트바가 말했다.

"우리 땅의 여래께서는 문자로 설함이 없으십니다. 다만 뭇 향
으로 모든 하늘과 사람이 비나야(vinaya)의 행〔律行〕에 들어가
게 합니다. 보디사트바들은 각기 향나무 아래 앉아 이 묘한 향을
맡으면, 곧 '온갖 덕의 곳간 사마디〔一切德藏三昧〕'를 얻고 이 사
마디(samadhi)를 얻은 자는 보디사트바에게 있는 모든 공덕을
다 갖춥니다."

그 보디사트바가 비말라키르티에게 물었다.

"지금 세존 샤카무니께서는 무엇으로 법을 설하십니까?"

비말라키르티가 말했다.

"우리 땅의 중생은 억세어 교화하기 어려우므로, 붇다께서는 굳
세고 강한 말을 설해 이들을 고루어 누릅니다. 곧 이렇게 가르치
십니다.

'이는 지옥이고 이는 축생이며, 이는 아귀이다'라고 말하니, 이

모든 어려운 곳은 이 어리석은 사람들이 나는 곳이다. 곧 이 몸의 삿된 행이고 이 삿된 갚음이며 곧 이 입의 삿된 행이고 곧 이 입의 삿된 갚음이며, 곧 이 뜻의 삿된 행이고 이 뜻의 삿된 갚음이다. 이는 산목숨 죽임이고 이 산목숨 죽임의 갚음이며, 이 '주지 않는 것 가짐'이고 이 주지 않는 것 가짐의 갚음이며, 이 '삿된 음행'이고 삿된 음행의 갚음이며, 이 '거짓말함'이고 이 거짓말한 갚음이며, 이 '두 말함'이고 두 말한 갚음이고, 이 '악한 말함'이고 이 악한 말한 갚음이며, 이 '부질없는 말함'이고 이 부질없는 말한 갚음이다.

이 '탐내 미워함'이고 이 탐내 미워함의 갚음이며, 이 '성내 괴롭게 함'이고 이 성내 괴롭게 함의 갚음이며, 이 '삿된 견해'이고 이 삿된 견해의 갚음이며, 이 '아껴 인색함'이고 이 아껴 인색함의 갚음이며, 이 '계 허묾〔毁戒〕'이고 이 계 허묾의 갚음이며, 이 성냄이고 이 성냄의 갚음이며, 이 게으름이고 이 게으름의 갚음이며, 이 '뜻 어지럽힘〔亂意〕'이고 이 뜻 어지럽힘의 갚음이며, 이 어리석음이고 이 어리석음의 갚음이다.

이 계를 맺음〔結戒〕이고 이 계를 지님〔持戒〕이며 이 계를 범함〔犯戒〕이다. 이는 '지어야 할 것'이고 '이는 짓지 말아야 할 것'이며, 이는 '막아 걸림'이고 이는 '막아 걸림 되지 않음'이며, 이는 죄 얻음이고 이는 죄 떠남이며, 이는 깨끗함이고 이는 물듦이며, 이는 샘 있음〔有漏〕이고 이는 샘 없음〔無漏〕이며 이는 삿된 도〔邪道〕이고 이는 바른 도〔正道〕이며, 이는 함 있음〔有爲〕이고 이는 함 없음〔無爲〕이며, 이는 세간이고 이는 니르바나이다.'

'교화하기 어려운 사람'의 마음은 원숭이 같으므로 몇 가지의 법으로 그 마음을 눌러 끌어야 고루어 누를 수 있습니다. 마치 코끼리와 말이 사나워 고루어지지 않으면, 쓰라리고 독함을 더해 뼈골에 사무치게 한 뒤에야, 고루어 누르게 됨과 같습니다.

이와 같이 억세고 강해 중생은 교화하기 어려우므로 온갖 괴롭게 하는 말을 써야 비나야(vinaya, 律)에 들어갈 수 있습니다."

저 모든 보디사트바들이 이 말을 듣고서는 다 일찍이 있지 않음〔未曾有〕이라 하여 다음 같이 말하였다.

"세존이신 샤카무니 붇다께서 그 '헤아릴 수 없는 자재의 힘〔無量自在之力〕'을 숨기시고, 즐거워하는 법을 줄여, 중생을 건네 벗어나게 하듯이, 이 모든 보디사트바들도 또한 낮춤에 힘쓸 수 있어, 헤아릴 수 없는 큰 자비〔無量大悲〕로 이 붇다의 땅에 나십니다."

爾時維摩詰 問衆香菩薩 香積如來以何說法 彼菩薩曰 我土如來無文字說 但以衆香令諸天人得入律行 菩薩各各坐香樹下 聞斯妙香 卽獲一切德藏三昧 得是三昧者 菩薩所有功德皆悉具足

彼諸菩薩問維摩詰 今世尊釋迦牟尼以何說法 維摩詰言 此土衆生剛强難化故 佛爲說剛强之語以調伏之 言是地獄是畜生是餓鬼 是諸難處是愚人生處 是身邪行是身邪行報 是口邪行是口邪行報 是意邪行是意邪行報 是殺生是殺生報 是不與取是不與取報 是邪婬是邪婬報 是妄語是妄語報 是兩舌是兩舌報 是惡口是惡口報是 無義語是無義語報

是貪嫉是貪嫉報 是瞋惱是瞋惱報 是邪見是邪見報 是慳悋是慳悋報 是毁戒是毁戒報 是瞋恚是瞋恚報 是懈怠是懈怠報 是亂意是亂意報 是愚癡是愚癡報 是結戒是持戒是犯戒 是應作是不應作 是障礙是不障礙 是得罪是離罪 是淨是垢 是有漏是無漏 是邪道是正道 是有爲是無爲 是世間是涅槃

以難化之人心如獼猴故 以若干種法制御其心乃可調伏 譬如象馬儱悷不調 加諸楚毒乃至徹骨然後調伏 如是剛强難化衆生故 以一切苦功之言乃可入律 彼諸菩薩聞說是已 皆曰未曾有也

如世尊釋迦牟尼佛 隱其無量自在之力 乃以貧所樂法度脫衆生 斯諸菩薩
亦能勞謙 以無量大悲生是佛土

비말라키르티가 말했다.

"이 땅의 보디사트바들은 모든 중생에 큰 자비가 굳건하여 참
으로 말씀한 바와 같습니다. 그러니 그 한번 나는 세상(一世)의
중생 이익되게 함(饒益衆生)은 저 나라에서 백천 칼파의 행보다
많습니다. 왜 그런가요? 이 사바세계에는 '열 가지 일의 착한 법
(十事善法)'이 있는데 모든 다른 정토에는 있지 않은 것입니다.
어떤 것이 열인가요?

보시(布施)로 가난해 없는 이를 거둡니다.

맑은 계(淨戒)로 금함 허무는 이(毀禁)를 거둡니다.

욕됨 참음(忍辱)으로 성냄을 거둡니다.

정진(精進)으로 게으름을 거둡니다.

선정(禪定)으로 어지러운 뜻을 거둡니다.

지혜(智慧)로 어리석음을 거둡니다.

어려움 없애는 법(除難法)을 설해, 여덟 어려운 일(八難)을 건
네줍니다.

마하야나(mahayāna)의 법(大乘法)으로 히나야나(hinayāna)
의 작은 수레 좋아하는 이들을 건네줍니다.

여러 착한 뿌리(諸善根)로 덕 없는 이들을 건져줍니다.

늘 네 거둠(四攝)으로 중생을 성취합니다.

이것이 열 법입니다."

維摩詰言 此土菩薩於諸衆生大悲堅固 誠如所言 然其一世饒益衆生 多於彼
國百千劫行 所以者何 此娑婆世界有十事善法 諸餘淨土之所無有 何等爲十

以布施攝貧窮 以淨戒攝毀禁 以忍辱攝瞋恚 以精進攝懈怠 以禪定攝亂意 以智慧攝愚癡 說除難法度八難者 以大乘法度樂小乘者 以諸善根濟無德者 常以四攝成就衆生 是爲十

저 보디사트바가 말했다.

"보디사트바가 몇 가지 법을 성취해야 이 세계에서 부스럼과 흠집이 없음을 행해 정토(淨土)에 나겠습니까?"

비말라키르티가 말했다.

"보디사트바는 여덟 법〔八法〕을 성취해야 이 세계에서 부스럼 없고 흠집 없음을 행해 정토에 납니다. 어떤 것이 여덟인가요?

중생을 이익되게 하지만〔饒益衆生〕 그 갚음을 바라지 않습니다.

온갖 중생을 대신해 모든 괴로움을 받되〔代一切衆生受諸苦惱〕 지은 공덕을 다 베풀어줍니다.

평등한 마음으로 중생에게 겸손히 낮추어〔等心衆生謙下〕 걸림이 없습니다.

모든 보디사트바 보기를 붇다와 같이〔視之如佛〕 합니다.

아직 듣지 못한 경〔所未聞經〕을 듣고 의심하지 않습니다〔聞之不疑〕.

슈라바카와 더불어 서로 어긋나 등지지 않으니〔不相違背〕 저들에게 공양함을 미워하지 않습니다.

자기 이익〔己利〕을 높이지 않고, 그 가운데서 그 마음을 고루어 누릅니다.

늘 자기 허물을 살피고〔常省己過〕 저들의 짧음〔彼短〕을 따지지 않습니다.

늘 한마음으로 모든 공덕을 구합니다〔以一心求諸功德〕.

이것들이 여덟 법[八法]입니다."

비말라키르티와 만주스리가 대중 가운데서 이 법을 설할 때,
백천의 하늘과 사람들이 다 아누타라삼먁삼보디의 마음을 내었
고, 일만[十千]의 보디사트바가, '남이 없는 법의 참음[無生法忍]'
을 얻었다.[2]

彼菩薩曰 菩薩成就幾法 於此世界行無瘡疣生于淨土
維摩詰言 菩薩成就八法 於此世界行無瘡疣生于淨土
何等爲八 饒益衆生而不望報 代一切衆生受諸苦惱 所作功德盡以施之 等
心衆生謙下無礙 於諸菩薩視之如佛 所未聞經聞之不疑 不與聲聞而相違背
不嫉彼供 不高己利 而於其中調伏其心 常省己過不訟彼短 恒以一心求諸
功德 是爲八法
維摩詰文殊師利 於大衆中說是法時 百千天人皆發阿耨多羅三藐三菩提心
十千菩薩得無生法忍

---

2) 마지막 경문에 대한 영역과 우리말 직역은 다음과 같다.

   After Vimalakirti and Mañjuśri had thus expounded the
   Dharma, hundreds and thousands of devas developed the
   mind set on supreme enlightenment, and ten thousand
   Bodhisattvas realized the patient endurance of the uncreate.

   비말라키르티와 만주스리가 다르마에 대해 깊이 이야기한 뒤에 백과 천
   의 하늘신들이 마음을 발전시켜 최상의 깨달음 위에 두었다. 그리고 만
   보디사트바들이 만들어지지 않는 참음을 실현하였다.

평석

1. 뭇 향의 나라 일을 보임

연기법에서 중생의 업(業)은 세계를 통해 일어나고, 세계는 업을 따라 나타난다〔順業發現〕. 그러므로 사바의 이 국토는 사바중생의 업 따라 발현된 세계이니 업의 부름〔業感〕이 다름을 따라 다른 세계가 연기한다. 여기 이 세계가 있으면 저기 저 세계가 없지 않다. 어찌 사바세계 중생의 눈에 비치는 하늘과 땅으로 창조주를 말하고 조물주를 말할 것인가. 모두 중생의 어리석음이 만들어낸 환상이고 꿈일 뿐이다.

중생이 향냄새를 맡음은, 안의 아는 뜻 뿌리〔意根〕와 냄새 맡는 코 뿌리〔鼻根〕, 냄새의 경계〔香境〕가 만나 냄새의 앎〔鼻識〕을 일으킴이다. 아는 뜻 뿌리에 실로 아는 자가 없고 아는 바 저 냄새에도 실로 알 바 없으므로 아는 자와 아는 것이 어울려 지금 냄새의 앎〔鼻識〕을 일으킨 것이니, 냄새는 냄새도 아니고 냄새 아님도 아니다.

보디사트바가 냄새를 맡되 냄새가 냄새 아님을 알면 그는 냄새가 냄새 아닌 성품의 땅〔性地〕에 이미 선 자이고, 성품의 땅에서 냄새 아닌 냄새의 앎〔鼻識〕을 일으키되 여섯 앎〔六識〕의 일이 서로 서로 융통한 줄 알면, 그는 성품의 땅에서 냄새로 붇다의 일을 짓고 보디사트바의 행을 일으킬 수 있는 자이다.

곧 냄새가 냄새 아니되 냄새 아님도 아닌 성품의 향〔性香〕은 성품의 빛깔〔性色〕, 성품의 맛〔性味〕에 융통하니, '참으로 공한 성품의 향〔眞空性香〕'이 짓지 못할 것이 무엇이겠는가. 그러니 가없는 법계에 성품의 향〔性香〕으로 붇다의 일〔佛事〕과 법 설함〔說法〕을 행하고, 성품의 향으로 밥을 먹는 상가가 어찌 없겠는가.

지금 냄새를 맡되 그 냄새가 냄새 아니되 냄새 아님도 아님을 알면, 지금 이 자리 이 땅의 냄새 맡음을 떠나지 않고 뭇 향의 나라 성품의 향을 맡는 자이다. 그러나 냄새에 분별을 일으켜 취하고 버림을 내면, 묘한 향〔妙香〕의 국토는 십만 억 국토 아득한 저 밖이 될 것이다.

저 사리푸트라께서 짐짓 덩이밥에 분별을 일으키므로, 성품의 향으로 붇다의 일 짓는 아득히 먼 나라를 보였으나 그 나라가 어찌 멀 것인가. 지금 보고 들음〔見聞〕을 떠나지 않고 냄새 맡음〔聞香〕을 떠나지 않는다.

천태선사가 『마하지관』에서 '한 빛깔 한 냄새도 중도실상 아님이 없다〔一色一香無非中道〕'고 하였으니, 중도실상을 바로 알면 지금 보고 맡는 빛깔과 냄새가 곧 그 국토이다.

그리고 슈라바카의 큰 제자 사리푸트라께서, 짐짓 낮은 행을 나투어 덩이밥의 분별을 일으켜 비말라키르티로 하여금 저 뭇 향의 나라 '향 쌓임 붇다'의 일을 말하게 하였으나, 소리 들어〔聞聲〕 이미 배울 것 없음〔無學〕에 나아간 분이, 어찌 냄새 맡음〔聞香〕에서 지혜의 흐름을 거스를 것인가.

소리 듣고 냄새 맡음에서 실로 들을 것 없고 맡을 것 없음을 알면, 그가 덩이밥〔段食〕을 먹되 해탈의 밥〔解脫食〕을 먹는 자이며, 선정의 밥〔禪悅食〕, 법의 기쁨의 밥〔法喜食〕을 먹는 자이다.

2. 두 세계의 보디사트바들이 서로 가고 오며 붇다세존께 귀의하고 공양함

연기법에는 이것이 있으면 저것이 있으니 물든 땅이 있으면 깨끗한 땅이 있다. 두 땅 두 곳의 차별은 서로 말미암아 있어서 그 있음은 있되 공하고, 두 곳 두 땅은 모습 없는 성품의 땅에 모습 아닌 모습으로 있다. 그러므로 두 곳 보디사트바의 타방세계의 세존께 서로 가서 절함과, 세존의 절 받음이 한마음의 연기이며, 두 대중의 가고 옴이 늘 고요한 빛의 땅〔常寂光土〕에서 옴이 없이 오고 감이 없이 감인 것이다.

두 곳의 중생 업이 차별되므로 몸이 다르고 목숨이 다르나, 그 차별은 평등속의 차별이다. 그러므로 모습[相]과 모습 없는 성품[性]이 둘이 아님을 통달한 큰 보디사트바는 한 몸을 변화해 여러 몸이 되게 하고 큰 몸을 줄여 작은 몸이 되게 하나, 그 변화가 평등 속의 차별이므로 변화에 변화의 자취가 없다.

보디사트바는 그 세계 중생의 업을 따라 모습 아닌 모습을 변화하되 진여(眞如)를 떠나지 않고, 진여를 떠나지 않되 세간 구제의 원을 따라 신묘한 변화를 일으킴 없이 일으킨다.

그렇다면 저 향 쌓임의 세계 보디사트바들이 담아온 파트라의 향 내음이 어찌 꼭 밖에서 온 향 내음이라 할 것인가. 이 고난의 땅 사바에서 우리 중생이 맡는 흙냄새 풀냄새가 냄새 아닌 냄새인 줄 알면, 그 냄새가 곧 저 향 쌓임 세계 다함없는 향 쌓임의 곳간[香積藏]에서 퍼 올리는, 묘한 향[妙香], 참된 향[眞香], 성품의 향[性香]인 것이다.

샤카무니 붇다께서 머무신 이 사바(sabhā)세계는 괴로움과 즐거움이 뒤얽혀, 참아야만 살아갈 수 있는 시련의 땅이다. 이 억센 땅 거친 중생을 가르치기 위해 샤카무니께서는 그 중생이 알아듣는 언어 문자 행을 일으켜 중생을 깨우치신다.

성도(成道)의 새벽부터 니르바나의 밤까지, 때로 인연으로 이루어지는 사제(四諦)의 법을 설하고, 열두 연기[十二緣起]의 법을 보이며, 때로 여섯 파라미타[六度]를 설하시니 이 세 수레의 법[三乘法]은 하나인 수레의 법[ekayāna-dharma, 一乘法]을 방편을 세워 세 법으로 설한 것이다.

그러므로 여래의 설법에 언교의 차별이 있으나, 그 법에 두 모습이 없어 오직 한맛의 법[一味法]이며, 한생 헤아릴 수 없는 언교를 설하셨지만 실로 한 글자도 설함이 없는 것이다.

저 향 쌓임 붇다의 땅은, 이미 소리[聲]와 빛깔[色] 냄새[香]에서 얻을 모습을 보지 않는 지혜로운 사람이 나는 곳이라 말로 법을 설하지 않는다. 그러나 말에 말 없고 냄새에 냄새 없는 참말〔眞言〕과 성품의 향〔性香〕으로, 붇다의 일을 짓는 보디사트바에게는 성품의 향〔性香〕, 말 아닌 참말〔眞言〕이, 다시 문자가 되고 말이 되어 중생세간을 장엄하는 것이다.

몸을 나툰 두 세계가 다르나 실상을 깨친 두 붇다의 법에는 두 법이 따로 없다. 그러므로 사바의 땅 샤카세존의 설법 음성을 듣되, 말에 말 없음을 깨친 이는, 말 속에서 향 쌓임의 나라 성품의 향〔性香〕을 일으켜 보디사트바의 도를 행할 수 있다.

또 저 향 쌓임의 나라 냄새로 설법하는 곳에서 냄새가 냄새 아니되 냄새 아님도 아님을 아는 자에게는 성품의 향〔性香〕이 언어 문자가 되고 세간국토가 되는 것이다. 이처럼 중생에게 보이는 교화의 방편이 다르다고 두 여래가 깨쳐 쓰는 '에카야나의 법〔一乘法〕'에 어찌 두 법이 있고 둘 되는 다른 길이 있겠는가.

3. 여러 선사들의 법어로 살핌

여래의 가르침을 몸소 체달하신 여러 선사들의 법어로 살펴보자.
영가선사(永嘉禪師)의 『증도가』는 여기 이 국토의 이 법이 저기 저 국토의 법과 다름없어서 이 국토에서 덩이밥을 먹되, 실로 먹음 없으며 저 국토에서 향 내음으로 밥을 먹되, 성품의 향이 물질이 되고 문자가 되는 뜻을 이렇게 보인다.

네 큰 요인 놓아버려 붙잡아 쥐지 말고
고요한 성품 가운데서 먹고 마심 실컷 하라.
모든 행 덧없어서 온갖 것 공함이 바로
여래의 크고 두렷한 깨침이로다.

放四大　莫把捉　寂滅性中隨飮啄
諸行無常一切空　卽是如來大圓覺

그렇다면 소리와 빛깔 냄새에서 모습을 무너뜨리지 않고, 소리와 냄새를 넘어서는 자가 소리와 냄새로 붇다의 일을 짓고 소리와 냄새로 정토를 장엄하는 자라 할 것이니, 다시 옛 선사들의 다른 법어로 살펴보자.

풍혈(風穴)선사에게 어떤 승려가 물었다.〔선문염송1248칙〕

말과 침묵이, 드러남과 숨음〔離微〕을 거치니 어떻게 통하여 범하지 않습니까.

　語默涉離微　如何通不犯

그로 인해 선사가 말했다.

늘 강남 삼월 속을 생각하니
자고새 우는 곳에 백 가지 꽃 향기롭다.3)

　常憶江南三月裏　鷓鴣啼處百化香

설한풍 치는 북녘 땅에서 강남땅 삼월을 생각하니 '자고새 우는 곳 백 가지 꽃 향기롭다' 하니, 지난 봄 꽃향기는 어디로 갔다 자고새 우짖을 때 백 가지 꽃향기 어우러지는가.
이에 대해 해인신(海印信)선사는 이렇게 노래한다.

자고새 우는 곳에 백 가지 꽃 향기롭다니

---

3) 風穴因僧問 語默涉離微 如何通不犯 師云 常憶江南三月裏 鷓鴣啼處百花香

손뼉 치고 하하 한바탕 웃노라.
지난해 노닐어 다닌 곳 기억하므로
님 보내는 구름 언덕 기우는 저녁 빛에 서 있노라.

　　鷓鴣啼處百花香　撫掌呵呵笑一場
　　因憶昔年遊歷所　送人雲塢立斜陽

　이는 일고 지며 만나고 헤어지는 빛과 향기의 물결 속에, 무너지지
않는 삶의 뜻이 있으며, 빛과 향기의 다함없는 곳간이 있음을 이리 노
래한 것이리라.
　운문 고(雲門杲, 대혜)선사는 다시 이렇게 노래한다.

　홀연히 문 나서자 먼저 길을 보고
　겨우 발을 씻고 나자 곧 배에 오른다.
　신선의 비결이란 참으로 아까우니
　어버이 자식 비록 친해도 전하지 못하네.

　　忽爾出門先見路　纔方洗脚便登船
　　神仙秘訣眞堪惜　父子雖親不敢傳

　이는 빛깔이 가자 또 빛깔이 오고, 나귀 일〔驢事〕이 가기 전에 말 일
〔馬事〕이 옴이, 온전히 진여(眞如)의 소식임을 이리 보인 것이리라.
　개암 붕(介庵朋)선사는 이렇게 말한다.

　붇다의 법이라는 짐 놓아버리니
　발걸음 가벼움을 아주 잘 알게 된다.
　모기 등에가 큰 바다를 삼키고
　검은 암소가 창 난간을 지나간다.

　　放下佛法擔　軒知去就輕

蚊虻呑巨海　水牯過窻櫳

　따로 구해야 할 법을 보지 않고 소리와 향기의 바다에서 실로 남이
없는 그 밑뿌리를 살피면, 법과 법이 융통한 삶의 자유가 현전한다.
　그러니 저 뭇 향의 나라 미묘한 향〔妙香〕을 어찌 따로 구할 것인가.
이곳 바이샬리성 풀잎 향기 바닥없는 밑뿌리를 보면 이곳을 여의지 않
고 향 쌓임 붇다께 공양하리라. 그리고 뭇 향의 국토 미묘한 향으로
여기 사바국토의 상가대중에 베풀며, 향으로 붇다의 일〔佛事〕을 지어
사바세계를 장엄할 수 있으리라.
　학담도 옛 조사의 뜻을 이어 한 노래로, 비말라키르티의 향 쌓임 여래
공양하는 행에 함께하리라.

　사바와 향 쌓임의 국토 비록 멀리 떨어졌지만
　빛깔과 소리 냄새 가운데 맛을 받지 않고서
　묘한 향을 나타내 붇다의 일 짓는다면
　이곳을 떠나지 않고 저 붇다를 뵈오리.

　　娑婆香積雖遠隔　色聲香中不受味
　　顯出妙香作佛事　不離此處見彼佛

　자고새 우는 곳에 백 가지 꽃 향기로움
　따로 도리가 없으니 물어 찾지 마라.
　향 내음 맡되 맡음 없고 맡음 없음도 없으면
　뭇 향의 세계 붇다를 받들어 공양하고
　그 세계 붇다로부터 향 파트라 받으리.

　　鷓鴣啼處百化香　別無道里莫問覓
　　聞香無聞無無聞　奉供香積受香鉢

제10 뭇 향의 나라 향 쌓임의 붇다를 보인 품 · 693

빛깔 소리 냄새 가운데 시끄럽게 움직임 없이
묘한 향으로 법을 설해 중생 건네주어
함이 있음 다하지 않고 함 없음에 머물지 않으면
이 해탈의 법은 마쳐 다하지 않으리라.

色聲香中無煩動　妙香說法度衆生
不盡有爲不住無　此解脫法無窮盡

제11. 보디사트바의 행을 보인 품[菩薩行品]

해제

인연으로 있는[緣起有] 모든 법의 실상[諸法實相] 밖에, 여래의 보디(bodhi)가 없으니 사바세계 '샤카무니붇다의 법'과 저 뭇 향의 세계 '향 쌓임 붇다[香積佛]의 법'이 둘이 아니다.

경의 이 품은 저 뭇 향의 세계 여러 보디사트바들이, 사바세계 샤카무니붇다께 법을 청해 묻자 여래 세존께서 그들에게 다함 있고[有盡] 다함없는[無盡] 두 가지 법문을 설해주신 품이다.

함이 있는 법[有爲法]은 다함 있고, 함이 없는 법[無爲法]은 다함없다. 그러나 연기법의 실상에 돌아간 보디사트바는 세간 법이 있되 공해 '다함 있는[有盡] 함이 있는 법을 다하지 않고[不盡有爲]', '다함없는[無盡] 함이 없는 법에는 머물지 않는다[不住無爲].' 이 보디사트바는 나고 나며 짓고 짓는 세간법을 떠나지 않고 성품의 일을 지으며 보디사트바의 행을 지음 없이 짓는다. 왜인가. 함이 있는 세간 인연법이 곧 나고 사라짐이 없기 때문이고, 함이 없는 법을 떠나지 않고 세간 인연의 나고 사라짐이 있기 때문이다.

연기로 있는[緣起有] 세간법의 실상 밖에 여래의 보디가 없는데 여기 사바세계 샤카무니의 법과 저 뭇 향의 국토 향 쌓임 여래의 법에 어찌 두 법이 있겠는가.

그러므로 여기 비말라키르티 장자가 변화해낸 보디사트바는, 저 세계 붇다에게 가서 법을 묻고, 향 쌓임 붇다[香積佛]의 상가 보디사트바들이 곧 이 사바세계 바이샬리성 샤카무니붇다 처소에 와서 법을 물어서, 세존께서 '보디사트바의 행'을 설하시는 것이다.

　두 붇다의 법이 곧 모든 법의 실상[諸法實相]이므로 법에 두 모습이 없고, 사바의 물든 모습과 뭇 향의 세계 깨끗한 모습도 평등 속의 차별이므로 향쌓임의 국토가 사바를 떠나지 않고 사바의 이 물든 땅이 이미 정토의 공덕을 갖추고 있다.

　그래서 저 세계 여러 보디사트바와, 비말라키르티 만주스리가 법을 듣고자 샤카붇다 처소에 오는 법의 인연으로, 바이샬리가 금색으로 변하고, 성안 가득 뭇 향의 국토, 밥 향기가 풍기는 것이다.

　이곳 샤카여래께서 저 국토 보디사트바들에게 설한 보디사트바의 행은, '함이 있음을 다하지 않고[不盡有爲] 함이 없음에 머물지 않는[不住無爲] 해탈의 법문'이다. 그 법문은 말로 설했으나 말에 말 없으니 그 해탈의 법문은 성품의 덕[性德] 성품의 향[性香]이 내는 법의 소리이고 법의 향이다. 그 법의 소리, 법의 향이 다시 성품의 향[性香]이 되니, 저 세계 보디사트바가 법을 듣고는, 다시 향 쌓임 붇다[香積佛]의 세계에 감이 없이 돌아간 것이다.

1. 암라나무 동산의 상서

이때 붇다께서는 암라나무 동산에서 법을 설하고 계셨는데 그 땅이 홀연히 '장엄의 일〔嚴事〕' 등이 넓어지고, 온갖 모인 무리 등이 다 황금빛깔〔金色〕이 되었다.

아난다가 붇다께 말씀드렸다.

"무슨 인연으로 이런 상서의 응함〔瑞應〕[1]이 있어, 이곳이 홀연히 '장엄의 일〔嚴事〕' 등이 넓어지고 온갖 모인 무리들이 다 황금 빛깔〔金色〕이 되었습니까?"

붇다께서 아난다에게 말씀하셨다.

"이 비말라키르티와 만주스리가 여러 대중에 공경히 둘러싸여 뜻을 내, 오려고 하였으므로 먼저 상서의 응함이 있는 것이다."[2]

---

1) 상서의 응함〔瑞應〕: 승조법사가 말했다.

　'지극한 사람은 항상한 곳〔常所〕이 없으니 진리의 만남이 이웃이다. 여래와 비말라키르티는 비록 옷이 다르고 머무는 곳이 다르지만 묘한 있음〔妙存〕으로 있음을 있게 한다〔有在〕. 이런 까닭에 오고가며 교화를 일으켜 함께 사유할 수 없고 말할 수 없는 도를 넓힌다. 그로 인해 병문안 하도록 사람을 보내니 밝힌 바는 위와 같다. 지금 여래께서 이 수트라를 마감해 닫음에 나아가려 하므로 먼저 이 상서를 나타내어 뭇 마음을 열어주는 것이다.'

　至人無常所 理會是鄰 如來淨名 雖服殊處異 然妙存有在 所以來往興化 共弘不思議道也 因遣問疾 所明若上 今將詣如來封印慈典 故先現斯瑞 以啓羣心者也

2) 서두의 경문에 대한 영역과 우리말 직역은 다음과 같다.

　The Buddha was expounding the Dharma at Amravana park which suddenly became majestic and extensive while all those present turned golden hued.

　Ananda asked the Buddha: "World Honoured One, what is the cause of these auspicious signs, why does this place

이에 비말라키르티가 만주스리에게 말하였다.

"같이 붇다와 여러 보디사트바들을 뵙고 절하며 섬기고 공양해
야 합니다."

만주스리가 말했다.

"좋습니다, 가십시다. 지금이 바로 이때입니다."

비말라키르티가 곧 신묘한 힘[神力]으로 그 여러 대중과 사자의
자리[師子座]를 잡아, 오른 손바닥에 두고 붇다 계신 곳에 가서
이르른 다음, 땅에 내려놓고는 붇다의 발에 머리 숙여 절하고,
오른쪽으로 일곱 번 두르고서는 한마음으로 두 손 모으고 한쪽
에 섰다.

그 모든 보디사트바들이 곧 다 자리를 피해 붇다의 발에 머리
를 조아려 절하고 또한 오른쪽으로 일곱 번 두루고서는 한쪽에
섰다. 모든 큰 제자들과 샤크라하늘왕, 브라흐마하늘왕, 네 하늘
왕 등이 또한 다 자리를 피해 붇다의 발에 머리 숙여 절하고 한

---

become extensive and majestic and why does the assembly
turn golden hued?"

The Buddha replied: "This is because Vimalakirti and
Mañjuśrī, with their followers circumambulating them, want to
come here; hence these auspicious signs."

붇다께서 암라나무 동산에서 다르마를 설명하고 계셨는데, 모든 것이 황
금빛으로 변하는 동안 어떤 것이나 장엄하게 되고 넓어졌다.

아난다가 붇다께 여쭈었다. '세상에서 존경받는 한 분이시여, 이 상서로
운 광경의 원인은 무엇입니까. 왜 이 장소가 넓어지고 장엄하게 되었습니
까, 왜 이 모임의 무리들이 황금빛으로 바뀌었습니까?'

붇다께서 대답하셨다. '이것은 비말라키르티와 만주스리가 그들을 에워
싸고 있는 따르는 이들과 함께 이곳에 오려고 하였기 때문에 이러한 상
서가 있는 것이다.'

쪽에 섰다.

是時 佛說法 於菴羅樹園 其地忽然 廣博嚴事 一切衆會皆作金色 阿難
白佛言 世尊 以何因緣 有此瑞應 是處忽然 廣博嚴事 一切衆會 皆作金色
　佛告阿難 是維摩詰 文殊師利 與諸大衆 恭敬圍繞 發意欲來故 先爲此瑞
應
　於是維摩詰 語文殊師利 可共見佛 與諸菩薩 禮事供養 文殊師利言 善哉
行矣 今正是時 維摩詰卽以神力 持諸大衆幷師子座置於右掌 往詣佛所 到
已著地 稽首佛足右遶七匝 一心合掌在一面立
　其諸菩薩卽皆避座 稽首佛足 亦繞七匝 於一面立 諸大弟子釋梵四天王等
亦皆避座 稽首佛足在一面立

2. 향 쌓임의 분다〔香積佛〕의 나라 보디사트바들의 향냄새

이에 세존께서 법답게 여러 보디사트바들을 위로해 물으신 뒤
각기 다시 앉게 하셨다. 곧 가르침을 받은 대중이 앉고 나니 분
다께서 사리푸트라에게 말씀하셨다.

"그대는 보디사트바 마하사트바들의 자재하고 신묘한 힘이 하
는 것을 보았는가?"

"예, 그렇습니다. 이미 보았습니다."

"그대 뜻에는 어떠한가?"

"세존이시여, 저는 그분들의 함〔其爲〕이 '사유할 수 없고 말할
수 없음'을 보았으니 뜻으로 알 바가 아니고, 헤아려 가늠할 것
이 아닙니다."

이때 아난다가 분다께 말씀드렸다.

"세존이시여, 지금 맡은 향은 옛부터 있지 않았는데 이는 무슨

향입니까?"

붇다께서 아난다에게 말씀하셨다.

"이는 저 보디사트바들의 털구멍〔毛孔〕의 향이다."

이에 사리푸트라가 아난다에게 말했다.

"우리들의 털구멍도 또한 이 향을 내오."

아난다가 말했다.

"이는 어디에서 옵니까?"

말했다.

"이는 장자 비말라키르티가 뭇 향의 나라〔衆香國〕에서 가져온 붇다의 남은 밥〔佛餘飯〕에서 나온 것이니, 집에서 먹은 자는 온갖 털구멍에서 향이 이와 같소."

아난다가 비말라키르티에게 물었다.

"이 향기는 얼마나 오래 머무릅니까?"

비말라키르티가 말했다.

"이 밥이 없어질 때까지입니다."

"이 밥은 얼마나 되어야 없어집니까?"

"이 밥의 힘은 이레〔七日〕 뒤에야 없어집니다.3) 또 아난다시여,

---

3) 이레 뒤에야 없어짐: 모습이 있는 모든 법은 인연을 따르지 않음이 없다. 향밥의 비유로 이 방등경의 법력이 사유할 수 없음을 보이지만 이레의 기한을 두어, 믿음이 없는 이라도 이 향기의 밥을 먹으면 이레면 믿음이 갖춰짐을 말한다.

구마라지바 법사가 말했다.

이레가 되면 없어짐에는 두 인연이 있다. 어떤 이가 향의 밥을 먹고 밥이 때가 되어도 없어지지 않으면 마음이 반드시 싫증내 버리게 된다. 그러므로 오래지 않도록 한다. 또한 도를 얻을 자는 밥 기운이 풍기는 때가 이레를 지나지 않아 반드시 거룩한 도를 이룬다. 마치 도의 자취가 일곱인 것과 같으니, 세존께서 나시자 일곱 걸음〔七步〕 걸으시고 뱀의 이가

만약 슈라바카의 사람으로 아직 바른 지위〔正位〕에 들지 못하고 이 밥을 먹은 이는 바른 지위에 들어간 뒤에야 없어지고,4) 이미 바른 지위에 들어가고 이 밥을 먹은 이는 마음의 해탈〔心解脫〕을 얻은 뒤에야 없어집니다.

아직 마하야나의 뜻〔大乘意〕을 내지 못하고 이 밥을 먹은 이는 뜻을 낸 뒤에야 없어지고, 이미 뜻을 내고 이 밥을 먹은 이는 '남이 없는 참음〔無生忍〕'얻은 뒤에야 없어지며, 이미 남이 없는 참음 얻고서 이 밥을 먹은 이는'한생 붇다 돕는 자리〔一生補處〕'를 얻고서야 없어집니다.

비유하면 어떤 약이 있어 뛰어난 맛〔上味〕이라 이름하는데 그것을 복용한 사람은 몸의 모든 독이 사라진 뒤에야 없어지는 것과 같습니다. 이 밥도 이와 같이 온갖 모든 번뇌의 독〔煩惱毒〕을 모두 없앤 뒤에야 없어집니다.5)"

이레에 나는 것과 같아, 힘이 일곱 걸음을 지나지 않아서 일이 반드시 오래지 않아도 된다. 그러므로 이레를 넘지 않게 한 것이다.

什公曰 七日乃消 有二因緣 或有食香飯 飯不時消 心必厭捨 故不令久也 亦云應得道者 飯氣時薰 不過七日 必成聖道 如道跡七生七步蛇嚙等 勢不過七步 事不須久 故不令過七日也

4) 바른 지위에 들어서 없어짐: 바른 지위란 진리의 열여섯 마음을 봄이다.
  묻는다. 향의 밥을 먹으면 어떻게 도를 얻는가?
  답한다. 몸이 편안하고 마음이 고요하면 일찍이 있지 않던 뜻을 낸다. 밥도 오히려 이와 같으니 어찌 하물며 도이겠는가. 이런 묘한 과덕이 있는 것이다. 반드시 묘한 원인이 있으면 믿음과 즐거워함을 아주 크게 하여 깊이 인과를 믿게 된다. 인과를 통달하면 연기를 알고 연기를 알면 곧 진실한 법을 본다.

5) 번뇌의 독이 사라지면 밥 향기가 사라짐: 이 향밥의 인행(因行)은 아직 얻지 못한 과덕이 성취되면 사라지고, 이 법의 약은 번뇌의 독이 사라지면 사라지는 것이니, 여래의 갖가지 법의 약〔法藥〕법의 맛〔法味〕도 위없

於是世尊 如法慰問諸菩薩已 各令復坐 卽皆受教 衆坐已定 佛語舍利弗
汝見菩薩大士 自在神力之所爲乎 唯然已見 於汝意云何

世尊 我觀其爲不可思議 非意所圖非度所測 爾時 阿難白佛言 世尊 今所
聞香自昔未有 是爲何香 佛告阿難 是彼菩薩毛孔之香 於是舍利弗語阿難
言 我等毛孔亦出是香 阿難言 此所從來 曰 是長者維摩詰 從衆香國取佛
餘飯於舍食者 一切毛孔皆香若此

阿難問維摩詰 是香氣住當久如 維摩詰言 至此飯消 曰 此飯久如當消 曰
此飯勢力至于七日然後乃消

又阿難 若聲聞人未入正位食此飯者 得入正位然後乃消 已入正位食此飯
者 得心解脫然後乃消 若未發大乘意食此飯者 至發意乃消 已發意食此飯
者 得無生忍然後乃消 已得無生忍 食此飯者 至一生補處然後乃消

譬如有藥名曰 上味其有服者 身諸毒滅然後乃消 此飯如是滅除一切諸煩
惱毒 然後乃消

3. 법의 향〔法香〕이 짓는 붇다의 일

아난다가 붇다께 말씀드렸다.

"일찍이 있지 않던 일입니다. 세존이시여, 이와 같은 향의 밥이
붇다의 일〔佛事〕을 지을 수 있습니까?"

붇다께서 말씀하셨다.

"그렇고 그렇다, 아난다여. 어떤 붇다의 땅은, 붇다의 밝은 빛
〔佛光明〕으로 붇다의 일을 짓고, 모든 보디사트바〔諸菩薩〕로 붇
다의 일을 지으며, 붇다께서 변화해낸 사람〔佛所化人〕으로 붇다
의 일을 짓고, 보디의 나무〔菩提樹〕로써 붇다의 일을 지으며, 붇

___

는 보디의 도를 이루면 사라지게 됨을 나타낸다.

다의 옷가지〔佛衣服〕와 자리끼〔臥具〕로 붇다의 일을 짓기도 한다. 또 마시고 먹을 것〔飮食〕으로 붇다의 일을 짓기도 하고, 동산 숲 누각〔園林臺觀〕으로 붇다의 일을 짓기도 하며, 서른두 모습〔三十二相〕 여든 가지 좋은 특징〔八十隨形好〕으로 붇다의 일을 짓기도 한다.

붇다의 몸으로 붇다의 일을 짓기도 하고, 허공으로 붇다의 일을 짓기도 하니 중생은 이 인연으로 비나야의 행〔律行〕에 들어갈 수 있다.

어떤 때는 꿈과 허깨비, 그림자와 메아리, 거울의 모습, 물의 달, 뜨거울 때 불꽃 등 이와 같은 비유를 지어 붇다의 일을 짓기도 하고, 음성과 언어 문자〔音聲言語文字〕로 붇다의 일을 짓기도 한다. 때로 어떤 청정한 붇다의 땅이 있어 고요하여 말이 없고 말함 없으며〔無言無說〕 보임 없고 가려 앎이 없으면〔無示無識〕, 지음 없고 함이 없음〔無作無爲〕으로 붇다의 일을 짓는다.6)

이와 같이 아난다여, 모든 붇다의 몸가짐〔威儀〕과 나아가고 그침〔進止〕, 모든 베풀어 지음이 붇다의 일 아님 없다.

아난다여, 이 네 마라〔四魔〕와 팔만사천 모든 번뇌문이 있으면,

---

6) 빛깔로 붇다의 일 짓고 앎 없음으로 붇다의 일 지음: 이 사바세계 샤카무니 붇다께서는 주로 언어 음성을 써서 법의 가르침을 연설하신다. 그러나 여섯 아는 뿌리〔六根〕가 마주하는 빛깔〔色塵〕·소리〔聲塵〕·냄새〔香塵〕·맛〔味塵〕·닿음〔觸塵〕·마음의 법〔法塵〕 그것의 중도실상이 보디의 법이고 여래장이니, 모든 붇다 여래는 여섯 아는 뿌리가 마주하는 여섯 경계를 써서 가르침을 삼아 법을 설한다. 그러므로 수트라는 빛깔 소리 언어 문자 앎에 앎 없음으로 붇다의 일 지음이라 하니, 냄새로 붇다의 일 짓는 일이 어찌 기특한 일이겠는가. 저 향냄새와 언어문자가 해탈의 모습이고 향냄새가 여래장의 공덕이기 때문이다.

여러 중생은 이 때문에 고달파 지침이 되지만, 모든 붇다께서는 곧 이 법으로써 붇다의 일을 짓는다. 이를 '온갖 모든 붇다의 법문〔入一切諸佛法門〕'에 들어감이라 이름한다.

阿難白佛言 未曾有也 世尊 如此香飯能作佛事 佛言 如是如是 阿難 或有佛土以佛光明而作佛事 有以諸菩薩而作佛事 有以佛所化人而作佛事 有以菩提樹而作佛事 有以佛衣服臥具而作佛事 有以飯食而作佛事 有以園林臺觀而作佛事 有以三十二相八十隨形好而作佛事 有以佛身而作佛事 有以虛空而作佛事 衆生應以此緣 得入律行

有以夢幻影響 鏡中像 水中月 熱時炎 如是等喩而作佛事 有以音聲語言文字而作佛事 或有淸淨佛土寂寞無言無說 無示無識 無作無爲而作佛事 如是阿難 諸佛威儀進止 諸所施爲無非佛事

阿難 有此四魔八萬四千諸煩惱門 而諸衆生爲之疲勞 諸佛卽以此法而作佛事 是名入一切諸佛法門

보디사트바로서 이 문에 들어선 이는 만약 온갖 깨끗하고 좋은 붇다의 땅을 보아도 기쁨을 삼지 않고 탐내지 않고 높이지 않으며, 만약 온갖 깨끗하지 않은 붇다의 땅을 보아도 근심을 삼지 않고 걸리지 않고 빠지지 않는다.

다만 모든 붇다에 청정한 마음을 내, 일찍이 있지 않음을 기뻐하고 공경한다. 모든 붇다 여래의 공덕〔諸佛如來功德〕은 평등하지만, 중생을 교화하기 위하므로 붇다의 땅 나타냄이 같지 않은 것이다.

아난다여, 그대가 모든 붇다의 국토를 보면 땅에는 얼마큼이 있으나 허공에는 얼마큼이라는 것이 없다. 이와 같이 모든 붇다의 물질의 몸〔色身〕에 얼마큼이 있음을 볼 뿐, 그 걸림 없는 지혜〔無礙慧〕에는 얼마큼이 없다.7)

아난다여 모든 붇다의 몸의 위엄스런 모습[威相]과 여러 빼어난 특징의 성품[種性], 계·정·혜·해탈·해탈지견(戒·定·慧·解脫·解脫知見)과 열 힘[十力], 네 두려움 없음[四無所畏], 열여덟 함께 하지 않는 법[十八不共法], 큰 사랑과 가엾이 여김[大慈大悲], 몸가짐과 행한 바, 그 목숨과 법을 설해 교화함과, 중생을 성취하고 붇다의 나라를 깨끗이 함, 모든 붇다의 법을 갖춤은 다 같아 평등하다.

그러므로 그 이름이 삼먁삼붇다(Samyaksambuddha, 正等覺)이고, 이름이 다타아가타(Tathāgata, 如來)이며 이름이 붇다(Buddha, 佛)인 것이다.

아난다여, 만약 내가 세 말귀의 뜻[三句義]을 널리 말한다면 그대가 칼파(kalpa, 劫)의 목숨으로도 다 받을 수 없을 것이다. 바로 '삼천의 큰 세계'를 가득 채운 중생이 다 아난다같이 많이 들음[多聞]에 으뜸이 되어 '생각의 다라니[念總持]'8)를 얻게 해도 이 모든 사람들이 칼파의 목숨으로도 또한 받을 수 없다.

이와 같이 아난다여. 모든 붇다의 아누타라삼먁삼보디는 한정해 헤아릴 수 없으며, 지혜와 변재도 사유하고 말할 수 없다."

---

7) 붇다의 걸림 없는 지혜: 모든 붇다의 몸은 마치 그 국토 모습과 같으나 걸림 없는 지혜는 몸과 국토의 공함을 체달한 지혜이므로 마치 허공과 같다. 몸이 비록 많지만 지혜는 많음에 응하지 않고 국토가 비록 많으나 허공이 다름에 응하지 않음과 같다.

8) 생각의 다라니[念總持]: 승조법사는 말한다. '생각[念]은 바른 생각이고 선정[定]은 바른 선정이다. 다라니의 모아 지님[總持]은 선(善)은 잃지 않도록 지니고 악(惡)은 나지 않도록 지니어 새어 잊는 바가 없음을 지님[持]이라 한다. 지님에는 두 가지가 있으니 마음에 서로 응해 지님[心相應持]과, 서로 응하지 않고 지님[不相應持]이 있다. 변재는 일곱 말재간이다. 이 넷은 보디사트바가 써야 하므로 항상하여 끊어지지 않는 것이다.'

菩薩入此門者 若見一切淨好佛土 不以爲喜不貪不高 若見一切不淨佛土
不以爲憂不礙不沒 但於諸佛 生淸淨心 歡喜恭敬未曾有也 諸佛如來功德
平等 爲化衆生故 而現佛土不同 阿難 汝見諸佛國土 地有若干而虛空無若
干也 如是見諸佛色身 有若干耳其無礙慧無若干也

阿難 諸佛色身威相種性 戒定智慧解脫解脫知見 力無所畏 不共之法 大
慈大悲 威儀所行 及其壽命說法敎化 成就衆生 淨佛國土 具諸佛法 悉皆
同等 是故名爲三藐三佛陀 名爲多陀阿伽度 名爲佛陀

阿難 若我廣說此三句義 汝以劫壽不能盡受 正使三千大千世界滿中衆生
皆如阿難多聞第一 得念總持 此諸人等 以劫之壽亦不能受

如是阿難 諸佛阿耨多羅三藐三菩提 無有限量 智慧辯才 不可思議

아난다가 붇다께 말씀드렸다.

"저는 지금부터 뒤로는 스스로 많이 들음〔多聞〕이라 말하지 않
겠습니다."

붇다께서 아난다에게 말씀하셨다.

"뒤로 물리는 뜻〔退意〕을 일으키지 마라. 왜 그런가? 나는 그
대가 슈라바카 가운데 가장 많이 들음〔多聞〕이 된다고 말했지,
보디사트바를 말한 것이 아니다. 또 그만두라, 아난다여. 그 지
혜 있는 사람이면 모든 보디사트바에, 한정해 헤아리지 않아야
한다.

온갖 바다의 깊이는 오히려 헤아릴 수 있지만 보디사트바의 선
정과 지혜, 다라니와 변재, 온갖 공덕은 헤아릴 수 없다. 아난다
여, 그대들이 보디사트바의 행한 바를 버려두더라도, 이 비말라
키르티가 한때 나타낸 신통의 힘은, 온갖 슈라바카 프라데카붇다
가 백 천 칼파에 힘을 다해 변화해도 지을 수 없는 것이다.

阿難白佛言 我從今已往不敢自謂以爲多聞

佛告阿難 勿起退意 所以者何 我說汝於聲聞中爲最多聞 非謂菩薩 且止
阿難 其有智者 不應限度諸菩薩也 一切海淵 尚可測量 菩薩禪定智慧 總
持辯才一切功德 不可量也

阿難 汝等捨置菩薩所行 是維摩詰一時所現神通之力 一切聲聞辟支佛 於
百千劫盡力變化所不能作

4. 뭇 향의 국토 보디사트바에게 해탈법문을 보임

이때 뭇 향의 세계에서 온 보디사트바가 손을 모으고 붇다께
말씀드렸다.

"세존이시여, 저희들은 처음 이 땅을 보고, 낮고 못하다는 생각
[下劣想]을 했습니다. 그러나 이제 스스로 뉘우쳐 꾸짖고 이 마
음을 버렸습니다. 왜인가요? 모든 붇다의 방편은 사유할 수 없
고 말할 수 없어 중생을 건네주려 하기 때문에 그 응할 바를 따
라 붇다의 나라의 다름을 나타냅니다.

오직 그러합니다, 세존이시여. 적은 법이라도 내려주시길 바랍
니다. 저 땅에 돌아가서도 여래를 생각할 것입니다."

붇다께서 말씀하셨다.

"다함 있고 다함없는[有盡無盡] 해탈법문을 그대들은 배워야 한
다. 무엇을 다함이라 하는가. 함이 있는 법[有爲法]을 말한다. 무
엇을 다함없는 법이라 하는가. 함이 없는 법[無爲法]을 말한다.
저 보디사트바란 함이 있음을 다하지 않고 함이 없음에 머물지
않는다.9)

---

9) 다함과 다함없음[盡無盡]에서 다함의 뜻: 구마라지바 법사가 말했다.

爾時衆香世界菩薩來者 合掌白佛言

世尊 我等初見此土生下劣想 今自悔責捨離是心 所以者何 諸佛方便不可
思議 爲度衆生故 隨其所應現佛國異 唯然世尊 願賜少法 還於彼土當念如來

'다함에는 두 가지가 있다. 첫째 함이 없음의 다함이고, 둘째 함이 있음
의 다함이다. 함이 있음의 다함이란 덧없이 옮겨 사라지는 다함〔無常遷滅
盡〕이다. 함이 없음의 다함이란 지혜로 끊어 사라져 다하게 함〔智慧斷令
滅盡〕이다. 지금 다함을 말하는 문은, 함이 있음의 덧없이 다함이다.'
보디사트바는 함이 있음의 다함과 다함없음의 다함없음이, 모두 공한 줄
알아 함이 있음을 다하지 않고〔不盡有爲〕 함이 없음에 머물지 않는다〔不
住無爲〕고 한다.
승조(僧肇)법사는 다음 같이 말한다.
'함이 있음〔有爲〕이 비록 거짓이나 이를 버리면 해탈의 큰 업을 이루지
못하고 함이 없음〔無爲〕이 비록 실다우나 이에 머물면 지혜의 마음이 밝
지 못한다. 이 때문에 보디사트바는 함이 있음을 다하지 않으므로 덕을
이루지 못함이 없고 함이 없음에 머물지 않으므로 도를 덮지 못함이 없
다. 남에서 나와 죽음에 들어가고〔出生入死〕 사물을 만남까지도 이 실천
의 수레이다. 깨끗함이 있어 깨끗해도 즐거워하지 않고 더러움에 머물러
더러워도 슬퍼하지 않으며 저에 응해 움직여도 나에게는 함이 없으니〔於
我無爲〕 이것이 모든 붇다의 평등하여 사유할 수 없고 말할 수 없는 도
이다.
대저 사유할 수 없고 말할 수 없는 도는 반드시 다함과 다함없는 문〔盡
無盡門〕에서 나온다. 저 보디사트바들이 붇다의 일이 평등하여 사유할 수
없고 말할 수 없음을 듣고 법을 청하므로 붇다께서는 이 두 문〔二門〕을
열어 사유할 수 없고 말할 수 없어 걸림 없는 도를 보이셨다.
걸림 없음이라 말한 것은 두 일에 걸리지 않음이다. 함이 있음을 다하지
않음이란 범부의 걸림〔凡夫礙〕이 없음이고, 함이 없음에 머물지 않음이란
두 작은 수레의 걸림〔二乘礙〕이 없음이다.'

肇公曰 有爲雖僞 捨之則大業不成 無爲雖實 住之則慧心不明 是以菩薩不
盡有爲 故德無不就 不住無爲 故道無不覆 至能出生入死遇物斯乘 在淨而淨
不以爲欣 處穢而穢 不以爲戚 應彼而動 於我無爲 此諸佛平等不思議之道也
夫不思議道 必出于盡不盡門 彼菩薩聞佛事平等不可思議 所以請法 故佛開
此二門 示其不思議無礙之道也 言無礙 於二事不礙也 不盡有爲 無凡夫礙也
不住無爲 無二乘礙也

佛告諸菩薩 有盡無盡解脫法門 汝等當學 何謂爲盡 謂有爲法 何謂無盡
謂無爲法 如菩薩者 不盡有爲不住無爲

무엇을 '함이 있음을 다하지 않는다〔不盡有爲〕'하는가.

큰 사랑을 떠나지 않고 큰 가엾이 여김을 버리지 않으며, 깊이
온갖 것 아는 지혜의 마음〔一切智心〕을 내 홀연히 잊지 않고, 중
생을 교화함에 끝내 싫증내 게으르지 않으며, 네 거두는 법〔四攝
法〕을 늘 생각해 따라 행하여, 바른 법 보살펴 지니어 몸과 목숨
을 아끼지 않는다.

모든 착한 뿌리를 심어 지쳐 싫증냄이 없고, 뜻을 늘 편히 머
물러 방편으로 회향하며, 법을 구함에 게으르지 않고, 법을 설함
에 아낌이 없으며, 모든 붇다를 부지런히 공양한다. 그러므로 나
고 죽음에 들어 두려워하는 바 없고, 모든 영화와 욕됨에 마음이
근심하거나 기뻐하지 않는다.

아직 배우지 못한 이를 업신여기지 않고, 배우는 이 공경하길
붇다처럼 한다. 번뇌에 떨어진 사람을 바른 생각 내도록 하고 멀
리 떠남〔遠離〕을 즐거워하되 귀함을 삼지 않으며, 자기의 즐거움
을 잡착하지 않고, 남의 즐거움을 기뻐한다.

모든 선정에 있음을 지옥 같다고 생각하고, 나고 죽음 가운데
가 동산 보는 것 같다 생각하며, 와서 구하는 사람을 보면 좋은
스승〔善師〕이라 생각하고, 모든 가진 것 버림을 온갖 것 아는 지
혜〔一切智〕 갖춤이라 생각한다.

何謂不盡有爲 謂不離大慈不捨大悲 深發一切智心而不忽忘 敎化衆生終
不厭倦 於四攝法 常念順行 護持正法 不惜軀命 種諸善根 無有疲厭 志常
安住 方便迴向 求法不懈說法無恪 勤供諸佛故 入生死而無所畏 於諸榮辱

心無憂喜

不輕未學 敬學如佛 墮煩惱者 令發正念 於遠離樂 不以爲貴 不著己樂
慶於彼樂 在諸禪定 如地獄想 於生死中 如園觀想 見來求者 爲善師想 捨
諸所有 具一切智想

계(śila, 戒) 허무는 사람〔毀戒人〕을 보면 건져 보살피려는 생각
일으키며, 모든 파라미타(pāramitā)를 어버이라고 생각하고, 여
러 실천법〔道品〕을 가까운 붙이라 생각하며, 착한 뿌리를 내어
행하되 막아 한정함이 없고, 모든 깨끗한 나라 꾸미는 일로 자기
붇다의 땅〔己佛土〕을 이룬다. 끝없는 보시 행함으로 좋은 모습을
갖추고, 온갖 악을 없애 몸과 말과 뜻을 깨끗이 하여, 나고 죽음
이 셀 수 없는 칼파에 뜻에 용맹함이 있다.

붇다의 헤아릴 수 없는 공덕을 듣더라도 뜻에 싫증내지 않으며
지혜의 칼로 번뇌의 적을 깨뜨려 '다섯 쌓임 열두 들임 열여덟
법의 영역〔陰入界〕'을 벗어나고, 중생을 짊어지고 길이 해탈하도
록 한다.

큰 정진으로 마라(māra)의 군대를 꺾어 누르고, 늘 '생각 없음
〔無念〕인 실상의 지혜〔實相智慧〕'10)를 구하여, 세간법에서 '욕심
줄여 만족할 줄 앎〔少欲知足〕'을 행하며, 세간 벗어남을 구해 물

---

10) 생각 없음〔無念〕인 실상의 지혜〔實相慧〕: 연기법에서 세간 벗어나는 해
   탈의 지혜는 생각과 모습을 끊고 얻는 지혜가 아니다. 생각은 늘 모습인
   생각이라 생각에서 생각 떠나면 모습에서 모습 떠나게 된다. 그러므로 생
   각에 생각 없음을 살피면 모습에 모습 없음〔相卽無相〕이니 생각에 생각
   없음이 곧 모습에 모습 없는 실상〔無相實相〕이니 생각에 생각 없는 무념
   (無念)이 실상인 지혜인 것이다. 무념의 지혜는 생각을 없애고 생각 없음
   이 아니라, 세간의 함이 있는 법을 다하지 않고 함이 없음에 머물러 세간
   법을 버리지 않는다.

림이 없되, 세간의 법을 버리지 않으며[不捨世間法], 몸가짐의 법을 버리지 않고 세속을 따를 수 있다. 신통의 지혜를 일으켜, 중생을 이끌며, 생각의 다라니[念總持]를 얻어, 들은 바를 잊지 않으며, 모든 근기를 잘 분별해 중생의 의심을 끊는다.

즐거이 말하는 변재[樂說辯]로 법을 연설함이 걸림 없으며, 열착한 길[十善道]을 깨끗이 해 하늘과 사람의 복을 받고, 네 헤아릴 수 없는 마음[四無量心]을 닦아 브라흐마하늘의 길을 열고, 설법하기를 권하고 청해, 착함을 따라 기뻐해 착함을 기린다.

붇다의 음성[佛音聲]을 얻고 몸과 입과 뜻으로 붇다의 몸가짐[佛威儀]을 잘 얻어, 깊이 착한 법을 닦으며, 행하는 바가 더욱 깊어지면 마하야나의 가르침으로 보디사트바의 상가를 이루고, 마음이 놓아 지냄이 없어 뭇 착함[衆善]을 잃지 않는다.

이와 같음을 행하면 이를 보디사트바가 함이 있음을 다하지 않음[不盡有爲]이라 이름한다.

見毀戒人 起救護想 諸波羅蜜 爲父母想 道品之法 爲眷屬想 發行善根 無有齊限 以諸淨國 嚴飾之事 成己佛土 行無限施 具足相好 除一切惡 淨身口意 生死無數劫 意而有勇

聞佛無量德 志而不倦 以智慧劍 破煩惱賊 出陰界入 荷負衆生 永使解脫 以大精進 摧伏魔軍 常求無念實相智慧

行於世間法 少欲知足 於出世間 求之無厭 而不捨世間法 不壞威儀法 而能隨俗 起神通慧 引導衆生 得念總持 所聞不忘 善別諸根 斷衆生疑

以樂說辯 演法無礙 淨十善道 受天人福 修四無量 開梵天道 勸請說法 隨喜讚善 得佛音聲 身口意善得佛威儀 深修善法 所行轉勝 以大乘教 成菩薩僧 心無放逸 不失衆善 行如此法 是名菩薩不盡有爲

무엇을 보디사트바가 '함이 없음에 머물지 않는다[不住無爲]'고

하는가.

곧 공(空)을 닦아 배우되 공(空)을 증득하지 않으며,11) 모습 없음〔無相〕 지음 없음〔無作〕을 닦아 배우되, 모습 없음〔無相〕 지음 없음〔無作〕으로 증득을 삼지 않으며,12) 일으킴 없음〔無起〕을 닦아 배우되 일으킴 없음으로 증득을 삼지 않으며,13) 덧없음을 살피되 착함의 바탕을 싫어하지 않으며, 세간 괴로움을 살피되 나고 죽음〔生死〕을 미워하지 않는다.

---

11) 공(空)을 배우되 공(空)을 증득하지 않음: 승조법사는 말했다.
함이 없음을 살피는 행은 다음과 같다. 함이 없음을 살피되, 반드시 두려움을 편안케 하는 즐거움을 보아서 니르바나를 증득하지 않고 길이 나고 죽음에 머물 수 있으니, 이를 함이 없음에 머물지 않음이라 이름한다. 공함〔空〕과 모습 없음〔無相〕, 지음 없음〔無作〕은 세 수레가 함께 행함이나 살핌에 나아가는 것은 같지 않다. 치우친 두 수레의 공을 살핌은 오직 나 없음〔無我〕에 있다. 마하야나의 공을 살핌〔大乘空觀〕은 법 없음이 있지 않다〔無法不在〕. 법 없음이 있지 않으므로 공한 법도 또한 공하다. 공한 법이 이미 공하므로 공을 증득하지 않을 수 있다.
自此下 皆無爲觀行也 觀無爲 必覩恬怕之樂 而能不證涅槃 永處生死 名不住無爲也 空無相無作 三乘共行 而造觀不同 二乘空觀 唯在無我 大乘空觀 無法不在 以無法不在故 空法亦空 空法旣空 故能不證空

12) 모습 없음, 지음 없음을 닦아 배우되 모습 없음, 지음 없음으로 증득을 삼지 않음: 승조법사가 말했다. '치우친 두 수레의 모습 없음은 오직 다한 진리에 있다. 마하야나의 모습 없음은 온갖 법에 있다. 두 수레의 지음 없음은 나고 죽음을 짓지 않음이다. 마하야나의 지음 없음은 만법을 짓지 않음이다.'
二乘無相 唯在盡諦 大乘無相 在一切法 二乘無作 不造生死 大乘無作 萬法不造也

13) 일으킴 없음을 닦아 배우되 일으킴 없음으로 증득을 삼지 않음〔修學無起 不以無起爲證〕: 승조법사가 말했다. '모든 법은 연이 모여서 있다 연이 흩어지면 없다. 어떤 법이 먼저 있어서 연을 기다려 일어나겠는가. 이는 공 살핌의 다른 문이다.'
諸法緣會而有 緣散而無 何法先有 待緣而起乎 此空觀之別門也

나 없음〔無我〕을 살피되, 사람 가르치기를 게을리 하지 않으며, 고요히 사라짐을 살피되 길이 사라지지 않는다.14)

　멀리 떠남〔遠離〕15)을 살피되 몸과 마음으로 착함을 닦으며, 돌아갈 바 없음〔無所歸〕16)을 살피되, 착한 법에 돌아가며, 남이 없

---

14) 구마라지바 법사가 말했다.

　덧없음은 곧 사라지지 않는 법이 없으나 사라지지만 끊어지지 않는다. 그러므로 착함을 닦아 물리지 않는다. 또한 덧없음을 살핌이 이 니르바나의 도이니 니르바나의 도는 착함의 바탕이다. 지금 함이 없음에 머물지 않으므로 있음〔有〕을 싫어해 물리지 않는다.

　無常則無法不滅 滅而不斷 故修善不厭 亦觀無常 是泥洹道 泥洹道 則皆善本 今不住無爲 故不厭有也

　승조법사가 말했다.

　치우친 실천의 수레는 덧없음으로 덧없음을 삼는다. 그러므로 함이 있는 착한 법을 싫어한다. 치우친 수레는 괴로움으로 괴로움을 삼는다. 그러므로 나고 죽는 괴로움을 미워한다. 나 없음으로 나 없음을 삼아, 남 가르침을 게을리 하고, 고요함으로 고요함을 삼아 길이 고요하려 한다.

　보디사트바는 덧없음으로 덧없음을 삼지 않으므로 착함의 바탕을 싫어하지 않고, 괴로움으로 괴로움을 삼지 않으므로 나고 죽음을 미워하지 않는다. 나 없음으로 나 없음을 삼지 않으므로 남 가르침을 게을리 하지 않고, 고요함으로 고요함을 삼지 않으므로 길이 고요하지 않는다.

　二乘以無常爲無常 故厭有爲善法 以苦爲苦 故惡生死苦 以無我爲無我 故怠於誨人 以寂爲寂 故欲永寂 菩薩不以無常爲無常 故能不厭善本 不以苦爲苦 故不惡生死 不以無我爲無我 故誨人不倦 不以寂爲寂 故不永寂也

15) 멀리 떠남〔遠離〕 : 구마라지바 법사가 말했다.

　멀리 떠남에는 셋이 있다. 첫째, 사람 사이 오욕을 떠남이다. 둘째, 번뇌를 떠남이다. 셋째, 모든 법의 성품이 공함으로 멀리 떠남이다.

　遠離有三 一離人間五欲 二離煩惱 三諸法性空遠離

16) 돌아갈 바 없음〔無所歸〕: 승조법사가 말했다.

　모든 법은 비롯함에 오는 바가 없고 마침에 돌아가는 바가 없다. 비록 돌아가는 바 없음을 알지만 늘 착한 법에 돌아간다.

　諸法始無所來 終無所歸 雖知無歸 而常歸善法也

음[無生]을 살피되 나는 법[生法]으로 온갖 삶[一切]을 짊어진다.

샘 없음[無漏]을 살피되 모든 샘[諸漏]을 끊지 않으며[17], 행할 바 없음을 살피되 행하는 법으로 중생을 교화하고, 공해 없음[空無]을 살피되 큰 자비를 버리지 않으며, 바른 법의 지위[正法位]를 살피되, 작은 수레[小乘]를 따르지 않고, 모든 법이 허망하여 굳셈이 없고 사람 없고 주인 없으며 모습 없음을 살피되, 본원(本願)이 채워지지 않고서는 복덕과 선정 지혜를 헛되이 여기지 않는다.

이와 같은 법을 닦으면 이를 보디사트바가 함이 없음에 머물지 않음[不住無爲]이라 이름한다.

何謂菩薩不住無爲 謂修學空 不以空爲證 修學無相無作 不以無相無作爲證 修學無起 不以無起爲證 觀於無常而不厭善本 觀世間苦而不惡生死 觀於無我而誨人不倦 觀於寂滅而不永滅 觀於遠離而身心修善 觀無所歸而歸趣善法 觀於無生而以生法荷負一切

觀於無漏而不斷諸漏 觀無所行而以行法教化衆生 觀於空無而不捨大悲 觀正法位而不隨小乘 觀諸法虛妄無牢 無人無主無相 本願未滿而不虛福德禪定智慧 修如此法 是名菩薩不住無爲

또 복덕을 갖추므로 함이 없음에 머물지 않는다[不住無爲]고 하

---

17) 샘 있음을 끊지 않음[不斷諸漏] : 승조 법사가 말했다.

　무릇 모든 샘 없음[無漏]은 함 있음[有爲]과 같다. 스스로 모습 없음을 체달하면 다 함이 없는 행이다. 비록 샘 없음을 본다 해도 저와 더불어 샘에 같이 한다. 샘에 같이 하는데[同漏] 둘이 있다. 함이 있어서 나고 죽음에 들어가 실로 아직 샘을 끊지 못한 자와, 이미 샘을 다함이 있지만 나타남을 끊지 않은 자이다.

　凡諸無漏 與有爲同 體自無相 皆無爲行也 雖見無漏 而與彼同漏 同漏有二 有爲入生死實未斷漏者 有已盡漏而現不斷者

고 지혜를 갖추므로 함이 있음을 다하지 않는다〔不盡有爲〕고 하며, 큰 자비〔大慈悲〕이므로 함이 없음에 머물지 않는다고 하고, 본원(本願)을 채우므로 함이 있음을 다하지 않는다고 한다. 법의 약〔法藥〕을 모으므로 함이 없음에 머물지 않는다고 하고, 따라 약을 주므로 함이 있음을 다하지 않는다고 하고 중생의 병을 알므로 함이 없음에 머물지 않는다고 하고, 중생의 병을 없애므로 함이 있음을 다하지 않는다고 한다.

모든 바른 수행자 보디사트바가 이 법을 닦아, 함이 있음을 다하지 않고 함이 없음에 머물지 않으면, 이를 다하고 다함없는 해탈법문〔盡無盡解脫法門〕이라 이름하니 그대들은 배워야 한다."

이때 저 모든 보디사트바들이 이 법을 듣고 다 크게 기뻐하였다. 뭇 묘한 꽃〔衆妙華〕 몇 가지 색깔 몇 가지 향을 삼천의 큰 세계에 흩어 두루하게 하여, 붇다와 이 수트라의 법과 모든 보디사트바들께 공양하고서는 붇다의 발에 머리 숙여 절하고 '일찍이 있지 않던 일입니다'라고 찬탄하고는 말했다.

"샤카무니붇다께서는 여기에서 방편(upāya, 方便)을 잘 행하고 계십니다."

말을 마치자 홀연히 나타나지 않고 저 나라로 돌아갔다.18)

---

18) 끝부분 경문에 대한 영역과 우리말 직역은 다음과 같다.

After hearing the Buddha expounding the Dharma, the visiting Bodhisattvas were filled with joy and rained (heavenly) flowers of various colours and fragrances in the great chiliocosm as offerings to the Buddha and His sermon.

After this, they bowed their heads at the Buddha's feet and praised His teaching which they had not heard before, saying: "How wonderful is Sākyamuni Buddha's skilful use of

又具福德故不住無爲　具智慧故不盡有爲　大慈悲故不住無爲　滿本願故不
盡有爲　集法藥故不住無爲　隨授藥故不盡有爲　知衆生病故不住無爲　滅衆
生病故不盡有爲　諸正士菩薩以修此法　不盡有爲不住無爲　是名盡無盡解脫
法門　汝等當學

爾時彼諸菩薩　聞說是法皆大歡喜　以衆妙華　若干種色若干種香　散遍三千
大千世界　供養於佛及此經法　幷諸菩薩已　稽首佛足　歎未曾有言　釋迦牟尼
佛　乃能於此　善行方便　言已忽然不現　還到彼國

평석

1. 암라나무 동산의 상서

　향 쌓임 붇다 국토의 보디사트바들이 만주스리 보디사트바와 비말라
키르티를 모시고 세존께서 법을 설하고 계시는 암라동산에 오려 하자
이 암라나무 동산이 금색으로 변하는 상서가 일어난다.
　뭇 향의 국토[衆香國] 보디사트바들이 향으로 이루어진 저 국토의 장
엄한 모습을 보다가, 이곳 국토의 거친 모습을 보면 이 국토와 이 대중

---

　expedient methods (upāya)."
　After saying this they disappeared to return to their own land.

　붇다께서 다르마 설명하는 것을 들은 뒤에 방문한 보디사트바들은 큰
기쁨으로 채워졌다. 그리고 갖가지 빛깔과 여러 향의 하늘꽃들을 큰 세계
안에 비처럼 뿌렸으니 붇다와 붇다 따르는 이들을 공양함이었다.
　이런 뒤에 그들은 그들의 머리를 붇다의 발에 숙여 절하고 그들이 앞에
듣지 못했던 붇다의 가르침을 이렇게 찬양하였다.
　'샤카무니 붇다의 방편의 교묘한 사용은 얼마나 훌륭하신가.'
　이렇게 말하고 그들은 사라져 그들의 땅으로 돌아갔다.

에 못났다는 분별을 낼 수 있을 것이다. 그러므로 이 국토와 대중이 다 금색 밝은 빛으로 변하는 상서가 응한 것이다.

사바국토는 비록 물든 땅의 모습이나 이곳은 '늘 고요한 빛의 땅'이 중생 업연에 응해 물든 땅〔穢土〕의 모습을 나타낸 것이니 저 뭇 향의 국토 보디사트바의 법 향(法香)의 공덕으로 다시 황금색깔〔金色〕 밝은 빛의 상서가 나타난 것이다.

이 상서는 밖에서 온 상서가 아니라 성품의 향〔性香〕 성품의 빛깔〔性色〕이, 사바세계 샤카무니여래의 설법(說法)과 저 세계 보디사트바의 법 듣는〔聽法〕 인연의 힘으로, 밝은 빛 황금색깔 상서를 나툰 것이다.

온갖 모인 대중의 무리들도 또한 황금색깔 상서의 모습으로 바뀌니 곧 범부가 범부가 아니고, 슈라바카가 슈라바카가 아니라 여래 공덕의 곳간〔如來藏〕인 진리의 존재이므로 그 상서가 나타난 것이다.

범부가 범부 아니라 이치로는 곧 붇다인 범부〔理卽佛〕이니 저 보디사트바의 세존께 공양하고 법을 들으려는 원의 힘〔願力〕으로 황금색깔 상서를 발현한 것이라, 그 상서는 성품의 땅에서 법 설하고 법 듣는 공덕의 힘으로 일어남 없이 일어나, 사라지되 간 곳이 없는 것이다.

이 사바의 물든 땅이 '늘 고요한 빛의 땅〔常寂光土〕'인데 어찌 그 국토 중생의 모습이 다만 범부이겠는가. 중생이 곧 '헤아릴 수 없는 공덕의 곳간〔無量功德藏〕'이고 여래장인 큰 장부〔mahasattva〕이며, 여래장(如來藏)인 중생인 것이다.

2. 뭇 향의 국토 보디사트바의 향냄새

뭇 향의 국토 보디사트바들이 샤카무니 세존께 절하고 나자 세존께서 그들을 위로하시고 사리푸트라와 아난다에게 저 국토 보디사트바들의 신묘한 힘을 말씀하신다. 아난다가 지금 나는 향기를 여쭈므로 그 향기가 저 국토 보디사트바의 털구멍의 향이라 말씀한다.

그 향기는 '향 쌓임 붇다의 국토 향기의 밥'을 먹은 이의 털구멍의 냄새이니 그 향은 성품의 향〔性香〕이고 법의 향〔法香〕이다. 이 성품의 향은 빛이 없고 소리 없으며 냄새가 없으나 빛깔 없음도 없고 냄새 없음도 없다.

그러므로 그 향은 중생의 번뇌가 있으면 남이 없이 났다 그 번뇌가 사라지면 사라짐 없이 사라지는 법의 향이다. 수트라에서 '밥 향기가 이레 뒤에 없어진다'고 하니, 그 뜻은 저 보디사트바들의 사바 인연의 힘, 법의 힘으로 녹여 없앨 '중생의 번뇌의 장애'를 나타내니, 이 향의 밥을 먹으면 믿음 내지 못한 자라도 이레면 믿음 갖추게 됨을 보인 것이리라.

그래서 수트라는 믿음 내지 못한 이가 법을 들으면 믿음 낸 뒤에 없어지고 다시 법 들은 이가 '남이 없는 법의 참음〔無生法忍〕'을 얻고 마하야나의 뜻〔大乘意〕을 낸 뒤에야 사라진다 말했으니 법의 약〔法藥〕은 병(病)이 나으면 함께 사라져야함과 같다.

곧 번뇌를 치유하는 닦음의 약은 성품의 땅에서 치유의 인연으로 나지만 병도 공하고 치유의 인연도 공하다. 그러므로 닦음이 공하여 온전한 닦음이 곧 성품이고〔全修卽性〕 성품이 공덕을 갖추어 닦음의 인연을 따르므로 온전한 성품이 닦음을 일으키는 것이다〔全性起修〕.

수트라는 이 뜻을 이 법의 향이 번뇌가 있으면 났다 번뇌가 사라지면 따라 사라짐을 보여 이 향의 밥이 남이 없되 나고, 사라짐 없되 사라진다고 말한다. 곧 이 진리의 밥인 향의 밥〔香飯〕은 곧 성품과 닦음이 둘이 아닌〔性修不二〕 온전한 성품의 밥으로서 중생의 번뇌가 있으면 닦음의 향으로 발현되는 것이다.

다시 뭇 향의 나라 향기로운 밥〔香飯〕이 붇다의 일〔佛事〕을 짓는다는 뜻은 무엇인가.

향 쌓임의 붇다 향의 밥은 성품의 향〔性香〕이다. 성품의 향은 성품의 빛깔〔性色〕, 성품의 소리〔性聲〕, 성품의 맛〔性味〕과 융통하니 그 성품의 덕〔性德〕은 일이 아니되 일 아님도 아니고 빛깔이 아니되 빛깔 아님도 아니며 모습이 아니되 모습 아님도 아니다.

그러므로 빛으로 붇다의 일을 짓기도 하고, 먹을거리로 붇다의 일을 짓기도 하며, 몸으로 붇다의 일을 짓기도 하고, 때로 언어문자로 붇다의 일을 짓기도 하니 향 쌓임 붇다는 법을 설하되 향기로 설법한다고 말한다.

붇다의 일, 붇다의 중생 건넴의 행 또한 인연으로 일어난다. 그러나 성품이 일으키는 붇다의 일, 성품인 닦음의 행은 성품인 인연으로 나니, 나되 남이 없어〔生而無生〕 일 지음이 성품의 행이 되고 성품의 닦음이 된다.

성품의 원인은 바른 원인〔正因〕의 붇다 성품이고, 또 닦음을 이끄는 한 생각 지혜는 바른 원인 깨침의 붇다 성품〔了因佛性〕이며, 깨침을 돕는 '여러 실천의 조건 갖가지 방편의 행'은 곧 바른 원인 깨치는 지혜〔了因〕를 돕는, 조건〔緣因〕으로서의 붇다 성품〔緣因佛性〕이다. 이처럼 닦음을 내는 원인과 조건이 모두 붇다의 성품〔佛性〕인 원인과 조건〔三因佛性〕이므로, 온전한 닦음의 행이 성품이고〔全修卽性〕 온전한 성품이 닦는 행을 일으키는 것이다〔全性起修〕.

본 『비말라키르티수트라』의 뜻으로 보면, 성품의 향이 온갖 붇다의 일을 일으켜, 온갖 붇다의 일〔一切佛事〕이 성품의 덕〔性德〕이고 성품의 향〔性香〕인 것이다.

성품의 향은 성품의 악〔性惡〕과 통하므로 보디사트바는 마라의 세계〔魔界〕에 들어가 네 마라〔四魔〕와 더불어 갖가지 일을 짓되, 마라의 일〔魔事〕에 물듦 없이 마라와 온갖 번뇌문으로 붇다의 일을 짓는 것이다.

3. 샤카붇다의 해탈법문

샤카무니붇다의 사바세계는 참아야 살 수 있는 땅〔忍土〕, 시련과 고통이 넘치는 곳이다. 그러므로 샤카무니세존은 저 깨끗한 곳 타방세계의 보디사트바들에게 이 땅과 이곳의 중생에 낮고 못하다는 생각〔下劣想〕을 내지 말도록 하시며, 범부와 성인이 함께 머무는 땅〔凡聖同居土〕에서 '나고 죽음에 머물지 않되 니르바나의 고요함에도 머물지 말라' 가르치신다. 그리고 중생과 더불어 짓는 모든 함이 있는 법을 다하지 않고〔不盡有爲〕, 함이 없는 법에 머물지 말라〔不住無爲〕 가르치신다.

이에 대해 승조법사는 말한다.

'위는 곧장 보디사트바가 함이 있음을 다하지 않고 함이 없음에 머물지 않음을 밝혔으나, 아직 함이 있음 다하지 않는 까닭과 함이 없음에 머물지 않는 까닭을 풀이하지 않았다.

대저 마하사트바의 행은 행함에 각기 묘한 기약〔妙期〕이 있으므로 거듭 마주해 이를 밝히는 것이다. 대저 덕이 쌓임은 반드시 있음의 나루〔有津〕를 거쳐야 하니 만약 함이 없음에 머물면 곧 공덕(功德)이 갖춰지지 않는다.'19)

연기법에서는 모든 법이 연기이므로 공하고 공하므로 연기한다. 연기이므로 공하니 있음은 있되 있음이 아니다〔有卽非有〕. 그러므로 보디사트바는 머물 있음 아님〔非有〕을 보지 않고 다할 함 있음〔有爲〕을 보지 않는다. 또 없음이 다만 없음이 아니라 공하기 때문에 새로운 있

---

19) 肇公曰 上直明菩薩不盡有爲不住無爲 未釋所以不盡所以不住 夫大士之行
行各有以 妙期有在 故復對而明之 夫德之積也 必涉有津 若住無爲 則功德
不具也

음 아닌 있음이 연기된다. 그러므로 보디사트바는 버릴 없음 아님〔非無〕을 보지 않고 머물 함이 없음〔無爲〕을 보지 않는다.

연기의 진실을 보아 번뇌의 샘을 참으로 다한 사람은, 번뇌의 샘〔漏〕이 온 바 없음을 사무쳐 끊을 샘 있음을 보지 않고, 샘이 온 바 없으니 샘을 끊는다고 하지 않는다. 이처럼 함 있음〔有爲〕을 다하지 않고 함 없음〔無爲〕에 머물지 않는 것이 연기의 실상에 맞는 중도의 바른 행〔中道正行〕이다.

이를 달리 말하면 함이 있어 나고 나는 법〔生生法〕이 곧 남도 아니고 나지 않음도 아닌 법〔不生不生〕이므로 이렇게 가르치신 것이니 끊임없이 나고 나는 법〔生生法〕이 늘 고요한 빛의 땅〔常寂光土〕 가운데 일이라 니르바나의 고요함에도 머물지 않아야 참된 해탈의 법문〔解脫法門〕인 것이다.

함이 있음을 다하지 않음은 함이 있는 법이 나고 나되〔生生〕 남 그대로 남이 없기 때문이고, 함이 없음에 머물지 않음은 함이 없는 법이 남이 없되 나지 않음도 없기〔無生而無不生〕 때문이다.

이처럼 살펴 행하면 보디사트바의 갖가지 닦아 행해 짓는 일, 파라미타행이 곧 성품의 일이 되어 낱낱행이 바로 온전한 성품이고〔全修卽性〕 온전한 성품이 닦음을 일으키는 것〔全性起修〕이다.

닦아 행함이 성품의 발현이니 닦아 행함의 공(功)을 쌓아 보디를 이룬다고 말하면 마하야나의 길이 아니다.

4. 옛 선사들의 법어로 살핌

이뜻을 조사선(祖師禪) 선사들의 법문으로 살펴보자.

보고 듣고 말하는 그곳이 여래 성품의 향〔性香〕, 법의 맛〔法味〕의 처소인 줄 알아, 보고 들음, 맛보고 소리 들음을 떠나지 않고 해탈의 길을 가며, 보고 듣고 느껴 앎〔見聞覺知〕을 돌이켜 붇다의 일 지음을, 수산

주(修山主) 선사는 다음 같이 말한다.〔선문염송 1309칙〕

　수산주(修山主)선사가 노래로 이렇게 말했다

　해탈의 도를 알려하는가.
　모든 법은 서로 이르지 않네.
　눈과 귀가 보고 들음 끊었는데
　소리와 빛깔 시끄러워 아득하다.

　　欲識解脫道　諸法不相到
　　眼耳絶見聞　聲色鬧浩浩

　이 이야기에 단하순(丹霞淳)선사가 겨울밤 작은 설법모임〔小然〕에서
말했다.

　좋구나, 여러 선덕들이여.
　금종이 비록 울리나 별과 달은 나뉘지 않는다. 등과 초를 빌리어 밝음
을 삼고, 소리와 티끌을 의지해 붇다의 일을 한다. 여기에 환한 빛이
어울려 비치고 소리 울림이 서로 어우러져 섞여, 보고 들음을 활짝 벗
어나고 소리와 빛깔 멀리 벗어났다.
　그래서 말했다.

　해탈의 도를 알려 하는가.
　모든 법 서로 이르지 않네.
　눈과 귀가 보고 들음 끊었는데
　소리와 빛깔 시끄러워 아득하다.

　　欲識解脫道　諸法不相到
　　眼耳絶見聞　聲色鬧浩浩

여러 사람이 만약 여기에서 자세히 알면, 용(龍)이 물을 얻음과 같고 범[虎]이 산을 의지함과 같다고 말할 수 있으나 그렇지 못하다면 그에게, 휘둘려 굴림을 입지 않을 수 없다.

대홍(大洪)이 오늘 밤 눈썹 털을 아끼지 않고 여러 사람을 위해 말해 주리라.

귀가 들을 때 눈이 통하니
한 아는 뿌리 돌이켜 여섯 뿌리 융통한다.
붇다와 조사의 비어 밝은 곳 알려 하는가.
묘함이 소리 냄새 맛 닿음 가운데 있다.[20]

耳界聞時眼界通 一根旋返六根融
欲知佛祖虛明地 妙在聲香味觸中

지해청(智海淸)선사도 이 이야기를 들어 말했다.

여러 어진이들이여, 빛깔이 있으면 곧 눈을 들어 바로 보고, 소리가 있으면 귀를 대 바로 듣는다.

또 무엇을 봄을 끊고 들음을 끊은 도리[絶見絶聞底道理]라고 말하는가.

홀연히 만약 여기에서 알아 가면, 수레와 말 사람과 하늘이 합해 곳곳에서 집에 돌아가고[處處歸家], 피리와 노랫가락이 종과 어울려 범음이 시끄러운 가운데 소리 소리에서 붇다를 보리라[聲聲見佛].

---

20) 丹霞淳 冬夜小叅云 好 諸禪德
金鍾雖韻 星月未分 假燈燭爲光明 仗聲塵爲佛事 於是熒煌交映 音韻相和
逈出見聞 逈超聲色
所以道 欲識解脫道 (至)鬧浩浩
諸人若也於斯委悉得去 可謂如龍得水 似虎依山 苟或未然 不免被他旋轉
大洪今夜 不惜眉毛 爲諸人說破
耳界聞時眼界通 一根旋返六根融 欲知佛祖虛明地 妙在聲香味觸中

그러므로 끈 없는 옥 사슬에서 몸을 나눈 마이트레야는, 비로소 가둔 울을 풀고, 다리 부러진 금 솥을 천손의 대비〔千手大悲〕 보디사트바가 바야흐로 끌어주어 올린다.

하하하, 남에서 나와 죽음에 듦은 이 어떤 사람이고.
빛깔을 피하고 소리에서 달아나는 자는 어떤 자라 이름하는가.

  阿呵呵 出生入死 是什麼人 避色逃聲 名爲何者

그러고는 말했다.
무리를 놀라게 하는 것〔驚羣〕은, 솜씨 좋은 이에게 양보해야 하나,
맞서 이기는 것〔敵勝〕은 도리어 저 사자새끼라야 된다.21)

  驚羣須讓仙陁客 敵勝還他師子兒

원오근(圓悟勤)선사가 집어 보였다.

소리가 귀에 이르지 않고
빛깔이 눈에 이르지 않으나
소리와 빛깔이 어울려 섞여
만법이 이루어져 드러난다.
또 말해보라.
도리어 해탈의 길을 밟았는가.
이 뜻을 깨우치지 못하면

---

21) 智海淸擧此話云 諸仁者 有色卽擧眼便見 有聲卽觸耳便聞 又作麼生說箇絶
見絶聞底道理 忽若於此薦得去 則車馬與人天合遝 處處歸家 笙歌 交鍾梵喧
轟 聲聲見佛 所以無鬚玉鎖 分身彌勒 而始解牢籠 折脚金鐺 千手大悲而方
能提掇 阿呵呵 出生入死 是什麼人 避色逃聲 名爲何者 乃云 驚羣須讓仙陁
客 敵勝還他師子兒

닦아 행해도 부질없이 괴로우리라.

　聲不到耳　色不到眼
　聲色交羕　萬法成現
　且道 還踏著解脫道也無
　不省這个意 修行徒苦辛

　소리 빛깔 시끄러운 곳이 성품의 땅 아란야의 처소임을 이리 말한 것이니, 영가선사의 『증도가』는 아란야의 곳 참으로 고요함을 이렇게 노래한다.

　찬타나 숲 속에는 다른 나무 없나니
　빽빽이 우거진 깊은 숲에 사자가 머물도다.
　고요한 곳 한가한 숲 저 홀로 노닐으니
　길짐승 날짐승은 모두 멀리 달아나네.

　栴檀林　無雜樹　鬱密森沈師子住
　境靜林閒獨自遊　走獸飛禽皆遠去

　사자새끼 무리지어 어미 뒤를 따르다가
　세 살이면 크게 울부짖어 외칠 수 있네.
　만약 저 여우란 놈 법왕을 좇는다면
　백년 묵은 요괴의 헛된 입 놀림되리.

　師子兒　衆隨後　三歲便能大哮吼
　若是野干逐法王　百年妖怪虛開口

　깊은 산에 들어가 아란야에 머무니
　높은 산 깊고 그윽한 곳 긴 소나무 아래로다.

노닐거나 고요히 앉음은 시골 절집이니
한가롭고 고요한 안거 실로 맑고 시원하네.

入深山住蘭若　岑峚幽邃長松下
優遊靜坐野僧家　閴寂安居實蕭灑

깊은 산 긴 소나무 아래가 아란야라 말했으나, 마하야나의 선사[大
乘禪師]인 영가(永嘉)선사에게 찬타나 숲 아란야의 고요함이 어찌 시
끄러움을 피해 가는 고요함이리. 저 모든 세간의 소용돌이 온갖 시끄
러운 시비의 물결 속이 그대로 사바의 물결에 닿지 않는 깊고 그윽한
곳이고, 솔바람 소리 소나무 가지에 달그림자 어울리는 아란야의 처
소이리라.
　이제 학담도 옛 조사들의 뜻을 이어 한 노래로 수트라의 가르침을
찬탄하리라.

빛깔의 티끌이 눈에 이르지 않고
소리의 티끌이 귀에 이르지 않으니
소리와 빛깔 시끄럽고 시끄러운 곳이
고요하고 고요한 해탈의 길이로다.

色塵不到眼　聲塵不至耳
聲色鬧鬧處　寂靜解脫路

바이샬리성 암라의 동산에서
향 쌓임 붇다의 국토 아득히 멀지만
이곳에서 법의 향냄새를 맡으면
사바세계가 뭇 향의 국토에 융통하도다.

毘耶菴羅園　香積國遙遠

此處聞法香　沙婆融衆香

성품의 향이 붇다의 일 지으니
향으로 설법하여 중생을 건네주어
함이 있는 일들을 다하지 않고
함이 없는 법에도 머물지 않네.

性香作佛事　香說度衆生
不盡有爲事　不住無爲法

성품과 닦음 본래 둘이 없어서
온전한 성품이 만행을 일으키니
행과 행이 깨끗한 땅을 장엄하고
중생을 거두어 저 나라에 이끄네.

性修本不二　全性起萬行
行行嚴淨土　攝生引彼國

제12. 아쵸바야 붇다(Akṣobhāya-buddha)를 뵙는 품〔見阿閦佛品〕

해제

인연으로 있는 이 몸의 있되 공한 실상이 세계의 실상이고 붇다의 실상이다. 그러므로 세존은 여래의 몸을 뵙고자 하는 비말라키르티에게 먼저 '어떻게 붇다 살피는가'를 물어, '세간법의 실상을 살핌이 붇다 여래의 실상 살핌임'을 답하게 한다.

그런 다음 수트라는 본 수트라 설함의 주체인 비말라키르티가 '인연 따라 이 사바에 나고 여기 이곳에서 죽음을 보이되, 법의 실상과 같이 사라짐도 없고 남도 없음'을 밝힌다.

셋째 비록 나고 사라짐이 없지만, 인연의 법으로 보면 비말라키르티는 저 묘한 기쁨의 세계〔妙喜世界〕에서 사라짐 없이 사라져, 여기 사바에 남이 없이 남을 밝힌다.

넷째 이 사바세계 중생에게 믿음을 세워주기 위해, 여기 사바국토의 중생에게 저 묘한 기쁨의 세계와 그 세계 붇다인 아쵸바야 붇다의 모습을 보이도록 한다.

그러므로 본 품은 저 정토와 붇다의 실상이 세간법의 진실임을 보여, 우리 중생이 중생 그대로 여래의 공덕 갖춘 존재임을 밝혀주고 여기 물든 땅의 중생이 믿음과 원〔信願〕의 마음을 내면, 저 묘한 기쁨〔妙喜〕의 땅에 감이 없이 가서, '남이 없이 날 수 있음〔無生而生〕'을 보여준다.

1. 여래를 살핌

그때 세존께서 비말라키르티에게 물으셨다.

"그대가 여래를 뵙고자 하니 무엇 등으로 여래를 살피는가?"

비말라키르티가 말씀드렸다.

"스스로 몸의 실상〔身實相〕을 살피듯 붇다를 살핌도 또한 그러합니다. 제가 여래를 살피니〔觀如來〕앞 때에 오지 않았고 뒤 때에 가지 않으며 지금은 곧 머물지 않습니다. (여래를 살핌에는) 물질을 살피지 않고 물질의 같음〔色如〕을 살피지 않으며, 물질의 성품〔色性〕을 살피지 않습니다.1) 느낌·모습 취함·지어감·앎〔受想行識〕을 살피지 않고 앎 등의 같음〔識如〕을 살피지 않고 앎

---

1) 서두의 경문에 대한 영역과 우리말 직역은 다음과 같다.

The Buddha then asked Vimalakirti: "You spoke of coming here to see the Tathāgata, but how do you see Him impartially?"

Vimalakirti replied: "Seeing reality in one's body is how to see the Buddha. I see the Tathāgata did not come in the past, will not go in the future, and does not stay in the present. The Tathāgata is seen neither in form (rūpa, the first aggregate) nor in the extinction of form nor in the underlying nature of form.

그때 붇다께서 비말라키르티에게 물으셨다.

'그대는 여래를 뵙기 위해 여기에 왔다 말했다. 그런데 그대는 여래를 어떻게 온전히 보는가?'

비말라키르티가 대답했다.

'한 사람의 몸의 진실을 보는 것이 곧 붇다를 어떻게 보느냐 입니다. 저는 붇다가 과거에 오지 않았고, 미래에 가지 않으며, 현재에 머무르지 않는다고 봅니다.

여래는 물질의 형태 안에서 보이지 않고 형태의 소멸 속에서 형태의 저변에 있는 본질 속에서 보이지 않습니다.

등의 성품[識性]을 살피지 않습니다.2)

네 큰 요인[四大]이 일어남이 아니라 허공과 같고, 여섯 들임[六入]이 쌓임이 없어, 눈 귀 코 혀 몸과 마음[眼耳鼻舌身心]을 이미 지나 삼계에 있지 않고, 세 가지 때[三垢]를 이미 떠나 세 해탈문[三解脫門]을 따릅니다. 세 밝음[三明]을 갖추되 무명(avidya, 無明)과 평등하여 같은 모습[一相]도 아니고 다른 모습[異相]도 아니며, 스스로의 모습[自相]이 아니고 남의 모습[他相]이 아니며, 모습 없음이 아니고, 모습 취함이 아니며, 이 언덕이 아니고 저 언덕이 아니며, 가운데 흐름도 아니지만 중생을 교화합니다.

고요히 사라짐을 살피되 길이 사라지지 않으며, 이것도 아니고 저것도 아니라 이것으로써도 아니고 저것으로써도 아니며, 지혜로써 알 수 없고 가려 앎[識, 了別]으로써 앎이 아니며, 어두움이 없고 밝음이 없으며, 이름이 없고 모습이 없으며, 강함이 없고 약함이 없으며 깨끗함이 없고 더러움이 없습니다.

방위에 있지 않고 방위 떠남이 없으며 함이 있음이 아니고 함이 없음이 아니며, 보임이 없고 말함이 없으며, 베풂이 없고 아낌이 없으며, 삼가 함[戒]도 아니고 범함[犯]도 아닙니다.

---

2) 몸의 한결같음을 살피지 않고 몸의 성품을 살피지 않음: 여래의 보디의 몸, 법의 몸[法身]은 인연 따라 세간에 나타난 응신(應身)을 떠나 없으니 세간에 응한 그 몸의 진실이 보디의 몸이기 때문이다. 그러므로 여래의 몸은 나고 사라지는 인연의 몸을 떠나 진여가 없고 몸의 있는 모습[相]을 떠나 성품[性]이 없다. 이때 여래 인연의 몸은 다섯 쌓임의 몸이니 다섯 쌓임의 있음 밖에 진여가 없고 모습 밖에 성품이 없다. 여래 인연의 몸이 곧 공하여 물질이 아니고, 공(空)이 곧 있음[有]이라 있음 떠나 진여가 아니며, 모습이 성품[性]이라 모습 떠나 성품이 아니다. 그러므로 경은 물질을 살피지 않고 물질의 같음을 살피지 않으며 물질의 성품을 살피지 않고 앎 등도 그러하다고 한 것이다.

참음도 아니고 성냄도 아니며, 나아감도 아니고 게으름도 아니며〔不進不怠〕, 선정도 아니고 어지러움도 아니며〔不定不亂〕, 지혜도 아니고 어리석음도 아니며, 참됨도 아니고 속임도 아니며〔不誠不欺〕, 옴도 아니고 감도 아니며, 나감도 아니고 들어옴도 아니라〔不出不入〕 온갖 말길이 끊어졌습니다〔一切言語道斷〕.

복밭이 아니고 복밭 아님도 아니며, 공양해야 함이 아니고 공양하지 않아야 함도 아니며, 취함이 아니고 버림이 아니며, 모습 있음이 아니고 모습 없음이 아니며, 참된 바탕〔眞際〕과 같고 법의 성품〔法性〕과 평등하여, 일컬을 수 없고 헤아릴 수 없습니다.

모든 헤아림을 지나 큼도 아니고 작음도 아니라 봄이 아니고 들음이 아니며〔非見非聞〕 느낌이 아니고 앎이 아니며〔非覺非知〕, 뭇 맺어 묶음을 떠나 모든 지혜와 같고〔等諸智〕, 중생과 같아〔同衆生〕 모든 법에 분별이 없어 온갖 것에 잃음이 없습니다〔一切無失〕.

흐림이 없고 번뇌가 없으며 지음 없고 일어남 없으며 남이 없고 사라짐이 없으며, 두려움 없고 걱정 없으며〔無畏無憂〕, 기쁨 없고 싫증 없어 집착이 없고, 이미 있음〔已有〕이 없고, 앞으로 있게 됨〔當有〕이 없고, 지금 있음〔今有〕이 없으니 온갖 말로 분별하여 나타내 보일 수 없습니다.

세존이시여, 여래의 몸〔如來身〕이 이와 같으니 이와 같은 살핌〔如是觀〕을 지어 이렇게 살피는 자는, 바른 살핌〔正觀〕이라 이름하고 만약 다르게 살피면 삿된 살핌〔邪觀〕이라 이름합니다."

爾時 世尊 問維摩詰 汝欲見如來 爲以何等觀如來乎
維摩詰言 如自觀身實相 觀佛亦然 我觀如來 前際不來 後際不去今則不

住 不觀色 不觀色如 不觀色性 不觀受想行識 不觀識如 不觀識性 非四大
起 同於虛空 六入無積 眼耳鼻舌身心 已過 不在三界 三垢已離 順三脫
門 具足三明 與無明等 不一相不異相 不自相不他相 非無相非取相 不此
岸不彼岸不中流 而化衆生

觀於寂滅亦不永滅 不此不彼 不以此不以彼 不可以智知 不可以識識 無
晦無明 無名無相 無强無弱非淨非穢 不在方不離方 非有爲非無爲 無示
無說 不施不慳 不戒不犯 不忍不恚 不進不怠 不定不亂 不智不愚 不誠不
欺 不來不去 不出不入 一切言語道斷

非福田非不福田 非應供養非不應供養 非取非捨 非有相非無相 同眞際
等法性 不可稱不可量 過諸稱量 非大非小 非見非聞非覺非知 離衆結縛
等諸智 同衆生 於諸法無分別 一切無失 無濁無惱 無作無起 無生無滅 無
畏無憂無喜無厭無著 無已有無當有無今有 不可以一切言說分別顯示

世尊 如來身爲若此 作如是觀 以斯觀者 名爲正觀 若他觀者 名爲邪觀

2. 묘한 기쁨의 세계〔妙喜世界〕에서 옴이 없이 옴

이때 사리푸트라가 비말라키르티에게 물었다.

"그대는 어디에서 죽어 여기에 와서 났습니까?"

비말라키르티가 말했다.

"그대 얻은 법에는 죽고 남이 있습니까?"

사리푸트라가 말했다.

"죽고 남이 없소?"

"만약 모든 법에 죽고 나는 모습이 없다면 어떻게 '그대는 어디
서 죽어 여기에 와 났는가'라고 물어 말하시오. 어떻게 생각하시
오. 비유하면 허깨비 장인〔幻師〕이 허깨비로 남자와 여자를 만든
다면 오히려 죽고 납니까?"

사리푸트라가 말했다.

"죽고 남이 없소."

"그대는 어찌 붇다께서 모든 법이 허깨비 같은 모습이라 말씀하신 것을 듣지 못하셨소?"

답했다.

"그렇게 들었습니다."

"만약 온갖 법이 허깨비 모습 같다면 어떻게 '그대는 어디서 죽어 여기 와 났는가'라고 물어 말하십니까? 사리푸트라시여, 죽음〔沒〕이란 헛되고 거짓된 법이 없어져 무너지는 모습이고, 남〔生〕이란 헛되고 거짓된 법이 서로 이어지는 모습입니다. 보디사트바는 비록 죽지만 착함의 바탕을 다하지 않고, 비록 나지만 모든 악을 기르지 않습니다."

이때 붇다께서 사리푸트라에게 말씀하시었다.

"어떤 나라가 있는데 묘한 기쁨〔妙喜〕이라 이름한다. 붇다의 이름은 움직임 없음〔無動, Akṣobhāya〕이다. 이 비말라키르티는 저 나라에서 죽어 여기에 와 났다."

사리푸트라가 말씀드렸다.

"일찍이 있지 않던 일입니다. 세존이시여. 이 사람은 청정한 국토를 버리고 성냄과 해침이 많은 곳에 즐겁게 왔습니다."

비말라키르티가 사리푸트라에게 말하였다.

"어떻게 생각하시오. 햇빛이 나올 때 어두움과 합합니까?"

답해 말했다.

"아닙니다. 햇빛이 나올 때는 곧 못 어두움이 없습니다."

비말라키르티가 말했다.

"대체 왜 해는 잠부드비파에 다닙니까?"

답해 말했다.

"밝음으로 비추어 이로써 어두움을 없애려 하기 때문입니다."

비말라키르티가 말했다.

"보디사트바도 이와 같아 비록 깨끗하지 않은 붇다의 땅〔不淨佛土〕에 나지만, 어리석음과 어두움에 함께 합하지 않으니, 다만 중생의 번뇌의 어두움을 없앨 뿐입니다."

爾時 舍利弗 問維摩詰 汝於何沒而來生此 維摩詰言 汝所得法有沒生乎 舍利弗言 無沒生也 若諸法無沒生相 云何問言 汝於何沒而來生此 於意云何 譬如幻師 幻作男女 寧沒生耶 舍利弗言 無沒生也 汝豈不聞 佛說 諸法如幻相乎 答曰 如是

若一切法如幻相者 云何問言 汝於何沒而來生此 舍利弗 沒者 爲虛誑法敗壞之相 生者 爲虛誑法相續之相 菩薩雖沒 不盡善本 雖生 不長諸惡

是時 佛告舍利弗 有國名妙喜 佛號無動 是維摩詰 於彼國沒而來生此 舍利弗言 未曾有也 世尊 是人乃能捨淸淨土 而來樂此多怒害處

維摩詰 語舍利弗 於意云何 日光出時與冥合乎 答曰 不也 日光出時 卽無衆冥 維摩詰言 夫日何故 行閻浮提 答曰欲以明照爲之除冥

維摩詰言 菩薩如是 雖生不淨佛土爲化衆生故 不與愚闇而共合也 但滅衆生煩惱闇耳

3. 묘한 기쁨의 세계와 그곳 대중의 모습

이때 대중이 묘한 기쁨의 세계〔妙喜世界〕와 움직임 없는 여래〔無動如來〕, 모든 보사트바와 슈라바카의 무리를 목마르듯 우러러 보고자 하였다. 붇다께서 온갖 대중의 생각을 아시고 비말라키르티에게 말씀하시었다.

"잘 행하는 이여, 이 대중의 모임을 위해, 묘한 기쁨의 세계[妙
喜世界] 움직임 없는 여래와 그 보디사트바 슈라바카의 대중을
나타내라. 여기 대중이 다 보고 싶어 한다."

이에 비말라키르티가 마음으로 이렇게 생각하였다.

'나는 자리에서 일어나지 않고 묘한 기쁨의 나라와 그 나라 가
운데 다음 여러 것들을 맞으리라. 그것들은 곧 쇠로 두른 산[鐵
圍山]과 개울, 골짜기, 강과 시내, 큰 바다 깊은 샘, 수메루의 모
든 산과 해와 달 별자리, 하늘 용 귀신, 브라흐마하늘 등의 궁
전, 아울러 모든 보디사트바 슈라바카의 무리들, 성읍과 마을 남
자와 여자로서 크고 작은 이들, 나아가 움직임 없는 여래[無動如
來]와 보디나무와 모든 묘한 연꽃들이니 시방에 붇다의 일을 지
을 수 있는 것들이다.

그렇듯 온갖 것을 맞이하면 세 길 보배 계단이 잠부드비파(Ja
mbudvipa)로부터 도리하늘에 이르도록 이 보배 계단으로 여러
하늘들[諸天]이 내려와, 그 여러 하늘들이 다 '움직임 없는 여래
[無動如來]'에게 공경히 절하고, 수트라의 법을 들어 받으리라.

잠부드비파 사람들도 또한 그 계단에 올라 위로 도리하늘에 오
르고 저 여러 하늘무리를 보게 되리라.

묘한 기쁨의 세계가 이와 같은 헤아릴 수 없는 공덕을 성취하
였는데 위로 아가니스타(Akaniṣṭha)하늘[3]에 이르고 아래로 큰
물 끝[水際]에 이르도록, 도자기 만드는 장인이 오른손으로 도자

---

3) 아가니스타(Akaniṣṭha)하늘: 색계(色界) 네 번째 하늘인 색구경천(色究
竟天), 즉 형상 세계의 맨 꼭대기 세계에 해당함.

기 집의 물레처럼 끊어 취해 이 세계에 들이면, 마치 꽃다발을 지니어 온갖 대중에 보이듯이 하리라.'

이렇게 생각하고서 사마디(samadhi)에 들어가 신통의 힘을 나타내, 그 오른손으로 묘한 기쁨의 세계[妙喜世界]를 끊어 취해 이 땅에 두었다. 그러자 저 신통 얻은 보디사트바와 슈라바카 대중과 여러 다른 하늘과 사람들이 함께 소리를 내 말했다.

"세존이시여, 누군가 우리를 데리고 갑니다. 부디 건져 보살펴 주시길 바랍니다."

'움직임 없는 붇다[無動佛]'께서 말씀하시었다.

"내가 하는 것이 아니다. 이는 비말라키르티의 신묘한 힘이 짓는 바이다."

그 나머지 신통을 얻지 못한 이들은 자기가 가는 것을 느껴 알지 못했다. '묘한 기쁨의 세계'는 비록 이 땅[此土]에 들지만 늘거나 줄지 않았으며, 이 세계에도 또한 몰아닥쳐 비좁지 않고 옛과 같아 달라짐이 없었다[如本無異].

이때 샤카무니붇다께서 여러 대중에게 말씀하시었다.

"그대들은 또 묘한 기쁨의 세계 '움직임 없는 여래'와 '그 나라의 장엄하게 꾸며짐'과 '보디사트바의 행이 청정한 제자의 맑고 깨끗함'을 살피는가?"

다 말했다.

"예 그렇습니다. 이미 보았습니다."

是時 大衆渴仰 欲見妙喜世界無動如來 及其菩薩聲聞之衆 佛知一切衆會
所念 告維摩詰言 善男子 爲此衆會 現妙喜國無動如來 及諸菩薩聲聞之衆

衆皆欲見

　於是維摩詰心念 吾當不起于座 接妙喜國 鐵圍山 川溪谷江河 大海泉源 須彌諸山 及日月星宿 天龍鬼神 梵天等宮 幷諸菩薩聲聞之衆 城邑聚落 男女大小 乃至無動如來 及菩提樹 諸妙蓮華 能於十方作佛事者

　三道寶階 從閻浮提至忉利天 以此寶階 諸天來下 悉爲禮敬 無動如來 聽受經法 閻浮提人 亦登其階上昇忉利 見彼諸天

　妙喜世界 成就如是無量功德 上至阿迦尼吒天 下至水際 以右手斷取如陶家輪 入此世界 猶持華鬘示一切衆

　作是念已 入於三昧現神通力 以其右手 斷取妙喜世界 置於此土 彼得神通菩薩及聲聞衆 幷餘天人 俱發聲言 唯然世尊 誰取我去 願見救護

　無動佛言 非我所爲 是維摩詰神力所作 其餘未得神通者 不覺不知 己之所往 妙喜世界雖入此土而不增減 於是世界 亦不迫隘 如本無異

　爾時 釋迦牟尼佛 告諸大衆 汝等且觀 妙喜世界無動如來 其國嚴飾 菩薩行淨弟子淸白 皆曰 唯然 已見

4. 청정한 붇다의 땅을 얻는 붇다의 도

붇다께서 말씀하시었다.

"만약 보디사트바가 이와 같은 청정한 붇다의 땅〔淸淨佛土〕을 얻고자 하면 움직임 없는 여래께서 행하신 도를 배워야 한다."

이 묘한 기쁨의 세계를 나타낼 때 사바세계 십사 나유타(nayuta) 사람들이 다 아누타라삼먁삼보디의 마음을 내 다 '묘한 기쁨의 나라'에 나기를 바랐다. 샤카무니붇다께서 곧 언약하시며 말했다.

"저 나라에 날 것이다."

그때 묘한 기쁨의 세계는 이 국토에서 이익 줄 바 그 일을 마치자, 본 곳에 다시 돌아가니〔還復本處〕 모든 대중이 다 보았다.

붇다께서 사리푸트라에게 말씀하시었다.

"그대는 이 묘한 기쁨의 세계와 움직임 없는 붇다를 보았는가?"

"예, 그렇습니다. 이미 보았습니다. 세존이시여, 온갖 중생이 청정한 땅을 얻는 것은 움직임 없는 붇다와 같고, 신통의 힘 얻는 것은 비말라키르티와 같도록 해주시길 바랍니다.

세존이시여, 저희들은 시원스럽게 좋은 이익을 얻고 이 분을 뵙고 가까이 모셔 공양하겠습니다.

그 여러 중생이 만약 지금 드러나 있음[現在]에나 만약 붇다 니르바나[佛滅] 하신 뒤에라도, 이 경을 듣는 자는 또한 좋은 이익을 얻는데, 하물며 다시 듣고서, 믿어 이해하고 받아 지녀 읽고 외우며, 해설하고 법대로 닦아 행함이겠습니까?

만약 손에 이 경을 얻는 자는, 곧 이미 '법의 보배 곳간[法寶藏]'을 얻습니다. 만약 읽고 외어 그 뜻을 풀이하고 말씀대로 닦아 행하면, 곧 모든 붇다의 보살펴 생각해줌[護念]이 됩니다.

이와 같은 사람에게 공양함이 있는 자라면 그는 곧 붇다에게 공양함이 되는 것을 알아야 합니다. 이 경권을 써서 지니면 그 방[其室]에 곧 여래가 계심[卽有如來]을 알아야 합니다.

만약 이 경을 듣고 따라 기뻐할 수 있으면 이 사람은 곧 '온갖 것 아는 지혜[sarvajña, 一切智]'를 얻게 되고, 만약 이 경을 믿어 이해하고 나아가 한 네 구절[四句]이라도 남을 위해 말해주면, 이 사람은 곧 아누타라삼먁삼보디의 언약 받음을 알아야 합니다.4)"

---

4) 마지막 경문에 대한 영역과 우리말 직역은 다음과 같다.

He who rejoices at hearing this sūtra, is destined to win all

佛言 若菩薩欲得如是清淨佛土 當學無動如來所行之道 現此妙喜國時 娑婆世界十四那由他人 發阿耨多羅三藐三菩提心 皆願生於妙喜佛土 釋迦牟尼佛 卽記之曰 當生彼國

時妙喜世界於此國土 所應饒益其事訖已 還復本處 擧衆皆見

佛告舍利弗 汝見此妙喜世界及無動佛不 唯然已見 世尊 願使一切衆生得淸淨土如無動佛 獲神通力 如維摩詰 世尊 我等快得善利 得見是人親近供養

其諸衆生 若今現在 若佛滅後 聞此經者亦得善利 況復聞已 信解受持讀誦 解說如法修行

若有手得是經典者 便爲已得 法寶之藏 若有讀誦 解釋其義 如說修行 卽爲諸佛之所護念 其有供養如是人者 當知卽爲供養於佛 其有書持此經卷者 當知其室卽有如來

若聞是經 能隨喜者 斯人卽爲取一切智 若能信解 此經乃至一四句偈 爲他說者 當知此人卽是 受阿耨多羅三藐三菩提記

평석

1. 붇다를 살핌

붇다는 연기로 있는 세간법의 진실을 실현한 분이다. 붇다를 본다는 것은 연기(緣起)의 진실을 본다는 말이니, 세간법을 떠나 붇다의 법이

---

knowledge (sarvajña). And he who can believe and understand this sūtra, or even (any of) its four-line gāthās and preaches it to others, will receive the (Buddha's) prophecy of his future realization of supreme enlightenment."

이 수트라를 듣고 기뻐하는 그 사람은 온갖 것 아는 지혜에 정해진 사람이다. 그리고 그가 수트라를 믿고 이해하며 네 줄 가타의 노래라도 알아 다른 이에게 연설할 수 있다면 최상의 깨달음 얻게 되리라는 여래의 언약을 받을 것이다.

없기 때문이다.

　그러므로 중생이 중생의 자기 진실을 살피고, '자기 몸의 몸 아닌 실
상〔身實相〕'을 살피는 것이 여래의 법신(法身)을 살피는 것이다.

　승조법사는 말한다.

　'붇다는 무엇인가. 대개 이치에 사무치고 성품을 다한〔窮理盡性〕
큰 깨침〔大覺〕을 말한다. 그 도는 비고 그윽하여 참으로 이미 항
상한 경계를 묘하게 끊었으니〔妙絶常境〕, 붇다의 마음은 지혜로써
알지 못하고, 꼴은 모습으로 헤아리지 못한다. 만물의 함〔萬物之
爲〕과 같이하나 하지 않음의 영역〔不爲之域〕에 머물며, 말과 수
〔言數〕 안에 있지만 말없는 고을〔無言之鄕〕에 머문다.

　있음이 아니지만 없음이라 할 수 없고, 없음이 아니지만 있음이
라 할 수 없다. 고요하고 고요해 비어 드넓어서〔寂寞虛曠〕 중생이
헤아릴 수 없으니〔物莫能測〕 이름할 바를 알지 못한다.

　그러므로 억지로 이름하여 깨침〔覺, bodhi〕이라 하니, 그 함〔其
爲〕은 마지막에 이름〔至也〕이고 끝이 된다〔極〕. 왜냐하면 곧 대저
얻는 것에 함께하면 얻음 또한 이를 얻고, 잃는 것에 함께하면 잃
는 것도 이를 잃기 때문이다. 이러므로 참됨을 본받는 자는 참됨
에 함께하고 거짓을 본받는 자는 거짓됨에 함께한다.

　여래는 신령히 비추되 그윽이 어울려〔冥諧〕 저 실상에 하나 되
니 실상의 모습〔實相之相〕이 곧 여래의 모습〔卽如來相〕이다.

　그러므로 경은 말한다. '실상의 법을 보는 것이 붇다를 봄이다.'

　비말라키르티는 몸의 실상〔身實相〕을 스스로 살피는 것으로 여
래의 모습 살핌〔觀如來相〕을 삼으니 지극한 뜻이 여기에 있다.5)

---

5) 肇公曰 佛者何也 蓋窮理盡性大覺之稱也 其道虛玄 固已妙絶常境 心不可以
智知 形不可以像測 同萬物之爲 而居不爲之域 處言數之內 而止無言之鄕
非有而不可爲無 非無而不可爲有 寂寞虛曠 物莫能測 不知所以名 故强爲之

스스로 몸의 실상〔身實相〕을 살피는 것이 붇다의 실상 살핌이 되는
것을, 성사(聖師) 승조(僧肇)법사의 풀이로 살펴보았다.

2. 붇다의 세 몸

붇다의 몸은 법신·보신·응신(法身·報身·應身)의 세 몸으로 말해
왔으니 이제 세 몸의 뜻〔三身義〕을 자세히 살펴보기로 한다. 비록 세
몸을 말했으나 인연으로 세간에 나타나신 보신 밖에 법신이 없고, 보신
밖에 인연의 몸이 경계에 응함이 없으니 인연의 몸 그 중도의 진실이
법신이다.

천태선사(天台禪師)는 다음 같이 말한다.

법신(法身)이란 법의 성품〔法性〕을 본받아 도로 법신으로 몸을
삼으니 이 몸은 '바탕 있는 빛깔〔色質〕'이 아니고 '마음의 지혜〔心
智〕'도 아니며 '쌓임〔陰〕과 들임〔入〕, 법의 영역〔界〕'이 거두어 지
니는 바가 아니라 억지로 법의 성품〔法性〕을 가리켜 몸〔身〕을 삼
을 뿐이다.

법성의 목숨〔法性壽〕은 과보로 목숨뿌리 얻음이 아니고, 또한
이어 지님도 없으니 옮기지 않고 변하지 않음을 억지로 가리켜
이를 목숨〔壽〕이라 이름한 것이다.

이 목숨은 긴 헤아림〔長量〕도 아니고 또한 짧은 헤아림〔短量〕도
아니라 느림도 없고 빠름도 없음을 억지로 법계라 가리킴이니 허
공의 헤아림〔虛空量〕과 같이한다. 이는 곧 목숨 없는 목숨〔無壽之

覺 其爲至也亦以極矣 何則 夫同於得者 得亦得之 同於失者 失亦失之 是以
則眞者同眞 法僞者同僞
　如來靈照冥諧 一彼實相 實相之相 卽如來相 故經曰 見實相法 爲見佛也
淨名自觀身實相 以爲觀如來相 至義存於是

壽]이고, 헤아리지 않는 헤아림〔不量之量]이다.6)

　보신(報身)이란 닦아 행해 느껴 부른 바〔修行所感]이다. 『법화
경』은 이렇게 말한다.

　'오래 닦는 업으로 얻은 바이다.'

　대승의 『마하파리니르바나수트라〔大般涅槃經]』는 말한다.

　'마하파리니르바나(maha-pārinirvāṇa)란 도를 닦아 얻기 때문
이다.'

　한결같은 지혜가 한결같은 경계를 비추면 '보디의 지혜가 법의
성품과 서로 응하여〔菩提智慧與法性相應], 서로 그윽함〔相冥]이다.
서로 응함이란 함과 뚜껑이 서로 응함〔函蓋相應]과 같고, 서로 그
윽함〔相冥]이란 물과 젖이 서로 그윽함〔水乳相冥]과 같다.

　법신은 몸이 아니되 몸 아님도 아닌데. 지혜가 이미 응해 그윽
하면 또한 몸이 아니되 몸 아님도 아니니, 이 지혜를 보신(報身)
이라 억지로 이름한다. 법의 목숨〔法壽]은 목숨 아니되 목숨 아님
도 아닌데 지혜가 이미 응해 그윽하면〔智既應冥] 또한 목숨이 아
니되 목숨 아님도 아니니 억지로 목숨 아님을 목숨이라 이름한다.

　법의 헤아림〔法量]은 헤아림이 아니고 헤아림 없음도 아닌데 지
혜가 이미 응해 그윽하면 또한 헤아림이 아니되 헤아림 없음도
아니니 억지로 헤아림 없음〔無量]을 헤아림〔量]이라 이름한다.

　응신(應身)에서 응함이란 만물에 응해 같이함〔공간적으로 대상에

---

6) 天台大師云 法身者 師軌法性 還以法身爲身 此身非色質 亦非心智 非陰入
　界之所攝持 强指法性爲身耳 法性壽者 非報得命根 亦無連持 强指不遷不變
　名之爲壽 此壽非長量 亦非短量 無延無促 强指法界同虛空量 此卽非身之身
　無壽之壽 不量之量也
　〔쌓임〔陰]과 들임〔入], 법의 영역〔界]이 거두어 지님: 쌓임과 들임, 법의
　영역은 인연으로 일어나 있는 모습이다. 인연으로 있기 때문에 있되 공한
　있음의 진실이 법신이므로, 법신은 연기로 난 바 있음의 법에 거두어지지
　않는다.〕

응함]으로 몸을 삼는 것이고, 이어 지님에 응해 같이함[시간적으로 옛을 이어 지금을 이룸]으로 목숨[命]을 삼고, 길고 짧음에 응해 같이함[應同長短]으로 헤아림[量]을 삼는다. 지혜가 바탕에 그윽하여[智與體冥] 큰 씀을 일으킬 수 있으니[과보의 몸이 있되 공해 법신과 그윽하므로 큰 씀이 일어남] 마치 수은이 참 금과 어울려 모든 빛깔 모습을 칠할 수 있는 것과 같다.

곧 공덕(功德)과 법신(法身)이 어울려 곳곳에 응해 나타나 가서, 몸과 몸 아님이 될 수 있고, 항상한 목숨[常壽]이 되고 덧없는 목숨[無常壽]이 될 수 있으며, 헤아림 없음이 되고 헤아림 있음이 될 수 있다.

지금 경은 비록 다만 법신을 살핀다[但觀法身]고 말하나, 이는 응신 그대로 응신 아님[卽應身非應身]으로 법신을 삼음이다.

왜인가. 대개 여래께서 암라동산에 드러나 머무심이 비록 마치 수메루산왕이 뭇 보배사자의 자리에 있음과 같다고 말하나, 이는 곧 못남 그대로 빼어남을 나타냄[卽劣現勝]이라 여덟 모습의 자취[八相之迹]가 또렷한 것이다. 마치 '세 때의 다섯 쌓임이 아니다[非三際五陰]'라고 말함 같으나 실은 곧 응하는 몸[應身]이, 앞 때에 태에 들어왔다 뒤 때에 사라짐에 들어가고, 가운데 때 여든 해 머물러, 상호의 빛깔이 환하고 지혜가 환히 빛난다.

그러므로 마하사트바 비말라키르티는 이 몸대로 살펴 낱낱이 아니라고 하는 것[몸의 인연으로 있는 것 낱낱이 그것이되 그것 아니라 함]이니 곧 아니라고 함 이것이 법신(法身)이라 그것이 응하는 몸을 떠나 따로 살핌과 같겠는가.

또 어찌 '실상의 진리를 생각해 삼계 아홉 미혹 끊음[緣理斷九]'과 달리하여, 참으로 항상하며 깨끗한 앎[眞常淨識]의 가르침을 치우치게 살피겠는가.7)

붇다의 세 몸〔佛三身〕은 한 몸의 세 모습이니 세 몸은 다름도 없고 같음도 없다. 붇다의 진실이 세간의 진실이니 붇다의 세 몸은 세간법이 연기로 있음과, 연기이므로 있되 공함과, 있음이 있음 아니되 있음 아님도 아님을 반영한다. 곧 붇다의 보신은 인연의 힘으로 성취된 모습의 몸이다. 이 몸은 있되 공해〔有而空〕 몸의 꼴과 빛깔에 빛깔과 꼴을 얻을 수 없으니 보신의 몸에 몸 없음이 붇다의 법신이다.

보신의 모습은 모습 없되 모습 없음도 없이 천만 가지 변화에 응하니 응신(應身)이다. 그러나 응신의 응함이 응하되 응함이 없어 응신이 다시 고요하여 법신이 된다. 곧 응함이 응함이 아님을 법신이라 하니 법신은 응신의 이것도 아니고 저것도 아니되 이것 아님도 아니고 저것 아님도 아니니 법신의 진리를 살피면 응신의 진실을 살펴 온갖 미혹 떠남이다. 응신의 응함을 떠나 따로 법신이 없으니 다만 공해 모습 없음〔無相〕을 법신이라 해서는 안 된다.

---

7) 報身者 修行所感 法華云 久修業所得 涅槃云 大般涅槃修道得故 如如智照 如如境 菩提智慧與法性相應相冥 相應者 如函蓋相應 相冥者 如水乳相冥 法身 非身非不身 智既應冥 亦非身非不身 強名此智爲報身 法壽 非壽非不壽 智既應冥 亦非壽非不壽 強名非壽爲壽 法量 非量非無量 智既應冥 亦非量非無量 強名無量爲量也

應身者 應同萬物爲身也 應同連持爲壽也 應同長短爲量也 智與體冥 能起大用 如水銀和眞金 能塗諸色像 功德和法身 處處應現往 能爲身非身 能爲常壽 爲無常壽 能爲無量 能爲有量 今經雖曰但觀法身 乃是卽應身非應身 以爲法身 何也 蓋如來現住菴摩羅園 雖曰猶如須彌山王 處于衆寶師子之座 乃卽劣現勝 而八相之迹宛然 如曰非三際五陰 實卽應身 有前際入胎而來 後際入滅而去 中際八十而住 相好之色炳如 智慧心智灼爾

故大士卽此而觀 一一非之 卽是法身 其若離應別觀 又何異緣理斷九 偏觀眞常淨識之敎哉

〔연리단구(緣理斷九): 10법계 중 붇다 세계〔佛界〕의 진리〔理〕만을 따라 생각하여〔緣〕 9법계의 망녕된 법을 끊는 것이니, 법의 실상을 살피면 아홉 법계의 미혹 끊음을 말한다. 천태 별교와 화엄교에서 설하는 것.〕

비말라키르티가 저 묘한 기쁨의 세계에서 옴이 없이 이 사바에 오니, 늘 고요한 빛의 땅〔常寂光土〕을 떠남 없이 원력의 몸〔願力身〕을 나툼이다. 저 묘한 기쁨의 땅과 사바는 인연의 땅이고 '범부와 성인이 같이 머무는 땅〔凡聖同居土〕'이다. 저 붇다의 이름이 '움직임 없는 세존〔無動尊〕'이라 함은 붇다의 인연의 몸이 법신의 고요함을 떠나지 않음이다.

저 묘한 기쁨의 세계와 사바가, 모두 고요한 빛의 땅을 떠나지 않고 법신의 모습 없는 실상을 떠나지 않으므로 비말라키르티는 여기 사바세계 암라나무 동산에서 저 붇다와 그곳 보디사트바 대중을 봄이 없이 보는 것이다.

여래의 법신은, 지금 눈앞에 계시는 인연으로 나투신 붇다의 거룩한 몸에 몸 없음을 볼 때 법신을 봄이 없이 보는 것이고, 우리 스스로의 몸을 이루는 몸의 낱낱 조건이 모두 그것이 아니되 그것 아님도 아님을 볼 수 있을 때 우리 몸의 모습〔身相〕을 떠나지 않고 법신을 보는 것이다.

그러므로 지금 범부가 스스로 몸을 살펴, 몸이 몸 아닌 몸의 실상〔身實相〕을 보면 나의 몸의 실상과 둘이 아닌 여래의 법신을 보는 것이니 이 뜻이 '진리의 실상을 따라 생각해 아홉 법계 미혹을 끊는다〔緣理斷九〕'고 한 뜻이다.

3. 중생이 구체적으로 붇다를 살피는 법

그렇다면 이곳 물든 땅 사바에 살며 미망의 헛된 꿈에 젖어있는 우리 중생 또한 비말라키르티처럼 저 묘한 기쁨의 세계 여래의 몸을 볼 수 있으니 어떻게 보는가. 저 세계와 여래의 몸은 내 마음 밖의 여래와 세계가 아니라 마음인 세계와 몸이다. 그러므로 한 생각 밖에 삼천의 법계가 없으니 생각으로 한 생각에 생각 없음〔於念無念〕을 바로 알면, 생각인 세계의 모습에 모습 없는 것〔於相無相〕이다. 곧 한 생각〔能觀〕

으로 살피는 바 생각〔所觀〕에 생각 없고〔無念: 空觀〕 생각 없음도 없음을 살피면〔無無念: 假觀〕 여기서 생각인 여래의 몸을 봄이 없이 보고〔無見而見〕 저 여래의 땅 장엄한 모습을 보되 봄이 없는 것〔見而無見〕이다.

그 뜻을 네 곳 살핌〔四念處〕과 연결지어 다시 사유해보자.

한 생각으로 나의 몸〔我身〕을 살펴, 몸에 몸 없는 몸의 실상〔身實相〕을 깨달아, 여래의 법신을 보는 것은 몸 살핌〔身念處〕이다.

다시 경계에 닿아 느끼는 괴로운 느낌〔苦受〕, 즐거운 느낌〔樂受〕, 괴롭지도 않고 즐겁지도 않은 느낌〔不苦不樂受〕의 세 느낌이, 얻을 바 없음〔三受不可得〕을 알면, 세 느낌이 공한 아미타바 붇다(Amitabha-buddha: 無量光佛)의 지극한 기쁨의 땅〔極樂: 苦·樂·捨를 떠난 기쁨의 땅〕을 볼 수 있다.

마음에 마음 없고 마음 없음도 없음을 알아, 끊어짐〔斷〕과 항상함〔常〕을 넘어서면, 곧 한 생각에서 아미타유스 붇다(Aamitayus-buddha, 無量壽佛)의 몸을 보게 되니 마음 살핌〔心念處〕이다.

다시 마음의 지혜를 통해 마음인 저 국토의 늘 고요하고 밝음을 알면 법 살핌〔法念處〕이다.

그리고 저 묘한 기쁨의 세계와 이 사바가, 모습이되 모습 없어, 하나의 고요한 빛의 땅에 바탕 하므로 세계의 모습 없는 모습을 봄이 없이 보는 지혜의 행이 현전하면, 그 지혜의 사람은 저 국토에 감이 없이 감〔無去而去〕과 이 사바에 옴이 없이 옴〔無來而來〕을 자재하게 실현할 수 있는 것이다.

4. 옛 선사들의 법어로 붇다의 몸을 말함

옛 선사들의 법어를 통해 살펴보자.

영가선사의 『증도가(證道歌)』는 저 묘희세계와 사바세계, 범부의 이 몸과 붇다의 몸에 두 바탕이 없음을 다음 같이 노래한다.

밝고 밝게 보니 한 물건도 없음이여,
또한 사람도 없고 또한 붇다도 없다.
큰 천세계 모래 수 세계가 바다 가운데 거품이요
온갖 성현들이 번개가 떨침 같네.

了了見　無一物　亦無人兮亦無佛
大千沙界海中漚　一切聖賢如電拂

경은 비말라키르티거사가 묘한 기쁨의 세계에서 와 교화의 연이 다
하면 그 세계에 돌아가고, 사바의 중생도 '그 세계를 볼 수 있고 그
세계에 가서 날 수 있다'고 가르친다. 여기서 경의 뜻이 어찌 내 생각을
일으켜 저 세계를 붙잡아 안다고 함일 것이며 저 세계에서 오고 다시
돌아감이 실로 가고 옴을 말할 것인가.

실로 가고 옴이 아니라면 저 세계에 한 티끌도 얻을 수 없음을 아는
자가, 저 세계를 여기 앉아 봄이 없이 보고〔無見而見〕, 남이 없이 저
세계에 날 수 있는 것〔無生而生〕이리라.

이 사바와 저 묘희세계가 성품의 땅에서 한바탕인데 그곳이 어찌 꼭
멀리 있을 것인가. 세계를 보고 듣고 말하는 주체가 지금 드러나는 한
생각에 생각 없음을 바로 보아 생각 없음에도 머물지 않으면, 저 세계
에 감이 없이 가서 남이 없이 남〔往生〕을, 미리 언약 받은 자인 것이다.

옛 선사의 한 이야기 들어보자.〔선문염송 1076칙〕

운문(雲門)선사가 대중에 알리는 망치 소리〔白槌聲〕을 듣고 말했다.

묘한 기쁨의 세계〔妙喜世界〕가 백 조각 뒤섞여 부서졌다.
그대들 여러 사람들은 파트라〔鉢〕를 들고, 호남성 속으로 밥을 먹으
러 가라.8)

운문선사가 이렇게 보인 뜻이 무엇인가. 비말라키르티가 나투어 보인 묘한 기쁨의 세계 장엄한 모습〔妙喜世界 莊嚴相〕은, 모습을 들어 중도의 공덕상(功德相)을 보인 것이니 모습에서 모습 취하면 수트라의 뜻이 아님을 이렇게 보인 것이리라.

그러므로 선사는 생각 일으켜 저 세계의 신묘함을 구해 찾지 않고, 이곳 밥 먹고 숨 쉼의 진실을 봄이 없이 볼 때, 저 국토의 진실 알 수 있음을 이리 보인 것이니, 대각련(大覺璉)선사가 이렇게 집어 보였다.

그만 그만하신 어쭙잖은 운문(雲門)께서 뒤바뀐 일 하신 것 같구나. 산승은 이 속에서 다만 이와 같이 하리라.

'유나는 알리는 망치 치고, 수좌는 밥 베풀고, 산승은 파트라 펴고, 행자는 돌린다.'

이러한 이야기를 여러 곳에서 마음대로 판단하도록 맡긴다.9)

이는 소리 듣고 말하는 이곳에서, 소리 오는 곳을 알고 말 일어나는 곳을 아는 자가, 저 세계의 모습 아니되 모습 아님도 아닌 참모습을 알 수 있다는 말이리라. 여기 이곳의 보고 들음에서 볼 것을 보고 들을 것을 들으며, 보고 듣는 한 생각의 진실을 요달하면 저 세계의 실상을 따로 구할 것이 없는 것이다. 참사람에게는 여기 이곳에서 파트라 펴고 밥 돌리고 밥 먹음이 곧 저 세계 붇다께 공양하고 저 세계 상가 대중과 더불어 같이 여래의 설법 들음이리라.

중생이 번뇌와 집착을 일으켜, 중생을 중생이라 하여 중생이라는 모습〔衆生相〕을 내고 묘한 기쁨의 땅을 따로 구하므로, 이 사바의 땅에서 저 붇다의 모습을 보지 못하는 것이다. 중생이 중생의 모습을 세우지

---

8) 雲門聞白槌聲 乃云妙喜世界百雜碎 汝等諸人 擎鉢向湖南城裏 喫飯去

9) 大覺璉拈 大小雲門 也似事顚倒 山僧者裏 只是維那白槌 首座施食 山僧展鉢 行者行益 伊應說話 一任諸方哉斷

않으면 중생과 붇다의 모습이 공한 것이니, 여기 이곳의 모습 봄에서, 모습 떠나고 모습 없음마저 떠나면 저 붇다의 모습 아닌 참모습을 볼 수 있으리라.

옛 선사의 다음 법어를 들어보자.〔선문염송 1249칙〕

풍혈(風穴)선사가 말을 내려 보였다〔垂語〕.

만약 한 티끌을 세우면 집안과 나라가 흥성하고 들늙은이 이마를 찡그리나, 한 티끌도 세우지 않으면 집안과 나라가 없어져 들늙은이 편안해진다.

여기서 밝게 얻으면 사리(闍梨, ācārya)가 분별없어 온전히 노승이지만, 여기서 밝히지 못하면 노승이 곧 사리이니 사리와 노승은, 또한 천하 사람을 깨닫게 할 수 있고 또한 천하 사람을 미혹케 할 수 있다.

사리를 알려 하는가.
왼쪽을 한번 치고 말했다.
'이 속이 곧 이것이다.'

노승을 알려는가.
오른편을 한번 치고 말했다.
'이 속이 곧 이것이다.'10)

풍혈선사의 이 이야기는 중생이니 붇다니 한 생각 세우면 너와 나의 분별이 나고, 한 티끌도 세우지 않아야 비로소 네 바다가 참된 안락의

---

10) 風穴垂語云 若立一塵 家國興盛 野老顰蹙 不立一塵 家國喪亡 野老安貼 於此明得 闍梨無分 全是老僧 於此不明 老僧卽是闍梨 闍梨與老曾 亦能悟 却天下人 亦能迷却天下人 要識闍梨麽 左邊拍一拍云者 裏卽是 要識老僧麽 右邊拍一拍云者 裏卽是

가풍 세울 수 있음을 이리 말한 것이리라.

설두현(雪竇顯)선사는 이 공안에 대해 다시 이렇게 말한다.

들늙은이 이마를 펴게 하지 못해도
또 나라와 집은 웅대한 기틀 세우기를 꾀한다.
꾀 있는 신하 용맹한 장수는 지금 어디 있는가.
만리의 바람은 맑아 다만 스스로 안다.

　野老從教不展眉　且圖家國立雄基
　謀臣猛將今何在　萬里風淸只自知

지비자(知非子)는 이렇게 노래했다.

한 티끌 세워짐이 있으니 태평이 저절로 이루어지고
한 티끌도 서지 않으니 땅이 흩어져 보전하기 어렵다.
누가 흥하고 시듦을 묻는가.
무심한 들늙은이 울거나 웃으니
뒤바뀌어 넘어짐은 얼마인가.

　一塵有立　大平天造　一塵不立　散地難保
　誰問興衰　無心野老　或泣或歌　顚倒多少

한 티끌을 세워 천하의 태평을 이루어도 참된 태평이 아니고, 세울 한 티끌도 없어야 뒤바뀜과 넘어짐이 없는 태평임을 이리 노래해 보임 인가. 한번 나라와 집이 모두 없어진 뒤에야 참으로 흥하는 소식 있는 것이니, 천동각(天童覺)선사는 이 이야기를 들어 이렇게 말한다.

한 티끌 세움은 어떻게 받아쓰는가. 왜 들늙은이는 이마를 찡그리는가.
한 티끌도 세우지 않음은 어떻게 받아쓰는가. 왜 들늙은이는 노래를 부르는가.

또 그 사이에 나아가 가리켜 풀이해 가리라.

몇이나 즐거워하고 몇이나 근심하는가.
들늙은이 두 눈썹 끝을 잘 보라.
집안 바람 평안하여 맑기가 거울 같고
물이 여위고 산이 비니 한 모습 가을이네.

幾許歡心幾許愁 好看野老兩眉頭
家風平貼清如鏡 水瘦山空一樣秋

솜씨가 통해 바뀌니 몸과 마음 자유롭고
바람과 큰 물결 눈 쌓인 섬 두려워 않네.
바다 위의 세 산이 한번 끌어 무너지고
여섯 자라 이어서 금 낚시 위에 떨어진다.

手段通變身心自由 不怕風濤雪擁洲
海上三山頹一掣　　六鼇連落上金鉤

여러 선덕이여, 이는 반드시 이렇게 알고 이는 반드시 이렇게 써야
한다.

또 어떻게 아는가.

화악은 하늘 이어 빼어나고
황하는 바닥까지 훑어 흐르도다.11)

---

11) 天童覺上堂擧此話云 立一塵 作麼生受用 爲什麼野老顰蹙 不立一塵 作麼
生受用 爲什麼 野老謳歌
又向其問 指注去也 幾許歡心幾許愁 好看野老兩眉頭 家風平貼清如鏡 水瘦
山空一樣秋 手段通變 身心自由 不怕風濤雪擁洲 海上三山頹一掣 六鼇連落
上金鉤 諸禪德 是須恁麼體 是須恁麼用 且作麼生委悉 華岳連天秀 黃河轍

華岳連天秀 黃河輥底流

옛사람들의 이와 같은 말들은 무엇을 보임인가. 들늙은이 노래하고
찡그림, 티끌 세우고 흩음을 따르나 티끌 세워 이루는 나라의 태평이
참 태평이 아니다. 티끌과 바람뿐 아니라 저 참됨마저 세우지 않을 때
빛깔과 모습이 공한 걸림 없는 크나큰 자유 속에서 티끌 세우고 티끌
흩음을 뜻대로 함을 이리 보인 것이리라.

그렇다면 소리와 빛깔의 물결 속에서 참으로 소리와 빛깔 벗어난 자
가, 소리와 빛깔을 성품의 소리〔性香〕와 성품의 빛깔〔性色〕로 써서, 소
리와 빛깔 냄새〔聲色香〕로 붇다의 일 지어, 크나큰 태평 이룰 수 있게
되리라. 소리와 빛깔 속에서 어찌 그 소리와 빛깔 벗어나는가.

옛 선사의 공안을 살펴보자.〔선문염송 1297칙〕

법안(法眼)선사에게 어떤 승려가 물었다.
'소리와 빛깔 두 글자를 어떻게 뚫어 벗어납니까?'

聲色二字 如何透得

선사가 말했다.
대중아,
'만약 이 승려가 묻는 곳을 알면 소리 빛깔 뚫는 것이 어렵지 않다.'[12]

若會這僧問處 透聲色也不難

이에 대해 정엄수(淨嚴遂)선사가 노래했다.

底流

12) 法眼因僧問 聲色二字如何透得 師云大衆 若會這僧問處 透聲色也不難

바로 그 입으로 뚫는 길을 물었는데
작가는 곧장 어둑하게 가리켰네.
눈과 귀가 홀연히 봄잠 깨고 나면,
꾀꼬리 읊조림과 제비 소리가
다 두렷하게 통하는 경계이리라.

　親口問來求透路　　作家直爲指昏朦
　眼耳忽然春夢覺　　鸎吟鷰語盡圓通

자수(慈受)선사가 노래했다.

소리 빛깔 도리어 두 글자인데
납승은 눈 가운데 모래 못 뚫었네.
황학루 앞에서 옥피리 부니
강성 오월에 매화가 진다.

　聲色却來兩个字　　衲僧不透眼中沙
　黃鶴樓前吹玉笛　　江城五月落梅花

빛깔 소리 두렷 통한 경계가 어찌 멀리 있으리. 누각 앞 옥피리 소리
에 강마을 매화 떨어짐이 두렷 통한 경계이리라.
　그렇다면 여기 물든 땅 사바에서 미망의 중생이 저 묘한 기쁨의 세계
여래를 보는 것이, 설한풍 치는 북녘 땅에서 '늘 강남 땅 삼월을 생각하
니 자고새 우는 곳에 백 가지 꽃 향기롭다'고 옛 조사가 말한 뜻과 무엇
이 다르리.
　여러 조사들의 뜻을 이어서 여기 이 땅에 앉아 저 묘한 기쁨의 세계
붇다를 몸소 뵙고, 빛깔과 냄새로 붇다의 일 짓는 뜻을, 학담도 한 노래
로 말해보리라.

참과 망녕됨 세우지 않고 또한 깨뜨리지 않으면
모든 망녕됨 가운데서 진실 밟으리.
가는 티끌 깨뜨려서 큰 세계 경을 꺼내고
소리 빛깔 벗어나서 두렷 통함 열리라.

眞妄不立亦不破　於諸妄中踏眞實
破微塵出大千經　聲色透出開圓通

사바의 사카무니와 묘한 기쁨의 곳 세존이
그 성품 두렷 통해 본래 둘이 아니네.
암라나무 동산에서 보되 봄이 없으면
참 성품의 향 속에서 저 세존께 절하리.

沙婆釋迦妙喜尊　其性圓通本不二
菴羅樹園見無見　眞性香裏禮彼尊

이 세계와 저 땅이 다 두렷이 통했으니
대중의 가고 옴이 본래 걸림 없어라.
늘 고요한 빛 가운데 빛깔 냄새의 일로
중생 건넴 끝없으나 또한 함이 없어라.

此界彼土皆圓融　大衆往來本無礙
常寂光中色香事　度衆無窮亦無爲

법을 흘러
통하게 하는 가름[流通分]

이끄는 글

이끄는 글

앞 「아쵸바야붇다를 뵙는 품」까지 본 경의 '종지 바로 설하는 가름 〔正宗分〕'을 마치고, 이제 「법공양품」과 「맡기어 당부하는 품」의 '유통하는 가름〔流通分〕'을 맺어 말한다.

승조법사는 「맡기어 당부하는 품」의 한 품만으로 유통분을 삼지만, 천태가 조사들의 『유마경』 주석의 전통은 「법공양품」과 「맡기어 당부하는 품」을 묶어 유통하는 가름을 삼는다. 이는 '세간 중생을 위해 법으로 공양하는 것〔法供養〕'이, 이 경을 읽고 바로 믿음을 내는 이와, 뒤에 올 착한 뿌리의 대승행자에 대한, 여래의 참된 당부가 되기 때문이다.

문단을 나누는 가름만 조금 달리 했을 뿐이지 승조법사의 뜻도 그 큰 줄기는 다르지 않으니, 승조법사는 「법공양품」을 풀이하며 다음 같이 말한다.

'경 설함을 마치려 하며 사리푸트라존자는 위에서 이미 그 아름다움을 기뻐하였고 샤크라인드라하늘왕은 다시 수트라의 가르침 만난 것을 기뻐하여 찬탄한다. 이 경은 말이 비록 간단하여 요점을 줄여 보였으나 뜻은 뭇 경전을 싸고 있다.

앉아서 날을 넘지 않고 신통변화〔通變〕를 갖추어 보게 되니, 마하야나의 그윽하고 먼 말〔大乘微遠之言〕과 신통으로 느껴 부르고 응하는 힘〔神通感應之力〕을 한때에 만나는 것이라, 이치에 다하지 못함이 없다.

그래서 또 이 품의 첫머리에서 샤크라하늘왕은 하늘왕 자신〔我〕과 경의 만남이 묘하므로 일찍이 있지 않음〔未曾有〕이라 찬탄한 것이다.'

說經將訖 舍利弗已慶美於上 帝釋復欣其所遇 而致歎也 此經言雖簡約 而義包羣典 坐不踰日 而備覩通變 大乘微遠之言 神通感應之力 一時所遇 理無不盡 又以會我爲妙 故歎未曾有也

승조법사가 보이고 있는 것처럼 이 『비말라수트라경』은 경의 말씀이 간단하나 널리 뭇 경의 뜻을 함께 아울러서 우리 중생을 부사의 해탈의 땅에 이르게 하는 경전이다. 또 이 「법공양품」의 본문에서도 앞의 '경의 바른 뜻을 거두어 뒤에 올 중생에게 전한다'고 하므로 승조법사의 경의 가름을 나누는 뜻도 이 「법공양품」이 '경의 종지를 모아 당부하고 있음'을 말하고 있는 것이다.

제13. 법공양품(法供養品)

해제

　법공양은 '붇다의 법을 공경하고 법에 공양한다'는 뜻과 '붇다의 법으로 세간 중생을 건네주고 세간에 공양한다'는 뜻을 모두 갖추고 있다. 붇다의 법은 붇다께서 깨친 실상의 법이니 붇다의 법신[佛法身]이다. 실상을 깨친 지혜는 여래의 보신[如來報身]이고, 붇다의 지혜가 세간 언어적 활동으로 나타난 법은 여래의 응신[如來應身]이다.

　곧 지혜인 진리가 법신(法身)이고 실상반야(實相般若)라면, 진리인 지혜가 여래의 보신(報身)이고 관조반야(觀照般若)이며, 지혜가 중생에 응해 설법의 행으로 나타남은 여래의 응신(應身)이고 문자반야(文字般若)이다. 여래의 법 설함은 말하되 말함 없어 그 행에 행함이 없으니 그 응하는 몸이 다시 고요하여[應化寂滅] 법신이다. 그러므로 여래의 세 몸은 하나도 아니고 셋도 아니다[非一非三].

　이를 다시 반야와 진리의 경계로 보면 법신은 지혜인 진리의 경계이고, 보신은 진리의 경계인 지혜이며, 응신은 지혜와 진리가 하나 된 해탈의 활동이다.

　그러므로 끝 세상 이 경을 읽는 무리가, 만약 지혜와 진리의 언어적 표현인 수트라를 읽거나 경의 소리를 듣거나, 경의 갖가지 문자에 한 글자도 없고 여래의 법 설함에 실로 설함이 없음을 알면, 수트라의 낱낱 문자에 실상인 법신이 드러난다. 니르바나의 구현자이신 여래의 세 몸[如來三身]과 닦아 행하는 이의 세 지혜[三慧: 聞思修]는 두 법이 아니다.

　여래의 수트라의 문자가 곧 실상의 언어적 발현이므로 수트라를 공경하고 수트라를 설해 세간(世間)에 공양하는 법공양(法供養)이 세간의 공양 가운데 가장 빼어난 공양이 된다.

　이를 보디사트바가 세 곳에 회향함〔三處廻向〕으로 보면, 여래의 가르침을 받아들여 지혜에 돌아감이 보디(bodhi)에 회향함〔菩提廻向〕이고, 지혜를 통해 실상에 돌아감이 니르바나(nirvāṇa) 실제에 회향함〔實際廻向〕이며, 가르침을 받들어 중생에게 설함이 중생에 회향함〔衆生廻向〕이다.

　그러나 연기의 진실에서 보면, 세간법이 있되 공하고 중생의 번뇌가 본래 니르바나 되어 있으며 니르바나의 모습에도 취할 모습이 없어서, 보디(bodhi)와 니르바나(nirvāṇa)에 돌아간다고 말하지만 보디와 니르바나에 실로 돌아가는 바가 없다. 또한 실상의 법 가운데 중생의 모습이 허깨비 같고 물의 달 같으며 거울의 모습 같으니, 중생에 회향한다 말하지만 실로 회향함이 없고 회향하는 바가 없다〔無所廻向〕.

　곧 실상이 지혜인 실상이라 실상에 주고 받음이 없고 말하되 말함이 없으므로 보디에 회향하되 회향함이 없어야 하고, 중생에 회향하되 실로 돌이켜 향할 중생의 모습을 보지 않아야 하는 것이니 회향한다는 모습이 없어야 참된 회향〔眞廻向〕이 되고, 모습 없고 머묾 없는 법공양(法供養)이 된다.

　보디사트바가 중생에 회향한다는 모습 취함〔想〕이 있거나, 중생에 법공양한다는 공(功)을 내세우면, 그는 참으로 법공양하는 자가 아닐 것이다.

1. 샤크라하늘왕의 법 보살피는 원

이때 샤크라인드라하늘왕이 대중 가운데서 붇다께 말씀드렸다.

"세존이시여, 제가 비록 붇다와 만주스리를 좇아 백 천의 경을 들었지만 이 '사유할 수 없고 말할 수 없으며〔不可思議〕 자재한 신통〔自在神通〕으로 실상을 분명케 한〔決定實相〕 경전'을 일찍이 듣지 못했습니다.

제가 붇다께서 말씀하신 뜻〔意趣〕을 이해하기로서는, 만약 어떤 중생이 이 경의 법을 듣고, 믿어 알고 받아 지니어 읽고 외우는 자라면, 반드시 이 법을 얻어 의심치 않을 것인데 어찌 하물며 말씀대로 닦아 행함이겠습니까.

이 사람은 곧 뭇 악의 길을 막고 여러 착함의 문을 열어 늘 모든 붇다의 보살펴 생각해주심이 됩니다.1) 그리하여 바깥 배움

---

1) 서두의 경문에 대한 영역과 우리말 직역은 다음과 같다.

Thereupon, Sakra who was in the assembly, said to the Buddha: "World Honoured One, although I have listened to hundreds and thousands of sūtras expounded by you and Mañjuśrī, I did not hear of this inconceivable sutra of supramundane sovereign power and absolute reality. As I understand from your present preaching, if living beings listening to the Dharma of this sūtra, believe, understand, receive, uphold, read and recite it, they will surely realize this Dharma. How much more so if someone practises it as expounded; he will shut all doors to evil destinies and will open up all doors to blessedness, will win the Buddha's perfection.

이때 모임 안에 있던 샤크라 하늘왕이 붇다께 말씀드렸다.

'세상에서 존경받는 한 분이시여, 제가 붇다와 만주스리에 의해 설명되

[外學]을 항복받고 마라와 원수를 꺾어 없애, 보디(bodhi)를 닦아 도량에 편안히 머물러[安處道場] 여래께서 가신 자취를 밟게 됩니다.

세존이시여, 만약 받아 지니어 읽고 외우며, 말씀대로 닦아 행하는 사람[如說修行者]이 있다면 저는 여러 따르는 붙이들과 같이 공양하고 대어주며 섬기겠습니다.

마을이나 성읍, 산 숲 넓은 들판 그 어디나 이 경이 있는 곳이면, 저 또한 모든 붙이들과 같이 법을 들어서 받기 때문에 함께 그곳에 가겠습니다.

그리하여 아직 믿지 못한 자는 믿음을 내게 하고, 그가 이미 믿는 자라면 보살핌이 되어 주겠습니다."

爾時 釋提桓因 於大衆中 白佛言 世尊 我雖從佛及文殊師利 聞百千經 未曾聞 此不可思議自在神通 決定實相經典 如我解佛所說義趣 若有衆生 聞是經法 信解受持讀誦之者 必得是法不疑 何況如說修行

斯人卽爲閉衆惡趣 開諸善門 常爲諸佛之所護念 降伏外學 摧滅魔怨 修治菩提 安處道場 履踐如來所行之跡

世尊 若有受持讀誦 如說修行者 我當與諸眷屬 供養給事 所在聚落城邑 山林曠野 有是經處 我亦與諸眷屬 聽受法故 共到其所 其未信者 當令生 信 其已信者 當爲作護

어진 백이나 천의 수트라들을 들었지만 이 수트라처럼 절대적인 진리를 말하고 초현세적인 큰 위세의 힘을 가진 수트라를 듣지 못했습니다.

여래의 지금 연설하심을 제가 이해함과 같아서는 만약 이 수트라를 듣는 중생은 이 수트라의 다르마를 믿고 이해하고 받아들여 지니고서, 읽고 외울 것입니다. 그들은 이 다르마를 분명히 실현할 것입니다. 그리하여 그는 모든 악의 운명의 문들을 닫고 자선의 모든 문들을 열 것이며 붇다의 완전한 지혜를 얻을 것입니다.'

2. 경 받아 지니는 공덕

붇다께서 말씀하셨다.

"그렇고 그렇다, 하늘왕이여. 그대 말한 바와 같다. 내가 그대의 기쁨을 돕겠다. 이 경은 '지나가고 아직 오지 않으며〔過去未來〕 드러나 있는 모든 붇다들〔現在諸佛〕'의 '사유할 수 없고 말할 수 없는 아누타라삼약삼보디'를 널리 설하고 있다. 그러므로 하늘왕이여, 잘 행하는 남자와 여인이 이 경을 받아 지니어 읽고 외우며 공양하면, 곧 이미 지나가고 앞으로 오시고 드러나 있는 모든 붇다〔去來今佛〕를 공양함이 된다.

하늘왕이여, 바로 '삼천의 큰 세계' 그 가운데 여래가 가득하도록 하면 마치 사탕수수 대나무 갈대, 벼와 삼이 빽빽한 숲과 같을 것이다.

만약 잘 행하는 남자와 여인이 한 칼파나 줄어드는 한 칼파에 이 경을 공경하고 존중하여 찬탄하고 공양한다 하자. 그리하여 이 경 모신 여러 곳을 받들고, 모든 붇다께서 니르바나하신 뒤에는 낱낱이 온몸의 사리〔全身舍利〕로 일곱 보배〔七寶〕의 스투파(stūpa, 塔)를 일으켜, 가로 세로가 한 네 천하가 되어 그 높이가 브라흐마하늘에 이르고, 세계의 장엄을 나타내 온갖 꽃, 향과 보배목걸이, 깃발, 악기의 음악이 미묘하기 으뜸이라 하자.

만약 한 칼파나 줄어드는 한 칼파에 이를 공양한다면 하늘왕의 뜻에 어떠한가? 그 사람의 복을 심음이 오히려 많은 것인가?"

샤크라인드라하늘왕이 말씀드렸다.

"많습니다, 세존이시여. 저 사람의 공덕은 백 천억 칼파에 설해도 다할 수 없습니다."

붇다께서 하늘왕에게 말씀하셨다.

"이 잘 행하는 남자와 여인이 이 '사유할 수 없고 말할 수 없는 해탈'의 경전을, 믿어 알고 받아 지녀 읽고 외우며 닦아 행한 복은 저보다 많은 줄 알아야 한다. 왜냐하면 모든 붇다의 보디 (bodhi)가 이를 좇아 나기 때문이고, 보디의 모습은 한정해 헤아릴 수 없기 때문이니 이 인연으로 복은 헤아릴 수 없다."

佛言 善哉善哉 天帝 如汝所說 吾助爾喜 此經廣說過去未來現在諸佛 不可思議阿耨多羅三藐三菩提 是故天帝 若善男子善女人 受持讀誦供養是經者 即爲供養去來今佛 天帝 正使三千大千世界如來滿中 譬如甘蔗竹葦稻麻叢林

若有善男子善女人 或一劫或減一劫 恭敬尊重讚歎供養 奉諸所安 至諸佛滅後 以一一全身舍利 起七寶塔 縱廣一四天下 高至梵天 表刹莊嚴 以一切華香 瓔珞幢幡伎樂 微妙第一 若一劫若減一劫而供養之 於天帝意云何 其人植福寧爲多不

釋提桓因言 多矣 世尊 彼之福德 若以百千億劫 說不能盡

佛告 天帝 當知是善男子善女人 聞是不可思議解脫經典 信解受持讀誦修行 福多於彼 所以者何 諸佛菩提皆從是生 菩提之相 不可限量 以是因緣福不可量

붇다께서 하늘왕에게 말씀하셨다.

"지나간 헤아릴 수 없는 아상키야 칼파의 때, 세간에 붇다가 계셨으니 이름은 바이사쟈라쟈(Bhaiṣajya-raja, 藥王) 여래(Tathāgata), 아라한, 바르게 두루 아시는 분, 밝음과 행 갖추신 분, 잘 가신 분, 세간을 아시는 분, 위없는 스승, 잘 고루어 다루는 장부, 하늘과 사람의 스승, 붇다 세존이라 이름하셨다.

세계는 큰 장엄〔大莊嚴〕이라 이름하고, 칼파(kalpa, 劫)는 장엄(莊嚴)이라 이름하였다. 붇다의 목숨은 스물 작은 칼파〔二十小劫〕이고, 그 슈라바카 상가는 삼십육억 나유타이고, 보디사트바 상가는 십이억이 있었다.

하늘왕이여, 이때 어떤 전륜성왕(轉輪聖王)이 있었는데 이름을 보배일산〔寶蓋〕이라고 하였으니, 일곱 보배를 갖추어 네 천하를 주관하였다. 왕에게는 천의 아들이 있었는데 단정하고 용맹하여 원수와 적을 누를 수 있었다.

이때 보배일산 전륜왕이 그 따르는 붙이와 같이 바이샤쟈라자 여래에게 공양하였는데 모든 두어둔 것을 베풀어 다섯 칼파를 채움에 이르고, 다섯 칼파를 지나서는 그 천의 아들들에게 말했다.

'너희들도 또한 나와 같이 깊은 마음〔深心〕으로 붇다께 공양해야 한다.'

이에 천의 아들들이 왕의 분부를 받아, 바이샤쟈라자 여래에게 공양하였다.

다시 다섯 칼파를 채우도록 온갖 두어둔 것을 모두 베풀었다. 그 왕의 한 아들이 이름을 '달의 일산〔月蓋〕'이라 하였는데 홀로 앉아 이렇게 사유했다.

'오히려 공양이 이보다 빼어난 것은 없는가?'

붇다의 신묘한 힘으로 허공 가운데 하늘신이 말했다.

'잘 행하는 이여, 법공양(法供養)이 모든 공양보다 빼어나오.'

곧 물었다.

'무엇을 법공양이라 합니까?'

하늘신이 말했다.

'그대는 바이사쟈라자 여래에게 가서 여쭈어야 할 것이오, 그러면 그대를 위해 법공양을 널리 말씀해주실 것이오.'

佛告 天帝 過去無量阿僧祇劫時 世有佛號 曰藥王如來 應供正遍知 明行足 善逝世間解 無上士 調御丈夫 天人師 佛世尊 世界名大莊嚴 劫曰莊嚴佛壽二十小劫 其聲聞僧三十六億那由他 菩薩僧有十二億

天帝 是時有轉輪聖王 名曰寶蓋 七寶具足 主四天下 王有千子 端正勇健能伏怨敵

爾時 寶蓋與其眷屬 供養藥王如來 施諸所安 至滿五劫 過五劫已 告其千子 汝等亦當 如我 以深心供養於佛 於是千子 受父王命 供養藥王如來 復滿五劫一切施安 其王一子名曰月蓋 獨坐思惟 寧有供養殊過此者

以佛神力 空中有天曰 善男子 法之供養 勝諸供養 卽問 何謂法之供養

天曰 汝可往問藥王如來 當廣爲汝說法之供養

3. 법공양을 설하심

곧 바로 '달의 일산 왕의 아들'은 '바이사쟈라자 여래〔藥王如來〕'께 가서, 머리 숙여 붇다의 발에 절하고 한쪽에 머물며 붇다께 말씀드렸다.

'모든 공양 가운데 법공양이 빼어난데 무엇이 법공양입니까?'

붇다께서 말씀하셨다.

'잘 행하는 이여, 법공양이란 다음과 같다.

모든 붇다께서 설하신 깊은 경은 온갖 세간이 믿기 어렵고 받아들이기 어려우며, 미묘하여 보기 어렵고 청정하여 물듦 없다. 다만 분별하여 사유해 얻을 수 없을 뿐 아니라, 보디사트바의 법의 곳간〔法藏〕이 거두는 바이고, 다라니(dhārani)의 도장〔印〕이

도장 찍는다.

물러나 뒤바뀜이 없음에 이르러 여섯 파라미타를 이루고 뜻을 잘 분별하면, 보디(bodhi)의 법을 따름이라 뭇 경에서 가장 높다.

큰 자비에 들어가 뭇 마라(māra)의 일과 모든 삿된 견해를 떠나, 인연법(因緣法)을 따르면 나도 없고 사람도 없으며, 중생이 없고 목숨이 없고, 공하고 모습 없고 지음 없고 일어남이 없어〔空無相無作無起〕 중생으로 하여금 도량에 앉아 법바퀴를 굴리게 하여, 모든 하늘〔deva〕과 용신〔nāga〕과 간다르바(gandarbha) 등이 함께 찬탄해 기리는 바이다.

다시 중생으로 하여금 붇다의 법의 곳간〔佛法藏〕에 들어가게 하여 모든 현성의 온갖 지혜를 거두어, 뭇 보디사트바의 행한 도를 설하게 한다. 그리하여 '모든 법의 실상의 뜻〔諸法實相之義〕'을 의지해, 덧없음과 괴로움, 공함과 나 없음〔無常苦空無我〕 고요히 사라짐의 법을 밝게 펴면, 온갖 금한 계〔禁戒〕 허무는 중생을 건져내고, 여러 마라와 바깥 길과 탐착하는 이들을 두렵게 할 수 있어 모든 붇다와 현성들이 함께 일컬어 기리는 바이다.

이 법은 나고 죽음의 괴로움을 등져 니르바나의 즐거움을 보이니 시방 삼세의 모든 붇다께서 말씀하신 바이다.

만약 이와 같은 등의 경을 듣고 믿어 알고 받아 지니어, 읽고 외우며 방편(upāya, 方便)과 힘〔力〕으로 모든 중생을 위해 분별하고 해설하여, 나타내 보여 분명히 하면 법을 지켜 보살피기 때문이니 이를 법공양이라 이름한다.

卽時 月蓋王子行詣藥王如來 稽首佛足 却住一面 白佛言 世尊 諸供養中 法供養勝 云何爲法供養

佛言 善男子 法供養者 諸佛所說深經 一切世間 難信難受 微妙難見 清
淨無染 非但分別思惟之所能得 菩薩法藏所攝 陀羅尼印 印之 至不退轉
成就六度 善分別義 順菩提法 衆經之上 入大慈悲 離衆魔事及諸邪見 順
因緣法 無我無人無衆生無壽命 空無相無作無起 能令衆生 坐於道場而轉
法輪 諸天龍神乾闥婆等 所共歡譽
　能令衆生入佛法藏 攝諸賢聖一切智慧 說衆菩薩 所行之道 依於諸法實相
之義 明宣無常苦空無我 寂滅之法 能救一切毀禁衆生 諸魔外道及貪著者
能使怖畏 諸佛賢聖所共稱歎 背生死苦示涅槃樂 十方三世諸佛所說
　若聞如是等經 信解受持讀誦 以方便力爲諸衆生 分別解說 顯示分明 守
護法故 是名法之供養

　또 모든 법에 말씀대로 닦아 행해, 열두 인연〔十二因緣〕을 따라
모든 삿된 견해를 떠나, 남이 없는 법의 참음〔無生法忍〕을 얻으
면, 분명히 나 없고 중생 없으며 인연의 과보에 어김없고 다툼
없이 모든 내 것〔諸我所〕을 떠난다.

　그러면 뜻〔義〕에 의지하고 말〔語〕에 의지하지 않으며, 지혜〔智〕
에 의지하고 앎〔識〕에 의지하지 않으며, 뜻 다한 경〔了義經〕에 의
지하고, 뜻 다하지 못한 경〔不了義經〕을 의지하지 않으며, 법(法)
에 의지하고 사람〔人〕에 의지하지 않는다.

　법의 모습을 따르면, 들어가는 바 없고〔無所入〕 돌아가는 바 없
어〔無所歸〕, 무명(無明)이 마쳐 다해 사라지므로 모든 지어감〔行〕
또한 마쳐 다해 사라진다. 나아가 남〔生〕에 이르기까지 마쳐 다
해 사라지므로, 늙고 죽음〔老死〕 또한 마쳐 다해 사라진다.

　이와 같이 살피면 열두 인연〔十二因緣〕이 다하는 모습이 있지
않아〔無有盡相〕 거듭 견해를 일으키지 않는다.

　이를 가장 높은 법공양이라 이름한다.'

又於諸法如說修行 隨順十二因緣 離諸邪見得無生忍 決定無我無有衆生
而於因緣果報 無違無諍 離諸我所
依於義 不依語 依於智 不依識 依了義經 不依不了義經 依於法 不依人
隨順法相 無所入無所歸 無明畢竟滅故 諸行亦畢竟滅 乃至生畢竟滅故
老死亦畢竟滅
作如是觀 十二因緣無有盡相 不復起見 是名最上法之供養

붇다께서 하늘왕에게 말씀하셨다.

왕의 아들 '달의 일산〔月蓋〕'이, 바이사자라자 붇다〔藥王佛〕에게
이와 같은 법을 듣고, '부드럽게 따르는 참음〔柔順忍〕'을 얻고, 곧
보배 옷과 몸의 꾸밈거리를 풀어 붇다께 공양하고 붇다께 말씀
드렸다.

'세존이시여, 여래께서 니르바나하신 뒤 저는 법공양을 행해 바
른 법을 지켜 보살피겠습니다. 위신의 힘〔威神力〕을 더하시어 슬
피 여기심을 세우시사, 제가 마라와 원수를 항복받아 보디사트바
의 행 닦게 하시길 바랍니다.'

붇다께서 그가 깊은 마음〔深心〕으로 생각하는 바를 아시고 언약
하여 말씀하셨다.

'그대는 맨 뒤에 법의 성〔法城〕을 보살필 것이다.'

하늘왕이여, 그때 '왕의 아들 달의 일산'은 법의 청정함을 보고,
붇다께서 언약해주심을 듣자, 믿음으로 집을 나와〔出家〕, 착한
법을 닦고 모아 정진한 지 오래지 않아 다섯 신통〔五神通〕을 얻
고, 보디사트바의 도를 얻었다. 그리고 다라니(dhāraṇī)와 끊어
짐 없는 말재간을 얻어, 붇다 니르바나 뒤 그가 얻은 신통 다라
니 말재간으로, 열 작은 칼파를 채우도록 '바이사자라자 여래'께

서 굴린 법바퀴를 따라 나누어 펼쳤다.

달의 일산 비구〔月蓋比丘〕는 법을 지켜 보살펴, 부지런히 행하고 정진하여, 곧 이 몸에서 백억 사람을 변화하여 아누타라삼먁삼보디에 물러나 뒤바뀌지 않음을 세웠다. 열네 나유타(nayuta)의 사람들은 깊이 슈라바카와 프라데카의 마음을 내었고, 헤아릴 수 없는 중생이 하늘 위에 태어났다.

하늘왕이여, 그때 '왕 보배일산'이 어찌 다른 사람이겠는가. 지금 붇다를 이루어 '보배 불꽃 여래〔寶熖如來〕'라 이름하는 분이시다. 그 왕의 천 아들이 곧 어진이의 칼파〔賢劫, Bhadra-kalpa〕 가운데 천 붇다가 이분들이시다.

크라쿠찬다(Krakucchanda)께서 처음 붇다 되심을 따라, 맨 뒤 여래의 이름은 루치카(Rucika)라 부른다. 비구 '달의 일산〔月蓋〕'은 곧 나의 몸이다.

이와 같이 하늘왕이여, 이 법의 요점을 알아야 하니, 법공양이 모든 공양 가운데 가장 높아 으뜸이 되고 견줄 수 없다.

그러므로 하늘왕이여, 법의 공양으로 붇다께 공양해야 한다.2)"

---

2) 마지막 단락의 경문에 대한 영역과 우리말 직역은 다음과 같다.

"Sakra, who was that Royal Precious Canopy? He is now a Buddha called the Tathāgata Precious Flame and his one thousand sons are the thousand Buddhas of the (present) Bhadrakalpa (the virtuous aeon) whose first Buddha was Krakucchanda and last Buddha was Rucika. Bhikṣu Lunar Canopy was myself. Sakra, you should know that the offering of Dharma is the highest form of offering. Therefore, Sakra, you should make the offering of Dharma as an offering to all Buddhas."

샤크라여, 왕 값비싼 보배 일산이 누구인가. 그분은 지금 보배 불꽃 여래라 불리는 붇다이시다. 그의 천 명 아들들은 어진이의 칼파 천 붇다들

佛告天帝 王子月蓋 從藥王佛 聞如是法 得柔順忍 卽解寶衣 嚴身之具 以
供養佛白佛言 世尊 如來滅後 我當行法供養 守護正法 願以威神加哀建立
令我得降魔怨 修菩薩行 佛知其深心所念 而記之曰 汝於末後 守護法城

天帝 時王子 月蓋 見法淸淨 聞佛授記 以信出家 修集善法 精進不久 得
五神通 逮菩薩道 得陀羅尼 無斷辯才 於佛滅後 以其所得神通總持辯才之
力 滿十小劫 藥王如來 所轉法輪 隨而分布

月蓋此丘 以守護法 勤行精進 卽於此身 化百萬億人 於阿耨多羅三藐三
菩提 立不退轉 十四那由他人 深發聲聞辟支佛心 無量衆生得生天上

天帝 時王寶蓋 豈異人乎 今現得佛 號寶炎如來 其王千子 卽賢劫中 千
佛是也

從迦羅鳩孫駄爲始得佛 最後如來 號曰樓至 月蓋此丘 卽我身是 如是天
帝 當知此要 以法供養 於諸供養爲上 爲最第一 無此 是故 天帝 當以法
之供養 供養於佛

평석

1. 샤크라하늘왕의 법 보살피려는 원(願)과 경 지니는 법공양의 공덕

연기의 가르침에서 중생이 참으로 공경하고 섬길 법은, 중생과 세계
의 실상인 도의 법〔道法〕밖에 없다. 그러므로 세간 중생의 섬김을 받던
저 샤크라하늘왕도 여래의 법 섬기고 공양할 것을 세존께 발원한다.

이시다. 그 첫 번째 붇다는 크라쿠찬다 붇다이시고, 마지막 붇다는 루치
카 붇다이시다. 빅슈 달의 일산은 나 샤카무니이다.

샤크라여, 그대는 다르마에 공양함이 공양의 최고 형태임을 알아야 한
다. 그러므로 샤크라여, 그대는 모든 붇다에 공양함과 같이 다르마에 공
양하여야 한다.

여래의 가르침은 삼세 붇다의 위없는 보디를 설하는 법이고 모든 법의 실상〔諸法實相〕을 여는 가르침이므로 여래의 가르침을 공경하고 공양하는 것보다 더 큰 공양은 없다고 말한 것이다.

형상인 일곱 보배의 스투파(stūpa)를 세워 공양한다 해도 모습의 보시와 공양은 무너질 때가 있고 다할 때가 있다. 그러나 모습에 모습 없되 모습 아님도 없는〔於相無相無不相〕실상(實相)을 가르치는 이 법은 무너지지 않고 다함이 없는 법이다. 그러므로 이 『비말라키르티수트라』에서는 법에 공양하는 것보다 더 큰 공양은 없다고 가르치는 것이다.

2. 법공양으로 열두 인연을 돌이켜 붇다 성품〔佛性〕을 실현함

여래의 가르침은 여래의 진리인 지혜의 법이라 이 법에 공양하면 중생 또한 무명의 열두 연기〔無明十二緣起〕를 돌이켜 해탈의 활동으로 발현하고, 붇다 성품〔佛性〕의 땅에 돌아갈 수 있다.

왜 중생은 나고 죽음의 굴레에 갇혀 윤회의 수레바퀴를 벗어나지 못하는가.

열두 연기의 교설〔十二緣起說〕은 보통 무명(無明)으로 인해 나고 죽음이 있다고 읽지만 뒤집어 보면 나고 죽음을 나고 죽음이라 하므로 무명이 있는 것이다. 곧 연기로 있는 존재의 있음〔緣起有〕이 연기이므로 공한 줄〔緣起卽空〕 모르고, 연기로 있는 나고 죽음〔緣起生, 緣起死〕이 남이 아닌 남〔無生之生〕이고 죽음 아닌 죽음〔無死之死〕인 줄 모르므로 무명(無明, avidya)이 있게 되고 무명으로 무명의 지어감〔行〕이 일어나기 때문에 나고 죽음의 윤회가 다함없는 것이다. 지혜의 눈으로 보면 무명의 연기를 가르치는 열두 인연의 법〔十二因緣法〕이 실은 중생의 본래 깨침〔衆生本覺〕을 가르치고 중생의 붇다 성품〔佛性〕을 열어주는 가르침이다.

곧 남이 실로 남 아닌 줄 알아 무명이 없어지면 무명의 지어감이 없게 되며 나고 죽음의 닫혀진 인과의 사슬과 굴레가 해탈의 활동이 되는 것이다.

보디의 뜻을 일으켜 중생에서 중생의 모습〔衆生相〕을 버린 보디사트바가 스스로 연기의 뜻〔緣起義〕을 알고, 중생에게 연기의 뜻을 알게 하는 것이 보디사트바가 붇다께 법공양하는 것이며, 세간에 법으로 공양하는 길이다.

연기의 뜻을 알아 보디사트바가 여섯 들임〔六入〕에 실로 있는 나〔我〕가 없어, 마음에 마음 없고 물질에 물질 없음〔無名色〕을 알면, 받음과 애착이 없게 되니 나고 죽음 닫혀진 삶 활동은 파라미타의 행으로 돌이키게 되어 열두 연기〔十二緣起〕는 이제 붇다 성품〔佛性〕의 발현이 되고, 해탈의 씀〔解脫妙用〕이 된다.

인과의 사슬에 갇힌 열두 연기가, 공한 인연의 활동이 되면 열두 연기를 끊고 돌아갈 니르바나가 없게 되고〔無所歸〕 무명을 끊고 들어갈 붇다의 성품이 없게 된다〔無所入〕.

열두 연기는 앞의 인(因)과 연(緣)이 뒤의 결과〔果〕를 내고 그 결과가 다시 뒤의 인과 연이 되니 열두 인연 인과의 고리는 모두 있되 공하고 공도 공하다. 그러므로 연기가 다하되 실로 다할 것이 없으니 연기의 물든 모습이 다함없이 다하면, 열두 연기 인과의 사슬은 해탈이 된다.

그 뜻을 영가선사(永嘉禪師)는 『증도가(證道歌)』를 통해 '무명의 실다운 성품이 붇다의 성품이다〔無明實性卽佛性〕'라고 말하고 '허깨비 변화의 빈 몸이 법신이다〔幻化空身卽法身〕'고 한 것이다. 가르침을 듣는 이가 연기의 뜻을 알고 수트라의 가르침을 말씀대로 닦아 행하면 여섯 파라미타 행함이 곧 붇다 성품이고〔全修卽性〕, 여섯 파라미타가 붇다 성품의 발현이 된다〔全性起修〕.

닦음으로 들어갈 진리가 따로 없어, 닦음이 온전히 성품이므로 니르바나의 성품 밖에 닦음이 없어 파라미타의 행이 온전히 성품의 발현이 되는 것이다.

3. 법공양 제자가 의지하는 네 곳〔四依〕

법에 공양하는 보디사트바는 여래의 수트라가 여래 지혜의 발현임을 알아 언어 문자에 취할 모습을 보지 않고 버릴 모습을 보지 않는다.

수트라는 여래께서 깨친 실상의 언어적 발현이다. 그러므로 보디사트바는 수트라의 말과 글을 통해, 사유하고 말할 수 없는〔不思議〕 실상에 돌아가고 프라즈냐파라미타에 돌아간다. 이 뜻을 경은 법공양하는 보디사트바는 '네 곳에 의지해야 한다'고 말하니, 네 곳 의지함은 다음과 같다.

첫째, 보디사트바는 수트라의 글과 말에 의지하지 않고 언어 문자가 나타내는 진리의 뜻〔義〕에 의지해야 한다.

둘째, 보디사트바는 생각으로 따지는 관념의 알음알이〔識〕에 의지하지 않고, 지혜〔智〕에 의지하여 뜻의 돌아감〔旨歸〕인 해탈에 나아가야 한다.

셋째, 보디사트바는 붇다의 많은 수트라 가운데 여래께서 방편으로 보인 '뜻 다하지 못한 경〔不了義經〕'을 의지하지 않고 '뜻 다한 경〔了義經〕'을 의지해야 한다.

넷째, 보디사트바는 여래 가르침의 귀결처인 다르마(dharma, 法)에 의지하고 사람〔人〕에 의지하지 않아야 한다.

설사 끝 세상〔末世〕 도인(道人)으로 섬김 받는 이라 해도 사람과 사람의 말은 그가 밝은 지혜의 눈으로, 법에 이끄는 인도자일 때만 선지식으로서 공경 받아야 한다. 이른바 도인불교(道人佛敎), 도인을 우상화

하는 불교는 붇다의 가르침이 아니다.

여래께서는 『아가마 수트라』에서도 '여래도 법을 공경한다'고 말씀하고, 계·정·혜·해탈·해탈지견(戒·定·慧·解脫·解脫知見)이 여래가 공경하는 법이라 하였다. 그러니, 말세도인의 작은 지견 작은 깨침으로 끝을 삼아, 작은 깨침의 사람으로 문정(門庭)을 세우고 법의 깃발을 삼는 자들은, '여래도 법을 공경하고 법에 공양한다'는 이 가르침의 뜻이 붇다 가르침의 참모습인 줄 알아야 한다.

붇다의 해탈의 뜻, 법의 곳간[法藏]에 의지하지 않고, 도인이라고 이름 지어진 사람[人]의 작은 지견을 법의 마지막 기준점으로 삼아 사람을 좇고, 사람을 따르는 것은 붇다의 법과 붇다의 상가에 큰 죄를 짓는 것이다.

그러므로 영가선사도 『증도가』에서 '사이 없는 지옥 업을 부르지 않으려면 여래의 바른 법바퀴를 비방하지 마라'고 크게 경책하고 있는 것이다.

4. 여러 선사들의 법어로 살핌

이제 이 『비말라키르티수트라』에서 붇다 마음의 종지[佛心宗]를 밝힌 영가선사 『증도가』의 노래로 다시 살펴보자.

영가선사는 법을 의지 않고 사람에 의지하며, 마하야나의 크고 넓은 길을 의지하지 않고 히나야나의 좁은 길 의지하는 삿된 무리들을 다음같이 꾸짖는다.

근본 성품 삿되고 알음알이 그릇 되어
여래 원돈의 가르침을 통달하지 못했네.
두 수레는 힘써 정진하나 도의 마음이 없고
바깥 길은 총명하나 바른 지혜 전혀 없네.

種性邪　錯知解　不達如來圓頓制
二乘精進勿道心　外道聰明無智慧

근기 높은 수행자는 하나 깨쳐 모두 알고
가운데와 낮은 근기 많이 듣되 믿지 않네.
스스로 마음속의 때 묻은 옷 벗는다면
뉘라서 밖을 향해 정진 자랑할 것인가.

上士一決一切了　中下多聞多不信
但自懷中解垢衣　誰能向外誇精進

그리하여 영가선사는 실상 그대로의 법으로 세간에 공양하는 보디사
트바의 행을 다음 같이 말한다.

다만 근본 얻었으면 끝을 걱정하지 마라.
맑은 유리가 보배 달 머금음과 같나니
이미 이 뜻대로 되는 구슬 알 수 있으면
너와 나에 이익주어 끝내 다하지 않으리라.

但得本　莫愁末　如淨琉璃含寶月
旣能解此如意珠　自利利他終不竭

이때 법공양의 행은 연기의 진실 그대로의 행이라 모습 취해 구하는
행이 아니고 다만 무차별적인 지혜의 행이 아니라, 중생의 근기와 경계
의 차별상에 응함 없이 응하는 방편지혜〔方便智〕의 행이다.
　참된 지혜는 시대와 대중의 요구에 응하는 방편과 실천의 힘〔方便,
力〕을 갖추어야 하니 방편 없는 지혜와 지혜 없는 방편은 모두 보디사
트바의 묶임이 된다.
　곧 법공양하는 보디사트바는 한 법도 세울 것이 없는 진실처에서,

중생을 따라 세움 없이 방편을 세워 때로는 붇다의 손[佛手]을 펴 보이고, 때로는 나귀의 발[驢脚]을 드리우는 행이니, 황룡남(黃龍男)선사는 다음 같이 말한다.[선문염송 1398칙]

홍주 황룡남[黃龍慧南]선사에게 세 돌이킴의 말[三轉語]이 있어 배우는 이들에게 말했다.

내 손이 왜 붇다의 손과 같으며,
내 발이 왜 나귀의 발과 같은가.
사람 사람이 다 나는 연의 곳이 있으니,
어느 곳이 상좌의 나는 연의 곳인가.

我手何　似佛手　我脚何似驢脚
　人人盡有生緣處　那箇是上座生緣處

드디어 노래를 이루어 말했다.

나는 연 끊어진 곳에서 나귀 다리 드리우고
나귀 발 거둘 때 붇다의 손이 열리네.
다섯 호수의 배우고 있는 이들에 말하나니
세 빗장을 낱낱이 뚫어서 오라.3)

生緣斷處垂驢脚　驢脚收時佛手開
爲報五湖叅學者　三關一一透將來

이는 한 티끌도 받지 않는 곳에서 사람의 연을 따라, 때로 성품의

---

3) 洪州黃龍慧南禪師 有三轉語 示學人云 我手何似佛手 我脚何似驢脚 人人盡
有生緣處 那箇是上座生緣處
遂成都頌 生緣斷處垂驢脚 驢脚收時佛手開 爲報五湖叅學者 三關一一透將來

악〔性惡〕을 쓰고, 때로 성품의 선〔性善〕을 써서 법공양함을 이리 보인 것인가.

그렇다면 나는 연〔生緣〕이 끊어진 함이 없음에도 머물지 않는 자〔不住無爲者〕가, 함이 있음을 다하지 않고〔不盡有爲〕 나고 나는 일〔生生事〕을 통해, 법공양의 일을 지어갈 것이니 해인신(海印信)선사는 이렇게 노래한다.

만약 나는 연을 묻는다면 참으로 속된 기운이요,
나는 연이 끊어진 곳이면 함이 없음에 떨어진다.
두 길을 거치지 않는다면 어떠한가.
여든 늙은 할멈이 눈썹 그리는 법을 배운다.

若問生緣眞俗氣　生緣斷處墮無爲
二途不涉如何也　八十婆婆學畫眉

내 손이 왜 붇다의 손과 같은가.
하늘 위 사람 사이에 드물게 있도다.
곧장 모두 그렇지 않다 말해도
칼〔枷〕 위에 고랑〔杻〕을 차는 꼴이다.

我手何似佛手　天上人間稀有
直饒惣不恁麽　也似枷上着杻

내 발이 왜 나귀 발과 같은가.
납승들 위해 받들어 집어 보이리니
옛날 병이 있어 아직 낫지 못했더니
지금에 또 독한 약을 만났도다.

我脚何似驢脚　奉爲衲僧拈却
昔年有病未瘥　如今又遭毒藥

진정문(眞淨文)선사가 말했다.

내 손이 왜 붇다의 손과 같은가.
뒤집은들 누가 곱고 못남 가릴 것인가.
만약 사자새끼가 아니라면
들여우 헛되이 입을 벌리리라.

　我手何似佛手　飜覆誰辨好醜
　若非師子之兒　野于謾爲開口

내 발이 왜 나귀 발과 같은가.
숨고 드러남이 천만 가지로 다르도다.
금강의 눈동자를 열고자 하는가.
눈앞의 옳고 그름을 살펴보아라.

　我脚何似驢脚　隱現千差萬錯
　欲開金剛眼睛　看取目前善惡

사람 사람이 다 나는 연의 곳이 있으니
옛 그대로 알면 도리어 길을 잃으리.
긴 하늘 구름 흩어지고 달빛 환하니
동서남북에 그대 마음껏 다니라.

　人人盡有生緣處　認着依前還失路
　長空雲破月華開　東西南北從君去

개암붕(介庵朋)선사는 말한다.

내 손이 왜 붇다의 손과 같은가.
펼쳐 열면 하늘 가득 별자리로다.

거두어 옴에 하늘 땅이 가라앉아 숨고
쓰는 곳은 까마귀 날고 토끼가 달린다.

　我手何似佛手　展開滿天星
　收來天地潛藏　用處烏飛兔走

내 다리가 왜 나귀 다리 같은가.
하늘 땅이 모두 손아귀에 돌아간다.
말고 폄이 가로 세로 어디든 자재하나
요즈음 사람 한번 맡기면 이것 저것 헤아리네.

　我脚何似驢脚　乾坤都歸掌握
　卷舒自在縱橫　一任時人卜度

사람 사람 나는 연이 있음이여,
닿는 곳마다 일곱 구멍 아홉 구멍이로다.
슬프다, 말뚝 박고 노 젓는 이여.
뭍에서는 배 저을 줄 알지 못하네.

　人人有箇生緣　觸處八穴七穿
　堪嗟釘椿搖櫓　不解陸地撑船

　이 모든 옛 분들의 이러한 노래가 다 나는 연[生緣]이 다한 곳에서,
방편의 연을 냄이 없이 내[無生而生] 중생세간에 법공양의 일 짓는 것
을 이리 노래함이다. 그러므로 인연법 밖에 따로 들어갈 곳을 두고 돌
아갈 바를 두며 보디와 니르바나에 얻을 것을 두면 사람사람 연이 있는
곳[有緣處]에 자재하게 응하지 못하리라. 매어 묶는 말뚝을 뽑아 빼낸
자라야 물 있는 곳이든 뭍이든 자재하게 연에 맡기고 곳을 따라[任緣隨
處], 밑 없는 배[無底船]를 지어가리라.
　학담도 한 노래로 옛 조사들의 뜻을 이어, 방편을 세워 지음 없이

법공양하는 보디사트바의 일을 노래하리라.

보디사트바가 짓는 법의 공양은
이 모습은 어떠하고 어떤 것을 행하는가.
짓는 바가 없고 얻는 바가 없어서
공이 없고 함이 없되 하지 않음이 없네.

菩薩所作法供養　是相如何何所行
無所行而無所得　無功無爲無不爲

나는 연에 연이 없어 얻는 곳이 없으니
여러 나는 연에 응하지 않고 응하네.
때로 붇다의 손 보이고 때로 나귀 발 보여
천 눈 천 손으로 넓은 문을 열어내네.

生緣無緣無得處　不應而應諸生緣
或示佛手或驢脚　千眼千手開普門

높은 묏부리에 걸친 구름 뿌리와 뼈가 없으니
구름 흩어지면 푸른 하늘 본래 스스로 그러하네.
맑은 바람 가고 옴에 막혀 걸림 없으니
삼월에는 봄꽃이요 가을에는 붉은 잎이네.

高嶽帶雲無根骨　雲散靑天本自然
淸風去來無障礙　三月春華秋紅葉

제14. 맡기어 당부하는 품〔囑累品〕

해제

산스크리트 경전이 중국으로 건너와 한문으로 번역된 이래 역경가들은 대개 세 단락으로 수트라의 큰 줄기를 가닥 지으니 서분(序分)·정종분(正宗分)·유통분(流通分)이다. 본 비말라키르티의 경은 첫째 「붇다의 나라를 보인 품」의 첫머리 부분을 '여는 가름〔序分〕'으로 하고, 「불국품」의 뒷부분에서부터 「법공양품」 앞까지를 경의 '바른 뜻을 보인 가름〔正宗分〕'으로 하고, 「법공양품」부터 이 「촉루품」을 마지막 '흘러 통하도록 당부하는 가름'으로 삼는다.

촉(囑)은 당부한다는 뜻이고, 루(累)는 이어서 거듭함이다. 이 경의 가르침을 세간 함께하는 대중에게 넓히고 뒷세상에 올 중생에게 이어갈 것을 당부하고, 가르침 받는 대중은 여래의 당부 받들 것을 다짐하는 품이니, 앞 「법공양품」은 당부하는 내용에 해당한다.

보통 다른 수트라는 슈라바카의 제자 가운데 많이 들음으로 으뜸〔多聞第一〕인 아난다를 중심으로, 함께한 대중이 당부 받는 주체가 되나, 본 경은 '오는 세상 붇다 이루리라'고 언약 받은 마이트레야와, 샤크라 하늘왕이 아난다와 더불어 그 당부 받음의 중심이 된다.

그것은 곧 여래 육성의 소리로 직접 법문 들은 제자〔聲聞弟子〕와, 세간 보살필 원력과 위신력을 갖춘 하늘왕과, 보디의 법을 오는 세상에 위없는 깨달음으로 검증할 마이트레야 보디사트바가, 이 법과 이 수트라를 뒷세상까지 잇고 넓힐 중심 주체가 되는 것이다.

이는 곧 본 『비말라키르티수트라』가 슈라바카 가르침의 치우침을 일깨워, 마하야나로 이어주는 징검다리이자 붇다 가르침의 모든 뜻을 '두렷이 갈무리한 경전임'을 나타낸다.

1. 법을 맡기어 당부함

이에 붇다께서 마이트레야 보디사트바에게 말씀하셨다.

"마이트레야여, 내가 지금 헤아릴 수 없는 억[無量億]의 아상키야 칼파(asaṃkhyeya-kalpa)에 모은 아누타라삼먁삼보디의 법을 그대에게 맡겨 당부한다. 이러한 경들을 붇다 니르바나하신 뒤 끝 세상 가운데 그대들은 신묘한 힘으로 잠부드비파에 널리 펴서 흘러 퍼지게 하여 끊어지지 않게 하라.1)

왜 그런가. 아직 오지 않은 세상, 잘 행하는 남자와 여인, 하늘(deva)과 용(nāga) 귀신 간다르바(gandarbha) 라챠(rakṣa) 등이 아누타라삼먁삼보디의 마음을 내어 큰 법을 즐거워해도, 만약 이와 같은 경을 듣지 못하도록 하면 좋은 이익을 잃기 때문이다.

이와 같은 사람들이 이런 경을 듣게 되면, 반드시 믿음과 즐거워함이 많아져, '드물게 있다는 마음[希有心]'을 내고 반드시 정수리로 받을 것이다. 그리하여 모든 중생이 이익 얻게 될 바를 따

---

1) 이 경문에 대한 영역과 우리말 직역은 다음과 같다.

The Buddha then said to Maitreya: "Maitreya, I now entrust you with the Dharma of supreme enlightenment which I have collected during countless aeons. In the third (and last) period of the Buddha kalpa you should use transcendental power to proclaim widely in Jambudvipa (the earth) (profound) sūtras such as this one, without allowing them to be discontinued.

붇다께서 마이트레야에게 말씀하셨다.

'마이트레야여, 나는 지금 셀 수 없는 칼파에 내가 모아왔던 최상의 깨달음의 다르마를 그대에게 맡긴다. 붇다의 칼파 세 번째 시기에 그대는 이 잠부드비파에 이와 같은 수트라들을 중단됨이 없이 널리 보여주기 위해 초월적인 힘을 사용하여야 한다.

라 널리 설할 것이다.

마이트레야여, 알아야 한다. 보디사트바에는 두 모습이 있으니 무엇을 둘이라 하는가.

첫째는 뒤섞인 귀절로 글 꾸미는 일[文飾之事] 좋아하는 사람이다.

둘째는 깊은 뜻[深義]에 두려워하지 않고 진실대로 들어갈 수 있는 사람[如實能入]이다.

만약 섞인 귀절로 글 꾸미는 일 좋아하면 이는 새로 배우는 보디사트바임을 알아야 한다. 만약 이와 같이 물듦 없고 집착 없이, 깊고 깊은 경전에 두려움 없이 그 가운데 들어갈 수 있으면, 듣고서는 마음이 깨끗해, 받아 지니어 읽고 외우며 말씀대로 닦아 행하니 이는 오래 도의 행을 닦은 사람[久修道行]인 줄 알아야 한다.

마이트레야여, 다시 두 법이 있다. 새로 배우는 이[新學者]라 이름하는 사람은 깊고 깊은 법에 결정하지 못하니 어떤 것이 둘인가.

첫째, 아직 듣지 못한 깊은 경에서, 이를 들으면 놀라 두려워해 의심을 내고 따를 수 없음이니 헐뜯고 비방하여 이렇게 말한다.

'내가 처음이라 듣지 못했는데 어디에서 왔는가?'

둘째, 만약 이와 같은 경전을 보살펴 지니고 해설하게 한다면 기꺼이 가까이해 공양하고 공경하지 않고, 어떤 때는 그 가운데서 허물과 악을 이야기 한다.

이 두 법이 있으면 이는 새로 배우는 보디사트바가, 스스로 허물고 다쳐 깊은 법[深法] 가운데서 그 마음을 고루고 누르지 못함을 알아야 한다.

마이트레야여, 다시 두 법이 있어, 보디사트바가 비록 이 깊은 법을 믿고 알지만 오히려 스스로 허물고 다쳐 '남이 없는 법의 참음〔無生法忍〕'을 얻지 못한다.

무엇이 둘인가. 첫째는 새로 배우는 보디사트바를 가벼이 여기는 교만으로 가르쳐 깨우치지 않음이다. 둘째는 비록 깊은 법을 알지만 모습 취해〔取相〕 분별함이다. 이것이 두 법이다."

於是 佛告彌勒菩薩言 彌勒 我今 以是無量億阿僧祇劫 所集阿耨多羅三藐三菩提法 付囑於汝 如是輩經 於佛滅後 末世之中 汝等當以神力 廣宣流布 於閻浮提無令斷絶

所以者何 未來世中 當有善男子善女人 及天龍鬼神乾闥婆羅刹等 發阿耨多羅三藐三菩提心 樂于大法 若使不聞如是等經 則失善利 如此輩人 聞是等經 必多信樂 發希有心 當以頂受 隨諸衆生所應得利而爲廣說

彌勒當知 菩薩有二相 何謂爲二 一者好於雜句文飾之事 二者不畏深義 如實能入 若好雜句文飾事者 當知是爲新學菩薩 若於如是無染無著 甚深經典 無有恐畏 能入其中 聞已心淨 受持讀誦如說修行 當知 是爲久修道行

彌勒 復有二法 名新學者 不能決定於甚深法 何等爲二 一者所未聞深經 聞之驚怖生疑 不能隨順 毀謗不信而作是言 我初不聞從何所來 二者若有護持解說 如是深經者 不肯親近供養恭敬 或時於中說其過惡

有此二法 當知是爲新學菩薩 爲自毀傷 不能於深法中 調伏其心

彌勒 復有二法 菩薩雖信解深法 猶自毀傷而不能得無生法忍

何等爲二 一者輕慢新學菩薩而不教誨 二者雖解深法而取相分別 是爲二法

2. 법의 유통을 위한 마이트레야와 하늘왕의 다짐

마이트레야 보디사트바가 이 말씀을 듣고 나서 붇다께 말씀드렸다.

"세존이시여 일찍이 있지 않던 일입니다. 붇다께서 말씀하신대로 저는 이와 같은 악[如斯之惡]을 멀리 떠나, 여래께서 셀 수 없는 아상키야 칼파에 모은 아누타라삼먁삼보디의 법을 받들어 지니겠습니다.

만약 아직 오지 않은 세상 잘 행하는 남자와 여인으로 대승 구하는 이에게는, 손에 이와 같은 경을 얻게 하고, 그에게 생각하는 힘[念力]을 주어서, 받아 지니어 읽고 외어 남에게 널리 설하도록 하겠습니다.

세존이시여, 만약 뒷세상에 받아 지니어 읽고 외어 남에게 설할 수 있는 사람이 있다면, 이는 마이트레야의 신묘한 힘이 세워 낸 것임을 알아야 합니다."

붇다께서 말씀하셨다.

"좋은 말이다, 좋은 말이다. 마이트레야여, 그대가 말한 바와 같이 붇다도 그대의 기쁨을 도와주겠다."

이에 온갖 보디사트바들이 손을 모아 붇다께 말씀드렸다.

"저희들도 또한 여래께서 니르바나하신 뒤 시방 국토에 아누타라삼먁삼보디의 법을 널리 펴 흘러 퍼지게 하겠습니다. 거듭 모든 법 설하는 자들을 열어 이끌어 이 경을 얻도록 하겠습니다."

이때 네 하늘 왕[四天王]이 붇다께 말씀드렸다.

"세존이시여, 있는 곳곳 성읍과 마을, 산 숲 드넓은 벌판에 이 경권을 읽고 외어 해설하는 자가 있으면 저는 모든 벼슬아치와 붙이들을 거느리고, 법을 듣기 위하므로 그곳에 가서 그 사람을 도와 보살피겠습니다. 그리하여 사방 백 요자나에서 그 틈을 엿보아 구해 얻는 자가 없도록 하겠습니다."

彌勒菩薩聞說是已 白佛言 世尊 未曾有也 如佛所說 我當遠離如斯之惡 奉持如來無數阿僧祇劫所集 阿耨多羅三藐三菩提法 若未來世 善男子善女 人求大乘者 當令手得如是等經 與其念力 使受持讀誦爲他廣說 世尊 若後 末世 有能受持讀誦爲他說者 當知皆是彌勒神力之所建立

佛言 善哉善哉 彌勒 如汝所說 佛助爾喜 於是一切菩薩 合掌白佛 我等 亦於如來滅後 十方國土 廣宣流布阿耨多羅三藐三菩提法 復當開導 諸說 法者令得是經

爾時 四天王白佛言 世尊 在在處處 城邑聚落 山林曠野 有是經卷 讀誦 解說者 我當率諸官屬 爲聽法故 往詣其所 擁護其人 面百由旬 令無伺求 得其便者

3. 아난다에게 당부하심

이때 붇다께서 아난다에게 말씀하시었다.

"이 경을 받아 지니어 널리 펴서 흘러 퍼지게 하라."

아난다가 말씀드렸다.

"예, 그렇게 하겠습니다. 제가 이미 요점을 받아 지니었지만 세존이시여, 이 경을 어떻게 이름해야 합니까?"

붇다께서 아난다에게 말씀하셨다.

"이 경은 이름이 '비말라키르티가 설한 경'이고, 또한 '사유할 수 없고 말할 수 없는 해탈법문[不可思議解脫法門]'이라 이름한다. 이와 같이 받아 지니라."

붇다께서 이 경을 설하시고 나자, 장자 비말라키르티, 만주스리, 사리푸트라, 아난다 등과 여러 하늘과 사람 아수라 온갖 대중이 붇다께서 설하심을 듣고 다 크게 기뻐하였다.2)

是時 佛告 阿難 受持是經 廣宣流布 阿難言 唯然 我已受持要者 世尊 當
何名斯經 佛言 阿難 是經名爲維摩詰所說 亦名不可思議解脫法門 如是受持
佛說是經已 長者維摩詰·文殊師利·舍利弗·阿難等 及諸天人阿修羅一
切大衆 聞佛所說皆大歡喜

---

2) 이 경문에 대한 영역과 우리말 직역은 다음과 같다.

The Buddha then said to Ananda: "Ananda, you too should receive, keep and spread this sūtra widely."

"Ananda said: "Yes, World Honoured One, I have received this sūtra and will keep it. What is its title?"

The Buddha said: "Ananda, its title is 'The Sutra spoken by Vimalakirti', or 'The Inconceivable Door to Liberation', under which you should receive and keep it."

After the Buddha had expounded this sūtra, the old upāsaka Vimalakirti, Mañjuśrī, Śāriputra, Ananda and others as well as devas, asuras and all those present were filled with joy; believed, received and kept it; paid reverence and went away.

붇다께서 아난다에게 말씀하시었다. '아난다여, 이 수트라를 받아들이고 지키고 널리 퍼트려야 한다.'

아난다가 말씀드렸다. '예, 세상에서 존경받는 한 분이시여, 저는 이 수트라를 받아들여 왔고 지킬 것입니다. 이 수트라의 이름은 무엇입니까?'

붇다께서 말씀하시었다. '아난다여, 이 이름은 〈비말라키르티에 의해 말해진 수트라〉이고 〈해탈에 드는 사유할 수 없는 문〉이다. 그 이름 아래 그대는 수트라를 받아 지켜야 한다.'

붇다께서 이 수트라를 해설하신 뒤 장로 거사 비말라키르티와 만주스리 사리푸트라 아난다와 그 밖의 하늘신들 아수라들 그리고 함께 한 모든 이들은 기쁨으로 가득하여 믿고 받아들였고 그리고 수트라를 지켰으며 공경을 드리고 떠나갔다.

평석

1. 법을 뒷세상에 당부하심

이 수트라의 오는 세상 가르침의 유통을, 다른 경들처럼 바로 여래께서 아난다에게 당부하시지 않고 마이트레야에게 하시니 그 뜻을 본 경의 한역자[漢譯]인 구마라지바 대법사는 이렇게 말한다.

'아난다에게 바로 당부하지 않으신 것은 아난다가 위신력이 없어 그는 경을 널리 펼 수 없기 때문에 당부하지 않으신 것이다.
그리고 비말라키르티는 이 땅의 보디사트바가 아니라 당부하지 않은 것이고, 만주스리는 정해진 바 방위가 없이 노닐므로 당부하지 않은 것이다. 마이트레야에게 당부하신 것은 마이트레야는 여기에서 붇다를 이루기 때문에 붇다께서 신묘한 힘으로 펼쳐 보여서, 마이트레야의 공덕의 업[功業]을 이루어지게 하려 함이다.'[3]

세존께서는 이 수트라의 유통을 당부하시되 지혜 갖춘 마이트레야 보디사트바와 위신의 힘이 있는 샤크라하늘왕이 아난다와 함께 수트라를 보살피고 잇고 넓히도록 하신다. 이는 이 수트라가 모든 마하야나 경전의 토대가 되도록 당부하심이고 샤카무니 붇다의 법이 미래 만대에 이어져 새로운 보디의 성취자가 나오도록 당부하심이다.

그럼에도 우리는 여기서 하나의 물음을 던지지 않을 수 없으니 왜 처음 비말라키르티 보디사트바의 꾸중의 대상이었던 아난다에게 이

---

3) 什公曰 不付阿難 以其無有神力不能廣宣 故不付也 維摩非此土菩薩 故不囑也 文殊遊無定方故不囑 囑彌勒者 以於此成佛故 佛自以神力宣布 欲成彌勒功業故也

경의 유통을 세존은 당부하시는가. 그리고 경전성립사로 보면 마하야나 교단 성립의 기초가 된 이 경의 유포를 여래 육성의 설법을 직접 들은 아난다에게 하고 계시는가.

아난다는 이 몸의 들을 수 있는 귀뿌리〔耳根〕로 여래의 설법을 듣고 들어, 잘 기억한 제자이다. 그러나 육신의 귀로 여래 육성의 설법을 들을 때, 듣고 들으며, 듣되 들음 없고, 들음 없이 들음을 통달하면 그는 슈라바카이되 다만 슈라바카야나의 사문이 아니고 그가 이미 마하야나의 보디사트바인 것이다.

그래서 천태선사(天台禪師)는 앞에서 거론한 바 있듯, 붇다 당대 슈라바카의 현성인 아난다가, 모든 마하야나 경전까지를 듣고 전한 자로 표현된 경전 자체의 인식론적 모순을 해결하기 위해, 아난다에 네 이름의 아난다가 있다고 한다.

곧 인연법의 나고 사라짐을 듣고 들은 아난다를 '기뻐하는 아난다〔歡喜阿難〕,' 반야공(般若空)의 법을 들은 아난다를 '어진 아난다〔賢阿難〕', 거짓이름〔假名〕의 법 설한 수트라를 들은 아난다를 '경전의 곳간 아난다〔典藏阿難〕', 에카야나(ekayana, 一乘) 가장 높은 법을 들은 아난다를 '바다 같은 아난다〔海阿難〕'라고 함이다.

그러므로 본 경의 아난다는 육신의 귀로 기뻐하고 기뻐하며 여래의 가르침을 듣지만, 듣되 들음 없음을 통달한 아난다이므로 여래께서는 이 들음 없는 들음으로 세간에 설함 없이 이 법을 설해, 이 법을 이어가도록 당부하신 것이다.

2. 선 없는 교〔無禪之教〕와 교 없는 선〔無教之禪〕의 무리를 모두 꾸중하심

그리고 다시 여래께서 작은 법을 즐거워 말고 큰 법을 즐기도록 하심은 이 수트라를 듣지 못하면 히나야나의 두 작은 수레〔二乘〕에 떨어져 마하야나의 좋은 이익을 잃게 되기 때문이다.

글 꾸미기를 좋아하는 무리의 출현을 걱정하심은 디야나의 깊은 살핌이 없이 문자만으로 이해하는 무리〔無禪之敎, 文字法師〕를 걱정하심이다. 곧 이들은 선 없는 교〔無禪之敎〕의 무리들로서 경전의 가르침을 문자로만 따져 관념의 틀에 갇혀, 붇다의 지혜 목숨〔慧命〕을 바로 이어 가지 못하는 무리들이다.

그에 비해 교 없는 선의 무리들〔無敎之禪〕은 붇다 가르침의 방향을 알지 못하고 길을 가는 자나, 수행하다 나타난 선정의 경계〔禪定境〕를 그릇 취할 경계로 삼아, 얻을 바 없는 보디의 뜻을 등지고 마하야나의 길을 가지 못한 자들이다.

곧 경은 선 없는 교의 무리〔文字法師〕 뿐만 아니라 교 없는 어두운 선정의 무리들〔暗證禪師〕도 마하야나의 길이 아니라 비판하여, 선 없는 교〔無禪之敎〕와 교 없는 선〔無敎之禪〕을 모두 넘어서도록 하고 있다.

그리하여 닦아 행하는 이들로 하여금 많이 들음〔多聞〕의 문자행을 버리지 않고, 프라즈냐파라미타와 디야나파라미타를 같이 행해〔止觀俱行〕 마이트레야와 더불어 마하야나의 길을 가, 마이트레야의 회상에서 샤카붇다의 가르침을 증험하게 하고 있는 것이다.

또 세존께서는 오래 배워 많이 안다는 교만으로 처음 배우는 이를 가볍게 보는 허물을 경계하고 계시니 이 말씀에는 가르침을 통해 얻을 것 없는 곳에서 '얻었다는 교만을 내는 자〔增上慢〕'나, 마하야나의 뜻에서 보면 중생의 진실이 곧 보디라 얻지 못할 것이 없는 곳에서 스스로 '물러나는 못난 마음〔退屈心〕'을 모두 경계하심이다.

선 없는 교〔無禪之敎〕의 무리와 교 없는 선〔無敎之禪〕의 무리의 허물, 그리고 얻을 것 없는 곳에서 얻었다고 하는 교만〔增上慢〕을 내는 자나, 얻지 못할 것 없는 곳에서 스스로 물러나는 자들의 허물〔退屈心〕을 모두 벗어날 때, 그가 바로 미래 만대에 여래의 지혜목숨을 이어가는 자이고 그가 샤크라하늘왕의 보살핌을 받으며 사바의 땅에 붇다의 일을 지어가는 자이다.

　이 사람이 마이트레야와 함께 붇다의 보디언약을 얻는 자이며 (비말라키르티와 함께) 묘한 기쁨의 세계〔妙喜世界〕 정토의 땅에 이미 그 이름을 올린 자이다.

3. 옛 선사들의 법어로 여래 부촉의 뜻을 살핌

　본 경의 가르침으로 보면, 선 없는 교〔無禪之敎〕와 교 없는 선〔無敎之禪〕의 병폐를 모두 넘어선 이가 여래로부터 이 경의 부촉을 참으로 받은 자라 할 것이니, 영가선사의 『증도가』는 이렇게 노래한다.

가는 것도 선(禪)이요, 앉음 또한 선이니
말하거나 말 않거나 움직이고 고요함에
삶의 바탕 언제나 편안하고 넉넉하네.
날선 칼날 만나도 마음 항상 태평하고
독약을 마신대도 조용하고 한가하네.

　行亦禪　坐亦禪　語默動靜體安然
　縱遇鋒刀常坦坦　假饒毒藥也閑閑

종지도 또한 통하고 말도 또한 통함이여,
선정 지혜 두렷 밝아 공함에 막히지 않으니
다만 지금 나만 홀로 깨친 것이 아니라
강가강 모래 수 모든 붇다 바탕이 모두 같네.

　宗亦通　說亦通　定慧圓明不滯空

非但我今獨達了　河沙諸佛體皆同

　　그렇다면 선 없는 교[無禪之敎]와 교 없는 선[無敎之禪]을 넘어서고, 문자법사(文字法師)와 암증선사(暗證禪師)의 허물을 벗어나며, 얻었다는 교만으로 중생을 깔보는 자[增上慢]의 허물과 스스로 못난 마음[退屈心]의 허물을 모두 벗어나 참으로 이 사바의 세계 고난의 땅에 여래의 수트라를 참으로 전할 자가 누구인가.
　　선문(禪門)의 한 이야기를 살펴보자.〔선문염송 1440칙〕

　　붇다파리존자(佛陀波利尊者)가 만주스리에게 절하러 가는데, 길 위에서 한 늙은이를 만났는데 그가 존자에게 물었다.
　　'존자는 어디서 오십니까?'
　　존자가 말했다.
　　'서천에서 왔습니다.'
　　늙은이가 말했다.
　　'『붇다께서 이마로 이어 높이는 빼어난 경〔佛頂尊勝經〕』을 가져왔습니까?'
　　존자가 말했다.
　　'가져오지 않았소.'
　　늙은이가 말했다.
　　'빈손으로 와 무슨 이익 있겠소?'
　　존자가 도로 서쪽 땅으로 돌아갔다.4)

---

4) 佛陀波利尊者 去禮拜文殊 路上逢一老人 云尊者從什麼處來 尊者云 從西國來 老人云 還將得佛頂尊勝經來不 尊者云 不將得來 老人云 空來何益 尊者却迴西土

대각련(大覺璉)선사가 노래했다.

서쪽 땅 아득하고 아득한 십만 리 길에
헛되이 와 무슨 이익인가 모질게 꾸짖었네.
파리존자께 빼어난 경이 없다 말하지 마라.
동쪽 중국에 흘러 통함이 이 경이네.

西土迢迢十萬程　空來何益甚叮寧
莫言波利無尊勝　東震流通是底經

경전이 어찌 다만 문자이고 어찌 취할 경험의 경계일건가. 모습에
모습 없는 법계의 실상이 이 경이며 앎에 앎 없는 지혜가 이 경이니
가르침을 듣고 믿음 내는 자가 있으면 이 경이 있는 것이다.
　그렇다면 누가 망상의 작은 티끌을 깨〔破一微塵〕 큰 천세계의 경
을 꺼내는〔出大千經卷〕 자이며, 이 경으로 티끌세계 중생을 받드는
자인가.
　학담도 한 노래로 이 경의 만대 유통(流通)을 발원하리라.

아난다존자 많이 들음은 본래 들음 없고
하늘왕의 신묘한 힘은 또한 힘이 없으며
마이트레야 보디사트바의 자비 갖춘
지혜는 또한 따라 생각함이 없으니
생각함 없는 자비 행은 얻을 공이 없도다.

阿難多聞本無聞　天王神力亦無力
彌勒悲智亦無緣　無緣慈悲行無功

이와 같이 알고서 붇다의 설함 들으면
이 사람이 참으로 많이 들은 사람이니
여래의 참 설법을 듣고 받아 지니어
티끌 같은 세계바다 받들어 붇다 은혜 갚으리.

如是了知聞佛說　是人眞是多聞人
聞持如來眞說法　奉塵刹海報佛恩

들음 없고 설함 없되 설함 없음도 없으면
중생 응해 마주하여 언교를 세울 수 있으니
빛깔 소리 냄새와 맛으로 붇다의 일 지어
정토를 장엄하여 공덕 널리 돌이켜 향하리.

無聞無說無無說　應對衆生立言教
色聲香味作佛事　莊嚴淨土普廻向

편집후기

  승조법사 『조론』 그 문자반야와의 긴 사상적 고투를 진행하며 『조론』 발간이 거의 그 마무리가 이루어질 무렵 나는 『조론』의 후속작업으로 이 『비말라키르티 수트라』를 선택했다. 이 『유마경』이 『조론』에 이어 승조성사가 심혈을 기울여 주석한 경전이며, 승조성사의 스승 구마라지바 대법사가 새 번역을 이루어 동아시아사상사의 새 지평을 연 경전이기 때문이다.

  『유마경』은 학담 개인사에서도 출가하고 맨 처음 배운 경전이다. 그리고 삼국전쟁시기 신라의 원효(元曉) 의상(義湘) 두 성사가 고구려에서 백제로 망명 온 보덕성사(普德聖師)에게, 백제 땅 고달산으로 넘어가 직접 배운 경이다. 그래서 필자는 늘 중론(中論)·유식(唯識)의 논장불교를 저작 작업하기 전에, 이 『유마경』 해석 작업을 하리라 발원하였다.

  과거 내가 생각 속에 떠올린 나와의 약속이 실현될 시절인연이 도래했다. 이제 나는 이 『유마경』 작업이 끝나면 『중론』 해석 작업의 장정에 들어가려 한다. 저 신라 원효성사께서는 전쟁의 고난과 혼란시기에도 중관·유식·여래장계열 경론을 모두 섭렵하고 화엄·법화·정토의 모든 경교에 주석서를 썼다. 그리고 사리푸트라존자께서는 '네 걸림 없는 변재'로 붇다의 초기 상가에 붇다의 교화를 돕는 지혜 제일의 제자가 되었다. 그렇듯이 나는 나를 경교로 검증하기 위해 『중론』의 새로운 해석 작업에 진입할 것이다. 선(禪)을 한다고 붇다의 마하야나의 뜻과는 다른 암증(暗證)의 어두운 구렁텅이에 빠져서는 안 된다.

나는 30대 초 선원 안거생활 해제 때에 몇 달 후배 스님들과 같이, 당시 인도에서 『중론』으로 철학박사 학위를 받고 귀국한 김하우 선생에게 산스크리트 강의를 들은 바 있다. 그때 선생은 강의를 하기 위해 당시 승가대학 옆 개운사(開運寺) 경내로 들어오기 전, 마당에 놓인 작은 석불상 앞에 한참을 경건히 기도를 하고 나서 강의하는 방안에 들어 왔다. 선생은 처음 철학과에 자리를 못 잡고 외국어대 힌디어학과장으로 재직하다 나중 고려대 철학과로 옮겼다. 선생이 한 말 가운데 다음 같은 말이 기억난다.

"『중론(中論)』은 개념과 사유를 넘어 생명을 가르치는데, 지금 『중론』을 말하는 이들은 개념과 이론적 사유로 『중론』을 말하려 한다."

당시 밀교(密敎)의 수행을 낮은 뜻의 탄트리즘으로 풀이하는 풍조에 대해서도, "몸의 에너지를 우주의 축으로 전환하는 곳에 밀교의 수행이 있다."고 하였다.

논리로 논리를 지양하여 해탈의 길에 나아가게 하는 『중론』의 언교의 방향에 대한 선생의 이야기를 들으며 내가 교학에 대해 가지고 있던 문제의식과 많이 일치하는 측면을 발견하였다. 중국 천태선문(天台禪門) 초조 혜문선사(慧文禪師)는 『중론』삼제게(三諦偈)에서 아득히 크게 깨쳐[恍然大悟] 그 선관(禪觀)을 혜사선사(慧思禪師)에게 전했다 했는데, 왜 말폐의 선문에서는 중론(中論)·유식(唯識)을 이론적 사변의 배움으로 배척하는가. 선종의 이른바 인도 28조(二十八祖)에 나가르주나(龍樹) 데바(提婆) 바수반두(世親) 아상가(無着) 같은 마하야나의 보디사트바 대논사들을 포함시키면서 대승논장의 가르침을 정법안장(正法眼藏) 밖으로 내치는 이율배반을 우리 스스로 답변하여야 한다.

왜 중관 유식은 이론을 다루는 대학교수에게 맡기고, 선(禪)은 교(敎) 밖의 길이 따로 있다 말하는가. 이는 모든 경교의 가르침이 중생의 망상과 견해의 병을 치유하기 위함이라 망상의 병이 치유되면 경교의 법약도 함께 지양되는 가르침의 뜻을 모르기 때문이다.

시대의 병고에 응하는 방편이 없는 지혜는 보디사트바의 묶임이고 방편 있는 지혜가 보디사트바의 풀림이라는 이 『유마경』의 가르침이 이 시대에 다시 절실하다.

이 『비말라키르티수트라』의 발간 이후 중관(中觀) · 유식(唯識) 논장불교 해석을 구상하며, 인도에서 대승불교의 발판을 이룩한 이 『유마경』의 가르침을 다시 떠올린다. 나는 나의 출가 초기, 경전 수업의 첫걸음이었던 본 경을 풀이하며 내 삶에 영향을 끼쳤던 여러 인연들의 이름을 많이 거론하였다. 오늘의 나를 이룩한 인연들의 은혜와 공덕을 모아 더 큰 역사회향에 나의 작업을 헌공(獻供)하기 위한 내 나름 정성의 표현이다.

이 『유마경』의 작업에도 법인 상무이사 원묵스님의 물심양면의 지원과 성원, 법인이사 오지연 박사의 경전편집의 노고가 함께 했음을 알려드린다.

이 『유마경』의 경전 발간을 기원하고 도움을 준 분들의 성원이 있었지만, 경전 법공양의 대중회향이 이루어진 뒤 그분들의 공덕을 밝혀드리려 한다.

보디사트바의 발걸음은 과거 회고주의 실적주의가 되어서는 안 되며 늘 세상과 역사에 그 공(功)이 회향되어야 하며, 현재 진행의 물러섬이 없는 발걸음이 되어야 한다.

이제 시작이며 이제 새 출발이다. 인연 맺은 모든 이, 우리가 함께하고 있는 이 땅에, 평화와 안락(安樂) 풍요와 이익(利益)이 넘치기를 발원한다.

나무 삼계 중생의 인도자이신 샤카무니 붇다 세존

나무 지혜로 으뜸가신 만주스리 보디사트바

나무 비말라키르티 보디사트바 장자거사

나무 역경의 공덕주 구마라지바 대법사

나무 이 경 해석의 종주이신 승조 천태 양대 성사

나무 고구려 보덕성사 신라 원효 의상 양대 성사

나무 오는 세상 붇다 이루실 마이트레야 보디사트바

불기 2568년(公元 2024) 음력 정월 원단(元旦)

유마경 간행 법공양제자 학담 합장

대승선사(大乘禪師) 학담(鶴潭)스님은 1970년 불심 도문화상(佛心道文和尙)을 은사로 원효의 근본도량 경주 분황사에서 출가하였다. 그뒤 서울 봉익동 대각사에서 학업과 함께 용성조사(龍城祖師)의 일 세대 제자들인 동헌선사(東軒禪師) 동광선사(東侊禪師)로부터 몇 년의 선 수업을 거친 뒤 상원사·해인사·망월사·봉암사·백련사 등 제방선원에서 정진하였다. 20대에 이미 삼 년여 장좌불와의 수행을 감당하였으며, 20대 후반 『법화경』 『아함경』에서 중도의 지견을 밝혔다.

도서출판 큰수레를 통해 『육조법보단경』 등 30권에 이르는 많은 불전해석서를 발간하였으며, 2014년 한길사에서 『학담평석 아함경』 12책 20권의 방대한 해석서를 발간하였다. 2016년 사단법인 문화유산가꾸기 푼다리카 모임을 설립하여 이사장에 취임하고 우리사회에 조화와 상생의 문화, 평화와 소통의 문화를 펼치고자 노력하고 있다.

유마경선해
2024년 3월 31일 초판 1쇄 발행

옮기고 평석한 이 학담(鶴潭)
펴낸이   이경로(元默)
펴낸곳   도서출판 푼다리카

기획 배동엽 정범도 | 편집 오지연
홍보 박순옥 이지은 박복희
영업 김준호 김미숙 이동인
표지 선연 김형조 | 인쇄 신일프린팅
등록 2017년 3월 27일 제300-2017-41호
주소 (03113) 서울시 종로구 종로63마길 10
전화 02-764-3678 | 팩스 02-3673-5741 | 이메일 daeseungsa@hanmail.net
ISBN 979-11-987189-0-7 03220

가격 35,000원